新世纪土木工程系列教材

桥梁工程

第 2 版

姜福香　王玉田　编著

机械工业出版社

本书根据近年来的新规范和桥梁工程的新进展对第 1 版教材内容进行了更新，并根据教学实践，按构造、施工、设计的顺序对第 2 篇的内容进行了较大调整。本书分总论、混凝土梁式桥与刚构桥、混凝土拱桥、斜拉桥与悬索桥、桥梁墩台 5 篇，重点介绍钢筋混凝土和预应力混凝土梁式桥、刚构桥及混凝土拱桥等常用中小型桥梁的上部结构及其墩台的构造原理、设计计算方法和施工技术，简要介绍了斜拉桥和悬索桥等大跨径桥梁的构造、计算和施工要点。

　　本书可作为高等院校宽口径土木工程、交通工程及道路桥梁与渡河工程专业学生的专业课教材，也可作为从事桥梁工程设计、管理和施工的工程技术人员的参考书。

图书在版编目（CIP）数据

桥梁工程/姜福香，王玉田编著. —2 版. —北京：机械工业出版社，2022.1

新世纪土木工程系列教材

ISBN 978-7-111-69719-0

Ⅰ. ①桥…　Ⅱ. ①姜…②王…　Ⅲ. ①桥梁工程-高等学校-教材　Ⅳ. ①U44

中国版本图书馆 CIP 数据核字（2021）第 245013 号

机械工业出版社（北京市百万庄大街 22 号　邮政编码 100037）
策划编辑：马军平　　　　责任编辑：马军平
责任校对：张　征　刘雅娜　封面设计：张　静
责任印制：张　博
涿州市般润文化传播有限公司印刷
2022 年 2 月第 2 版第 1 次印刷
184mm×260mm·28.75 印张·1 插页·718 千字
标准书号：ISBN 978-7-111-69719-0
定价：85.00 元

电话服务　　　　　　　　　网络服务
客服电话：010-88361066　　机 工 官 网：www.cmpbook.com
　　　　　010-88379833　　机 工 官 博：weibo.com/cmp1952
　　　　　010-68326294　　金 书 网：www.golden-book.com
封底无防伪标均为盗版　　　机工教育服务网：www.cmpedu.com

第2版前言

本书在第 1 版的基础上做了如下修订：

1）按照《公路钢筋混凝土及预应力混凝土桥涵设计规范》（JTG 3362—2018）、《公路桥涵设计通用规范》（JTG D60—2015）、《公路工程技术标准》（JTG B01—2014）、《公路桥涵施工技术规范》（JTJ TF50—2011）、《公路桥涵地基与基础设计规范》（JTG 3363—2019）、《公路斜拉桥设计规范》（JTG 3363-01—2020）、《公路桥梁板式橡胶支座》（JT/T 4—2019）及《公路桥梁盆式橡胶支座》（JT/T 391—2019）等规范，对所涉及的全部内容进行了更新。

2）根据近年来桥梁领域的发展，更新了相关的内容，补充了典型的桥梁工程实例。

3）对第 2 篇的内容按构造、施工、设计计算的顺序进行了重新编排，更有利于教学工作的开展。

参与第 2 版修订和编写工作的人员如下：第 1 篇、第 2 篇第 5~9 章、第 3 篇第 5 章及第 4 篇由青岛理工大学姜福香编写；第 2 篇第 1~4 章、第 3 篇第 1~4 章及第 5 篇由青岛理工大学王玉田编写。青岛理工大学研究生姜乐乐、王富羚、张龙、张荣振参与了文字校对工作，在此一并表示衷心的感谢。

书中若有不妥之处，敬请读者批评指正。

编　者

第1版前言

"桥梁工程"是土木工程专业的一门重要专业课。本书是根据土木工程专业指导委员会制定的土木工程专业本科培养目标、培养方案，以及土木工程专业教材编审委员会审定的《桥梁工程》编写大纲编写的，可作为普通高等学校土木工程专业学生的专业课教材。

本书在编写过程中注重培养学生掌握基本理论和实际操作的能力。本课程的先修课程包括"结构力学""混凝土结构设计原理""桥涵水文""基础工程"等专业基础课。在此基础上，学生通过本课程的学习，掌握桥梁工程的专业技能，了解桥梁工程规划、设计、计算的基本知识，掌握常用中、小型桥梁的构造原理及设计计算方法，熟悉有关的桥梁施工技术，初步了解大跨度桥梁的设计和计算理论，具备解决较复杂桥梁问题的能力。

本书在编写过程中，紧密结合了我国最新修订的 JTG D60—2004《公路桥涵设计通用规范》、JTG D62—2004《公路钢筋混凝土及预应力混凝土桥涵设计规范》、JTG D61—2005《公路圬工桥涵设计规范》、JTG D63—2007《公路桥涵地基与基础设计规范》、JTJ 041—2000《公路桥涵施工技术规范》、JT/T 4—2004《公路桥梁板式橡胶支座》及 JT 391—1999《公路桥梁盆式橡胶支座》等规范，充分反映了近年来国内外桥梁工程的最新进展。为了使学生加深对桥梁知识的理解，每章后面都附有相应的思考题和习题。

本书分五篇，共21章。第1篇为总论，其中第1章主要介绍桥梁的组成和分类以及国内外桥梁建设发展的成就与桥梁工程发展的趋势。第2章主要介绍桥梁设计与建设的程序以及桥梁设计的一般原则，对桥梁方案比选的方法和步骤做了简单介绍。第3章介绍了设计中需要考虑的桥梁作用类型及其计算和取值的方法。第4章介绍桥面铺装、防水与排水设施、桥梁伸缩缝及人行道、栏杆等桥面附属设施的类型和构造。

第2篇为混凝土梁式桥，该篇是全书的主体部分，包括8章内容。第5、6章主要介绍钢筋混凝土和预应力混凝土简支梁（板）桥的构造特点和设计原则。第7章混凝土简支梁桥的计算是本书的重点之一，主要介绍桥面板的计算、荷载横向分布的计算、主梁和横隔梁内力的计算，以及挠度和预拱度的计算。第8章主要介绍悬臂和连续体系梁桥的构造特点，并对其设计计算理论进行适当的介绍，也是本课程学习的重点。关于超静定预应力混凝土桥梁由预应力、混凝土徐变收缩、温度以及基础沉降等引起的次内力计算，是本章学习的难点。第9章介绍梁式桥常用支座的构造和布置原则，特别是对当前公路桥梁中常用的板式橡胶支座的构造和设计方法进行了重点介绍。考虑到随着高速公路和城市立交的发展，斜、弯桥的建设越来越多，第10章对混凝土斜、弯桥的构造和受力特点进行了简单的介绍。刚架桥作为一类特殊的桥型，有其自身的特点，第11章对此进行了简单介绍。第12章分别针对混凝土简支梁桥和悬臂与连续体系梁桥介绍了相应的施工技术，包括整体施工法、逐孔施工法、悬臂施工法、顶推施工法等。

第3篇为拱桥。第13章主要介绍拱桥的基本特点及其适用范围，拱桥的组成及主要类型。第14章为拱桥的总体规划与布置，主要介绍拱桥的设计标高、拱轴线型及拱圈截面变化等。第15章拱桥的构造，分别介绍了普通和整体上承式拱桥、中、下承式拱桥等各类拱桥的构造和设计要求。第16章拱桥的计算是本书的又一个难点和重点，主要以悬链线拱为例，介绍了上承式拱桥的拱圈内力计算原理和方法，并简要介绍了其他类型拱桥的计算原理。考虑到计算机的广泛采用，对计算机计算方法也做了适当的介绍。最后，对拱桥施工技术做了专门的介绍。

第4篇为斜拉桥和悬索桥。由于斜拉桥和悬索桥近年来在我国得到了迅速的发展，让学生适当掌握关于斜拉桥和悬索桥的构造组成特点、设计计算理论及施工方法十分必要。所以本书将斜拉桥和悬索桥单独列为一篇，从以上三方面对这两种大跨度桥梁做相应的介绍。

第5篇为桥梁墩台。重点介绍了梁式桥和拱式桥重力式墩台及轻型墩台的构造特点，以及常用墩台的设计计算方法。

本书由青岛理工大学姜福香任主编，青岛理工大学王玉田、山东交通学院彭霞任副主编。编写分工如下：第1~4章，第9~11章，第18、19章及附录由姜福香编写；第5、6、12、17、20章由王玉田编写；第7章由烟台大学吕玉匣编写；第8章由姜福香和山东建筑大学亓兴军共同编写；第13~15章及第21章由彭霞编写；第16章由山东交通学院王行耐编写。全书由姜福香统稿。北京交通大学雷俊卿教授审阅了书稿，提出了许多建设性的意见和建议，在此表示衷心的感谢。青岛理工大学研究生马宗志、赵磊、李福如、周飞、刘晓南、张维、辛雷等在文字校对和插图绘制方面做了大量的工作，在此一并表示衷心的感谢。

本书配有电子课件（由姜福香、王玉田制作），有需要者请登录 www.cmpedu.com 下载。

由于编者水平有限，书中的不妥之处敬请读者批评指正。

编　者

目 录

第1篇　总　　论

第2篇　混凝土梁式桥与刚构桥

第 5 篇　桥 梁 墩 台

第1篇

总　论

1.1　桥梁工程的地位和作用

桥梁工程是土木工程学科的一个重要分支，是交通工程的咽喉。在公路、铁路及城市道路建设中，为了跨越各种障碍（如河流、谷地或其他线路等），就必须修建各种桥梁。桥梁工程在工程规模上占公路建设总造价的 10%~20%，是交通线路的重要组成部分。特别在战时，即便是高技术战争，桥梁仍具有非常重要的地位。为了保持这个咽喉的长期正常使用，修建桥梁就不只是百年大计，而往往是千年大计。

桥梁是一种功能性的公共建筑物，往往还是一座立体的艺术结构物，具有广泛的社会性。因此，从一座桥梁上不仅可以看出当时当地社会的发展状况和技术工艺水平的高低，而且可以折射出一个国家和地区政治、经济、科技、文化等方面的情况，它具有时代的特征。一个国家建造桥梁的历史，可以反映这个国家的文化兴衰，也是国家综合经济实力的一个明显标志。桥梁不仅在物资交流、经济活动中的作用十分重要和明显，在文化交流和整个社会发展中的作用也是十分巨大的。随着我国国民经济的迅速发展和经济的全球化，大力发展交通运输事业，建立四通八达的现代交通网络，对于进一步发展国民经济，促进文化交流，加强各民族间的团结，缩小城乡间的差别及巩固国防等方面，都具有非常重要的意义。

我国自古就有"桥的国度"之称，中国桥梁在古代基本上保持了领先水平。近代虽然建桥技术远远落后于发达国家，但在新中国成立后，特别是改革开放以来，我国的公路、铁路、城市交通网络建设得到了蓬勃发展，作为枢纽的桥梁工程建设也是突飞猛进，我们用 60 多年的时间赶上了世界先进水平。据统计，中国目前公路桥梁总数超过 80 万座，铁路桥梁总数超过 20 万座，还有大量的城市立交桥和高架桥。如今，我国不仅建成了一批技术复杂、科技含量高的公路、铁路大桥，还掌握了不同类型桥梁结构设计、建造及养护等方面的多项核心技术。我国的桥梁工程无论在建设规模上，还是在科技水平上，均已跻身于世界先进行列，成为名副其实的世界第一桥梁大国。在世界排名前十的大跨度梁式桥、拱式桥、斜拉桥、悬索桥中，中国都各自占据半数，中国桥梁已成为响亮的世界品牌。

当前，桥梁建设正朝着新型、大跨、轻质、美观的方向发展。21 世纪我国的广大桥梁工程师还将继续面临建设更大跨径和更加复杂桥梁结构的挑战，可谓任重而道远，这也正是桥梁工程这门课程的意义所在。

1.2　桥梁的基本组成与分类

1.2.1　桥梁的基本组成

桥梁一般由**上部结构**（superstructure）、**下部结构**（substructure）、**支座**（bearing）及**附属设施**（accessory）四个基本部分组成。

梁式桥的基本组成如图 1-1-1 所示，拱式桥的基本组成如图 1-1-2 所示。

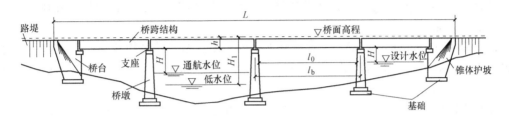

图 1-1-1　梁式桥的基本组成

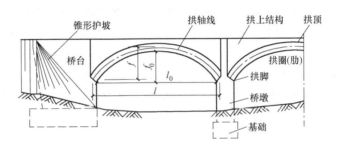

图 1-1-2　拱式桥的基本组成

上部结构也称为桥跨结构，是在线路中断时跨越障碍的主要承重结构。

下部结构包括**桥墩**（pier）、**桥台**（abutment）及它们的**基础**（foundation）。桥墩和桥台是支承上部结构并将其传来的荷载传至地基的构造物。其中，在多孔桥梁中，位于两相邻桥孔之间的称为桥墩；设置在桥梁两端，与路堤衔接的则称为桥台。桥台除了上述作用，还具有抵御路堤土压力，防止路堤填土滑坡和坍塌，保证桥头路堤稳定的作用。桥墩（台）由墩（台）帽、墩（台）身和基础组成（详见第 5 篇），基础是桥墩（台）中使全部荷载传至地基的底部奠基部分，是确保桥梁安全的关键之一，也是桥梁施工的难点所在。

支座是设置在桥梁上、下部结构之间的支承传力装置。支座不但要把上部结构的各种荷载传递到墩台上，并且要保证桥跨结构能够产生一定的变位，使桥梁的实际受力情况尽可能地符合结构的计算图式。

此外，为了提高桥梁的使用和服务功能，还应设置一些必不可少的附属设施，包括桥面铺装、防水及排水系统、伸缩缝、栏杆（或防撞体）、灯柱、桥梁与路堤衔接处的桥头搭板，以及锥形护坡、护岸、导流结构物等。

下面介绍一些与桥梁布置和结构有关的常用名词和主要术语：

1. 水位

低水位（low water level）指在枯水季节水位变动河流的最低水位。

高水位（high water level）指在洪峰季节河流中的最高水位。

设计水位（designed flood level）指对应于设计洪水频率的洪水水位。

通航水位（navigable water level）指在各级航道中，能保持船舶正常航行时的水位。

2. 跨径

净跨径（clear span）l_0，对于有支座的桥梁，指设计水位上相邻两个桥墩（或桥台）之间的水平净距离；对于无支座的桥梁，指上、下部结构相交面内缘间的水平距离。

总跨径（total span）$\sum l_0$，是多孔桥梁中各孔净跨径的总和，也称为**桥梁孔径**，它反映了桥下泄洪的能力。

计算跨径（computed span）l，对于有支座的桥梁，指桥跨结构相邻两个支座中心之间的水平距离；对于无支座的桥梁（如拱桥、刚架桥等），指上、下部结构相交面中心之间的水平距离。桥梁结构的力学计算均采用计算跨径。

标准化跨径（standard span）l_b，对于梁式桥和板式桥，指两相邻桥墩中线之间桥中心线长度或桥墩中线与桥台台背前缘线之间桥中心线长度；对于拱式桥、拱涵、箱涵、盖板涵、圆管涵等，则以净跨径作为标准化跨径。《公路桥涵设计通用规范》（JTG D60—2015）（以下简称《桥通规》）中规定，当标准设计或新建桥涵的跨径在50m及以下时，宜采用标准化跨径。采用标准化跨径的桥涵宜采用装配式结构及机械化、工厂化施工。桥涵标准化跨径规定如下：0.75m，1.0m，1.25m，1.5m，2.0m，2.5m，3.0m，4.0m，5.0m，6.0m，8.0m，10m，13m，16m，20m，25m，30m，35m，40m，45m，50m。

桥梁全长（total length of bridge）L，简称桥长，对于有桥台的桥梁，指两岸桥台侧墙或八字墙尾端间的距离；对于无桥台的桥梁，指桥面长度。

3. 高度

桥梁高度（height of bridge）H_1，简称桥高，指跨河桥桥面与低水位之间的距离，或跨线桥桥面与桥下线路路面之间的距离。它在某种意义上反映了桥梁施工的难度。

桥下净空高度（clearance height of span）H，指设计水位或计算通航水位与桥跨结构最下缘之间的距离。它应该能满足排洪和河流通航或桥下行车、行人所要求的净空高度。

桥梁建筑高度（construction height of bridge）h，指桥上行车路面至桥跨结构最下缘之间的垂直距离。它不仅与桥梁结构的体系和跨径有关，而且随行车道在桥上的具体布置位置而变化。

容许建筑高度，指公路定线中所确定的桥面高程对通航（或桥下通车、人）净空界限顶部高程之差。桥梁的建筑高度不能大于其容许建筑高度，否则就不能保证桥下的通航净空要求。

1.2.2 桥梁的主要类型

1.2.2.1 按基本结构体系分类

工程结构中的构件主要有拉、压、弯三种基本受力方式，由基本构件组成的各种结构物在力学上也归结为**梁式**、**拱式**和**悬吊式**三种基本体系，以及它们的各种组合形式。桥梁结构按基本受力体系划分，则分为梁式桥、拱式桥、刚架桥、悬索桥、斜拉桥及组合体系桥梁。

下面简单介绍各种结构体系桥梁的受力和技术特点。

1. 梁式桥（beam bridge）

梁式桥的主要承重结构是梁（或板）。梁式桥在竖向荷载作用下只产生竖向反力，墩台不承受水平推力，与同样跨径的其他结构体系相比，梁内产生的弯矩最大，所以需要采用抗弯能力较强的材料，如钢、木、钢筋混凝土、预应力混凝土、钢与混凝土组合结构等。

梁式桥又分为简支梁桥、悬臂梁桥和连续梁桥。图 1-1-3 所示为各种体系的基本图式。简支梁桥结构简单，施工方便，对地基承载能力要求不高，在中小跨径桥梁中得到广泛应用。但简支梁桥的跨越能力有限，钢筋混凝土简支梁桥一般用于跨径 20m 以下的桥梁，预应力混凝土简支梁桥一般也不超过 50m。悬臂梁桥和连续梁桥由于支点负弯矩的存在，使得跨中正弯矩相对减小，比简支梁桥具有更大的跨越能力。当桥梁跨径较大时，可以根据地质条件考虑采用。

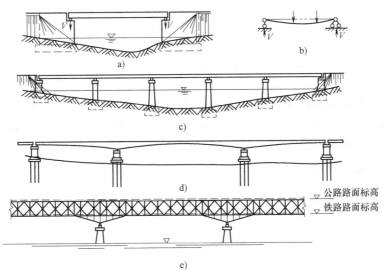

图 1-1-3 梁式桥

2. 拱式桥（arch bridge）

拱式桥的主要承重结构是拱圈或拱肋（图 1-1-4）。在竖向荷载作用下，拱式桥的墩台将承受水平推力，如图 1-1-4b 所示。由于水平推力的作用，拱圈（或拱肋）内的弯矩比相同跨径的梁小得多，拱圈（或拱肋）以承受压力为主。所以，拱桥除了可以利用钢、钢筋混凝土、钢管混凝土等材料外，还可以采用抗压能力较强而抗拉能力较弱的圬工材料（如砖、石、混凝土等）来建造。

由于拱桥的跨越能力较大，外形也较美观，一般在跨径 500m 以内修建拱桥往往是经济合理的。但必须注意，由于拱脚存在很大的水平推力，拱桥对地基的要求往往较高，同时要求其墩台和基础能够经受住这一不利作用。

3. 刚构桥（rigid frame bridge）

刚构桥的主要承重结构是梁或板和立柱或立墙结合而成的刚架结构，梁和柱之间采用刚性连接（图 1-1-5）。在竖向荷载的作用下，梁主要承受弯矩，柱脚处存在水平反力，如图 1-1-5b 所示，其受力状态介于梁式桥与拱式桥之间。因此，刚构桥跨中的建筑高度可以

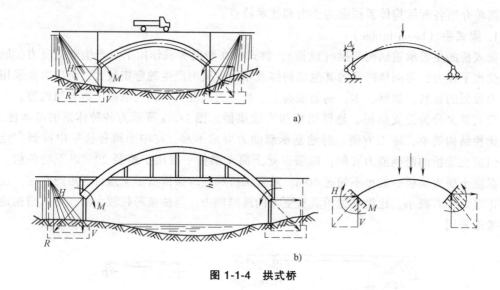

图 1-1-4　拱式桥

做得相对较小些。当桥梁的容许建筑高度受到限制时，可考虑采用这种桥型，以尽量降低线路高程或增加桥下净空。

　　刚构桥可以是单跨结构（图 1-1-5a）或多跨结构，多跨刚构桥的主梁可以做成非连续式的，形成 T 形刚构桥（图 1-1-5c），或将主梁做成连续结构，形成连续刚构桥（图 1-1-5d）。

　　混凝土刚构桥可采用钢筋混凝土和预应力混凝土修建，但钢筋混凝土刚构桥施工比较困难，梁柱刚接处较易开裂，跨径不能做得太大，目前已较少采用。

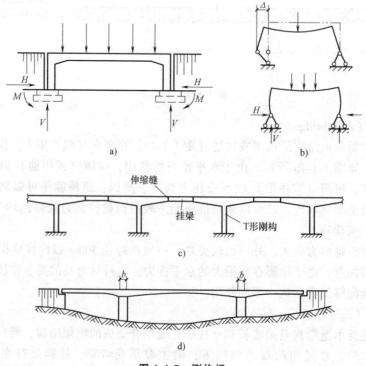

图 1-1-5　刚构桥

4. 悬索桥（suspension bridge）

悬索桥（又称吊桥）主要由缆索、桥塔、锚碇、吊杆和加劲梁等组成，悬挂在两边桥塔上的强大缆索是悬索桥的主要承重结构。通过吊杆传递到缆索上的竖向荷载，将使其承受很大的拉力。通常就需要修建强大的锚碇将缆索固定在地基中，在不易修建锚碇的情况下，也可将缆索锚固在加劲梁的端部，成为自锚式悬索桥，如图 1-1-6 所示。缆索的强大拉力也将引起较大的水平反力。现代悬索桥广泛采用高强度钢丝成股编制的钢缆，以充分发挥其优异的抗拉性能。所以，悬索桥结构的自重较轻，具有其他桥型无与伦比的跨越能力，常用于修建特大跨径的桥梁。特别是当跨径大于 800m 时，悬索桥具有很强的竞争力。但是，悬索桥的结构刚度较差，在车辆动荷载和风荷载作用下，将会产生较大的变形和振动。

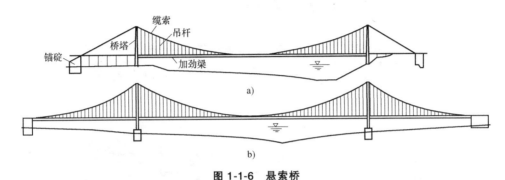

图 1-1-6　悬索桥

5. 斜拉桥（cable-stayed bridge）

斜拉桥由斜拉索、塔柱和主梁组成，如图 1-1-7 所示，其主要承重结构包括斜拉索和主梁，属于组合体系桥梁。斜拉索主要承受拉力，常采用平行高强钢丝束、平行钢绞线等材料。斜拉索一端锚固在塔柱上，另一端锚固在主梁上，将主梁多点吊起，相当于在主梁跨径内增加了若干个弹性支承，从而大大降低了主梁内力，减小了主梁尺寸和结构自重，既节省了材料，又显著增大了桥梁的跨越能力。与悬索桥相比，斜拉桥的结构刚度较大，抵抗风振的能力较好，这也是在斜拉桥可能达到的大跨度情况下比悬索桥出色的重要原因。

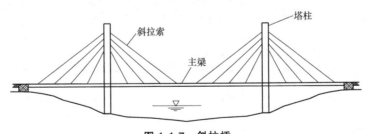

图 1-1-7　斜拉桥

6. 组合体系桥（combined system bridge）

除了以上五种基本桥梁结构体系，根据结构的受力特点，还有其他一些由不同结构体系组合而成的桥梁，称为组合体系桥。

图 1-1-4b 所示桥梁实际上就是一种梁和拱的组合体系，梁和拱都是主要承重结构，两者相互配合共同受力，这种组合体系桥梁的跨越能力比一般的简支梁桥大。图 1-1-8 所示桥梁也是一种梁-拱的组合体系，拱置于梁的下方，通过立柱对梁起辅助支承的作用。刚构-连

续组合体系桥是在连续刚构桥的某些墩上设置滑动支座，以降低温度变化时结构内产生的附加内力，适合于长桥。图 1-1-9 所示的洞口淘金桥，是自锚上承式悬带桥，上部结构由端锚梁、连续 T 形梁、盖梁排架和主索悬带组成，是一种独特的组合体系桥。

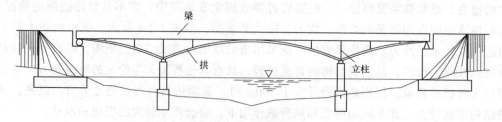

图 1-1-8　组合体系拱桥

图 1-1-9　组合体系桥梁（自锚上承式悬带桥）

各种结构体系桥梁的基本情况汇总于表 1-1-1。

表 1-1-1　桥梁结构体系及特点

桥梁体系	主要承重构件	受力特点（竖向力作用）	主要材料要求	结构特点	当前世界纪录
梁式桥	梁（板）	主梁受弯矩和剪力，以弯为主。墩只受竖向力，不产生水平反力	抗弯能力强（钢、木、钢筋混凝土、预应力混凝土、钢-混凝土组合结构）	简支梁桥，结构简单，施工方便，对地基要求不高，一般跨径在 50m 以下；悬臂梁桥、连续梁桥有更大的跨越能力	加拿大魁北克公铁两用桥（548.8m），1917 年
拱式桥	拱圈或拱肋	拱圈主要受压，也受弯矩和剪力；墩台受竖向力、弯矩及水平推力	抗压能力强（砖、石、混凝土、钢筋混凝土、钢、钢管混凝土）	跨越能力大，造型美观，地基要求高，适用于跨径 500m 以内，施工较难	广西平南三桥（525m），2020 年
刚构桥	刚架结构	梁以受弯为主，柱脚有水平反力和弯矩，介于梁、拱之间	钢筋混凝土、预应力混凝土	跨中建筑高度可较小，适合采用悬臂法施工，但刚接点施工困难，易于开裂	重庆石板坡长江大桥复线桥（330m），2006 年

（续）

桥梁体系	主要承重构件	受力特点（竖向力作用）	主要材料要求	结构特点	当前世界纪录
悬索桥	缆索（主缆）	缆索只受拉力,墩台受竖向力及水平推力	平行高强钢丝束	自重轻,跨越力强,刚度差,变形及振动大	日本明石海峡大桥(1991m),1990年
斜拉桥	主梁和斜拉索	斜拉索只受拉力,主梁受弯,还受斜拉索压力	平行高强钢丝束、平行钢绞线	梁内弯矩、梁体尺寸和重量大大减小	俄罗斯岛大桥(1104m),2012年

1.2.2.2 其他分类方法

1. 按建设规模分类

按桥梁全长和跨径的不同,可分为特大桥、大桥、中桥、小桥和涵洞。《公路工程技术标准》（JTG B01—2014）关于桥涵分类的规定见表 1-1-2,其中,单孔跨径 L_K 反映了桥梁建设的综合水平和技术的复杂程度,多孔跨径总长 L 反映桥梁建设的规模,符合其中一个指标即可归类。

表 1-1-2 桥涵分类

桥涵分类	多孔跨径总长 L/m	单孔跨径 L_K/m
特大桥	$L > 1000$	$L_K > 150$
大桥	$100 \le L \le 1000$	$40 \le L_K \le 150$
中桥	$30 < L < 100$	$20 \le L_K < 40$
小桥	$8 \le L \le 30$	$5 \le L_K < 20$
涵洞	—	$L_K < 5$

注：1. 单孔跨径是指标准跨径。
2. 梁式桥、板式桥的多孔跨径总长为多孔标准跨径的总长；拱式桥为两岸桥台内起拱线间的距离；其他形式桥梁为桥面系车道长度。

2. 按桥梁的用途分类

按桥梁的用途划分,有公路桥、铁路桥、公铁两用桥、城市桥梁、人行桥、输水桥、农用桥及其他专用桥梁（如通过管线、电缆）等。

3. 按主要承重结构的材料分类

按主要承重结构所用的材料划分,有木桥、钢桥、圬工桥（包括砖、石、混凝土）、钢筋混凝土桥、预应力混凝土桥、钢-混凝土组合梁桥、钢管混凝土桥等。

4. 按跨越障碍的性质分类

按桥跨结构所跨越障碍的性质划分,通常有跨河桥、跨海桥、跨线桥（立交桥）和高架桥等。

5. 按桥跨结构的平面布置分类

按桥跨结构的平面布置划分,有正交桥、斜交桥和弯桥。

6. 按行车道的位置分类

按上部结构的桥面位置划分,有上承式、下承式和中承式桥。桥面布置在主要承重结构上面的称为上承式桥；桥面布置在主要承重结构下面的称为下承式桥；桥面布置在主要承重结构中部的称为中承式桥。上承式桥的构造简单,施工方便,上部结构的宽度可做得小些,从而节省圬工数量。另外,上承式桥的桥道布置简单,行人和车辆的视野开阔。所以,公路和城市桥梁一般采用上承式桥。上承式桥梁的不足之处在于建筑高度相对较大，因此，在容许建筑高度严格受限的情况下，就应该采用下承式或中承式桥，以避免过大地抬高桥面的标高。

7. 按桥梁的跨越方式分类

按桥梁的跨越方式划分，有固定桥、活动桥、浮桥和漫水桥等。活动桥又包括开启桥、升降桥、旋转桥。

1.3 国内外桥梁建设的成就与发展趋势

1.3.1 概述

人们为克服自然界江、河、湖泊等出行障碍物而修建的桥梁是人类创造的最杰出建筑之一，它不仅是人类生产、生活不可缺少的实用结构物，也常常成为人们印象深刻的标志性建筑物，体现了一个时代的文明与进步。

早在罗马时代，欧洲的石拱桥艺术就在世界桥梁史上谱写过光辉的篇章。我们的祖先也在桥梁建筑这一领域具有辉煌的历史。18世纪的工业革命促使生产力大幅增长，推动了工业的发展，19世纪中叶出现了钢材，促进了桥梁建筑技术方面空前的发展。20世纪30年代预应力混凝土技术的出现，给桥梁建设提供了廉价、耐久且刚度和承载力均很大的建筑材料，从而推动桥梁的发展产生又一次飞跃。20世纪50年代以后，随着计算机和有限元技术的迅速发展，使得桥梁设计工程师能进行复杂的结构计算，桥梁工程的发展又获得了再次飞跃。

到目前为止，世界范围内已建成了众多的大跨径桥梁，并且各类桥梁的世界跨径纪录在以惊人的速度被打破和刷新，世界建桥技术和水平得到了空前的发展。表1-1-3～表1-1-8列出了世界上大跨度桥梁的统计情况。

表 1-1-3 世界十大钢桁梁桥

序号	桥名	主跨/m	桥址	建成年
1	魁北克桥(Pont de Quebec)	549	加拿大	1917
2	福斯湾桥(Firth of Forth)	521	英国	1890
3	港大桥(Minato)	510	日本	1974
4	科莫多湾桥(Commodore Barry)	501	美国	1974
5	新奥尔良二桥(Grater New Orleans-2)	486	美国	1988
6	新奥尔良一桥(Grater New Orleans-1)	480	美国	1958
7	三官堂大桥	465	中国浙江	2020
8	豪拉桥(Howrah)	457	印度	1943
9	韦特伦桥(Veterans Memorial)	445	美国	1995
10	东京门大桥(Tokyo Gate Bridge)	440	日本	2012

表 1-1-4　世界十大混凝土梁式（刚构）桥

序号	桥名	主跨/m	结构形式	桥址	建成年
1	石板坡长江大桥复线桥	330	连续刚构	中国重庆	2006
2	斯托尔马桥（Stolma）	301	连续刚构	挪威	1998
3	尼特洛伊大桥	300	连续刚构	巴西	1974
4	拉脱圣德桥（Raftsundet Bridge）	298	连续刚构	挪威	1998
5	星期日桥（Sunday Bridge）	298	连续刚构	挪威	2003
6	水盘高速公路北盘江特大桥	290	连续刚构	中国贵州	2013
7	Sandsfjord Bridge	290	连续刚构	挪威	2015
8	亚松森桥（Asuncion）	270	三跨 T 构	巴拉圭	1979
9	虎门大桥辅航道桥	270	连续刚构	中国广东	1997
10	Ujina Bridge	270	连续刚构	日本	1999
11	苏通长江大桥专用航道桥	270	连续刚构	中国江苏	2008

表 1-1-5　世界十大钢拱桥

序号	桥名	主跨/m	拱圈或拱肋	桥址	建成年
1	朝天门大桥	552	钢箱	中国重庆	2009
2	卢浦大桥	550	钢箱	中国上海	2003
3	傍花大桥（Banghwa Bridge）	540	钢桁架	韩国	2000
4	新河谷桥（New River Gorge）	518	钢桁架	美国	1977
5	贝永桥（Bayonne）	504	钢桁架	美国	1931
6	悉尼港桥（Sydney Harbour）	503	钢桁架	澳大利亚	1932
7	中缅国际铁路怒江大桥	490	钢桁架	中国云南	2020
8	Chenab Bridge	480	钢箱	印度	2010
9	明州大桥	450	钢箱	中国浙江	2011
10	南广铁路肇庆西江大桥	450	钢箱	中国广东	2014

表 1-1-6　世界十大混凝土拱桥

序号	桥名	主跨/m	拱圈或拱肋	桥址	建成年
1	平南三桥	575	钢管混凝土	中国广西	2020
2	波司登长江大桥	530	钢管混凝土	中国四川	2013
3	巫山长江大桥	460	钢管混凝土	中国重庆	2005
4	沪昆高铁北盘江特大桥	445	劲性骨架钢筋混凝土	中国贵州	2015
5	支井江大桥	430	钢管混凝土	中国湖北	2009
6	万县长江大桥	420	钢骨混凝土箱拱	中国重庆	1997
7	菜园坝长江大桥	420	钢管混凝土系杆拱	中国重庆	2007
8	南盘江特大桥	416	钢管混凝土	中国云南	2016
9	莲城大桥	400	钢管混凝土	中国湖南	2007
10	克尔克 1 号桥（KRK-1）	390	混凝土箱形拱	南斯拉夫	1980

表 1-1-7　世界主跨 800m 以上斜拉桥

序号	桥名	主跨/m	主梁	桥址	建成年
1	常泰过江通道主航道桥	1176	钢桁梁	中国江苏	在建
2	俄罗斯岛大桥（Russky Island Bridge）	1104	钢箱梁	俄罗斯	2012
3	沪通长江大桥	1092	钢桁梁	中国江苏	2020
4	苏通长江大桥	1088	钢箱梁	中国江苏	2008
5	昂船洲大桥（Stonecutters）	1018	混合梁	中国香港	2007
6	武汉青山长江大桥	938	钢箱梁	中国湖北	2020
7	鄂东长江大桥	926	混合梁	中国湖北	2010
8	嘉鱼长江公路大桥	920	混合梁	中国湖北	2019
9	多多罗大桥（Tatara）	890	混合梁	日本	1998
10	诺曼底大桥（Normandie）	856	混合梁	法国	1994
11	池州长江大桥	828	混合梁	中国安徽	2019
12	石首长江大桥	820	混合梁	中国湖北	2019
13	九江长江公路大桥	818	混合梁	中国江西	2013
14	荆岳长江大桥	816	钢箱梁	中国湖北	2010
15	芜湖长江大桥	806	钢箱梁	中国安徽	2017
16	仁川大桥	800	钢箱梁	韩国	2009
17	鸭池河大桥	800	钢桁梁	中国贵州	2016

表 1-1-8　世界主跨 1200m 以上悬索桥

序号	桥名	主跨/m	加劲梁	桥址	建成年
1	Canakkale 1915 Bridge	2023	钢箱梁	土耳其	在建
2	明石海峡大桥（Akash-Kaikyo）	1991	钢桁梁	日本	1998
3	杨泗港大桥	1700	钢桁梁	中国湖北	2019
4	南沙大桥	1688	钢箱梁	中国广东	2019
5	舟山西堠门大桥	1650	分离双箱	中国浙江	2009
6	大贝尔特东桥（Great Belt East）	1624	钢箱梁	丹麦	1997
7	奥斯曼加济大桥（Osman Gazi Bridge）	1550	钢箱梁	土耳其	在建
8	李舜臣大桥	1545	钢箱梁	韩国	2013
9	润扬长江大桥南汉桥	1490	钢箱梁	中国江苏	2004
10	洞庭湖二桥	1480	钢箱梁	中国江苏	2005
11	南京长江四桥	1418	钢箱梁	中国江苏	2014
12	亨伯桥（Humber）	1410	钢箱梁	英国	1981
13	亚武兹苏丹塞利姆大桥	1408	钢箱梁	土耳其	2016
14	江阴长江大桥	1385	钢箱梁	中国江苏	1999
15	青马大桥	1377	开孔钢箱梁	中国香港	1999
16	哈当厄尔大桥（Hardanger）	1310	钢箱梁	挪威	2013
17	维拉扎诺桥（Verrazana-Narrows）	1298	钢桁梁	美国	1964
18	金门大桥（Golden Gate）	1280	钢桁梁	美国	1937
19	武汉阳逻长江大桥	1280	钢箱梁	中国湖北	2007
20	霍加大桥（Hoga Kusten）	1210	钢箱梁	瑞典	1997

1.3.2　我国桥梁建设的成就

1.3.2.1　我国古代桥梁的成就

我国是一个文明古国，在世界桥梁史上也写下了不少光辉灿烂的篇章。我国山川河流众多，自然条件错综复杂，古代桥梁不但数量惊人，而且类型丰富多彩，几乎包含了所有近代桥梁建筑中的最主要形式。

据史料记载，在距今约 3000 年前的周文王时期我国就有了浮桥。汉唐以后，浮桥的运用日益普遍。春秋战国时期，以木桩为墩柱，上置木梁、石梁的多孔桩柱式桥梁已遍布黄河流域等地区。近代的大跨径斜拉桥和悬索桥是由古代悬索桥发展而来。我国是被世界公认为最早有悬索桥的国家，距今至少有 3000 年的历史。据记载，在唐朝中期，我国已发展到用铁链建造悬索桥，而欧洲在 16 世纪才开始建造铁链悬索桥，比我国晚了近千年。我国保留至今的尚有四川泸定县大渡河铁索桥（1706 年，长约 100m）及安澜竹索桥（1803 年，跨径 61m，全长 340m），如图 1-1-10 所示。

天然石料是大自然赋予人类的、取之不尽用之不竭的建筑材料，修建较多的古代桥梁要首推石桥。在秦汉时期，我国已广泛修建石梁桥。建于 1053—1059 年的福建泉州万安桥（也称洛阳桥）是世界上至今尚保存的最长、工程最艰巨的石梁桥（图 1-1-11）。桥梁全长 800 多米，共 47 孔。此桥以磐石铺遍桥位江底，是近代筏形基础的开端，并别具匠心地采用养殖牡蛎的方法胶固桥基使其成为整体，也是世界上绝无仅有的造桥方法。1240 年建造并保存至今的福建漳州虎渡桥，全长 335m，某些石梁长达 23.7m，每根宽 1.7m，高 1.9m，重达 200 多吨。据历史记载，这些巨大的石梁都是利用潮水涨落浮运架设的，这充分显示了我国古代桥梁建设的高超技术。

图 1-1-10　安澜竹索桥

图 1-1-11　万安桥

富有民族风格的古代石拱桥技术，以其结构精巧和造型丰富多彩而驰名中外。河北赵县的赵州桥（又称安济桥）就是我国古代石拱桥的杰出代表（图 1-1-12）。该桥净跨 37.02m，桥面净宽 9m，拱矢高 7.23m，在拱圈两肩各设有两个跨度不等的腹拱，既减轻了自重、节省材料，又便于排洪、增加美观，设计构思十分巧妙。该桥是在隋大业初年（591—599 年）由石匠李春所建造。据考证，像这样的敞肩石拱桥，在欧洲直到 19 世纪中叶才出现，比我国晚了 1200 多年。除赵州桥外，我国著名的石拱桥还有永定河上的卢沟桥，颐和园内的玉带桥、十七孔桥，苏州的枫桥等。

　　在中国古代桥梁中值得一提的是广东潮安县横跨韩江的湘子桥（图1-1-13），也称作广济桥。此桥始建于1169年，桥梁全长517.95m，共19孔，上部结构有石拱、木梁、石梁等多种形式，还有用18条浮船组成的长达97.3m的开合式浮桥。设置浮桥的目的，一方面可适应于大型商船和上游木排的通过，另一方面避免因过多的桥墩阻塞河道而加剧桥基冲刷造成水害。该桥是世界上最早的开合式桥梁，其石桥之长、石墩之大、桥型之多、施工条件之困难、工程历时之久，都是古代建桥史上所罕见的。

图1-1-12　赵州桥

图1-1-13　湘子桥

1.3.2.2　我国现代桥梁建设的成就

　　到了19世纪，西方资本主义国家纷纷进入了工业化的快速发展阶段，而清政府却坚守闭关锁国的政策，以致在综合国力、科学技术等方面远远落后于西方国家。新中国成立前，我国交通运输的可供里程很少，质量低劣。公路桥梁绝大多数为木桥，年久失修，破烂不堪。建桥技术与当时发达国家的水平相比，已处于非常落后的状态。1934—1937年，由茅以升先生主持修建的钱塘江大桥是新中国成立前由我国技术人员完成的唯一一座桥梁工程。

　　新中国成立后，特别是1978年改革开放以来，我国交通运输事业得到了快速的发展。在建国初期修复并加固了大量的旧桥，随后在第一、二个五年计划期间，在新建的铁路干线、公路网线和渡口，修建了不少重要桥梁，取得了迅速的发展。20世纪50—60年代，修订了《桥梁设计规程》，编制了《桥梁标准设计和桥梁设计计算手册》。特别是20世纪90年代以来，国家对高等级公路的大力投入，使得我国的桥梁事业得到了空前的大发展，在世界桥梁建设领域异军突起，取得了举世瞩目的成就，在世界大跨度悬索桥、拱桥方面，已经跻身于世界先进行列。

1. 混凝土梁式桥

　　1956年我国建成了第一座跨径为20m的预应力混凝土简支梁桥，随后，预应力混凝土简支梁桥在公路上得到了广泛的采用。1989年建成黄河公路大桥，跨径为50m，全长达到4475.09m，是我国目前最长的公路简支梁桥。之后又相继建成郑州黄河大桥和开封黄河大桥，全长都在3km以上。1997年建成的昆明南过境干道高架桥，跨径为63m，是国内跨径最大的预应力混凝土简支梁桥。2008年，我国重新为20m、25m、30m、35m、40m跨径编制了后张法预应力混凝土简支梁桥的标准设计。

20 世纪 60 年代中期，我国首次采用先进的悬臂施工法建成了第一座 T 形刚构桥，为我国修建大跨预应力混凝土桥梁提供了成功的经验。进入 20 世纪 80 年代，用悬臂法施工的预应力混凝土连续梁桥得到了迅速的发展。其中，1991 年建成的杭州钱塘江二桥，为公铁两用桥，主桥为 18 孔一联的预应力混凝土连续箱梁桥，分跨为 45m+65m+14×80m+65m+45m，连续长度达 1340m，为目前国内之冠。2001 年 7 月建成通车的南京长江二桥北汊桥，主桥跨径为 90m+3×165m+90m，是我国目前跨度最大的预应力混凝土连续梁桥。2013 年 12 月建成通车的乐自高速岷江特大桥，主桥上部结构设计为 100.4m+180m+180m+180m+100.4m 的预应力连续箱梁桥，为亚洲第一跨径的连续梁桥。

20 世纪 80 年代末至 90 年代初，预应力束锚固与张拉工艺及施工设备的日臻完善，使得预应力混凝土桥梁向更大跨径的发展成为可能，双薄壁墩的连续-刚构桥应运而生。1988 年建成的广东洛溪大桥，主跨 180m，属当时亚洲同类桥梁之最，开创了我国修建大跨径预应力混凝土连续-刚构桥的先例。1996 年又建成了湖北黄石长江大桥，主跨为 245m，主桥连续长达 1060m，连续长度居世界首位。1997 年建成的虎门大桥辅航道桥，主跨 270m，为当时同类桥梁世界最大跨径（图 1-1-14）。2006 年建成的重庆石板坡长江大桥复线桥，主跨为 330m 的 7 跨连续刚构结构，主跨跨中部分为一段 108m 的钢箱梁结构，为当前连续刚构桥的世界跨径纪录（图 1-1-15）。

图 1-1-14　虎门大桥辅航道桥

图 1-1-15　重庆石板坡长江大桥复线桥

2. 拱式桥

我国拱桥建设有着悠久的历史。建国初期，广大建桥人员继承和发扬我国建造石拱桥的优良传统，因地制宜，就地取材，修建了大量经济美观的石拱桥。20 世纪 60 年代，建成了云南南盘江长虹桥，跨径 112.5m。至今，我国已建成的百米以上的石拱桥共有 18 座。1991 年建成的湖南凤凰县乌巢河桥，跨径 120m。2001 年建成的山西晋城至焦作高速公路上的丹河大桥，跨径 146m，是目前世界最大跨度的石拱桥（图 1-1-16），已被正式列入吉尼斯世界纪录。

除了石拱桥以外，全国各地还因地制宜创建了各种形式的拱式桥，如无锡的双曲拱桥、江浙一带的钢筋混凝土桁架拱和刚架拱桥、广东的悬砌拱桥、湖南的石砌肋板拱桥等。这些结构各具特色，曾为探索经济合理的中、小跨径拱桥建筑做出了贡献。但多年来的实践发现，双曲拱和刚架拱等组装式结构，由于其整体性较差，与承受重载的现代公路建设不相适应，目前已较少采用。

20 世纪 90 年代兴起的钢管混凝土拱桥，使得我国大跨径拱桥的建造能力得到了极大的提高。2000 年建成了广州丫髻沙大桥，主跨为 360m。2005 年建成了重庆巫山长江大桥，主跨为 460m。2013 年建成了四川波司登长江大桥，主跨为 530m（图 1-1-17），是当时世界上跨径最大的钢管混凝土拱桥。2018 年 6 月开工建设的广西平南三桥，主跨为 575m，于 2020 年 12 月底建成通车，成为世界最大跨径的拱桥。

图 1-1-16 丹河大桥

图 1-1-17 波司登长江大桥

2003 年建成通车的上海卢浦大桥为中承式系杆拱桥，全焊钢结构，跨径为 550m，是当时世界上跨径最大的拱桥（图 1-1-18）。2009 年 4 月建成通车的重庆朝天门大桥，为双层公轨两用桥，主桥为三跨连续钢桁系杆拱桥，跨径 552m（图 1-1-19），其工程规模、建设标准和科技含量代表着当今世界桥梁建设的最高水平。

图 1-1-18 上海卢浦大桥

图 1-1-19 重庆朝天门大桥

在拱桥施工技术方面，除了有支架施工外，对大跨径拱桥，目前已广泛采用无支架施工，如缆索吊装法、转体施工法、劲性骨架法及悬臂施工法等。1988 年成功地采用无平衡重转体法建成了四川涪陵乌江桥，跨度达 200m。20 世纪 90 年代发展的劲性骨架法是将钢拱架分段吊装合龙，成为劲性骨架，再在其上挂模板和浇筑混凝土，使得大跨径拱桥的建造能力得到提高。1990 年国内首先采用劲性骨架法建成宜宾南门金沙江大桥，主跨 240m。1996 年建成广西邕宁县邕江大桥，主跨 312m。1997 年建成的重庆万县长江大桥，采用钢管拱为劲性骨架，主跨 420m，是当时世界最大跨度的钢筋混凝土箱形拱桥（图 1-1-20）。此外，我国还采用悬臂施工法成功建成了多座钢筋混凝土桁式组合拱桥。1995 年用悬臂施工

法建成了贵州江界河桥，主跨
330m，桥下通航净空高达
270m，是目前世界最大跨度的
混凝土桁架拱桥。

图 1-1-20　重庆万县长江大桥

3. 斜拉桥

我国的斜拉桥建设虽然起
步较晚，但桥梁工作者勇于实
践和攀登技术高峰。据不完全
统计，至 2019 年，我国已建成
的斜拉桥总数超过 100 座，其
中，跨径在 400m 以上的斜拉桥超过 60 座，跨径在 600m 以上的斜拉桥共有 26 座（其中，在建
的 11 座）。我国已成为世界上建造斜拉桥最多的国家，并不断刷新世界斜拉桥的跨径纪录。

自 1975 年开始修建四川云阳汤溪河桥（主跨 76m）和上海松江县新五桥（主跨 54m）
以来，斜拉桥的建设高潮迭起。20 世纪 80 年代已修建了 20 余座预应力混凝土斜拉桥和一
座钢斜拉桥，其中跨度超过 200m 的有 8 座。1991 年建成了上海南浦大桥（主跨 423m，钢-
混凝土结合梁，图 1-1-21）开创了我国修建 400m 以上大跨度斜拉桥的先河，我国的斜拉桥
建设开始步入世界先进行列。

1993 年建成的上海杨浦大桥（主跨 602m）、1996 年建成的上海徐浦大桥（主跨
590m）、2001 年建成的福建青州闽江桥（跨径 605m），均为钢-混凝土主梁斜拉桥。
1995 年建成的安徽铜陵长江大桥（主跨 432m）、1996 年建成的重庆长江二桥（主跨
444m）、2001 年建成的重庆大佛寺长江大桥（主跨 450m），均为混凝土主梁斜拉桥。
2001 年建成的南京长江二桥（主跨 628m）、武汉军山长江大桥（主跨 460m），均为钢
主梁斜拉桥。

2007 年建成的香港昂船洲大桥（主跨 1018m，图 1-1-22）和 2008 年建成的苏通长江
大桥（主跨 1088m，图 1-1-23），是世界上最早建成的跨度超过 1000m 的两座斜拉桥。特
别是苏通长江大桥，创下了四项世界纪录，充分显示了我国在斜拉桥建设方面的技术
水平。

图 1-1-21　上海南浦大桥

图 1-1-22　香港昂船洲大桥

2020 年建成的沪通长江大桥（图 1-1-24），主跨 1092m，是世界上首座超过千米跨度的公铁两用斜拉桥，也是我国已建成斜拉桥跨径最大、世界排名第二的斜拉桥。2019 年 1 月 9 日开工建设的常泰过江通道主航道桥，主跨长达 1176m，建成之后将成为世界上跨度最大的斜拉桥。

图 1-1-23　苏通长江大桥

图 1-1-24　沪通长江大桥

举世瞩目的港珠澳大桥（Hong Kong-Zhuhai-Macao Bridge ）是一座连接香港、广东珠海和澳门的桥隧工程，位于我国广东省珠江口伶仃洋海域内（图 1-1-25）。桥面按双向六车道高速公路标准设计，设计速度为 100km/h。桥隧全长 55km，其中主桥 29.6km。大桥设计使

图 1-1-25　港珠澳大桥

a）全景图　b）青州航道桥　c）江海直达船航道桥　d）九洲航道桥

用寿命 120 年，可抵御 8 级地震、16 级台风、300 万 kN 力的撞击及珠江口 300 年一遇的洪潮。该工程的项目总投资额为 1269 亿元。

港珠澳大桥全桥由三座通航桥、一条海底隧道、四座人工岛及连接桥隧、深浅水区非通航孔连续梁式桥和港珠澳三地陆路联络线组成。其中，三座主通航桥从东向西依次为青州航道桥（图 1-1-25b）、江海直达船航道桥（图 1-1-25c）及九洲航道桥（图 1-1-25d）。结合桥梁建设的经济性、美观性等诸多因素及通航等级要求，这三座通航孔桥均采用大跨度的钢结构斜拉桥，每座主桥均有独特的艺术构思。青州航道桥为双塔双索面钢箱梁斜拉桥，全线跨径最大，1150m（110m+236m+458m+236m+110m）跨径布置。江海直达船航道桥为中央单索面三塔钢箱梁斜拉桥，钢混组合结构塔身，994m（129m+258m+258m+129m）跨径布置。九洲航道桥为双塔单索面钢混组合梁五跨连续斜拉桥，768m（85m+150m+298m+150m+85m）跨径布置。

港珠澳大桥因其超大的建筑规模、空前的施工难度和顶尖的建造技术而闻名世界。截至 2018 年 10 月建成通车时，港珠澳大桥是世界上里程最长、沉管隧道最长、寿命最长、钢结构最大、施工难度最大、技术含量最高、科学专利和投资金额最多的跨海大桥。大桥工程的技术及设备规模创造了多项世界纪录。

4. 悬索桥

我国现代悬索桥的建设起步也比较晚，特别是在特大跨度悬索桥方面，直到 20 世纪 90 年代，这一局面才得到了彻底的改变，且发展迅速。近年来，我国相继建成了多座现代大跨度悬索桥，已经取得了巨大的成就。1995 年建成的汕头海湾大桥，主跨 452m，开创了我国现代公路悬索桥的先河。此后，1996 年建成了西陵长江大桥（主跨 900m），1997 年建成了广东虎门大桥（主跨 888m），2001 年建成了宜昌长江大桥（主跨 960m），1997 年建成香港青马大桥（主跨 1377m），1999 年建成江阴长江大桥（主跨 1385m）。

2005 年我国又建成了润扬长江大桥南汊桥（图 1-1-26），主跨 1490m，当时位居世界第三。2009 年建成的舟山西堠门大桥（图 1-1-27），主跨 1650m，当时位居世界第二。

图 1-1-26 润扬长江大桥南汊桥

图 1-1-27 舟山西堠门大桥

2019 年建成的广州南沙大桥（图 1-1-28，主跨 1688m）和武汉杨泗港长江大桥（图 1-1-29，主跨 1700m），分别位居世界悬索桥跨径第二和第三位。

图 1-1-28 广州南沙大桥

图 1-1-29 武汉杨泗港长江大桥

1.3.3 国外桥梁建设现状

1. 梁式桥

梁式桥方面，限于钢筋混凝土材料的固有特性，普通钢筋混凝土的跨径一直较小。直到19世纪中期，预应力混凝土技术逐渐成熟，梁式桥才得以迅速发展。1977年奥地利建成的阿尔姆桥，预应力简支主梁的跨径达76m。1953年，联邦德国 Finsterwald 首创采用挂篮的平衡悬臂施工法建造预应力混凝土桥梁新技术，在莱茵河上成功建成了沃伦姆斯桥，该桥为带剪力铰的刚架桥，跨径为 101.65m+114.20m+104.20m。其后，该种施工方法在全世界大跨度梁式桥中得到了发展和应用。

1998年挪威建成了当时世界第一大跨斯托尔马桥（Stolma bridge）（主跨301m，图 1-1-30）和当时世界第二大跨拉脱圣德桥（Raftsundet）（主跨298m），这两座桥均为预应力混凝土连续刚构桥，它们将预应力混凝土梁式桥的建设水平带到了一个新的高度。

目前，国外跨度最大的预应力混凝土连续梁桥是挪威的瓦罗德2号桥（Varodd-2）（主跨260m，1994年），T形刚构桥是巴拉圭的亚松森桥（Asuncion）（主跨270m，1979年），悬臂梁桥是英国北爱尔兰的马丹桥（主跨252m）。

1917年加拿大修建的魁北克桥（公铁两用，主跨549m），至今仍是钢悬臂梁桥的世界之最（图 1-1-31）。

图 1-1-30 挪威斯托尔马桥

图 1-1-31 加拿大魁北克桥

2. 拱式桥

在古代，欧洲各国和中国一样，也建造了许多石拱桥。早在罗马时代，欧洲的石拱桥艺术就曾在世界桥梁史上有过辉煌的历史。最著名的是今法国南部尼姆城（Nimes）的加尔德（Pont du Gard）输水桥（图1-1-32）。该桥建成于公元前18年，全长275m，高49m，为三层连续石拱桥。顶层为输水槽，中层供行人通行，下层一侧加宽供马车通行。目前世界上跨度最大的用石料镶面的混凝土拱桥是1946年瑞典建成的绥依纳松特桥，跨度为155m。由于石料开采加工和砌筑所费劳力巨大，国外已很少修建大跨度石拱桥。

自钢筋混凝土材料在桥梁建设中得到应用以来，以其卓越的受压性能促进了大跨度拱桥的发展。从19世纪末到20世纪中期，钢筋混凝土拱桥无论在跨越能力、结构体系等方面均有较大的发展。1940年瑞典建成的桑独桥，跨径264m，其保持跨径纪录达24年之久，直到1964年澳大利亚悉尼港建成了柏拉马塔河桥（跨径305m）。1980年，南斯拉夫采用无支架悬臂施工法建成了克尔克桥。该桥为钢筋混凝土拱桥，主跨390m，边跨244m（图1-1-33），保持世界跨径纪录达18年之久。之后，无支架悬臂施工方法在大跨度拱桥施工中得到了推广和应用。

图1-1-32 法国加尔德输水桥

图1-1-33 南斯拉夫克尔克桥

钢拱桥以其强劲的力度感、优美的曲线造型在大跨径拱桥中赢得了一席之地。1931年美国建成的贝永桥为钢桁架拱桥，主跨504m，是当时世界跨径纪录的保持者。直到1977年，才被美国的另一座钢桁架拱桥——新河谷桥（New River Gorge）所替代（图1-1-34），后者跨径518m，桥面宽22m，桥面高267m，保持世界跨径纪录27年。其他比较著名的钢拱桥还有1932年建成的澳大利亚的悉尼港桥（图1-1-35），该桥是一座中承式钢桁架拱桥。2000年建成的韩国

图1-1-34 美国新河谷桥

傍花大桥（Banghwa Bridge）（图1-1-36），跨径540m，世界排名第三。

图 1-1-35　澳大利亚悉尼港桥

图 1-1-36　韩国傍花大桥

3. 斜拉桥

世界上第一座现代斜拉桥是 1955 年在瑞典建成的斯特罗姆海峡钢斜拉桥（图 1-1-37），主跨为 182.6m。之后，1962 年意大利 Morandi 设计了第一座预应力混凝土斜拉桥——委内瑞拉的马拉开波斜拉桥，主跨为 160m+2×235m+160m。1966 年联邦德国 Homberg 又设计了世界上第一座密索体系的斜拉桥——波恩莱茵河桥，主跨为 280m。

经过半个世纪的发展，斜拉桥的建造技术日臻完善。特别是 20 世纪 90 年代以来，斜拉桥的发展迅速，大跨度斜拉桥如雨后春笋般发展起来。1987 年，美国在佛罗里达州坦帕海湾上建成了阳光大桥，该桥为单索面斜拉桥，主跨为 164.6m+365.8m+164.6m。1991 年建成的挪威斯卡思圣特桥，跨径为 530m，至今仍保持世界最大跨径混凝土斜拉桥的纪录。而 1995 年建成的法国诺曼底大桥采用钢质中孔和钢筋混凝土边孔的混合结构（图 1-1-38），其跨径达到了 856m，创造了当时的斜拉桥世界跨径纪录。其无论在构造处理，还是施工工艺方面都是当代杰出的代表性工程。

图 1-1-37　瑞典斯特罗姆海峡钢斜拉桥

图 1-1-38　法国诺曼底斜拉桥

其后，日本于 1998 年建成的多多罗大桥（主跨 890m，图 1-1-39），则雄居世界斜拉桥跨径榜首达 10 年之久，直到 2007 年才被我国香港的昂船洲大桥（主跨 1018m）所取代。2012 年建成的俄罗斯符拉迪沃斯托克俄罗斯岛跨海大桥（Russky Island Bridge）（图 1-1-40），中央跨度达 1104m，是目前已建成的世界上跨径最大的斜拉桥。

图 1-1-39　日本多多罗大桥

图 1-1-40　俄罗斯岛跨海大桥

4. 悬索桥

悬索桥在国外发展较早，现代悬索桥从 1883 年美国建成的布鲁克林桥（主跨 486m）开始（图 1-1-41），至今已有 120 余年的历史。20 世纪 30 年代，相继建成的美国乔治·华盛顿桥（主跨 1067m）和旧金山金门大桥（主跨 1280m，图 1-1-42），使悬索桥的跨度超过了 1000m。后者一直保持世界跨径纪录 27 年，至今仍是一座举世闻名的集工程技艺和建筑艺术于一体的宏伟桥梁建筑。

图 1-1-41　美国布鲁克林桥

图 1-1-42　美国旧金山金门大桥

从 20 世纪 80 年代起，世界上修建悬索桥达到了鼎盛时期。目前，已建成悬索桥中跨度最大的是日本的明石海峡大桥（图 1-1-43），其主跨为 1991m，于 1998 年建成通车。其他比较著名的悬索桥有英国 1974 年建成的亨伯大桥（主跨 1410m）、丹麦 1998 年建成的大贝尔特东桥（主跨 1624m）等。

已于 2017 年 3 月开工建设的土耳其 Canakkale 1915 Bridge，主跨 2023m，预计在 2022 年 3 月完工，建成后有望成为世界上跨径最大的悬索桥。

值得一提的是，拟建中的连接西西

图 1-1-43　日本明石海峡大桥

里岛与亚平宁半岛的墨西拿海峡大桥（Messina Suspension Bridge），从1968年开始，经过长达24年的设计论证确定了最后的设计方案为单跨悬索桥（图1-1-44），该桥全长5070m，主跨径3300m。边跨只在近塔段布置吊索，前无先例。墨西拿海峡大桥计划于2012年开工，建成后将是当之无愧的"世界第一悬索桥"，时至今日这一计划仍未变成现实，阻碍这一世界级工程推进的主要原因仍是资金问题。

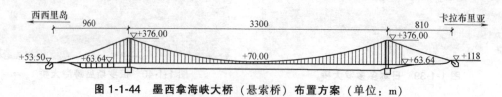

图1-1-44　墨西拿海峡大桥（悬索桥）布置方案（单位：m）

另外，土耳其在马尔马拉海东部曾做过跨径为600m+2000m+600m的伊兹米特海湾桥的设计方案（图1-1-45），方案中将自锚式斜拉桥与地锚式悬索桥两种体系结合在一起，其中孔跨中800m范围内全部由悬索桥的主缆承重，其余部分则主要为斜拉桥形式。这无疑是进一步扩大斜拉桥和悬索桥适用范围的一种很好的构思。

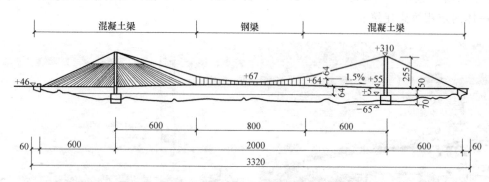

图1-1-45　伊兹米特海湾桥设计方案（单位：m）

1.3.4　桥梁建设的前景与展望

随着世界经济的发展和交通运输的需要，21世纪必将在世界范围内迎来更大规模的桥梁建设高潮。从先进国家国内交通运输网络发展到组成各洲际、各国间主要联络线，使得桥梁界沟通全球交通的梦想逐步得以实现。

当前，国内外都在计划修建多项大的海峡桥梁工程，其设想方案最大跨径达到3000～5000m，深水基础深度可能在百米以上。如前所述的意大利与西西里岛之间的墨西拿海峡大桥，主跨为3300m，最大水深300m；联系欧非的直布罗陀海峡工程，总长15km，最大水深900m；日本在20世纪末完成了本州—四国联络工程，21世纪计划兴建伊势湾口工程、东京湾口工程、轻津海峡工程、丰予海峡工程、纪淡海峡工程五大海峡工程。我国在21世纪初也拟建五大跨海工程：渤海海峡工程、珠江口伶仃洋跨海工程、长江口越江工程、杭州湾跨海工程及琼州海峡工程。此外，我国还将在长江、黄河等重要江河上修建更多的跨江、跨河工程。这些伟大的海峡工程的建设，势必使桥梁向更长、更大、更柔的方向发展，科学工作者和桥梁建设者必须对有关的课题和关键技术进行探讨。

1）研究具有轻质、高强、耐腐蚀、高性能的新型建桥材料，以适应更大跨径桥梁重载交通和长寿命运营的要求。

2）探索和研究适应于超大跨度（3000~5000m）桥梁的结构体系，结合海洋工程的经验，研究超深水基础（100~500m）的结构形式与施工方法，以及抗风、抗震、抗海浪的技术措施。

3）研究更符合实际受力状态的力学分析方法和新的设计理论。对大跨径桥梁的设计，越来越重视空气动力学、振动、稳定、疲劳、非线性等问题的研究。研究开发成套的设计、计算和绘图软件，进一步完善CAD技术。

4）施工方面，越来越要求施工方法快速便捷，提倡工业化制造。在桥梁施工中采用大型的架设、起吊机具，并要求对超大跨度的桥梁在施工过程中进行施工监控。

5）在桥梁建设中，更加重视桥梁自身的美学要求及其对周围环境的影响，环境保护成为21世纪的建桥工程师及其他各行各业建设者们共同面临的一大课题。

6）随着时间的推移，20世纪建成的桥梁会越来越多地出现承载力不足、耐久性失效等问题。所以，21世纪的建桥工程师和科学工作者，除了面临新建大工程之外，还要承担既有桥梁的维修、加固与改造的重任。为此，提出了安全耐久性和可靠性研究的新课题，包括结构的施工控制和质量保证体系、桥梁生命期的监测系统、桥梁损伤判断与评估理论、桥梁生命保护的管理系统等。

近年来，中国的现代化桥梁建设突飞猛进，无论是在桥梁工程的建设规模，还是在发展速度上都取得了举世瞩目的伟大成就，中国工程师还将面临建设更大跨径桥梁的挑战。我们必须勇敢接受国外同行的竞争，寻找差距，继续努力，再创辉煌。

思 考 题

1. 桥梁由哪四个基本部分组成？各部分的作用是什么？

2. 解释下列桥梁工程常用术语。

净跨径　计算跨径　标准跨径　桥梁全长　桥梁高度　桥梁建筑高度

3. 桥梁按基本受力体系分为哪几类？各有什么受力特点？

4. 桥梁按建设规模分为哪几类？按行车道位置又分哪几类？

5. 从梁式桥、拱式桥、刚架桥、悬索桥及斜拉桥选择一种桥型，查阅相关资料，简述其发展历程和未来发展趋势。

2.1 桥梁设计与建设程序

一座重要桥梁的建设，将不可避免地对区域的政治、经济、文化及人民生活等方面产生重要影响。各国根据在大桥建设中长期积累的经验，都形成了一套与本国管理体制相适应的工作程序。在我国，根据国家基本建设程序的要求，也逐步形成了包括技术、经济及组织工作在内的大桥设计程序，它分为前期工作和设计阶段。前期工作包括编制工程预可行性研究（简称"预可"）报告和工程可行性研究（简称"工可"）报告；设计阶段按"三阶段设计"进行，即**初步设计**（preliminary design）、**技术设计**（technical design）与**施工图设计**（constructional drawing design）。各阶段设计文件完成后的上报和审批都由国家指定的行政部门办理。各设计阶段与建设程序之间的关系如图1-2-1所示。以下就前期工作和设计阶段分别作具体的说明。

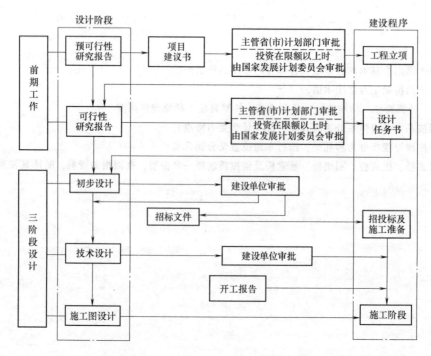

图1-2-1 设计阶段与建设程序的关系

2.1.1 前期工作

预可行性研究和可行性研究都属于建设的前期工作。两者包含的内容及目的基本一致，但研究的深度有所不同。前期工作的重点在于论证建桥的必要性、可行性，并确定建桥的地点、规模、标准、投资控制等宏观问题和重大问题，都是为科学地进行项目决策提供依据，避免决策的盲目性及带来的严重后果。

1. "预可"阶段

"预可"阶段着重研究桥梁建设的必要性及宏观经济上的合理性，初步探讨技术上的可行性。"预可"阶段的主要工作目标是解决建设项目的上报立项问题，所以，在"预可"报告中应编制几个可能的桥型方案，并通过综合比较后，选定桥位和建设的规模。应对工程造价、投资回报、社会效益、政治意义和国防意义等进行分析，论述经济上的合理性，并对资金来源有所设想。

设计方将预可行性研究报告交建设单位后，由建设单位据此编制"项目建议书"报上级主管部门审批。

2. "工可"阶段

工程可行性研究报告是在"项目建议书"被审批，在必要性和合理性得到确认的基础上，进一步研究工程技术上和投资上的可行性。在"工可"阶段，要着重研究和制定桥梁设计的技术标准，包括荷载标准、设计车速、桥面宽度、桥面纵坡和平、纵曲线半径及通航标准（通航净宽和净高）等，同时，应与河道、航运、城市规划等相关部门共同研究和协商，处理好所有外部关系，共同商量确定相关的技术标准，并做环境和地震评价。

在"工可"阶段，应提出多个桥型方案，并按交通运输部《公路基本建设项目投资估算编制办法》估算造价，对资金来源和投资回报等问题应基本落实。

2.1.2 桥梁的设计程序

1. 初步设计

初步设计应根据批复的可行性研究报告、勘测设计合同和初勘资料编制。初步设计的目的是确定设计方案，应通过多个桥型方案的比选，推荐最优方案，报上级单位审批。在编制各个桥型方案时，要提供平、纵、横布置图，拟定桥梁结构的主要尺寸，并估算工程数量，提供主要材料用量，提出施工方案的意见，依据概算定额编制设计概算。初步设计经批复后，则成为施工准备、编制施工图设计文件和控制建设项目投资等的依据。

2. 技术设计

对于技术复杂的特大桥、互通式立交桥或新型桥梁结构，需进行技术设计。技术设计的目的是优化或完善初步设计。应根据初步设计批复意见、勘测设计合同的要求，对所批准的桥式方案中重大、复杂的技术问题通过科学试验、专题研究、加深勘探调查及分析比较，进一步完善桥型方案的总体和细部技术问题及施工方案，提出详尽的设计图和工程数量等，并修正工程概算。

3. 施工图设计

两阶段（或三阶段）施工图设计是在批复的初步设计（或技术设计）文件基础之上，进一步对所审定的修建原则、设计方案、技术决定加以具体和深化。在此阶段，必须对桥梁进行详细的结构分析计算，确保各构件的强度、刚度、稳定性、耐久性、裂缝和构造等各种技术指标满足规范要求，绘制详细的施工图，编制全桥工程数量表，提出文字说明及施工组织计划，并编制工程预算。

在国内，一般的（常规的）桥梁常把技术设计和施工图设计合并为一个阶段进行，即采用两阶段设计（初步设计和施工图设计）；对于一般小桥和技术简单、方案明确的中桥，也可采用一阶段设计，即施工图设计。

2.2　桥梁设计的一般原则

2.2.1　桥梁设计的基本要求

桥梁是公路、铁路和城市道路的重要组成部分，特别是大、中桥梁的建设对当地的政治、经济、文化、国防等意义重大。因此，桥梁工程必须遵照**"安全、适用、经济和美观"**的基本原则进行设计，同时应充分考虑技术的先进性及环境保护和可持续发展等方面的要求。

（1）安全性的要求　整个桥梁结构及其各部分构件，在制造、运输、安装和使用过程中应有足够的强度、刚度、稳定性和耐久性，并有适当的安全储备。在地震区修建桥梁时，在计算和构造上还要满足抵御地震破坏力的要求。同时，根据桥上车辆交通和行人的情况，桥面应考虑合理地设置人行道（或安全带）、护栏、栏杆等附属设施，以保证行人和行车的安全。对交通繁忙的桥梁还应设有照明设施及安全标志，两端引桥的纵坡也不宜过陡。

（2）使用上的要求　桥上的车行道和人行道宽度应能满足车辆和行人在规划设计年限内的交通流量要求。桥下应满足泄洪、通航（跨河桥）或通车（跨线桥）等要求。桥梁两端方便车辆进出，不致出现交通堵塞等现象。考虑综合利用，方便各种管线（水、电、通信等）的搭载。此外，要便于今后检查和维修。

（3）经济上的要求　桥梁设计应体现经济上的合理性。设计中应依照因地制宜、就地取材和方便施工的原则，合理选用适当的桥型。综合考虑发展远景和将来的养护维修，通过详细周密的技术经济比较，尽量使建设总造价和养护维修的费用综合最省。

（4）美观上的要求　一座桥梁应具有优美的外形，应与周围的环境相协调。特别是城市桥梁和旅游区的桥梁，更应该重视桥梁美学方面的要求。公路上的特殊大桥应进行专门的景观设计。结构布局和轮廓造型合理，空间比例协调是决定桥梁美观性的主要因素。此外，施工质量的优劣也会影响桥梁的美观性。

（5）技术先进性的要求　在因地制宜的前提下，桥梁设计时应积极采用新结构、新材料、新工艺和新设备，认真学习和利用国际上最新的科学技术成就，把学习和创新结合起来，以利于提高我国的桥梁建设能力，赶超世界先进水平。

（6）环境保护及可持续发展方面的要求　21世纪更加重视环境保护和可持续发展的问题，桥梁设计必须充分考虑这方面的要求。应从桥位选择、桥跨布置、基础方案、墩身外形、上部结构施工方法、施工组织设计等多方面全面考虑环境的要求，采取必要的工程控制措施，并建立环境监测保护体系，将不利影响减至最小。

2.2.2 野外勘测与调查研究工作

进行桥梁设计时要考虑诸多方面的因素，所以，着手设计之前，必须进行充分的调查研究，详细分析建桥的具体情况，从客观实际出发，提出合理的设计建议和计划任务书。一般桥梁的野外勘测和资料调查包括以下几个方面。

（1）调查研究桥梁的使用任务　根据桥梁所在的路线类别调查桥上交通的种类及其要求，如车辆荷载等级、车辆和行人的实际交通量和增长率、需要的行车道和人行道宽度，并应确定桥上是否需要通过各类管线（如电缆、输水、输气管道等）。

（2）桥位选择　各级公路上的特大桥、大桥和中桥的桥位，原则上应服从路线的总方向，道路和桥梁综合考虑。一般可选择 2~5 个可行的桥位，经各方面综合分析比较，选择出最合理的桥位。小桥涵的位置一般应服从路线的走向，当遇到不利情况时，应采取适当的技术措施，但不应因此改变路线走向。

（3）桥位的详细勘测和调查　对确定的桥位要进一步搜集资料，为设计和施工提供可靠的依据。

1）测量桥位附近的地形，绘制大比例地形图，供设计和施工使用。

2）进行桥位地质钻探，并将钻探所得的资料绘制成地质剖面图，作为基础设计的重要依据。

3）调查和测量河流的水文情况，包括调查河道的性质（如河流水流情况、两岸的冲刷和淤积、自然变迁和人工规划等），测量桥位处的河床断面，收集分析历年洪水资料，调查河槽各部分形态、糙率、河床比降、计算流速、流量等。推算确定设计洪水位及相应的平均流速和流量，并结合河道性质确定桥梁所需的最小总跨径，选择通航孔的位置和墩台基础形式及埋置深度。最后与航运部门协商确定设计通航水位和通航净空，确定桥梁的分孔跨径与桥跨底缘的设计标高。

（4）其他与建桥有关的情况调查

1）调查当地的建筑材料（砂、石等）来源，水泥、钢材的供应情况及运输条件。

2）调查和收集有关的气象与地震资料，包括当地的气温、雨量，桥位附近的风向、风速等。对位于地震区的桥梁，应调查桥址附近有关地震的资料。

3）调查桥位附近有无旧桥，如有，则应调查旧桥的桥型布置及使用情况，对新建桥梁有无特殊要求。

4）调查了解施工单位的技术水平、施工机械的装备情况，以及现场动力设备与电力供应的情况等。

上述各项野外勘测与调查工作往往是相互渗透、交错进行的。为了选择桥位，就需要有一定的地形、地质和水文资料。为了给设计提供更为详细和准确的勘测资料，又必须首先选定合理的桥位。

2.2.3 桥梁纵、横断面设计和平面布置

2.2.3.1 桥梁纵断面设计

桥梁纵断面设计（vertical-sectional design of bridge）包括确定桥梁总跨径、桥梁分孔、桥面标高、桥下净空、桥面和桥头引道的纵坡及基础的埋置深度等。

1. 桥梁总跨径

对于一般的跨河桥，总跨径可根据水文计算确定。桥梁总跨径必须保证桥下有足够的排洪面积，避免因过分压缩河道而导致河床的过大冲刷和河岸的不利变迁，以及发生因桥前壅水而淹没农田、建筑物和其他公共设施的危险。但为了适当降低工程造价，设计者也可以视桥位处的地质条件和基础的埋置情况，在确保满足允许冲刷深度和桥前壅水的前提下，经过综合分析后，适当压缩桥梁的总跨径。例如，对于深埋基础，一般允许较大的冲刷，总跨径可适当减小；对平原区稳定的宽滩河段，可以允许对河滩的浅水流区段做较大的压缩，但必须注意壅水对河滩路堤及附近农田等的危害。

2. 桥梁分孔

对于一座较长的桥梁，总跨径确定后，还需进一步进行分孔布置。桥梁孔径的划分不仅影响到桥梁的使用效果、施工的难易，并且在很大程度上关系到桥梁的造价，必须因时因地制宜，综合比较各方面因素后确定。基本上可以从以下几方面加以考虑：

1）一座桥梁应当分成几孔，各孔的跨径多大，首先与选定的桥型结构有关。不同结构体系的桥梁，其跨越能力不同，可参见表1-1-1。

2）为了降低工程造价，应尽量采用经济跨径。很显然，对一座总跨径确定的桥梁而言，跨径越大，孔数就越少，上部结构的造价就越高，下部结构的造价就越低。反之，则上部结构的造价低，下部结构的造价高。这与桥墩的高度和基础工程的难易程度密切相关。最为经济的分孔方式是上、下部结构的总造价最低，称为"经济跨径"。

3）对于通航河流，在分孔时应充分考虑桥下通航的要求。通航孔应布置在航行最方便的河域。对于变迁性河流，根据具体条件，还应多设几个通航孔。值得指出的是，如果经济跨径大于通航要求的跨径，则通航孔也应取用较大的跨径。

4）桥梁分孔应适当考虑桥位处的地质和地形情况，适应河床、地质等长期稳定的自然条件。桥基的位置应尽量避开不良的地质段（如岩石破碎带、裂缝、溶洞等）。在山区深谷上、在水深流急的江河上修建桥梁时，应减少孔数，以降低施工难度和工程造价。

5）对某些体系的多孔桥梁，为了使其受力合理或施工方便，各孔径间应保持适当的比例关系。如预应力混凝土连续梁桥的边跨与中跨的跨径之比一般为0.6~0.8，双塔三跨式斜拉桥的边跨与主跨的跨径之比一般为0.25~0.5。

6）从战备方面考虑，应尽量使全桥的跨径一致，以便于战时修复。

7）跨径的确定还与施工技术有关。首先，跨径的大小应在施工单位的技术能力及其施工机械装备允许的范围内。其次，分孔方式会在很大程度上决定施工的难易，并影响工期。如大桥的施工，基础工程往往对工期起决定作用，所以应尽量减少墩台数量，选用较大的跨径。

8）桥梁分孔还应适当注意美观方面的要求。例如，为了使连续梁桥或多孔悬臂梁桥的结构对称并具有韵律感，最好布置成不等跨的奇数孔。

9）此外，确定桥梁孔径时还应考虑桥位上、下游已建或拟建桥涵和水工建筑物的状况及其对河床演变的影响。

总之，大、中桥梁的分孔问题相当复杂，涉及的因素较多，各方面的条件和要求之间甚至相互矛盾。必须根据使用任务，桥位处的地形和环境，河床地质、水文等具体情况，通过技术经济等方面的分析比较，才能得出较合理的分孔方案。

3. 桥面标高的确定

桥面标高应根据其所在路线的纵断面设计要求，同时考虑桥下排洪、通航或行车需要的净空要求，结合桥型、跨径等综合确定。

桥下净空应根据计算水位（设计水位计入壅水、浪高等）或最高流冰水位加安全高度确定（图 1-2-2）。

当河流有形成流冰阻塞的危险或有漂浮物通过时，应按实际调查的数据，在计算水位的基础上，结合当地具体情况酌情留出一定的富余量，作为确定桥下净空的依据。对于有淤积的河流，桥下净空应适当增加。

在通航或流放木筏的河流上，桥下净空应符合通航标准或流放木筏的要求，必须设置保证桥下安全通航的通航孔。通航孔的桥下净空应符合通航标准的要求，即桥跨结构下缘的标高应高出自设计通航水位算起的通航净空高度（图 1-2-2 和图 1-2-3 中虚线所示的多边形），并保证任何结构构件或设施均不得伸入通航净空范围之内。

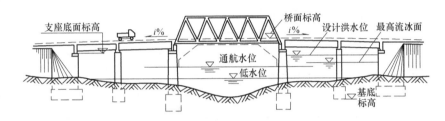

图 1-2-2 梁式桥纵断面

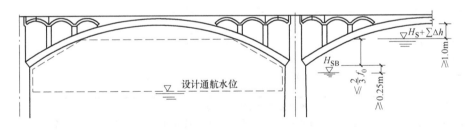

图 1-2-3 拱式桥纵断面

我国内河通航净空的尺寸规定可按《内河通航标准》（GB 50139—2014）确定，并应充分考虑河床演变利于不同通航水位航迹线的变化。具体规定见表 1-2-1，表中符号如图 1-2-4 所示。此外，《海轮航道通航标准》（JTS 180-3—2018）适用于沿海、海湾及区域内通航海轮航道的桥梁。有国防要求和其他特殊要求（如石油钻探船只）的航道，其通航标准与有关部门研究确定。

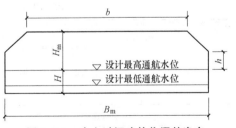

图 1-2-4 水上过河建筑物通航净空

在不通航或无流放木筏河流上及通航河流的不通航桥孔内，桥下净空不应小于表 1-2-2 的规定。

表 1-2-1　天然和渠化河流水上过河建筑物通航净空尺寸

航道等级	净高 H_m/m	单向通航孔			双向通航孔		
		净宽 B_m/m	上底宽 b/m	侧高 h/m	净宽 B_m/m	上底宽 b/m	侧高 h/m
I（1）	24.0	200	150	7.0	400	350	7.0
I（2）	18.0	160	120	7.0	320	280	7.0
I（3）		110	82	8.0	220	192	8.0
II（1）	18.0	145	108	6.0	290	253	6.0
II（2）		105	78	8.0	210	183	8.0
II（3）	10.0	75	56	6.0	150	131	6.0
III（1）	18.0☆ 10.0	100	75	6.0	200	175	6.0
III（2）	10.0	75	56	6.0	150	131	6.0
III（3）		55	41	6.0	110	96	6.0
IV（1）	8.0	75	61	4.0	150	136	4.0
IV（2）		60	49	4.0	120	109	4.0
IV（3） IV（4）		45	36	5.0	90	81	5.0
V（1）	8.0	55	44	4.5	110	99	4.5
V（2） V（3）	8.0 或 5.0▲	40	32	5.5 或 3.5▲	80	72	5.5 或 3.5▲
VI（1）	4.5	25	18	3.4	40	33	3.4
VI（2）	6.0			4.0			4.0
VII（1）	3.5	20	15	2.8	32	27	2.8
VII（2）	4.0						

注：1. 上角注☆尺度仅适用于长江；上角注▲尺度仅适用于通航拖带船队的河流。

　　2. 当水上过河建筑物的法线方向与水流方向的交角大于 5°，且横向流速大于 0.3m/s 时，通航净宽需适当加大；当横向流速大于 0.8m/s 时，应一跨过河或在通航水域中不设置墩柱。

　　3. 当水上过河建筑物的墩柱附近可能出现碍航紊流时，通航净宽值应该适当加大。

表 1-2-2　非通航河流桥下最小净空

桥梁的部位		高出计算水位/m	高出最高流冰面/m
梁底	洪水期无大漂流物	0.50	0.75
	洪水期有大漂流物	1.50	—
	有泥石流	1.00	—
支承垫石顶面		0.25	0.50
有铰拱拱脚		0.25	0.25

　　无铰拱的拱脚允许被设计洪水淹没，但不宜超过拱圈高度的 2/3，且拱顶底面至计算水位的净高不得小于 1.0m，如图 1-2-3 所示。

　　在不通航和无流筏的水库区域内，梁底面或无铰拱拱顶底面离开水面的高度不应小于计算浪高的 0.75 倍加上 0.25m。

对于跨越线路（包括铁路或公路）的立交桥梁，桥下净空及布孔除应满足相应的车辆净空规定，尚应满足桥下道路的视距和前方信息识别的要求。公路所需的净空限界详见桥梁横断面设计部分，铁路的净空限界依据相应的铁路规范确定。

4. 桥梁纵坡布置

桥梁标高确定后，可以根据两端桥头的地形和线路要求来设计桥梁的纵断面线形。桥头两端引道的线形应与桥上线形相匹配，桥上及桥头引道的线形应与路线布设相协调。对于小桥，一般可做成平坡桥。对于大、中桥，为了有利于排水和降低引道路堤的高度，则往往设计成具有单向或双向纵坡的形式。桥上纵坡不宜大于 4%，桥头引道纵坡不宜大于 5%；对于位于城镇混合交通繁忙处的桥梁，桥上纵坡和桥头引道纵坡均不得大于 3%，对易结冰、积雪的桥梁，桥上纵坡不宜大于 3%，并应在纵坡变更的地方按规定设置竖向曲线。

5. 桥头搭板

为了防止桥梁与道路的不均匀沉降产生的桥头跳车，高速公路、一级公路、二级公路和三级公路的桥头宜设置搭板。桥头搭板的长度一般不宜小于 5m。当桥台的高度大于 5m 时，搭板的长度不宜小于 8m。桥头搭板的宽度宜与桥台侧墙内缘相齐，并用柔性材料隔离，最小宽度不应小于行车道的宽度。桥头搭板的厚度不宜小于 0.25m。长度超过 6m 的搭板，其厚度不宜小于 0.30m。

2.2.3.2 桥梁横断面设计

桥梁横断面设计（cross-sectional design of bridge）主要是确定桥面的宽度和桥跨结构横截面的形式。桥面宽度由行车和行人的交通需要决定。为保证桥梁的服务水平，桥面宽度应当与所在路基的宽度保持一致。行车道宽度与设计车速有关，《公路工程技术标准》（JTG B01—2014）规定了各级公路的建筑限界，如图 1-2-5 所示。**在规定的限界内，不得有任何结构部件等侵入**。路面各部分宽度可以分别从《公路工程技术标准》中取值。

在可能的情况下，高速公路、一级公路上的桥梁宜设计成上、下行两座分离的独立桥梁。临时性桥梁的桥面行车道宽度可不受上述规定的限制，但如下部结构为永久性时，其墩台的宽度应符合相应的规定。城市桥梁及位于大、中城市近郊的公路桥梁的桥面净空尺寸，应考虑城市的实际交通量及其发展要求加以确定。在弯道上的桥梁，应按路线要求予以加宽并适当设置超高。

高速公路上的桥梁应设置检修道，不宜设人行道。其他各级公路上的桥梁上应根据需要设置人行道和自行车道，并应与前后路线布置协调。人行道、自行车道与行车道之间，应设分隔设施。一个自行车道的宽度为 1.0m；当单独设置自行车道时，一般不宜小于两个自行车道的宽度。人行道的宽度宜为 1.0m；大于 1.0m 时，按 0.5m 的级差增加。漫水桥和过水路面可不设人行道。

2.2.3.3 桥梁平面布置（plane arrangement of bridge）

桥梁的线形及桥头引道要保持平顺，使车辆能平稳地通过。一般地，高速公路、一级公路上的大、中桥及二、三、四级公路上的小桥的线形及其与公路的衔接，应符合路线布设的规定。二、三、四级公路上的大、中桥线形一般为直线。但当桥面受到两岸地形限制时，也允许修建曲线桥，这时，其各项技术指标应符合路线布设的规定。

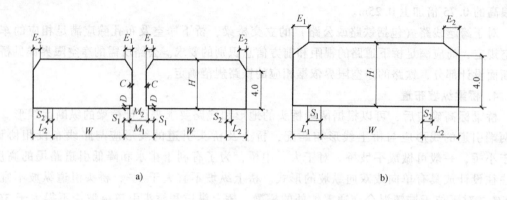

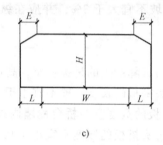

图 1-2-5　各级公路的建筑界限

a) 高速公路、一级公路（整体式）　b) 高速公路、一级公路（分离式）　c) 二、三、四级公路

W—行车道宽度　L_1、L_2—左、右硬路肩宽度　S_1、S_2—左、右路缘带宽度

L—侧向宽度（二级公路的侧向宽度为硬路肩宽度，三、四级公路的侧向宽度为硬路肩宽度，为路肩宽度减去 0.25m）

C—当设计速度大于 100km/h 时为 0.5m，小于或等于 100km/h 时为 0.25m

D—路缘石高度，小于或等于 0.25m，一般情况下，高速公路可不设路缘石

M_1、M_2—中间带、中央分隔带宽度　E—建筑限界顶角宽度（当 $L \leqslant 1m$ 时，$E=L$；当 $L>1m$ 时，$E=1m$）

E_1—建筑限界顶角宽度（当 $L_1<1m$ 时，$E_1=L_1$；或 $S_1+C<1m$，$E=S_1+C$；当 $L_1 \geqslant 1m$ 或 $S_1+C \geqslant 1m$ 时，$E_1=1m$）

E_2—建筑限界顶角宽度，$E_2=1m$　H—净空高度

从桥下泄洪要求及桥梁安全角度考虑，桥梁纵轴线应尽可能与洪水主流流向正交。对通航河流上的桥梁，其墩台沿水流方向的轴线应与最高通航水位时的主流方向一致。当斜交不能避免时，交角不宜大于 5°；当交角大于 5° 时，应增加通航孔的净跨径。对于一般小桥，为了改善路线线形，或城市桥梁受原有街道的制约时，也允许修建斜交桥，但从桥梁本身的经济性和施工方便来说，斜交角通常不宜大于 45°。

另外，桥梁的平曲线半径、平曲线超高和加宽、缓和曲线、变速车道设置等，均应满足相应等级线路的规定。

2.3　桥梁设计方案比选

在初步设计阶段，为了获得经济、适用和美观的桥型设计方案，设计者需要运用丰富的桥梁建筑理论和实践经验，在了解掌握国内外新技术、新材料、新工艺的基础上，根据各种自然情况和技术条件，对拟定的各种桥梁方案在使用、经济、构造、施工、美观等各方面进行深入细致的分析研究工作，通过各方面的综合比较，得到科学合理的最优设计方案。

桥梁设计方案的比选和确定可按照以下步骤进行：

（1）明确各种标高的要求　在桥位纵断面图上，首先按比例绘出设计水位、通航水位、路堤顶面标高、桥面标高、桥下最小净空（或通航净空）、堤顶行车净空位置等。

（2）初拟桥型方案图式　在上述确定了各种标高的纵断面图上，根据泄洪总跨径的要求及前述的分孔原则，初步做出分孔规划后，即可拟出一系列可能实现的桥型方案图式。拟定桥型方案时思路要宽广，可以暂时不考虑经济、美观等方面的要求，尽可能多绘制一些图式，以免遗漏独具特点的可能桥型方案。

（3）方案初筛　对初拟的桥型方案作技术和经济上的综合分析和判断，剔除一些在经济上明显较差的方案，从中选出 2~4 个构思好、各具优点的方案，作为进一步详细研究和比较的桥型方案。

（4）编制详细的桥型方案　在作为初步设计的桥型方案确定之后，首先应对每一方案拟定结构主要尺寸，进行结构构件的分析和设计，每一桥梁设计方案图中应绘出附有河床断面及地质分层的立面图和横断面图。

（5）编制估算或概算　根据已经编制好的方案详图，可以计算出上、下部结构的主要工程数量，然后依据各省、市或行业的"估算定额"或"概算定额"，编制出各方案的主要材料（钢、木、混凝土等）用量、劳动力数量，并估算全桥的总造价。

（6）最优方案选定　设计方案的评价和比较要全面考虑各项指标，包括工程造价、建设工期、施工设备和能力、养护费用、运营适用性，以及桥型与环境美观等，综合分析每一方案的优缺点，最后选定一个符合当前条件的最佳推荐方案。在深入比较的过程中，应当及时发现并调整占优势方案中的不尽合理之处，还应吸取其他方案的优点，最后选定的方案甚至可能是集各方案长处的另一个新方案。

（7）文件整理与汇总　方案比选阶段的工作成果，除了绘制方案比选图以外，还应包括编制方案比选说明书。各方案图上应注明必要的数据，列出方案的主要材料数量，并附注各项说明，如比例、采用的规范名称、荷载等级等。说明书中应阐明设计任务，方案编制的依据和标准，各方案的主要特色、施工方法、设计概算，方案比较的综合性评述，对于推荐方案的较详细说明等。各种测量、地质勘察及水文调查资料、计算资料及造价估（概）算所依据文件名称等，均可作为附件载入。

2009 年建成通车的重庆朝天门长江大桥是重庆市城市总体规划中主城区规划的 16 座跨江特大桥之一。所选桥型除了满足通航及交通功能以外，还应要求结构新颖、外形美观，与城市环境相协调，能够适应今后的轨道交通过江需求，构想建成后可以成为新重庆的第一座标志性景观工程。在设计中选择了中承式无推力钢箱系杆拱桥、三跨连续钢桁架悬索桥及中承式无推力钢桁架系杆拱桥三个桥型方案进行比选（图 1-2-6），综合比较结果见表 1-2-3。经专家论证，结合重庆市的发展及朝天门大桥所处的特殊位置，推荐第三方案为首选方案。

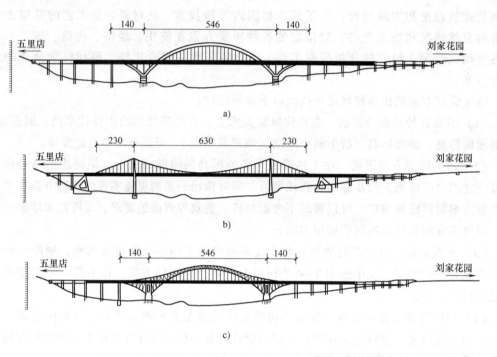

图 1-2-6 重庆朝天门大桥桥型方案比选 （尺寸单位：m）

a）方案一（主跨 546m 钢箱拱） b）方案二（主跨 630m 悬索桥） c）方案三（主跨 546m 钢桁拱）

表 1-2-3 重庆朝天门大桥三种桥型方案比较

方案		方案一 （主跨 140m+546m+140m） 钢箱系杆拱桥	方案二 （主跨 230m+630m+230m） 三跨连续悬索桥	方案三 （主跨 140m+546m+140m） 钢桁架拱桥
主桥长/m		826	1090	826
引桥长/m		900	656	900
全桥长/m		1726	1746	1726
施工阶段	施工方案要点及难易度	基础浅滩施工，局部围堰；主拱座为混凝土结构，现浇施工；主梁为钢箱拱肋，工厂生产，现场节段吊装拼接。有上海卢浦大桥的成功施工经验，施工工艺要求高，施工难度大。北岸塔架锚固工程需考虑度汛措施	基础浅滩施工，北岸隧道锚碇开挖可借鉴鹅公岩大桥；主塔为混凝土结构，滑模施工；主梁为钢桁架梁，工厂生产，现场安装，国内有多座同类大桥的成功施工经验，施工工艺要求高，施工难度一般	基础浅滩施工，局部围堰；主拱座为混凝土结构，翻模施工；主拱为钢桁架拱肋，缆索吊装；主梁为钢桁架梁，工厂生产，现场杆件吊装拼接。国内同类大桥的施工经验少，施工难度较大。北岸塔架锚固工程需考虑度汛措施
	抗风能力	施工阶段成拱速度快，合龙后有较好的抗风稳定性	施工阶段主梁悬臂长，合龙前抗风稳定性较差。主梁合龙后抗风稳定性好	施工阶段成拱速度快，合龙后有较好的抗风稳定性
	施工速度	总工期三年(紧张)	总工期三年(尚可)	总工期三年(紧张)

（续）

方案	方案一 （主跨 140m+546m+140m） 钢箱系杆拱桥	方案二 （主跨 230m+630m+230m） 三跨连续悬索桥	方案三 （主跨 140m+546m+140m） 钢桁架拱桥
运营阶段 技术水平	整体结构设计及施工技术先进,在同类结构中居领先水平	整体施工设计及施工技术先进,在同类结构中跨径偏小,但作为公路与轨道交通两用桥,其结构居领先水平	整体结构设计及施工技术先进,在同类结构中居领先地位
抗风抗震能力	成桥后抗风及抗震性能好	成桥后抗风及抗震性能好	成桥后抗风及抗震性能好
通航及行洪	航道宽敞,墩身庞大,扰流影响大,行洪能力较差,基础淘蚀更严重	航道宽敞,柱墩总宽度较小,扰流影响小,行洪能力好	航道宽敞,但柱墩墩身庞大,扰流影响大,行洪条件较差,基础淘蚀更严重
美学效果	主桥为拱桥,外形轮廓柔和,与周边环境协调融合,主拱为钢箱肋,透空视野差,主桥带有两平衡边跨,与引桥过渡衔接好,总体景观效果一般	主桥为桁架梁桥,透空视野好,主塔高耸挺拔,气势宏伟,主桥带有两边跨,与引桥过渡衔接好,总体景观效果好	主桥为拱桥,外形轮廓柔和,与周边环境协调融合,主拱主梁均为桁架结构,透空视野好,主桥带有两平衡边跨,与引桥过度衔接好,总体景观效果好
养护难易	主拱主梁为钢结构,需进行防腐处理,系杆及吊杆索需定期养护,拱座为混凝土结构,不需后期养护处理	主梁为钢结构,需进行防腐处理,主缆、吊杆均需定期防护。主塔为混凝土结构,不需后期养护	主拱主梁为钢结构,需进行防腐处理,工程量大,吊件需定期养护。杆件较多,养护困难。主拱座为混凝土结构,不需后期养护

思考题

1. 桥梁建设包括哪些程序和设计阶段?
2. 什么是三阶段设计?什么情况下采用三阶段设计?
3. 桥梁设计的基本原则是什么?
4. 桥梁平面设计、纵断面设计和横断面设计主要包括哪些内容?
5. 对较长的桥梁进行分孔时,一般要考虑哪些主要因素?
6. 桥梁设计方案比选的一般有哪些步骤?
7. 查阅相关工程实例,谈谈你对桥梁美学的理解。

桥梁结构根据使用任务的不同，除承受结构本身自重和各种附加重力之外，主要承受桥上各种交通荷载，如汽车荷载、人群荷载等，另外，桥梁结构处在自然环境之中，还要经受温度变化、风荷载、水浮力及地震等各种气候、水文等复杂因素的影响。

《桥通规》将施加在结构上的集中力或分布力（直接作用，也称为荷载）和引起结构外加变形或约束变形的原因（间接作用）统称为作用（action）；由作用引起的结构或结构构件的反应（如弯矩、扭矩、位移等）称为作用效应（effect of an action）。

桥梁作用分析是桥梁结构计算工作的重要部分，作用的种类、形式和大小选择是否恰当，关系到桥梁结构在服役年限内的安全可靠性，也关系到桥梁建设的经济合理性。

作用可以根据不同的观点分类，《桥通规》按照作用随时间的变异特点，将作用在桥梁结构上的作用分为四类：**永久作用**（permanent action）、**可变作用**（variable action）、**偶然作用**（accidental action）和**地震作用**（earthquake action），详见表1-3-1。

表1-3-1 桥梁作用的分类

序号	作用分类	作用名称
1	永久作用	结构重力（包括结构附加重力）
2		预加力
3		土的重力
4		土侧压力
5		混凝土收缩、徐变作用
6		水浮力
7		基础变位作用
8	可变作用	汽车荷载
9		汽车冲击力
10		汽车离心力
11		汽车引起的土侧压力
12		汽车制动力
13		人群荷载
14		疲劳荷载
15		风荷载
16		流水压力
17		冰压力

（续）

序号	作用分类	作用名称
18	可变作用	波浪力
19		温度（均匀温度和梯度温度）作用
20		支座摩阻力
21	偶然作用	船舶的撞击力
22		漂流物的撞击作用
23		汽车撞击作用
24	地震作用	地震作用

3.1 永久作用

永久作用是指在设计基准期内始终存在，且其量值变化与平均值相比可以忽略不计的作用，或其变化是单调的并趋于某个限值的作用。永久作用包括结构自重、桥面铺装及附属设备的重力、作用于结构上的土重力及土侧压力、基础变位作用、水浮力、长期作用于结构上的预加力及混凝土收缩和徐变作用等。永久作用采用标准值作为代表值。

对于结构自重、桥面铺装及附属设备等附加重力，其标准值可按结构物的实际体积或设计时假定的体积和材料的重度计算确定。其中，各种常用材料的重度可按《桥通规》中表4.2.1采用。

对于预应力混凝土桥梁，预加力在结构进行正常使用极限状态设计和使用阶段构件应力计算时，预加力应作为永久作用计算其主效应和次效应，并计入相应阶段的预应力损失，但不计由于预加力偏心距增大引起的附加效应。在结构进行承载能力极限状态设计时，预加力不应作为作用，而将预应力钢筋作为结构抗力的一部分，但在连续梁等超静定结构中，仍需考虑预加力引起的次效应。

作用于桥梁墩台上的土重力和土侧压力可参照《桥通规》中的第4.2.3条或《公路桥涵地基与基础设计规范》（JTG 3363—2019）所规定的方法计算。

混凝土收缩及徐变作用在外部超静定的混凝土结构、钢和混凝土的组合结构等桥梁结构中是必然产生的，而且是长期作用的，具体可按《公路钢筋混凝土及预应力混凝土桥涵设计规范》（JTG 3362—2018）（以下简称《公预规》）附录F的规定计算。

对于基础底面位于透水性地基上的桥梁墩台，当验算稳定性时，应考虑设计水位水浮力的影响。当验算地基承载力时，可只考虑低水位的浮力，或不考虑水的浮力。对基础嵌入不透水性地基的桥梁墩台可不考虑水的浮力。当不能确定地基是否透水时，应以透水或不透水两种情况与其他作用组合，取其最不利者。

对于超静定结构，当考虑地基压密等引起的长期变形影响时，应根据最终位移量计算构件的效应，这一效应一旦出现，也是长期作用在结构上。

各类永久作用可按相应规范的有关规定具体计算。值得指出的是，对于公路桥梁，结构物的自重往往在作用总效应中占有相当大的比重，跨径越大所占比重越大。所以，永久作用效应的计算应当引起足够的重视。

3.2　可变作用

可变作用是指在设计基准期内，其量值随时间而变化，且变化值与平均值相比不可忽略不计的作用。桥梁上的可变作用主要包括汽车荷载和人群荷载。同时，对于汽车荷载还应计及其冲击力、制动力、离心力及汽车引起的土侧压力。此外，可变作用还包括疲劳荷载、风荷载、流水压力、冰压力、波浪力、温度作用及支座摩阻力等。

3.2.1　汽车荷载

桥梁上行驶的车辆种类繁多，同一种车辆也有许多不同的型号和载重等级，而且随着我国交通运输事业的发展，出现了集装箱运输车等载重量越来越大的车辆。而设计时不可能对每种情况都进行计算，这就需要拟定一种既能概括目前各类车辆情况，又能适当考虑未来发展需要，同时便于在设计中应用的简明统一的荷载标准。

我国在对实际车辆的车型、行车规律、轮轴数目、间距及轴重等情况进行了大量的观测、综合和概括后，在《公路工程技术标准》（JTG B01—2014）和《桥通规》中规定了适用于公路桥涵或受车辆影响的构造物设计时所用的汽车荷载标准。

3.2.1.1　汽车荷载的等级和组成

汽车荷载分为公路—Ⅰ级和公路—Ⅱ级两个等级，它们分别由车道荷载和车辆荷载组成。桥梁结构的整体计算采用车道荷载；桥梁结构的局部加载、涵洞、桥台和挡土墙土压力等的计算采用车辆荷载。车道荷载与车辆荷载的作用不得叠加。

公路桥涵设计时，汽车荷载等级的选用与所在公路的等级有关，可依据表1-3-2的规定选用相应荷载等级。二级公路作为集散公路且交通量小、重型车辆少时，其桥涵的设计可采用公路—Ⅱ级汽车荷载。对交通组成中重载交通比重较大的公路桥涵，宜采用与该公路交通组成相适应的汽车荷载模式进行结构整体和局部验算。

表1-3-2　各级公路桥涵的汽车荷载等级

公路等级	高速公路	一级公路	二级公路	三级公路	四级公路
汽车荷载等级	公路—Ⅰ级	公路—Ⅰ级	公路—Ⅰ级	公路—Ⅱ级	公路—Ⅱ级

3.2.1.2　汽车荷载的计算图式及标准值

现行桥规规定，车道荷载为由均布荷载 q_k 和集中荷载 P_k 组成的计算图式，如图1-3-1所示。车道荷载是个虚拟荷载，它的荷载标准值 q_k 和 P_k 是由对实际汽车车队（车重和车间距）测定和效应分析得到的。

公路—Ⅰ级车道荷载的均布荷载标准值为 $q_k = 10.5\text{kN/m}$；集中荷载标准值 P_k 按表1-3-3取值。特别指出，计算剪力效应时，上述集中荷载标准值 P_k 应乘以系数1.2。

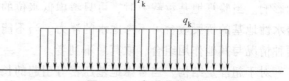

图1-3-1　车道荷载

表 1-3-3　集中荷载 P_k 取值

计算跨径 L_0/m	$L_0 \leqslant 5$	$5 < L_0 < 50$	$L_0 \geqslant 50$
P_k/kN	270	$2(L_0+130)$	360

公路—Ⅱ级车道荷载的均布荷载标准值 q_k 和集中荷载标准值 P_k 均按公路—Ⅰ级车道荷载的 0.75 倍采用。

车道荷载的均布荷载标准值应满布于使结构产生最不利效应的同号影响线上；集中荷载标准值只作用于相应影响线中一个最大影响线峰值处。

公路—Ⅰ级和公路—Ⅱ级汽车荷载采用相同的车辆荷载标准值。车辆荷载的立面布置和平面尺寸如图 1-3-2 所示，其主要技术指标规定见表 1-3-4。

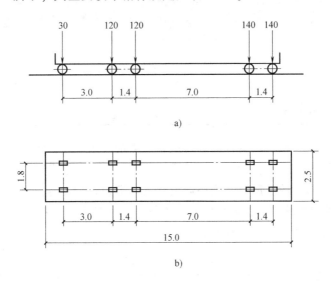

图 1-3-2　车辆荷载的立面、平面尺寸（单位：m；荷载单位：kN）

a）立面布置　b）平面尺寸

表 1-3-4　车辆荷载的主要技术指标

项目	技术指标	项目	技术指标
车辆重力标准值/kN	550	轮距/m	1.8
前轴重力标准值/kN	30	前轮着地宽度及长度/m	0.3×0.2
中轴重力标准值/kN	2×120	中、后轮着地宽度及长度/m	0.6×0.2
后轴重力标准值/kN	2×140	车辆外形尺寸（$\frac{长}{m} \times \frac{宽}{m}$）	15×2.5
轴距/m	3+1.4+7+1.4	—	—

车道荷载的横向分布系数应按设计车道数布置车辆荷载进行计算。在横向布置车辆时，既要考虑使桥梁获得最大的荷载效应，还要考虑车辆实际行驶需要足够的行车道宽度，车辆按图 1-3-3 所示的方式布置。桥涵设计车道数则应符合表 1-3-5 的规定。

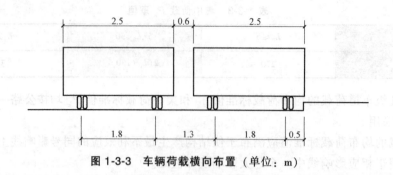

图 1-3-3　车辆荷载横向布置（单位：m）

表 1-3-5　桥涵设计车道数

桥面宽度 W/m		桥涵设计车道数	桥面宽度 W/m		桥涵设计车道数
车辆单向行驶时	车辆双向行驶时		车辆单向行驶时	车辆双向行驶时	
$W<7.0$	—	1	$17.5 \leqslant W<21.0$	—	5
$7.0 \leqslant W<10.5$	$6.0 \leqslant W<14.0$	2	$21.0 \leqslant W<24.5$	$21.0 \leqslant W<28.0$	6
$10.5 \leqslant W<14.0$	—	3	$24.5 \leqslant W<28.0$	—	7
$14.0 \leqslant W<17.5$	$14.0 \leqslant W<21.0$	4	$28.0 \leqslant W<31.5$	$28.0 \leqslant W<35.0$	8

汽车荷载横向折减：使桥梁构件的某一截面产生最大效应时，多车道上的汽车荷载同时处于最不利位置的可能性随着桥梁车道数的增加而减小，而桥梁设计时各个车道上的汽车荷载都是按最不利位置布置的，所以，当桥涵设计的车道数大于 2 时，由汽车荷载产生的效应应按表 1-3-6 进行横向折减。但折减后的效应不得小于两条车道布载的荷载效应。布置一条车道汽车荷载时，则应考虑汽车荷载的提高。

表 1-3-6　横向车道布载系数

横向布置设计车道数/条	1	2	3	4	5	6	7	8
横向折减系数	1.20	1.00	0.78	0.67	0.60	0.55	0.52	0.50

大跨径桥梁纵向折减：同样，随着桥梁跨度的增加，实际桥梁上通行的车辆达到高密度和重载的概率减小，因此，当桥梁计算跨径大于 150m 时，应考虑汽车荷载效应的纵向折减，纵向折减系数按表 1-3-7 的规定取值。当为多跨连续结构时，整个结构应按最大的计算跨径考虑汽车荷载效应的纵向折减。

表 1-3-7　纵向折减系数

计算跨径 L_0/m	纵向折减系数	计算跨径 L_0/m	纵向折减系数
$150<L_0<400$	0.97	$800 \leqslant L_0<1000$	0.94
$400 \leqslant L_0<600$	0.96	$L_0 \geqslant 1000$	0.93
$600 \leqslant L_0<800$	0.95	—	—

3.2.2　汽车冲击力

车辆以较高速度驶过桥梁时，桥面不平整、车轮不圆及发动机抖动等会引起桥梁结构的振动，使桥梁结构的内力和变形加大，这种动力效应通常称为冲击作用。也就是说，桥梁不仅承受汽车的重力作用，还受到一种冲击作用。冲击作用比较复杂，既有车体的振动，又有桥跨结构自身的变形和振动。迄今为止，还不能对冲击作用做出完全符合实际情况的理论分析和实际计算。设计中一般采用静力学的方法，即将汽车荷载标准值乘以冲击系数 μ（或称动力效应的增大系数）来考虑汽车荷载的冲击力。

钢桥、钢筋混凝土及预应力混凝土桥、圬工拱桥等上部构造和钢支座、板式橡胶支座、盆式橡胶支座及钢筋混凝土柱式墩台，应计算汽车的冲击作用。

当车辆的振动频率与桥跨结构的自振频率一致时，形成共振，其振幅（即挠度）比一般的振动大得多。振幅的大小与桥梁结构的阻尼大小及共振时间的长短有关。桥梁的阻尼主要与材料和连接方式有关，且随桥梁跨径的增大而减小。所以，增强桥梁的纵、横向连接刚度，对于减小共振影响有一定的作用。一般来说，刚度越小对动荷载的缓冲作用越强。现行规范结合公路桥梁可靠度研究成果，采用结构基频（自振频率）计算桥梁结构的冲击系数。桥梁结构的基频反映了结构的尺寸、类型、建筑材料等动力特性，直接反映了冲击系数与桥梁结构之间的关系。

桥梁结构的基频一般可用有限元方法计算，但对于简支梁桥和连续梁桥等常规结构，当无更精确的方法计算时，也可以采用《桥通规》中第 4.3.2 条条文说明中所列的公式估算。

（1）简支梁桥

$$f_1 = \frac{\pi}{2l^2}\sqrt{\frac{EI_c}{m_c}} \tag{1-3-1}$$

$$m_c = \frac{G}{g}$$

式中　l——结构的计算跨径（m）；

　　　E——结构材料的弹性模量（Pa）；

　　　I_c——结构跨中截面的截面惯矩（m^4）；

　　　m_c——结构跨中处的单位长度质量（kg/m）；

　　　G——结构跨中处延米结构重力（N/m）；

　　　g——重力加速度，$g = 9.81\text{m/s}^2$。

（2）连续梁桥

$$f_1 = \frac{13.616}{2\pi l^2}\sqrt{\frac{EI_c}{m_c}} \tag{1-3-2}$$

$$f_2 = \frac{23.651}{2\pi l^2}\sqrt{\frac{EI_c}{m_c}} \tag{1-3-3}$$

计算连续梁的冲击力引起的正弯矩效应和剪力效应时，采用基频 f_1，计算连续梁的冲击力引起的负弯矩效应时，采用基频 f_2。

拱桥、双塔斜拉桥的竖向弯曲基频及单跨简支悬索桥的反对称竖向弯曲基频详见《桥通规》中第 4.3.2 条条文说明。

冲击系数 μ 可依据结构基频 f 由下式计算得到：当 $f < 1.5\text{Hz}$ 时，$\mu = 0.05$；当 $1.5\text{Hz} \leqslant f \leqslant 14\text{Hz}$ 时，$\mu = 0.1767\ln f - 0.0157$；当 $f > 14\text{Hz}$ 时，$\mu = 0.45$。

鉴于结构物上的填料能起缓冲和扩散荷载作用，故对于填料厚度（包括路面厚度）等于或大于 0.5m 的拱桥和涵洞不计冲击力；重力式墩台因自重大，整体性好，冲击影响小，也不考虑冲击力；支座的冲击力按相应的桥梁取用。汽车荷载的局部加载及在 T 形梁、箱梁悬臂板上的冲击系数采用 0.3。

3.2.3 汽车离心力

位于曲线上的桥梁应计算汽车荷载引起的离心力。离心力是伴随着车辆在弯道行驶时产生的惯性力，以水平力的形式作用于桥梁结构，它是弯桥横向受力与抗扭设计计算要考虑的主要因素。

离心力标准值为车辆荷载（不计冲击力）标准值乘以离心力系数 C。离心力系数按下式计算

$$C = \frac{v^2}{127R} \tag{1-3-4}$$

式中　v——设计速度（km/h），应按桥梁所在路线设计速度采用；

　　　R——曲线半径（m）。

计算多车道桥梁的汽车荷载离心力时，车辆荷载标准值应乘以表 1-3-6 规定的横向车道布载系数。离心力的着力点在桥面以上 1.2m 处，为计算简便也可移至桥面上，不考虑由此引起的作用效应。

3.2.4 汽车引起的土侧压力

汽车荷载引起的土压力采用车辆荷载加载。汽车荷载作用在桥台或挡土墙后填土的破坏棱体上，将引起台背填土或挡土墙后填土的土侧压力，可按下式换算成等代均布土层厚度 h 计算

$$h = \frac{\sum G}{Bl_0\gamma} \tag{1-3-5}$$

$$B = 13 + H\tan 30°$$

式中　γ——土的重度（kN/m³）；

　　$\sum G$——布置在 $B \times l_0$ 面积内的车轮的总重力（kN），计算挡土墙的土压力时，车辆荷载
　　　　　　应按图 1-3-3 作横向布置，多车道加载时，车轮总重力应按表 1-3-6 进行折减；

　　　l_0——桥台或挡土墙后填土的破坏棱体长度（m）；

　　　B——桥台横向全宽或挡土墙的计算长度（m），但不应超过挡土墙分段长度；

　　　H——挡土墙高度（m），对墙顶以上有填土的挡土墙，为 2 倍墙顶填土厚度加墙高。

当挡土墙分段长度小于 13m 时，式（1-3-5）中的 B 取分段长度，破坏棱体内的车轮应按最不利情况布置轮重。

3.2.5 汽车制动力

制动力是汽车在桥上刹车时，为克服其惯性力而在车轮与桥面之间发生的滑动摩擦力，其作用方向与行车方向一致。制动力的大小与车轮和桥面间的摩擦系数及汽车荷载的大小有关。汽车制动时，车轮与桥面间的摩擦系数可以达到 0.5 以上，但考虑到刹车往往只限于一

部分车辆，所以制动力并不等于摩擦系数乘以全部车道荷载。

《桥通规》规定：汽车荷载制动力按同向行驶的汽车荷载（不计冲击力）计算，并应按表1-3-6的规定，以使桥梁墩台产生最不利纵向力的加载长度进行纵向折减。一个设计车道上由汽车荷载产生的制动力标准值按车道荷载标准值在加载长度上计算的总重力的10%计算，但公路—Ⅰ级汽车荷载的制动力标准值不得小于165kN，公路—Ⅱ级汽车荷载的制动力标准值不得小于90kN。同向行驶双车道的汽车荷载制动力为一个设计车道制动力的两倍；同向行驶三车道为一个设计车道的2.34倍；同向行驶四车道为一个设计车道的2.68倍。

制动力的着力点在桥面以上1.2m处。计算墩台时，可移至支座铰中心或支座底座面上。计算刚构桥、拱桥时，制动力的着力点可移至桥面上，但不计因此而产生的竖向力和力矩。

设有板式橡胶支座的简支梁、连续桥面简支梁或连续排架式柔性墩台，应根据支座与墩台的抗推刚度的刚度集成情况分配和传递制动力。设有板式橡胶支座的简支梁刚性墩台，应按单跨两端的板式橡胶支座的抗推刚度分配制动力。

设有固定支座、活动支座（滚动或摆动支座、聚四氟乙烯板支座）的刚性墩台传递的制动力按表1-3-8的规定采用。每个活动支座传递的制动力，其值不应大于其摩阻力。当大于摩阻力时，按摩阻力计算。

表1-3-8　刚性墩台各种支座传递的制动力

桥梁墩台及支座类型		应计的制动力	符号说明
简支梁桥台	固定支座	T_1	
	聚四氟乙烯板支座	$0.30T_1$	
	滚动（或摆动）支座	$0.25T_1$	T_1—加载长度为计算跨径时的制动力；T_2—加载长度为相邻两跨计算跨径之和时的制动力；T_3—加载长度为一联长度的制动力
简支梁桥墩	两个固定支座	T_1	
	一个固定支座，一个活动支座	见注	
	两个聚四氟乙烯板支座	$0.30T_2$	
	两个滚动（或摆动）支座	$0.25T_2$	
连续梁桥墩	固定支座	T_3	
	聚四氟乙烯板支座	$0.30T_3$	
	滚动（或摆动）支座	$0.25T_3$	

注：固定支座按T_4计算，活动支座按$0.30T_5$（聚四氟乙烯板支座）计算或$0.25T_5$（滚动或摆动支座）计算，T_4和T_5分别为与固定支座或活动支座相应的单跨跨径制动力，桥墩承受的制动力为上述固定支座与活动支座传递的制动力之和。

3.2.6　人群荷载

当桥梁计算跨径小于或等于50m时，人群荷载标准值为$3.0kN/m^2$；当计算跨径等于或大于150m时，人群荷载标准值为$2.5kN/m^2$；当计算跨径为50~150m时，人群荷载标准值可由线性内插求得。对跨径不等的连续结构，以最大计算跨径为准。

对城镇郊区非机动车、行人密集地区的公路桥梁，人群荷载标准值取上述规定值的1.15倍；专用人行桥梁，人群荷载标准值为$3.5kN/m^2$。

人群荷载在横向应布置在人行道的净宽度内，在纵向施加于使结构产生最不利荷载效应的区段内。人行道板（局部构件）可以一块板为单元，按标准值$4.0kN/m^2$的均布荷载计算。计算人行道栏杆时，作用于栏杆立柱顶上的水平推力标准值取 0.75kN/m；作用在栏杆扶手上的竖向力标准值取 1.0kN/m。

3.2.7 疲劳荷载

《桥通规》增加了疲劳荷载计算模型。疲劳荷载计算模型 I 对应于无限寿命设计方法，采用等效的车道荷载，集中荷载为 $0.7P_k$，均布荷载为 $0.3q_k$，P_k 和 q_k 按汽车荷载的相关规定取值。应考虑多车道的影响，横向车道布载系数按表 1-3-5 取值。疲劳荷载计算模型 II 采用双车模型，两辆模型车轴距与轴重相同，其单车的轴重与轴距布置如图 1-3-4 所示。计算加载时，两模型车的中心距不得小于 40m。疲劳荷载计算模型 III 采用单车模型，模型车轴载及分布规定如图 1-3-5 所示。

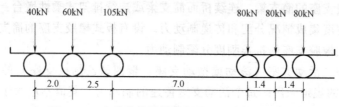

图 1-3-4 疲劳荷载计算模型 II（尺寸单位：m）

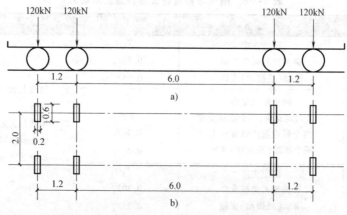

图 1-3-5 疲劳荷载计算模型 III（单位：m）

当构件和连接不满足疲劳荷载计算模型 I 验算要求时，应按模型 II 验算。桥面系构件（包括正交异性板、横隔板/梁、纵梁等直接承受车轮荷载的构件）的疲劳验算应采用疲劳荷载计算模型 III。

疲劳荷载计算模型 II 和 III 加载仅按单车道加载，多车道效应通过多车道效应系数考虑，具体参见《公路钢结构桥梁设计规范》（JTG D64—2015）。

3.2.8 风荷载

当空气以一定的速度向前运动，遇到桥梁结构物的阻碍时，就会使结构承受风荷载。对于大跨径桥梁，特别是斜拉桥和悬索桥，风荷载是极为重要的设计荷载，有时甚至对桥梁结构的强度、刚度和稳定性的设计起控制作用。

作用在单位面积上的风荷载称为风压，风压依据风速确定。风荷载标准值应按《公路桥梁抗风设计规范》（JTG/T D60-01—2018）的规定计算。在顺风向，风压常分为平均风压和脉动风压。在横风向，风流经过结构而产生旋涡，因旋涡的特性，横风向还会产生周期风压。

一般来说，风对结构作用的计算有三个不同的方面，对于顺风的平均风压，采用静力计算方法；对于顺风向的脉动风或横风向的脉动风，则应按随机振动理论计算；对于横风向的周期性风力，会产生横风向振动，偏心时还会产生扭转振动，通常作为确定荷载对结构进行动力计算。

3.2.9　温度作用

桥梁结构当要考虑温度作用时，应根据当地具体情况、结构物使用的材料和施工条件等因素计算由温度作用引起的结构效应。

计算桥梁结构因均匀温度作用引起外加变形或约束变形时，应从受到约束时的结构温度开始，考虑最高和最低有效温度的作用效应。当缺乏实际调查资料时，公路混凝土结构和钢结构的最高和最低有效温度标准值可按表 1-3-9 取用。

表 1-3-9　公路桥梁结构的有效温度标准值

气温分区	钢桥面板钢桥/℃		混凝土桥面板钢桥/℃		混凝土、石桥/℃	
	最高	最低	最高	最低	最高	最低
严寒地区	46	-43	39	-32	34	-23
寒冷地区	46	-21	39	-15	34	-10
温热地区	46	-9(-3)	39	-6(-1)	34	-3(0)

注：表中括号内数值适用于昆明、南宁、广州、福州地区。

计算桥梁结构由竖向温度梯度引起的效应时，可采用图 1-3-6 所示的竖向温度梯度曲线，图中的温度基数 T_1、T_2 与铺装层类型有关，具体根据《桥通规》中表 4.3.10-3 取值，见表 1-3-10。

表 1-3-10　竖向日照正温差计算的温度基数

结构类型	T_1/℃	T_2/℃
水泥混凝土铺装	25	6.7
50mm 沥青混凝土铺装层	20	6.7
100mm 沥青混凝土铺装层	14	5.5

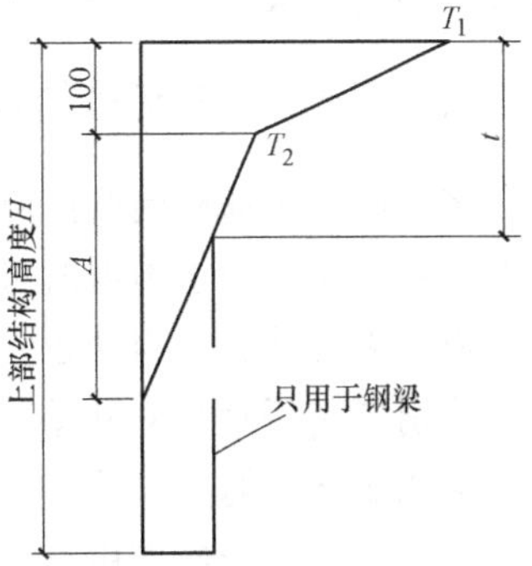

图 1-3-6　竖向温度梯度曲线（单位：mm）

3.2.10　支座摩阻力

支座摩阻力标准值可按下式计算

$$F = \mu W \tag{1-3-6}$$

式中　W——作用于活动支座上由上部结构重力产生的效应；

　　　μ——支座的摩擦系数，宜采用实测数据，无实测数据时可按表 1-3-11 取值。

表 1-3-11 支座摩擦系数

支座种类		μ
滚动或摆动支座		0.05
板式橡胶支座	支座与混凝土面接触	0.3
	支座与钢板接触	0.2
	聚四氟乙烯板与不锈钢板接触	0.06(加5201硅脂润滑后;温度低于-25℃时为0.078)
		0.12(不加5201硅脂润滑时;温度低于-25℃时为0.156)
盆式支座		加5201硅脂润滑后,常温型活动支座摩擦系数不大于0.03(支座适用温度为-25~+60℃)
		加5201硅脂润滑后,耐寒型活动支座摩擦系数不大于0.06(支座适用温度为-40~+60℃)
球形支座		加5201硅脂润滑后,常温型活动支座摩擦系数不大于0.03(支座适用温度为-25~+60℃)
		加5201硅脂润滑后,耐寒型活动支座摩擦系数不大于0.05(支座适用温度为-40~+60℃)

设计桥梁墩台时,尚需考虑流水压力或冰压力,可分别参考《桥通规》第4.3.9条和第4.3.11条计算。对位于外海、海湾、海峡的桥梁结构,其下部结构设计在必要的时候应考虑波浪力的作用影响。

3.3 偶然作用

偶然作用是指在设计基准期内不一定出现,一旦出现其量值很大,且持续时间很短的作用。它包括船舶或漂流物的撞击作用以及汽车的撞击作用。偶然作用会对结构安全产生非常巨大的影响,甚至导致桥梁破坏和交通中断。

3.3.1 船舶或漂流物的撞击作用

当桥梁位于通航河流或有漂流物的河流中时,修建其河中桥墩必须考虑船舶或漂流物的撞击作用。这个撞击力有时可达到1000kN以上,十分巨大。因此在可能的条件下,应采用实测资料进行计算。当缺乏实际调查资料时,内河船舶撞击作用标准值和海轮撞击作用标准值可分别按《桥通规》中表4.4.1-1和表4.4.1-2采用。漂流物撞击作用标准值可按上述规范第4.4.2条中的公式计算。

内河船舶的撞击作用点,假定为计算通航水位线以上2m的桥墩宽度或长度的中点,海轮船舶撞击作用点需视实际情况而定,漂流物的撞击作用点假定在计算通航水位线上桥墩宽度的中点。

3.3.2 汽车的撞击作用

桥梁结构必要时可考虑汽车的撞击作用。汽车撞击力设计值在车辆行驶方向应取1000kN,在车辆行驶垂直方向应取500kN,两个方向的撞击力不同时考虑。汽车撞击力的作用点位于行车道以上1.2m处,直接分布于撞击涉及的构件上。

对设有防撞设施的结构构件,可视防撞设施的防撞能力,对汽车撞击力设计值予以折减，但折减后的汽车撞击力设计值不应低于上述规定值的 1/6。

3.4　地震作用

对地震区桥梁应进行谨慎的抗震设计。地震作用主要是指地震时强烈的地面运动引起的结构惯性力，它是随机变化的动力作用，其值的大小取决于地震强烈程度和结构的动力特性（频率与阻尼）以及结构或杆件的质量。地震作用分为竖直地震作用与水平地震作用，但经验表明，地震的水平运动是导致结构破坏的主要因素。结构抗震验算时，一般主要考虑水平地震作用，因此，在工程设计中，凡计算作用在结构上的地震作用都是指水平地震作用（简称地震作用）。公路桥梁地震作用应符合《公路工程抗震规范》（JTG B02—2013）和《公路桥梁抗震设计细则》（JTG/T 2231-01—2020）的规定。

抗震设防要求以地震时地面最大水平加速度的统计值——地震动峰值加速度确定。地震基本烈度与设计基本地震动峰值加速度对应关系见表 1-3-12。

表 1-3-12　地震基本烈度和设计基本地震动峰值加速度对应表

地震基本烈度	6	7		8		9
水平向 A_h	$\geqslant 0.05g$	$0.01g$	$0.15g$	$0.20g$	$0.30g$	$\geqslant 0.40g$
竖向 A_v	0	0		$0.10g$	$0.17g$	$0.25g$

抗震设防烈度为 6 度及 6 度以上（地震动峰值加速度 $\geqslant 0.05g$）地区的公路桥梁，必须进行抗震设计。抗震设防烈度大于 9 度（地震动峰值加速度 $\geqslant 0.40g$）地区的公路桥梁和有特殊要求的大跨径或特殊桥梁，其抗震设计应作专门的研究。抗震设防烈度小于 6 度（地震动峰值加速度 $<0.05g$）的地区，除有特殊要求外，可对桥梁采用简易设防。

3.5　作用代表值及作用组合

3.5.1　作用的代表值

作用具有变异性，但在结构设计时，不可能直接引用作用随机变量或随机过程的各类统计参数通过复杂的计算进行设计。

作用代表值（representative value of an action）**是极限状态设计所采用的作用值，可以是作用的标准值或可变作用的伴随值。**桥梁结构的设计要求不同，采用的作用代表值也不同，这样可以更确切、更合理地反映作用对结构在不同设计要求下的特点。

作用的标准值（characteristic value of an action）是作用的基本代表值，可根据对观测数据的统计、作用的自然界限或工程经验确定。其值可根据作用在设计基准期内（公路桥梁结构的设计基准期为 100 年）的最大概率分布的某一分位值确定。

可变作用的伴随值（accompanying value of a variable action）是在作用组合中，伴随主导作用的可变作用值，可以是组合值、频遇值或准永久值。

可变作用的组合值（combination value of a variable action）由可变作用标准值乘以小于 1 的组合值系数 Ψ_c 得到。

可变作用的频遇值（frequent value of a variable action）是在设计基准期内被超越的总时间占设计基准期的比率较小的作用值，或被超越的频率限制在规定频率内的作用值。作用频遇值比标准值小，由可变作用标准值乘以小于1的频遇值系数 Ψ_f 得到。

可变作用的准永久值（quasi-permanent value of a variable action）在设计基准期内被超越的总时间占设计基准期的比率较大的作用值。其值比频遇值又要小些，由可变作用标准值乘以准永久值系数 Ψ_q 得到。Ψ_f 和 Ψ_q 的取值详见 3.5.2 节中的有关说明。

作用的设计值（design value of an action）应为作用的代表值与作用分项系数的乘积。

设计时，采用什么作用代表值往往与作用持续的时间长短有关。永久作用取其标准值作为代表值，永久作用标准值可根据统计、计算并结合工程经验综合分析确定。可变作用则应根据不同的极限状态分别采用不同的代表值。承载能力极限状态设计及按弹性阶段计算结构强度时应采用标准值作为可变作用的代表值。正常使用极限状态按短期效应（频遇）组合设计时应采用频遇值作为代表值；按长期效应（准永久）组合设计时，应采用准永久值作为可变作用的代表值。偶然作用取其设计值作为代表值，可根据历史记载、现场观测和试验，并结合工程经验综合分析确定，也可根据有关标准的专门规定确定。地震作用的代表值为其标准值，地震作用的标准值应根据《公路工程抗震规范》（JTG B02—2013）的规定确定。

作用的设计值应为作用的标准值或组合值乘以相应的作用分项系数。

3.5.2 作用组合

各种作用并非同时作用于桥梁上，它们发生的概率也各不相同，因此，公路桥涵结构设计应根据作用的重要性不同和同时出现的可能性进行适当的组合，取其最不利组合进行设计。《桥通规》按承载能力极限状态和正常使用极限状态两种极限状态进行**作用效应组合**（combination for action effects）。下面介绍《桥通规》中有关作用组合的原则和规定。

1. 按承载能力极限状态设计时的作用组合

公路桥涵结构按承载能力极限状态设计时，对持久设计状况和短暂设计状况应采用作用的基本组合，对偶然设计状况应采用作用的偶然组合，对地震设计状况应采用作用的地震组合，并应符合下列规定：

（1）**基本组合** 作用的基本组合是指永久作用设计值与可变作用设计值的组合。这种组合用于结构的常规设计，是所有公路桥梁结构都应该考虑的。作用基本组合的效应设计值可按下式计算

$$S_{ud} = \gamma_0 S\Big(\sum_{i=1}^{m} \gamma_{G_i} G_{ik}, \gamma_{Q_1}\gamma_L Q_{1k}, \Psi_c \sum_{j=2}^{n} \gamma_{L_j}\gamma_{Q_j} Q_{jk}\Big) \tag{1-3-7}$$

或

$$S_{ud} = \gamma_0 S\Big(\sum_{i=1}^{m} G_{id}, Q_{1d}, \sum_{j=2}^{n} Q_{jd}\Big) \tag{1-3-8}$$

式中 S_{ud}——承载能力极限状态下作用基本组合的效应组合设计值；

$S(\quad)$——作用组合的效应函数；

γ_0——结构重要性系数，设计安全等级一级、二级和三级分别取 1.1、1.0、和 0.9（特大桥和重要大桥的设计安全等级为一级，大桥、中桥、重要小桥为二级，小桥和涵洞为三级）；

γ_{G_i}——第 i 个永久作用的分项系数，按表 1-3-13 的规定采用；

G_{ik}、G_{id}——第 i 个永久作用的标准值、设计值；

　　γ_{Q_1}——汽车荷载（含汽车冲击力、离心力）的分项系数（采用车道荷载计算时，取 $\gamma_{Q_1}=1.4$；采用车辆荷载计算时，其分项系数 $\gamma_{Q_1}=1.8$；当某个可变作用在组合中其效应值超过汽车荷载效应时，则该作用取代汽车荷载，其分项系数取 $\gamma_{Q_1}=1.4$；对专为承受某作用而设置的结构或装置，设计时该作用的分项系数取 $\gamma_{Q_1}=1.4$；计算人行道板和人行道栏杆的局部荷载，其分项系数也取 $\gamma_{Q_1}=1.4$）；

Q_{1k}、Q_{1d}——汽车荷载（含汽车冲击力、离心力）的标准值和设计值；

　　γ_{Q_j}——在作用组合中除汽车荷载（含汽车冲击力、离心力）、风荷载外的其他第 j 个可变作用的分项系数，取 $\gamma_{Q_j}=1.4$，但风荷载的分项系数取 $\gamma_{Q_j}=1.1$；

Q_{jk}、Q_{jd}——在作用组合中除汽车荷载（含汽车冲击力、离心力）外的其他第 j 个可变作用的标准值和设计值；

　　Ψ_c——在作用组合中除汽车荷载（含汽车冲击力、离心力）外的其他可变作用的组合系数，取 $\Psi_c=0.75$；

　　γ_{L_j}——第 j 个可变作用的结构设计使用年限荷载调整系数，公路桥涵结构的设计使用年限按《公路工程技术标准》（JTG B01—2014）取值时，可变作用的设计使用年限荷载调整系数取 $\gamma_{L_j}=1.0$；否则，γ_{L_j} 取值应通过专题研究确定。

表 1-3-13　永久作用效应的分项系数

编号	作用类别		永久作用效应分项系数	
			对结构的承载能力不利时	对结构的承载能力有利时
1	混凝土和圬工结构重力（包括结构附加重力）		1.2	1.0
	钢结构重力（包括结构附加重力）		1.1 或 1.2	
2	预加力		1.2	1.0
3	土的重力		1.2	1.0
4	混凝土的收缩及徐变作用		1.0	1.0
5	土侧压力		1.4	1.0
6	水的浮力		1.0	1.0
7	基础变位作用	混凝土和圬工结构	0.5	0.5
		钢结构	1.0	1.0

（2）偶然组合　偶然组合是永久作用标准值与可变作用某种代表值、一种偶然作用设计值的组合。与偶然作用同时出现的可变作用，可根据观测资料和工程经验取用频遇值或准永久值。视具体情况，也可不考虑可变作用参与组合。作用偶然组合的效应设计值可按下式计算

$$S_{ad}=S\left[\sum_{i=1}^{m}G_{ik},A_{d},(\Psi_{f1}\ 或\ \Psi_{q1})Q_{1k},\sum_{j=2}^{n}\Psi_{qj}Q_{jk}\right] \tag{1-3-9}$$

式中
S_{ad}——承载能力极限状态下作用偶然组合的效应设计值；

A_d——偶然作用的设计值；

Ψ_{f1}——汽车荷载（含汽车冲击力、离心力）的频遇值系数，取 $\Psi_{f1} = 0.7$；当某个可变作用在组合中其效应值超过汽车荷载效应时，则该作用取代汽车荷载，人群荷载 $\Psi_{f1} = 1.0$，风荷载 $\Psi_{f1} = 0.75$，温度梯度作用 $\Psi_{f1} = 0.8$，其他作用 $\Psi_{f1} = 1.0$；

$\Psi_{f1} Q_{1k}$——汽车荷载的频遇值；

Ψ_{q1}、Ψ_{qj}——第1个和第 j 个可变作用的准永久值系数，汽车荷载（含汽车冲击力、离心力）$\Psi_q = 0.4$，人群荷载 $\Psi_q = 0.4$，风荷载 $\Psi_q = 0.75$，温度梯度作用 $\Psi_q = 0.8$，其他作用 $\Psi_q = 1.0$；

$\Psi_{q1} Q_{1k}$、$\Psi_{qj} Q_{jk}$——第1个和第 j 个可变作用的准永久值。

（3）地震组合　地震组合的效应设计值应按照《公路工程抗震设计规范》以及《公路桥梁抗震设计规范》（JTG/T 2231-01—2020）的有关规定计算。

作用偶然组合和地震组合用于结构在特殊情况下的设计，所以不是所有公路桥涵结构都要采用，一些结构也可以采取构造或其他预防措施加以解决。

2. 按正常使用极限状态设计时的作用组合

公路桥涵结构按正常使用极限状态设计时，应根据不同的设计要求，采用作用的频遇组合或准永久组合。

（1）频遇组合　作用频遇组合是永久作用标准值与汽车荷载频遇值、其他可变作用准永久值的组合。作用频遇组合的效应设计值可按下式计算

$$S_{fd} = S\left(\sum_{i=1}^{m} G_{ik}, \Psi_{f1} Q_{1k}, \sum_{j=2}^{n} \Psi_{qj} Q_{jk} \right) \qquad (1\text{-}3\text{-}10)$$

式中　S_{fd}——作用频遇组合的效应设计值；

Ψ_{f1}——汽车荷载（不计汽车冲击力）频遇值系数，取 0.7。

（2）准永久组合　作用准永久组合是永久作用标准值与可变作用准永久值的组合。作用准永久组合的效应设计值可按下式计算表达式为

$$S_{qd} = S\left(\sum_{i=1}^{m} G_{ik}, \sum_{j=2}^{n} \Psi_{qj} Q_{jk} \right) \qquad (1\text{-}3\text{-}11)$$

式中　S_{qd}——作用准永久组合的效应设计值；

Ψ_{qj}——汽车荷载（不计汽车冲击力）准永久值系数，取 0.4。

应当指出的是，在进行作用效应组合时，只有在结构上可能同时出现的作用，才进行其效应的组合。当结构或结构构件需要做不同受力方向的验算时，则应以不同方向的最不利作用效应进行计算。当可变作用的出现对结构或结构构件产生有利的影响时，该作用不应参与组合。实际不可能同时出现或同时参与组合概率很小的作用，按表1-3-14规定不考虑其组合。多个偶然作用不同时参与组合。地震作用不与偶然作用同时参与组合。

施工阶段作用效应组合，应按计算需要及结构所处条件确定，结构上的施工人员和施工机具设备均应作为临时荷载加以考虑。组合式桥梁，当把底梁作为施工支撑时，作用组合效应宜分两个阶段计算，底梁受荷为第一个阶段，组合梁受荷为第二个阶段。

表 1-3-14　可变作用不同时组合表

作　用　名　称	不与该作用同时参与组合的作用编号
汽车制动力	流水压力、波浪力、冰压力、支座摩阻力
流水压力	汽车制动力、波浪力、冰压力
波浪力	汽车制动力、流水压力、冰压力
冰压力	汽车制动力、流水压力、波浪力
支座摩阻力	汽车制动力

思 考 题

1. 桥梁作用分哪几类？熟悉现行桥规关于作用的具体规定。

2. 为什么要进行桥梁作用的横向和纵向折减？

3. 解释下列桥梁工程常用术语。

作用　作用效应　永久作用　可变作用　偶然作用

作用的代表值　作用的标准值　作用的伴随值

4. 桥梁结构应按哪两类极限状态进行设计？分别如何进行作用效应组合？

4.1 桥面组成与布置

桥面构造通常包括桥面铺装、防水与排水系统、桥面伸缩缝、人行道（或安全带）、缘石、栏杆（或护栏）及照明灯柱等，图1-4-1所示为桥面的一般构造。

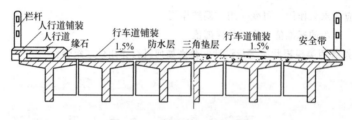

图1-4-1 桥面的一般构造

桥面构造多属外露部位，直接与外界（包括车辆、行人、大气等）接触，对桥梁的主要结构起保护作用，使桥梁能够正常发挥功能，也对行车安全和桥梁的美观起着重要的作用。对于现代化高速交通体系中的桥梁，桥面构造更显示出不可忽视的重要性。

桥面构造本身对环境的影响十分敏感，属于桥梁工程的薄弱环节。但由于桥面构造工程量小，项目繁杂，以及其附属性的地位，往往在设计和施工中得不到应有的重视，从而有可能导致运营过程中产生弊病，影响桥梁的正常使用，增加维修养护的费用，甚至被迫中断交通。因此，必须全面了解桥面构造各部件的工作性能，合理选择，认真设计，精心施工。

4.2 桥面铺装

4.2.1 桥面铺装的作用及要求

桥面铺装也称为行车道铺装，或桥面保护层，它是车轮直接作用的部分。桥面铺装的作用是防止车辆轮胎或履带直接磨耗属于主梁整体部分的行车道板，防止主梁遭受雨水的侵蚀，并对车辆轮重等集中荷载起到一定的分布作用，使主梁受力均匀。因此，桥面铺装要有一定的强度，有能够抗车辙、抗冲击、抗疲劳、抗滑耐磨、低温抗裂、不透水、刚度好及行车舒适等性能。另外，桥面铺装部分自重在桥梁结构重力中占有相当的比重，尤其对中小跨径的桥梁更为显著，故在设计中还应该尽量减小铺装的自重。如果设计时考虑了铺装层参与桥面板的受力，还应确保铺装层与桥面板紧密结合成整体。

4.2.2　桥面横坡的设置

为了迅速排除桥面雨水，防止或减少雨水对桥面铺装的渗透，从而保护行车道板，延长桥梁的使用寿命，通常桥梁除了设置纵坡外，尚应在桥面上设置横坡。

桥面横坡通常沿双向设置（当按上下行两座独立的桥布置时，也可设成单向坡），横坡坡度可按路面横坡取用或增加 0.5%，一般为 1.5% ~ 3%。对沥青混凝土或水泥混凝土铺装，行车道路面普遍采用抛物线形横坡，人行道则采用直线形。桥面横坡通常有三种设置形式：

1）对于板桥或就地浇筑的肋梁桥，为了节省铺装材料并减小结构重力，可以将墩台顶部做成倾斜的，横坡直接设置在墩台顶部，而使桥梁上部构造形成双向倾斜。此时，铺装层在整个桥宽上就可以做成等厚度的形式（图1-4-2a）。

2）对于装配式肋梁桥，为了使主梁构造简单、架设与拼装方便，通常采用不等厚度的铺装层以构成桥面横坡。具体做法为，首先铺设一层厚度变化的混凝土三角垫层形成双向倾斜，再铺设等厚度的桥面铺装层（图1-4-2b）。

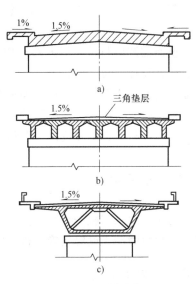

图 1-4-2　桥面横坡的设置

3）对比较宽的桥梁（或城市桥梁）用三角垫层设置横坡，将使混凝土用量与结构重力增加过多。此时，可直接将行车道板做成倾斜面而形成横坡（图1-4-2c）。但这样会使主梁的构造稍趋复杂，给制作带来一定的麻烦。

4.2.3　桥面铺装的类型

桥面铺装的结构形式应与所在位置的公路路面相协调。除特大桥外，桥面铺装的结构形式应与该路段的面层结构保持一致，目前常采用碎（砾）石、沥青表面处理、水泥混凝土和沥青混凝土等类型。其中，碎（砾）石和沥青表面处理桥面铺装耐久性较差，仅在中级和低级公路桥梁上使用。水泥混凝土和沥青混凝土桥面铺装能满足各项要求，应用广泛。特别是高速公路和一级公路上的特大桥、大桥的桥面铺装宜采用沥青混凝土。

水泥混凝土铺装的耐磨性能好，适合重载交通，但养护期长，日后修补较麻烦。铺装层的混凝土强度等级不应低于C40，铺装面层厚度（不含整平层和垫层）不小于80mm。铺设时要求有较好的密实度，避免二次成型。为使铺装层具有足够的强度和良好的整体性（能起联系各主梁共同受力的作用），铺装层内还应配置直径不小于8mm、间距不大于100mm的双向钢筋网，钢筋网顺桥向和横桥向每延米长度截面面积均不小于500mm^2。水泥混凝土桥面铺装应设伸缩缝以避免产生开裂，纵向每个车道设置一道，横向每3~5m设置一道。水泥混凝土桥面铺装尚应符合《公路水泥混凝土路面设计规范》（JTG D40—2011）的有关规定。

沥青混凝土桥面铺装应由粘结层、防水层及沥青表面层组成（图1-4-3）。高速公路和一、二级公路上桥梁的沥青混凝土铺装层厚度为70~80mm，必要时可增至100mm；三级及三级以下公路桥梁铺装层为 50～80mm。

沥青铺装应按照《公路沥青路面设计规范》（JTG D50—2017）的有关规定办理。沥青混凝土铺装的自重较小，维修养护方便，铺筑后几小时就能通车运营，行车舒适，但容易老化和变形，受温度影响较大。

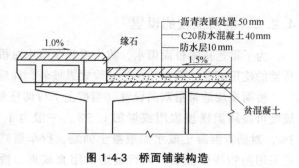

图 1-4-3　桥面铺装构造

桥面铺装应与桥梁的上部结构综合考虑、协调设计。桥梁设计时，一般不考虑桥面铺装参与主梁受力，但桥面铺装采用水泥混凝土时，如在施工中能确保铺装层与行车道板紧密结合成整体，则铺装层的混凝土（除去作为车轮磨耗的部分，可取 10～20mm 厚）也可以计算在行车道的厚度内，与行车道板共同受力，以充分发挥这部分材料的作用。

4.3　桥面防水与排水设施

为防止雨水滞积于桥面并渗入梁体而影响桥梁结构的耐久性，同时保障桥面行车通畅、安全，桥面铺装应设置完善的桥面防水和排水系统。

4.3.1　防水层

沥青混凝土和水泥混凝土都是不能完全防水的，桥面的防水主要通过设置防水层来完成。防水层是防止桥面雨水向主梁渗透的隔水层，它的作用是将透过铺装层渗下的雨水汇集于排水系统（泄水管）排出。桥面的防水层一般设置在桥面铺装层的下面（图 1-4-3），必须保证层间结合得密实牢固。防水层应采用便于施工、坚固耐久、质量稳定的防水材料。设置形式和方法应根据当地的气候条件、雨量情况及桥梁的具体结构形式等确定。当前，桥面铺装中常用的防水层有以下三种类型：

1）沥青涂胶下封层和沥青砂胶防水层。前者是首先洒布薄层沥青或改性沥青，其上再撒布一层砂子，然后经反复碾压形成。后者的沥青厚度为 4～20mm，铺成一层或二层后，在上面撒砂，以增加与面层的粘附性能。沥青砂胶的填料含量一般为 30%～50%，粘结料含量为 13%～18%。

2）高分子聚合物涂料，如聚氨酯胶泥、环氧树脂、阳离子乳化沥青、氯丁胶乳等。高分子聚合物涂料不但具有优异的弹塑性、耐热性和粘结性，而且具有与石油沥青制品良好的亲和性，能适应沥青混凝土在高温条件下施工。高分子聚合物涂料施工简单方便，安全无污染，近年来得到广泛的使用，已成为各类大中型桥梁桥面防水施工的专用涂料。

3）沥青或改性沥青防水卷材及浸渍沥青的无纺土工布等。沥青防水卷材用作防水层，造价高，施工麻烦费时。由于削弱了行车道板和铺装层之间的连接，如果施工处理不当，将使桥面铺装层似有一弹性垫层，在车轮荷载作用下，铺装层容易起壳开裂。此时，为了增强桥面铺装的抗裂性，可在防水层之上的混凝土铺装层或垫层内铺设直径 3～6mm 的钢筋网，网格尺寸为 150mm×150mm～200mm×200mm。

近年来，随着桥面铺装材料应用技术的进步，桥面防水形式逐渐多样化。根据建桥地区不同，可以直接采用 C50 以上防水纤维混凝土或 4~8mm 改性沥青混凝土进行桥面铺装、8cm 沥青混凝土+10cm 钢筋网混凝土组合桥面铺装等。

4.3.2 排水系统

桥面排水系统主要由桥面纵坡、横坡并设置一定数量的泄水管等组成。泄水管的设置应依据设计径流量计算确定，但最大间距不宜超过 20m。通常当桥面纵坡大于 2%，而桥长小于 50m 时，一般雨水可流至桥头从引道上排除，桥上就可以不设专门的泄水管。此时，可在桥头引道的两侧设置流水槽，以免雨水冲刷引道路基。当桥面纵坡大于 2%，而桥长超过 50m 时，为防止雨水积滞于桥面，则宜每隔 12~15m 设置一个泄水管。当桥面纵坡小于 2% 时，一般应每隔 6~8m 设置一个泄水管。在高速公路和一级公路上，泄水管的间距为 4~5m。此外，在桥梁伸缩缝的上游方向应增设泄水管，在凹曲线的最低点及其前后 3~5m 处也应各设置一个泄水管。

泄水管可沿行车道两侧左右对称排列，也可交错排列。具体布置形式有以下三种：

（1）竖向泄水管 竖向泄水管常用于肋板式梁桥、箱形梁桥、肋拱桥及刚架拱桥、桁架拱桥等轻型拱桥上。泄水管通常设置在行车道的边缘处，离缘石的距离为 100~500mm（图 1-4-4）。竖向泄水管通过桥面板上预留的孔洞伸到桥面板下方，桥面积水流入泄水管后直接向下排放。为了防止泄水管堵塞，应在进水口处设置格栅盖板。也可将泄水管布置在人行道下面，如图 1-4-5 所示，桥面水通过设在缘石或人行道构件侧面的进水孔流入泄水孔。泄水管下端应伸出行车道板底面以下至少 150~200mm，以防止雨水浸润桥面板。如果桥面铺装层内设有防水层，则应让管道与防水层紧密结合，以便防水层上的渗水能通过泄水管道排出桥外。

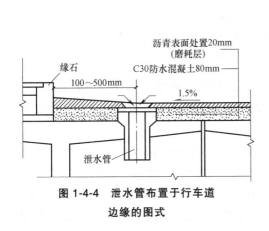

图 1-4-4 泄水管布置于行车道
边缘的图式

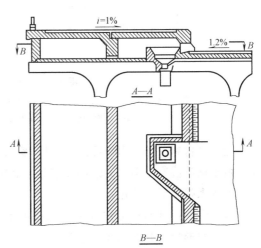

图 1-4-5 泄水管布置于人行道下的图式

（2）横向泄水管 对于不设人行道的小跨径板桥或实腹式拱桥，可以在行车道两侧的安全带或护栏下方预留横向孔道，将桥面积水沿横向直接排出桥外。泄水管口要伸出桥外 20~30mm，以便于滴水。这种做法构造简单、安装方便，但因孔道坡度较缓，往往易于阻塞（图1-4-6）。

（3）封闭式泄水管　对于跨越公路、铁路、通航河流的桥梁及城市桥梁，为保证桥下行车和行人的安全及公共卫生的需要，应像房屋建筑那样设置封闭式的排水系统，将流入泄水管中的雨水汇集到纵向排水管（或排水槽）内，并通过设在墩台处的竖向排水管（落水管）流入地面排水系统或河流中（图1-4-7）。当桥长较短时，纵向排水管的出水口可以设在桥梁两端的桥台处；对于长大桥，除了在桥台处设置出水口外，还需在某些桥墩处布置出水口，并利用竖向管道将水引到地面。为了不影响桥梁立面的美观，纵向排水管道一般可设在箱梁中或梁肋内侧。竖向排水管道应尽可能布置在墩台壁的预留槽中，或者布置在墩台内部预留的孔道中。

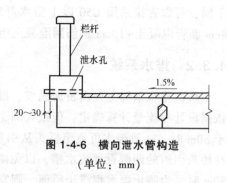

图1-4-6　横向泄水管构造

（单位：mm）

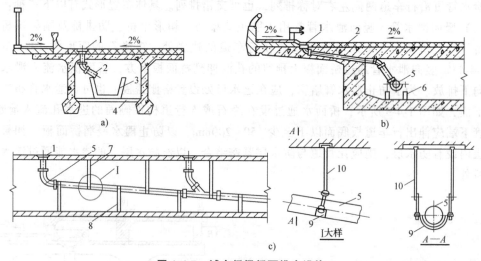

图1-4-7　城市桥梁桥面排水设施

1—泄水漏斗　2—泄水管　3—钢筋混凝土斜槽　4—横梁　5—纵向排水管

6—支撑结构　7—悬吊结构　8—支柱　9—弧形箍　10—吊杆

泄水管材料一般采用铸铁、钢材、钢筋混凝土及塑料（聚氯乙烯PVC或聚乙烯PE）等。由于钢筋混凝土泄水管道制作麻烦，目前已很少采用。塑料管则以其优越的性能在工程中得到越来越广泛的使用。

泄水管的过水面积可按每平方米桥面上不少于 $200 \sim 300 mm^2$ 设置。泄水管可采用圆形或矩形，圆形泄水管的内径一般为 $100 \sim 150 mm$（高速公路和一级公路采用 $150 mm$）；矩形泄水管口的宽度宜为 $200 \sim 300 mm$，长度为 $300 \sim 400 mm$。泄水管口顶部采用金属格栅盖板，其顶面应比周围路面低 $50 \sim 100 mm$。排水管一般也采用铸铁管、钢管或塑料管，其内径应等于或大于泄水管的内径。排水槽宜采用铝质或钢质材料，也可采用水泥混凝土预制件，其横截面为矩形或U形，宽度和深度均宜为 $200 mm$ 左右。纵向排水管或排水槽的坡度不得小于 0.5%。桥梁伸缩缝处的纵向排水管或排水槽还应设置可供伸缩的柔性套筒。寒冷地区的竖向排水管，其末端宜距地面 $500 mm$ 以上。

4.4　桥梁伸缩缝与无缝桥梁

4.4.1　伸缩缝的作用与要求

为保证在气温变化、混凝土收缩与徐变及荷载等因素作用下，桥梁结构能够按静力图式自由地变形，并保证车辆平稳地通过，应在两相邻梁端之间、梁端与桥台背墙之间设置伸缩缝，并在伸缩缝处设置伸缩装置。应特别注意，在伸缩缝附近的栏杆、人行道等结构也应断开，以满足梁体的自由变形。

桥梁伸缩装置直接暴露在大气中，承受车辆、人群荷载的反复作用，很小的缺陷和不足就会引起跳车等不良现象，从而使其承受很大的冲击，甚至影响到桥梁结构本身和通行者的生命安全，是桥梁结构中最易损坏又较难修缮的部位。在设计与施工过程中，应给予足够的重视。

桥梁伸缩缝的设计和施工，应全面考虑下述几方面的要求：

1）能够满足桥梁自由伸缩和变形的要求，保证有足够的伸缩量。

2）伸缩装置需要承担各种车辆荷载，所以构造上必须牢固可靠，与桥梁结构连为整体，抗冲击，经久耐用。

3）构造简单，方便施工和安装。

4）车辆行驶时应平顺、无突跳和噪声，保证车辆平稳通过。

5）具有良好的密水性和排水性，防止雨水渗入和及时排除，能有效防止污物渗入阻塞。对于敞露式的伸缩缝要便于检查和清除缝下沟槽的污物。

6）养护、修理与更换方便。伸缩装置大修的周期应至少与面层的大修周期相同。

7）经济、价廉。

伸缩缝的变形量计算比较复杂，除了考虑温度变化、混凝土收缩与徐变引起的主要变位外，还要考虑荷载、墩台位移、地震、纵坡、斜交和曲线桥等因素引起的变位，同时应计入梁的制造和安装误差。具体计算时，可主要考虑以安装伸缩缝时的温度为基准，将温度变化引起的伸长量和缩短量，以及混凝土徐变和干燥收缩引起的收缩量作为基本的伸缩量。对于其他因素（如安装偏差等）引起的变形量，一般可作为安全富余量来考虑，通常可按计算变形量的30%估算。因而总的变形量为

$$\Delta l = \Delta l_t^+ + \Delta l_t^- + \Delta l_e + \Delta l_s + \Delta l_E \tag{1-4-1}$$

式中　Δl——伸缩缝总的变形量；

Δl_t^+、Δl_t^-——温度升高、下降引起的伸长量和缩短量；

Δl_e——混凝土徐变引起的梁收缩量；

Δl_s——混凝土干燥收缩引起的收缩量；

Δl_E——安全富余量。

对于大跨度桥梁，尚应计入荷载作用和梁体上、下温差等引起的梁端转角产生的变形量。

4.4.2　伸缩缝的类型

我国公路和城市桥梁中使用的伸缩装置种类较多，工程中可依据对变形量大小的要求加

以选择。当前，常用的伸缩装置有无缝式（暗缝式）伸缩缝、U形锌铁皮式伸缩缝、钢制伸缩缝、橡胶伸缩缝及组合式（模数式）伸缩缝等。

4.4.2.1 无缝式（暗缝式）伸缩缝

无缝式伸缩缝是在伸缩间隙中填入弹性材料，该处的桥面铺装也采用弹性较好的材料，并且使之与其他桥面铺装形成一个整体。实质上是通过接缝处弹性材料的变形实现伸缩的一种构造。简支梁桥中经常采用的桥面连续构造属于暗缝式伸缩缝。

TST碎石弹性伸缩缝是近年来开发应用的一种无缝式桥梁伸缩缝，它适用于伸缩量不超过50mm的中、小跨径桥梁，其构造形式如图1-4-8所示。在现场将特制的弹塑性复合材料TST加热熔融后，灌入经过清洗加热的碎石中，即形成了TST碎石弹性伸缩缝。碎石用以支承车辆荷载，TST弹塑性体在−25～+60℃条件下能够满足伸缩量的要求。

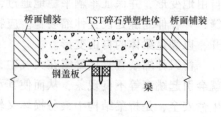

图1-4-8 TST碎石弹性伸缩缝

TST碎石弹性伸缩缝构造简单，施工方便快捷，易于维修和更换，通常施工完成后2～3h即可开放交通。TST碎石弹性伸缩缝使桥面铺装形成连续体，行车时不致产生冲击、振动等，舒适性较好，本身的防水性也较好。TST碎石弹性体可以在各个方向发生变形，因此这种弹性伸缩缝还可以满足弯桥、坡桥和斜桥在纵、横、竖三个方向的伸缩与变形，也可用于人行道伸缩缝。鉴于以上优点，TST碎石弹性体伸缩缝具有良好的应用前景。但由于这种伸缩缝是在路面铺装完成后再用切割器切割路面，并在其槽口内注入嵌缝材料而成的构造，故仅适用于较小的接缝部位，适用范围有所限制。

4.4.2.2 U形锌铁皮式伸缩缝

U形锌铁皮式伸缩缝是一种简易的伸缩装置。它是以U形锌铁皮作为跨缝材料，锌铁皮分上、下两层，上层的弯曲部分开凿梅花眼，其上设置石棉纤维过滤器，然后用沥青胶填塞（图1-4-9），以使桥面伸缩时锌铁皮随之变形。下层锌铁皮可将渗入的雨水横向排出桥外。人行道部分的伸缩缝构造，通常用一层U形锌铁皮跨搭，其上再填充沥青膏。这种伸缩缝构造简单，施工方便，造价低，采用相应的措施，还可以很好地配合桥面连续，但其使用寿命较短，使用效果不佳。U形锌铁皮式伸缩缝所能适应的变形量在20～40mm以内，一般仅用于中、小跨径的桥梁。

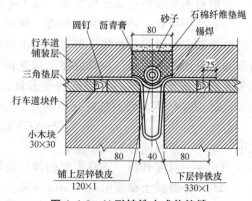

图1-4-9 U形锌铁皮式伸缩缝

（单位：mm）

4.4.2.3 钢板式伸缩缝

钢板式伸缩缝是用钢材作为跨缝材料，能直接承受车轮荷载的一种构造。过去，这种伸缩装置多用于钢桥，现也用于混凝土桥梁。钢板式伸缩缝的种类繁多，构造较复杂，能够适应较大范围的梁端变形。

（1）搭板式钢板伸缩缝 图1-4-10所示为最简单的搭板式钢板伸缩缝，它是用一块厚度约为 10mm 的钢板搭在断缝上，钢板的一侧焊接在锚固于铺装层混凝土内的角钢 1 上，另一侧可沿着对面的角钢 2 自由滑动。这种伸缩缝能适应的变形量为 40mm 以上。但由于其一侧固死，车辆驶过时，往往由于拍击作用而使结构破坏，大大影响了伸缩缝的使用寿命。为此，可借助螺杆弹簧装置来固定滑动钢板，以消除不利的拍击作用，并减小车辆荷载的冲击影响。

（2）梳齿形钢板伸缩缝 梳齿形钢板伸缩缝行驶性好，伸缩量大（可达 400mm 以上），在大、中型桥梁中得到普遍的采用，不仅能用于直桥，也能用于斜度很大的斜桥。按支承形式的不同，这种伸缩缝可分为悬臂式和支承式两种。图 1-4-11 为面层板呈齿形，从左右伸出桥面板间隙处相互啮合的悬臂式构造；支承式是左右伸出梳齿，并在齿的前端支承的一种形式。由于支承式在冲击荷载作用下，耐久性较差，故多采用悬臂式。梳齿形钢板伸缩装置的缺点是造价较高，制造加工困难，防排水能力差，清洁工作较困难。

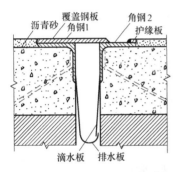

图 1-4-10 搭板式钢板伸缩缝

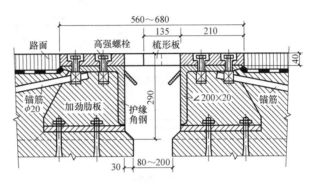

图 1-4-11 梳齿形钢板伸缩缝（悬臂式）（单位：mm）

4.4.2.4 橡胶伸缩缝

橡胶伸缩缝采用各种不同断面形状的橡胶带（或板）作为嵌缝材料。由于橡胶（一般为氯丁橡胶）既富有弹性，又易于粘贴，还能满足变形要求和具备防水功能，施工及养护维修也很方便，目前在国内外桥梁工程中得到广泛的应用。

橡胶伸缩缝根据橡胶带（或板）传力和变形机理的不同可分为嵌固对接式和剪切式两类。

（1）嵌固对接式橡胶伸缩缝 嵌固对接式伸缩装置，利用不同形状的钢构件将不同形状的橡胶条（带）嵌牢固定，以橡胶条（带）的拉压变形来吸收梁体的变形，伸缩体可以始终处于受压状态。橡胶带的断面有 3 节形、2 孔条形、3 孔条形、M 形、W 形和倒 U 形等形式。通常将梁架好后，在梁端焊上角钢，涂上胶后，再将橡胶嵌条强行嵌入，或用不同形状的钢构件将不同形状的橡胶条嵌牢固定。图 1-4-12 所示为 2 孔橡胶带伸缩缝装置。该类伸缩缝用于伸缩量不大于 80mm 的桥梁工程上。由于橡胶带伸缩缝的橡胶带容易弹跳出来，目前已较少采用。

（2）剪切式橡胶伸缩缝 图 1-4-13 所示

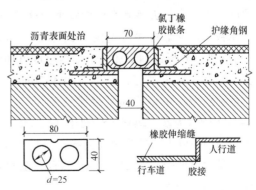

图 1-4-12 橡胶带伸缩缝（单位：mm）

为一种板式橡胶伸缩缝，它是利用橡胶伸缩体上下凹槽之间的剪切与拉压变形来适应梁体结构的相对位移，因此也称为剪切式橡胶伸缩缝。板内埋设加强钢板或在橡胶体下设置梳齿形托板跨越梁端间隙，承受车辆荷载。橡胶板两侧预埋两块锚固钢板，并设有预留螺栓孔，通过螺栓与梁端连成整体。板式橡胶伸缩缝是一种刚柔结合的装置，具有一定的竖向刚度，跨越间隙的能力大（变形范围可达 30～300mm），连接牢固可靠，行车平稳舒适，并具有良好的吸振作用。我国已生产出各种形式的板式橡胶伸缩装置，并投放到国内桥梁工程中应用，具有代表性的产品有 BF 型、SKJ 型、UG 型、BSL 型和 CD 型等。

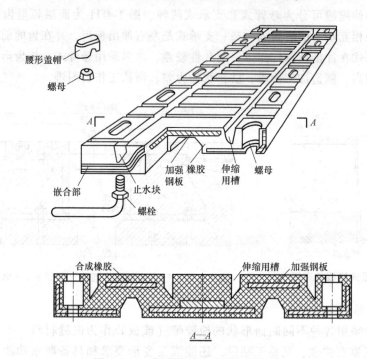

图 1-4-13　板式橡胶伸缩缝一般构造

4.4.2.5　模数式伸缩缝

模数式伸缩缝是利用吸震缓冲性能良好的橡胶材料与强度高、刚性好的型钢组合而成的伸缩装置，故又称为组合式伸缩缝。模数式伸缩缝有多种形式，构造也较复杂，但它保留了橡胶和钢制伸缩缝的优点，既可以满足大位移量的要求，承受车辆荷载，又具有防水和行车平顺的特点。在特大桥和大桥中宜采用这类伸缩装置。

模数式伸缩缝在构造上的共同点在于均是由 V 形截面或其他截面形状的橡胶密封条（带）嵌接于异形边钢梁和中钢梁内组成可伸缩的密封体。异形钢梁直接承受车辆荷载，其高度应根据计算来确定，但不应小于 70mm，并应具有强力的锚固系统。根据需要的伸缩量，可随意增加中钢梁和密封橡胶条（带）的数量，加工组装成各种伸缩量的系列产品。图 1-4-14 所示为瑞士玛格巴公司生产的 LR 型伸缩装置，其密封橡胶条为鸟形构造，伸缩量可达 2000mm 以上，曾为中国润扬大桥提供了世界上最大的伸缩缝，该伸缩缝含有 27 组密封件，最大纵向位移为 2160mm。目前，随着热轧整体成型专用异形钢材的国产化，国内也有相应类型的伸缩缝生产。

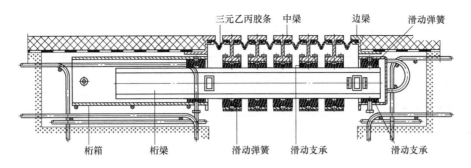

图 1-4-14 瑞士 LR 型（模数式）伸缩装置构造

4.4.3 桥面连续构造

桥梁运营的实践经验表明，桥面上的伸缩缝在使用过程中很容易破坏，因此对于多跨简支梁桥，为了提高行车的舒适性，减轻桥梁的养护工作和延长桥梁的使用寿命，应尽量减少伸缩缝的数量。常用的做法是采用桥面连续，使得多孔简支梁桥在竖向荷载作用下作为简支体系，而在纵向水平力作用下成为具有一定连续功能的结构。特别是高速公路、一级公路上的多孔简支梁（板）桥宜分联采用桥面连续结构。视桥梁跨径的大小，一般可采用 3~7 跨一联。

桥面连续构造的做法较多，图 1-4-15 所示为《公路桥梁通用图（T 梁系列）》（2008年）采用的一种桥面连续构造形式。

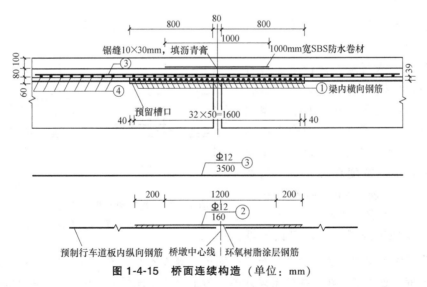

图 1-4-15 桥面连续构造（单位：mm）

但是，实际经验表明，采用桥面连续构造，连续部分的桥面易于开裂。为改善桥梁结构的受力状态，也可采用简支-连续构造，使多跨简支梁在一期永久作用下处于简支体系受力。然后将相邻两梁端作完全固结处理，在二期永久和可变作用下就处于连续体系受力，从而避免了简易桥面连续易开裂的缺点，并使结构更呈现出连续梁桥的特性，适合于地基良好的场合。如图 1-4-16 所示为 20m 简支-连续 T 梁的现浇连续段构造和配筋图。

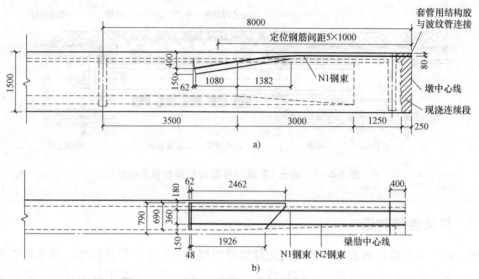

图 1-4-16　现浇连续段（20m 简支-连续 T 梁）

a）立面图　b）平面图

4.5　人行道、栏杆（护栏）与灯柱

4.5.1　人行道、自行车道和安全带

　　高速公路上的桥梁不宜设人行道。一、二、三、四级公路上桥梁的桥上人行道和自行车道的设置，应根据需要确定，并与前后路线布置协调。人行道、自行车道与行车道之间应设护栏或路缘石等分隔设施。一个自行车道的宽度应为 1.0m，当单独设置自行车道时，不宜小于两个自行车道的宽度。人行道的宽度由行人的交通量决定，人行道的宽度宜为 1.0m，当宽度大于 1.0m 时，按 0.5m 的级差增加。

　　漫水桥和过水路面可不设人行道。

　　行人稀少地区的桥梁上也可以不设

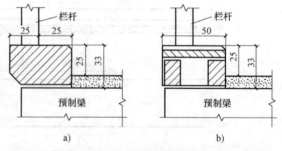

图 1-4-17　矩形和肋板式安全带（单位：cm）

a）矩形截面　b）肋板式截面

人行道，为了保证交通安全，应在行车道两侧设置宽度不小于 0.25m、高度为 0.25~0.35m 的护轮安全带。近年来，在一些桥梁设计中，为了充分保证行车安全，安全带的高度已用到 0.4m 以上。

　　安全带可以做成预制块件或与桥面铺装层一起现浇。预制的安全带有矩形截面和肋板式截面两种（图 1-4-17），以矩形截面较为常用。现浇的安全带宜每隔 2.5~3.0m 做一条断缝，以免参与主梁受力而受到损坏。

　　人行道的构造形式多样，按施工的方法不同可分为就地浇筑式、预制装配式、部分装配和部分现浇的混合式三类。

图 1-4-18a 所示为附设在板上的人行道构造。人行道部分用填料垫高，上面敷设 20～30mm 的砂浆面层或沥青砂。内侧设置路缘石，对人行道提供安全保护作用。在跨径较小，人行道宽度相对较大的桥梁上，可将墩台在人行道处部分加高，再在其上直接搁置专门的人行道承重板（图 1-4-18b）。对于整体浇筑的小跨径钢筋混凝土梁桥，常将人行道设置在行车道的悬臂挑出部分上（图 1-4-18c）。此时，人行道与行车道板及梁整体连接在一起。这样做可以缩短墩台宽度，但施工不太方便，目前已很少采用。图 1-4-18d 所示为整体预制的肋板式人行道，它搁置在主梁上，人行道下可放置过桥的管线，在起重条件较好的地方采用，施工快而方便，但是对管线的检修和更换十分困难。

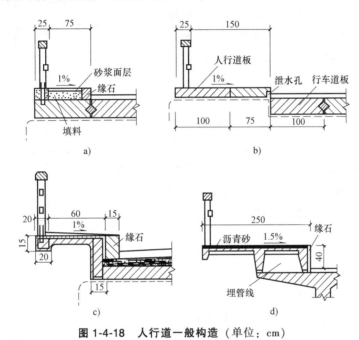

图 1-4-18　人行道一般构造（单位：cm）

图 1-4-19 所示为《公路桥涵标准图》（JT/GQB 014—1998）中的一种分段预制、悬臂安装的人行道构造。由人行道板、人行道梁、支撑梁及缘石组成。人行道梁分 A、B 两种形式，A 式要安装栏杆柱，故做得宽一些。人行道梁搁在行车道的主梁上，端部悬臂挑出，根部则通过预埋的钢板与桥面板内伸出的预留锚固钢筋焊接。支撑梁用以固定人行道梁的位置，人行道板则铺装在人行道梁上。这种构造的人行道，预制块件小而轻，但施工较麻烦。

人行道板的厚度按《公预规》规定，就地浇筑的不小于 80mm，装配式的不小于 60mm。

人行道顶面通常铺设 20mm 厚的水泥砂浆或沥青砂作为面层，并以此形成倾向桥面 1.0%～1.5% 的排水横坡。城市桥梁人行道顶面可铺设彩砖，以增加美观。此外，人行道在桥面断缝处也必须做相应的伸缩缝。

4.5.2　栏杆和灯柱

桥梁栏杆设置在两侧人行道上，是桥梁上的一种安全防护设施。栏杆的设计首先要满足结构的受力要求，还要考虑经济实用，施工方便，养护维修省力。城郊的公路桥、城市桥梁及重要的大桥应考虑栏杆的美观性。栏杆的高度不应小于 1.1m（标准设计取用 1.0m）；栏杆柱的间距一般为 1.6~2.7m（标准设计取用 2.5m）。设计和施工时还应当注意，在靠近桥面伸缩缝处的所有栏杆均应断开，使扶手与柱之间能自由变形。

公路与城市桥梁的栏杆可采用混凝土、钢筋混凝土、铸铁、钢材等材料，应结合桥梁特点和美观要求进行合理的选材。

在城市桥上及城郊行人和车辆较多的公路桥上均应设置照明设施，一般采用柱灯在桥面上照明（立交桥上也有采用高杆照明的）。照明灯柱可以利用栏杆柱，也可以在人行道内侧单独设置，在较宽的人行道上还可设在靠近缘石处。照明用灯一般高出车道 5m 左右。柱灯的设计既要满足照明的使用要求，力求经济合理，也要符合全桥在立面上具有统一协调的艺术造型。近年来，在公路桥上也有采用低照明和用发光建筑材料涂层标记，设计时也可考虑选用。

4.5.3 护栏

二、三、四级公路上的特大、大、中桥可设置栏杆和安全带，也可采用将栏杆和安全带有机结合的安全护栏。高速公路、一级公路上的桥梁

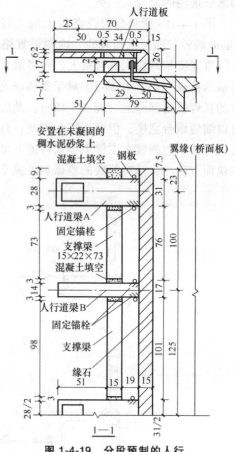

图 1-4-19 分段预制的人行道构造（单位：cm）

必须设置护栏。不设人行道的漫水桥和过水路面应设护栏或栏杆。护栏的主要作用：封闭沿线两侧，不使人畜与非机动车辆闯入公路；诱导视线，起到一些轮廓标的作用，使车辆尽量在路幅之内行驶，并给驾驶员以安全感；吸收碰撞能量、迫使失控车辆改变方向并使其恢复到原有行驶方向，防止其越出路外或跌落桥下。

桥梁护栏按设置部位可分为桥侧护栏、桥梁中央分隔带护栏和人行、车行道分界处护栏。按构造特征可分为钢筋混凝土墙式护栏（图 1-4-20）、梁柱式护栏（图 1-4-21）、组合式护栏（图 1-4-22）和缆索护栏等。缆索护栏是以数根施加初张力的缆索固定于立柱上而组成的结构。护栏按其防撞性能有刚性、半刚性和柔性之分。护栏材料可采用钢筋混凝土或金属（钢、铝合金），图 1-4-23 所示为金属制护栏构造。

桥梁护栏的形式选择，首先应满足其防撞等级的要求，避免在相应设计条件下的失控车辆跃出，其次应综合考虑公路等级、桥梁护栏外侧危险物的特征、美观、经济性，以及养护维修等因素。

设置护栏的桥梁，桥梁护栏与桥面板应进行可靠连接。根据护栏形式，可采用直接埋入式、地脚螺栓和顶埋钢筋的连接方式。

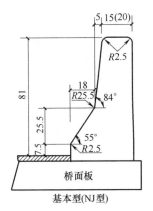

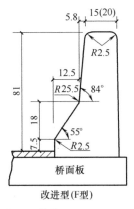

图 1-4-20　钢筋混凝土墙式护栏（单位：cm）

图 1-4-21　钢筋混凝土梁柱式护栏

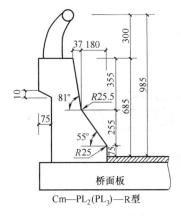

图 1-4-22　组合式护栏（单位：mm）

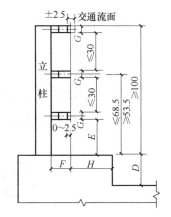

图 1-4-23　金属制护栏（单位：cm）

思 考 题

1. 桥面构造包括哪些部分？

2. 桥面铺装的作用是什么？有哪些类型？

3. 为什么要采取桥面连续？其本质是什么？

4. 桥面横坡有哪些设置方式？各适用于哪类桥梁？

5. 桥面防水层的作用是什么？有哪些类型？

6. 如何设计桥面排水设施？

7. 为什么要设置桥面伸缩缝？有哪些类型？选择的主要依据是什么？

8. 栏杆和护栏的区别是什么？桥梁护栏主要有哪些类型？

9. 桥梁照明设置应考虑哪些因素的影响？

10. 查阅相关资料，选择一种桥面构造说明其作用。

第2篇

混凝土梁式桥
与刚构桥

　　凡是采用抗压能力好的混凝土和抗拉能力好的钢筋结合在一起建造的梁式体系桥统称为配筋混凝土梁式桥，简称混凝土梁桥。根据预应力度的不同，又分为钢筋混凝土梁桥、部分预应力混凝土梁桥和全预应力混凝土梁桥。在中小跨径的公路、铁路以及城市桥梁中，大部分均采用钢筋混凝土或预应力混凝土梁式桥。

　　按照混凝土梁式桥的静力特性，可分为**简支梁桥**（simply supported girder bridge）、**悬臂梁桥**（cantilever girder bridge）和**连续梁桥**（continuous girder bridge）。简支梁桥属于**静定结构**（图2-1-1a），这种梁桥的结构简单，施工方便，对地基承载能力的要求不高，但只能用于中小跨径（50m以下）的桥梁。悬臂梁桥也属于**静定结构**（图2-1-1b），由于支点负弯矩的存在，大大减小了主梁的跨中正弯矩，使得这种梁桥的跨越能力与简支梁桥相比有所提高，但由于悬臂端往往产生比较大的挠度，行车的平顺性较差，这种桥型目前已较少采用。连续梁桥（图2-1-1c）比悬臂梁桥具有更大的跨越能力，但由于连续梁桥属于**超静定结构**，对地基的要求较高。连续梁桥伸缩缝数量少，行车较平顺。随着预应力混凝土的广泛采用和悬臂施工法等先进建桥技术的日臻成熟，连续梁桥得到了广泛的应用。

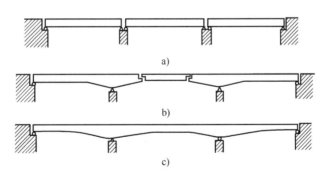

图2-1-1　梁式桥的基本体系

　　混凝土梁式桥按施工方法不同，分为**整体式梁桥**（图2-1-2a、c、e）和**预制装配式梁桥**（图2-1-2b、d、f）。前者是将桥梁上部结构在桥位上现场整体浇筑完成，后者则是将桥梁上部结构划分成若干节段或块件，先在桥位附近开辟预制场地或在预制构件厂预制完成，再通过运输和起吊设备运输和安装就位，最后通过可靠的接头连接成整体。整体施工的梁桥具有整体性好、刚度大、易于做成复杂形状（如曲线桥、斜交桥）等优点，但其施工速度慢，工业化程度低，需要耗费大量的支架和模板材料。预制装配施工方法便于采用标准化设计，有利于工业化制造，可节省大量的模板和支架，并且上、下部结构可以平行施工，对有效保证工程质量、缩短工期、降低造价十分有利。

按承重结构的横截面形式，混凝土梁式桥分为**板桥**（Slab bridge）、**肋梁桥**和**箱形梁桥**。板桥承重结构的横截面如图 2-1-2a、b 所示，其主要特点是构造简单，施工方便。但由于位于受拉区的混凝土材料增加了结构的自重，当跨度稍大时就显得笨重而不经济，用于简支梁桥时，跨径仅在十几米以下。肋梁桥（图 2-1-2c、d）是在板桥截面的基础上，将梁下缘受拉区混凝土很大程度地挖空，显著减轻了结构自重，使梁桥的跨越能力得到提高，中等跨径的简支梁桥通常都采用肋梁桥。箱形梁桥（图 2-1-2e、f）的横截面呈一个或几个封闭的箱形，提供了能承受正、负弯矩的足够的混凝土受压区，抗弯、抗扭能力强，因而更适用于较大跨径的悬臂体系和连续体系梁桥。

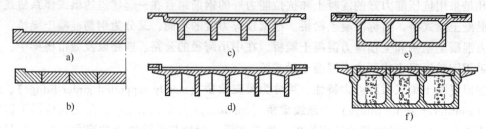

图 2-1-2 混凝土梁式桥典型截面

本篇主要介绍混凝土梁桥的构造设计要点、计算理论，并对梁桥的施工方法做简单介绍。

简支梁（板）桥 **第2章**
的构造与设计

2.1 简支板桥

混凝土板桥是小跨径桥梁最常用的桥型之一。由于它在建成之后外形上像一块薄板，故习惯上称之为板桥。板桥的建筑高度小，适用于桥下净空受限制的桥梁，还可用于降低桥头引道的高度，缩短引道的长度。其外形简单，制作方便，既便于现场整体浇筑，又便于工厂化成批生产，因此可以采用整体式结构，也可以采用装配式结构。另外，做成装配式的预制构件时，重量不大，架设方便。但板桥的跨径不宜过大，当跨径超过一定限值时，自重显著增大，从而造成材料上的浪费。《公预规》规定：整体现浇和装配式钢筋混凝土板桥的跨径均不大于10m。整体现浇和装配式预应力混凝土空心板桥的跨径均不大于20m。

除了常见的正交板桥以外，由于公路线形的要求，尤其是在近几年的高速公路上，小跨径斜交板桥也得到广泛的采用，因此在本篇第6章中将对它做简要的介绍。

从结构受力体系来看，板桥可以分为简支板桥、悬臂板桥和连续板桥等。本节介绍简支板桥的构造和设计。

2.1.1 整体式简支板桥的构造

整体式简支板桥是采用现场整体浇筑一次成型方法施工的钢筋混凝土板桥，其整体性能好，横向刚度较大，施工也较简便，但需要消耗一定数量的模板和支架材料，通常用于跨径为4~8m的小桥。

钢筋混凝土整体式简支板桥的板厚与跨径之比一般为1/12~1/16，预应力混凝土一般为1/16~1/23，随跨径增大取较小的比值。横截面一般设计成等厚度的矩形实体截面（图2-2-1a），为减轻自重，也可将受拉区稍加挖空做成矮肋式板桥（图2-2-1b）。现代城市高架板桥也常采用图2-2-2所示的异形板截面形式，它在外形上保持了板的轻巧，且适用于较大的跨径，并尽可能减轻了截面的自重。它与柱形桥墩相配合，能获得较大的桥下净空，造

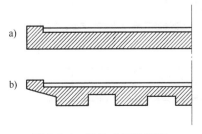

图 2-2-1　整体式板桥截面

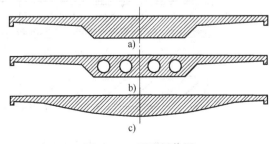

图 2-2-2　异形板截面

型也美观,但现场浇筑施工较为复杂。

对于较宽的板桥,为了防止因温度变化及混凝土收缩引起的纵向开裂,并减小汽车荷载等产生的横向负弯矩,也可以沿桥中线将板断开,做成并列的两座桥。

整体式板桥的跨径与板宽相比通常相差不大(比值不大于 2),在荷载作用下,实际上呈双向受力状态。所以,除了配置纵向受力钢筋以外,还应配置垂直于主钢筋的横向分布钢筋。纵向主钢筋的直径不应小于 10mm。在简支板的跨中,主钢筋间距不大于 200mm。横向分布钢筋设在主钢筋的内侧,其直径不应小于 8mm,间距不应大于 200mm,截面面积不宜小于板的截面面积的 0.1%。在主钢筋的弯折处,应布置分布钢筋。

整体式板的主拉应力较小,按计算可以不设弯起的斜钢筋,但习惯上还是将一部分主钢筋在沿板高中心纵轴线的 1/4~1/6 计算跨径处按 30°~45° 的角度弯起。通过支点的不弯起的主钢筋,每米板宽内不少于 3 根,且不少于主钢筋截面面积的 1/4。

图 2-2-3 所示为标准跨径 8.0m 的整体式钢筋混凝土简支板桥的构造,单幅桥面净宽 11.0m(两侧防撞护栏未示出)。设计荷载为公路—Ⅰ级。计算跨径为 7.58m,板厚 45cm,约为跨径的 1/17。纵向主筋采用钢筋骨架和 N1,主筋采用 HRB335 级钢筋,直径为 25mm。在骨架内设置了间距 30cm、直径 20mm 的斜筋。下缘的分布钢筋按单位板宽上不少于主筋面积的 15% 配置,采用直径 16mm、间距 12cm 布置。一块实体板共 22 片骨架,骨架短斜筋采用双面焊接。主筋在跨径两端 1/4~1/6 的范围内呈 30° 弯起,分布钢筋按单位板宽上主筋面积的 15% 配置,采用 R235 级钢筋,直径为 10mm,间距为 20cm。

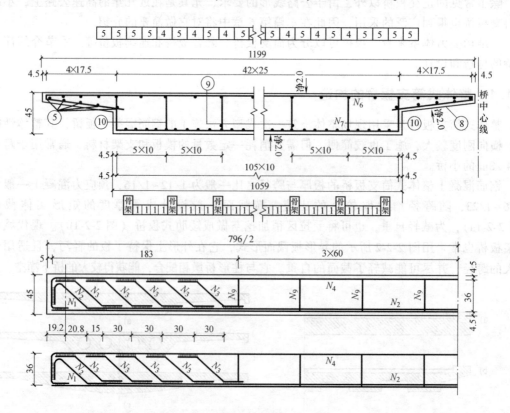

图 2-2-3　钢筋混凝土整体式简支板桥的构造(单位:cm,钢筋直径:mm)

2.1.2　装配式简支板桥的构造

当具备运输起重设备时，简支板桥宜采用装配式结构，以缩短工期，并获得较高的施工质量。装配式简支板桥按其截面形式分实心板和空心板两种（图 2-2-4）。

1. 矩形实心板桥

实心矩形板具有形状简单、施工方便、建筑高度小等优点，因而容易推广使用，通常用于跨径 8m 以下的桥梁。我国交通部编制的《公路桥涵标准图》中，跨径为 1.5m、2.0m、2.5m、3.0m、4.0m、5.0m、6.0m 和 8.0m 八种装配式钢筋混凝土板桥标准图采用矩形实心截面（图 2-2-4a），桥面净空为净—7 和净—9 两种，荷载为汽

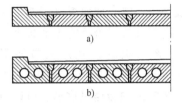

图 2-2-4　装配式简支板桥截面

车—15 级、挂车—80 和汽车—20 级、挂车—100。每块预制板的宽度为 1.0m，板高 0.16～0.36m，钢筋一般采用 HRB335 级钢筋。

我国交通部 2008 年编制的《公路桥梁通用图》，给出了跨径为 6.0m 的装配式钢筋混凝土矩形实心截面板桥标准图，每块预制板的宽度均为 1.0m。当汽车荷载为公路—Ⅰ级时，桥梁宽度分为 2×11.25m、2×12m、2×12.75m、2×13.5m、2×16.5m、2×16.75m 六种；汽车荷载为公路—Ⅱ级时，桥梁宽度分为 8.5m、10.0m、12.0m 三种，板高为 320mm，主钢筋均采用 HRB335 级钢筋。

图 2-2-5 所示为一座装配式钢筋混凝土矩形实心板桥构造及配筋。荷载等级为公路—Ⅱ

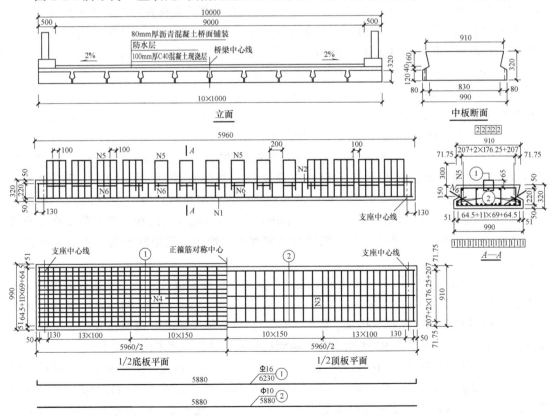

图 2-2-5　装配式钢筋混凝土矩形实心板桥构造及配筋（单位：mm）

级。标准跨径为 6.0m，桥面净宽为净 10.0m，全桥由 8 块宽度为 990mm 的中部块件和 2 块宽度为 990mm 的边部块件组成。

2. 矩形空心板桥

当跨径增大时，为了减小板的自重，充分合理地利用材料，应该将截面中部部分挖空而成为矩形空心截面板（图 2-2-4b）。空心板较同跨径的实心板自重小，运输安装方便，而建筑高度又较同跨径的 T 形梁小，因此目前使用较多。

空心板的开孔形式有矩形、圆形、圆端形等，如图 2-2-6 所示。其中图 2-2-6a 和图 2-2-6b 挖成单个较宽的孔，挖空率大，自重轻，但顶板内需配置适当的横向受力钢筋。图 2-2-6a 顶板略呈拱形，可以节省一些钢筋，但模板较图 2-2-6b 复杂。图 2-2-6c 挖成两个圆孔，采用无缝钢管作芯模施工较方便，但挖空率较小，自重较大。图 2-2-6d 的芯模由两个半圆和两块侧模板组成。当板的厚度改变时，只需更换两块侧模板，挖空率较大，适应性也较好。当前采用高压充气胶囊代替金属或木芯模施工，尽管因胶囊变形形成的内腔不如用模板好，但是它具有制作及脱模方便、预制台座利用率高等优点，故使用较为广泛。

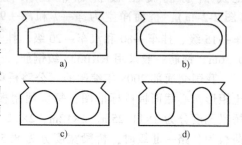

图 2-2-6　空心板开孔形式

空心板的顶板和底板厚度均不宜小于 80mm，截面的最薄处不得小于 70mm，以保证施工质量和承载的需要。另外，为了保证抗剪强度，应在截面内按计算需要配置弯起钢筋和箍筋。

我国《公路桥涵标准图》编制有 6.0m、8.0m、10.0m、13.0m 四种跨径钢筋混凝土空心板桥的标准图，相应板厚为 0.4~0.8m。预应力混凝土空心板桥有 8.0m、10.0m、13.0m、16.0m 和 20m 跨径的标准图，相应板厚为 400~900mm。

我国《公路桥梁通用图》（2008 年）编制有 8.0m 和 10.0m 两种跨径钢筋混凝土简支空心板的标准图，每块预制板的宽度为 1.0m。板高分别为 470mm（预制 420mm，铺装 50mm）和 550mm（预制 500mm，铺装 50mm）。编制有 10.0m、13.0m、16.0m、20.0m 四种跨径先张法预应力混凝土简支空心板的标准图，每块预制板的宽度分为 1.0m 和 1.25m。同时，编制有以上四种跨径的后张法预应力混凝土简支空心板的标准图，每块预制板的宽度为 1.25m。无论是先张法还是后张法，对应于四种跨径的预制板高均分别为 600mm、700mm、800mm 和 950mm，预应力筋均采用 $f_{pk}=1860$MPa 低松弛高强度钢绞线。所有简支空心板对应于公路—Ⅰ级和公路—Ⅱ级汽车荷载的桥梁宽度均与前述钢筋混凝土实心板桥标准设计一致。

图 2-2-7 所示为 10.0m 跨径的钢筋混凝土简支空心板桥构造及配筋。荷载等级为公路—Ⅱ级，计算跨径为 9.6m，桥面净宽为 9.0m，由 10 块宽 1.0m（预制 990mm）的空心板组成，计算板高 550mm（预制 500mm，铺装 50mm）。空心板采用 C30 混凝土预制，主筋采用 HRB335 级钢筋，箍筋采用 R235 级钢筋。桥面铺装和铰缝均采用 C40 混凝土。

图 2-2-8 所示为跨径 16.0m 的后张法预应力混凝土简支空心板桥构造及配筋。荷载等级为公路—Ⅰ级，预制板长 15.96m，计算跨径为 15.3m，桥面净宽为 2×11.25m，双向 4 车道，单幅桥梁由 8 块宽 1.25m（预制宽度 1.24m）的空心板组成，边板外侧设有 630mm 的小悬臂。预制板高 800mm，最大吊重中板为 227kN、边板为 289kN。预制空心板、铰缝、桥

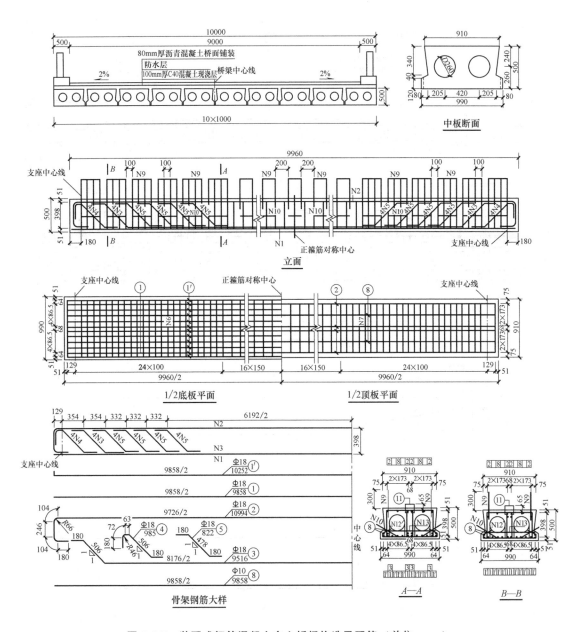

图 2-2-7　装配式钢筋混凝土空心板桥构造及配筋（单位：mm）

面现浇层均采用 C50 混凝土，普通钢筋采用 R235 级和 HRB335 级钢筋，预应力钢筋采用抗拉强度标准值 $f_{pk}=1860MPa$、公称直径 $d=15.2mm$ 的低松弛高强度钢绞线，预应力管道采用圆形金属波纹管。

3. 装配式板桥的横向连接构造

装配式板块间必须设置强度足够的横向连接构造，以保证各板块之间横向连成整体，共同承受车辆荷载。常用的横向连接方式有企口混凝土铰和钢板焊接两种，前者应用广泛。

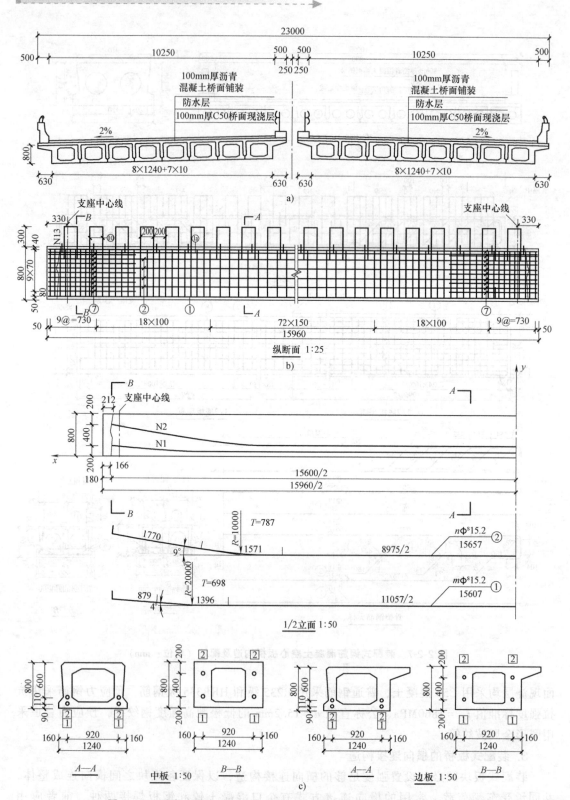

图 2-2-8　后张法预应力混凝土空心板桥构造及配筋布置（单位：mm）

a）桥梁横断面　　b）中板普通配筋　　c）预应力筋布置

（1）企口混凝土铰连接 企口式混凝土铰连接构造如图2-2-9所示。铰的上口宽度应保证插入式振捣器能够顺利插入，铰槽的深度不应小于预制厚度的2/3。预制板内应预留钢筋伸入铰内，块件安装就位后，伸出钢筋相互绑扎，铰缝内用C25～C40的细骨料混凝土填实。也有在板梁跨中一定长度范围内设置铰缝内钢筋骨架，并与预制板内的伸出钢筋绑扎在一起，再经混凝土浇筑捣实后成铰的做法。实践证明，一般的混凝土铰就能保证传递横向剪力使各块板共同受力。铰接板顶面一般应铺设厚度不小于80mm的现浇混凝土层。为保证现浇层或铺装层共同参与受力，可以将预制板中的钢筋伸出，与相邻板的同样钢筋绑扎，再浇筑到现浇层或铺装层内。

（2）钢板连接 企口混凝土铰需要现场浇筑混凝土，并需经过一定的养护时间，待混凝土达到设计强度后才能通车。为了加快工程进度，保证提前通车，也可以采用钢板连接的形式（图2-2-10）。具体做法是：首先在板顶部预埋钢板N2，板块安装就位后，再在相邻两构件的预埋钢板上焊接一块钢盖板N1。连接钢板的纵向中距通常为80～150mm，根据受力特点，在跨中部分布置较密，向两端支点处逐渐减疏。钢板连接比较松散，效果远不如企口混凝土铰连接，所以工程中较少采用。

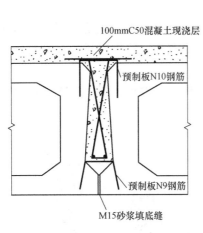

图 2-2-9 企口式混凝土铰连接构造

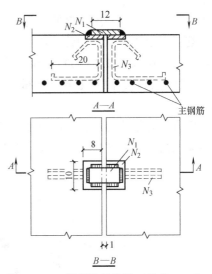

图 2-2-10 钢板连接构造（单位：cm）

2.2 装配式钢筋混凝土简支梁桥

装配式钢筋混凝土简支梁桥受力明确，构造简单，施工方便，便于工业化生产，可节省大量的模板和支架，降低劳动强度，缩短工期，因此成为小跨径桥梁中应用最广泛的桥型。

2.2.1 横截面形式

装配式钢筋混凝土简支梁桥常用的横截面形式有Ⅱ形、T形和箱形三种（图2-2-11）。

图2-2-11a所示的预制主梁为Ⅱ形截面，横向由穿过腹板的螺栓连接，形成密排式多主梁横截面。这类截面形状稳定，横向抗弯刚度大，构件运输、安装和堆放方便。但由于梁肋

被分成两片薄的腹板，不便于设置钢筋骨架，横向连接系较差，且构件自重也较大，所以一般只用于 6~12m 的小跨径桥梁。目前工程中已很少采用。

我国装配式钢筋混凝土肋梁桥采用最多的横截面形式为 T 形，如图 2-2-11b 所示。T 形梁的翼板构成桥梁的行车道板，直接承受车辆和人群荷载的作用，又是主梁的受压翼缘。它的优点：外形简单，制造方便，肋内配筋可做成刚劲的钢筋骨架，主梁之间借助横隔梁连接，整体性较好，接头也较方便。对于预应力混凝土 T 形梁，可在肋底部做成马蹄形（图 2-2-11c），以便于在梁肋底部集中布置预应力筋，并获得较大的抗弯力矩。T 形梁的不足之处是截面形状不稳定，运输和安装较麻烦，横向接头正好位于桥面板的跨中，对

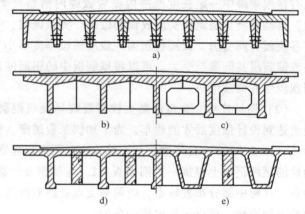

图 2-2-11　装配式简支梁桥的横截面

板的受力不利。以往装配式钢筋混凝土 T 形梁的常用跨径为 7.5~20m。《公预规》规定：装配式钢筋混凝土 T 形梁桥的跨径不大于 16m。

箱形截面梁（图 2-2-11d）由于受拉区混凝土不参与工作，多余的底板增大了自重，所以一般不适用于钢筋混凝土简支梁桥。若确需采用箱形截面，简支梁桥的标准跨径不宜大于 25m。

下面重点介绍装配式钢筋混凝土简支 T 形梁桥的构造和设计，图 2-2-12 所示为装配式钢筋混凝土简支 T 形梁桥上部构造的典型概貌。

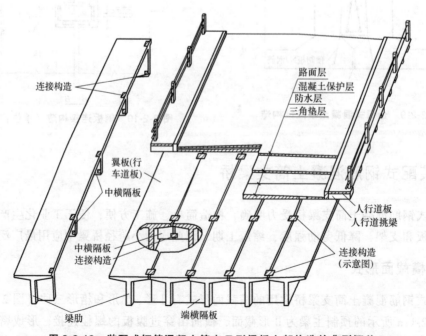

图 2-2-12　装配式钢筋混凝土简支 T 形梁桥上部构造的典型概貌

2.2.2　构造布置

1. 主梁布置

对于一定的跨径和桥面宽度（包括行车道和人行道）的桥梁，确定出适当的主梁间距（或片数），是构造布置中首先需要解决的重要课题。应从材料用量经济，尽可能减少预制工作量，考虑构件的吊装重量及保证翼板的刚度等方面综合考虑确定。显然，主梁间距越大，主梁的片数就越少，预制的工作量就越小。对跨径较大的桥梁，如果建筑高度不受限制，钢筋混凝土的用量会少些，就比较经济；但构件的吊装重量增大，从而使运输和架设工作趋于复杂，同时桥面板的跨径增大，悬臂翼缘板端部较大的挠度对引起桥面接缝处纵向裂缝的可能性也增大。

根据建桥经验，装配式钢筋混凝土简支 T 形梁桥的主梁间距一般为 1.5~2.3m。过去较多采用 1.6m。当运输和起吊能力允许时，最好采用 1.8 ~ 2.2m。《公路桥涵设计图》（JT/GQS 025—1984）中采用的主梁间距为 2.2m，预制宽度为 1.6m，吊装后现浇接缝宽度为 0.6m，当前采用较多。

2. 横隔梁布置

横隔梁在装配式钢筋混凝土简支 T 形梁桥中起着保证各根主梁相互连接成整体的作用，它的刚度越大，桥梁的整体性越好，各主梁就能更好地共同工作。然而，设置横隔梁使主梁模板制作稍趋复杂，横隔梁的焊接接头又往往要在设于桥下的专门工作架上进行，给施工带来了麻烦。

为了简化 T 形梁的预制施工和接头集整工作，国内外曾试建过一些无横隔梁的装配式 T 形梁桥。此时，主梁间的横向连接系主要依靠加强的桥面板来实现。实践表明，不设横隔梁虽属可行，但翼板接缝处较易出现纵向裂缝，主梁梁肋的裂缝也比有横隔梁的 T 形梁多，而且对承受超重单列车辆荷载的潜在能力也不如有横隔梁的好。另外，为了加强桥面板而多费的材料与设置几道横隔梁相比也不一定经济。

因此，简支 T 形梁桥端必须设置横隔梁，这不但有利于制造、运输和安装阶段构件的稳定性，而且能显著加强全桥的整体性，有中横隔梁的梁桥，荷载横向分布比较均匀，且可以减轻翼板接缝处的纵向开裂现象。故当 T 形梁的跨径较大时（一般 13m 以上），宜根据跨度、荷载、行车道板构造等情况，在跨径内增设适当数量的中横隔梁。当梁间横向采用刚性连接时，横隔梁的间距不应大于 10m，当为铰接时，其间距不应大于 5m。

2.2.3　截面尺寸拟定

1. 主梁梁肋尺寸

主梁的合理高度与主梁的跨径、活载的大小等有关。经验分析表明，梁高与跨径之比（俗称高跨比）的经济范围为 1/11~1/18，跨径较大时，取用较小的比值，反之则取较大的比值。我国《公路桥涵设计图》提供的标准设计为 10m、13m、16m 和 20m 四种跨径，其梁高分别为 0.8~0.9m、0.9~1.0m、1.0~1.1m、1.1~1.3m。主梁高度受限制时，高跨比就要适当减小，致使钢筋用量增加，增加造价。

主梁梁肋的宽度在满足拉应力强度和抗剪强度要求的前提下可适当减薄，以减小构件的自重，但从保证梁肋屈曲稳定条件及不致使捣固混凝土发生困难方面考虑，梁肋也不能做得太薄。过去常用的梁肋宽度为150~180mm，现在为了提高结构的耐久性，主张适当增加保护层厚度，常采用160~240mm，一般不应小于140mm，且不小于梁肋高度的1/15。梁肋宽度还应视梁内主筋的直径和钢筋骨架的片数具体确定。

钢筋混凝土简支梁一般沿跨径方向做成等截面的形式，以便于预制施工。

2. 主梁翼板尺寸

一般装配式主梁翼板的宽度视主梁间距而定，在实际预制时，翼板的宽度应比主梁间距小2cm，以便在安装过程中易于调整T形梁的位置和制作上的误差。

在中小跨径的钢筋混凝土简支T形梁中，翼板的厚度既要满足桥面板承受车辆局部荷载（强度）的要求，还应满足构造最小尺寸的要求。根据受力特点，翼板通常都做成变厚度的，即端部较薄，向根部逐渐加厚。为了保证翼板与梁肋连接的整体性，翼板与梁肋衔接处的厚度应不小于主梁高度的1/10。翼板悬臂端的厚度一般不应小于100mm，横向采用整体现浇连接的预制T形截面梁，悬臂端的厚度不应小于140mm。但当铺装层作为承重结构的一部分参与受力时，悬臂端部的厚度也可在此基础上减少20mm左右（图2-2-13）。

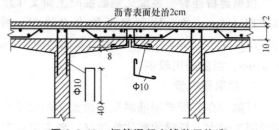

图2-2-13　钢筋混凝土铺装层构造
（单位：cm；钢筋直径：mm）

3. 横隔梁尺寸

跨中横隔梁的高度应保证具有足够的抗弯刚度，通常可取为主梁高度的3/4左右。从运输和安装阶段的稳定性考虑，端横隔梁应做成与主梁同高，但如果端横隔梁底部与主梁底缘之间留有一定的空隙，或做成与中横隔梁同高，对安装和检查支座有利。具体可视工地施工的情况而定。

横隔梁的宽度可取120~200mm，最常用的为150~180mm，且宜做成上宽下窄和内宽外窄的楔形，以便于脱模。

2.2.4　配筋构造

1. 主梁配筋

装配式钢筋混凝土T形简支梁桥的钢筋可分为纵向主钢筋、架立钢筋、斜钢筋、箍筋和分布钢筋等。

简支梁承受正弯矩作用，故抵抗拉力的主钢筋设置在梁肋的下缘。随着弯矩向支点截面减小，主钢筋可在跨间适当位置处弯起。纵向受拉主钢筋不宜在受拉区截断，当必须截断时，则应从按正截面抗弯承载力计算充分利用该钢筋强度的截面至少延伸（$l_a + h_0$）长度，此处l_a为受拉钢筋最小锚固长度，h_0为梁截面有效高度；同时，应从按正截面抗弯承载力计算不需要该钢筋的截面至少延伸20d（环氧树脂涂层钢筋25d），d为钢筋公称直径，以保证该钢筋从理论切断点起能够充分受力。

为保证主筋和梁端有足够的锚固长度和加强支承部分的强度，《公预规》规定，钢筋混凝土梁的支点处，应至少有两根且不少于总数1/5的下层受拉主钢筋通过。两外侧钢筋应伸出支点以外，并弯成直角顺梁高延伸至顶部，与顶层纵向架立钢筋相连。两侧之间不向上弯起的受拉主钢筋伸出支点截面以外的长度不应小于10d（环氧树脂涂层钢筋为12.5d）

（图 2-2-14a），HPB300 级钢筋应带半圆钩（图 2-2-14b）。

受弯构件的钢筋净距应考虑浇筑混凝土时振捣器的顺利插入。各主筋之间的横向净距和层与层之间的竖向净距，钢筋为三层及以下时不小于 30mm，且不小于 d，钢筋为三层以上时不应小于 40mm，且不小于 1.25d。

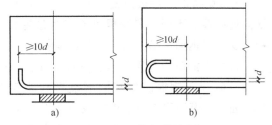

图 2-2-14　梁端主钢筋的锚固

架立钢筋布置在梁肋的上缘，主要起固定箍筋和斜筋并使梁内全部钢筋形成骨架的作用。

简支梁靠近支点截面的剪力较大，需设置斜钢筋以增强梁体的抗剪强度。斜钢筋可由主钢筋弯起而成（称弯起钢筋），当可供弯起的主钢筋数量不足时，需加配专门焊接于主筋和架立筋上的斜钢筋。斜钢筋与梁轴线的夹角一般取 45°。

箍筋的主要作用是增强主梁的抗剪强度。其直径不小于 8mm 且不小于 1/4 主钢筋直径。配筋率 ρ_{sv}，HPB300 钢筋不小于 0.14%，HRB400 钢筋不小于 0.11%。箍筋的间距应不大于梁高的 1/2 和 400mm，在支座中心向跨径方向长度相当于不小于一倍梁高范围内，箍筋间距不大于 100mm。近梁端第一根箍筋应设置在距端面一个混凝土保护层距离处。

T 形梁腹板两侧应设置直径 6~8mm 的纵向分布钢筋，以防止因混凝土收缩等原因产生裂缝。每个梁肋内分布钢筋的截面面积应为（0.001~0.002）bh，式中 b 为梁肋宽度，h 为梁的高度。当梁跨较大、梁肋较薄时取较大值。靠近下缘的受拉区应布置得密些，其间距不应大于腹板宽度，且不应大于 200mm；在上部受压区则可疏些，但间距不应大于 300mm。在支点附近剪力较大区段，两侧纵向钢筋截面面积应予增加，间距宜为 100~150mm。

在装配式钢筋混凝土 T 形梁中，钢筋数量众多，为了尽可能地减小梁肋尺寸，通常将主筋叠置，并与斜筋、架立筋一起通过侧面焊缝焊接成钢筋骨架（图 2-2-15）。试验表明，焊接钢筋骨架整体性好，刚度大，能有效减小梁肋尺寸，钢筋的重心位置较低，还可避免大量的绑扎工作。但是，彼此焊接后的主筋与混凝土的粘结面积减小，削弱了其抗裂性，所以应限制焊接骨架的钢筋层数（不多于 6 层），并选用较小直径的钢筋（不大于 32mm）。有条件时，还可将箍筋与主筋接触处点焊固接，以增大其粘结强度，从而改善其抗裂性能。

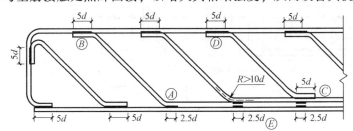

图 2-2-15　焊接钢筋骨架

为了缩短接头长度，并减小焊接变形，钢筋骨架的焊接最好采用双面焊缝，但当骨架较长而不便翻身时，可采用单面焊缝。侧面焊缝设在弯起钢筋的弯折点处，并在中间直线部分适当设置短焊缝。为保证焊接质量，使焊缝处强度不低于钢筋本身强度，焊缝的长度必须满足规定：采用双面焊缝时，斜钢筋与纵向钢筋之间的焊缝长度为 5d，纵向钢筋之间的短焊缝长度为 2.5d，d 为纵向钢筋直径。当必须采用单面焊时，焊缝长度应加倍。

2. 翼缘板配筋

T形梁桥的翼缘板构成桥梁的行车道板，直接承受车辆和人群荷载的作用。根据主梁间横向连接系的不同，翼缘板可能成为悬臂板（图2-2-16）或铰接悬臂板，也可能成为连续板。受力主钢筋沿横向布置在板的受拉区，以承受板内的弯矩作用。

板内主钢筋的直径不小于10mm，间距不应大于200mm。在垂直于主钢筋方向，还应设置适量的分布钢筋。分布钢筋设置在主钢筋的内侧，其直径不小于8mm，间距不大于200mm，截面面积不小于板的截面面积的0.1%。在有横隔梁的部位分布钢筋的截面面积应增加一倍，以承受集中轮载作用下的局部负弯矩，增加的分布筋每侧应从横隔梁轴线伸出 $l/4$ （l 为板的跨径）的长度。

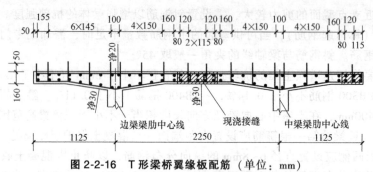

图 2-2-16　T形梁桥翼缘板配筋（单位：mm）

3. 横隔梁配筋

图 2-2-17 所示为常用的中主梁横隔梁的配筋情况。对装配式钢筋混凝土简支 T 形梁桥

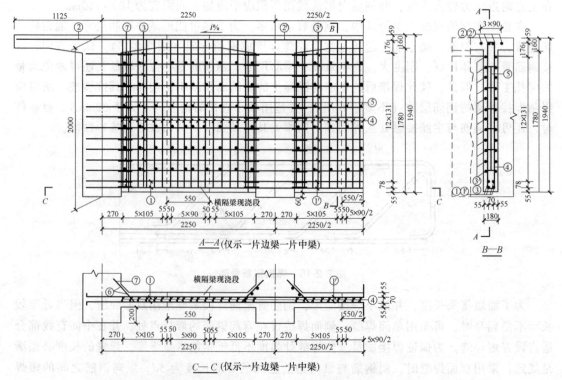

图 2-2-17　装配式钢筋混凝土简支 T 形梁桥横隔梁配筋（单位：mm）

而言，其横隔梁近似于弹性支承于各根主梁上的连续梁，承受正、负弯矩作用。因此，靠近下缘布置有四根承受正弯矩的钢筋（N_1），上缘配有两根承受负弯矩的钢筋（N_1）。当采用焊接钢板连接时，受力钢筋焊接钢板及锚固钢筋（N_2、N_3）焊在一起做成钢筋骨架。横隔梁中一般不需配置斜钢筋，剪力由箍筋承受。

2.2.5　主梁的横向连接

装配式钢筋混凝土简支 T 形梁桥通常借助横隔梁和桥面板的接头使所有主梁连接成整体。接头要有足够的强度，以保证结构的整体性，并使其在运营过程中不致因荷载反复作用和冲击作用而发生松动。常用的接头形式有以下几种：

（1）焊接钢板接头　图 2-2-18 所示是采用钢板连接的接头构造。接头钢板分别设在横隔梁靠近下缘的两侧和 T 形梁翼缘板上，预埋钢板与横隔梁的受力钢筋焊在一起做成安装骨架。当 T 形梁安装就位后，即可在预埋焊接钢板上加焊盖接钢板使其连成整体。端横隔梁的焊接钢板接头构造与中横隔梁相同，但由于其外侧（近墩台一侧）不便施焊，焊接接头只设于内侧。相邻横隔梁之间的缝隙最好用水泥砂浆填满，所有外露钢板也应用水泥灰浆封盖。这种接头强度可靠，焊接后就能立即承受荷载，但现场要有焊接设备，而且有时需要在桥下进行仰焊，施工较困难。为了简化施工，过去还曾采用在钢板上预留螺栓孔，盖接钢板用螺栓与预埋钢板连接（即螺栓接头），但由于螺栓易松动，目前较少采用。

（2）扣环接头　横隔梁扣环接头的构造如图 2-2-19 所示。预制时横隔梁在接缝处伸出钢筋扣环 A，安装时在相邻构件的扣环两侧安上接头扣环 B，再在形成的圆环内插入短分布筋，就地浇筑接缝混凝土连成整体。这种做法往往也用于主梁间距较大而需缩减预制构件尺寸和自重的场合，接缝宽度为 $0.20\sim0.60\mathrm{m}$。与焊接钢板接头相比，这种接头形式施工较复杂，接头施工后不能立即承受荷载，但强度可靠，整体性及耐久性好。《公预规》规定：预制 T 形截面梁的桥面板横向连接和横隔梁连接宜采用现浇混凝土整体连接。常用的做法是采用扣环接头，目前这种接头正在逐步取代焊接钢板接头。在无中横隔梁的肋梁桥中，为了加强横向连接，往往在桥面板中设置横向扣环接头，构造如图 2-2-20 所示。

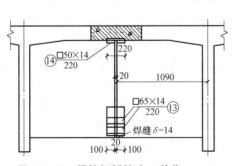

图 2-2-18　焊接钢板接头（单位：mm）

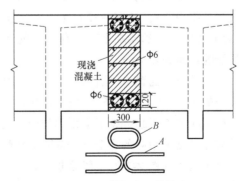

图 2-2-19　扣环接头（单位：mm）

（3）桥面板的企口铰连接　对未采用扣环节头连接的桥面板，翼缘板应作为自由悬臂板处理。为了改善挑出翼板的受力状态，可以将悬臂板也连接起来，通常做成企口铰接的形式。图 2-2-21a 所示为主梁翼板内伸出连接钢筋，交叉弯制后在接缝处再放置局部的钢筋网，并浇筑在铺装层内。或者将翼板的顶层钢筋伸出，并弯转套在一根长的钢筋上，形成纵

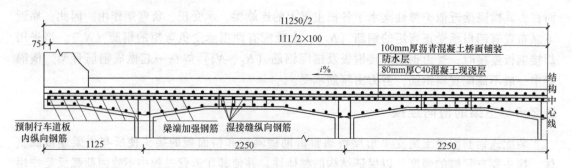

图 2-2-20　桥面板连接构造（单位：mm）

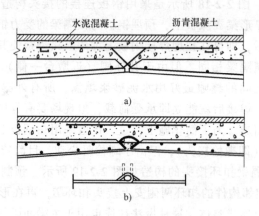

图 2-2-21　主梁翼板连接构造

向铰，如图 2-2-21b 所示。

2.2.6　装配式钢筋混凝土简支梁桥实例

图 2-2-22 所示为标准跨径 20m 的装配式钢筋混凝土简支 T 形梁桥钢筋构造。荷载等级为汽车—超 20 级，挂车—120 级［见《桥通规》（JTJ 021—1989）］。主梁全长为 19.96m（多跨布置时，相邻梁端之间留有 4cm 的伸缩缝），梁高 1.5m，设有 5 道横隔梁，支座中心至梁端的距离为 0.23m。

每根梁内共配置 14 根直径 32mm 的 HRB335 级纵向受力钢筋（编号 N1～N6），其中位于梁底的 4 根 N1（占主筋截面积的 20% 以上）通过梁端支承中心，其余 10 根则按梁的弯矩图形在不同位置弯起。设于梁顶部的架立钢筋 N7（直径 22mm，HRB335 级）在梁端向下弯折并与伸出支承中心的主筋 N1 焊接。箍筋 N11 和 N12 采用 R235 级钢筋（$\phi 8@14$cm），跨中为双肢箍筋（图 2-2-22，截面 Ⅱ—Ⅱ）。在支座附近，为满足剪切强度需要和支座钢板锚筋的影响，采用四肢箍筋。腹板两侧设置 $\phi 8$ 的防裂分布钢筋 N13，间距 14cm。靠近下缘部分布置得较密，向上则布置得较稀。附加斜筋 N8、N9 和 N10 采用 $\phi 16$ 钢筋，它们是根据梁内抗剪要求布置的。

每片平面钢筋骨架的自重为 9.1kN，一片主梁的焊缝（焊缝厚度 $\delta = 4$mm）总长度为 58.24m，每根中间主梁的安装重量为 322.0kN。

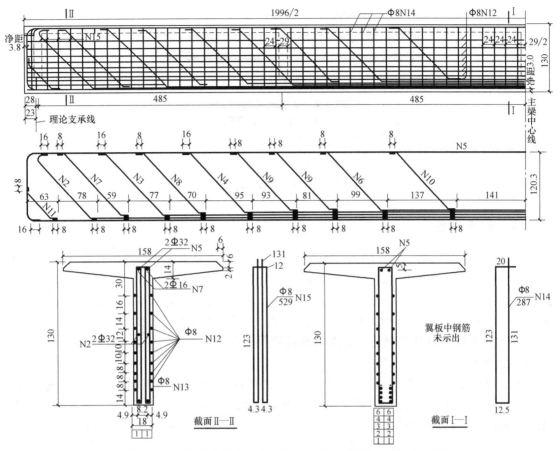

图 2-2-22　装配式钢筋混凝土简支 T 形梁桥钢筋构造（单位：cm，钢筋直径：mm）

2.3　装配式预应力混凝土简支梁桥

装配式钢筋混凝土简支梁桥，常用的经济合理跨径在 20m 以下。跨径增大时，不但钢材耗量大，而且混凝土开裂现象往往比较严重，影响结构的耐久性。为了提高简支梁的跨越能力，可采用预应力混凝土结构。目前，世界上预应力混凝土简支梁的最大跨径已达 76m。但根据建桥实践，当跨径超过 50m 后，不但结构笨重，施工困难，经济性也较差。因此《公预规》明确规定：装配式预应力混凝土简支梁桥的标准跨径不宜大于 50m。

2.3.1　横截面形式

装配式预应力混凝土简支梁桥的横截面类型基本上与钢筋混凝土梁桥类似，通常也做成 T 形、I 形，但为了方便布置预应力束筋和满足锚头布置的需要，肋梁的下部一般都设有马蹄或加宽的下缘（图 2-2-11c、d）。有时为了提高单梁的抗扭刚度并减小截面尺寸，也采用箱形截面（图 2-2-11e）。由于采用预应力筋施加预压力，可以提供方便的接头形式，为了使装配式梁的预制块件进一步减小尺寸和重量，还可做成横向也分段预制的串联梁（图 2-2-23）。但由于串联梁施工麻烦，构件预制精度要求高，在我国使用较少。

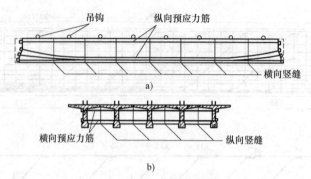

图 2-2-23　横向分段装配式梁

2.3.2　构造布置

经济分析表明，对于跨径较大的装配式预应力混凝土简支梁桥，当吊装重量不受限制时，适当增加主梁的间距，加大翼缘宽度，可以提高截面效率指标 ρ（通常希望在 0.45～0.5 以上），比较经济合理。然而，为了防止桥面和翼缘开裂，取值也不宜过大，一般可采用 1.8～2.5m。如果桥面板中施加了横向预应力，主梁间距可以适当加大。

我国交通部 2008 年编制的《公路桥梁通用图》采用的主梁间距为 2.0～2.4m，预制部分吊装后现浇 0.4～0.7m 的湿接缝。

预应力混凝土简支 T 形梁的梁肋下部通常加宽做成马蹄形。为了配合预应力筋的起弯，在梁端能布置锚具和安放张拉千斤顶，在靠近支点附近马蹄部分应逐渐加高，腹板也应加厚至与马蹄同宽，加宽的范围最好达到一倍梁高（离锚固端）左右，从而形成沿纵向腹板厚度和马蹄高度都变化的变截面 T 形梁。

预应力混凝土梁桥沿纵向的横隔梁布置基本上与钢筋混凝土梁桥相同，但中横隔梁应延伸至马蹄的加宽处。当主梁跨度大、梁较高的情况下，为了减小重量，以往设计中习惯将横隔梁的中部挖空（图 2-2-11c）。在 2008 年编制的《公路桥梁通用图》中，为了施工方便，不再采用挖空的形式。图 2-2-24 所示为装配式预应力混凝土简支 T 形梁桥构造，详细信息见 2.3.5 节。

2.3.3　截面尺寸拟定

预应力混凝土简支梁桥的主梁高度取决于采用的汽车荷载等级、主梁间距及建筑高度等因素，可在较大范围内变化。对于常用的等截面简支梁，其高跨比的取值范围在 1/15～1/25，对预应力混凝土 T 形梁一般可取 1/16～1/18，通常随跨径增大而取较小值，随梁数减少而取较大值。当桥梁建筑高度不受限制时，采用较大的梁高显然是较经济的，因为加高腹板混凝土用量增加不多，而节省预应力筋数量较多。

在预应力混凝土梁中，由于混凝土所受预应力和预应力束筋弯起能抵消荷载剪力的作用，肋中的主拉应力较小，肋宽一般都由构造和施工要求决定。从截面效率指标 ρ 来分析，梁肋越窄，ρ 值越大。国外一般要求装配式梁的腹板厚度不能小于 165mm，国内标准要求偏低，规定不应小于 160mm。早期标准设计中为 140～160mm，2008 年《公路桥梁通用图》中均采用了 200mm。

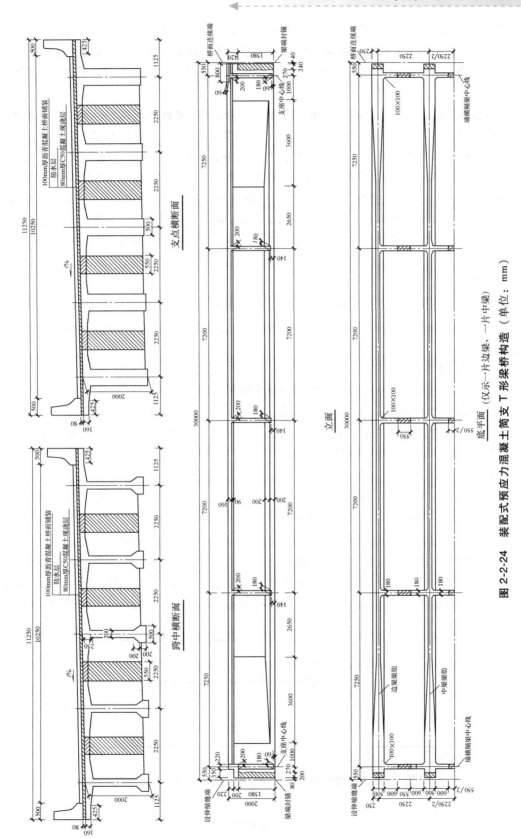

图 2-2-24　装配式预应力混凝土简支 T 形梁桥构造（单位：mm）

当腹板宽度有变化时（如梁两端区段内），其过渡长度不宜小于 12 倍腹板宽度差。

T 形梁上翼缘的厚度按钢筋混凝土梁桥同样的原则来确定。为了减小翼板和梁肋连接处的局部应力集中和便于脱模，在该处一般还设置折线形承托或圆角，此时承托的加厚部分应计算在内。

T 形梁下缘的马蹄尺寸应满足预加力阶段的强度要求，实践经验指出，为了防止在施工和运营中马蹄部分（尤其是马蹄的斜坡部分）出现纵向裂缝，其面积不宜小于截面总面积的 10%～20%。马蹄宽度为肋宽的 2～4 倍，并注意马蹄部分（特别是斜坡区）的管道保护层厚度。马蹄全宽部分的高度加 1/2 斜坡区高度约为梁高的 0.15～0.20 倍，斜坡宜陡于 45°。但是马蹄部分也不宜过高、过大，否则会降低截面形心，减小偏距 e'，并导致降低抵消自重的能力。从截面效率指标 ρ 分析，马蹄应当是越宽而矮越经济。马蹄的具体形状要根据预应力束筋的数量和排列方式确定，同时还应考虑施工方便和力筋弯起的要求。

2.3.4　配筋构造

预应力混凝土简支 T 形梁的配筋，除了主要的纵向预应力筋外，还有架立钢筋、箍筋、水平分布钢筋、承受局部应力的钢筋（如锚固端加强钢筋网）和其他构造钢筋等非预应力钢筋。

1. 纵向预应力筋的布置

预应力混凝土简支 T 形梁桥通常采用后张法施工。根据简支梁的受力特点，一般采用将力筋逐渐弯起的曲线配筋形式，其常用的布置方式有图 2-2-25 中所示的两种。全部主筋直线布置的形式仅适用于先张法施工的小跨径梁。预应力筋一般采用图 2-2-25a 所示全部弯至梁端锚固的形式，这样布置可使张拉操作简便，预应力筋的弯起角度不大（一般都小于 20° 的限值），对减小摩阻损失有利。

对于预应力混凝土梁跨径较大、钢束根数较多或当梁高受到限制，以致梁端不能锚固全部钢束时，可将一部分预应力筋弯出梁顶（图 2-2-25b）。这样的布置方式使张拉操作稍趋烦琐，使预应力筋的弯起角度增大（达 25°～30°），摩阻引起的预应力损失也随之增大。在实际工程中，应采取适当的减摩阻措施来减小这一损失。另外，这种锚头布置将影响到桥面板的钢筋布置，弊病较多。但是，预应力筋提前弯出梁顶，能够缩短力筋的长度，节约钢材，对提高梁的抗剪能力也更有利。特别是对于跨径较大的 T 形梁，为减小吊装重量而采用较宽

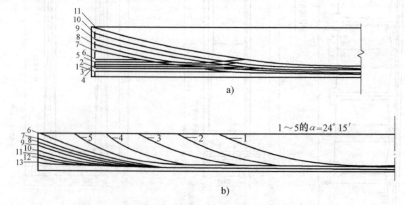

图 2-2-25　预应力混凝土简支梁纵向预应力筋的布置

的现浇接头时，梁预制部分的自重比成桥后的恒载小得多，如果在张拉阶段张拉全部预应力筋，梁的上翼缘可能开裂而破坏，因此必须将一部分束筋的锚固端布置在梁顶上，当梁拼装完成后，再在桥面上进行二次张拉。

预应力筋在梁内的具体位置可以利用"索界"的概念来确定。只要使预应力钢束的重心位置位于索界范围内，就能保证无论是在施工阶段，还是在运营阶段，梁任何截面的上、下缘应力均不超过限值。

由于简支梁的弯矩自跨中向梁两端逐渐减小，故索界的上、下限也逐渐上移，这就是必须将大部分预应力筋向梁端逐渐弯起的重要原因之一。根据设计经验，简支梁在跨中区段弯矩变化很小，荷载剪力也不大，梁在跨中部分仅靠肋宽已足够承受荷载剪力，故预应力筋通常大致在梁的三分点到四分点之间才开始弯起。预应力筋弯起后，截面仍然必须满足持久状况承载能力极限状态、持久状况正常使用极限状态及短暂状况的强度要求。可先按构造要求布置，然后予以验算。

预应力筋弯起的曲线形状可以采用圆弧线、抛物线或悬链线三种形式。圆弧线施工放样较简便，弯起角度大，可得到较大的预剪力。悬链线的预应力筋（或制孔器）可利用其自重下垂达到规定的线形，施工最方便，但它在端部的弯起角度较小。在矢跨比不大的情况下，这三种曲线的坐标值很接近。工程中通常采用在梁中部保持一段水平直线后按圆弧弯起的做法。

预应力钢束弯起的曲率半径，应符合下列规定：对钢丝束、钢绞线，钢丝直径 $d \leqslant 5mm$ 时，不小于 4m；$d > 5mm$ 时，不小于 6m。对预应力螺纹钢筋，钢筋直径 $d \leqslant 25mm$ 时，不小于 12m；$d > 25mm$ 时，不小于 15m。

预应力筋在跨中横截面内的布置，应在保证梁底保护层和位于索界内的前提下，尽量使其重心靠下，以增大预应力的偏心距，节省高强钢材。预应力筋在满足构造要求的同时，应尽量相互靠拢，以减小下马蹄的尺寸，减小梁体自重。

预应力管道的内直径应比预应力筋直径至少大 10mm。直线管道的净距不应小于 40mm，并不小于管道直径的 0.6 倍。此外，应将适当数量的预应力筋布置在腹板中线处，以便于弯起。对曲线形管道，由于曲线平面内侧受曲线预应力钢筋的挤压，混凝土保护层在曲线平面内和平面外均受剪，梁底面保护层和侧面保护层均需加厚，具体应依据《公预规》计算确定。

2. 纵向预应力筋的锚固

预应力筋的锚固分两种情形：在先张法梁中，钢丝或钢筋主要靠混凝土的握裹力锚固在梁体内；在后张法梁中，则通过各类锚具锚固在梁端或梁顶。此处仅介绍后张法的锚固。

在后张法锚固构造中，锚具底部对混凝土作用着很大的压力，而直接承压的面积不大，应力非常集中。在锚具附近不仅有很大的压应力，还有很大的拉应力。因此，锚具在梁端的布置必须遵循一定的原则：

1）锚具的布置应尽量减小局部应力。一般集中、过大的锚具不如分散、小型的有利。

2）锚具应在梁端对称于竖轴布置，以免产生过大的横向不平衡弯矩。

3）锚具之间应留有足够的净距，以便能安装张拉设备，方便施工作业。

为了防止锚具附近混凝土出现裂缝，在锚具下应设置厚度不小于 16mm 的钢垫板或采用具有喇叭管的锚具垫板，以扩大承载面积，减小应力。锚垫板下还应配置足够的间接钢筋

（包括加强钢筋网和螺旋筋）予以加强。间接钢筋应根据局部抗压承载力计算确定，其体积配筋率 ρ_v 不应小于 0.5%。通常钢筋网不小于 4 层，螺旋形钢筋不小于 4 周。从支座中心起长度不小于一倍梁高的范围内还应设置间距不大于 100mm 的闭合式箍筋。图 2-2-26 所示为梁端锚固区的钢筋布置。

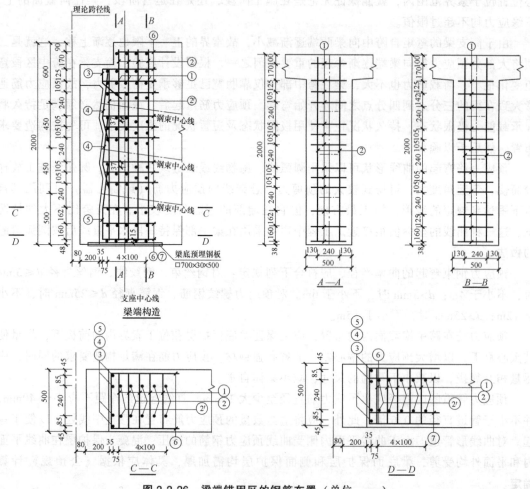

图 2-2-26　梁端锚固区的钢筋布置（单位：mm）

预应力施加完毕后，应在锚具周围设置构造钢筋与梁体连接，并浇筑混凝土封锚，以保护锚具不致锈蚀。封锚混凝土的强度等级不应低于构件本身混凝土强度等级的 80%，且不低于 C30。

3. 其他钢筋的布置

预应力混凝土梁与钢筋混凝土梁一样，要按规定的构造要求布置箍筋、架立钢筋和纵向水平分布钢筋等。根据实际情况，预应力混凝土梁还要适当设置非预应力纵向受力钢筋。由于弯起的预应力筋对梁肋混凝土提供了预剪力，主拉应力较小，一般可不设斜筋。

（1）箍筋的配置　预应力混凝土 T 形梁的腹板内应设置直径不小于 10mm 的箍筋，且采用带肋钢筋，间距不大于 200mm。自支座中心起长度不小于一倍梁高范围内采用闭合式箍筋。纵向预应力筋集中布置在下缘的马蹄部分，该部分的混凝土承受很大的压应力，因此，必须另外设置直径不小于 8mm 的闭合式加强箍筋，其间距不大于 200mm。此外，马蹄内尚应设置直径不小于 12mm 的定位钢筋。

（2）非预应力纵向受力钢筋

1）在预应力混凝土简支梁中，将非预应力的钢筋与预应力筋协同配置，有时可达到补充局部梁段内强度不足，满足极限强度要求，或更好地分布裂缝和提高梁体韧性等效果，使简支梁的设计更加经济合理。

2）先张法施工的小跨径梁，如果采用直线布筋形式，张拉阶段支点附近无法平衡的负弯矩会在梁顶引起过高的拉应力，为了防止由此可能产生的开裂，可适当布置如图 2-2-27a 所示的局部受拉钢筋。

3）对于预制部分的自重比恒载与活载小得多的梁，在预加力阶段跨中部分的上缘可能会开裂而破坏，因此也可在跨中部分的顶部加设非预应力的纵向受力钢筋（图 2-2-27b）。这种钢筋在运营阶段还能加强混凝土的抗压能力，在破坏阶段则可提高梁的安全度。

4）图 2-2-27c 所示为在跨中部分下翼缘内设置的钢筋，对全预应力梁可加强混凝土承受预加压力的能力。

5）在下翼缘内通长设置的非预应力钢筋，对部分预应力混凝土梁可补足极限强度的需要（图 2-2-27d），对于配置无粘结预应力筋的梁能起分布裂缝的作用。

6）此外，非预应力的钢筋还能增加梁在反复荷载作用下的疲劳极限强度。

装配式预应力混凝土梁桥的横向连接构造一般与钢筋混凝土梁桥相同。

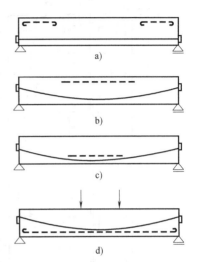

图 2-2-27　非预应力纵向受力钢筋（虚线）的布置

2.3.5　装配式预应力混凝土简支梁桥实例

标准跨径为 30.0m 的后张预应力混凝土简支 T 形梁（2008 年编制的《公路桥梁通用图》），构造图如图 2-2-24 所示，预应力钢束布置如图 2-2-28 所示，主梁普通配筋图如图 2-2-29 所示。荷载等级为公路—Ⅰ 级，预制梁长 29.92m，计算跨径为 28.9m，桥面净宽为 2×11.25m，双向 4 车道，单幅桥梁由 5 片 T 形主梁组成，主梁间距 2.3m，预制部分宽度 1.75m，吊装后现浇 0.55m 的湿接缝。截面为带马蹄的 T 形截面，预制梁高 2.0m，厚 20mm 的梁肋向梁端逐渐加宽，在靠近梁端一倍梁高范围加宽至马蹄全宽 500mm，马蹄部分高度不变。全梁范围内共设置四道横隔梁，为减小施工难度，横隔梁没有采用挖孔形式，吊装后彼此之间采用现浇接缝集整。

预制 T 形梁、横隔梁、湿接缝、封锚端、桥面现浇混凝土均采用 C50，普通钢筋采用 R235 级和 HRB335 级钢筋。每片 T 形梁设三束预应力钢束，预应力筋采用抗拉强度标准值 $f_{pk}=1860MPa$、公称直径 $d=15.2mm$ 的低松弛高强度钢绞线。张拉控制应力为 1395MPa，全部钢绞线均以圆弧起弯并锚固在梁端。预应力管道采用圆形金属波纹管。每片 T 形梁预制部分的最大吊装重量中梁为 765kN，边梁为 755kN，大大减小了吊装部分的重量。

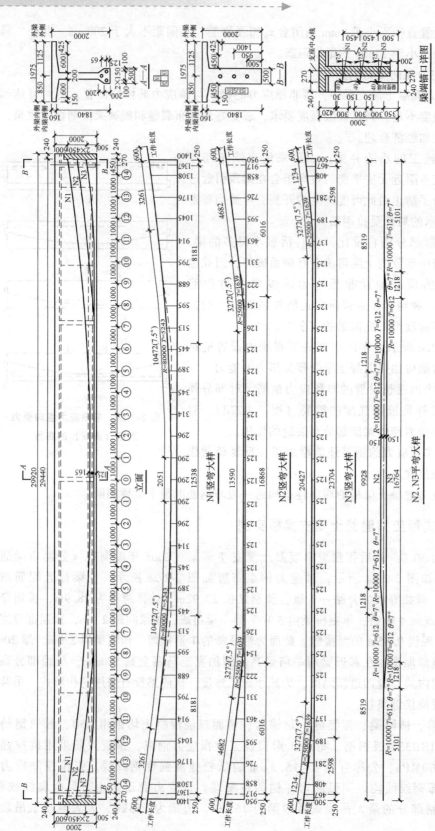

图 2-2-28 预应力钢束布置图（单位：mm）

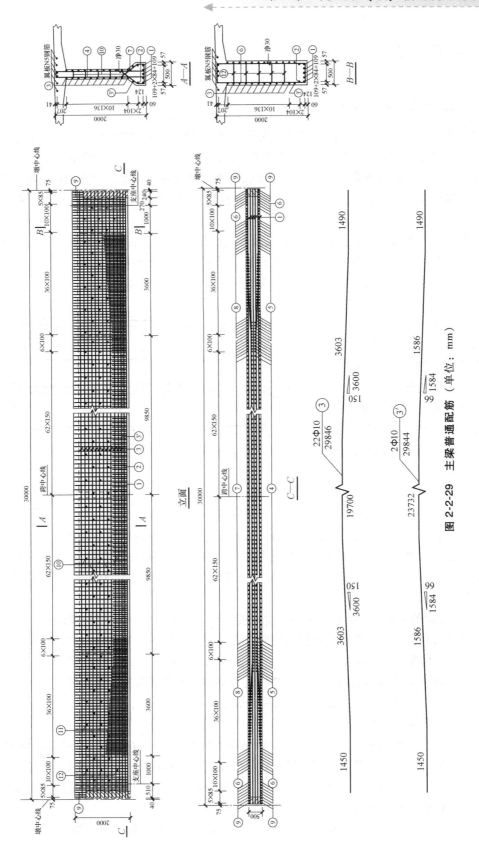

图 2-2-29　主梁普通配筋（单位：mm）

2.4　组合梁桥

2.4.1　组合梁桥构造及特点

组合梁桥（composite bridge）也是一种装配式的桥跨结构，它是首先利用纵向水平缝将桥梁的梁肋部分与桥面板（翼板）分割开来，桥面板再借纵横向的竖缝划分成平面内呈矩形的预制板，这样就使单梁的整体截面变成板与肋的组合截面。施工时先架设梁肋，再安装预制板（有时采用微弯板以节省钢筋），最后在接缝内或连同在板上现浇一部分混凝土使结构连成整体。

目前，国内外常用的组合式梁桥横截面形式有Ⅰ形和箱形两种，如图 2-2-30 所示。前者适用于钢筋混凝土和预应力混凝土简支梁桥，后者只适用于预应力混凝土简支梁桥。《公预规》规定：装配式预应力混凝土组合箱梁桥的跨径不宜大于 40m。

组合梁桥的优点在于可以显著减小预制构件的自重和尺寸，减小预制构件占用的场地，便于运输和吊装，施工时不需另设支架和模板。但由于组合梁桥的截面将主要承重构件"拦腰"分为两部分，因此在受力性能方面存在不足。设计时必须注意以下两方面问题：

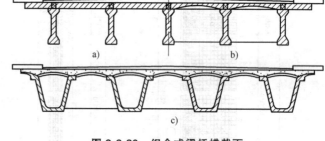

图 2-2-30　组合式梁桥横截面

a)、b) Ⅰ形组合梁桥　c) 箱形组合梁桥

1）结合面处于截面弯曲剪应力较大的部位，为保证组合梁上下部分结合成一整体受弯构件，必须加强结合面的强度。因此，应适当加大Ⅰ形梁上缘的宽度，并保证现浇混凝土层与预制梁结合处的可靠性。《公预规》规定，与预制梁结合处的现浇混凝土层的厚度不小于 150mm，预制梁顶面还应做成凹凸不小于 6mm 的粗糙面。预制梁的箍筋应伸入现浇桥面板，其伸入长度应不小于箍筋直径的 10 倍。

2）组合梁的装配顺序决定了它是分阶段受力的。在第一阶段，梁肋架设后，所有事后安装的预制板和现浇桥面混凝土及横隔梁的自重，连同梁肋本身的自重，均由尺寸较小的预制Ⅰ形梁肋来承受。第二阶段即运营阶段，车辆荷载的作用由组合梁全截面来承受。这与整体预制的 T 形梁由主梁全截面承受全部结构重力不同，不带翼板的肋部的抗弯惯矩比整体的 T 形梁小得多，这就必然大大增加梁肋承受全部结构重力的负担，因此组合梁梁肋的上下缘应力远大于 T 形梁上下缘的应力。

图 2-2-31 所示为装配式 T 形梁与组合梁的跨中截面在恒载 M_g 和（二期恒载+活载）M_p 两阶段受力的应力图形比较。从图中可见，当跨度稍大、恒载占重要份量时，组合梁肋顶缘的压应力起控制作用。由此可知，组合式梁桥拼装单元吊装重量的减小是用增加材料耗费和施工复杂性的代价换来的，故一般跨径不能做得太大。

所以，组合梁的全截面一般要比装配式的整体 T 形梁大，混凝土和钢筋用量也随之增

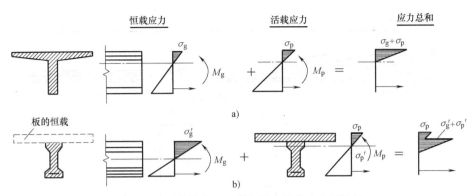

图 2-2-31 装配式 T 形梁与组合梁的应力图比较

加，梁肋混凝土用量的增加又导致了不利地增大恒载。预应力混凝土组合梁还应注意，在预应力张拉阶段，不带翼板的梁肋的中性轴较低，自重及惯性矩较小，受力是极为不利的，往往要在梁肋上缘布置临时预应力束，给施工带来了麻烦。此外，组合梁增加了现浇混凝土数量，施工工序相对复杂，延长了施工工期。

过去，我国曾对跨径为 8m、10m、13m 和 16m 的钢筋混凝土少筋微弯板组合梁桥编制了标准设计。为适应较大的跨径，还编制了跨径为 16m、20m、25m 和 30m 的先张预应力混凝土组合箱梁桥，以及跨径为 20m、30m、40m 的后张法预应力混凝土 I 形组合梁桥的标准设计。

2.4.2 预应力混凝土 I 形组合梁桥实例

图 2-2-32 所示为标准跨径 30m 的预应力混凝土 I 形组合梁桥构造，见《装配式后张法预应力混凝土 I 形组合梁斜桥》，（JT/G QB 006—1993）。桥面宽为净—9+2×1.0m。在梁高 2.0m，预制 I 形梁高为 1.8m。在标准设计图中，所有预制 I 形梁的肋宽为 18cm，下翼缘宽

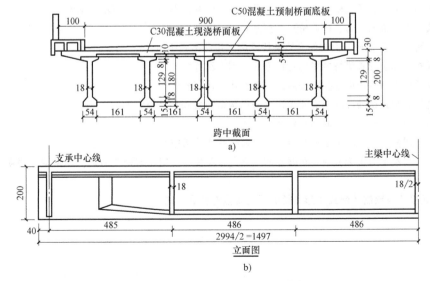

图 2-2-32 I 形组合梁桥构造（单位：cm）

a) 横断面 b) 立面

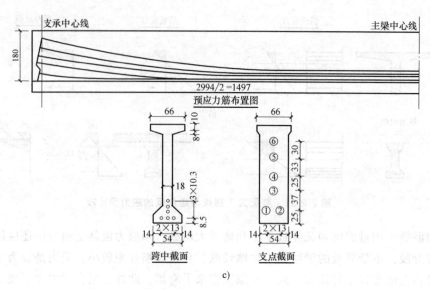

c)

图 2-2-32　I 形组合梁桥构造（单位：cm）（续）

c）预应力筋布置

度为 54cm，上翼缘宽度为 66cm。端部约一倍梁高范围内，肋宽加厚至与下翼缘同宽。主梁间用 5cm 厚的预制板作为现浇桥面板的底模，现浇部分厚度为 15cm。I 形梁和桥面底板采用 C50 混凝土，现浇横隔板和桥面板采用 C30 混凝土。预应力筋的布置如图 2-2-32c 所示。中梁配置 7 孔 7ϕ^s15.2 钢绞线作为预应力筋，边梁则为 7 孔 6ϕ^s15.2，标准设计图中ϕ^s15.2 钢绞线的标准强度为 1570MPa，若采用强度级别为 1860MPa 的钢绞线，可进行等效代换。

思考题

1. 按静力体系划分，梁式桥主要包括哪几种？各自的截面类型及适用范围如何？

2. 整体式简支板桥的受力、配筋特点有哪些？

3. 为什么跨径大于 20m 以上的简支体系桥梁应采用肋梁式截面？

4. 装配式板桥和装配式梁桥的横向连接方式分别有哪些？

5. 简支梁桥的上部构造由哪些部分组成？各有什么作用？

6. 如何进行装配式钢筋混凝土简支 T 形梁桥的构造布置和尺寸拟定？

7. 预应力混凝土梁的配束原则是什么？

8. 为了防止锚具附近混凝土出现裂缝，应采取哪些构造措施？

9. 在预应力混凝土简支梁桥中，在哪些情况下应将非预应力钢筋与预应力筋协同配置？说明非预应力筋所起的作用。

10. 组合式梁桥与预制装配式 T 形梁桥的受力特点有什么不同？

简支梁桥构造简单，预制和安装方便，在桥梁建设中得到了广泛应用。然而随着跨径的增大，简支体系桥梁的跨中恒载弯矩和活载弯矩将迅速增大，使梁的截面尺寸和自重显著增加，这样不但因材料耗用量大而不经济，并且很大的吊装重量给施工造成了困难。一般普通钢筋混凝土和预应力混凝土简支梁桥的经济跨径分别为 20m 和 40m 左右。当跨径超出此范围时，为了降低材料用量指标和降低施工架设的难度，就应采用能减小跨中弯矩值的其他体系桥梁，悬臂体系和连续体系梁桥就应作为重要的比选方案之一。本章主要介绍悬臂和连续体系梁桥的构造和设计要点。

《公预规》规定：整体现浇钢筋混凝土连续板桥跨径不大于 16m。整体现浇钢筋混凝土箱形截面连续梁桥跨径不大于 25m。整体现浇预应力混凝土连续板桥跨径不大于 25m。跨径大于 100m 桥梁的混凝土主梁宜按全预应力混凝土构件设计。

3.1 悬臂和连续体系梁桥的一般特点

为了更好地理解悬臂梁桥（cantilever beam bridge）与连续梁桥（continuous beam bridge）的力学特点，现从荷载作用下，悬臂和连续体系梁桥主梁截面产生的内力与简支梁桥做一比较。如图 2-3-1 所示，在跨径 l 和均布荷载 g 均相同的情况下，简支梁的跨中弯矩最大（图 2-3-1a），悬臂体系和连续体系梁桥则由于支点负弯矩的存在，跨中正弯矩显著减小（图 2-3-1b~d）。就表征材料用量的弯矩图面积大小（绝对值）而言，悬臂体系和连续体系梁桥也比简支梁小得多。若以图 2-3-1c 的中跨弯矩图形为例，当 $l_x = l/4$ 时，正、负弯矩图面积的总和仅为同跨径简支梁桥的 1/3.2。再从活载方面来看，如果只在图 2-3-1b 的中孔布载，则其跨中最大正弯矩仍与简支梁一样。但对于带有挂梁的多孔悬

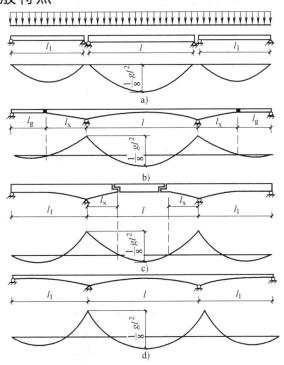

图 2-3-1 结构自重弯矩

a）简支梁桥 b）双悬臂梁桥 c）单悬壁梁桥 d）连续梁桥

臂梁桥（图2-3-1c），活载作用于中间孔上时，只有较小跨径（通常只有桥孔跨径的0.4~0.6倍）的简支挂梁才产生正弯矩，因此它也比简支梁桥的小得多。由此可见，与简支梁桥相比，悬臂梁桥和连续梁桥由于支点负弯矩的存在，使跨中正弯矩显著减小，故可以减小主梁的高度，从而可减少材料用量和结构自重，而结构自重的降低又进一步减小了恒载内力，这正是悬臂梁桥和连续梁桥具有更大跨越能力的原因。

然而，由于支点附近负弯矩的存在，梁体的上翼缘受拉，悬臂梁桥和连续梁桥若采用钢筋混凝土结构，该区段内将不可避免地出现裂缝，雨水容易侵入梁体而影响耐久性。所以，悬臂和连续体系梁桥较少采用钢筋混凝土结构，而多采用预应力混凝土结构。目前，预应力混凝土连续梁桥已成为我国大跨径桥梁工程的主导桥型，广泛地应用于跨径60~150m的公路、铁路及城市桥梁中。而悬臂体系桥梁由于存在施工麻烦、行车平顺性差、养护工作量大等缺点，无论是钢筋混凝土还是预应力混凝土结构在实际桥梁工程中都已较少采用。

3.2 悬臂和连续体系梁桥的立面设计

3.2.1 悬臂体系梁桥

1. 结构类型及特点

将简支梁梁体加长，并越过支点就成为悬臂梁，也称为伸臂梁（图2-3-2）。仅有一端悬出的称为单悬臂梁（图2-3-2b），两端均悬出的称为双悬臂梁（图2-3-2a、c）。习惯上把悬臂梁的主跨称为锚跨，而伸出有悬臂的孔跨称为悬臂跨。悬臂体系梁桥一般至少有三孔，除了悬臂梁以外，还可以设置支承于悬臂梁牛腿上的挂梁以实现更大的跨径。

混凝土悬臂梁桥的一般立面布置如图2-3-2所示，图2-3-2a为不带挂梁的单孔双悬臂梁桥，图2-3-2b为带挂梁的三孔单悬臂梁桥，图2-3-2c为带挂梁的多孔双悬臂梁桥。

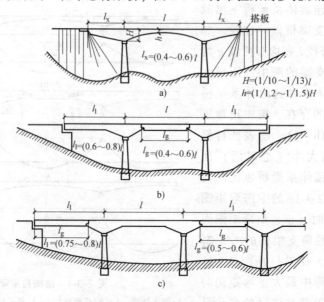

图2-3-2 悬臂梁桥的立面布置

（1）不带挂梁的单孔双悬臂梁桥　单孔双悬臂梁桥的中孔为锚固孔，两侧伸出的悬臂直接与路堤衔接，可以省去两个桥台，但需要在悬臂端部设置钢筋混凝土的桥头搭板，以利行车。单孔双悬臂梁桥多用于跨线桥，中孔的长度由桥下净空要求确定。现使用较少，一般采用无桥台斜腿刚构桥替代。

（2）带挂梁的三跨单悬臂梁桥　带挂梁的三跨单悬臂梁桥常用在跨越城市河道的桥梁中，其边孔为锚孔，边跨可以做得比较小。

（3）带挂梁的多孔悬臂梁桥　当桥梁长度较大时，也可以借助简支的挂梁与单、双悬臂梁一起组合成多孔悬臂梁桥。

悬臂梁桥一般为静定结构，其内力不受基础不均匀沉降、温度变化等因素的影响。在多孔桥中，在桥墩上只需沿桥纵向设置一排支座，从而相应地减小了桥墩的尺寸，也节省了基础工程的材料用量。悬臂梁桥尽管在受力上比简支梁桥合理，可适用于更大跨越能力的需要，但其正、负弯矩区段范围内往往构造比较复杂，给设计和施工增加了麻烦。若采用钢筋混凝土结构，负弯矩区段还将不可避免地出现开裂现象，影响工程的使用寿命。预应力混凝土悬臂梁桥虽然没有开裂的危险，并可采用悬臂施工，但施工中必须采用临时固接措施。由于悬臂梁端与挂梁衔接处的挠曲线会产生不利于行车的折点，在行车方面不如连续梁平顺，但比简支梁稍好。除了是静定结构，悬臂梁桥的其他优点不是很明显，因而这种桥型目前在我国已较少采用。

国内钢筋混凝土箱形悬臂梁桥最大跨径为 55m，国外一般在 80m 以下；预应力混凝土悬臂梁桥一般在 100m 以下，世界最大的跨径已达到 150m。

2. 立面布置

混凝土悬臂梁桥的立面布置如图 2-3-2 所示。三孔双悬臂梁桥的中孔跨径由桥下的行车净空要求确定。当主梁为 T 形截面时，由于中支点处 T 形梁下缘的受压面积小，故其悬臂长度不宜过长，一般取中跨长度的 0.3~0.4 倍。当采用箱形截面时，为了使中跨跨中最大正弯矩和支点最大负弯矩的绝对值大致相等，以充分发挥材料的受压作用，悬臂长度可适当加大，但最大不能超过中跨长度的 0.5 倍。尤其当它用作行车的桥梁时，悬臂过长会使活载挠度增大，跳车现象加剧，使桥梁与路堤的连接构造易遭破坏。

跨河的单孔悬臂梁桥及多孔悬臂梁桥的主孔跨径通常决定于桥下通航的净空，或与边孔一起由河床泄洪、地形和地质等条件综合考虑来选定。当不受上述条件限制时，就可按照梁的弯矩包络图面积为最小的原则来确定边孔与中孔跨径的划分，以达到节省材料的目的。

多孔悬臂梁桥通常设计成中跨跨径相同、两侧边跨跨径稍小的立面布置形式。两个悬臂一般做成相同的尺寸，其挂梁的高度约为长度的 1/20。特殊情况下，若须进一步减小锚孔的跨径，应考虑活载作用在中孔时锚孔边支点可能出现负反力的情况，可采取加设平衡重物或设置拉力支座等特殊措施。

一般当跨径超过 60m 时，钢筋混凝土悬臂梁桥已不再适用，往往要采用预应力混凝土结构。两种悬臂梁桥在立面布置上的差别在于，预应力混凝土悬臂梁桥的悬臂长度可以更长，并且预应力混凝土悬臂梁桥是全截面受力，梁高也可以取得更低。

根据已建桥梁的资料分析，悬臂梁桥边孔跨长 l_1、挂梁长度 l_g 与中孔跨长 l 之间的比例关系，以及跨径与梁高的关系大致应控制在表 2-3-1 所列的范围之内。

表 2-3-1　悬臂梁结构跨径与梁高的关系

桥型	材料	跨径	截面形式	跨中梁高 h	支点梁高 H
双悬臂结构	普通钢筋混凝土	$l_x=(0.3\sim0.4)l$	T 形截面	$(1/12\sim1/20)l$	$(1.0\sim1.5)h$
			箱形截面	$(1/20\sim1/30)l$	$(2.0\sim2.5)h$
	预应力混凝土	$l_x=(0.3\sim0.5)l$	T 形截面	$(1/20\sim1/25)l$	$(1.5\sim2.0)h$
			箱形截面	$(1/20\sim1/35)l$	$(2.0\sim2.5)h$
带挂梁单悬臂结构	普通钢筋混凝土	$l_g=(0.4\sim0.6)l$ $l_1=(0.6\sim0.8)l$	T 形截面	$(1/12\sim1/20)l$	$(1.5\sim1.8)h$
			箱形截面	$(1/15\sim1/25)l$	$(2.0\sim2.5)h$
	预应力混凝土	$l_g=(0.2\sim0.4)l$ $l_1=(0.6\sim0.8)l$	T 形截面	$(1/20\sim1/25)l$	$(1.5\sim2.0)h$
			箱形截面	$(1/20\sim1/30)l$	$(2.0\sim2.5)h$
带挂梁双悬臂结构	普通钢筋混凝土	$l_g=(0.5\sim0.6)l$ $l_1=(0.75\sim0.8)l$	T 形截面	$(1/12\sim1/20)l$	$(1.5\sim1.8)h$
			箱形截面	$(1/20\sim1/30)l$	$(2.0\sim2.5)h$
	预应力混凝土	$l_g=(0.5\sim0.7)l$ $l_1=(0.75\sim0.8)l$	T 形截面	$(1/20\sim1/25)l$	$(2.0\sim2.5)h$
			箱形截面	$(1/25\sim1/35)l$	$(2.0\sim2.5)h$

3.2.2　连续体系梁桥

随着交通运输特别是高等级公路的迅速发展，对行车平顺舒适提出了更高的要求。连续梁桥以其整体性好、结构刚度大、变形小、抗震性能好、主梁变形挠曲线平缓、伸缩缝少和行车平稳舒适等突出优点而得到了迅速的发展。预应力混凝土连续梁桥在 60~150m 跨径范围得到了广泛的应用。

1. 等截面连续梁桥

超静定结构的连续梁在恒、活载作用下，支点截面的负弯矩一般比跨中截面的正弯矩大，但跨径在 60m 以下时这个差值不是很大，可以考虑采用等截面的形式（国外也有达到 80m 跨径的）。等截面连续梁桥构造简单、施工方便，尤其适用于有支架施工、逐孔架设施工、移动模架施工及顶推法施工的中等跨径连续梁桥。但由于主梁的支点截面无法通过加大梁高来抵抗较大的负弯矩，而只能通过增加预应力束筋加以解决，从而增加了材料的用量，经济性较差。

等截面连续梁桥可选用等跨和不等跨两种布置形式，如图 2-3-3 所示。等跨布置的跨径大小主要取决于经济分孔和施工的设备条件，高跨比一般为 1/15~1/25。在顶推施工的等截面连续梁桥中需要考虑顶推施工时对结构的附加受力要求，与施工时是否设置临时墩等措施有关。梁高与顶推跨径之比一般为 1/12~1/17。当标准跨径较大时，为减小边跨的正弯矩，或

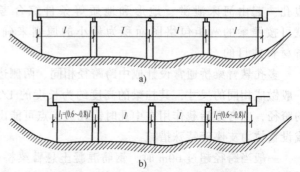

图 2-3-3　等截面连续梁桥的立面布置

a) 等跨等截面连续梁　b) 不等跨等截面连续梁

标准跨径不能满足桥下通航或交通要求时，也可将边跨跨径取小于中跨的结构布置，一般边

跨与中跨跨径之比为 0.6~0.8。

当采用的标准跨径不能满足桥下通航或通车的要求，需要加大部分桥跨的跨径时，通常不需要改变主梁的高度，而是采用增加配筋数量和调整截面尺寸的方式予以解决，从而使桥梁的外观仍保持为等截面形式。这样做既使得桥梁的立面协调一致，又可以减少构件及模板的规格。

2. 变截面连续梁桥

当连续梁的跨径接近或大于 70m 时，在恒、活载作用下，支点截面将出现较大的负弯矩。从绝对值来看，支点截面的负弯矩往往远大于跨中截面的正弯矩。所以，采用加大支点高度的变截面梁可以更好地适应结构的内力分布规律。这样做既对恒载引起的截面内力影响不大，也不会妨碍桥下通航的净空要求，还能满足支点处较大剪力的要求。同时，变截面的立面布置使结构外形和谐、美观。采用变截面布置尤其适合于悬臂法施工，施工阶段主梁的刚度大，且与施工内力状态相吻合。

图 2-3-4 所示为三跨连续梁的弯矩图随截面惯性矩变化的情况。将支点梁高局部地从 1.5m 加大到 3.5m 时，跨中最大弯矩由 800kN·m 变为 330kN·m，大大降低了跨中截面对梁高的要求。

变高度梁的截面曲线可采用圆弧线、二次抛物线或折线等。由于二次抛物线的变化规律与连续梁的弯矩变化规律基本接近，所以通常以二次抛物线最为常用。采用折线形截面变化布置可使桥梁的构造简单，施工方便，常用于中小跨径的连续梁桥。

变截面形式的大跨径预应力混凝土梁桥，立面一般采用从中孔向两侧逐孔减小的奇数孔布置；但多于三跨的连续梁桥，除边跨外，其中间各跨也可以采用等跨布置，以方便悬臂施工。边跨过长会削弱边跨的刚度，增大活载在中跨

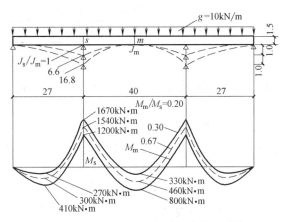

图 2-3-4　三跨连续梁惯性矩变化影响的
举例（单位：m）

跨中的变化幅值，增加预应力束筋的数量，所以边跨一般取为中跨长度的 0.6~0.8 倍，如图 2-3-5a 所示。有时为了满足城市桥梁或跨线桥的交通要求而需增大中跨跨径时，可将边跨跨径设计成仅为中跨的 0.5 倍以下。在此情况下，端支座将出现较大的负反力，必须通过在端支座处设置能抵抗拉力的支座或边梁压重来加以解决，如图 2-3-5b 所示。

另外，进行连续梁桥立面布置时应注意，连续超过五跨时的内力情况与五跨时相差不大，并且连续过长会增大温度变化的附加影响，造成梁端伸缩量很大，需设置大位移量的伸缩缝，因此连续孔数一般不超过五跨。当需要修建很多孔连续梁时，通常可按 3~7 孔为一联分联布置，联与联的衔接处，通过两排支座支承在一个桥墩上。

根据已建桥梁的资料分析，连续梁桥支点和跨中梁高与跨径的关系，可依据表 2-3-2 估算。在具体设计中，还要根据边跨与中跨比例、荷载等级等因素通过方案分析比较确定。在大跨径预应力混凝土连续梁桥中，除截面高度变化外，还可将截面的底板、顶板和腹板做成

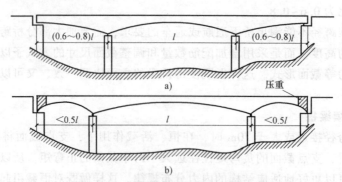

图 2-3-5　变截面连续梁桥的立面布置

变厚度，以满足主梁内各截面的不同受力要求。

表 2-3-2　连续梁结构跨径与梁高的关系

立面形式	类别	跨中梁高 h	支点梁高 H
等截面连续梁	一般施工法	$(1/15\sim1/25)l$，常用 $(1/15\sim1/25)l$	
	顶推施工法	$(1/12\sim1/17)l$	
变截面连续梁	变高度(折线形)连续梁	$(1/22\sim1/28)l$	$(1.1\sim1.75)h$
	变高度(曲线形)连续梁	$(1/30\sim1/50)l$	$(1.5\sim3.2)h$

3.3　悬臂和连续体系梁桥的横断面设计

混凝土悬臂和连续体系梁桥横断面形式主要有板式、肋梁式和箱形截面。板式和肋梁式截面构造简单、施工方便；箱形截面具有良好的抗弯和抗扭性能，是悬臂和连续体系梁桥的主要截面形式。一般应根据桥梁的总体布置、跨径、宽度、梁高、支承形式和施工方法等方面综合确定。合理地选择主梁的截面形式对减轻桥梁自重、节约材料、简化施工和改善截面受力性能是十分重要的。

3.3.1　板式截面

板式截面分实体截面（图 2-3-6a、b）和空心截面（图 2-3-6c、d）。

实体截面一般用于中小跨径的悬臂和连续体系桥梁，多采用有支架现浇施工。矩形实体截面使用较少，曲线形实体截面近年来相对使用较多。当用于预应力混凝土连续梁桥时，其支点截面板厚为 $(1/16\sim1/20)l$，跨中截面板厚为支点处的 $1/1.2\sim1/1.5$ 倍。

空心截面常用于跨径 15～30m 的连续梁桥，板厚一般为 0.8～1.5m，也以有支架现浇为主。

3.3.2　肋形截面

由于悬臂和连续体系梁桥的主梁除了跨中部分承

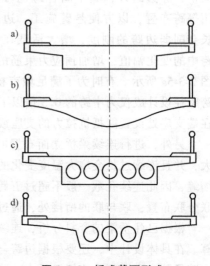

图 2-3-6　板式截面形式

受正弯矩外，在支点附近还要承受较大的负弯矩，因此在进行截面设计时，支点截面的底部受压区往往需要适当加强。图 2-3-7a 所示为带马蹄形的 T 形截面，适用于跨径在 30m 以内的钢筋混凝土桥梁；图 2-3-7b 所示为底部加宽的 T 形截面，适用于跨径为 30～50m 的预应力混凝土桥梁。梁高及马蹄（或下翼板）的尺寸还可以随负弯矩向支点处的增大而相应增大。采用肋形截面时，多用预制装配法施工。

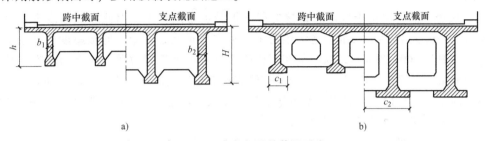

图 2-3-7　底部加强的截面形式

a）马蹄形　b）底部加宽

3.3.3　箱形截面

当悬臂和连续体系梁桥的跨径较大时，主梁一般采用箱形截面。在已建成的跨径超过 40m 的预应力混凝土连续梁桥中，横截面大多为箱形截面。箱形截面的顶、底板都有比较大的面积，因而能有效地抵抗正、负弯矩，并满足配筋要求。箱形截面闭合，抗扭刚度较大，故箱形截面的截面效率指标比 T 形截面高。当桥梁承受偏心荷载时，箱形截面梁的内力分布比较均匀，整体性较好。另外，箱形截面构造布置灵活，适用于有支架现浇施工、逐孔施工、悬臂施工等多种施工方法。

箱形截面根据桥面宽度、施工方法等的不同，可以采用各种不同的形式，常见的截面形式如图 2-3-8 所示。单箱单室截面的顶板宽度一般小于 20m（图 2-3-8a）；单箱双室截面的顶板宽度约为 25m（图 2-3-8b）；双箱单室截面可达 40m 左右（图 2-3-8c）；多箱多室截面可不受宽度的限制（图 2-3-8d）。

箱形截面由顶板、底板、腹板等组成，它的细部尺寸拟定既要满足箱梁纵、横向的受力要求，又要满足结构构造及施工上的需要。

（1）顶板　确定箱形截面主梁顶板厚度一般应考虑两方面因素，一是应按照行车道板的要求，具有承受横向弯矩（自重、汽车荷载、日照温差等）的能力；二是要满足布置纵、横向预应力束筋的要求。顶板的中部

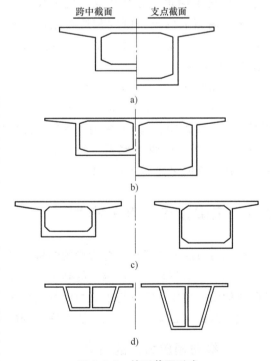

图 2-3-8　箱形截面形式

a）单箱单室　b）单箱双室　c）分离式双箱
单室　d）单箱多室

厚度一般不应小于顶板净跨径的1/30，且不小于200mm。

顶板两侧悬臂板的长度对活载弯矩的数值影响不大，但自重及人群荷载弯矩随悬臂长度几乎成平方关系增加，故悬臂长度一般不大于5m，当长度超过3m后，宜布置横向预应力束筋。悬臂板的端部厚度不小于100mm，如设有桥面横向预应力钢筋时，则端部厚度不小于140mm。

（2）底板 悬臂梁由于接近悬臂端的截面承受负弯矩较小，因此底板厚度主要由构造要求决定，一般为160~180mm。连续梁跨中区域主要承受正弯矩，底板厚度也可按构造要求设计，一般为200~300mm。纵向负弯矩区受压底板的厚度对改善全桥受力状态，减小徐变下挠十分重要，因此应确保支点区域的箱梁底板有足够的厚度，连续梁墩顶处底板厚度通常取梁高的1/10~1/12。为适应箱梁下缘受压的要求，箱梁底板厚度常设计成自跨中随箱梁负弯矩的增大而逐渐加厚至墩顶的形式。

（3）腹板 一般来说，等高度箱梁可采用直腹板或斜腹板，变高度箱梁宜采用直腹板。箱梁腹板的主要功能是承受结构的弯曲剪应力和扭转剪应力引起的主拉应力，墩顶区域剪力大，因而腹板较宽，跨中区域的腹板较窄，但腹板的最小宽度应考虑预应力钢束管道布置、钢筋布置和混凝土浇筑的要求。一般腹板的宽度不应小于160mm，当腹板宽度有变化时，其过渡段的长度不应小于12倍的腹板宽度差。上、下承托之间的腹板高度，当腹板内设有竖向预应力筋时，不应大于腹板宽度的20倍；当腹板内不设竖向预应力筋时，不应大于腹板宽度的15倍。

（4）承托 箱形截面梁顶板与腹板相连处应沿纵桥向设置承托（或梗腋），底板与腹板相连处应设置倒角，必要时也设置承托。目的在于提高截面的抗扭刚度和抗弯刚度，减小扭转剪应力和畸变应力。常用的承托形式如图2-3-9所示，图2-3-9a所示为一般箱梁上的常用承托形式；图2-3-9b、c常用于箱梁截面较小的情形；图2-3-9d、e常用于斜腹板与顶板之间；图2-3-9f、g、h常用于底板与腹板之间的下承托，以便于底板混凝土的浇筑。承托竖向与纵向之比不宜大于1/6。

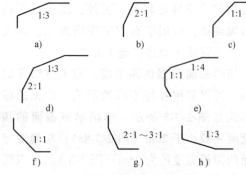

图2-3-9 承托形式

3.4 主梁预应力筋的布置

预应力束筋的布置形式与桥梁的结构体系、受力情况、构造形式及施工的方法都有密切关系。预应力筋数量和布筋位置的确定既要满足结构在使用阶段的受力状况，也要满足施工各阶段的受力需要。特别是预应力混凝土连续梁桥，施工方法不同，施工阶段的受力状态差别很大，因此，必须结合施工方法考虑结构配筋。

3.4.1 纵向预应力筋的布置

1. 悬臂梁桥

对预应力悬臂梁桥而言，预应力筋的布置要满足正、负弯矩的需要。在悬臂部分和支点附近是负弯矩区段，纵向预应力筋布置在截面的顶部；锚固孔的跨中部分承受正弯矩，纵向预应力筋布置在截面的底部。在正负弯矩过渡区段，两个方向的弯矩都有可能发生，所以梁的顶部和底部都应该布置适量的预应力筋。预应力束筋的布置形式一般根据结构的受力特点来确定。悬臂梁桥作为一种静定结构体系与简支梁类似，通常都是以最大设计内力图（弯矩包络图）按结构设计原理确定预应力筋的束界，即可获得沿跨径的预应力束筋的偏心距。这些偏心距的连线即预应力束筋的重心线，也是预应力束筋的压力线。

单悬臂和双悬臂体系梁中连续预应力束筋的布置形式如图 2-3-10 和图 2-3-11 所示，通常应用于有支架的现浇预应力混凝土结构中。这样的预应力筋布置形式，针对不同的悬臂结构，充分利用了变截面的特点，既符合受力要求，又尽可能地减缓了预应力筋的曲率，从而在一定程度上减少了预应力摩阻损失。

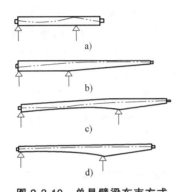

图 2-3-10　单悬臂梁布束方式

a）短跨　b）长悬臂　c）长锚跨　d）直线力筋

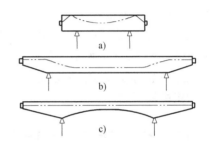

图 2-3-11　双悬臂梁布束方式

a）短跨　b）锥形状短悬臂　c）直线力筋

2. 连续梁桥纵向预应力筋的布置

预应力混凝土连续梁桥属于超静定结构，不能像静定结构那样可以方便地得到预应力筋的重心线。实际设计时，必须根据线性转换原则和吻合束原理，才能获得预应力束筋的布置形式。预应力混凝土连续梁桥中纵向预应力筋的布置形式有多种，与采用的施工方法及预应力筋的种类等密切相关。

图 2-3-12a 表示采用顶推法施工的直线形预应力筋布置方式。上、下的通长束使截面接近轴心受压，以抵抗顶推过程中各截面承受的交替变化的正负弯矩。待顶推完成后，再在跨中的底部和支点的顶部增设局部预应力筋，用来满足运营荷载下相应的内力要求。有时按设计还在跨中的顶部和支点附近的底部设置局部的施工临时钢筋束，待顶推完成后即予卸除。

图 2-3-12b 所示为采用先简支后连续施工方法的预应力束筋布置方式。待墩上接缝混凝土达到规定强度后，采用增设在接缝顶部的短束来达到结构连续的目的。此外，可采用帽束或用连接器把简支梁的束筋予以连接，使得简支梁转化为连续梁。

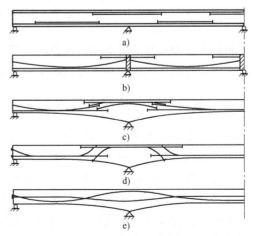

图 2-3-12　预应力混凝土连续梁配筋方式

图 2-3-12c 和图 2-3-12d 所示为曲线形的预应力筋布置。梁中除了在正弯矩区段和负弯矩区段内分别布置底部和顶部预应力筋外，在可能出现正、负弯矩区段的顶、底板中均设置预应力筋。可以根据受力需要将预应力筋在跨径内截断后锚固在梁体高度范围内（图 2-3-12c）或弯出梁体锚固在梁顶和梁底（图 2-3-12d）。

图 2-3-12e 表示通长布置的曲线形预应力束锚固于梁端的布置方式，一般用于整联现浇的情况。在此情况下，若预应力筋较长，弯曲次数又多，就会显著加大预应力筋的摩阻损失。因此，当联长或预应力筋过长时，就应适当考虑采用分段张拉或将某些预应力筋在梁内、梁顶或梁底进行锚固。

图 2-3-13 所示为采用悬臂施工方法的预应力筋布置方式。悬臂施工过程中，梁体以承受负弯矩为主，为了能够支承梁体自重和施工荷载，需在每节段混凝土达到规定的强度或预制梁段就位后，对梁体施加能够承受负弯矩的预应力；在合龙段浇筑完成后，再张拉正弯矩筋和其他力筋。图 2-3-13a 所示为直线形布筋的方式，其顶板预应力束筋沿水平方向布置，在梗肋处锚固。这种布置方式可以防止产生过大的预应力摩阻损失，穿束也比较方便，改善了腹板混凝土的浇筑条件；水平预应力筋的配置仅由弯曲应力决定，抗剪能力则由竖向预应力筋来保证。图 2-3-13b 所示为顶板预应力筋在腹板内弯曲布置，下弯至腹板处锚固，以达到通过预应力竖向分力抵消外荷载产生的剪力的作用。此时，腹板应具有足够的厚度以承受锚具下的集中锚固力。

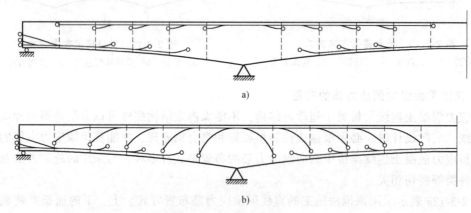

a)

b)

图 2-3-13 预应力混凝土连续梁桥分段配筋（悬臂施工法）

预应力筋的布置要考虑张拉操作的方便。当需要在梁内、梁顶或梁底锚固预应力筋时，应根据预应力筋锚固区的受力特点给予局部加强，以防开裂损坏。

3.4.2 横向和竖向预应力筋的布置

悬臂和连续体系梁桥主梁的内力主要由纵向受弯、受剪及横向受弯引起。所以，通常除了按上述方式配置纵向预应力筋来抵抗纵向弯矩和部分剪力之外，往往还根据需要配置横向预应力筋来抵抗横向弯矩和竖向预应力筋抵抗剪力，统称为三向预应力筋。

箱梁顶板在横桥向作为支承在腹板上的多跨连续桥面板参加工作。当箱梁腹板间距较大或翼板悬臂长度较大时，横向仅布置普通钢筋不但很难满足受力的要求，也是不经济的。此时应该考虑采用横向预应力混凝土桥面板。

图 2-3-14 所示为对箱梁顶板配置了横向
预应力筋的箱梁截面。桥面板中的横向预应
力束筋设在桥面板上下两层钢筋网之间，可
与纵向束叠置。一般采用直线布置，也可如
图 2-3-14 所示在承托附近缓缓向上弯曲，以
承受更大的负弯矩。由于目前大跨径梁式桥
主梁大都采用箱形截面，顶板厚度一般为
250~300mm，为减少布筋所需的空间，横向
预应力束多采用扁锚体系。张拉端和锚固端交错布置。

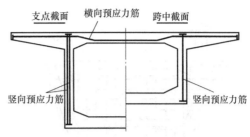

图 2-3-14　箱梁横向及竖向配筋布置方式

竖向预应力筋布置在腹板中，主要作用是提高截面的抗剪能力，还可以与悬臂施工
配合，作为挂篮的后锚钢筋。图 2-3-14 中同时示出了在箱梁截面的腹板中配置竖向预应
力筋的构造。竖向预应力筋在梁体腹板内沿纵向的布置，可根据竖向剪力的分布情
况进行调整，靠支点截面位置较密，靠跨中截面位置较疏。纵向间距一般为
300~600mm。

横向和竖向预应力筋都比较短，多采用预应力螺纹钢筋，也可以采用钢绞线或钢丝束，
一般在预留孔道内按后张法工艺施工。

3.5　其他构造与设计

3.5.1　横隔梁的布置与构造

采用 T 形截面的悬臂和连续梁桥，其横截面的抗扭刚度较小，为增加桥梁的整体性和横
向刚度，保证各根主梁很好地协同工作，一般均需设置端横隔梁和中横隔梁。其具体布置和
构造要求与简支梁桥类似。

箱形截面横隔梁的基本作用是增加截面的横向刚度，限制截面的畸变应力。在支承截面
位置的横隔梁还担负着承受和分布较大支承反力的作用。箱形截面的抗弯刚度和抗扭刚度较
大，所以除了在支点部位设置端横隔梁外，中间横隔梁的数目可以比肋梁桥少一些。分析表
明，中横隔梁对纵向应力和横向弯矩的分布影响很小，目前趋于少设或不设中横隔梁，而采
用局部加强腹板或采用特殊的横向框架来代替。但是，箱形截面悬臂梁桥除应设置箱内端横
隔梁外，当悬臂跨径在 50m 及以上时，还应在悬臂中部设置跨间横隔梁。对于斜、弯梁桥，
设置中横隔梁的效果比较明显，具体见本篇第 9 章。

箱梁支点处横隔梁的尺寸和配筋形式与箱梁的支承方式有关。当支座位于主梁腹板之下
时，横隔梁的厚度可取 300~500mm，配置一定数量水平方向的普通钢筋即可（图 2-3-15）。
当支承不通过主梁腹板轴线，而是位于横隔梁的中部时，横隔梁承担着重要的传递支承反力
的作用，其受力类似于弹性支承的悬臂梁结构。此时，在横隔梁中需设置曲线形的预应力
筋，如图 2-3-16 所示。同时，可在主梁或横隔梁腹板内设置预应力直筋。横隔梁的厚度应
满足布置预应力管道和最小保护层厚度的要求。

为便于箱内施工、维修和检查工作，横隔梁上一般需要设置过人孔。

图 2-3-15　箱梁中的横隔板配筋示意

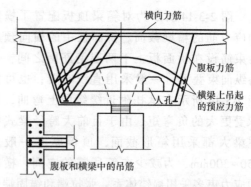

图 2-3-16　箱梁中横隔板的预应力筋布置示意

3.5.2　牛腿的构造特点

　　悬臂梁桥的悬臂端和挂梁端衔接处的局部构造称为牛腿，牛腿是悬臂梁桥上部构造的一个重要部分。由于梁的相互搭接，牛腿的高度已减小至不到梁高的一半，而要传递来自挂梁的较大的竖直和水平集中荷载。另外，此处的截面凹折转角又比较多，所以牛腿是一个受力非常复杂的部位，也是上部结构的薄弱部位，设计时应足够重视。

　　为了改善牛腿的受力状态，通常需要注意以下几方面问题：

　　1）为了保证受力明确，缩短传力路线，悬臂梁和挂梁的腹板最好一一对应。接近牛腿部位的腹板应予加厚，加厚部分的长度不应小于梁高。

　　2）牛腿部位应设置加强的端横隔梁来保证挂梁和悬臂梁之间的传力效果。端横隔梁的宽度一般应将牛腿包含在内，形成整体，长度最好不小于主梁的横向总宽度（如箱梁底宽）。

　　3）牛腿的凹角线形应该缓和，避免尖锐转角，以减缓主拉应力的集中现象。分析资料表明，牛腿的主拉应力方向是沿着凹角方向向两边延伸的，并且在凹角处应力比较集中。图 2-3-17a 和图 2-3-17b 分别为牛腿凹角改进前后的主应力迹线，由图可以看出，在未经改进的凹角处存在更加明显的应力集中。

　　4）牛腿处的支座高度应尽量减小（如采用板式橡胶支座），且宜采取摩阻力较小的支座（如滑板支座）。

　　5）按设计计算要求配置密集的钢筋，钢筋布置应与主拉应力的方向协调一致，以防止混凝土开裂。

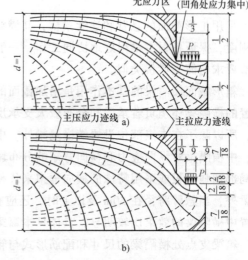

图 2-3-17　牛腿的主应力迹线

　　根据受力的需要，牛腿的配筋分为预应力筋和普通钢筋（图 2-3-18 和图 2-3-19）。由凹角下弯的纵向预应力筋用以抵抗剪力，竖向预应力筋也可起到抵抗剪力的作用。当在某些截面上，纵向预应力与竖向反力产生同方向的剪力时，必须设置竖向预应力筋加以抵消。横向预应力筋应根据横隔梁的受力需要进行配置。若采用普通钢筋，其主筋的布置和预应力筋相同。水平筋可以承担牛腿短悬臂上的负弯矩引起的拉应力，其长度不宜小于 1 倍的梁高，钢筋的弯钩宜向上锚固。

另外，牛腿处的箍筋和水平钢筋应适当加密。

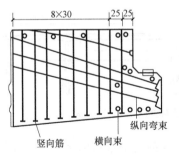

图 2-3-18　牛腿预应力筋布置（单位：mm）

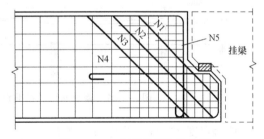

图 2-3-19　牛腿普通钢筋布置

3.6　悬臂梁桥与连续梁桥实例

3.6.1　预应力混凝土悬臂梁桥实例

图 2-3-20 所示为一座三孔装配式部分预应力混凝土单悬臂梁桥，全桥分孔布置为 25m+35m+25m，中孔由两侧分别为 5m 的悬臂与中间 25m 的预应力混凝土挂梁组成。该桥主梁属于 B 类部分预应力混凝土构件，不仅可以节省预应力钢绞线和锚具，而且在正常使用荷载作用下，墩顶上缘混凝土裂缝闭合，使用性能优于普通钢筋混凝土构件。

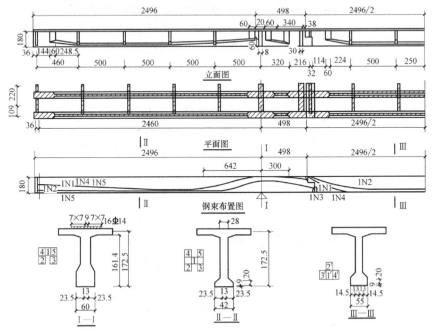

图 2-3-20　装配式部分预应力混凝土单悬臂梁桥（单位：cm）

3.6.2　预应力混凝土连续梁桥实例

南京长江二桥北汊桥主桥全长 2172m，上部结构为 90m+3×165m+90m 五跨变截面预应力混凝土连续梁，下部主墩采用钢筋混凝土薄壁空心墩，高桩承台钻孔灌注桩群桩基础。主桥的立面布置如图 2-3-21 所示。

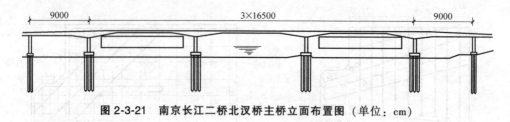

图 2-3-21　南京长江二桥北汊桥主桥立面布置图（单位：cm）

桥面宽度 32.0m，预应力混凝土箱梁由上、下行分离的两个单箱单室箱形截面组成，支点处梁高 8.8m，跨中梁高 3.0m，箱梁的顶板宽 15.42m，底板宽 7.5m，翼缘板悬臂长为 3.96m，箱梁梁高从距墩中心 3m 处到跨中按二次抛物线变化。除墩顶 0 号块两端设厚度为 0.8m 的横隔板及边跨端部设厚 2.0m 的横隔板外，其余部位均不设横隔板。

箱梁采用纵、横、竖三向预应力体系，主桥纵向预应力采用 27ϕ^j15.2、25ϕ^j15.2、19ϕ^j15.2 和 12ϕ^j15.2 四种规格的钢绞线。采用 OVM 锚固体系，其锚下控制应力为 $\sigma_{con} = 0.75R_y^b$，设计张拉吨位分别为 5273.1kN、4882.5kN、3710.7kN 和 2343.6kN，预应力束的布置形式如图 2-3-22（见书末插页）和图 2-3-23 所示。

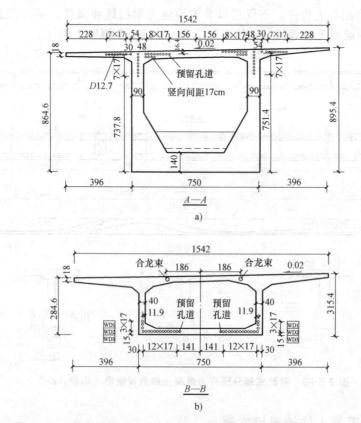

图 2-3-23　南京长江二桥北汊桥主桥主梁预应力束横断图（单位：cm）

a）支点截面　b）跨中截面

主桥连续箱梁分两半幅分别独立采用挂篮悬臂现浇法施工,每个单独的 T 构箱梁除 0 号块外分为 23 对梁段,对称平衡悬臂逐段浇筑施工。箱梁纵向分段长度为 5×2.5m+5×3.0m+5×3.5m+8×4.0m,0 号块长 8.0m,中跨、次中跨合龙段长度均为 3.0m,边跨合龙段长度为 2.0m,边跨现浇段长度为 6.72m。

箱梁 0 号及 1 号块在墩旁托架上立模浇筑施工,其余梁段采用设置临时支座并张拉预应力粗钢筋使 0 号块与墩身临时固结后,每个单独的 T 构用挂篮悬臂对称、平衡浇筑施工直至其最大悬臂,浇筑合龙段,解除墩梁临时固接,完成体系转换,成为五跨连续梁。

思考题

1. 连续梁桥和悬臂梁桥的受力特点是什么?

2. 悬臂梁桥有哪些布置形式?

3. 等截面连续梁桥和变截面连续梁桥分别在什么情况下采用?

4. 箱形横截面布置应考虑哪些因素?

5. 变截面连续箱梁三向预应力的作用分别是什么?应如何布置?

6. 对于连续梁桥,纵、横、竖三向预应力束在结构中起的作用分别是什么?

7. 悬臂梁中的牛腿起什么作用?为改善牛腿受力,可采取哪些构造措施?

桥梁施工是一项复杂而涉及范围广泛的工作，是桥梁建设非常重要的一环，它决定着整个工程的质量和造价。在桥梁施工中，合理地选择施工方法，正确地组织施工，科学地管理，具有十分重要的意义。

混凝土梁桥的施工方法很多，不同的施工方法所需机具设备、劳动力不同，施工的组织、安排和工期也不一样。因此，工程中必须根据桥梁的设计要求、施工现场、环境条件、设备机具、施工经验等因素，经综合分析比较选定合理的最佳施工方法。梁式桥常用的施工方法主要有两大类：

（1）就地浇筑法（cast-in-place method）　该法是一种古老的施工方法。它是在支架上安装模板，绑扎钢筋或安装钢筋骨架，预留孔道，现场浇筑混凝土及施加预应力。其优点是施工无须预制场地，而且不需要大型起吊、运输设备，桥梁整体性好。其缺点是工期长，施工质量不易保证，对预应力混凝土梁由于混凝土的收缩、徐变而引起的预应力损失较大；施工需要大量的模板和支架，施工费用高；会影响桥下排洪或通航。

（2）预制装配法（preassembly method）　该法是将一孔梁分成若干块件，在工厂或现场预制后，运至桥位处架设就位的施工方法。这种方法的优点是上、下部结构可平行施工，从而缩短了工期；工厂化生产，易于组织和管理，工程质量易于保证；降低了混凝土收缩、徐变的影响力。其缺点是需要开辟预制场地，并需要具备必要的运输、吊装设备。

由于结构本身的特点不同，简支梁桥与悬臂和连续体系梁桥的施工方法也具有较明显的差别。本章将分别对混凝土简支梁桥及悬臂和连续体系梁桥的以上两类施工方法进行介绍。

4.1　支架和模板

支架（脚手架）（support）和模板（mold）虽然属于临时设备，但对桥梁的施工十分重要。它们不仅控制着结构构件尺寸的精度、直接影响到施工进度和混凝土的浇筑质量，还影响到施工的安全性。因此，支架和模板必须满足以下要求：①有足够的强度、刚度和稳定性，能可靠地承受施工过程中可能产生的各项荷载；②保证结构的设计形状、尺寸及各部分之间相对位置的正确性；③模板的接缝务必密合良好，以确保混凝土在浇筑过程中不致漏浆；④构造简单、拆装方便，以利于提高周转的速度，增加周转的次数。

4.1.1　支架

就地浇筑梁桥时，需要在梁下搭设支架，以支承模板、结构自重及人员、机具等施工荷载。对于预制装配施工的桥梁，也经常要搭设支架作为吊装过程中的临时支承结构和供施工操作之用。

支架按材料可分为木支架、钢支架、钢木混合支架和万能杆件拼装支架等，目前桥梁施工中最常用的是钢管脚手架；按构造特点可分为立柱式支架、梁式支架和梁—柱式支架。图 2-4-1 示出了按构造分类的几种支架形式。

立柱式支架（图 2-4-1a、b）构造简单，通常由排架和纵梁等构件组成，可用于陆地、不通航河道及桥墩不高的小跨径桥梁施工；根据跨径不同，梁式支架（图 2-4-1c、d）可采用工字钢（跨径小于 10m）、钢板梁（跨径小于 20m）或钢桁梁（跨径大于 20m）；当桥墩较高、跨径较大且支架下需要设孔通航或排洪时，可用梁—柱式支架（图 2-4-1e、f）。

应该注意的是，为了保证现浇的梁体不产生过大的变形，除了要求支架本身具有足够的强度、刚度及稳定性外，支架的基础还必须坚实可靠，以保证其沉陷值不超过施工规范的规定值。对于跨径不大且采用满布形式的木支架，可以将其基脚设置在枕木上，枕木下的垫基层必须可靠夯实（图 2-4-1a）；对于梁—柱式支架，因其荷载比较集中，其基脚需要支承在临时的桩基础上（图 2-4-1e），也可以直接支承在永久结构的墩身或者基础上（图 2-4-1c、d）

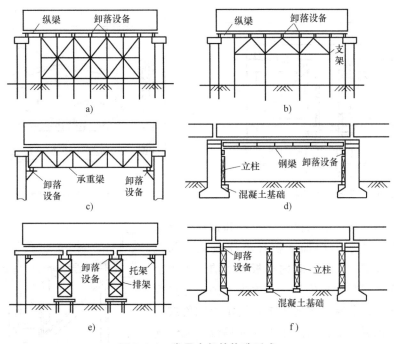

图 2-4-1　常用支架的构造形式

为了保证梁体在卸架后能获得满意的设计线形，施工时还必须设置一定数值的预拱度。在浇筑混凝土之前，可通过对支架采用同等荷载进行预压，以尽可能消除相应的变形。

实际工程中，还可能用到一些特殊形式的脚手架，如逐孔施工中用到的移动支架、悬臂施工中用到的挂篮及悬臂施工临时固接用的三角撑架等。

4.1.2　模板

模板按制作材料不同，分为木模板、钢模板、钢木结合模板、胶合板模板、钢竹模板、塑料模板等，桥梁施工常用的模板有木模、钢模和钢木结合模板。有时为了节省钢木材料，也可因地制宜，利用土模或砖模来制梁。模板形式的选择，主要取决于同类桥跨结构的数量和模板材料的供应情况。木模多用于就地浇筑或单跨和非等跨结构的场合。当为多跨相同跨径的桥梁或预制装配式标准构件时，为了经济起见，一般采用大型模板块件组装或用钢模。

1. 木模板

木模制作容易，在桥梁建设中应用最为广泛，但木材耗损大，成本较高。当前工程中使用的木模主要是胶合板木模。木模板的基本构造包括：紧贴混凝土表面的壳板（又称面板）、支承壳板的肋木和立柱或横档。可按结构要求预先制作，使用时在支架上用连接件迅速拼装。

图 2-4-2 所示为常用 T 形梁的分片拆装式木模板构造。相邻隔板之间的模板形成柜箱，在柜箱的横档上可安装附着式振捣器。梁体两侧的一对柜箱，用顶部横木和穿通梁肋的螺栓拉杆来固定，并借助柱底的木楔进行装、拆调整。

图 2-4-3 所示为工程中常用于空心板梁的木模板构造。除了构成截面形状的外模（包括侧模和底模）和内模壳板外，还要沿构件的纵向每隔一定间距设置竖肋衬档和螺栓等来

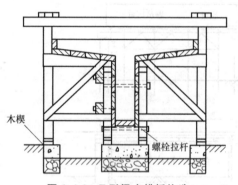

图 2-4-2 T 形梁木模板构造

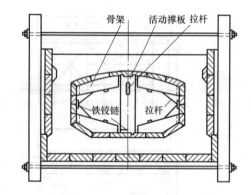

图 2-4-3 空心板梁木模板构造

固定外模板，用骨架、活动撑板、拉杆和铁铰链等来固定内模。脱模时，只要抽动拉杆将撑板从顶部拉脱，并借助铁铰链，便可拆除内模板。目前，工程上更多地采用充气橡胶管来代替木制内模，因为它更容易被拆除。在浇筑混凝土之前要事先用定位钢筋或压块将橡胶管的位置固定，以防止上浮和偏位。充气气压的大小及泄气时间应严格控制。

2. 钢模板

桥梁用钢模一般做成大型块件，长 3～8m，图 2-4-4 所示为用于制造 T 形梁的装拆式钢模板构造。由钢壳板和加劲骨架焊接组成，通常钢板厚度取 4～8mm。骨架由钢板或角钢做成的水平肋和竖向肋构成，肋距一般为 0.5～0.8m。大型钢模块之间用螺栓或销连接。箱梁模板由底模、外侧模、内模、端模等部分组成。图 2-4-5 所示为东海大桥非通航孔采用的钢箱梁模板，其外模包括外模面板、支

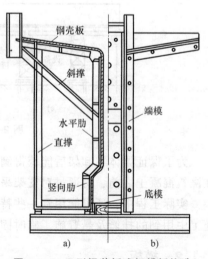

图 2-4-4 T 形梁装拆式钢模板构造

架和外模运输小车三部分。内模的收卷操作由安装于内模上的液压油缸实现。

　　模板的安装应与钢筋工作配合进行，在底模整平及钢筋骨架安装后，安装侧模板和端模板。不论采用何种模板，均需在浇筑混凝土之前，在模板的内表面涂以隔离剂，如专用脱模剂、石灰乳浆、肥皂水或废机油等，以防止壳板与混凝土粘连。

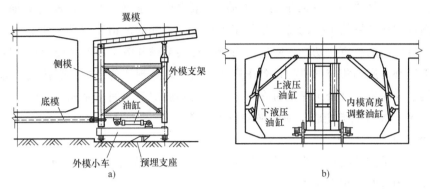

图 2-4-5　钢箱梁模板构造

a) 外模构造　b) 内模构造

　　梁桥模板的卸落，应对称、均匀和有顺序地进行。一般先拆侧模和翼模，后拆底模和支架。对箱形主梁，为了拆除芯模，在浇筑第二次混凝土时，顶板需预留天窗。卸架设备一般采用木楔或砂筒，应放在适当的位置，当为满布式支架时应放在立柱处，当为梁式支架时应放在支架梁支点处（图 2-4-1）。

4.2　钢筋混凝土简支梁桥施工

4.2.1　就地浇筑施工法

　　就地浇筑施工法需用大量的模板支架，在简支梁桥施工中使用较少，一般仅在小跨径桥或交通不便的边远地区采用。为了完成混凝土简支梁桥的就地现浇施工，首先应根据桥孔跨径、桥孔下面覆盖土层的地质条件、桥下水深等因素合理选择支架形式，同时根据同类桥跨结构的数量和模板材料的供应情况选择模板的形式。支架和模板的类型与构造如本篇 4.1 节所述。简支梁桥的现浇施工，也可以不采用落地支架，而利用本篇 4.3.2 节中介绍的移动模架进行逐孔浇筑。

　　现场整体浇筑施工的简支梁（板）桥一般较少采用钢筋混凝土空心板结构，其原因之一是板的高度较矮，从板孔中拆除内模很不方便。

　　由于当前混凝土简支梁桥多采用标准设计，就地现浇施工的方法多被预制装配的方法所取代，而在钢筋工程、混凝土工程及预应力技术方面，就地浇筑施工和预制装配施工类似，本节不做详细的介绍，相关内容参照本篇 4.2.3 节和 4.2.4 节。

4.2.2　钢筋混凝土简支梁的制造

　　预制钢筋混凝土简支梁结构在工程上的应用比较广泛，它多属于标准设计的构件，便于成批生产，保证质量，而且可降低成本。制作场地可以是桥梁工地附近的预制场，也可以是专门的构件制造厂。以下对钢筋骨架的制作，混凝土的浇筑、养护和拆模等内容进行简单的介绍。

4.2.2.1　钢筋骨架的制作

混凝土内的钢筋骨架由纵向钢筋（主筋）、架立筋、箍筋、弯起钢筋（斜筋）、分布钢筋及附加钢件构成。钢筋工作的特点是加工工序多，钢筋的规格和型号尺寸也比较多。钢筋骨架都要经过钢筋的整直、切断、除锈、弯制、焊接或绑扎等工序后才能成型。除绑扎工序外，每个工序都可应用相应的机械设备来完成。对于就地现浇的结构，焊接或者绑扎工序多在现场支架上来完成，其余工序均可在工地附近的钢筋加工车间来完成。下面着重叙述一下最后一道工序（焊接或绑扎成）应遵循的技术要求。

1. 技术要求

钢筋接头宜采用焊接接头和机械连接接头（套筒挤压接头、镦粗直螺纹接头），当施工或构造条件有困难时，可采用绑扎接头。

受力钢筋接头应设置在内力较小区段，并应错开布置。对于绑扎接头，两接头间距离不小于 1.3 倍搭接长度。对于焊接接头，在接头长度区段内（35d 长度范围内，d 为钢筋直径，且不小于 500mm 的区段），同一根钢筋不得有两个接头；在任一搭接长度的区段内，有接头的受力钢筋接头面积占总截面面积的百分率不应超过表 2-4-1 的规定。

表 2-4-1　接头长度区段内受力钢筋接头面积的最大百分率

接头形式	接头面积最大百分率（%）	
	受拉区	受压区
主钢筋绑扎接头	25	50
主钢筋焊接接头	50	无限制
预应力钢筋对焊接头	25	无限制

注：1. 装配式构件连接处的受力钢筋焊接接头可不受此限制。

2. 绑扎接头中钢筋的横向净距不应小于钢筋直径且不应小于 25mm。

3. 环氧树脂涂层钢筋绑扎搭接长度，对受拉钢筋应至少为涂层钢筋锚固长度的 1.5 倍且不小于 375mm；对受压钢筋为无涂层钢筋锚固长度的 1.0 倍且不小于 250mm。

轴心受拉和小偏心受拉构件中的钢筋接头不宜绑接。普通混凝土中直径 28mm 以上的钢筋不宜采用绑扎接头。当采用搭叠式电弧焊接时，钢筋端都应预先折向一侧，使两接合钢筋轴线一致。搭接时，双面焊缝的长度不得小于 5d，单面焊缝的长度不得小于 10d（d 为钢筋直径），如图 2-4-6a 所示。

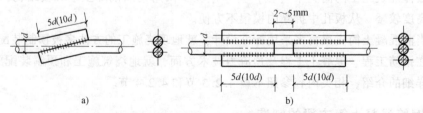

图 2-4-6　钢筋接头焊缝形式（括号内的数字为单面焊缝时）

a）搭叠式电弧焊　b）夹杆式电弧焊

当采用夹杆式电弧焊接时，夹杆的总截面面积不得小于被焊钢筋的截面积。夹杆长度，如用双面焊缝不小于 $5d$，用单面焊时不小于 $10d$，如图 2-4-6b 所示。

受拉钢筋绑扎接头的搭接长度应符合表 2-4-2 规定的值；受压钢筋绑扎接头的搭接长度应取受拉钢筋绑扎接头搭接长度的 0.7 倍。

表 2-4-2　受拉钢筋绑扎接头的搭接长度

钢筋种类	HPB300		HRB400,HRBF400,RRB400	HRB500
混凝土强度等级	C25	≥C30	≥C30	≥C30
搭接长度	40d	35d	45d	50d

注：1. D 为钢筋的公称直径（mm），当带肋钢筋 $d>25$mm 时，其受拉钢筋的搭接长度应按表值增加 $5d$ 采用；当带肋钢筋 $d<25$mm 时，搭接长度可按表值减少 $5d$ 采用。

2. 当混凝土在凝固过程中受力钢筋易受扰动时，其搭接长度增加 $5d$。

3. 在任何情况下，受拉钢筋的搭接长度不应小于 300mm；受压钢筋的搭接长度不应小于 200mm。

4. 环氧树脂涂层钢筋的绑扎接头搭接长度，受拉钢筋按表值的 1.5 倍采用。

2. 钢筋骨架的焊接

装配式 T 形梁的焊接钢筋骨架通常在坚固的工作台上进行。骨架的焊接一般采用电弧焊，先焊成单片平面骨架，再进一步组拼成立体骨架。钢筋骨架制成后应具有足够的刚度，焊缝具有足够的强度，以保证在搬运、安装和混凝土浇筑时不致松散和变形。

在焊接过程中，由于焊缝填充金属及被焊金属的温度变化，将使骨架产生显著的翘曲变形，在焊缝内产生很大的收缩应力，甚至导致开裂。为了防止或减小这种变形和应力，一般应采用双面焊，还可在施焊前预留拱度，并采用分段跳焊、分层跳焊的办法。特别是当大跨径骨架翻身困难而不得不采用单面焊时，更应重视预拱度的设置和施焊程序的选择。

施焊顺序宜由中到边对称地向两端进行，先焊骨架下部，后焊骨架上部，每一条焊缝应一次焊成。相邻的焊缝采用分区对称跳焊，不得顺方向一次焊成，骨架焊成后全部敲掉药皮。图 2-4-7 所示为某钢筋骨架的焊接次序。当每一焊位有多层焊缝时，则先焊两直径相同钢筋之间的焊缝，再焊不相同直径钢筋间的焊缝。如果相同直径钢筋在同一焊位有好几根，则分层跳焊。

焊接成型的钢筋骨架安装比较简单，用一般起重设备吊入模板内即可。

对于绑扎钢筋的安装，应事先研究确定安装的顺序。一般梁肋钢筋先安放箍筋，再安放下排主筋，最后安放上排钢筋。在钢筋安装过程中，为了保证达到设计及构造要求，应采取相应的技术措施。

4.2.2.2　混凝土的浇筑

混凝土工程包括混凝土的搅拌、运输、浇筑、振捣、养护及拆模等工序。混凝土的砂石配合比及水胶比均应通过设计和实验室试验来确定，一般采用搅拌机拌制。混凝土的运输能力应适应混凝土凝结速度和浇筑速度的需要，混凝土在运输过程中应不发生离析分层、灰浆流失、坍落度变化和凝结等现象。混凝土拌合物运输时间的限制见表 2-4-3。

表 2-4-3　混凝土拌合物运输时间的限制

气温/℃	一般汽车/min	搅拌车/min
20~30	30	60
10~19	45	75
5~9	60	90

注：表列时间是指从加水搅拌至人模时间。

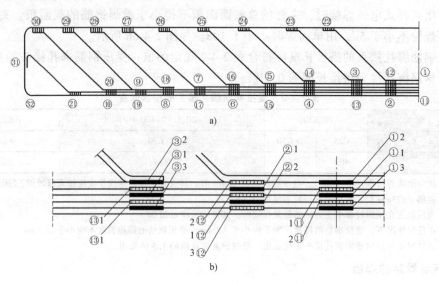

图 2-4-7　某钢筋骨架焊缝焊接次序

a) 焊接顺序编号　b) 多层焊缝跳焊编号

混凝土的振捣一般采用插入式振捣器、附着式振捣器、平板式振捣器或振动台等设备，具体依据不同构件和不同部位的需要来选用。目的是使模板内的混凝土达到密实，不能使混凝土内存在大的空洞、蜂窝和麻面。

以下着重介绍混凝土的浇筑和养护两个工序。

1. 混凝土的浇筑

在浇筑混凝土之前应对支架和模板进行全面、严格的检查，核对设计图要求的尺寸、位置。检查支架的接头位置是否准确、可靠，卸落设备是否符合要求；检查模板的尺寸及紧密程度，清洁及脱模剂涂刷情况等；检查钢筋的位置是否符合设计要求，钢筋骨架焊接或绑扎是否牢固等。

混凝土的浇筑方法对混凝土的密实度和整体性有直接的影响，对保证混凝土的质量至关重要。必须依据混凝土的搅拌能力、运距与浇筑速度、气温及振捣能力等因素，认真制定浇筑工艺。

为保证混凝土能够振捣密实，应按照一定的厚度、顺序和方向分层浇筑。混凝土分层浇筑的厚度与混凝土的稠度、振捣方式及配筋情况有关，不宜超过表 2-4-4 所列的数值。

中小跨径的 T 形梁一般均采用水平分层法浇筑，如图 2-4-8a 所示，可从梁的两端分层浇筑，在跨中合龙。其横隔梁的混凝土与梁肋同时浇筑。对于较大跨径的梁桥，可用水平分层法或用斜层法先浇筑纵横梁，然后沿桥的全宽浇筑桥面板混凝土，此时桥面板与纵、横梁之间应设置工作缝。采用斜层浇筑时，混凝土的适宜倾斜角与混凝土的稠度有关，一般可为 20°~25°，如图 2-4-8b 所示。

表 2-4-4　混凝土分层浇筑厚度

捣实方法	浇筑层厚度/mm
用插入式振动器	300
用附着式振动器	300

（续）

捣实方法		浇筑层厚度/mm
用表面振动器	无筋或配筋稀疏时	250
	配筋较密时	150
人工捣实	无筋或配筋稀疏时	200
	配筋较密时	150

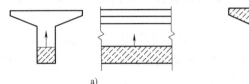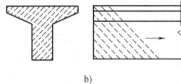

a)　　　　　　　　　　　　　　　　　　b)

图 2-4-8　混凝土分层法浇筑

对于空心板，一般先浇筑底板，再立芯模，绑扎焊接顶板钢筋，然后浇筑肋板和面板混凝土。待混凝土初凝后，即可抽卸芯模。

对于大中跨径预应力混凝土简支箱梁，可分两次浇筑，第一次浇至腹板顶部，第二次浇顶板及翼缘板，这样施工便于布索及绑扎钢筋。

当桥面较宽且混凝土数量较大时，可划分成若干条纵向单元分别浇筑，每个单元的纵横梁也应沿其全长采用水平分层法或斜层法浇筑。最后，桥面板按全面积一次浇筑完成，不设工作缝。

分层浇筑时，为保证结构的整体性，混凝土应保证连续浇筑。上层混凝土应在下层混凝土初凝或能重塑之前浇筑完成。当气温在30℃以上时，前后两层浇筑时间相隔不宜超过1h，当气温在30℃以下时，相隔不宜超过1.5h，或由试验资料来确定相隔时间。当无法满足上述规定的间隔时间时，就必须预先确定施工缝预留的位置。一般将它选择在受剪力和弯矩较小且便于施工的部位，并应按下列要求进行处理：

1）应凿除处理层混凝土表面的水泥砂浆和松弱层，但凿除前处理层混凝土须达到要求的强度。

2）经凿毛的混凝土表面，应用水冲洗干净，在浇筑次层混凝土之前，对垂直施工缝宜刷一层水泥净浆，对于水平缝宜铺一层厚10~20mm的1:2的水泥砂浆。

3）重要部位及有防震要求的混凝土结构或钢筋稀疏的钢筋混凝土结构，应在施工缝处补插锚固钢筋或石榫。

4）施工缝为斜面时应浇筑成或凿成台阶状。

5）施工缝处理后，须待处理层混凝土达到一定强度后才能继续浇筑混凝土。需要达到的强度，一般最低为1.2MPa，当结构物为钢筋混凝土时，不得低于2.5MPa。

2. 混凝土的养护及拆模

混凝土的凝结与硬化主要靠水泥的水化作用，它与周围环境的温度、湿度有着密切的关系。所以，混凝土浇筑后必须采取一定的工艺进行养护，以保证混凝土硬化时所需的条件。混凝土养护一般可分为标准养护、自然养护和热养护。

桥梁施工中，采用最多的是在自然气温条件下（5℃以上）的自然养护法。此法是在混凝土收浆后尽快用草袋、麻袋、稻草或砂子等物予以覆盖和洒水养护。对干硬性混凝土、炎热天气浇筑的混凝土及桥面等大面积裸露的混凝土，有条件的可在浇筑完成后立即加设棚罩，待收浆后再予以覆盖和洒水养护。洒水养护的时间一般为7d，可根据空气的湿度、温度和水泥品种及掺用的外加剂等情况酌情延长或缩短。大掺量矿物掺合料或气温较低时，养护时间应根据现场的具体情况来确定，一般不低于28d设计强度的70%。每天洒水次数以能保持混凝土表面经常处于湿润状态为度。采用塑料薄膜或喷化学浆液等养护层时，可不洒水养护。自然养护法比较经济，但混凝土强度增长较慢、模板占用时间长，特别在低温下（5℃以下）不能采用。

在冬期施工或需要加快模板周转和施工进度时，可采用热养护法。热养护法包括蓄热法、蒸汽加热、暖棚加热及电加热等方法，其中最常用的是蒸汽养护法。用各种加热法养护混凝土时，混凝土的升、降温速度均不得超过表2-4-5的规定。

表 2-4-5　加热法养护混凝土的升、降温速度

表面系数/m⁻¹	升温速度/(℃/h)	降温速度/(℃/h)
≥6	15	10
<6	10	5

注：1. 大体积混凝土应根据情况确定。
　　2. 表面系数是指结构冷却面积（m^2）与结构体积（m^3）的比值。当采用普通硅酸盐水泥时，养生温度不宜超过80℃，当采用矿渣硅酸盐水泥时，养生温度可提高到85~95℃。

混凝土构件经过养护后，达到了设计强度的25%~50%时，即可拆除梁的侧模；当达到设计吊装强度，并不低于设计强度的70%时，就可以起吊主梁。

4.2.3 预应力混凝土简支梁的制造

4.2.3.1 先张法预应力混凝土简支梁（板）的制作工艺

先张法（pre-tensioning method）制梁工艺，是在浇筑混凝土之前先张拉预应力筋，并将其临时锚固在张拉台座上，然后立模浇筑混凝土，待混凝土达到规定强度（但不得低于设计强度的70%）时，逐渐将预应力筋放松。利用预应力筋弹性回缩和与混凝土之间的粘结作用，使构件获得预应力。

先张法生产可采用台座法或流水机组法。采用台座法时，构件施工的各道工序全部在固定台座上进行。采用流水机组法时，构件在移动式的钢模中生产，按流水方式完成各道工序。由于台座法设备简单，施工适应性强，故应用较广泛。下面重点介绍利用台座法制造的工艺特点。

1. 台座

台座是先张法（台座法）施工的主要设备之一，应有足够的强度和稳定性。台座按构造形式，分为墩式和槽式两种。

（1）墩式台座　墩式台座又称重力式台座，它依靠自重和土压力来平衡张拉力所产生的倾覆力矩，并靠地基土的反力和摩擦力来抵抗水平位移。墩式台座由台面、承力架、横梁和定位钢板等组成，如图2-4-9所示。全部的张拉力均由承力架承受，横梁是将预应力筋张拉力传给承力架的构件，这两部分必须经过专门的计算加以设计。

（2）槽式台座　槽式台座也称作压柱式台座，一般由台面、传力柱、横梁、横系梁等

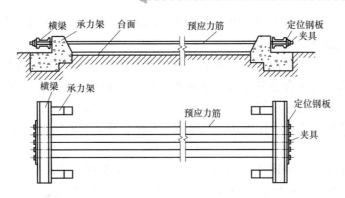

图 2-4-9　墩式台座构造

构件组成,如图 2-4-10 所示。传力柱和横系梁多采用钢筋混凝土材料,其他部分与墩式台座相同。当现场地质条件较差,台座又不很长时,可选用这类台座。

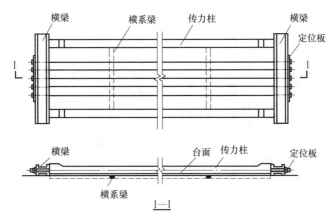

图 2-4-10　槽式台座构造

2. 张拉程序

预应力筋张拉的程序因力筋的种类不同而略有不同。张拉工作必须严格按照设计要求进行。若设计无规定时,其张拉程序可按表 2-4-6 进行。为了减小预应力损失,通常采用超张拉的方法。

表 2-4-6　先张法预应力筋张拉程序

预应力筋种类	张拉程序
钢筋	$0 \rightarrow$ 初应力 $\rightarrow 1.05\sigma_{con}$(持荷 2min)$\rightarrow 0.9\sigma_{con} \rightarrow \sigma_{con}$(锚固)
钢丝、钢绞线	$0 \rightarrow$ 初应力 $\rightarrow 1.05\sigma_{con}$(持荷 2min)$\rightarrow 0 \rightarrow \sigma_{con}$(锚固)
	对于夹片式等具有自锚性能的锚具: 普通松弛力筋:$0 \rightarrow$ 初应力 $\rightarrow 1.03\sigma_{con}$(锚固) 低松弛力筋:$0 \rightarrow$ 初应力 $\rightarrow \sigma_{con}$(持荷 2min 锚固)

注:表中 σ_{con} 为张拉时的控制应力值,包括预应力损失值。

张拉可分为单根张拉和多根整批张拉两种。多根整批张拉时,为使每根力筋的初应力基本相等,在整体张拉前要进行初调应力,初应力一般取张拉控制应力的 10% ~ 15%。同时,为了避免台座承受过大的偏心力，应先张拉靠近台座截面重心处的预应力筋。

3. 预应力筋的放松

预应力筋的放松（也称放张）是先张法生产中的一个重要环节，对构件质量有直接的影响。施工中，除了选择合适的方法，还应严格控制放松的时间。放张操作时速度不应过快，应尽量使构件受力对称均匀。

放松预应力筋的方法有千斤顶法、砂筒法、木楔法等。下面仅对常用的两种方法做简单的介绍。

（1）千斤顶放松　当混凝土达到设计规定强度，重新安装千斤顶，先将力筋稍张拉至能够扭松端部固定螺母的程度，然后逐渐放松千斤顶，让钢筋慢慢回缩（图2-4-11）。

（2）砂筒放松　张拉预应力之前，在承力架（或传力柱）与横梁之间各放一个灌满烘干细砂的砂筒（图2-4-12）。张拉时筒内砂子被压实。当需要放松预应力筋时，可将出砂口打开，使砂子慢慢流出，活塞徐徐顶入，直至张拉力全部放松为止。该法便于控制预应力筋放松的速度，在工程中得到较为广泛的应用。

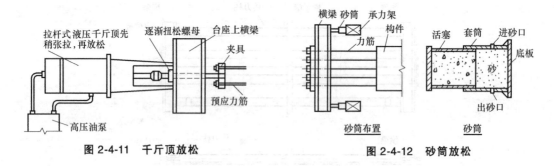

图 2-4-11　千斤顶放松　　　　　　　图 2-4-12　砂筒放松

4.2.3.2　后张法预应力混凝土简支梁（板）的制造工艺

后张法（post-tensioning method）制梁工艺，是先制作留有预应力孔道的梁体，待混凝土养护达到一定的强度之后，再在孔道内穿入预应力筋，进行张拉并锚固，最后进行孔道压浆并浇筑梁端封头混凝土。

1. 预应力筋孔道的成形

后张法施工的预应力混凝土梁，在浇筑梁体混凝土之前，需要在预应力筋设计位置预先安放制孔器，以便在梁体制成后在梁内形成孔道。

孔道成形包括制孔器的选择、预埋和抽拔及通孔检查等。

制孔器分为埋置式和抽拔式两类，埋置式制孔器按设计位置固定在钢筋骨架中，梁体制成后将留在梁内不再取出。制孔器主要有铁皮管、金属波纹管和塑料波纹管等。塑料波纹管由于耐腐蚀性好、强度高、不导电等优点，得到越来越广泛的应用。

抽拔式制孔器也按设计位置固定在钢筋骨架中，待混凝土抗压强度达到抽拔要求（0.4~0.8MPa）后，将其拔出以形成孔道。合适的抽拔时间是制孔器顺利抽拔和保证成孔质量的关键。抽拔时可以采用人工逐根或用机械分批进行抽拔。抽拔完毕后，应用通孔器进行通孔检查。抽拔式制孔器的优点是能够周转使用，应用较广泛。常用的抽拔式制孔器有橡胶管、金属伸缩管及钢管等。

无论采用哪种制孔器，都应该按设计规定或施工需要预留排气排水和灌浆用的孔眼。

2. 预应力筋的穿束与张拉

张拉预应力筋时，构件混凝土的强度应按设计规定，如设计无规定则不宜低于混凝土标准强度的 70%，方可穿束张拉。穿束前，可用空压机吹风等方法清理孔道内的污物和积水，以确保孔道畅通。穿束工作一般采用人工直接穿束，工地上也可借助一根直径 5mm 的长钢丝作为引线，用卷扬机牵引较长的束筋进行穿束。目前，也常用专门的穿束机穿束。

后张法张拉预应力筋用到的液压千斤顶，按其构造特点可分为锥锚式、拉杆式和穿心式三种（图 2-4-13）。不同的锚具采用不同的千斤顶，锥锚式千斤顶适用于锥形锚具的钢丝束，拉杆式千斤顶适用于螺杆式和墩头式锚、夹具的单根粗钢筋、钢筋束或碳素钢丝束，穿心式千斤顶则主要用于张拉带有夹片式锚、夹具的单根钢筋、钢绞线或钢筋束和钢绞线束。

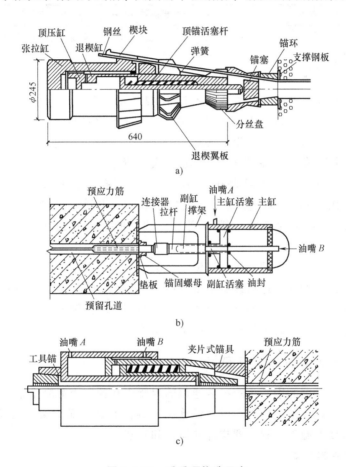

图 2-4-13　千斤顶构造示意

a）TD—60 型锥锚式三作用千斤顶　b）GJ$_z$Y—60A 型拉杆式千斤顶　c）GJ$_z$Y—60 型穿心式千斤顶

后张法预应力筋的具体张拉程序和操作方法与所用的预应力筋形式、锚具类型和张拉机具有关。各类预应力筋的张拉程序见表 2-4-7。

3. 孔道压浆和封锚

孔道压浆的目的是保护预应力筋不致锈蚀，并使它们与梁体混凝土粘结成整体共同受力，从而在一定程度上减轻锚具的负担。孔道压浆是用专门的压浆泵将水泥浆压入孔道，压浆时要求密实、饱满，并在张拉后尽早完成。为了提高压浆的密实性，真空压浆法已在工程中应用。

表2-4-7 后张法预应力筋张拉程序

预应力筋		张拉程序
钢筋、钢丝束		$0 \rightarrow$ 初应力 $\rightarrow 1.05\sigma_{con}$（持荷 2min）$\rightarrow \sigma_{con}$（锚固）
对于夹片式等具有自锚性能的锚具	钢绞线束	普通松弛力筋：$0 \rightarrow$ 初应力 $\rightarrow 1.03\sigma_{con}$（锚固）
	钢丝束	低松弛力筋：$0 \rightarrow$ 初应力 $\rightarrow \sigma_{con}$（持荷 2min 锚固）
其他锚具钢丝束	钢绞线束	$0 \rightarrow$ 初应力 $\rightarrow 1.05\sigma_{con}$（持荷 2min）$\rightarrow \sigma_{con}$（锚固）
	钢丝束	$0 \rightarrow$ 初应力 $\rightarrow 1.05\sigma_{con}$（持荷 2min）$\rightarrow 0 \rightarrow \sigma_{con}$（锚固）
精轧螺纹钢筋	直线配筋时	$0 \rightarrow \sigma_{con} \rightarrow$ 初步锚固 $\rightarrow 0 \rightarrow \sigma_{con}$（持荷 2min 锚固）
	曲线配筋时	$0 \rightarrow \sigma_{con}$（持荷 2min 锚固）$\rightarrow 0$（可反复几次）$\rightarrow$ 初应力 $\rightarrow \sigma_{con}$（持荷 2min 锚固）

注：表中 σ_{con} 指张拉时的锚下控制应力，包括预应力损失值。

孔道压浆所用的水泥浆采用强度等级不低于 42.5 的硅酸盐水泥或普通水泥制成，水泥浆的强度应符合设计规定，设计无具体规定时，应不低于 30MPa。

压浆工艺有"一次压浆法"和"二次压浆法"，前者用于长度不大的直线形孔道，后者用于较长的孔道或曲线形孔道。采用二次压浆法时，两次压浆的间隔时间宜为 30~45min。压浆的最大压力一般为 0.5~0.7MPa，当孔道较长或采用一次压浆时，最大压力应为 1.0MPa。压浆顺序应先下孔道后上孔道，以免上孔道漏浆把下孔道堵塞。直线形孔道压浆时，应从构件的一端压到另一端；曲线形孔道压浆时，应从孔道最低处开始向两端进行。

张拉锚固后，应在锚具周围设置构造钢筋与梁体相连，浇筑混凝土封固锚头。封锚除了达到防止锚头锈蚀的目的外，还可以保持锚塞或者夹片不会在桥梁运营中松动，以免造成滑丝的危险。封锚混凝土的强度应不低于梁体强度。在绑扎端部钢筋网和安装封端模板时要妥善固定，以免在浇筑混凝土时因模板走动而影响梁长。

4.2.4 装配式简支梁的运输与安装

我国新建公路、铁路的中、小跨径普通钢筋混凝土和预应力混凝土梁桥，多采用预制装配的施工方法。为了把在预制构件厂或桥梁施工现场预制好的简支梁或板安放到设计位置，还需要完成两个重要的施工过程，即构件的运输和安装。

4.2.4.1 预制构件的运输

装配式简支梁桥的主梁通常在施工现场的预制场或预制工厂内预制，架梁前应配合架梁的方法，首先将预制构件运至桥头或桥孔下面。

从工地预制场至桥头处的运输称为场内运输，通常需要铺设钢轨便道，由预制场的门式起重机或木扒杆将预制构件装上平车后，再用绞车牵引运抵桥头。当采用水上浮式起重机架梁时，还需要在河岸适当位置修建临时栈桥（码头），将钢轨便道延伸到栈桥，以便将预制构件搬运上船。

从预制构件厂至施工现场的运输称为场外运输，通常用大型平板车、驳船或火车等运输工具。

运输过程中，构件的放置要符合受力方向，并在构件的两侧采用斜撑和木楔加以临时固定，以防止构件发生倾倒、滑动或跳动等现象，以免造成构件的损坏。当运输道路凹凸不平、颠簸比较厉害时，应采取适当的措施，以防止构件产生负弯矩而断裂。

4.2.4.2 预制构件的安装

预制构件的安装是装配式桥梁施工中的关键性工作，应结合施工现场条件、桥梁跨径大小、设备能力等具体情况，从节省造价、加快施工进度和充分保证施工安全等方面来合理选择架梁的方法。

预制简支梁、板构件的架设包括起吊、纵移、横移、落梁等工序。铁路桥梁多采用专用架桥机架设法，公路桥梁自重相对轻一些，除专用架桥机外，还有多种灵活、简便的架设方法。从架梁的工艺来分，有陆地架设法、浮式起重机架设法和高空架设法等。每一类架设工艺又可采用不同的起重和吊装设备，从而形成各种独具特色的架设方法。以下对各种常用架梁方法的施工工艺做简单的介绍。

1. 陆地架设法

（1）自行式起重机架梁法 当桥梁跨径不大，质量较轻时可以采用自行式起重机（汽车式起重机或履带式起重机）架梁。如果是岸上的引桥或者桥墩不高时，可在场内设置行车便道，采用陆地架设法（图2-4-14）。此法视起重重量不同，可以采用一台起重机架设、两台起重机架设或起重机和绞车配合架设等。自行式起重机架梁的特点是机动性好，不需动力设备，不需准备作业，架梁速度快。随着大型自行式起重机的逐渐普及，一般中小跨径预制梁的架设越来越多地采用该法。

（2）跨墩门式起重机架梁法 当桥不太高，架桥孔数又多，沿桥墩两侧铺设轨道不困难的情况下，可以采用一台或两台跨墩门式起重机架梁（图2-4-15）。此时，除起重机行走轨道外，在其内侧尚应铺设运梁轨道，或者设便道用拖车运梁。在水深不超过5m、水流平缓、不通航的河流上，也可以搭设便桥并铺轨后，用门式起重机架梁。

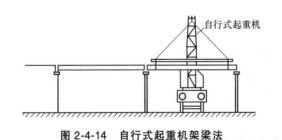

图 2-4-14 自行式起重机架梁法

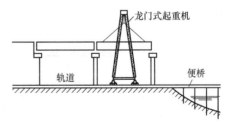

图 2-4-15 跨墩门式起重机架梁法

（3）摆动式排架架梁法 在桥孔中心的河床上设置木排架或钢排架，以此作为悬出的预制梁（板）的摆动支点（图2-4-16）。由牵引绞车牵引梁（板），支架也随之摆动而到对岸。当预制梁就位后，再用千斤顶落梁就位。为了控制摆动的速度，应在梁（板）后端用制动绞车反向牵引制动。此法适用于小跨径的桥梁。

（4）移动支架架梁法 对于高度不大的中、小跨径桥梁，若桥下地基情况良好，可顺桥轴线方向铺设简易轨道，用木制或钢制的移动支架来架梁（图2-4-17）。随着牵引索前拉，移动支架带梁沿轨道前进。牵引到位后，再用千斤顶落梁。

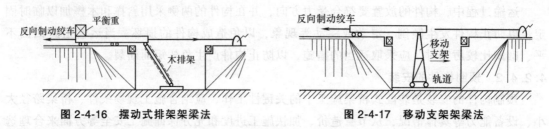

图 2-4-16 摆动式排架架梁法   图 2-4-17 移动支架架梁法

2. 浮运架设法

浮吊船实际上是起重机与驳船的联合体，在海上或在深水大河上修建桥梁时，采用伸臂式浮式起重机架梁比较方便（图 2-4-18a）。这种架梁方法高空作业少，施工比较安全，吊装能力大，施工效率高，但需要大型浮式起重机。在缺乏大型伸臂式浮式起重机时，也可用万能杆件或贝雷钢架拼装固定式的悬臂浮式起重机进行架梁（图 2-4-18b）。另外，也可采用浮船支架拖拉架设法，首先将预制梁运到岸边，并将其一端拖至浮船支架上。具体架梁方法类似于移动支架架梁法，如图 2-4-18c 所示。

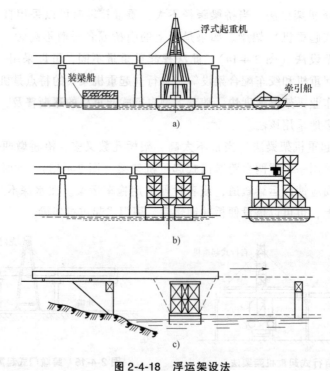

图 2-4-18 浮运架设法

a）伸臂式浮吊船架梁 b）固定式悬臂浮吊架梁 c）浮船支架拖拉架设法

3. 高空架设法

（1）架桥机架梁 由于大型预制构件的广泛应用，架桥机在公路、铁路桥梁施工中得到普遍的采用。架桥机架梁速度较快，不受桥高、水深等影响，特别适合于孔数较多，桥梁较长的情况。目前，我国使用的架桥机类型很多，在公路上常用的有穿巷式架桥机和联合架桥机。以下对这两种架桥机的构造及其架梁工艺进行简单的介绍。

1）穿巷式架桥机架梁。穿巷式架桥机也称为闸门式架桥机，主要由两根穿式导梁（安装梁)、两根起重横梁和可伸缩的钢支腿三部分组成。其中的安装梁可用贝雷钢架或万能杆件拼组而成。根据其两根安装梁主桁间净距的大小,又可分为宽、窄巷两种类型。宽穿巷式架桥机两导梁间距大于边梁距离,在机内可进行梁体垂直提升,顺桥向和横桥向均可移动就位。窄穿巷式架桥机两导梁间距小于边梁之间的距离,只能进行中梁横移就位,边梁则需借助墩顶横移装置就位。宽穿巷式架桥机架梁如图2-4-19所示,操作步骤是:①一孔架设完毕后,前后横梁移至尾部做平衡重;②穿巷架桥机向前移动一孔位置,并使前支腿支承在墩顶上;③前横梁吊起T形梁,梁的后端仍然放在运梁的平车上,继续前行;④后横梁也吊起T形梁,缓慢前移,对准纵向梁位后,先固定前后横梁,再用横梁上的吊梁小车横移落梁就位。由于这类架桥机的自重很大,当它沿桥面纵向移动时,一定要保持慢速,并须注意前支点下的挠度,以确保安全。

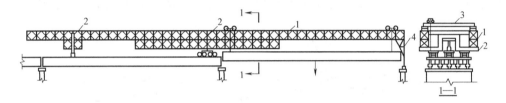

图 2-4-19　宽穿巷式架桥机架梁

1—安装梁　2—支承横梁　3—起重横梁　4—伸缩支腿

　　2) 联合架桥机架梁。联合架桥机也称为蝴蝶架式架桥机,主要由一根两跨长的钢导梁,两套门式起重机和一个蝴蝶形钢托架三部分组成(图2-4-20)。钢导梁由贝雷梁装配,门式起重机由工字梁组成,蝴蝶架则由角钢组成。联合架桥机架梁操作的步骤是:

　　① 在桥头拼装导梁,并铺设轨道,用绞车纵向拖拉导梁就位。

　　② 拼装托架和门式起重机,用托架将两个门式起重机移至待架桥孔两端的桥墩上。

　　③ 由平车轨道运预制梁至架梁孔位,再由门式起重机将它起吊、横移并落梁就位。

　　④ 将被导梁临时占住位置的预制梁暂放在已架好的梁上。

　　⑤ 待用绞车将导梁移至下一桥孔后,再将暂放一侧的预制梁架设完毕。

　　⑥ 如此反复,直到将各孔主梁全部架好为止。

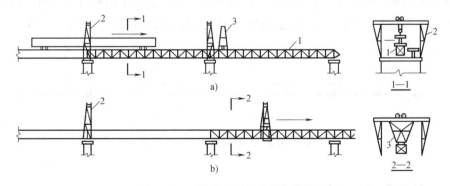

图 2-4-20　联合架桥机安装预制梁

1—钢导梁　2—门式起重机　3—蝴蝶形托架

　　(2) 自行式起重机桥上架梁　如果桥下是河道或桥墩较高,重量较轻的梁能运到桥头引道上时，可直接将自行式伸臂起重机开到桥上架梁（图 2-4-21）。但是，此时对于已经架好的桥孔主梁，当横向尚未连成整体时，必须核算起重机通行和架梁工作时的承载能力。

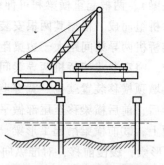

图 2-4-21　自行式伸臂起重机桥上架梁

（3）木扒杆架梁　此法是在桥孔两边各设置一套人字摇头扒杆，将预制梁两端各系于摇头扒杆的起吊钢索上，配合运梁设备，利用绞车牵引进入桥孔，再横移、落梁安装就位（图 2-4-22）。

预制梁在纵向移动时，后端也应有制动绞车来控制前进速度，以保证安全。扒杆的安装移动简单，也较安全，总的架设速度快。但仅适用于小跨径、较轻构件的架设，且其起吊高度和水平移动范围均不大。

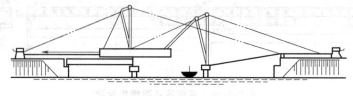

图 2-4-22　木扒杆吊装

4.3　悬臂体系和连续体系梁桥施工

悬臂体系和连续体系梁桥常用的施工方法有落地支架就地浇筑法、移动模架逐孔施工法、简支（或悬臂）—连续法、顶推法、悬臂施工法、转体施工法等。每一种施工方法有其自身的优点和适用条件，应充分考虑桥位的地形、环境、施工能力及桥梁设计要求等因素加以选择。

先简支（或悬臂）后连续的施工工艺，类似于简支梁桥的预制装配法，注意做好现浇接头的处理和临时支座的更换，施工顺序如图 2-4-23 所示，此处不再详细阐述。转体施工法尽管目前在梁桥、斜拉桥、刚架桥等不同桥型的上部结构施工中也得到应用，但仍然较多地应用于拱桥的施工，将在"拱桥施工技术中"进行介绍。以下分别对其他施工方法的工艺及特点进行逐一介绍。

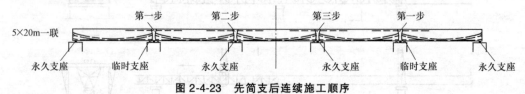

图 2-4-23　先简支后连续施工顺序

4.3.1　落地支架就地浇筑施工法

就地浇筑施工方法在悬臂体系和连续体系梁桥施工中应用比较广泛。它与简支梁桥的就地浇筑施工法基本是相同的。所不同的是悬臂梁桥和连续梁桥在中墩处的截面是连续通过的，并且承担较大的负弯矩。因此，必须充分重视两方面的影响：

1）不均匀沉降的影响。桥墩的刚度比临时支架的刚度大得多，同时支架一般支承在未经精心处理的土基上，刚度差异引起的不均匀沉降往往导致主梁在支点截面处开裂。

2）混凝土收缩的影响。由于每次浇筑的梁段较长，而混凝土的早期收缩变形又受到桥墩、支座摩阻力及已浇筑混凝土的限制，从而成为主梁开裂的另一个原因。

为此，在浇筑混凝土时，应从跨中向两端墩台进行，在墩台处设置接缝，待支架沉降稳定后，再浇筑墩顶处的梁体接缝混凝土，如图 2-4-24a 所示。连接缝宽度应不小于 0.8~1.0m，浇筑接缝混凝土之前还应对已浇端面进行凿毛和清洗等处理工作。若施工支架中采用了跨径较大的梁式构件时，支架的挠度曲线将在梁式构件的支承处有明显的转折，在这些部位也应预留连接缝，如图 2-4-24b 所示。

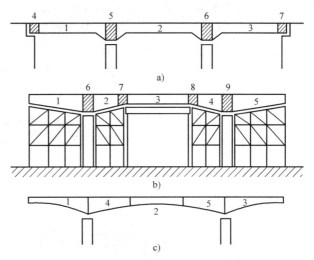

图 2-4-24　浇筑次序和工作缝设置
注：图中序号表示浇筑顺序。

有时为了避免设置连接缝的麻烦，也可以采用图 2-4-24c 所示的分段浇筑方法，图中的4、5 段必须等到 1、2、3 段的强度达到设计要求之后才可以浇筑。

悬臂体系和连续体系梁桥混凝土也采用分层浇筑法。跨径较小时，一般从一端向另一端分层、分段施工。跨径较大时往往采用箱形截面，施工时要分层或分段进行。一种是水平分层法，先浇筑底板，待达到一定强度后进行腹板施工，或直接先浇筑成槽形梁，然后浇筑顶板。当工程量较大时，各部位可分数次完成浇筑。另一种施工方法是分段施工法。根据施工能力，每隔 20~45m 设置一道连接缝，一般设在梁体弯矩较小的区域。待各段混凝土浇筑完成后，最后在接缝处合龙。

4.3.2　移动模架逐孔施工法

移动模架逐孔施工法（slide shuttering forms/MSS method）是使用移动式的脚手架和装配式的模板，在桥位上逐孔进行浇筑施工。它像一座沿桥梁跨径方向封闭的活动"桥梁预制厂"，随着施工进程不断地移动和连续浇筑混凝土。这种施工方法自 1959 年在联邦德国首次使用以来，得到了较广泛的应用。

移动模架法适用于跨径为 20~50m 的等跨和等高度连续梁桥施工，这种施工方法的机械化程度高，整套工序均可在模架内完成，施工速度快（平均推进速度约为每昼夜 3m），减轻劳动强度，且不影响桥下交通。但鉴于整套施工设备的一次性投资相当巨大，故所建桥梁孔数越多、桥越长、模架周转次数越多的情况下，其经济效益越好。

当采用移动模架施工时，连续梁分段时的接头部位应放在弯矩最小的截面处，若无详细计算资料时，可以取距桥墩 $l/5$ 处。

图 2-4-25 所示是采用支承式移动模架逐孔施工的构造图和推进图式。整套设备由承重梁、导梁、台车、桥墩托架和模架等构件组成。在混凝土箱梁的两侧各设置一根承重梁，用来支承模板和施工重量。承重梁的长度要大于桥梁跨径，并在浇筑混凝土时支承在桥墩托架上。导梁主要用于运送承重梁和活动模架，因此，需要有大于两倍桥梁跨径的长度。图 2-4-25a 所示为模架就位后，浇筑混凝土和张拉预应力筋，待混凝土达到要求的强度后，脱模，由前端支承平车和后端悬吊平车移动模架梁前移至新的浇筑位置（图 2-4-25b）；模架梁就位后，用支承托架临时支承在桥墩两侧，用牵引绞车将导梁移至前孔并使承载梁就位（图 2-4-25c）。最后松去托架使前端平车承重并固定位置后，开始新的浇筑循环。

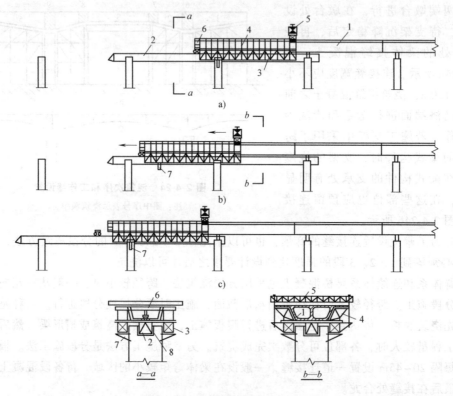

图 2-4-25　移动式模架逐孔施工法

1—已完成的梁　2—导梁　3—承重梁　4—模架　5—后端横梁和悬吊台车
6—前端横梁和支承台车　7—桥墩支承托架　8—墩台留槽

4.3.3　悬臂施工法

悬臂施工法（cantilever construction method）也称为节段施工法，是以桥墩为中心向两岸对称地、逐节悬臂接长的施工方法。

预应力混凝土桥梁采用悬臂施工法是从钢桥悬臂拼装发展而来的。悬臂施工法不需要大量的施工支架和临时设备，不受桥高、季节、河道水位等影响，不影响桥下通航、通车，并能在大跨径桥梁上采用。现代的悬臂施工法最早主要用于修建预应力T形刚构桥，由于其显著的优越性，后来被推广应用于预应力混凝土悬臂梁桥、连续梁桥、斜腿刚构桥、斜拉桥及拱桥等。随着桥梁建设事业的发展，近年来悬臂施工法在国内外大跨径预应力混凝土桥梁中得到了广泛的应用。

采用悬臂施工法，施工过程中往往存在结构的体系转换。对于预应力混凝土连续梁桥，在悬臂施工时，结构的受力为T形刚构状态；一侧端部合龙就位，更换支座后，为单悬臂梁状态；两跨以上施工合龙后为连续梁状态。因此，在桥梁设计中要考虑施工过程的应力状态，要考虑由于体系转换及其他因素引起结构的次内力；在桥梁施工时要及时调整施加的预应力，以适应体系转换。

悬臂施工法一般可分为悬臂浇筑法和悬臂拼装法。本节主要介绍预应力混凝土梁式桥的悬臂施工工艺。

1. 悬臂浇筑法

悬臂浇筑施工（cast-in-cantilever method）目前最常用的设备是挂篮，是利用挂篮在桥墩两侧对称平衡地浇筑梁段混凝土，每浇筑完一对梁段，待混凝土达到规定的强度后，即张拉预应力筋并锚固，然后移动挂篮，进行下一对梁段的施工，直到悬臂梁段浇筑完成为止。

挂篮实际上是一对能沿着轨道行走的活动脚手架，悬挂在已经张拉锚固并与墩身连成整体的梁段上。待浇梁段的模板安装、钢筋绑扎、管道安装、混凝土浇筑、预应力张拉、压浆等工作均在挂篮上进行。

挂篮的形式多样，构造各异，发展变化也很快。挂篮通常由底模架、承重系统、悬吊系统、锚固装置、走行系统和工作平台等部分组成。按承重结构的形式不同，挂篮分为桁架式、斜拉式、弓弦式、菱形、滑动斜拉式及型钢式等；按抗倾覆平衡方式的不同，挂篮分为压重式、锚固式和半压重半锚固式；按其行走方式的不同，挂篮分为滚动式、滑动式和组合式。图2-4-26所示为工程中几种常用的挂篮形式。

设计和选用挂篮时，应以构造简单、受力明确、重量轻、变形小、装拆方便、移动灵活、承载力大、稳定性好，能保证施工过程中的安全可靠为原则。重量系数（挂篮自重/承重量）是衡量挂篮的主要技术指标之一。重量系数越低，挂篮的使用效率越高，经济性越好。桁架式挂篮的重量系数一般为0.8~2.0，很不经济；斜拉式挂篮为0.8~1.2；弓弦式为0.35~0.5，是一种结构合理的轻型挂篮；菱形和滑动斜拉式可分别达到0.33和0.31左右，更为经济；型钢式则由于用钢量太大，重量系数太大，现已较少采用。进行挂篮设计时，一般要求挂篮质量与施工梁段混凝土质量的比值控制在0.3~0.5，特殊情况下也不应超过0.7。

用挂篮浇筑墩侧几对梁段时，由于墩顶位置受限，往往需要将两侧挂篮的承重结构连在一起，如图2-4-27a所示。待浇筑到一定长度后再将两侧承重结构分开。如果墩顶位置过小，开始用挂篮浇筑发生困难时，可以设立局部支架来浇筑墩侧的前几对梁段（图2-4-27b），然后安装挂篮。

悬臂浇筑的节段长度要根据主梁的截面变化情况和挂篮设备的承载能力来确定，一般以2~5m为宜。每个节段可以全截面一次浇筑，也可以先浇筑梁底板和腹板，再安装顶板钢筋及预应力管道，最后浇筑顶板混凝土，但需注意由混凝土龄期差引起的收缩、徐变次内力。目前每节段的施工周期一般为6~10d，视工作量、设备、气温等条件而异。

合龙段是悬臂施工的关键部位，为保证合龙段乃至全桥的质量，应尽量缩短合龙段长度（一般为1.5~2.0m），并通过选择合适的合龙温度（宜在低温）、采取临时锁定措施（在合龙段设置劲性型钢）、采用早强混凝土等措施，以提高悬臂施工的质量。此外，应预先设计

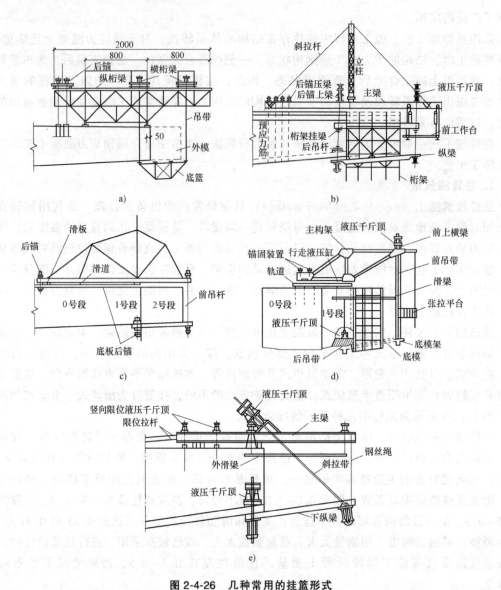

图 2-4-26　几种常用的挂篮形式

a）桁架式挂篮　b）斜拉式挂篮　c）弓弦式挂篮　d）菱形挂篮　e）滑动斜拉式挂篮

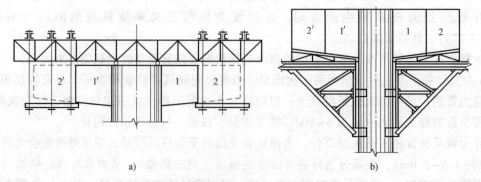

图 2-4-27　墩侧初始几对梁段的浇筑

好预拱度，并对合龙过程进行严密的施工监控。

2. 悬臂拼装法

悬臂拼装法施工（erection by protrusion）是在工厂或桥位附近将梁体沿轴线划分成适当长度的节段进行预制。待运至架设地点后，从墩柱两侧对称均衡地逐段拼装节段，并张拉锚固预应力筋，直至悬臂梁的全部块件拼装完毕并合龙为止。悬臂拼装施工实际上包含了节段预制和悬拼两方面的工作。

预制梁段的长度取决于运输和吊装设备的能力，实践中已采用的节段长度为 1.4 ~ 6.0m，节段自重为 140~1700kN。但从桥跨结构和安装设备综合考虑，梁段的最佳重量应为 350~600kN。悬臂拼装施工要求预制尺寸准确、外表光洁，特别是钢束管道对接要顺畅，拼装接缝要密贴并便于处理。梁段预制的质量直接关系着悬臂拼装施工的质量和速度。

节段预制的方法视节段间接缝的形式而定。当采用宽接缝时，拼装质量主要取决于安装工作的准确性，节段可以分开单独浇筑；如采用密接接缝，则相邻梁段端面必须平整且角度符合设计要求。梁段预制方法有长线法和短线法（也称活动底座法）两类。长线法制梁成桥后线形较好，工程中通常采用在长线台座上用间隔浇筑法进行块件的预制，使得先完成块件的端面成为浇筑相邻块件的端模，如图 2-4-28 所示，图中 A_i 表示已浇筑完成的节段。短线预制法一般适合于工厂化生产，且工期较长，如图 2-4-29 所示。

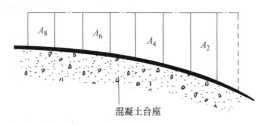

图 2-4-28　梁段的长线法预制

预制节段的悬臂拼装可根据现场布置和设备条件采用不同的方法来实现。当靠岸边的桥跨不高且可以在陆地或便桥上施工时，可采用自行式起重机、门式起重机来拼装。对于河中桥孔，也可采用水上浮式起重机进行拼装。如果桥墩很高或水流湍急而不便在陆上、水上施工时，则可以利用各种起重机进行高空悬拼施工，如图 2-4-30 所示，也可以采用图 2-4-31 所示的移动式连续桁架进行拼装。

悬臂拼装施工中，预制梁段之间的接缝处理可采用湿接缝、干接缝和胶接缝等形式。为便于接缝处管道接头操作、接头钢筋的焊接和混凝土的振捣作业，湿接头的缝宽一般为 0.1 ~ 0.2m。梁段拼装调整准确后，将伸出的钢筋焊接，再用快凝水泥砂浆（或小石子混凝土）填实。采用湿接缝可使块件安装的位置易于调整。胶接缝是应用环氧树脂等胶结材料使相邻块件相粘结。胶接缝可使块件连接密贴，提高结构的抗剪能力和整体刚度，消除水分对接头的有害作用，提高结构的耐久性。在悬臂拼装中采用最为广泛的是胶接缝。一般墩柱两侧的第一块件（1 号块）要用湿接缝拼装，其他块件则用胶接缝拼装。在拼

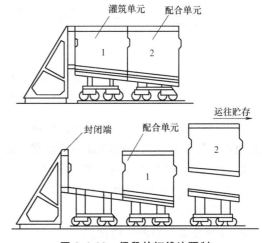

图 2-4-29　梁段的短线法预制

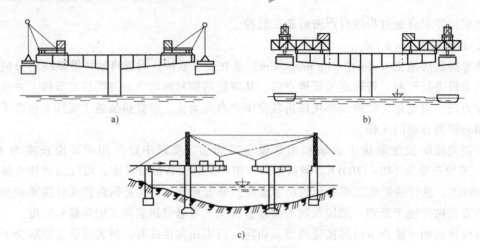

图 2-4-30 悬臂拼装施工

a）伸臂起重机拼装法 b）桁架式悬臂起重机拼装法 c）缆索起重机拼装法

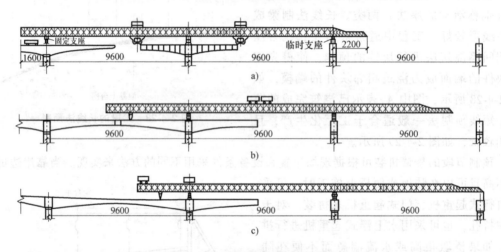

图 2-4-31 移动式悬臂拼装施工

a）悬拼状态 b）支架移动状态 c）支架就位状态

装过程中，如结构上翘的误差很大，很难用其他办法补救时，也可以增设一道湿接缝加以调整。干接缝块件由于密贴性差，水汽渗入会影响装配结构的运营质量和耐久性，目前很少采用。

3. 悬臂施工法中的临时固接

对于 T 形刚构桥和连续刚构桥梁，因墩梁本身就是刚性连接的，所以不存在梁墩临时固接的问题。但对悬臂梁桥和连续梁桥来说，采用悬臂施工法时，为了承受

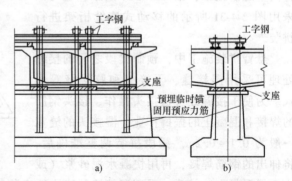

图 2-4-32 0 号块件与桥墩的临时固接构造

施工过程中可能出现的不平衡力矩，保证施工过程中结构的稳定可靠，就必须采取措施使"0 号块"梁段与桥墩临时固接或支承。

图 2-4-32 表示将 "0 号块" 梁段与桥墩用钢筋或预应力筋临时固接，待需要解除固接时切断即可。图 2-4-33 是另外几种临时固接的做法。当桥不高，水又不深，便于在墩侧搭设临时支架时，可采用支架式固接措施，如图 2-4-33a 所示，此时，拼装中的不平衡力矩完全靠梁段的自重来保持稳定。图 2-4-33b 是利用临时立柱和预应力筋对上、下部结构进行固接。在拼装过程中立柱始终受压，从而保持稳定。在桥高水深的情况下，也可将 "0 号块" 梁段临时支承在扇形或门式托架的两侧（图 2-4-33c）。

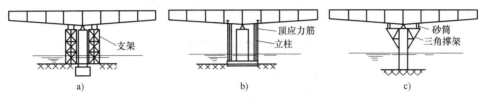

图 2-4-33　临时固接措施

为方便临时固接的撤除，完成体系转换，可用硫黄水泥砂浆块、砂筒或混凝土块等卸落设备。临时梁墩固接要考虑两侧对称施工时有一个梁段超前的不平衡力矩，应验算其稳定性，稳定性系数不小于 1.5。

4.3.4　顶推施工法

顶推施工法（incremental launching method）的构思来源于钢桥架设中普遍采用的纵向拖拉法。其基本步骤是：在沿桥梁纵轴方向的台后开辟预制场地，分节段预制主梁，并用纵向预应力筋将预制节段连成整体，然后通过水平千斤顶施力，并借助特制的滑动装置（由不锈钢板与聚四氟乙烯板组成），将梁体逐孔向对岸推进；待全部顶推就位落梁后，更换正式支座，完成桥梁的施工。由于聚四氟乙烯板与不锈钢板间的摩擦系数仅为 0.02~0.05，顶推梁体所需的力与梁的自重相比很小，大大降低了对起重能力的要求。

20 世纪 60 年代，联邦德国首创顶推法架设预应力混凝土桥梁，并成功应用于奥地利的阿格尔桥中。此后，该法在世界各国连续梁桥的施工中得到了广泛的应用。我国自 20 世纪 70 年代开始应用顶推法修建预应力混凝土连续梁桥，已取得了不少成功的经验。

4.3.4.1　顶推装置和临时设备

1. 顶推装置

施工中所用的顶推装置主要包括千斤顶和滑道。根据传力方式的不同，顶推装置又分为推头式和拉杆式两种。

图 2-4-34a 所示为设置于桥台上的推头式顶推装置。利用竖向千斤顶将梁顶起后，起动水平千斤顶，就可推动竖向千斤顶连同梁体沿滑板向前滑动。一个行程结束，降下竖顶使梁落在支承垫板上，水平千斤顶退回，重复上一循环。图 2-4-34b 所示为设置于桥墩上的顶推装置。顶推时竖顶落下，梁体随推头前移。一个行程结束，竖顶顶起，使水平千斤顶退回原位，然后落梁，重复将梁推进。图 2-4-35a 所示为拉杆式顶推装置。顶推时，驱动水平千斤顶后活塞杆拉动拉杆，梁借助滑板装置向前滑动。一个行程结束，卸下一节拉杆，水平顶活塞杆退回，再连接拉杆并进行下一顶推循环。拉杆式顶推装置中也可以采用穿心式水平千斤顶（图 2-4-35b）。推头式顶推工艺的主要特点是在顶推过程中必须有竖向千斤顶反复顶梁和落梁，而拉杆式顶推工艺不需要此工序，大大简化了施工操作，加快了推进的速度。

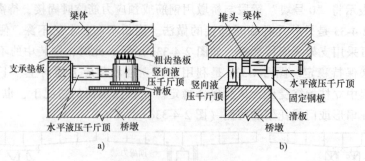

图 2-4-34　推头式顶推装置

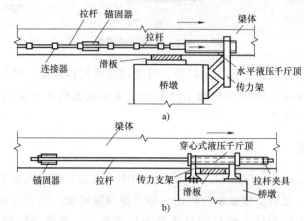

图 2-4-35　拉杆式顶推装置

在顶推过程中，各个桥墩墩顶均需布设滑道装置。它设置在墩上的混凝土临时垫块上，由光滑的不锈钢板和组合的聚四氟乙烯滑块组成滑道。国内常用图 2-4-36a 所示的滑道装置，它是利用在前方接下和后方喂入滑板的方式使梁连续滑移。

必须注意，在顶推过程中要严格控制梁体两侧千斤顶，使两者保持同步运行。为了防止梁体在平面内发生偏移，通常在墩顶梁体旁边可设置横向导向装置，如图 2-4-36b 所示。

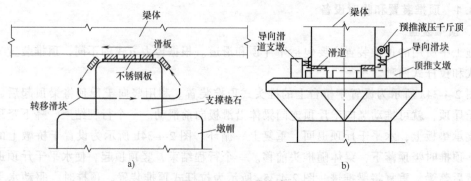

图 2-4-36　滑道构造

2. 导梁

在顶推施工过程中，为了减小悬臂负弯矩，一般要在梁的前端设置前导梁，必要时也可以设置后导梁。导梁应力求自重轻、刚度大，一般都选用钢桁梁或钢板梁。国内外经验表明，导梁的长度通常取顶推跨径的 0.6~0.7 倍。导梁底缘与箱梁底缘应在同一平面上，前端底缘呈向上的圆弧形，并且前端常设置一个竖向千斤顶，通过不断地将导梁端头顶起进墩。

曲线梁桥顶推施工也可设置导梁，导梁的平面线形在圆曲线的切线方向，当曲线半径较小时，也可采用折线形导梁。

3. 临时墩

设置临时墩可以调整顶推的跨径，从而达到节省上部结构材料用量的目的。所以，当桥梁跨度较大时，可考虑在相邻桥墩间设置 1~2 个临时墩。临时墩仅在施工过程中使用，因此，在符合要求的前提下，应尽量降低造价。目前应用较广泛的是用滑升模板浇筑的混凝土薄壁空心墩、混凝土预制板或预制块拼砌的空心墩，或混凝土和轻便钢架组成的框架临时墩，钢墩由于变形较大而很少采用。在临时墩上不设顶推装置，仅设置滑移装置。

4. 其他措施

依据工程的实际情况，还可在主梁前端设置拉索系统（由塔架、竖向千斤顶、钢索及连接件组成）。在顶推过程中，根据不同阶段的受力状态，通过调整索力改善梁内的受力状态。在桥墩上设托架可以减小顶推跨径和梁的受力。对设有较大纵坡和桥墩较高的情况，还可采用斜拉索对桥墩进行临时加固。

4.3.4.2 顶推施工工艺

顶推法施工按水平力施加位置和施加方法可分为单点顶推和多点顶推，按顶推的施工方向可分为单向顶推和双向顶推，按支承系统可分为设置临时滑动支承顶推和使用永久支座合一的滑动支承顶推等。

1. 单点顶推

单点顶推在国外称为"TL顶推施工法"，顶推装置集中设置于主梁预制场附近的桥台或桥墩上，其他墩台支点上只设置滑道支承。单向单点顶推的情况如图 2-4-37a 所示。单点顶推设备简单，不存在多点顶推设备同步运行的控制问题。但由于全桥顶推水平力仅由一个墩（台）上的顶推装置承担，尤其是孔数较多的长桥，对顶推设备的能力要求较高；而未设千斤顶的墩顶均有较大的水平摩阻力。所以，单点顶推仅适用于桥台刚度大，梁体轻的施工条件。单向顶推最适合建造跨度为 40~60m 的多跨连续梁桥。

2. 多点顶推

多点顶推在国外称为"SSY顶推施工法"，它是在每个墩台上设置一对小吨位（400~800kN）的水平千斤顶，将集中的顶推力分散到各墩上。由于利用水平千斤顶传给墩台的反力来平衡梁体滑移时在桥墩产生的摩阻力，从而使桥墩在顶推过程中承受较小的水平力，因此在柔性墩上可以采用多点顶推施工。在国内，多点顶推一般采用拉杆式顶推方案。

多点顶推施工的关键在于同步，一般均需通过中心控制室控制各千斤顶的工作情况。多点顶推与单点顶推相比，可以省去大规模的顶推设备，能有效地控制顶推梁的偏离，墩上的顶推力与梁体滑动的摩阻力互相抵消，桥墩在顶推过程承受的水平力较小，便于采用柔性墩。

在弯桥采用多点顶推时，由各墩均匀施加顶推力，同样能顺利施工。较长的多联多跨桥梁也可以应用多点顶推的方式使每联单独顶推就位，如图 2-4-37b 所示。图 2-4-37c 示出三跨不等跨连续梁采用从两岸双向顶推施工的图式。用此法可以不设临时墩而修建中跨跨径更

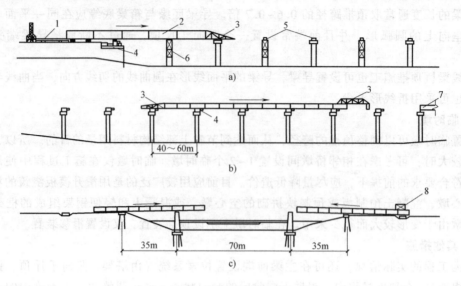

图 2-4-37　连续梁顶推法施工示意

a) 单向单点顶推　b) 按每联多点顶推　c) 双向顶推

1—制梁场地　2—梁段　3—导梁　4—千斤顶装置　5—滑道支承　6—桥墩　7—已架完的梁　8—平衡重

大的连续梁桥。

总体来说，顶推施工法设备简单，快速便捷，施工无噪声，在直线和曲线桥梁中都可采用。国外已用顶推法修建了跨度达 168m 的桥梁，顶推的最大速度已达到 16m/h。每个节段从制梁开始到顶推完毕，一个循环需 6~8d。但顶推施工法一般用于等高度连续梁，增加了材料用量和桥头引道土方量，且不利于美观，桥梁跨径也受到一定限制。

思考题

1. 就地浇筑施工法的特点是什么？

2. 支架和模板的类型有哪些？

3. 预制装配式施工的特点是什么？

4. 预制梁的安装有哪些方法？各有什么特点？

5. 移动模架逐孔施工的特点是什么？

6. 悬臂施工法有什么特点？如何分类？

7. 悬臂浇筑法常用的挂篮形式有哪些？

8. 用悬臂施工法进行连续梁桥施工时，为什么要采取临时固接？临时固接措施有哪些？

9. 悬臂浇筑法与悬臂拼装法比较各有什么特点？简述两种方法的施工工艺。

10. 顶推施工有什么特点？有哪些施工方法？适用于什么场合？

11. 顶推施工如何进行导向？

12. 选择一种混凝土梁式桥的施工工艺，查找相关资料，详细了解该工艺在实际工程中的应用。

简支梁（板）桥的计算 第5章

5.1 概述

一座桥梁的设计，通常是首先根据其使用要求、跨径大小、桥面宽度、荷载等级、施工条件等基本资料，运用对桥梁的构造知识并参考已有桥梁的设计经验来拟定各构件的截面形式和细部尺寸；然后根据作用在结构上的荷载，用数学、力学方法计算各主要构件可能产生的最不利的作用效应，并进行作用效应组合，据此对结构进行配筋设计，并进行强度、刚度、稳定性及挠度和裂缝宽度的验算；如果不符合要求，就需要对原来拟定的尺寸进行修正，再进行验算，直至满意为止。

混凝土简支梁桥上部结构需设计计算的项目主要有主梁、横隔梁和桥面板（也称行车道板）等。主梁是主要承重构件，桥上的所有荷载都是由主梁承受的，然后通过支座传递给桥墩或桥台。横隔梁主要是加强主梁间的连接，增强桥梁的横向刚度来提高桥梁的整体作用，因此它是传递与分配荷载的一般承重构件。桥面板直接承受车辆的集中荷载，通常又是主梁的一部分，作为主梁的受压翼缘。桥面板的工作状态不但影响到行车质量，而且直接影响主梁的受力性能。具体设计时，习惯上从主梁开始，再设计桥面板和横隔梁。考虑到桥面板属于主梁截面的一部分，如果先设计桥面板，则可避免主梁设计验算满足要求之后因桥面板本身设计强度的不足而修改尺寸，给主梁带来的重复计算的麻烦。所以，也有从上而下，采用先设计桥面板，再主梁，再横隔梁的顺序。

设计计算中关于钢筋混凝土构件截面设计和验算的内容已在混凝土设计原理课程中做了介绍，本章主要阐述主梁、横隔梁、桥面板的受力特点、最不利作用效应及作用效应组合的计算方法，并简要介绍主梁挠度及预拱度的计算。

5.2 荷载横向分布计算

简支梁桥的上部结构由承重结构（主梁）及传力结构（横梁、桥面板等）两大部分组成。多片主梁依靠横梁和桥面板连成空间整体结构。该空间结构承受的主要作用有恒载（主要是自重）和活载（主要是汽车荷载和人群荷载）。其中，恒载的计算比较简单，除了考虑结构自重，桥面铺装、人行道、栏杆等的重力通常可以近似地平均分摊给各根主梁来承担。为了精确起见，必要时也可以采用下述活载横向分布的方法进行计算。而活载作用时的结构内力计算就相对复杂。当桥上作用汽车荷载或人群荷载时，由于结构的空间整体性，必然会使各主梁不同程度地共同参与工作，形成了各片主梁之间的内力分布，同时每片主梁分布到的内力大小又随荷载在横向作用位置变化而改变。求解梁桥结构内力应采用空间计算理论，精确求解相当复杂。

本节将介绍工程中常采用的实用空间计算理论——荷载横向分布计算，着重介绍其基本原理和各种计算荷载横向分布系数的方法。

5.2.1　荷载横向分布计算的基本原理

首先以熟知的单片梁内力计算来阐述梁式桥在荷载作用下的内力计算特点。

图 2-5-1a 所示的单梁，如以 $\eta_1(x)$ 表示梁上某一截面的内力影响线，按结构力学方法，则可方便地计算该截面的内力值 $S = P'\eta_1(x)$。此处，$\eta_1(x)$ 是一个单值函数，因此单片梁的内力计算属于简单的平面问题。

对于一座梁式板桥或由多片主梁和横隔梁组成的梁桥（图 2-5-1b）来说，情况则较为复杂。当桥上作用荷载 P 时，由于结构的整体性必然会使荷载沿 x、y 轴两个方向同时传递，使各主梁都不同程度地参与工作，所以按结构力学方法，如以 $\eta(x, y)$ 表示结构某点的内力影响面（双值函数），则该点的内力值可以表示

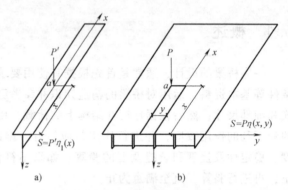

图 2-5-1　荷载作用的内力计算
a) 在单片梁上　b) 在梁式桥上

为 $S = P\eta(x, y)$。但是精确的内力影响面坐标的计算比较复杂，尤其当主梁和横隔梁片数较多时求解更为困难。

荷载横向分布计算方法就是将上述复杂的空间问题，通过把影响面 $\eta(x, y)$ 分离成两个单值函数的乘积 $\eta_1(x)\eta_2(y)$，从而简化成平面问题的近似计算方法。因此，某片主梁某一截面的内力值就可以表示为

$$S = P(x,y) \approx P\eta_1(x)\eta_2(y) = P'\eta_1(x) \tag{2-5-1}$$

式中　S——某根主梁某一截面的内力值；

$\eta_1(x)$——单片梁上在 x 轴方向某一截面的内力影响线；

$\eta_2(y)$——单位荷载沿桥横向（y 轴方向）作用在不同位置时，某梁所分配的荷载比值变化曲线，称作某片主梁的荷载横向分布影响线；

$P\eta_2(y)$——当 P 作用于 $a(x, y)$ 点时，沿横向分配给某片主梁的荷载（图 2-5-1b），暂以 P' 表示，即 $P' = P\eta_2(y)$。

这样，梁式桥某片梁截面内力值的计算就由空间问题转化为平面问题，变为求作用荷载为 P' 的单梁的截面内力值。因此，这种借助荷载横向分布来计算桥梁空间问题的理论就称为荷载横向分布理论，其实质应是"内力横向分布"，而非"荷载横向分布"。只是内力影响面变量分离后在内力值计算形式上成了"荷载横向分布"。

采用荷载横向分布计算梁内力的步骤是：先用荷载横向分布影响线求得桥上荷载 P 分配到某片主梁的荷载 $P' = P\eta_2(y)$，若按照横向最不利位置布载，就可以求得其分配的最大荷载 P'_{max}；然后用某片主梁的截面内力影响线计算在 P' 作用下该截面的内力值。

为方便计算，定义 $P'_{max} = mP$，此处 P 为车辆的轴重，则 m 就称为荷载横向分布系数，它是反映荷载横向分布程度的参数，表示某根主梁承担的最大荷载是各个轴重的倍数（通常小于 1）。

显然，同一座桥梁内各根主梁的荷载横向分布系数 m 是不相同的。不同类型的荷载（如汽车荷载、人群荷载等）的 m 值各有差异，荷载在梁上沿纵向的位置对 m 也有影响，这些问题将在以后的各节中加以阐明。

桥上荷载横向分布的规律与结构的横向连接刚度有着密切的关系，横向连接刚度越大，则荷载横向分布越明显，荷载在各主梁之间的分布也越均匀。图 2-5-2 所示为 5 根主梁组成的桥梁在跨中截面中梁位置承受荷载 P 的情形。图 2-5-2a 表示各主梁之间没有任何联系，桥中梁向下发生一定位移，其他主梁不变形。可见，此时桥上荷载全部由中梁承担，即该梁的横向分布系数 $m = 1$。图 2-5-2c 表示各主梁通过横隔梁及桥面板在横向连接成整体，并假设横隔梁刚度接近于无穷大，五片主梁向下发生了相同的位移，说明荷载 P 由五片主梁均匀分担，每根主梁承受的荷载为 $0.2P$，即各梁的横向分布系数 $m = 0.2$。

然而，在实际的钢筋混凝土梁桥或预应力混凝土梁桥中，虽然各根主梁通过横向结构连成了整体，但是其横向结构的刚度并非无穷大，因此，在相同的荷载 P 作用下，桥梁在横向发生挠曲变形（图 2-5-2b）。此时，中梁的挠度 w_b 必然小于 w_a 而大于 w_c，其横向分布系数 m 也必然介于 1 和 0.2 之间。可见，荷载横向分布规律与结构的横向连接刚度有着密切的关系，横向连接刚度越大，荷载横向分布整体作用越显著，各主梁分担的荷载也越趋均匀。

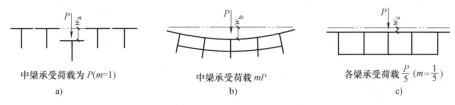

中梁承受荷载为 $P(m=1)$　　　中梁承受荷载 mP　　　各梁承受荷载 $\dfrac{P}{5}\ (m=\dfrac{1}{5})$

a)　　　　　　　　　b)　　　　　　　　　c)

图 2-5-2　不同横向刚度时主梁的变形和受力情况

如前所述，钢筋混凝土和预应力混凝土梁式桥由于施工方法和构造设计的不同，横向连接有多种类型，这就需要按不同的横向连接特点拟定出相应的荷载横向分布计算方法。目前常用的荷载横向分布计算方法主要有：

1）杠杆原理法——把横向结构（桥面板和横隔梁）视作在主梁上断开而两端简支搁置在主梁上的简支梁或悬臂梁。

2）偏心压力法——又称刚性横梁法，把横隔梁视作刚性极大的梁，当计及主梁抗扭刚度影响时，此法也称为修正的偏心压力法。

3）铰接板（梁）法——把相邻的板或主梁之间视为铰接，只传递剪力。

4）刚接梁法——把相邻主梁之间视为刚性连接，即传递剪力和弯矩。

5）比拟正交异性板法（G-M 法）——将主梁和横隔梁的刚度换算成纵横两向刚度不同的比拟弹性平板来求解。

其中，前四种方法均采用梁格系模型，G-M 法为平板模型。它们的共同特点是：从分析荷载在桥上的横向挠度规律出发，得到各梁的荷载横向分布影响线；通过横向布载来计算某片梁可能承担的最不利荷载，并获得荷载横向分布系数 m；最后按熟知的结构力学方法求得主梁的截面设计内力值。

下面分别介绍各种计算荷载横向分布系数方法的基本原理并举例说明。

5.2.2　杠杆原理法

5.2.2.1　计算原理和适用场合

按杠杆原理法进行荷载横向分布计算的基本假定是忽略主梁之间横向结构的联系作用，即假设桥面板和横隔梁在主梁梁肋处断开，而当作沿横向支承在主梁上的简支梁或悬臂梁来考虑，如图 2-5-3 所示。

根据以上假定，利用结构力学原理就可以作出主梁的反力影响线，也就是荷载横向分布影响线。例如，作图 2-5-3 中①、②号主梁荷载横向分布影响线时，将移动的单位荷载 $P=1$ 沿横桥向移动，当 $P=1$ 作用在计算梁上时，该梁承担的荷载为 1，当 $P=1$ 作用于相邻梁或其他梁上时，计算梁承担的荷载为零，计算梁与相邻梁之间按线性变化，即为①、②号主梁荷载横向分布影响线，如图 2-5-4 所示。

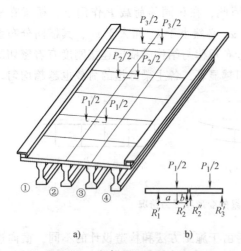

a)　　　　b)

图 2-5-3　杠杆原理法受力图式

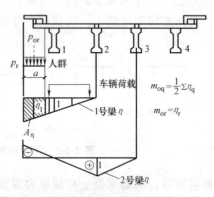

图 2-5-4　按杠杆原理计算荷载横向分布系数

有了各根主梁的荷载横向分布影响线，就可以将荷载在影响线上按横向最不利位置布载，得到每根主梁的荷载横向分布系数。

如图 2-5-4 所示，假定荷载横向分布影响线的竖标为 η，车辆荷载轴重为 P，轮重为 $P/2$，将车辆荷载按最不利情况加载，则分配到某主梁的最大荷载为

$$P'_{max} = \sum \frac{P}{2}\eta = \left(\frac{1}{2}\sum \eta\right) P \tag{2-5-2}$$

根据荷载横向分布系数的定义可知，上式中的 $\dfrac{1}{2}\sum \eta$ 为车辆荷载横向分布系数。

《桥通规》规定，桥梁结构的整体计算采用车道荷载，车道荷载横向分布系数按设计车道数布置车辆荷载进行计算。因此，两者可统称为汽车荷载横向分布系数，用 m_{oq} 表示，其值为

$$m_{\mathrm{oq}} = \frac{1}{2} \sum \eta_{\mathrm{q}} \qquad\qquad (2\text{-}5\text{-}3)$$

同理可得人群荷载横向分布系数 m_{or} 为

$$m_{\mathrm{or}} = \eta_{\mathrm{r}} \qquad\qquad (2\text{-}5\text{-}4)$$

式中，m_{o} 表示按杠杆原理法计算的荷载横向分布系数，拼音字母的脚标 q 和 r 相应表示汽车和人群荷载，η_{q} 和 η_{r} 分别为汽车车轮和每延米人群荷载集度对应的荷载横向分布影响线竖标。图 2-5-4 中 $p_{\mathrm{or}} = p_{\mathrm{r}}a$，它表示每延米人群荷载的集度，$p_{\mathrm{r}}$ 为人群荷载，a 为人行道宽度。

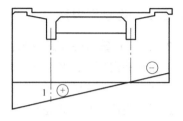

杠杆原理法适用于计算荷载位于靠近主梁支点的荷载横向分布系数，此时主梁的支承刚度远大于主梁间横向连接系的刚度，受力特性与杠杆原理接近。该方法也可用于双主梁桥（图 2-5-5），还可近似用于横向连接系很弱的无中间横隔梁的桥梁。但是，这样计算的荷载横向分布系数通常对于中间主梁会偏大些，而对于边主梁会偏小些。

图 2-5-5　杠杆原理法计算双主梁桥横向分布系数

采用杠杆原理法计算时，应当计算几根主梁的横向分布系数，然后取 m_{o} 最大的这根梁按常规方法来计算截面内力，这在以后还要详细阐明。

5.2.2.2　计算示例

例 2-5-1　如图 2-5-6 所示，桥面净空为净—7m+2×0.75m 人行道的五梁式钢筋混凝土 T 形梁桥，试求荷载位于支点处时 1 号梁和 2 号梁相应于汽车荷载和人群荷载的横向分布系数 m_{oq} 和 m_{or}。

解：当荷载位于支点时，应按杠杆原理法计算荷载横向分布系数。

1）按杠杆原理法绘制 1 号、2 号梁的荷载横向分布影响线，如图 2-5-6b、c 所示。

2）对横向影响线布置荷载，确定荷载的横向最不利位置。

按《桥通规》规定，车辆荷载横向轮距为 1.80m，两列汽车车轮的横向最小间距为 1.30m，车轮距离人行道缘石最少为 0.50m。按上述要求在横向影响线上确定出荷载沿横向最不利的布置位置，如图 2-5-6b、c 所示。

3）计算主梁在汽车荷载和人群荷载作用下的横向分布系数。求出相应于荷载位置的影响线竖标后，就可得到各梁的荷载横向分布系数。

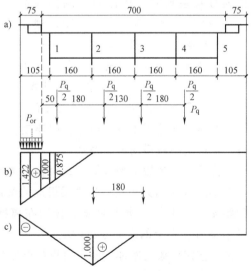

图 2-5-6　杠杆原理法计算横向分布系数

（单位：cm）

a）桥梁横截面　b）1 号梁横向分布影响线

c）2 号梁横向分布影响线

1 号梁：

汽车荷载 $m_{\mathrm{oq}} = \dfrac{1}{2} \sum \eta_{\mathrm{q}} = \dfrac{1}{2} \times 0.875 = 0.438$

人群荷载 $m_{\mathrm{or}} = \eta_{\mathrm{r}} = 1.422$

2 号梁：

汽车荷载 $m_{oq} = \dfrac{1}{2} \sum \eta_q = \dfrac{1}{2} \times 1.0 = 0.5$

人群荷载 $m_{or} = \eta_r = 0$

对于 2 号梁，在人行道上没有布载，这是因为人行道荷载引起 2 号梁产生负反力，这在考虑荷载组合时反而会减小 2 号梁的受力。

5.2.3　偏心压力法

5.2.3.1　计算原理和适用场合

在钢筋混凝土或预应力混凝土梁桥上，通常在桥的两端和中间设置多道横隔梁，从而显著增加了桥梁结构的整体性和横向刚度。根据试验观测结果和理论分析，当桥的宽跨比 B/l 小于或接近 0.5（一般称为窄桥），且主梁间具有可靠的横向连接时，荷载作用下中间横梁的弹性挠曲变形同主梁的相比微不足道，也就是说中间横隔梁像一根刚度无穷大的刚性梁一样保持直线形状，如图 2-5-7 所示。这种把横梁当作支承在各片主梁上的连续刚性体来计算荷载横向分布系数的方法称为"刚性横梁法"。从桥上受荷后各根主梁的变形规律看，它完全类似于一般材料力学中杆件偏心受压的情况。所以，又称为"偏心压力法"。按计算中是否考虑主梁的抗扭刚度，又可分为"偏心压力法"和"修正偏心压力法"两种。

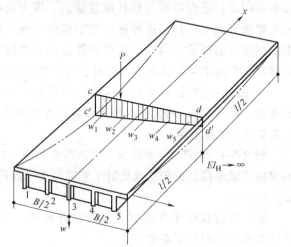

图 2-5-7　梁桥挠曲变形（偏心压力法）

偏心压力法适用于具有可靠横向连接，且宽跨比 B/l 小于或接近于 0.5 的桥梁，用于计算跨中截面的荷载横向分布系数 m_c。

下面根据上述假定来分析荷载对各主梁的横向分布：

图 2-5-8a 所示为一座五片主梁组成的梁桥的跨中截面。各片主梁的抗弯惯矩为 I_i，主梁的间距 a_i 各不相等，集中荷载 P 作用在离截面扭转中心（o）距离为 e 处。下面分析荷载 $P = 1$ 在各片主梁上的横向分布情况。

由于假定横梁为刚体，所以可以按照刚体力学关于力的平移原理将荷载 P 移到 o 点，用一个作用在扭转中心 o 上的竖向力 $P = 1$ 和一个作用于刚体上的偏心力矩 $M = 1 \cdot e$ 代替（图 2-5-8b）。偏心荷载 P 的作用应为 P 和 M 作用的叠加。

1. 中心荷载 $P = 1$ 的作用（图 2-5-8c）

基于中间横梁为刚体的假定，在中心荷载 P 作用下，横截面只做下挠的刚体平移，各片主梁的跨中挠度相等，即

$$w_1' = w_2' = \cdots = w_n' \tag{2-5-5}$$

根据材料力学，作用于简支梁的荷载（即主梁分担的荷载）与挠度的关系式为

$$w_i' = \frac{R_i' l^3}{48EI_i} \text{ 或 } R_i' = \frac{48E}{l^3} I_i w_i' = \alpha I_i w_i' \quad (2\text{-}5\text{-}6)$$

式中，$\alpha = \dfrac{48E}{l^3} =$ 常数（E 为梁体材料的弹性模量）。

由静力平衡条件　　　$\displaystyle\sum_{i=1}^{n} R_i' = 1$　　　（2-5-7）

将式（2-5-6）代入式（2-5-7）得

$$\sum_{i=1}^{n} R_i' = \alpha w_i' \sum_{i=1}^{n} I_i = 1$$

故　　　　　$\alpha w_i' = \dfrac{1}{\displaystyle\sum_{i=1}^{n} I_i}$　　　（2-5-8）

将式（2-5-8）再代入式（2-5-6），得中心荷载 $P = 1$ 在主梁间的荷载分布为

$$R_i' = \frac{I_i}{\displaystyle\sum_{i=1}^{n} I_i} \quad (2\text{-}5\text{-}9)$$

2. 偏心力矩 $M = 1 \cdot e$ 的作用

在偏心力矩 $M = 1 \cdot e$ 作用下，横梁绕扭转中心 o 转动一微小的角度 φ（图 2-5-8d），因此各片主梁产生的竖向挠度 w_i'' 可表示为

$$w_i'' = a_i \tan\varphi \quad (2\text{-}5\text{-}10)$$

由式（2-5-6），主梁所受荷载与挠度的关系为

$$R_i'' = \alpha I_i w_i'' \quad (2\text{-}5\text{-}11)$$

将式（2-5-10）代入上式即得

$$R_i'' = \alpha I_i w_i'' = \alpha I_i a_i \tan\varphi \quad (2\text{-}5\text{-}12)$$

由力矩的平衡条件可知

$$\sum_{i=1}^{n} R_i'' a_i = 1 \cdot e \quad (2\text{-}5\text{-}13)$$

将式（2-5-12）代入上式得

$$\sum_{i=1}^{n} R_i'' a_i = \alpha \tan\varphi \sum_{i=1}^{n} I_i a_i^2 = 1 \cdot e$$

故　　　　　$\alpha \tan\varphi = \dfrac{e}{\displaystyle\sum_{i=1}^{n} a_i^2 I_i}$　　　（2-5-14）

将式（2-5-14）再代入式（2-5-12），得偏心矩 $M = 1$ 作用下各主梁分配的荷载为

$$R_i'' = \frac{e a_i I_i}{\displaystyle\sum_{i=1}^{n} a_i^2 I_i} \quad (2\text{-}5\text{-}15)$$

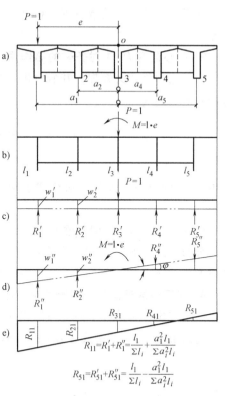

图 2-5-8　偏心压力法计算图式

注意：上式中的荷载位置 e 和梁位 a_i 是以截面中心原点 o 为坐标取值的，应当计入正、负号。

3. 偏心荷载 $P=1$ 对各梁的总作用

将上述两种情况叠加，并假设偏心荷载 $P=1$ 作用于 k 号梁轴上（$e=a_k$），则任意 i 号梁分配到的荷载为

$$R_{ik} = R_i' + R_i'' = \frac{I_i}{\sum\limits_{i=1}^{n} I_i} + \frac{a_k a_i I_i}{\sum\limits_{i=1}^{n} a_i^2 I_i} \tag{2-5-16}$$

式中，R_{ik} 的第一个脚标表示荷载引起反力的梁号，第二个脚标表示荷载作用的位置（梁号）。

由式（2-5-16）得到各梁所受的荷载 R_{ik}，就可以绘出 $P=1$ 作用于 k 号梁上时各主梁的荷载分布图式。如 $k=1$ 时，各梁的荷载分布情况如图 2-5-8e 所示。由于各梁的挠度呈直线规律变化，所以荷载分布线必为直线。

4. 利用荷载横向分布影响线求主梁的荷载横向分布系数

为了作出主梁荷载横向分布影响线，需要寻求 $P=1$ 作用在任意梁轴线上时分配到 k 号梁的荷载 R_{ki}。为此，由式（2-5-16）不难得到关系式

$$R_{ki} = R_{ik} \frac{I_k}{I_i} \tag{2-5-17}$$

R_{ki} 就是 k 号主梁的荷载横向分布影响线在各梁位处的竖标值，习惯上以 η_{ki}（$i=1$，2，$\cdots$，n）表示，根据式（2-5-16）可以写为如下形式

$$\eta_{ki} = R_{ki} = \frac{I_k}{\sum\limits_{i=1}^{n} I_i} + \frac{a_i a_k I_k}{\sum\limits_{i=1}^{n} a_i^2 I_i} \tag{2-5-18}$$

式中，荷载位置 a_k 和梁位 a_i 计入正负号。

由于荷载横向分布影响线图形呈直线分布，故应用式（2-5-18）求解时，实际上只要计算两个影响线竖标值。另外，如果各主梁的截面均相同（$I_i=I$），则式（2-5-18）还可简化为

$$\eta_{ki} = \frac{1}{n} + \frac{a_i a_k}{\sum\limits_{i=1}^{n} a_i^2} \tag{2-5-19}$$

有了每根主梁的荷载横向分布影响线，就可以将荷载在影响线上按横向最不利位置布载，并按式（2-5-3）和式（2-5-4）分别计算汽车和人群荷载的横向分布系数，式中下标 o 改为 c（表示荷载位于跨中）。

5.2.3.2　计算示例

例 2-5-2　一座计算跨径 $l=19.5\mathrm{m}$ 的钢筋混凝土简支梁桥，跨度内设有 5 道横隔梁，横截面布置如图 2-5-9a 所示，试求荷载位于跨中时，1 号边梁相对应于汽车荷载和人群荷载的横向分布系数 m_{cq} 和 m_{cr}。

解：此桥设有 5 道横隔梁，具有可靠的横向连接，且承重结构的长宽比为

$$\frac{l}{B} = \frac{19.5}{5 \times 1.6} = 2.4 > 2 （窄桥）$$

故当荷载位于跨中时，可按偏心压力法来绘制横向分布影响线，并计算荷载横向分布系数 m_c。

（1）绘制 1 号梁荷载横向分布影响线 本桥各根主梁的横截面均相等，梁数 $n = 5$，梁间距为 1.6m，则

$$\sum_{i=1}^{5} a_i^2 = a_1^2 + a_2^2 + a_3^2 + a_4^2 + a_5^2$$
$$= [(2 \times 1.6)^2 + 1.6^2 + 0 + (-1.6)^2 + (-2 \times 1.6)^2] \, m^2 = 25.60 m^2$$

由式（2-5-19），计算 1 号梁横向影响线的两个竖标值为

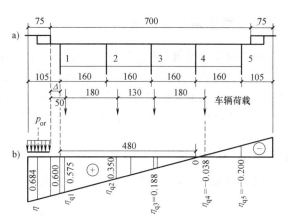

图 2-5-9 偏心压力法计算荷载
横向分布系数（单位：cm）
a）桥梁横截面 b）1 号梁荷载横向分布影响线

$$\eta_{11} = \frac{1}{n} + \frac{a_1^2}{\sum\limits_{i=1}^{n} a_i^2 I_i} = \frac{1}{5} + \frac{3.2^2}{25.6} = 0.2 + 0.4 = 0.6$$

$$\eta_{15} = \frac{1}{n} + \frac{a_1 a_5}{\sum\limits_{i=1}^{n} a_i^2 I_i} = \frac{1}{5} + \frac{3.2 \times (-3.2)}{25.6} = 0.2 - 0.4 = -0.2$$

由 η_{11}、η_{15} 绘制 1 号梁荷载横向分布影响线，如图 2-5-9b 所示。

（2）求荷载横向分布系数 按《桥通规》规定，将汽车荷载和人群荷载在 1 号梁荷载横向分布影响线上按横向最不利位置布载，如图 2-5-9b 所示。设荷载横向分布影响线的零点到 1 号梁位的距离为 x，由图中几何关系可得

$$\frac{x}{0.6} = \frac{4 \times 1.6 - x}{0.2}$$

解得 $x = 4.8m$

人行道缘石至 1 号梁轴线的距离 Δ 为 $\Delta = (1.05 - 0.75)m = 0.3m$

用直线内插法计算出荷载作用点对应的 1 号梁荷载横向分布影响线上的竖标值，如图 2-5-9b 所示。

（3）计算 1 号梁荷载横向分布系数 m_c

汽车荷载

$$m_{cq} = \frac{1}{2} \sum \eta_q = \frac{1}{2}(\eta_{q1} + \eta_{q2} + \eta_{q3} + \eta_{q4}) = \frac{1}{2}(0.575 + 0.350 + 0.188 - 0.038) = 0.538$$

人群荷载

$$m_{cr} = \eta_r = 0.684$$

求得 1 号主梁的各种荷载横向分布系数后，就可得到各类荷载分布至该梁的最大荷载值。

5.2.4 修正偏心压力法

在前面介绍的偏心压力法计算中，由于做了横隔梁近似绝对刚性和忽略主梁抗扭刚度的两项假定，这就导致了边梁受力偏大的计算结果。因此，以往在实用计算中也有将按偏心压力法求得的边梁最大横向分布系数乘以 0.9 加以近似折减的方法。

为了弥补偏心压力法的不足，国内外也广泛地采用考虑主梁抗扭刚度的修正偏心压力法。

5.2.4.1 计算原理

已知用偏心压力法计算荷载横向分布影响线竖坐标的公式为

$$\eta_{ki} = \frac{I_k}{\sum\limits_{i=1}^{n} I_i} + \frac{a_i a_k I_k}{\sum\limits_{i=1}^{n} a_i^2 I_i}$$

上式中等号右边第一项是由中心荷载 $P=1$ 引起的，此时各主梁只发生挠度而无转动（图 2-5-8c），与主梁的抗扭无关。第二项是由偏心力矩 $M=1 \cdot e$ 的作用引起的，没有计入主梁的抗扭作用。而实际上由于截面的转动，各主梁不仅会发生竖向挠度，还必然会引起扭转，这就要计入主梁抗扭影响，所以需对等式第二项给予修正。

下面来研究外力矩 $M=1 \cdot e$ 作用下桥梁的变形和受力情况。

如图 2-5-10 所示，仍取跨中截面来进行分析，在外力矩 $M=1 \cdot e$ 作用下，每根主梁除产生不同的挠度 w_i''，同时会产生一个相同的转动角 φ（图 2-5-10b）。若设各根主梁对横隔梁的反作用为竖向力 R_i'' 和抗扭矩 M_{Ti}（图 2-5-10c），则根据平衡条件有

$$\sum_{i=1}^{n} R_i'' a_i + \sum_{i=1}^{n} M_{Ti} = 1 \cdot e \quad (2\text{-}5\text{-}20)$$

由材料力学可知，简支梁考虑自由扭转时跨中截面扭矩与扭角及竖向力与挠度间的关系为

$$\varphi = \frac{M_{Ti} l}{4 G I_{Ti}} \text{ 和 } w_i'' = \frac{R_i'' l^3}{48 E I_i} \quad (2\text{-}5\text{-}21)$$

式中 l——简支梁的计算跨径；

     I_{Ti}——梁的抗扭惯矩；

     G——材料的剪切模量；

其余符号同前。

由几何关系（图 2-5-10b）

$$\varphi \approx \tan\varphi = \frac{w_i''}{a_i} \quad (2\text{-}5\text{-}22)$$

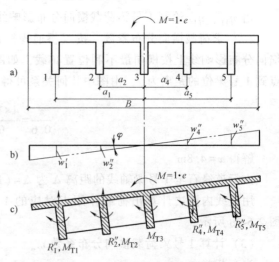

图 2-5-10 考虑主梁抗扭的计算图式

将式（2-5-21）代入式（2-5-22），并整理有

$$M_{Ti} = R_i'' \frac{l^2 G I_{Ti}}{12 a_i E I_i} \quad (2\text{-}5\text{-}23)$$

为了计算任意 k 号梁的荷载，利用式（2-5-21）和式（2-5-22），可得

$$\frac{w_i''}{w_k''} = \frac{a_i}{a_k} = \frac{R_i''/I_i}{R_k''/I_k}$$

则

$$R_i'' = R_k'' \frac{a_i I_i}{a_k I_k} \tag{2-5-24}$$

将上式代入式（2-5-20），得

$$\sum_{i=1}^{n} R_k'' \cdot \frac{a_i^2 I_i}{a_k I_k} + \sum_{i=1}^{n} R_k'' \cdot \frac{a_i I_i}{a_k I_k} \cdot \frac{l^2 G I_{Ti}}{12 a_i E I_i} = 1 \cdot e$$

整理后得

$$R_k'' = \frac{e a_k I_k}{\displaystyle\sum_{i=1}^{n} a_i^2 I_i + \frac{G l^2}{12E} \sum_{i=1}^{n} I_{Ti}} = \frac{e a_k I_k}{\displaystyle\sum_{i=1}^{n} a_i^2 I_i} \cdot \frac{1}{1 + \dfrac{G l^2}{12E} \cdot \dfrac{\displaystyle\sum_{i-1}^{n} I_{Ti}}{\displaystyle\sum_{i=1}^{n} a_i^2 I_i}} = \beta \cdot \frac{e a_k I_k}{\displaystyle\sum_{i=1}^{n} a_i^2 I_i} \tag{2-5-25}$$

最后可得考虑主梁抗扭刚度后任意 k 号梁的荷载横向分布影响线竖标值，并假设偏心荷载 $P=1$ 作用于各梁轴线上（$e=a_i$），则

$$\eta_{ki} = \frac{I_k}{\displaystyle\sum_{i=1}^{n} I_i} + \beta \frac{a_i a_k I_k}{\displaystyle\sum_{i=1}^{n} a_i^2 I_i} \tag{2-5-26}$$

式中系数

$$\beta = \frac{1}{1 + \dfrac{G l^2}{12E} \dfrac{\sum I_{Ti}}{\sum a_i^2 I_i}} < 1 \tag{2-5-27}$$

β 称为抗扭修正系数，它与梁号无关，完全取决于结构的几何尺寸和材料特性。

由此可见，式（2-5-26）与偏心压力法公式的不同仅在于第二项上乘了小于 1 的抗扭修正系数 β，所以此法称为"修正偏心压力法"。

对于简支梁桥，若主梁的截面均相同，即 $I_i = I$，$I_{Ti} = I_i$，则

$$\eta_{ki} = \frac{1}{n} + \beta \frac{a_i a_k}{\displaystyle\sum_{i=1}^{n} a_i^2} \tag{2-5-28}$$

此处

$$\beta = \frac{1}{1 + \dfrac{n l^2 G I_T}{12 E I \sum a_i^2}} \tag{2-5-29}$$

由式（2-5-29）可以看出，当桥梁宽度一定时，随着跨度增大，抗扭刚度对横向分布系数影响增大。式（2-5-29）中，依据《公预规》，可取混凝土的剪切模量 $G=0.4E$。

5.2.4.2 主梁抗扭惯性矩的计算

要计算 β，需先计算抗弯惯矩 I 和抗扭惯矩 I_T。前者的计算可以采用材料力学方法，相

对简单，不再赘述。后者随主梁截面构造和形状的不同，计算相对复杂。后述的铰接板（梁）法、刚接梁法及 G—M 法计算中，也都涉及该参数。以下对各种类型桥梁截面的抗扭惯性矩计算做一简单介绍。

一般梁式桥常用的截面形式可分为实体截面、开口薄壁截面、薄壁闭合截面和厚壁闭合截面几类。

1. 实体截面

对于直径为 d 的实心圆形截面，其抗扭惯性矩 I_T 就等于它的极惯性矩 I_p，即

$$I_T = I_p = \frac{\pi d^4}{32} \tag{2-5-30}$$

对于一般的矩形截面，其抗扭惯性矩 I_T 可由弹性力学方法推出如下公式

$$I_T = cbt^3 \tag{2-5-31}$$

式中　　b——矩形长边；

　　　　t——矩形短边；

　　　　c——矩形截面抗扭刚度系数，可按下式计算，也可按下式制成表格直接查用，见表 2-5-1。

$$c = \frac{1}{3}\left[1 - 0.63\frac{t}{b} + 0.052\left(\frac{t}{b}\right)^5\right] \tag{2-5-32}$$

表 2-5-1　矩形截面抗扭刚度系数

t/b	1	0.9	0.8	0.7	0.6	0.5	0.4	0.3	0.2	0.1	<0.1
c	0.141	0.155	0.171	0.189	0.209	0.229	0.250	0.270	0.291	0.312	1/3

当 $t/b < 0.1$ 时，令 $c = \frac{1}{3}$ 已经有足够的精度。

2. 开口薄壁截面

对于由狭长矩形截面组成的开口薄壁截面，如 T 形、工字形等，其横截面可看成是由若干个实体矩形截面组成的组合截面，它的抗扭惯性矩等于各个矩形截面的抗扭惯性矩之和，即

$$I_T = \sum_{i=1}^{m} c_i b_i t_i^3 \tag{2-5-33}$$

式中　　m——梁截面划分成单个矩形截面的块数；

　b_i、t_i、c_i——同式（2-5-31）中 b、t、c，如图 2-5-11 所示。

3. 薄壁闭合截面

截面的壁厚中线是一条封闭的折线或曲线时，称为闭合截面，如环形截面和箱形截面。如果孔室高度大于等于截面高度的 0.6 倍，就称为薄壁闭合截面。

闭口截面的抗扭剪应力的分布规律与非闭合式截面存在本质上的不同（图 2-5-12）。利用剪切应变能等于扭矩所做之功的原理可推导出任意形状封闭薄壁截面的抗

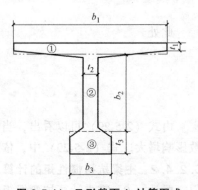

图 2-5-11　T 形截面 I_T 计算图式

扭惯矩 I_T 的计算公式为

$$I_T = \frac{4\Omega^2}{\oint \dfrac{ds}{t}} \tag{2-5-34}$$

式中　　Ω——薄壁中线所围的面积。

对于图 2-5-13 所示的空心板可近似看作薄壁矩形闭合截面，根据式（2-5-34），其抗扭惯性矩表达式为

$$I_T = 4b^2h^2 \frac{1}{\dfrac{2h}{t} + \dfrac{b}{t_1} + \dfrac{b}{t_2}} \tag{2-5-35}$$

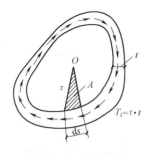

图 2-5-12　闭口截面

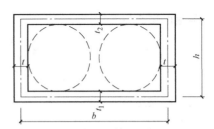

图 2-5-13　空心板截面

对于带有"翅翼"的封闭薄壁截面（图 2-5-14），其 I_T 的计算分为开口部分和闭口薄壁部分，则其总的抗扭惯性矩可将两部分近似地叠加得到，即

$$I_T = \frac{4\Omega^2}{\oint \dfrac{ds}{t}} + \sum_{i=1}^{n} c_i b_i t_i^3 \tag{2-5-36}$$

如图 2-5-15 所示的单箱单室薄壁箱形截面，按式（2-5-36），其抗扭惯矩表达式为

$$\Omega = bh$$

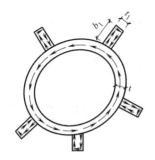

图 2-5-14　带有"翅翼"的封闭薄壁截面

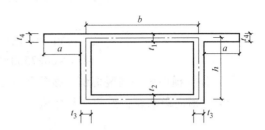

图 2-5-15　单箱单室薄壁箱形截面

$$\oint \frac{ds}{t} = \frac{b}{t_1} + \frac{b}{t_2} + \frac{2h}{t_3}$$

$$I_T = \frac{4\Omega^2}{\oint \dfrac{ds}{t}} + \sum_{i=1}^{n} c_i b_i t_i^3 = \frac{4b^2h^2}{\dfrac{b}{t_1} + \dfrac{b}{t_2} + \dfrac{2h}{t_3}} + 2cat_4^3 \tag{2-5-37}$$

式中，c 可由 $\dfrac{t_4}{a}$ 之值查表 2-5-1 求得。

对于由 n 个箱拼连成的截面，其抗扭惯矩可近似地按各个单箱截面抗扭惯矩之和计算。

5.2.4.3 计算示例

例 2-5-3 桥梁总体布置与例 2-5-2 相同，计算跨径 $l=19.5\mathrm{m}$，横截面布置如图 2-5-9 所示，各主梁截面相同，尺寸如图 2-5-16 所示，试按修正偏心压力法计算荷载位于跨中时 1 号边梁相对应汽车荷载和人群荷载的横向分布系数 m_{cq} 和 m_{cr}。

解：（1）计算主梁的抗弯惯性矩 I 和抗扭惯性矩 I_{T}

翼板的换算平均高度为 $h=\dfrac{8+14}{2}\mathrm{cm}=11\mathrm{cm}$

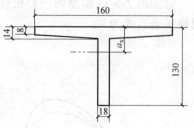

图 2-5-16 主梁截面尺寸（单位：cm）

主梁截面重心位置

$$a_x=\frac{(160-18)\times 11\times \dfrac{11}{2}+130\times 18\times \dfrac{130}{2}}{(160-18)\times 11+130\times 18}\mathrm{cm}=41.2\mathrm{cm}$$

主梁抗弯惯矩

$$I=\frac{1}{12}\times(160-18)\times 11^3\mathrm{cm}^4+(160-18)\times 11\times\left(41.2-\frac{11}{2}\right)^2\mathrm{cm}^4+\frac{1}{12}\times 18\times 130^3\mathrm{cm}^4+$$

$$18\times 130\times\left(\frac{130}{2}-41.2\right)^2\mathrm{cm}^4=6627500\mathrm{cm}^4$$

主梁抗扭惯矩按式（2-5-33）查表 2-5-1 计算。

翼板 $t_1/b_1=0.11/1.60=0.0687<0.1$，查表得 $c_1=\dfrac{1}{3}$

梁肋 $t_2/b_2=0.18/1.19=0.151$，查表得 $c_2=0.301$

则 $I_{\mathrm{T}}=\dfrac{1}{3}\times 160\times 11^3\mathrm{cm}^4+0.301\times 119\times 18^3\mathrm{cm}^4=279884\mathrm{cm}^4$

（2）计算抗扭修正系数 β　取 $G=0.4E$，代入式（2-5-56）得

$$\beta=\frac{1}{1+\dfrac{5\times 1950^2\times 0.4E\times 279884}{12\times E\times 6627500\times 256000}}=\frac{1}{1.1045}=0.905$$

（3）计算横向影响线竖标值　按修正偏心压力法计算横向分布系数，由式（2-5-28）计算 1 号梁的横向影响线，需两个竖标值

$$\eta'_{11}=\frac{1}{n}+\beta\frac{a_1^2}{\displaystyle\sum_{i-1}^{n}a_i^2}=0.2+0.905\times 0.40=0.562$$

$$\eta'_{15}=\frac{1}{n}+\beta\frac{a_1 a_5}{\displaystyle\sum_{i-1}^{n}a_i^2}=0.2-0.905\times 0.40=-0.162$$

设影响线零点离 1 号梁轴线的距离为 x，则

$$\frac{x'}{0.562} = \frac{4 \times 1.60 - x'}{0.162}$$

解得　　　　$x' = 4.97 \text{m}$

（4）计算荷载横向分布系数　绘制 1 号边梁的横向分布影响线，并在其上按横向最不利布载，如图 2-5-17 所示，则

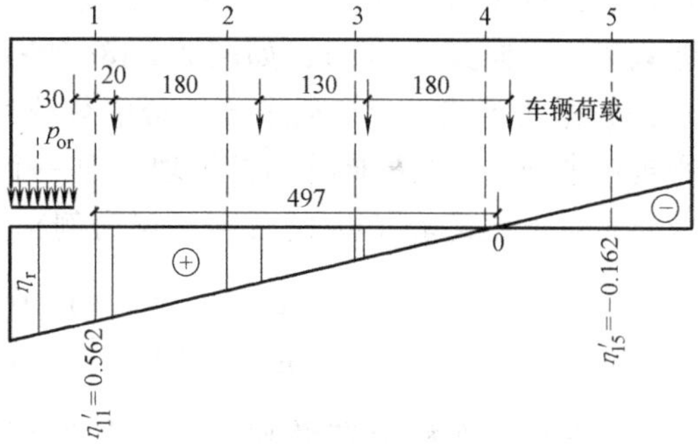

1 号梁的横向分布系数为

汽车荷载 $m'_{cq} = \frac{1}{2} \sum \eta'_q = \frac{1}{2} \cdot \frac{\eta'_{11}}{x'}(x'_{q1} + x'_{q2} + x'_{q3} + x'_{q4})$

$$= \frac{1}{2} \times \frac{0.562}{4.97}(4.77 + 2.97 + 1.67 - 0.13) = 0.525$$

图 2-5-17　修正偏压法 m_c 计算图式（单位：cm）

人群荷载 $m'_{cr} = \eta'_r = \frac{0.562}{4.97}\left(4.97 + 0.30 + \frac{0.75}{2}\right) = 0.638$

将本例计算结果与例题 2-5-2 相比，可以看到计及抗扭影响后 1 号边梁的横向分布系数 m'_{cq} 和 m'_{cr} 比不计抗扭影响的 m_{cq} 和 m_{cr} 分别降低了 2.4% 和 6.7%。

5.2.5　铰接板（梁）法

对于用现浇混凝土纵向企口缝连接的装配式板桥及仅在翼板间用焊接钢板或伸出交叉钢筋连接的无中间横隔梁的装配式梁桥，由于块件间横向具有一定的连接构造，但其连接刚性又很薄弱，可以近似视作横向铰接。它们的跨中荷载横向分布计算，可以采用本节介绍的铰接板（梁）法。

5.2.5.1　铰接板法

1. 基本假定

为了简化计算，铰接板法和铰接梁法均采用以下两条基本假定。

（1）在竖向荷载作用下，铰缝只传递剪力　图 2-5-18 所示为用混凝土企口缝连接的装配式板桥，当有荷载 P 作用时，结构在纵横向均发生挠曲变形。接合缝处将产生竖向剪力 $g(x)$、纵向剪力 $t(x)$、法向力 $n(x)$ 及横向弯矩 $m(x)$（图 2-5-18b）。然而，桥上主要作用的是竖向车轮荷载，$t(x)$ 和 $n(x)$ 与 $g(x)$ 相比影响极小。同时，由于接合缝的高度不大，

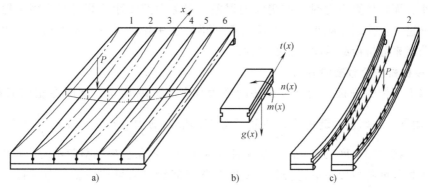

图 2-5-18　铰接板桥受力

刚性很弱，传递的 $m(x)$ 极小，可以忽略。因此，为了简化计算，假定竖向荷载作用下接合缝只传递竖向剪力 $g(x)$，如图 2-5-18c 所示。

（2）采用半波正弦荷载来分析跨中荷载横向分布规律　不难理解，要想借助横向挠度分布规律来确定荷载横向分布的原理，把一个空间问题简化为一个平面问题来处理，严格来说应当满足下述关系（以 1、2 号板梁为例）

$$\frac{w_1(x)}{w_2(x)} = \frac{M_1(x)}{M_2(x)} = \frac{Q_1(x)}{Q_2(x)} = \frac{P_1(x)}{P_2(x)} = 常数 \tag{2-5-38}$$

上式表明，在桥上荷载作用下，任意两根板梁分配到的荷载 $[P(x)]$ 比值与挠度 $[w(x)]$ 比值及截面内力 $[$ 弯矩 $M(x)$ 和剪力 $Q(x)]$ 的比值应该相同。

根据梁的挠曲理论，每根板梁的弯矩和剪力与其挠度间有如下关系

$$M(x) = -EIw''(x) \tag{2-5-39}$$

$$Q(x) = -EIw'''(x) \tag{2-5-40}$$

将式（2-5-39）和式（2-5-40）代入式（2-5-38）中，并设 EI 为常量，则

$$\frac{w_1(x)}{w_2(x)} = \frac{w_1''(x)}{w_2''(x)} = \frac{w_1'''(x)}{w_2'''(x)} = \frac{P_1(x)}{P_2(x)} = 常数 \tag{2-5-41}$$

但实际上无论对于集中荷载还是分布荷载作用的情况，都不能满足上式。何况图 2-5-18 中 2 号板上的荷载为集中荷载 P，而铰缝传递的竖向剪力 $g(x)$ 是分布荷载，这两种荷载的性质截然不同，这就很难借助横向挠度分布规律来确定板块之间的荷载横向分布。然而，如果采用具有某一峰值 p 的半波正弦荷载 $p(x) = p\sin\dfrac{\pi x}{l}$ 的话，式（2-5-41）就能得到满足。对于研究荷载横向分布，还可以方便地取 $p=1$，直接采用单位正弦荷载来分析。此时，各根板梁的挠曲线将是半波正弦曲线，它们分配到的荷载也是具有不同峰值的半波正弦荷载。这样，就使荷载、挠度和内力三者的变化规律趋于协调统一。为此，可将跨中的集中荷载 P 按三角正弦级数展开，取其中第一项，即用半波正弦荷载 $p(x) = \dfrac{2P}{l}\sin\dfrac{\pi x}{l}$ 等代替换原来的集中荷载 P。

由上面的分析可见，严格来说，荷载横向分布的处理方法，理论上仅对常截面的简支梁桥作用半波正弦荷载时才正确。鉴于用正弦荷载代替跨中的集中荷载在计算各梁跨中挠度时的误差很小，而且计算内力时虽有稍大的误差，但考虑到实际计算时有许多车轮沿桥跨分布，这样又进一步使误差减小，故在铰接板（梁）法中作为另一个基本假定，也就是采用半波正弦荷载来分析荷载横向分布的规律。

2. 铰接板桥的荷载横向分布

根据以上所做的分析，铰接板梁法的受力如图 2-5-19 所示，此时在正弦荷载 $p(x) = p_0\sin\dfrac{\pi x}{l}$ 作用下，各条接合缝内也产生正弦分布的竖向剪力 $g_i(x) = g_i\sin\dfrac{\pi x}{l}$（图 2-5-19b）。鉴于荷载、铰接力和挠度三者之间的协调性，为了研究各条板梁的荷载横向分布规律，可以截取跨中单位长度的板段来进行分析，此时各板条间铰接力可用正弦分布铰接力的峰值 g_i 来表示。

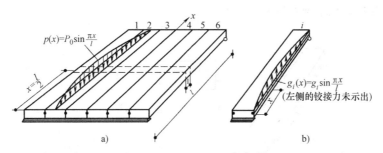

图 2-5-19　铰接板桥在正弦荷载作用下受力分析

图 2-5-20a 表示一座横向铰接板桥的横截面图，单位正弦荷载作用在 1 号板轴线上时，荷载在各板梁内的横向分布力学计算图式如图 2-5-20b 所示。

一般说来，对于具有 n 条板梁组成的桥梁，必然具有 $(n-1)$ 条铰缝。在板梁间沿铰缝切开，则每一铰缝内作用着一对大小相等方向相反的半波正弦分布铰接力，因此对于 n 条板梁就有 $(n-1)$ 个欲求的

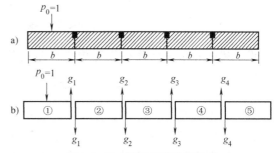

图 2-5-20　铰接板桥计算图式

未知铰接力峰值 g_i，如果求得了所有的 g_i，根据力的平衡原理，可得到分配到各板块的竖向荷载的峰值 p_{i1}。以图 2-5-20b 所示的五块板为例，即

$$\left.\begin{array}{ll} 1 \text{号板} & p_{11}=1-g_1 \\ 2 \text{号板} & p_{21}=g_1-g_2 \\ 3 \text{号板} & p_{31}=g_2-g_3 \\ 4 \text{号板} & p_{41}=g_3-g_4 \\ 5 \text{号板} & p_{51}=g_4 \end{array}\right\} \tag{2-5-42}$$

采用结构力学中熟知的力法原理不难求解出正弦分布铰接力的峰值 g_i。对于图 2-5-20b 的基本体系，利用两相邻板块在铰接缝处的竖向相对位移为零的变形协调条件，就可列出 4 个力法方程如下

$$\left.\begin{array}{l} \delta_{11}g_1+\delta_{12}g_2+\delta_{13}g_3+\delta_{14}g_4+\delta_{1p}=0 \\ \delta_{21}g_1+\delta_{22}g_2+\delta_{23}g_3+\delta_{24}g_4+\delta_{2p}=0 \\ \delta_{31}g_1+\delta_{32}g_2+\delta_{33}g_3+\delta_{34}g_4+\delta_{3p}=0 \\ \delta_{41}g_1+\delta_{42}g_2+\delta_{43}g_3+\delta_{44}g_4+\delta_{4p}=0 \end{array}\right\} \tag{2-5-43}$$

式中　δ_{ik}——铰接缝 k 内作用单位正弦铰接力，在铰缝 i 处引起的竖向相对位移；

δ_{ip}——外荷载 p 在铰缝 i 处引起的竖向相对位移。

为了确定力法方程中的常系数 δ_{ik} 和 δ_{ip}，考察图 2-5-21a 所示任意板梁在左边铰缝内作用单位正弦铰接力的典型情况。图 2-5-21b 所示为跨中单位长度截割段的示意图。对于横向近乎刚性的板块，不考虑板块本身的横向弯曲，则偏心的单位正弦铰接力可以用一个中心作用的荷载和一个正弦分布的扭矩来代替。图 2-5-21c 中表示出了作用在跨中段上

荷载和扭矩的相应峰值 $g_i = 1$ 和 $m_i = b/2$。

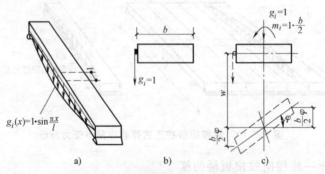

a)　　　　　　　b)　　　　　　　c)

图 2-5-21　板梁的典型受力图式

设上述中心作用荷载在板跨中央产生的挠度为 w，因此在板块左侧产生的总挠度为 $\left(w+\dfrac{b}{2}\varphi\right)$，在板块右侧为 $\left(w-\dfrac{b}{2}\varphi\right)$。掌握了这一典型的变形规律，参照图 2-5-20b 所示的基本体系，就不难确定以 w 和 φ 表示的全部 δ_{ik} 和 δ_{ip}。计算中应遵循下述符号规定：当 δ_{ik} 与 g_i 的方向一致时取正号，也就是说使某一铰缝增大相对位移的挠度取正号，反之取负号。至此，依据图 2-5-20b 的基本体系，就可写出力法方程（2-5-43）中的常系数为

$$\delta_{11} = \delta_{22} = \delta_{33} = \delta_{44} = 2\left(w+\frac{b}{2}\varphi\right)$$

$$\delta_{12} = \delta_{23} = \delta_{34} = \delta_{21} = \delta_{32} = \delta_{43} = -\left(w-\frac{b}{2}\varphi\right)$$

$$\delta_{13} = \delta_{14} = \delta_{24} = \delta_{31} = \delta_{41} = \delta_{42} = 0$$

$$\delta_{1P} = -w$$

$$\delta_{2P} = \delta_{3P} = \delta_{4P} = 0$$

将上述系数代入式（2-5-43），使全式除以 w，并设刚度参数 $\gamma = \dfrac{b}{2}\varphi/w$，则得到简化的力法方程为

$$\left.\begin{aligned}
2(1+\gamma)g_1 - (1-\gamma)g_2 &= 1 \\
-(1-\gamma)g_1 + 2(1+\gamma)g_2 - (1-\gamma)g_3 &= 0 \\
-(1-\gamma)g_2 + 2(1+\gamma)g_3 - (1-\gamma)g_4 &= 0 \\
-(1-\gamma)g_3 + 2(1+\gamma)g_4 &= 0
\end{aligned}\right\} \qquad (2\text{-}5\text{-}44)$$

一般说来，n 块板就有 $(n-1)$ 个联立方程，其主系数 $\dfrac{1}{w}\delta_{ii}$ 都是 $2(1+\gamma)$，副系数 $\dfrac{1}{w}\delta_{ik}$（$k = i\pm1$）都为 $-(1-\gamma)$，其余都为零。荷载项系数 $\dfrac{1}{w}\delta_{ip}$ 除了受荷的 1 号板块处为 -1 以外，其余均为零。由此可见，只要确定了刚度参数 γ、板块数量 n 和荷载作用位置，就可解出所有 $(n-1)$ 个未知铰接力的幅值。再根据式（2-5-42）就可得到荷载作用下分配到各板块的竖向荷载的幅值。

3. 铰接板桥的荷载横向分布影响线和横向分布系数

上面阐明了沿桥的横向只有一个荷载（用单位正弦荷载代替）作用下的荷载横向分布

问题。为了计算横向可移动的一排车轮荷载对某根板梁的总影响，最方便的方法就是利用该板梁的荷载横向影响线来计算横向分布系数。

下面将从荷载横向分布计算出发来绘制横向分布影响线。

图 2-5-22a 表示荷载作用在 1 号板梁上时，各块板梁的挠度和分配的荷载图式。

对于弹性板梁，荷载与挠度呈正比关系，即 $p_{i1} = \alpha_1 w_{i1}$；同理 $p_{1i} = \alpha_2 w_{1i}$。

由变位互等定理 $w_{i1} = w_{1i}$，且每块板梁的截面相同（比例常数 $\alpha_1 = \alpha_2$），得 $p_{1i} = p_{i1}$。该式表明，单位荷载作用在 1 号板梁轴线上时，任一板梁分配的荷载就等于单位荷载作用于任意板梁轴线上时 1 号板梁分配到的荷载，这就是 1 号板梁荷载横向影响线的竖标值，通常以 η_{1i} 来表示。最后，利用式（2-5-42）就可以得到 1 号板梁横向影响线的各竖标值为

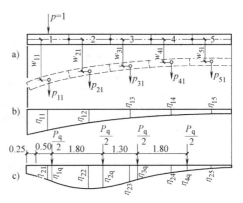

图 2-5-22　1、2 号板梁跨中荷载横向影响线

$$\left.\begin{aligned}
\eta_{11} &= p_{11} = 1 - g_1 \\
\eta_{12} &= p_{21} = g_1 - g_2 \\
\eta_{13} &= p_{31} = g_2 - g_3 \\
\eta_{14} &= p_{41} = g_3 - g_4 \\
\eta_{15} &= p_{51} = g_4
\end{aligned}\right\}
\tag{2-5-45}$$

把各个 η_{1i} 按比例描绘在相应板梁的轴线位置，用光滑的曲线（或近似地用折线）连接这些竖标点，就得到 1 号板梁的横向影响线，如图 2-5-22b 所示。如果将单位正弦荷载作用在 2 号板梁轴线上，就可求得 p_{i2}，从而可得 η_{2i}，如图 2-5-22c 所示。

在实际进行设计时，可以利用编制的各号板的横向影响线竖标计算表格（见附录Ⅰ），也可以用算法语言编制成计算机程序进行计算，从而绘制出各块板的跨中荷载横向分布影响线。有了跨中荷载横向影响线，就可以按前述方法计算各类荷载的跨中横向分布系数 m_c。

4. 刚度参数 γ 的计算

为了计算刚度参数 $\gamma = \dfrac{b}{2} \varphi / w$，首先要确定在偏心正弦荷载作用下产生的简支板梁跨中竖向挠度 w 和扭角 φ，如图 2-5-23 所示。

（1）跨中挠度 w 的计算　简支板梁轴线上作用正弦荷载 $p(x) = p\sin\dfrac{\pi x}{l}$ 时，根据梁的挠曲理论可得微分方程

$$EIw''''(x) = p\sin\frac{\pi x}{l} \tag{2-5-46}$$

将上式逐次积分，并引入边界条件，可得挠度方程为

$$w(x) = \frac{pl^4}{\pi^4 EI}\sin\frac{\pi x}{l} \tag{2-5-47}$$

当 $x=l/2$ 时，简支板跨中挠度为

$$w = \frac{pl^4}{\pi^4 EI} \qquad (2\text{-}5\text{-}48)$$

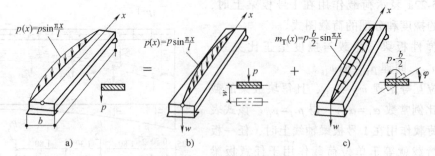

图 2-5-23 γ 值的计算图式

（2）跨中扭转角 φ 的计算 简支板梁轴线上作用正弦分布的扭矩 $m_\mathrm{T}(x) = p\,\dfrac{b}{2}\sin\dfrac{\pi x}{l}$ 作用，根据梁的扭转理论，可得微分方程

$$GI_\mathrm{T}\varphi''(x) = -m_\mathrm{T}(x) = -\frac{b}{2}p\sin\frac{\pi x}{l} \qquad (2\text{-}5\text{-}49)$$

式中 G、I_T——材料的剪切模量和板梁截面的抗扭惯矩。

对上式两边连续积分两次，并引入边界条件，得到扭转角方程为

$$\varphi(x) = \frac{pbl^2}{2\pi^2 GI_\mathrm{T}}\sin\frac{\pi x}{l} \qquad (2\text{-}5\text{-}50)$$

当 $x=l/2$ 时，跨中扭转角为

$$\varphi = \frac{pbl^2}{2\pi^2 GI_\mathrm{T}} \qquad (2\text{-}5\text{-}51)$$

（3）刚度参数 γ 值的计算 利用式（2-5-48）和式（2-5-51）得

$$\gamma = \frac{b}{2}\varphi/w = \frac{b}{2}\left(\frac{pbl^2}{2\pi^2 GI_\mathrm{T}}\right)\bigg/\left(\frac{pl^2}{\pi^4 EI}\right) = \frac{\pi^2 EI}{4GI_\mathrm{T}}\left(\frac{b}{l}\right)^2 \approx 5.8\,\frac{I}{I_\mathrm{T}}\left(\frac{b}{l}\right)^2 \qquad (2\text{-}5\text{-}52)$$

式中，对于混凝土取 $G=0.4E$。

可见，由偏心正弦荷载算得的 γ 值与单位正弦荷载作用的计算结果是一样的。

5. 计算示例

例 2-5-4 图 2-5-24a 所示为跨径 $l = 12.60\mathrm{m}$ 的铰接空心板桥的横截面布置，桥面净空为净$-7+2\times0.75\mathrm{m}$ 人行道。全桥由 9 块预应力混凝土空心板组成，求 1、3 和 5 号板汽车和人群荷载作用的跨中荷载横向分布系数。

解：（1）计算空心板截面的抗弯惯矩 I

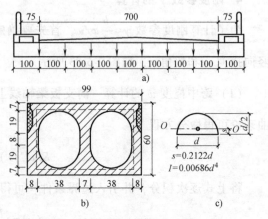

图 2-5-24 空心板桥横截面（单位：cm）

$$I = \frac{99 \times 60^3}{12} \text{cm}^4 - 2 \times \frac{38 \times 8^3}{12} \text{cm}^4 - 4 \times \left[0.00686 \times 38^4 + \frac{1}{2} \times \frac{\pi \times 38^2}{4} \times \left(\frac{8}{2} + 0.2122 \times 38 \right)^2 \right] \text{cm}^4$$

$$= (1782000 - 3243 - 4 \times 96828) \text{cm}^4 = 1391 \times 10^3 \text{cm}^4$$

（2）计算空心板截面的抗扭惯性矩 I_T 空心板截面可简化为图 2-5-24b 中虚线所示的薄壁矩形闭合截面来计算 I_T，由式（2-5-35）得

$$I_T = \frac{4(99-8)^2(60-7)^2}{(99-8)\left(\frac{1}{7} + \frac{1}{7}\right) + \frac{2(60-7)}{8}} \text{cm}^4 = \frac{93045000}{13.25 + 26} \text{cm}^4 = 2.37 \times 10^6 \text{cm}^4$$

（3）计算刚度参数 γ $\gamma = 5.8 \frac{I}{I_T} \left(\frac{b}{l} \right)^2 = 5.8 \times \frac{1391 \times 10^3}{2370 \times 10^3} \times \left(\frac{100}{1260} \right)^2 = 0.0214$

（4）绘制跨中荷载横向分布影响线 从铰接板荷载横向分布影响线计算用表（附录Ⅰ）中所属铰接板 9-1、铰接板 9-3 和铰接板 9-5 的分表，在 $\gamma = 0.02$ 与 $\gamma = 0.04$ 之间按直线内插法求得 $\gamma = 0.0214$ 的影响线竖坐标值 η_{1i}、η_{3i} 和 η_{5i}。计算见表 2-5-2（表中的数值为实际 η_{ki} 的小数点后三位数字）。

表 2-5-2 荷载横向分布影响线竖标计算表

| 板号 | γ | 单位荷载作用位置（i 号板中心） | | | | | | | | | $\sum \eta k_i$ |
		1	2	3	4	5	6	7	8	9	
1	0.02	236	194	147	113	088	070	057	049	046	≈1000
	0.04	306	232	155	104	070	048	035	026	023	
	0.0214	241	197	148	112	087	068	055	047	044	
3	0.02	147	160	164	141	110	087	072	062	057	≈1000
	0.04	155	181	195	159	108	074	053	040	035	
	0.0214	148	161	166	142	110	086	071	060	055	
5	0.02	088	095	110	134	148	134	110	095	088	≈1000
	0.04	070	082	108	151	178	151	108	082	070	
	0.0214	087	094	110	135	150	135	110	094	087	

将表中 η_{1i}、η_{3i} 和 η_{5i} 的值按一定比例绘于各板号的下方，连接成光滑曲线后，就得到 1 号、3 号和 5 号板的荷载横向分布影响线，如图 2-5-25b、c 和 d 所示。

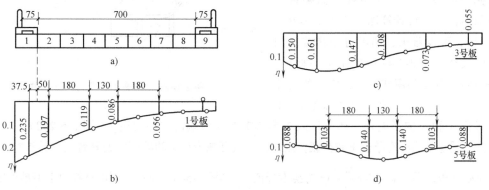

图 2-5-25 1、3 和 5 号板的荷载横向分布影响线（单位：cm）

（5）计算荷载横向分布系数 按《桥通规》规定沿横向确定最不利荷载位置后，就可

以计算跨中荷载横向分布系数如下：

对于1号板：

汽车荷载 $m_{cq} = \dfrac{1}{2} \times (0.197+0.119+0.086+0.056)$

$= 0.229$

人群荷载 $m_{cr} = 0.235+0.044 = 0.279$

对于3号板：

汽车荷载 $m_{cq} = \dfrac{1}{2} \times (0.161+0.147+0.108+0.073) = 0.245$

人群荷载 $m_{cr} = 0.150+0.055 = 0.205$

对于5号板：

汽车荷载 $m_{cq} = \dfrac{1}{2} \times (0.013+0.140+0.140+0.103) = 0.243$

人群荷载 $m_{cr} = 0.088+0.088 = 0.176$

综上所得，汽车荷载横向分布系数的最大值为 $m_{cq} = 0.245$，人群荷载的为 $m_{cr} = 0.279$。在设计中通常偏安全地取这些最大值来计算内力。

5.2.5.2　铰接 T 形梁桥的计算特点

小跨径的钢筋混凝土 T 形梁桥，为了便于预制施工，往往不设中间横隔梁，仅对翼板的板边适当连接，或者仅由现浇的桥面板使各梁连接在一起。这种梁桥的横向连接刚度很弱，其受力特点就像横向铰接的结构。对于无横隔梁的组合式梁桥，也因其横向连接刚度小而可以近似作为横向铰接来计算。

图 2-5-26a、b 表示一座铰接 T 形梁桥在单位正弦荷载作用下沿跨中单位长度截割段的铰接力计算图式。如果将它们与前面铰接板桥计算图式（图 2-5-26a、b）比较，可以看出，两者对于荷载横向分配的表达式（2-5-42）是完全一样的。唯一不同之点是利用式（2-5-43）的力法方程求铰接力 g_i 时，在所有主系数 δ_{ii} 中

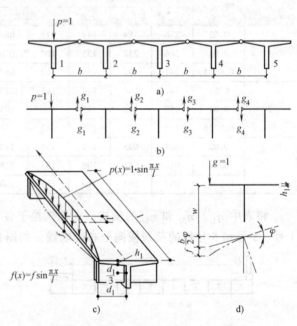

图 2-5-26　铰接 T 形梁桥计算图式

除了考虑 w 和 φ 的影响外，还应计入 T 形梁翼板悬臂端的弹性挠度 f（图 2-5-26d）。

鉴于翼缘板边缘有单位正弦荷载作用时，翼板可视为在梁肋处固定的悬臂板，其板端挠度接近于正弦分布，即 $f(x) = f\sin\dfrac{\pi x}{l}$（$f$ 为挠度峰值），如图 2-5-26c 所示，则由材料力学不难求出

$$f = \frac{d_1^3}{3EI_1} = \frac{4d_1^3}{Eh_1^3} \qquad (2\text{-}5\text{-}53)$$

式中　d_1——翼板的悬出长度；

　　　h_1——翼板厚度，对于变厚度的翼板，可近似地取距梁肋 $\dfrac{d_1}{3}$ 处的板厚来计算

（图 2-5-26c）；

　　　I_1——单位宽度翼板的抗弯惯矩，$I_1 = \dfrac{h_1^3}{12}$。

因此，对于铰接 T 形梁桥，力法方程（2-5-43）中的 δ_{ii} 应改为

$$\delta_{11} = \delta_{22} = \delta_{33} = \cdots = 2\left(w + \frac{b}{2}\varphi + f\right) \tag{2-5-54}$$

如果令 $\beta = \dfrac{f}{w}$，则有

$$\beta = \left(\frac{4d_1^3}{Eh_1^3}\right) \bigg/ \left(\frac{l^4}{\pi^4 EI}\right) \approx 390\,\frac{I}{l^4}\left(\frac{d_1}{h_1}\right)^3 \tag{2-5-55}$$

将改变后的 δ_{ii} 代入式（2-5-43），并经与铰接板的类似处理后，就得到铰接 T 形梁的力法方程

$$\left. \begin{aligned} 2(1+\gamma+\beta)g_1 - (1-\gamma)g_2 &= 1 \\ -(1-\gamma)g_1 + 2(1+\gamma+\beta)g_2 - (1-\gamma)g_3 &= 0 \\ -(1-\gamma)g_2 + 2(1+\gamma+\beta)g_3 - (1-\gamma)g_4 &= 0 \\ -(1-\gamma)g_3 + 2(1+\gamma+\beta)g_4 &= 0 \end{aligned} \right\} \tag{2-5-56}$$

由此可见，只要确定了刚度参数 γ 和 β，就可以像在铰接板桥中一样，解出所有未知铰接力的峰值，并利用 $\eta_{ki} = p_{ik}$ 的关系［参见式（2-5-45）］绘制荷载横向分布影响线。

值得指出的是，当悬臂不长（约为 0.7~0.8m）和跨度 $l \geqslant 10\text{m}$ 时，参数 γ 一般要明显比 β 大 $\left(\dfrac{\beta}{1+\gamma} < 5\%\right)$，因此在不影响计算精确度的条件下，可忽略 β 的影响而直接利用铰接桥板的计算用表（附录 I），以简化铰接梁桥的计算。

在有必要计入 β 的影响时，也可利用 $\beta = 0$ 时的 η_{ii} 和 η_{ik} 计算用表，按下式近似地计及 β 值影响的荷载横向影响线坐标值 $\eta_{ii(\beta)}$ 和 $\eta_{ik(\beta)}$

$$\left. \begin{aligned} \eta_{ii(\beta)} &= \eta_{ii} + \frac{\beta}{1+\gamma}(1 - \eta_{ii}) \\ \eta_{ik(\beta)} &= \eta_{ik} + \frac{\beta}{1+\gamma}\eta_{ik} \end{aligned} \right\} \tag{2-5-57}$$

5.2.6　刚接梁法计算特点

对于无中横隔梁，翼缘板刚性连接（包括整体式和具有可靠湿接缝的）的肋梁桥，或桥面板经过构造处理相邻两片主梁的接缝处可以承受弯矩的都可以看作刚接梁系。它们的荷载横向分布计算可以采用刚接梁法。刚接梁法可以看作是铰接板理论的一种推广，只要在铰接板（梁）桥计算理论的基础上，在接缝处补充引入赘余弯矩 m_i，就可建立计及横向刚性连接特点的赘余力力法方程。

图 2-5-27a 表示翼缘板刚性连接的 T 形简支梁桥的跨中横截面。与图 2-5-26a 一样，假设有单位正弦荷载 $p(x) = 1 \cdot \sin\dfrac{\pi x}{l}$ 作用在 1 号梁的轴线上。在各板跨中央沿纵缝将板切开，并代以按正弦分布的赘余力 $x_i \sin\dfrac{\pi x}{l}$（这里 $i = 1$、2 和 3 表示剪力，$i = 4$、5 和 6 表示弯矩），式中 x_i 均为赘余力在梁的跨中截面处的峰值。这样就得到计算刚接梁桥的基本体系，如图 2-5-27b 所示。

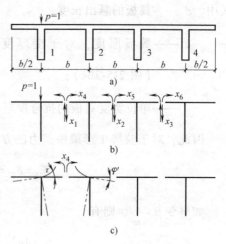

图 2-5-27　刚接梁计算图式

根据熟知的力法原理，按图 2-5-27，有 6 个超静定内力，相应地有 6 个变形协调条件（切口左右主梁的竖向位移和转角分别相等），从而得到 6 个力法方程，写成简明形式为

$$[\delta_{ij}]\{x_i\} + \{\delta_{ip}\} = 0 \quad (i \text{ 或 } j = 1, 2, \cdots, 6) \tag{2-5-58}$$

式中　δ_{ij}——力法方程中位于赘余力素前的计算系数，它表示单位赘余力素峰值 $x_j = 1$ 在 i 处引起的相对变位（包括 $i = j$ 和 $i \neq j$ 的情形）；

　　　δ_{ip}——外荷载在 i 处引起的相对变位。

下面按照图 2-5-27b 的计算图式来具体分析一下 δ_{ij} 和 δ_{ip} 的赋值。

不难看出，在系数矩阵 $[\delta_{ij}]$ 中，对于仅涉及赘余剪力 x_1、x_2、x_3 和相应竖向位移的系数，与前面铰接 T 形梁桥的完全一样，即

$$\delta_{11} = \delta_{22} = \delta_{33} = 2\left(w + \frac{b}{2}\varphi + f\right)$$

$$\delta_{12} = \delta_{23} = \delta_{32} = \delta_{21} = -\left(w - \frac{b}{2}\varphi\right)$$

$$\delta_{13} = \delta_{31} = 0$$

对于仅涉及赘余弯矩 x_4、x_5、x_6 和相应转角的系数，由图 2-5-27c 可得

$$\delta_{44} = \delta_{55} = \delta_{66} = 2(\varphi' + \tau)$$

$$\delta_{45} = \delta_{56} = \delta_{54} = \delta_{65} = -\varphi'$$

$$\delta_{46} = \delta_{64} = 0$$

由于在对称弯矩 $x_i = 1$（$i = 4$、5 和 6）作用下，接缝两侧不产生相对挠度及各切缝两侧的剪切位移不引起相对转角，故有

$$\delta_{14} = \delta_{25} = \delta_{36} = \delta_{41} = \delta_{52} = \delta_{63} = 0$$

此外

$$\delta_{34} = \delta_{16} = \delta_{43} = \delta_{61} = 0$$

$$\delta_{15} = \delta_{26} = \delta_{51} = \delta_{62} = \varphi'\frac{b}{2}$$

$$\delta_{24} = \delta_{35} = \delta_{42} = \delta_{53} = -\varphi'\frac{b}{2}$$

当单位正弦荷载作用于 1 号梁轴线上时（作用于其他梁上时，可类似处理），可得

$$\delta_{1p} = -w$$

$$\delta_{2p} = \delta_{3p} = \delta_{4p} = \delta_{5p} = \delta_{6p} = 0$$

系数中涉及的 φ' 和 τ 分别为缝端单位弯矩作用引起的主梁扭角和翼板局部挠曲角。由图 2-5-28可得

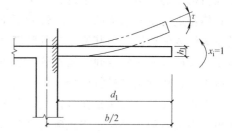

$$\tau = \frac{1 \cdot d_1}{EI_1} = \frac{12d_1}{Eh_1^3} \qquad (2\text{-}5\text{-}59)$$

参见图 2-5-21 可得

$$\varphi' = \varphi \frac{x_i}{m_T} = \varphi \frac{1}{b/2} = \varphi \frac{2}{b} \qquad (2\text{-}5\text{-}60)$$

图 2-5-28　局部挠曲计算图式

式中　φ——缝端单位竖向剪力引起的主梁扭角，可按式（2-5-50）计算。

如将 δ_{ij} 和 δ_{ip} 都除以 w，并引入参数 γ 和 β，将式（2-5-58）中下部三个方程各乘以 $\dfrac{b}{2}$，并令 $g_1 = x_1$，$g_2 = x_2$，$g_3 = x_3$ 和 $m_1 = \dfrac{2}{b}x_4$，$m_2 = \dfrac{2}{b}x_5$，$m_3 = \dfrac{2}{b}x_6$，最后可得赘余力素 g_i 和 m_i 的力法方程为

$$\begin{pmatrix} \delta_g & \gamma-1 & 0 & 0 & \gamma & 0 \\ \gamma-1 & \delta_g & \gamma-1 & -\gamma & 0 & \gamma \\ 0 & \gamma-1 & \delta_g & 0 & -\gamma & 0 \\ 0 & -\gamma & 0 & \delta_m & -\gamma & 0 \\ \gamma & 0 & -\gamma & -\gamma & \delta_m & -\gamma \\ 0 & \gamma & 0 & 0 & -\gamma & \delta_m \end{pmatrix} \begin{Bmatrix} g_1 \\ g_2 \\ g_3 \\ m_1 \\ m_2 \\ m_3 \end{Bmatrix} + \begin{Bmatrix} -1 \\ 0 \\ 0 \\ 0 \\ 0 \\ 0 \end{Bmatrix} = 0 \qquad (2\text{-}5\text{-}61)$$

式中

$$\left. \begin{aligned} \delta_g &= 2(1+\gamma+\beta) \\ \delta_m &= 2(\gamma+3\beta') \\ \beta' &= \beta\left(\frac{b}{2d_1}\right)^2 \end{aligned} \right\} \qquad (2\text{-}5\text{-}62)$$

力法方程式（2-5-61）中包含 γ、β 和 β' 三个参数，其中 γ 和 β 与铰接梁桥的相同，对于 T 形梁、I 字形梁和多梁式箱梁也可近似地认为 $\beta \approx \beta'$，这样可减少参数数目，使编制计算表格得以简化。

竖向荷载的横向分布与前述铰接梁桥一样，仍只考虑剪力 g_i 的影响。因此，由式（2-5-61）求得 g_i 后，就可按式（2-5-45）编制荷载横向分布影响线坐标 η_{ik} 的计算表格。在《公路桥梁荷载横向分布计算》一书中已给出了 2~10 片梁的刚接梁桥中不同 γ 和 β 时各片主梁的荷载横向分布影响线坐标。

以上介绍了无横隔梁的刚接梁桥计算，当有中间横隔梁时，可以近似地把横隔梁与实有的桥面板一起化成等刚度的虚拟桥面板来计算。具体计算可参考相关文献。

5.2.7　比拟正交异性板法简介

上述计算荷载横向分布系数的方法都有一个共同点，就是把全桥视作一系列并排放置的主梁所构成的梁格系结构来进行力学分析。各种方法的不同之处在于根据各种不同梁桥结构的具体特点对横向结构的连接刚度做了不同程度的假设。对于由主梁、连续的桥面板和多道横隔梁组成的梁桥，当其宽度与其跨度之比较大时，还可以把此类结构简化为纵横相交的梁格系，按杆件系统的空间结构求解，也可设法将其比拟简化为一块矩形的平板，作为弹性薄板按古典弹性理论来进行分析，即所谓的 "比拟正交异性板法" 或 "G-M 法"。

比拟正交异性板法是在各向同性板挠曲微分方程的基础上，引出比拟正交（构造）异性板的微分方程，并通过修正刚度系数将桥梁空间结构近似地比拟成弹性薄板的计算方法。现以图 2-5-29 所示的肋形梁桥结构为例，说明如何将纵横相交的梁格系比拟成正交异性板。假设肋形梁桥的主梁中心距离为 b，每片主梁的截面抗弯惯矩和抗扭惯矩分别为 I_x 和 I_{Tx}，横隔梁的中心距离为 a，其截面抗弯惯矩和抗扭惯矩为 I_y 和 I_{Ty}。如果梁肋间距 a 和 b 相应地与桥跨结构的宽度或长度相比相当小，且桥面板与梁肋之间具有完善的结合，可设想将主梁的截面惯矩 I_x 和 I_{Tx} 平均分摊于宽度 b，将横隔梁的截面惯矩 I_y 和 I_{Ty} 平均分摊于宽度 a，这样就把实际的纵横梁格系比拟成了一块假想的平板，如图 2-5-29b 所示。图中 x 方向的板厚表示成虚线，这说明比拟的板在 x 和 y 两个方向的换算厚度是不相同的。此时，比拟板在纵向和横向每米宽度的截面抗弯惯矩和抗扭惯矩相应为

$$J_x = \frac{I_x}{b}, \quad J_{Tx} = \frac{I_{Tx}}{b}; \quad J_y = \frac{I_y}{a}, \quad J_{Ty} = \frac{I_{Ty}}{a}$$

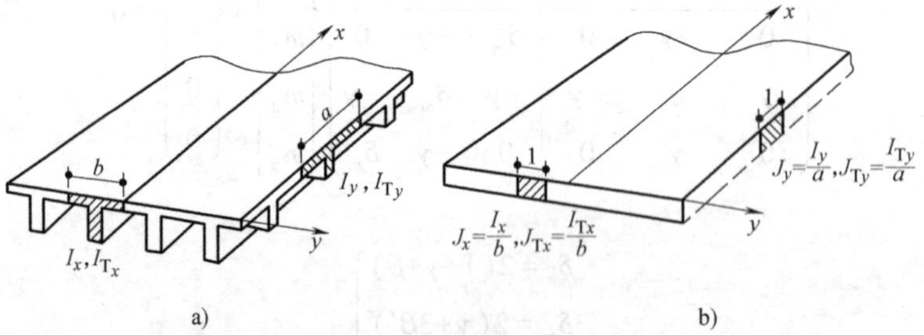

图 2-5-29　实际结构换算成比拟板的图式

a）实际结构　b）换算后的比拟异性板

再按古典弹性理论可得到比拟正交各向异性板的挠曲微分方程（近似地忽略混凝土泊松比 μ 的影响）如下

$$D_x \frac{\partial^4 w}{\partial x^4} + 2H \frac{\partial^4 x}{\partial x^2 \partial y^2} + D_y \frac{\partial^4 w}{\partial y^4} = p(x, y) \tag{2-5-63}$$

式中，$D_x = EJ_x$，$D_y = EJ_y$，$H = \alpha E \sqrt{J_x J_y}$，$\alpha = \dfrac{G(J_{Tx} + J_{Ty})}{2E\sqrt{J_x J_y}}$。

α 称为扭弯参数，它表示比拟板两个方向的单宽抗扭刚度代数平均值与单宽抗弯刚度几何平均值之比。对于常用的 T 形梁或工字形梁，α 在 0~1 之间变化。

可见，比拟正交异性板与正交各向（材料）异性板的挠曲微分方程在形式上是完全相

同的，可以完全依照真正的材料异性板来求解，只是方程中的刚度不同罢了。这就是"比拟正交异性板"的真实意义。

"比拟正交异性板"法尤其适用于密排主梁上多横梁的梁式结构。具体计算时，可以方便地利用编制的计算图表得出相对精确的结果，此法在实际设计中得到了广泛应用。但在计算荷载横向分布系数时，因图表中的板位与实际结构的梁位不一致，要进行多次内插，计算不及梁系法简捷。限于篇幅，关于比拟正交异性板挠曲面微分方程的详细求解及其图表和实用计算方法，本书不做详细介绍，读者可参考有关文献。

5.2.8 荷载横向分布系数 m 沿桥跨的变化

一般来说，荷载位于桥跨纵向的位置不同，对同一主梁产生的横向分布系数也是不同的。前面介绍的各种计算荷载横向分布的方法中，只有"杠杆原理法"能计算荷载位于支点处的横向分布系数 m_0，其他方法均是计算荷载位于跨中时的荷载横向分布系数 m_c。而当荷载位于桥跨其他位置时，要精确计算 m_x 值，找出 m_x 沿桥跨的连续变化规律，显然从理论上讲是很复杂的，而且会使主梁内力的计算更加麻烦。为了简化计算，目前在桥梁设计中采用下面的实用处理方法。

对于无中间横隔梁或仅有一根中横隔梁的情况，跨中部分采用不变的荷载横向分布系数 m_c，从离支点 $1/4$ 处到支点的区段内 m_x 采用直线形过渡到 m_0（图 2-5-30a）。

对于有多根内横隔梁的情况，跨中部分采用不变的 m_c，从第一根内横隔梁起，m_c 直线形过渡到支点截面的 m_0（图 2-5-30b）。

这样，主梁上的活载因其纵向位置不同，就应有不同的荷载横向分布系数。图中 m_c 可能大于也可能小于 m_0，如图 2-5-30 所示。

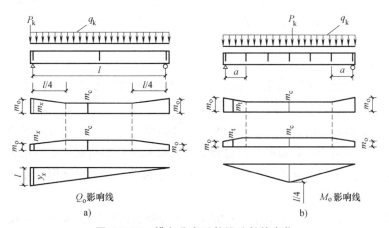

图 2-5-30　横向分布系数沿跨长的变化

在实际应用中，当计算简支梁跨中截面的最大弯矩时，由于其内力影响线竖标在跨中区段较大，而横向分布系数沿跨内部分的变化不大，为了简化计算，通常可按不变的跨中横向分布系数 m_c 来计算。对于跨内其他截面的弯矩计算，一般也可取不变的 m_c。但当内横隔梁少于三根时，且中梁的 m_0 和 m_c 相差较大时，就应计及 m_x 沿桥跨变化的影响。

在计算简支梁支点截面最大剪力时，鉴于所考端的横向分布系数变化区段内剪力影响线竖标值较大，车道荷载的集中荷载 P_k 位于近端支点处，故应考虑该段内横向分布系数变化的影响。对位于靠近远端的荷载，鉴于相应影响线坐标值的显著减小，则可近似取不变的 m_c 来简化计算。

5.3　主梁内力计算

简支梁桥的内力计算分为恒荷载内力计算和活荷载内力计算两部分，将这两部分按规范要求进行组合便可获得截面的设计内力。有了截面设计内力，就可按钢筋混凝土和预应力混凝土结构设计原理进行主梁各截面的配筋设计或验算。

对于跨径 10m 以内的简支梁，通常只需计算跨中截面的最大弯矩及支点和跨中截面的剪力。跨中与支点之间各截面的剪力可以近似地按直线规律变化，弯矩可假设按二次抛物线规律变化，即

$$M_x = \frac{4M_{max}}{l^2}x(l-x) \tag{2-5-64}$$

式中　M_x——主梁在离支点 x 处任一截面的弯矩值；

　　　M_{max}——主梁跨中最大弯矩设计值；

　　　l——主梁的计算跨径。

对于较大跨径的简支梁，一般还应计算跨径 $l/4$ 截面的弯矩和剪力。如果主梁沿桥轴方向截面有变化（如梁肋宽度或梁高变化），则还应计算截面变化处的内力。

5.3.1　恒载内力计算

钢筋混凝土或预应力混凝土公路桥梁的恒荷载效应，往往占总作用效应很大的比重（60%~90%），桥梁的跨径越大，恒荷载所占的比重也越大。因此，设计时应正确地确定作用于梁上的计算恒荷载。

1. 计算方法

主梁恒荷载内力包括主梁自重（前期恒荷载）引起的内力 S_{g1} 和后期（二期）恒荷载（如桥面铺装、人行道、栏杆等）引起的内力 S_{g2}。

计算结构自重引起的内力 S_{g1} 时，应首先按结构构件的设计尺寸与材料的重度确定出结构的自重集度。当主梁为等截面时，其自重集度沿跨长为均布荷载；如主梁为变截面，自重集度沿跨长变化。为了简化起见，习惯上往往将沿桥跨分点作用的横隔梁重力均匀分摊给各根主梁承受。

计算主梁二期恒荷载内力 S_{g2} 时，沿桥横向不等厚度的铺装层重力及作用于两侧的人行道和栏杆等重力，习惯上也可均匀分摊给各主梁承受，即二期恒荷载集度取为均布荷载。如果要精确计算，则可将人行道、栏杆、灯柱和管道等重力像活荷载计算那样，按荷载横向分布规律进行分配。

对于组合式梁桥，应按实际施工组合的情况，分阶段计算其恒荷载内力。对于预应力混凝土简支梁桥，在主梁施加预应力阶段，往往要利用梁体自重来抵消强大钢丝束张拉力在梁体上翼缘产生的拉应力。在此情况下，也要将恒荷载分成两个阶段（先期恒荷载和后期恒荷载）来进行分析。在特殊情况下，恒荷载可能要分成更多的阶段来考虑。

确定了计算恒荷载集度 g 之后，就可按一般《材料力学》公式计算出梁内各截面的弯矩 M 和剪力 Q。当恒荷载分阶段计算时，应按各阶段的计算恒荷载 g_i 来计算内力，以便进行内力或应力效应组合。

2. 计算示例

例 2-5-5 计算图 2-5-31 所示的五梁式装配式钢筋混凝土简支梁桥主梁的恒荷载内力。图 2-5-31a、b 分别为主梁横截面和横隔梁布置。已知计算跨径 $l = 19.5\text{m}$，每侧栏杆及人行道重力为 5kN/m，钢筋混凝土、沥青混凝土和混凝土的重度分别为 25kN/m^3、23kN/m^3 和 24kN/m^3。

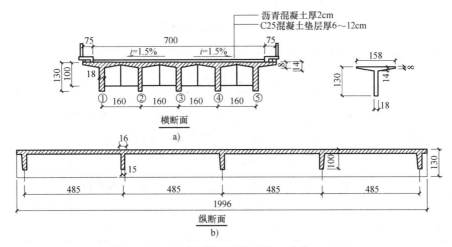

图 2-5-31 主梁和横隔梁的布置（单位：cm）

解：（1）恒荷载集度计算

1）主梁

$$g_1 = \left[0.18 \times 1.30 + \left(\frac{0.08 + 0.14}{2} \right) \times (1.60 - 0.18) \right] \times 25\text{kN/m} = 9.76\text{kN/m}$$

2）横隔梁

对于边主梁

$$g_2 = \left\{ \left[1.00 - \left(\frac{0.08 + 0.14}{2} \right) \right] \times \left(\frac{1.60 - 0.18}{2} \right) \times \frac{0.15 + 0.16}{2} \times 5 \times 25 \right\} \bigg/ 19.50\text{kN/m} = 0.63\text{kN/m}$$

对于中主梁 $g_2' = 2 \times 0.63\text{kN/m} = 1.26\text{kN/m}$

3）桥面铺装层

$$g_3 = \left[0.02 \times 7.00 \times 23 + \frac{1}{2}(0.06 + 0.12) \times 7.00 \times 24 \right] \bigg/ 5\text{kN/m} = 3.67\text{kN/m}$$

4）栏杆及人行道

$$g_4 = 5 \times 2 / 5\text{kN/m} = 2\text{kN/m}$$

5）作用于边主梁的全部恒荷载集度为

$$g = \sum g_i = (9.76 + 0.63 + 3.67 + 2.00)\text{kN/m} = 16.06\text{kN/m}$$

作用于中主梁的全部恒荷载集度为

$$g' = (9.76 + 1.26 + 3.67 + 2.00)\text{kN/m} = 16.69\text{kN/m}$$

（2）计算恒荷载内力　主梁各截面的弯矩和剪力的力学计算模型如图 2-5-32 所示，则

$$M_x = \frac{gl}{2}x - gx\frac{x}{2} = \frac{gx}{2}(l-x)$$

$$Q_x = \frac{gl}{2} - gx = \frac{g}{2}(l-2x)$$

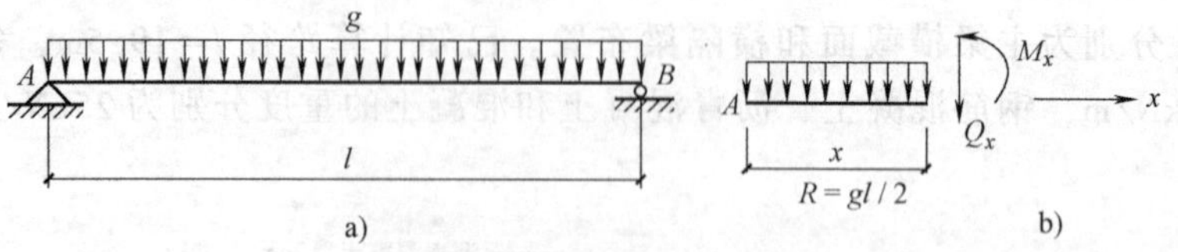

图 2-5-32　恒荷载内力计算

各计算截面的弯矩和剪力计算结果列于表 2-5-3。

表 2-5-3　主梁恒荷载内力

截面位置	内力	
	剪力 Q/kN	弯矩 M/kN·m
$x=0$	$Q = \dfrac{16.06}{2} \times 19.5 = 156.6(162.7)$	$M=0$
$x=l/4$	$Q = \dfrac{16.06}{2} \times \left(19.5 - 2 \times \dfrac{19.5}{4}\right) = 78.3(81.4)$	$M = \dfrac{16.06}{2} \times \dfrac{19.5}{4} \times \left(19.5 - \dfrac{19.5}{4}\right) = 572.5(595.0)$
$x=l/2$	$Q=0$	$M = \dfrac{1}{8} \times 16.06 \times 19.5^2 = 763.4(793.3)$

注：括号（　）内值为中主梁内力。

5.3.2　活荷载内力计算

主梁活荷载内力是由可变作用中的车道荷载、人群荷载等产生的。主梁活荷载内力计算分为两步：第一步，求某主梁的最不利荷载横向分布系数 m_i；第二步，将荷载乘以横向分布系数后得到作用于某一根主梁上的荷载数值，然后利用主梁内力影响线，采用工程力学方法计算各截面的活荷载内力。

1. 计算方法

对于车道荷载应将其均布和集中荷载引起的内力进行叠加求出总效应。人群荷载内力计算方法同车道均布荷载，但不计冲击力影响。下面首先以车道荷载的内力计算为例，说明活荷载内力计算的方法。

截面内力计算的一般公式为

$$S_q = (1+\mu)\xi(m_{cqP}P_k y_k + q_k \sum m_{cqi}\omega_i) \tag{2-5-65}$$

式中　S_q——汽车荷载作用下的截面内力（弯矩或剪力）；

μ——汽车荷载的冲击系数，按《桥通规》的规定取值；

ξ——多车道横向折减系数，按《桥通规》的规定取值；

ω_i——分段考虑的相应的主梁内力影响线的面积；

m_{cqP}——车道集中荷载对应的荷载横向分布系数；

m_{cqi}——沿桥纵向与车道均布荷载 q_k 分段布置的影响线面积中心位置对应的荷载横向分布系数；

q_k——车道荷载的均布荷载标准值；

P_k——车道荷载的集中荷载标准值；

y_k——对应于车道集中荷载的影响线最大竖标值。

当计算简支梁各截面的最大弯矩或跨中截面剪力时，如前所述可以近似取不变的跨中横向分布系数 m_c。此时，式（2-5-65）可以写成如下形式

$$S_q = (1+\mu)\xi m_{cq}(P_k y_k + q_k \Omega) \quad (2\text{-}5\text{-}66)$$

式中　Ω——相应的主梁内力影响线的面积。

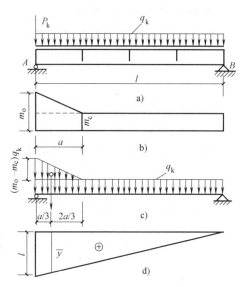

图 2-5-33　车道荷载支点剪力计算图式

对于支点截面的剪力或靠近支点截面的剪力，则应计入荷载横向分布系数在梁端区段内发生变化产生的影响，如图 2-5-33 所示。特别地，计算剪力效应时，车道集中荷载标准值 P_k 还应乘以 1.2 的提高系数。以支点截面为例

$$Q = Q'_A + \Delta Q_A \quad (2\text{-}5\text{-}67)$$

$$Q'_A = (1+\mu)\xi m_{cq}(1.2 P_k y_k + q_k \Omega) \quad (2\text{-}5\text{-}68)$$

$$\Delta Q_A = (1+\mu)\xi\left[(m_{oq}-m_{cq})\times1.2 P_k y_k + \frac{a}{2}(m_{oq}-m_{cq})q_k \overline{y}\right] \quad (2\text{-}5\text{-}69)$$

式中　Q'_A——由式（2-5-65）按不变的 m_c 计算的内力值；

ΔQ_A——计入靠近支点截面由于荷载横向分布系数变化引起的内力增加（或减小）值；

$\overline{y}$——相应于图 2-5-44c 中附加三角形荷载重心位置的内力影响线坐标值，$\overline{y}=1-\dfrac{a}{3l}$。

当 $m_o < m_c$ 时，式（2-5-69）中第二项的值为负值。

对于人群荷载内力计算，只要按上式（2-5-66）~式（2-5-69）中不计冲击系数和车道折减系数，并将车道均布荷载换为人群荷载标准值，代入人群荷载的横向分布系数即可。

2. 计算示例

例 2-5-6　以例 2-5-5 所示的计算跨径 $l = 19.50\text{m}$ 的五梁式装配式钢筋混凝土简支梁桥为例（主梁采用 C40 混凝土），计算边主梁在公路—Ⅰ级和人群荷载 $q_r = 3.0\text{kN/m}^2$ 作用下的跨中截面最大弯矩和最大剪力，以及支点截面的最大剪力。边梁荷载横向分布系数可按表 2-5-4 备注栏参阅有关例题计算，具体数值按表 2-5-4 选取。

表 2-5-4　边梁荷载横向分布系数

梁号	荷载位置	汽车荷载	人群荷载	备注
边主梁	跨中 m_c	0.538	0.684	按"偏心压力法"计算
	支点 m_o	0.438	1.422	按"杠杆原理法"计算

解：（1）公路—Ⅰ级车道荷载标准值

均布荷载标准值 $q_k = 10.5\text{kN/m}$

计算弯矩时的集中荷载标准值 $P_k = 180\text{kN} + \dfrac{19.5-5}{50-5}\times(360-180)\text{kN} = 238\text{kN}$

计算剪力时的集中荷载标准值 $1.2P_k = 1.2×238\text{kN} = 285.6\text{kN}$

（2）计算冲击系数 依据《桥通规》，简支梁桥的基频可按下式计算

$$f_1 = \frac{\pi}{2l^2}\sqrt{\frac{EI_c}{m_c}}$$

其中，截面抗弯惯矩为 $I = 6627.5×10^3\text{cm}^4 = 6.6275×10^{-2}\text{m}^4$（见例 2-5-3）。

由于边主梁全部恒荷载集度为 $G = 16.06×10^3\text{N/m}$（见例 2-5-5），重力加速度为 $g = 9.81\text{m/s}^2$，可得结构跨中处单位长度质量

$$m_c = \frac{G}{g} = \frac{16.06×10^3}{9.81}\text{N} \cdot \text{s}^2/\text{m}^2 = 1637.1\text{N} \cdot \text{s}^2/\text{m}^2$$

混凝土 C40 的弹性模量 $E = 3.25×10^4\text{MPa} = 3.25×10^{10}\text{N/m}^2$

则

$$f_1 = \frac{3.14}{2×19.5^2}\sqrt{\frac{3.25×10^{10}×6.6275×10^{-2}}{1637.1}}\text{Hz} = 4.74\text{Hz}$$

荷载的冲击系数为

$$\mu = 0.1767\ln f_1 - 0.0157 = 0.259$$

（3）计算公路—Ⅰ级车道荷载的跨中弯矩 将车道荷载按图 2-5-34 布置，则车道荷载的跨中弯矩为

$$M_{q,\frac{l}{2}} = (1+\mu)\xi m_{cq}(P_k y_k + q_k \Omega)$$

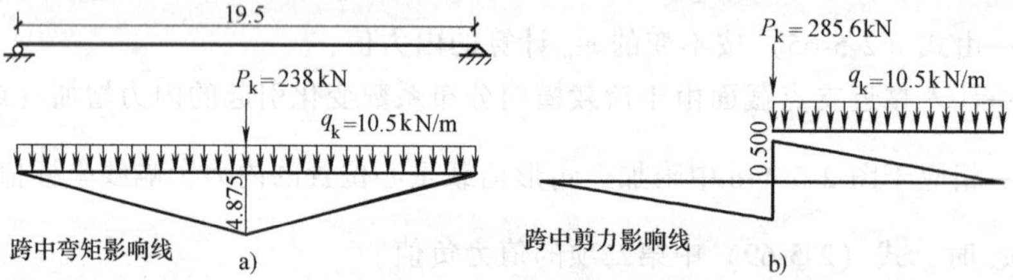

图 2-5-34 车道荷载的影响线加载图式（单位：m）

其中，双车道不折减 $\xi = 1.00$，$y_k = \frac{19.5}{4}\text{m} = 4.875\text{m}$，车道均布荷载作用下 $\Omega = \frac{l^2}{8} = \frac{1}{8}×19.5^2\text{m}^2 = 47.53\text{m}^2$

故得

$$M_{q,\frac{l}{2}} = 1.259×1×0.538×(238×4.875+10.5×47.53)\text{kN} \cdot \text{m} = 1123.92\text{kN} \cdot \text{m}$$

（4）计算人群荷载的跨中弯矩 一侧人群荷载沿纵向的线荷载集度为 $p_r = 3.0×0.75\text{kN/m} = 2.25\text{kN/m}$

$$M_{r,\frac{l}{2}} = m_{cr}p_r\Omega = 0.684×2.25×47.53\text{kN} \cdot \text{m} = 73.15\text{kN} \cdot \text{m}$$

（5）计算跨中截面车道荷载的最大剪力 鉴于跨中剪力影响线的较大竖标值位于跨中部分，故全跨采用跨中荷载横向分布系数来计算。按照图 2-5-34b 布置荷载，则公路—Ⅰ级车道荷载作用下跨中截面剪力为

$$Q_{q,\frac{l}{2}} = (1+\mu)\xi m_c(q_k\Omega + P_k y_k)$$

$$= 1.259×1×0.538×(10.5×2.4375+285.6×0.5)\text{kN} = 114.06\text{kN}$$

（6）计算跨中截面人群荷载的最大剪力

$$Q_{r,\frac{l}{2}} = m_{cr}p_r\Omega = 0.684 \times 2.25 \times 2.4375\text{kN} = 3.75\text{kN}$$

（7）计算支点截面车道荷载的最大剪力 计算支点截面最大剪力时需考虑近端荷载横向分布系数沿桥跨的变化，绘制荷载横向分布系数沿桥跨方向的变化图和支点剪力影响线，如图 2-5-35 所示。

支点剪力影响线的面积

$$\Omega = \frac{1}{2} \times 19.5 \times 1\text{m} = 9.75\text{m}$$

则

$$Q'_A = (1+\mu)\xi m_{cq}(P_k y_k + q_k\Omega)$$
$$= 1.259 \times 1.0 \times 0.538 \times (285.6 \times 1.0 + 10.5 \times 9.75)\text{kN}$$
$$= 262.79\text{kN}$$

荷载横向分布系数变化区段的长度

$$a = \left(\frac{1}{2} \times 19.5 - 4.85\right)\text{m} = 4.9\text{m}$$

对应于支点剪力影响线的最不利布载如图 2-5-35 所示。m 变化区段内附加三角形荷载重心处的影响线竖标值为

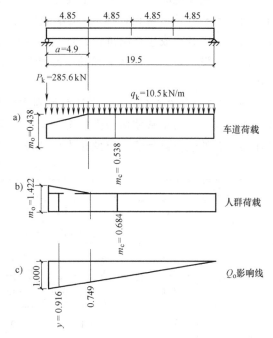

图 2-5-35 支点剪力计算图式（单位：m）

$$\bar{y} = 1 - \frac{a}{3l} = 1 - \frac{4.9}{3 \times 19.5} = 0.916$$

则

$$\Delta Q_A = (1+\mu)\xi\left[(m_{oq}-m_{cq})P_k y_k + \frac{a}{2}(m_{oq}-m_{cq})q_k\bar{y}\right]$$

$$= 1.259 \times 1.0 \times \left[(0.438-0.538) \times 285.6 \times 1.0 + \frac{4.9}{2} \times (0.438-0.538) \times 10.5 \times 0.916\right]\text{kN}$$

$$= -38.92\text{kN}$$

$$Q_q = Q'_A + \Delta Q_A = (262.79 - 38.92)\text{kN} = 223.87\text{kN}$$

（8）计算支点截面人群荷载的最大剪力 人群荷载的横向分布系数沿桥跨变化，如图 2-5-35b 所示，则人群荷载的支点剪力为

$$Q_r = Q'_r + \Delta Q_r$$

$$= m_{cr}q_r\Omega + \frac{a}{2}(m_{or}-m_{cr})q_r\bar{y}$$

$$= \left[0.684 \times 2.25 \times 9.75 + \frac{4.9}{2} \times (1.422-0.684) \times 2.25 \times 0.916\right]\text{kN}$$

$$= 18.73\text{kN}$$

5.3.3 内力组合及包络图

在进行钢筋混凝土及预应力混凝土梁桥设计时，需要确定主梁沿桥跨方向各截面的计算内力值（或称作用效应设计值），按承载能力极限状态和正常使用极限状态进行作用组合，取其最不利组合形成包络图进行设计。作用组合方法及其表达式具体参见本书第1篇第3.5节的内容。设计时，应根据工程的实际情况，依据《桥通规》的规定具体确定需要考虑的作用组合。

例2-5-5和例2-5-6中，分别计算得到主梁的恒荷载作用和活荷载作用后，即可按照承载能力极限状态与正常使用极限状态分别对作用的标准值乘以分项系数后加以组合，从而得到作用组合的效应设计值，以此作为构件设计和截面验算的依据。计算结果列于表2-5-5。

表 2-5-5　作用组合

组合			支点	跨中
基本组合	弯矩	$M_{ud} = 1.2M_g + 1.4M_q + 1.4M_r$	0	2591.98
	剪力	$Q_{ud} = 1.2Q_g + 1.4Q_q + 1.4Q_r$	527.46	164.93
频遇组合	弯矩	$M_{sd} = 1.0M_g + \dfrac{0.7M_q}{1+\mu} + 1.0M_r$	0	1461.45
	剪力	$Q_{sd} = 1.0Q_g + \dfrac{0.7Q_q}{1+\mu} + 1.0Q_r$	299.76	67.17
准永久组合	弯矩	$M_{ld} = 1.0M_g + \dfrac{0.4M_q}{1+\mu} + 0.4M_r$	0	1149.74
	剪力	$Q_{ld} = 1.0Q_g + \dfrac{0.4Q_q}{1+\mu} + 0.4Q_r$	235.20	37.74

将梁轴各个截面处的设计内力值按适当的比例绘成纵坐标，其中右半跨的弯矩值（M_{max}）对称于左半跨，右半跨的剪力值（Q_{min}）反对称于左半跨（Q_{max}），连接这些坐标点而绘成的曲线，就称为内力包络图，如图2-5-36所示。对于小跨径梁（计算跨径10m以下），如仅计算跨中截面最大设计弯矩及最大设计剪力，则弯矩包络图可绘成二次抛物线，而剪力包络图绘成直线形。对于较大跨径

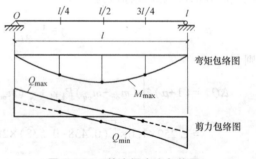

图 2-5-36　简支梁内力包络图

的桥梁，则应该根据具体情况，每隔3～5m求出相应截面的作用组合的效应设计值，连接各截面点的竖标值绘成包络图。

作用组合的效应设计值包络图确定以后，就可按钢筋混凝土或预应力混凝土结构设计原理的方法来设计梁内纵向主筋、斜筋和箍筋，并进行各项验算。

5.4　桥面板的计算

桥梁的桥面板是直接承受车辆轮压荷载，并传递荷载的一般承重构件。混凝土肋梁桥的桥面板在构造上通常与主梁梁肋和横隔梁连接在一起，构成桥梁的空间结构。这样既保证了

桥梁的整体作用，又能将车辆荷载传给主梁，并参与主梁受力。

5.4.1 桥面板的分类

对于整体现浇的肋梁桥，梁肋和横隔梁之间的桥面板属于矩形的周边支承板（图 2-5-37a），通常其横隔梁间距 l_a 比主梁间距 l_b 大得多。当荷载作用于板上时，由于板沿 l_a 和 l_b 跨径的相对刚度不同，则向两个方向传递的荷载也不相等（图 2-5-38）。根据弹性薄板理论，对于四边简支的板，当板的长边与短边之比 $l_a/l_b \geq 2$ 时，荷载的绝大部分会沿短跨方向传递，沿长跨方向传递的荷载将不足 6%。l_a/l_b 的比值越大，向 l_a 跨度方向传递的荷载就越少。为了简明起见，只要应用一般的力学原理对图 2-5-2 所示十字形梁在荷载 P 作用下进行简单的受力分析，即求出 P_a 和 P_b，就不难领会这一基本道理。

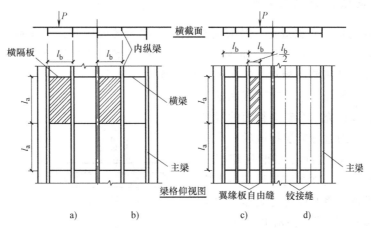

图 2-5-37 梁格构造和行车道板支承形式

因此，通常把长边与短边之比 $l_a/l_b \geq 2$ 的周边支承板看作仅由短跨承受荷载的单向受力板（简称单向板）来设计，而在长跨方向只需适当配置一些分布钢筋。长边与短边之比 $l_a/l_b < 2$ 的板则称为双向板，需按两个方向的内力分别配置受力钢筋。由于桥梁的主梁间距远比横隔梁的间距小，因此整体式桥梁的桥面板大多为单向板。一般来说，双向桥面板的用钢量较大，构造也较复杂，宜尽量少用。

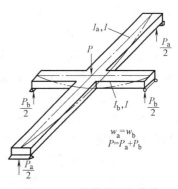

图 2-5-38 荷载的双向传递

对于常见的 $l_a/l_b \geq 2$ 的装配式 T 形梁桥，有两种情况，一种是主梁翼缘板间采用钢板焊接连接，翼缘板的端边为自由边时（图 2-5-37b），则桥面板实际是三边支承、一边自由的板，与边梁外侧的翼缘板一样，由于力是沿短跨方向传递的，可作为一端嵌固、另一端自由的悬臂板来分析；另一种是相邻翼缘板在端部互相做成铰接缝的构造（图 2-5-37c），此时桥面板应按一端嵌固、一端铰接的铰接悬臂板进行计算。

综上所述，在实践中可能遇到的桥面板按受力图式分类见表 2-5-6。下面将分别阐明它们的计算方法。

表 2-5-6　桥面板分类

类型	构造特征	实例
单向板	四边支承,长边与短边之比 $l_a/l_b \geq 2$	整体式肋梁桥的桥面板; 装配式肋梁桥翼缘板用湿接缝连接的板
双向板	四边支承,长边与短边之比 $l_a/l_b < 2$	用钢量较大,构造较复杂,很少采用
悬臂板	三边支承,另一边自由,且长边与短边之比 $l_a/l_b \geq 2$,或沿短边一边嵌固,另一边自由的板	装配式 T 形梁桥翼缘板间为自由缝的板; 边梁外侧的翼缘板
铰接悬臂板	三边支承,另一边与相邻板铰接,且长边与短边之比 $l_a/l_b \geq 2$	装配式 T 形梁桥翼缘板间做成铰接缝的板

5.4.2　车轮荷载在板上的分布

依据《桥通规》的相关规定,计算桥面板可变作用的效应时,汽车荷载应采用车辆荷载。车辆荷载以轮压的形式作用在桥面上,并通过桥面铺装层扩散分布在钢筋混凝土板面上。由于桥面板的计算跨径相对于轮压的分布宽度(参见表 1-3-3)来说不是很大,故在计算时应较精确地将轮压作为分布荷载来处理。

研究表明,弹性充气车轮与桥面的接触面接近于椭圆,但通过铺装层扩散后,车轮压力面在桥面板上的实际分布形状却很复杂。为了便于计算,通常在满足局部最大应力大小不变的条件下将其简化为矩形。即把车轮与桥面的接触面看作 $a_1 \times b_1$ 的矩形,此处 a_1 是车轮沿行车方向(即垂直于板跨方向)的着地长度,b_1 为平行于板跨方向的车轮着地宽度,如图 2-5-39 所示。公路—Ⅰ 级和公路—Ⅱ 级汽车荷载采用相同的车辆荷载标准值。a_1 和 b_1 值可从表 1-3-3 中查得。至于荷载在铺装层内的扩散程度,根据

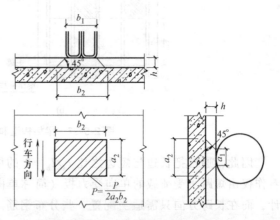

图 2-5-39　车轮荷载在行车道上的分布

试验研究,对于水泥混凝土或沥青混凝土面层,荷载可以偏安全地假定呈 45°扩散。因此,最后作用于钢筋混凝土承重板顶面的矩形荷载压力面的边长为:

沿桥的纵向(垂直于板的跨径方向)$a_2 = a_1 + 2h$

沿桥的横向(平行于板的跨径方向)$b_2 = b_1 + 2h$

式中　h——桥面铺装层厚度。

当车辆荷载的一个轮轴(轴重为 P)作用于桥面板上时,则由车轮(轮重为 $P/2$)引起的桥面板上的局部分布荷载为

$$p = \frac{P}{2a_2 b_2} = \frac{P}{2(a_1 + 2h)(b_1 + 2h)} \tag{2-5-70}$$

5.4.3　板的有效工作宽度

桥面板在局部分布荷载的作用下,不仅直接承压部分的板带参加工作,与其相邻的部分

板带也会分担一部分荷载，共同参与工作。在桥面板设计中，较精确地计算桥面板内力可以采用弹性薄板理论，但由于弹性板理论公式复杂，不便于工程设计人员掌握，为了简化桥面板的计算工作，公路桥梁设计规范中引入了板的有效工作宽度（或称荷载有效分布宽度）。

下面分单向板和悬臂板来阐明板的有效工作宽度的概念和计算方法。

1. 单向板

图 2-5-40 所示为一块跨径为 l、宽度较大的梁式桥桥面板，当局部分布荷载以 $a_2 \times b_2$ 的分布面积作用在板上时，板除了沿计算跨径 x 方向产生挠曲变形 w_x，在 y 方向也必然发生挠曲变形 w_y（图 2-5-40b）。这说明荷载作用下不仅直接承压宽度为 a_2 的板条受力，其邻近的板也参与工作，共同承受车轮荷载产生的弯矩。

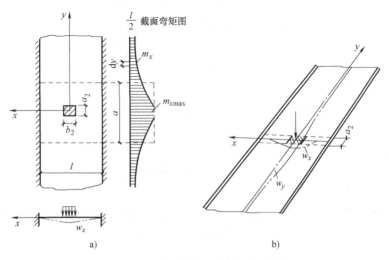

图 2-5-40 梁式桥桥面板的受力状态

图 2-5-40b 示出了按弹性板理论计算得到的沿 y 方向板条分担弯矩 m_x 的分布图形。可见，跨中弯矩 m_x 的实际图形是呈曲线分布的，位于荷载中心处的板条负担的弯矩达到最大值 m_{max}，离荷载越远的板条承受的弯矩越小。从偏于安全的设计考虑，设想以板宽 a 来承受车轮荷载产生的总弯矩，即采用 $a \times m_{max}$ 的矩形来代替实际的曲线分布图形，则

$$a \times m_{max} = \int m_x \mathrm{d}y = M$$

那么弯矩图的换算宽度为
$$a = \frac{M}{m_{xmax}} \tag{2-5-71}$$

式中 M ——车轮荷载产生的跨中总弯矩；

m_{xmax} ——荷载中心处的最大单宽弯矩值，可按弹性薄板理论求得。

式（2-5-71）中的 a 就定义为板的有效工作宽度，或称为荷载分布宽度。以此板宽来承受车轮荷载产生的总弯矩，在设计上既满足了弯矩最大值的要求，计算起来又比较方便。

精确的弹性板理论计算分析结果表明，荷载分布宽度 a 的大小与板的支承条件、荷载性质及荷载作用位置有关。两边固接的板的荷载分布宽度要比简支板小 $30\% \sim 40\%$；全跨满布的条形荷载的有效分布宽度比局部分布的小；荷载越靠近支承边，其有效工作宽度越小。

考虑到实际上 a_2/l（l 为板的计算跨径）的比值不会很小，而且桥面板属于弹性固接支

承，因此为了计算方便，基于大量的理论研究，《公预规》规定计算整体单向板时，通过车轮传递到板上的荷载有效分布宽度按下列方法计算

（1）平行于板的跨径方向的荷载分布宽度

$$b = b_2 = b_1 + 2h \tag{2-5-72}$$

（2）垂直于板的跨径方向的荷载分布宽度

1）单个车轮在板的跨径中部时（图 2-5-41a）

$$a = a_2 + \frac{l}{3} = (a_1 + 2h) + \frac{l}{3} \geqslant \frac{2l}{3} \tag{2-5-73}$$

式中　　l——板的计算跨径。

2）对于多个相同的车轮在板的跨径中部时（图 2-5-41b），如按上式计算的相邻荷载的有效分布宽度发生重叠时，应按下式计算有效分布宽度

$$a = a_2 + d + \frac{l}{3} = (a_1 + 2h) + d + \frac{l}{3} \geqslant \frac{2}{3}l + d \tag{2-5-74}$$

式中　　d——多个车轮时最外两个车轮中心之间的距离。

值得指出的是，考虑有效分布宽度发生重叠的情况时，有效分布宽度 a 范围的板承受的荷载为该范围内几个轮重之和。

3）车轮位于板的支承处时（图 2-5-41c）

$$a' = a_2 + t = (a_1 + 2h) + t \tag{2-5-75}$$

式中　　t——板的跨中厚度。

4）车轮位于板的支承附近，荷载作用点距离支点的距离为 x 时（图 2-5-41c）

$$a_x = a' + 2x = (a_1 + 2h) + t + 2x \tag{2-5-76}$$

但不大于车轮在板的跨径中部的分布宽度。

这就是说，荷载从支点处向跨中移动时，相应的有效分布宽度可近似地按 45°线过渡。根据以上所述，当荷载位于不同位置时，单向板的有效分布宽度图形可归纳为图 2-5-41c 所示的形式。

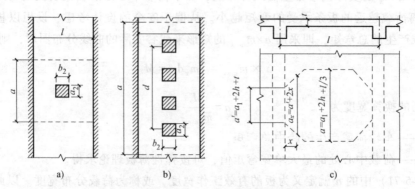

图 2-5-41　单向板的荷载有效工作宽度

还应注意，按以上公式算得的所有分布宽度，当大于板全宽时取板全宽；彼此不相连的预制板，车轮在板内分布宽度不大于预制板宽度。

2. 悬臂板

与单向板类似，悬臂板在荷载作用下除了直接受载的板条（宽度为 $a_2 = a_1 + 2h$）外，相

邻板条也发生挠曲变形 w_y(图 2-5-42b)而承受部分弯矩。沿悬臂根部在 y 方向各板条的弯矩分布如图 2-5-42a 中的 m_x 所示。根据弹性板理论分析,当板端作用集中力 P 时,受载板条的最大负弯矩 $m_{max} \approx -0.465P$,而荷载引起的总弯矩为 $M_0 = -Pl_0$。因此,按最大负弯矩值换算的有效分布宽度为

$$a = \frac{M_0}{m_{max}} = \frac{-Pl_0}{-0.465P} = 2.15l_0 \tag{2-5-77}$$

由此可见,悬臂板的有效工作宽度接近于 2 倍悬臂长度,也就是说,荷载可近似地按 45°角向悬臂板支承处分布(图 2-5-42a)。

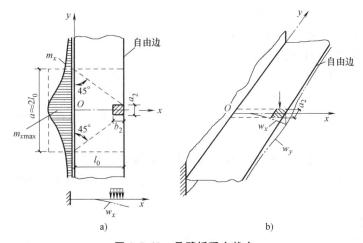

图 2-5-42 悬臂板受力状态

《公预规》对于悬臂板的有效分布宽度规定如下:当 $l_c \leqslant 2.5m$ 时,垂直于悬臂板跨径方向的车轮荷载分布宽度(图 2-5-43),可按下述公式计算

$$a = a_2 + 2l_c = (a_1 + 2h) + 2l_c \tag{2-5-78}$$

式中 l_c——平行于悬臂板跨径方向的车轮着地尺寸的外缘,通过铺装层 45°分布线的外边线至腹板外边缘的距离;

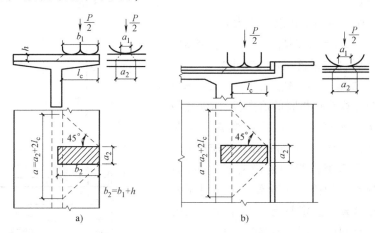

图 2-5-43 悬臂板的有效工作宽度

其他符号意义同前。

对于分布荷载靠近板边的最不利情况，l_c 就等于悬臂板的净跨径 l_0（图 2-5-43a），于是

$$a = a_2 + 2l_0 = (a_1 + 2h) + 2l_0 \tag{2-5-79}$$

悬臂板的有效工作宽度如图 2-5-43 所示。

5.4.4　桥面板的内力计算

对于实体的桥面板，一般由弯矩控制设计。以沿纵向每米宽的板条进行计算比较方便。如前所述，对于单向板或悬臂板，只要借助板的荷载分布宽度，就不难得到作用在每米宽板条上的荷载和由该荷载引起的弯矩。对于双向板，除可按弹性理论进行分析外，在实践中常用简化的计算方法或现成的图表进行计算。

下面介绍多跨连续单向板和悬臂板的内力计算方法。

5.4.4.1　多跨连续单向板的内力

整体式肋梁桥或横向（特别是翼缘处）采用了可靠湿接头连接的装配式肋梁桥，其桥面板实质上是一块支承在一系列弹性支承上的多跨连续单向板。从构造上看，桥面板与主梁梁肋（或箱梁腹板）是整体连接在一起的。因此，当桥面板上有荷载作用时会使主梁也发生相应的变形，并使相邻的梁肋产生扭转变形，而这种变形又影响到板的内力。实际上，行车道板的受力情况非常复杂，影响的因素也较多，要精确计算桥面板的内力只有借助于空间板壳有限元程序。为了方便起见，目前在桥梁设计中通常采用规范提供的简便近似方法进行计算。

1. 弯矩计算

与梁肋整体连接的单向板，弯矩按简化方法计算，即先算出一个跨度相同的简支板的跨中弯矩 M_0，再根据试验及理论分析的数据加以修正。弯矩修正系数可视板厚 t 与梁肋高度 h 的比值来确定。

（1）支点弯矩

$$M_{支} = -0.7 M_0 \tag{2-5-80}$$

（2）跨中弯矩

当 $t/h < 1/4$ 时（主梁抗扭能力较大）

$$M_{中} = +0.5 M_0 \tag{2-5-81}$$

当 $t/h \geqslant 1/4$ 时（主梁抗扭能力较小）

$$M_{中} = +0.7 M_0 \tag{2-5-82}$$

式中　M_0——与计算跨径相同的简支板（1m 宽板条）的跨中最大设计弯矩，它是 M_{0P} 和 M_{0g} 两部分的作用效应组合；

　　　M_{0P}——与计算跨径相同的简支板（1m 宽板条）的跨中活荷载弯矩，对于汽车荷载，假定只有一个车轮进入跨径范围内（图 2-5-44a），则

$$M_{0P} = (1 + \mu) \frac{P}{8a} \left(l - \frac{b_2}{2} \right) \tag{2-5-83}$$

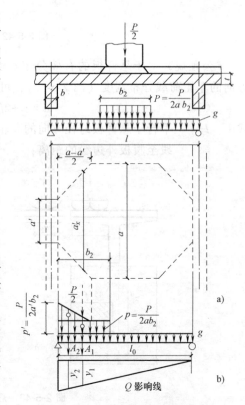

图 2-5-44　单向板内力计算图式

a) 求跨中弯矩　b) 求支点剪力

式中　　P——轴重，对汽车应取车辆荷载后轴的轴重计算；

　　　　a——板的有效工作宽度；

　　　　μ——冲击系数，桥面板取 0.3；

　　　　l——单向板的计算跨径，计算弯矩时，取两肋间的净距 l_0 与板厚 t 之和，但不得大于两肋中心之间的距离；

　　　M_{0g}——与单向板计算跨径相同的简支板（1m 宽板条）的跨中恒载弯矩，由下式计算

$$M_{0g} = \frac{1}{8} g l^2 \tag{2-5-84}$$

式中　　g——1m 宽板条每延米的恒荷载。

2. 剪力计算

计算单向板的支点剪力时，可不考虑板和主梁的弹性固接作用，而作为简支板考虑。为了求得最大的支点剪力，此时荷载必须尽量靠近梁肋边缘布置。考虑了相应的有效工作宽度后，每米板宽承受的分布荷载如图 2-5-44b 所示。

对于跨径内只有一个车轮荷载的情况，汽车荷载引起的支点剪力按下式计算

$$Q_{\text{支}p} = (1+\mu)(A_1 y_1 + A_2 y_2) \tag{2-5-85}$$

$$A_1 = p b_2 = \frac{P}{2ab_2} b_2 = \frac{P}{2a} \tag{2-5-86}$$

$$A_2 = \frac{1}{2}(p'-p) \times \frac{1}{2}(a-a') = \frac{1}{2}\left(\frac{P}{2a'b_2} - \frac{P}{2ab_2}\right) \times \frac{1}{2}(a-a') = \frac{1}{8aa'b_2}(a-a')^2 \tag{2-5-87}$$

式中　　A_1——矩形部分荷载的合力；

　　　　A_2——三角形部分荷载的合力；

　　p、p'——对应于有效工作宽度 a 和 a' 处的汽车荷载强度（图 2-5-44b）；

　　y_1、y_2——对应于汽车荷载合力 A_1、A_2 的支点剪力影响线竖标值。

恒荷载引起的支点剪力为　　　　$$Q_{\text{支}g} = \frac{g l_0}{2} \tag{2-5-88}$$

1m 板宽单向板支点最大设计剪力 $Q_{\text{支}}$ 为 $Q_{\text{支}p}$ 和 $Q_{\text{支}g}$ 的作用效应组合。

式中　　l_0——板的净跨径。

如果板的跨径较大，可能不止一个车轮进入跨径内时，计算弯矩和剪力时尚应计及其他车轮的影响。

5.4.4.2　悬臂板的内力

对于沿纵缝不相连接的自由悬臂板，在计算根部最大弯矩时，应将车轮荷载靠板的边缘布置，如图 2-5-45a 所示。此时，$b_2 = b_1 + h$（无人行道，如图 2-5-43a 所示）或 $b_2 = b_1 + 2h$（有人行道，如图 2-5-43b 所示）。

1. 弯矩计算

汽车荷载引起的每米宽板条根部的活荷载弯矩为

$$M_{sp} = -(1+\mu)\frac{1}{2} p l_0^2 = -(1+\mu)\frac{P}{4ab_2} l_0^2 \qquad (b_2 \geq l_0 \text{ 时}) \tag{2-5-89}$$

或　　　　$$M_{sp} = -(1+\mu) p b_2 \left(l_0 - \frac{b_2}{2}\right) = -(1+\mu)\frac{P}{2a}\left(l_0 - \frac{b_2}{2}\right) \quad (b_2 < l_0 \text{ 时}) \tag{2-5-90}$$

式中　$p = \dfrac{P}{2ab_2}$——汽车荷载作用在每米宽板条上的每延米荷载集度；

　　　　l_0——悬臂板的长度。

每米宽板条在根部的恒荷载弯矩为

$$M_{sg} = -\frac{1}{2}gl_0^2 \qquad (2\text{-}5\text{-}91)$$

因此，1m 板宽的最大设计弯矩 M_s 为 M_{sg} 和 M_{sp} 作用组合的效应。

2. 剪力计算

每米宽板条在根部的活荷载剪力为

$$Q_{sp} = (1+\mu)\frac{P}{2ab_2}l_0 \, (b_2 \geqslant l_0 \text{ 时}) \qquad (2\text{-}5\text{-}92)$$

或

$$Q_{sg} = (1+\mu)\frac{P}{2a} \, (b_2 < l_0 \text{ 时}) \qquad (2\text{-}5\text{-}93)$$

每米宽板条在根部的恒荷载剪力为

$$Q_{sg} = gl_0 \qquad (2\text{-}5\text{-}94)$$

则悬臂板根部的最大设计剪力 Q_s 为 Q_{sg} 和 Q_{sp} 的内力组合。

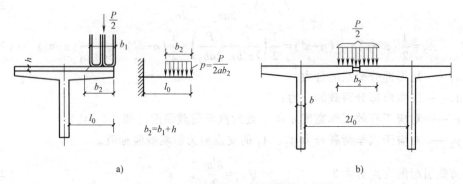

图 2-5-45　悬臂板和铰接悬臂板计算图式

a）悬臂板　b）铰接悬臂板

5.4.4.3　铰接悬臂板的内力

用铰接方式连接的 T 形梁翼缘板，其最大弯矩在悬臂的根部。不难分析，计算活荷载弯矩 M_{sp} 时，最不利的荷载位置是把车轮荷载对中布置在铰接缝处。由对称性可知，这时铰缝内的剪力为零，其内力计算图式为承受局部均布荷载的悬臂板，两相邻悬臂板各承受半个车轮的荷载，即 $P/4$，如图 2-5-45b 所示。

每米宽悬臂板条在根部的活荷载弯矩为

$$M_{sp} = -(1+\mu)\frac{P}{4a}\left(l_0 - \frac{b_2}{4}\right) \qquad (2\text{-}5\text{-}95)$$

每米宽悬臂板条在根部的恒荷载弯矩为

$$M_{sg} = -\frac{1}{2}gl_0^2 \qquad (2\text{-}5\text{-}96)$$

则悬臂根部 1m 宽板的最大设计弯矩 M_s 是 M_{sp} 和 M_{sg} 两部分作用组合的效应。

悬臂根部的剪力可以偏安全地按一般悬臂板的图式来进行计算

$$Q_{sg} = (1+\mu)\frac{P}{4a} \qquad (2\text{-}5\text{-}97)$$

5.4.5 桥面板的计算示例

例 2-5-7 计算图 2-5-46 所示 T 形梁翼缘板构成的铰接悬臂板的设计内力。桥面铺装为 2cm 的沥青混凝土面层（重度为 23kN/m³）和平均 9cm 厚 C25 混凝土垫层（重度为 24kN/m³），T 形梁翼板的重度为 25kN/m³。

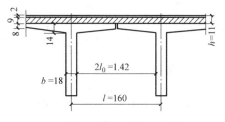

图 2-5-46 铰接悬臂桥面板（单位：cm）

解：（1）恒荷载及其弯矩

1）每延米板上的恒荷载：

沥青混凝土面层 $g_1 = 0.02 \times 1.0 \times 23 \text{kN/m} = 0.46 \text{kN/m}$

C25 混凝土垫层 $g_2 = 0.09 \times 1.0 \times 24 \text{kN/m} = 2.16 \text{kN/m}$

T 形梁翼板 $g_3 = \dfrac{0.08+0.14}{2} \times 1.0 \times 25 \text{kN/m} = 2.75 \text{kN/m}$

合计 $g = g_1 + g_2 + g_3 = 5.37 \text{kN/m}$

2）每米宽板条的恒荷载弯矩及剪力：

$$M_{sg} = -\frac{1}{2}gl_0^2 = -\frac{1}{2} \times 5.37 \times 0.71^2 \text{kN·m} = -1.35 \text{kN·m}$$

$$Q_{sg} = gl_0 = 5.37 \times 0.71 \text{kN} = 3.81 \text{kN}$$

（2）车辆荷载产生的内力

1）铰接板的有效分布宽度。将车辆荷载的后轮作用于铰缝轴线上（图 2-5-45），后轴作用力为 $P = 140 \text{kN}$，轮压分布宽度如图 2-5-47 所示，由《桥通规》查得车辆荷载后轮沿行车方向着地长度为 $a_1 = 0.20 \text{m}$，平行于板跨方向的车轮着地宽度为 $b_1 = 0.60 \text{m}$，则有

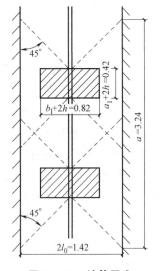

图 2-5-47 计算图式
（单位：m）

$$b_2 = b_1 + 2h = (0.6 + 2 \times 0.11) \text{m} = 0.82 \text{m}$$
$$a = a_1 + 2h + d + 2l_0 = (0.2 + 2 \times 0.11 + 1.40 + 2 \times 0.71) \text{m} = 3.24 \text{m}$$

2）每米宽板条的活荷载弯矩。依据《桥通规》汽车荷载在 T 形梁悬臂板上的冲击系数采用 0.3，则作用于每米宽板条上的弯矩为

$$M_{sp} = -(1+\mu)\frac{P}{2a}\left(l_0 - \frac{b_2}{4}\right) = -1.3 \times \frac{140}{2 \times 3.24} \times \left(0.71 - \frac{0.82}{4}\right) \text{kN·m} = -14.2 \text{kN·m}$$

作用于每米宽板条上的剪力为

$$Q_{sp} = (1+\mu)\frac{P}{2a} = 1.3 \times \frac{140}{2 \times 3.24} \text{kN} = 28.1 \text{kN}$$

（3）设计内力计算 按承载能力极限状态进行内力组合计算，基本组合为

$$M_{ud} = 1.2M_{sg} + 1.4M_{sp} = 1.2 \times (-1.35) \text{kN·m} + 1.4 \times (-14.2) \text{kN·m} = -21.5 \text{kN·m}$$
$$Q_{ud} = 1.2Q_{sg} + 1.4Q_{sp} = (1.2 \times 3.81 + 1.4 \times 28.1) \text{kN} = 43.91 \text{kN}$$

按正常使用极限状态进行内力组合计算:

频遇组合

$$M_{sd} = 1.0M_{sg} + \frac{0.7M_{sp}}{1+\mu} = 1.0 \times (-1.35)\text{kN} \cdot \text{m} + \frac{0.7 \times (-14.2)}{1.3}\text{kN} \cdot \text{m} = -8.99\text{kN} \cdot \text{m}$$

$$Q_{sd} = 1.0Q_{sg} + \frac{0.7Q_{sp}}{1+\mu} = 1.0 \times 3.81\text{kN} + \frac{0.7 \times 28.1}{1.3}\text{kN} = 18.94\text{kN}$$

准永久组合

$$M_{ld} = 1.0M_{sg} + \frac{0.4M_{sp}}{1+\mu} = 1.0 \times (-1.35)\text{kN} \cdot \text{m} + \frac{0.4 \times (-14.2)}{1.3}\text{kN} \cdot \text{m} = -5.72\text{kN} \cdot \text{m}$$

$$Q_{ld} = 1.0Q_{sg} + \frac{0.4Q_{sp}}{1+\mu} = 1.0 \times 3.81\text{kN} + \frac{0.4 \times 28.1}{1.3}\text{kN} = 12.46\text{kN}$$

在有了控制截面的计算内力组合后,就可按钢筋混凝土或预应力混凝土结构设计原理的方法来进行承载能力及正常使用极限状态设计。

5.5 横隔梁内力计算

在设有横隔梁的钢筋混凝土和预应力混凝土梁桥中,为了保证各主梁共同受力和加强结构的整体性,横隔梁本身或其装配接头必须具有足够的可靠性。特别是在车辆荷载和桥宽不断增大的情况下,横隔梁的正确受力分析和设计计算在桥梁设计中显得十分重要。

如前所述,纵横向的主梁和横隔梁共同组成了桥梁空间梁格结构,要想精确分析横隔梁的受力,显然也是十分复杂的。实际工程中,可结合主梁横向分布计算的原理,采用简化的实用近似计算方法,如偏心压力法、比拟正交异性板法等。横隔梁和主梁实际上是不可分割的整体,横隔梁承受的荷载大小与主梁的荷载横向分布有直接的关系。所以,严格来讲,横隔梁的内力计算方法应与相应的主梁计算方法一致。但由于偏心压力法计算简单,得到了更为广泛的应用。

下面介绍根据主梁计算中的偏心压力法原理来计算横隔梁内力的实用方法。

5.5.1 偏心压力法计算横隔梁内力

当桥梁的宽跨比小于或接近0.5时,横隔梁的变形相对于纵向主梁的变形就微不足道,这种情况下横隔梁刚度大而主梁刚度小,因此,桥梁的中横隔梁便可近似地用偏心压力法计算内力,其力学模型是将中横隔梁视作竖向支承在多根弹性主梁上的多跨弹性支承连续梁,如图2-5-48b所示。鉴于各主梁的荷载横向影响线(弹性支承力影响线)在主梁计算中已经求得,故连续梁可以简单地用静力平衡条件来求解。

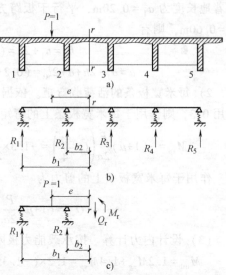

图 2-5-48 横隔梁计算图式

对于具有多根内横梁的桥梁，由于位于跨中的横梁受力最大，通常只要计算跨中横隔梁的内力，其他横隔梁可偏安全地依此进行设计。

1. 横隔梁的内力影响线

当桥梁在跨中有单位荷载 $P=1$ 作用时（图 2-5-48a），各主梁所受的荷载将为 R_1，R_2，R_3，…，R_n，即横隔梁的弹性支承反力。因此，由力的平衡条件就可写出横隔梁任意截面 r 的内力计算公式。

（1）荷载 $P=1$ 位于截面 r 的左侧时

$$\left.\begin{aligned} M_r &= R_1 \cdot b_1 + R_2 \cdot b_2 - 1 \cdot e = \sum_{\text{左}} R_i b_i - e \\ Q_r &= R_1 + R_2 - 1 = \sum_{\text{左}} R_i - 1 \end{aligned}\right\} \tag{2-5-98}$$

（2）荷载 $P=1$ 位于截面 r 的右侧时

$$\left.\begin{aligned} M_r &= R_1 \cdot b_1 + R_2 \cdot b_2 = \sum_{\text{左}} R_i b_i \\ Q_r &= R_1 + R_2 = \sum_{\text{左}} R_i \end{aligned}\right\} \tag{2-5-99}$$

式中　M_r、Q_r——横隔梁任意截面 r 的弯矩和剪力；

　　　　e——荷载 $P=1$ 至所求截面 r 的距离；

　　　　b_i——支承反力 R_i 至所求截面 r 的距离；

　　$\displaystyle\sum_{\text{左}} R_i$——表示所求截面以左的全部支承反力的总和。

以上公式中对于确定的计算截面 r 来说，所有的 b_i 是已知的，而 R_i 随荷载 $P=1$ 的位置 e 而变化。因此，可以直接利用已经求得的 R_i 的横向影响线来绘制横隔梁的内力影响线。

通常横隔梁的弯矩在靠近桥中线的截面较大，剪力则在靠近桥两侧边缘处的截面较大。以图 2-5-48 为例，一般可以只求 3 号梁处和 2 号与 3 号主梁之间（对于装配式桥梁及横隔梁接头处）截面的弯矩，以及 1 号主梁右侧和 2 号主梁右侧等截面的剪力。

图 2-5-49 示出了按偏心压力法计算的横隔梁支承反力 R、弯矩 M 和剪力 Q 的影响线。鉴于 R_i 影响线呈直线规律变化，故绘制内力影响线时只需要标出几个控制点的竖坐标值。尚须指出，对于非直接作用于横隔梁上的荷载，在计算内力时实际上应考虑间接传力的影响，如图 2-5-49 中 $M_{3\text{-}4}$ 影响线在 3 号梁和 4 号梁之间区段应取虚线之值。但考虑到计算中主要荷载作用于横隔梁上，为了简化起见，仍可偏安全地忽略间接传力的影响。

也可以按修正的偏心压力法来计算横隔梁的内力影响线，计算方法同上，只是影响线的竖坐标稍有变化，所不同的仅是反力 R_i 影响线竖向坐标的计算公式不同。

2. 作用在横梁上的计算荷载

汽车荷载作用下，横隔梁的计算采用车辆荷载加载。对于跨中横隔梁来说，除了直接作用在其上的轮重，前后的轮重对它也有影响，在计算中可假设荷载在相邻横隔梁之间按杠杆原理法传递，如图 2-5-50 所示。因此，纵向一行驶车辆的轮重分布给该横隔梁的计算荷载为

$$P_{oq} = \frac{1}{2}\left(\frac{P_1}{2}y_1 + \frac{P_2}{2}y_2 + \frac{P_3}{2}y_3\right) = \frac{1}{2}\sum P_i y_i \tag{2-5-100}$$

同理，对于人群荷载，其计算荷载相应为

$$P_{or} = q_r \Omega_r = q_{or} l_a \tag{2-5-101}$$

式中　P_i——轴重，注意布置在最不利的位置处；

y_1——对于所计算的横隔梁，按杠杆原理法计算的各个轴重对应的纵向荷载影响线竖
坐标值；

Ω_r——相应为人群荷载范围的影响线面积；

q_{or}——相应于一侧人行道每延米的人群荷载；

l_a——横隔梁的间距。

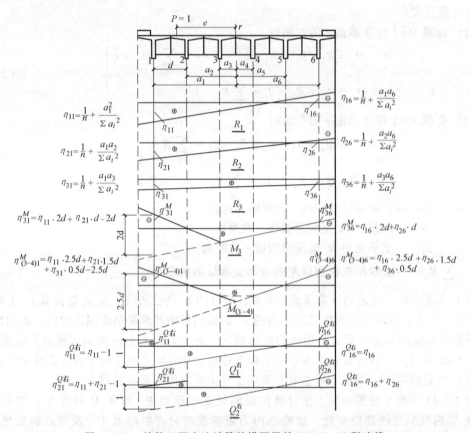

图 2-5-49　按偏心压力法计算的横隔梁的 R、M、Q 影响线

3. 横隔梁内力计算

将计算荷载在横隔梁某截面的内力影响
线上按最不利位置加载，就可求得横隔梁在
该截面上的最大（或最小）内力值。计算时
汽车荷载应计入冲击作用，并按实际情况计
入车道折减系数。

由汽车荷载引起的横隔梁内力计算公式为

$$S_q = (1+\mu)\xi P_{oq} \sum \eta_q \qquad (2\text{-}5\text{-}102)$$

对于人群荷载

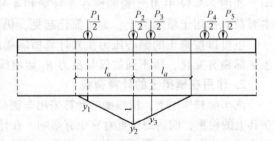

图 2-5-50　中横隔梁计算荷载的计算图式

$$S_q = P_{or} \sum \eta_r \qquad (2\text{-}5\text{-}103)$$

式中　η_q、η_r——对应于汽车车轮和人群荷载集度的横隔梁内力影响线竖标；

μ、ξ——通常可近似地取用主梁的冲击系数 μ 和车道折减系数 ξ 的值。

图 2-5-51 示出计算 3 号梁和 4 号梁之间的 $M_{3\text{-}4}$ 的计算图式。

需要说明的是，鉴于横隔梁的恒荷载内力相对较小，计算中往往略去不计。

求得横隔梁的内力后，就可按钢筋混凝土或预应力混凝土结构的计算原理来配置钢筋，并进行承载能力计算和其他验算。对于横隔梁用焊接钢板接头连接的装配式 T 形梁桥，应根据接头处的最大弯矩值来确定所需钢板尺寸和焊缝长度。

5.5.2　横隔梁计算示例

例 2-5-8　计算例 2-5-6 中图 2-5-42 所示五梁式装配式钢筋混凝土简支梁桥跨中横梁在 2 号和 3 号主梁之间 r—r 截面上的弯矩 M_r 和靠近 1 号主梁处截面的剪力 $Q_1^{右}$，计算跨径为 $l =$ 19.50m，人群荷载为 3.0kN/m^2，冲击系数 $\mu = 0.256$。

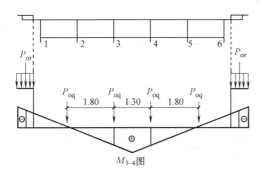

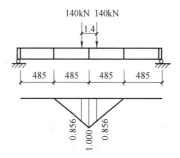

图 2-5-51　横隔梁内力计算图式　　图 2-5-52　跨中横隔梁的最不利荷载布置（单位：cm）

解：（1）确定作用在中横隔梁上的计算荷载　跨中横隔梁的最不利荷载布置如图 2-5-52 所示。纵向一列车轮对于中横隔梁的计算荷载为

$$P_{\text{oq}} = \frac{1}{2}\sum P_i y_i = \frac{1}{2}\times 2\times 140\times 0.856\text{kN} = 119.84\text{kN}$$

（2）绘制中横隔梁的 M_r 影响线　本例题横截面布置与例题 2-5-2 相同，可按偏心压力法求得 1 号梁的荷载横向分布影响线竖标值为

$$\eta_{11} = 0.60，\quad \eta_{12} = 0.40，\quad \eta_{15} = -0.20$$

同理，也可求得 2 号梁的荷载横向分布影响线竖坐标值为

$$\eta_{21} = 0.40，\quad \eta_{22} = 0.30，\quad \eta_{25} = 0.0$$

按偏心压力法绘制出 1、2 号梁 R_1、R_2 横向分布影响线如图 2-5-53a 所示，则 M_r 的影响线竖标计算如下：

$P = 1$ 作用在 1 号梁轴上时（$\eta_{11} = 0.60$，$\eta_{21} = 0.40$）

$$\eta_{r1}^M = \eta_{11}\times 1.5d + \eta_{21}\times 0.5d - 1\times 1.5d$$
$$= 0.60\times 1.5\times 1.6 + 0.40\times 0.5\times 1.6 - 1.5\times 1.6 = -0.64$$

$P = 1$ 作用在 2 号梁轴上时（$\eta_{12} = 0.40$，$\eta_{22} = 0.30$）

$$\eta_{r2}^M = \eta_{12}\times 1.5d + \eta_{22}\times 0.5d - 1\times 0.5d$$
$$= 0.40\times 1.5\times 1.6 + 0.30\times 0.5\times 1.6 - 1\times 0.5\times 1.6 = 0.40$$

$P = 1$ 作用在 5 号梁轴上时（$\eta_{15} = -0.20$，$\eta_{25} = 0.0$）

$$\eta_{r5}^M = \eta_{15}\times 1.5d + \eta_{25}\times 0.5d = (-0.20)\times 1.5\times 1.6 + 0.0\times 0.5\times 1.6 = -0.48$$

已知三个影响线竖标值和影响线折点位置（计算截面的位置），就可绘制出 M_r 影响线，如图 2-5-53b 所示。

（3）绘制剪力影响线　对于 1 号主梁处截面的 $Q_1^{右}$ 剪力影响线可计算如下：

$P = 1$ 作用在计算截面以左时

$$Q_1^{左} = R_1 - 1，即 \eta_{1i}^{左} = \eta_{1i} - 1$$

$P = 1$ 作用在计算截面以右时

$$Q_1^{右} = R_1，即 \eta_{1i}^{右} = \eta_{1i}$$

绘制的 $Q_1^{右}$ 剪力影响线如图 2-5-53c 所示。

（4）截面内力计算　将求得的计算荷载 P_{oq} 和 P_{or} 在相应的影响线上按最不利荷载位置加载，汽车荷载计入冲击影响 $(1+\mu)$，则得

弯矩 $M_{2-3} = (1+\mu)\xi P_{oq}\sum\eta_q$

$\qquad = 1.256 \times 1 \times 119.84 \times (0.92 + 0.29)\text{kN}\cdot\text{m}$

$\qquad = 182.13\text{kN}\cdot\text{m}$

剪力 $Q_1^{右} = (1+\mu)\xi P_{oq}\sum\eta_q$

$\qquad = 1.256 \times 1 \times 119.84 \times (0.575 + 0.350 + 0.188 - 0.038)\text{kN} = 161.81\text{kN}$

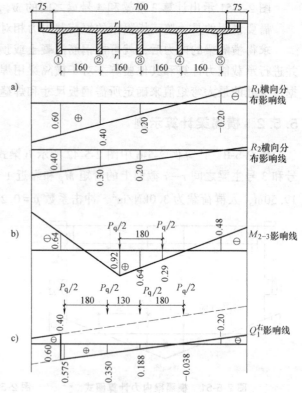

图 2-5-53　中横隔梁内力影响线（单位：cm）

（5）内力组合　按承载能力极限状态进行内力组合：

基本组合　　　　　$M_{ud,r} = 1.4 \times 182.13\text{kN}\cdot\text{m} = 254.98\text{kN}\cdot\text{m}$

$\qquad\qquad\qquad Q_{ud,1}^{右} = 1.4 \times 161.8\text{kN} = 226.521\text{kN}$

按正常使用极限状态进行内力组合：

频遇组合　　　　　$M_{sd,r} = \dfrac{0.7 \times 182.13}{1.256}\text{kN}\cdot\text{m} = 101.51\text{kN}\cdot\text{m}$

$\qquad\qquad\qquad Q_{sd,1}^{右} = \dfrac{0.7 \times 161.8}{1.256}\text{kN} = 90.18\text{kN}$

准永久组合　　　　$M_{ld,r} = \dfrac{0.4 \times 182.13}{1.256}\text{kN}\cdot\text{m} = 58.00\text{kN}\cdot\text{m}$

$\qquad\qquad\qquad Q_{ld,1}^{右} = \dfrac{0.4 \times 161.8}{1.256}\text{kN} = 51.53\text{kN}$

在对内力组合后，可分别按照承载能力极限状态与正常使用极限状态进行设计和验算。

5.6　挠度与预拱度计算

一座桥梁如果发生过大的变形，不但会影响高速行车，加大车辆的冲击作用，引起桥梁

的剧烈振动和使行人不适，而且可能使桥面铺装层和结构的辅助设施遭到破坏，严重时甚至危及桥梁的安全。所以，进行桥梁设计时，除了要对主梁进行承载能力计算和应力验算，确保结构具有足够的强度储备，还应该按照正常使用极限状态验算梁的变形（通常指竖向挠度），以保证结构具有足够的刚度。根据产生的原因不同，桥梁的挠度可分为永久作用挠度和可变作用挠度。

永久作用挠度包括结构自重、桥面铺装及其他附属设施的重力、预应力、混凝土徐变和收缩作用等引起的挠度。永久作用挠度是恒久存在的，并且与持续的时间有关，还可分为短期挠度和长期挠度。永久作用挠度并不表征结构的刚度特性，通常可以通过施工时预设的反向挠度（即预拱度）来抵消，使竣工后的桥梁达到理想的设计线形。

可变作用挠度包括汽车荷载、人群荷载等产生的挠度。可变作用挠度是临时出现的，可使梁产生反复变形，在最不利的作用位置下，挠度达到最大值，可变作用一旦离开桥梁，挠度随即消失。变形的幅度（挠度）越大，可能发生的冲击和振动作用也越强烈，对行车的影响也越大。因此，在桥梁设计中需要通过验算可变作用产生的挠度以体现结构的刚度特性。

5.6.1 挠度验算

挠度验算属于持久状况正常使用极限状态计算的重要内容。《公预规》规定，验算挠度时，应采用作用（或荷载）频遇组合的效应值并考虑作用准永久组合效应的影响，汽车荷载可以不计冲击系数。钢筋混凝土和预应力混凝土受弯构件的挠度可根据给定的构件刚度用结构力学的方法计算。下面介绍受弯构件刚度的计算。

1. 钢筋混凝土受弯构件的刚度

考虑开裂截面刚度对构件整体刚度的影响，钢筋混凝土受弯构件的抗弯刚度按下式计算

$$B = \frac{B_0}{\left(\dfrac{M_{cr}}{M_s}\right)^2 + \left[\left(1 - \dfrac{M_{cr}}{M_s}\right)^2\right]\dfrac{B_0}{B_{cr}}} \tag{2-5-104}$$

$$M_{cr} = \gamma f_{tk} W_0 \tag{2-5-105}$$

式中　B——开裂构件等效截面的抗弯刚度；

B_0——全截面的抗弯刚度，$B_0 = 0.95 E_c I_0$；

B_{cr}——开裂截面的抗弯刚度，$B_{cr} = E_c I_{cr}$；

E_c——混凝土弹性模量；

M_{cr}——开裂弯矩；

M_s——按作用频遇组合的效应设计值计算的弯矩值；

γ——构件受拉区混凝土塑性影响系数，$\gamma = \dfrac{2S_0}{W_0}$，$S_0$ 为全截面换算截面重心轴以上（或以下）部分面积对重心轴的面积矩，W_0 为换算截面抗裂边缘的弹性抵抗矩；

I_0、I_{cr}——全截面和开裂截面换算截面惯性矩；

f_{tk}——混凝土轴心抗拉强度标准值。

钢筋混凝土简支梁桥，在作用频遇组合下的跨中挠度可按下式计算

$$f = \frac{5}{48} \frac{M_s l^2}{B} \tag{2-5-106}$$

2. 预应力混凝土受弯构件的刚度

预应力混凝土受弯构件的刚度计算按是否开裂分为两种情况。

1）全预应力混凝土和 A 类预应力混凝土构件

$$B_0 = 0.95 E_c I_0 \tag{2-5-107}$$

2）允许开裂的 B 类预应力混凝土构件

在开裂弯矩 M_{cr} 作用下　　　　　$B_0 = 0.95 E_c I_0$ 　　　　　(2-5-108)

在（$M_s - M_{cr}$）作用下　　　　　$B_{cr} = E_c I_{cr}$ 　　　　　(2-5-109)

开裂弯矩 M_{cr} 按下式计算　　　$M_{cr} = (\sigma_{pc} + \gamma f_{tk}) W_0$ 　　　(2-5-110)

式中　σ_{pc}——扣除全部预应力损失，预应力钢筋和普通钢筋合力 N_{p0} 在构件抗裂边缘产生的混凝土预压应力。

3. 长期挠度

受弯构件在使用阶段的挠度应考虑作用准永久组合效应的影响，即按频遇组合的效应设计值计算的挠度，乘以挠度长期增长系数，称为长期挠度。

$$f_c = \eta_\theta f \tag{2-5-111}$$

式中　f_c——长期挠度值；

　　　η_θ——挠度长期增长系数（按下列规定取值：当采用 C40 以下混凝土时，$\eta_\theta = 1.60$；当采用 C40~C80 混凝土时，$\eta_\theta = 1.45~1.35$，中间强度等级可按直线内插取用）。

《公预规》规定，对于钢筋混凝土及预应力混凝土梁式桥，在使用阶段的长期挠度值，在消除结构自重产生的长期挠度后梁式桥主梁的最大挠度处不应超过计算跨径的 1/600，梁式桥主梁的悬臂端不应超过悬臂长度的 1/300。

预应力混凝土受弯构件由预加力引起的反拱值，可用结构力学方法按刚度 $E_c I_0$ 进行计算，并乘以拱度长期增长系数 η_θ。计算使用阶段预加力反拱值时，预应力钢筋的预加力应扣除全部预应力损失，长期增长系数取用 2.0。

5.6.2　预拱度的设置

（1）钢筋混凝土受弯构件预拱度的设置　为了消除永久作用挠度而设置的预拱度（指跨中的反向挠度），其值通常按结构自重和 1/2 可变作用频遇值计算的长期挠度值之和采用。这就意味着在使用阶段常遇作用情况下桥面基本接近设计标高。《公预规》规定，当由作用频遇组合效应并考虑作用准永久组合效应影响计算得到的长期挠度不超过 l/1600 时，可不设预拱度；反之，应设置预拱度。

（2）预应力混凝土受弯构件预拱度的设置

1）当预加应力产生的长期反拱值大于按作用频遇组合的效应设计值计算的长期挠度时，可不设预拱度；反之应设预拱度，其值应按该项荷载的挠度值与预加应力长期反拱值之差采用。

2）对自重相对于活荷载较小的预应力混凝土受弯构件，应考虑预加应力反拱值过大可能造成的不利影响，必要时采取反预拱或设计和施工上的其他措施，避免桥面隆起直至开裂破坏。

3）对于位于竖曲线上的桥梁，应视竖曲线的凸起（或凹下）情况，适当增加（或减小）预拱度值，使竣工后的线形与竖曲线接近一致。

思考题

1. 名词解释：荷载横向分布系数；单向板；双向板；预拱度
2. 行车道板的定义是什么？其作用是什么？
3. 板的荷载有效分布宽度的含义是什么？如何计算？
4. T 形梁行车道板的结构形式有哪些？其计算模型是什么？
5. 计算桥梁的荷载横向分布系数有哪些方法？
6. 杠杆原理法计算荷载横向分布系数的基本假定是什么？适用范围如何？
7. 偏心压力法计算荷载横向分布系数的基本假定是什么？适用范围如何？
8. 试写出偏心压力法计算荷载横向分布系数的步骤？
9. 何为铰接板梁法？何为刚接梁法？
10. 何为比拟正交异性板法？
11. 影响荷载横向分布系数的因素有哪些？
12. 荷载横向分布系数沿梁跨是如何分布的？计算主梁弯矩和剪力时通常如何考虑？
13. 试写出横隔梁内力计算的步骤。
14. 桥跨上恒荷载、活荷载产生的挠度各有何特性？
15. 计算图 2-5-54 所示 T 形梁翼缘板构成的铰接悬臂板的设计弯矩。设计荷载为公路— I 级。桥面铺装为 8cm 水泥混凝土，重度为 24kN/m³，钢筋混凝土悬臂板重度为 25kN/m³。

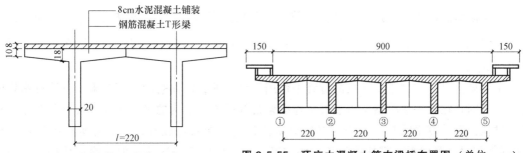

图 2-5-54　铰接悬臂行车道板（单位：cm）　　图 2-5-55　预应力混凝土简支梁桥布置图（单位：cm）

16. 某计算跨径 $l=29.16$m 的预应力混凝土简支梁的横截面布置如图 2-5-55 所示，试求荷载位于跨中时，1 号边梁的车道荷载和人群荷载的横向分布系数。

悬臂梁桥和连续梁桥的主梁内力包括恒荷载内力、活荷载内力和附加内力（如风力或离心力引起的内力）。除此以外，由于连续梁桥是超静定结构，还应包括预加力、混凝土徐变、收缩和温度变化等引起的结构次内力。将它们按规范的规定进行组合，从中挑选最大的设计内力，依此进行配筋设计和应力验算。设计实践表明：在这几部分内力中，恒、活荷载内力是主要的，一般占整个设计最大内力的 80% 以上。

悬臂和连续体系桥梁的截面内力沿梁长方向不但数值有变化，还会有正负号的变化。为了能够较精确地确定内力的变化情况，合理地设计截面和布置钢筋，主梁的计算截面就要比简支梁桥多些，对于一般跨径，每跨应选 5~6 个计算截面。具体计算时，可利用各截面的内力影响线。特别地，对于变截面连续梁桥，当最大和最小截面惯性矩之比不大于 2.5 时，仍可采用等截面的内力影响线进行计算。

6.1　结构恒荷载内力计算

主梁恒荷载内力，包括主梁自重（前期恒荷载）引起的主梁自重内力 S_{g_1} 和后期恒荷载（如桥面铺装、人行道、栏杆、灯柱等）引起的主梁后期恒荷载内力 S_{g_2}，总称为主梁恒荷载内力 S_g。

主梁自重是在结构逐步形成的过程中作用于桥上的，因而它的计算与施工方法有密切的关系。特别是在大、中跨预应力混凝土连续梁桥等超静定结构的施工过程中会不断有体系转换的过程，在计算主梁自重内力时必须分阶段进行，相对比较复杂。而对所有的静定结构（包括简支梁、悬臂梁、带挂孔的 T 形刚构等）及整体浇筑一次落架的超静定结构，在施工过程中不发生结构体系转换。

后期恒荷载作用于桥上时，主梁结构已形成最终体系，主梁在纵、横向的连接也已完成。因此，计算这部分内力时应考虑结构的空间受力特点，可直接应用结构内力影响线进行计算。

目前一般借助于计算机，采用有限元分析方法来计算悬臂和连续体系梁桥的恒荷载内力。

6.1.1　在施工过程中结构不发生体系转换

对于悬臂梁桥和连续梁桥采用现场整体浇筑一次落架施工的情况，主梁自重作用于桥上时，结构已是最终体系，主梁自重内力 S_{g_1} 可按下式计算

$$S_{g_1} = \int_l g(x) y(x) \, dx \qquad (2\text{-}6\text{-}1)$$

式中　S_{g_1}——主梁自重内力（弯矩或剪力）；

　　　$g(x)$——主梁自重集度；

　　　$y(x)$——相应的主梁内力影响线坐标。

当悬臂梁桥和连续梁桥采用变截面形式时，应该考虑自重集度 $g(x)$ 沿跨长的变化。但当 $g(x)$ 的变化幅度在 10% 范围内时，也可取最大集度和最小集度的平均值，按均布荷载进行计算。

6.1.2　在施工过程中结构发生体系转换

连续梁桥作为超静定结构，当在施工过程中存在体系转换时，其受力状态与成桥时的状态就会有较大的差别。此时，主梁恒荷载内力计算必须根据不同的施工方法、施工顺序及体系转换的具体情况分阶段计算，最后叠加得到结构的恒荷载内力。

以下是几种常用的预应力混凝土连续梁桥施工过程所对应的主梁自重内力计算方法。

1. 逐孔施工法

逐孔施工法分两种情况，一种是简支梁转换为连续梁的逐孔施工法。其主梁自重内力（M_{g_1}）为简支梁内力，桥面铺装等后期恒荷载的内力（M_{g_2}）则按实际施工过程中的结构体系进行分析，如图 2-6-1 所示。另一种是单悬臂梁转换为连续梁的逐孔施工法，如图 2-6-2 所示。每架设一孔就形成一个带悬臂的连续梁体系，每次架设上去的主梁自重内力应按实际的结构体系计算。主梁自重内力图应由各施工阶段时的自重内力图叠加而成。

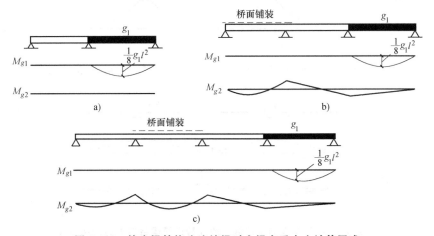

图 2-6-1　简支梁转换为连续梁时主梁自重内力计算图式

2. 平衡悬臂施工法

图 2-6-3 所示为一座 3 跨连续梁，该桥上部结构采用平衡悬臂（浇筑或拼装）法施工，合龙次序由边孔对称向中孔依次进行。该桥施工程序及相应的内力如下：

阶段 1（对称悬臂施工）：分别从 1 号墩和 2 号墩开始，向两边对称分段浇筑或拼接梁段，直至悬臂合龙前的位置。由于连续梁桥桥墩上为单支座，为保证平衡悬臂施工的安全，墩上设有临时固接。此阶段结构体系是静定的，恒荷载为 T 形刚构梁体自重和挂篮自重。悬臂施工完毕时的自重弯矩如图 2-6-3b 所示。

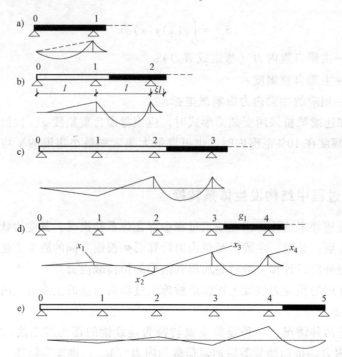

图 2-6-2　单悬臂梁逐跨施工成连续梁时主梁自重内力计算图式

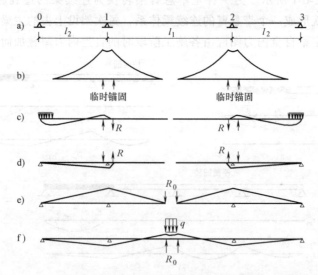

图 2-6-3　平衡悬臂施工法施工的 3 跨连续梁自重内力计算图式

　　阶段 2（边跨合龙）：将 1 号墩和 2 号墩的 T 形刚构分别与在支架上现浇的边跨端部梁段合龙。图 2-6-3c 所示为合龙段混凝土已凝固、支架已拆除，形成了带悬臂的梁式结构，边跨段和合龙段的自重由该悬臂结构承担。边孔合龙时，在临时固接中的力被"释放"，相当于对主梁施加一对方向相反的力 R，此力将在单悬臂结构体系上引起内力。

　　阶段 3（拆除临时锚固）：拆除 1 号和 2 号墩顶的临时固接，设置永久性支座，形成带有单悬臂的简支梁。同时把前面得到的锚固力 R 反向施加到墩顶，以考虑临时固接释放的不平衡弯矩在悬臂梁上产生的内力，如图 2-6-3d 所示。

阶段 4（中跨合龙）：在中跨合龙段混凝土未凝固前，现浇结合段的自重 q 及支架和模板（或挂篮）等的自重之和产生的两个集中力 R_0 将由两个带悬臂的简支梁分担，其内力如图 2-6-3e 所示。

阶段 5（合龙段支架模板拆除）：当结合段混凝土凝固并与两侧的悬臂梁相连形成整体后，即可拆除中跨合龙段的支架和模板。此时，原来由支架和模板（挂篮）承担的合龙段的自重 q 由最终的三跨连续梁结构承担，同时应对主梁（连续梁）施加一对方向相反的力 R_0，内力图如图 2-6-3f 所示。

连续梁最终的恒荷载内力应由以上 5 个阶段的内力图叠加而成。

3. 顶推施工法

采用顶推法施工的连续梁桥，在全桥顶推就位后，主梁的自重内力计算与后期恒荷载内力计算方法相同，都是将荷载置于最终的结构体系上求解。然而，由于在顶推过程中，主梁截面时而经过支点，时而经过跨中，所以每个主梁截面都要承受交替变化的正负弯矩。即便是在施工中采用了临时墩或导梁等改善措施，梁体内的施工内力计算值还是很大。施工阶段的内力状态与使用阶段的内力状态不一致是顶推法施工的致命缺点，势必造成材料浪费。

顶推连续梁的内力成动态变化，其内力值与主梁和导梁的自重比、跨长比和刚度比等有关，较精确的计算需借助有限元程序进行，工程中也可以通过分析采用近似计算方法。

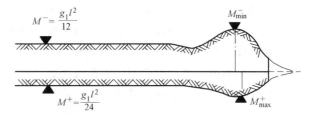

图 2-6-4　最不利弯矩包络图

图 2-6-4 所示为顶推施工连续梁桥的最不利弯矩包络图。可见，主梁的最不利弯矩值位于连续梁的前端，此处将存在 M_{min}^- 与 M_{max}^+，而其余梁段上近似接近在自重作用下固端梁的最大正、负弯矩值。

（1）最大正弯矩计算　顶推时，主梁最大正弯矩发生在导梁刚顶出支点外时，如图 2-6-5 所示。最大正弯矩的截面位置约在第一跨的 $0.4L$ 处。假设主梁自重为 g_1，导梁自重为 γg_1，导梁长度为 βL（β 一般为 0.6 左右），则 M_{max}^+ 的近似计算公式为

$$M_{max}^+ = \frac{g_1 L^2}{12}(0.933 - 2.96\gamma\beta^2) \tag{2-6-2}$$

（2）最大负弯矩计算　产生最大负弯矩的情况可能有两种。如图 2-6-6 所示，当导梁刚接近前方支点时，主梁伸出悬臂最长，此时可能产生最大的负弯矩 M_{max}^-。近似计算公式为

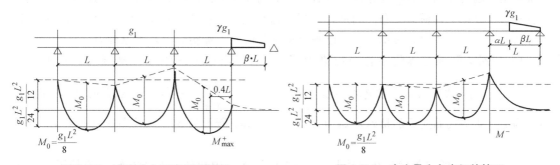

图 2-6-5　产生最大正弯矩的情况　　　　图 2-6-6　产生最大负弯矩的情况

$$M_{min}^{-} = -\frac{g_1 L^2}{12}[6\alpha^2 + 6\gamma(1-\alpha)^2] \tag{2-6-3}$$

式中　α——主梁伸出部分长度与跨径之比。

另一种可能的情况是导梁越过前方支点，此时弯矩为

$$M_{min}^{-} = -\mu\frac{g_1 L^2}{12} \tag{2-6-4}$$

式中　μ——计算系数，它是导梁与主梁的刚度比值 K 与 α 的函数。

6.2　结构活荷载内力计算

主梁活荷载内力是由可变作用中的汽车荷载（车道荷载）及人群荷载等产生的。在使用阶段，结构已成为最终体系，故与施工方法无关，其纵向的力学计算图式是明确的。活荷载内力计算以影响线为基础，在内力影响线上按最不利荷载位置布置活荷载，就可求得截面的控制内力。当内力影响线有正、负两种区段时，应分别对正、负区段加载，以求出正、负两个内力值，正值和负值分别称为最大和最小内力。

与简支梁活荷载内力计算类似，计算悬臂梁桥和连续梁桥主梁活荷载内力时，也要首先分析荷载的横向分布，确定主梁的荷载横向分布系数 m_i。将荷载乘以横向分布系数后，即可应用主梁内力影响线计算截面的活荷载内力。对于车道荷载应将其均布和集中荷载引起的内力进行叠加求出总的效应，计算公式与式（2-5-65）完全相同，即

$$S_q = (1+\mu)\xi m_{cq}(P_k y_k + q_k \Omega)$$

式中符号意义参见本篇第 5 章，具体计算理论已在该章中有详细阐述。然而，前面介绍的横向分布系数计算方法仅适用于等截面简支梁桥。变截面简支梁桥及悬臂或连续梁桥的荷载横向分布计算则要复杂得多，不能直接应用简支桥的分析结果。下面对悬臂和连续体系梁桥横向分布的计算方法做一简单介绍。

6.2.1　荷载横向分布计算

1. 等代简支梁法基本原理

当荷载位于支点截面时，无论对于哪种结构形式的桥梁，都可直接采用"杠杆原理法"计算横向分布系数 m_0，比较简单。而对于变截面简支、悬臂和连续体系梁桥跨中（或悬臂端）的荷载，如按变量分离的思想去计算是非常烦琐的。为此，可以将这些结构体系的某一桥跨按等刚度原则变为跨度相同的具有等截面的简支梁，然后利用简支梁的横向分布理论对各种被换算结构的横向分布问题进行分析，这种近似分析方法称为"等代简支梁法"。这个方法便于为工程技术人员掌握，并已被模型试验的结果证实。其基本原理为：

1）按照实际梁与等代梁在单位集中荷载 $P = 1$ 作用下跨中（或悬臂端）挠度相等（$w_{实} = w_{代}$）的条件，反算出抗弯惯矩修正系数 C_w，$C_w = \dfrac{w_{代}}{w_{实}}$。若实际梁某跨的跨中截面抗弯惯矩为 I_c，则等代简支梁的抗弯惯矩为 $C_w I_c$。图 2-6-7 所示为各种悬臂和连续体系 C_w 的计算图式。

2）按照实际梁与等代梁在集中扭矩 $T = 1$ 作用下跨中扭转（自由扭转）角相等（$\theta_{实} =$

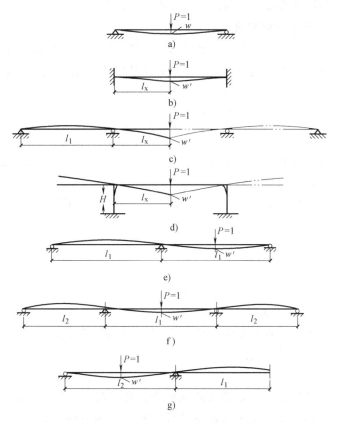

图 2-6-7　各种体系 C_w 计算图式

a）简支梁　b）固端悬臂梁　c）带锚孔悬臂梁　d）T形悬臂梁

e）两跨连续梁　f）三跨连续梁中跨　g）三跨连续梁边跨

$\theta_{代}$）的条件，反算出跨中的抗扭惯矩修正系数 C_θ，$C_\theta = \dfrac{\theta_{代}}{\theta_{实}}$。若实际梁某跨的跨中截面抗扭惯矩为 I_{Tc}，则等代简支梁的抗弯惯矩为 $C_\theta I_{Tc}$。

关于 C_w 和 C_θ 的计算在此不作详细介绍，具体可参看范立础主编的《桥梁工程》（上册）。特别地，当全梁为等截面时，抗扭惯矩修正系数 $C_\theta = 1$，抗弯惯矩修正系数 C_w 的取值列于表 2-6-1

表 2-6-1　等截面悬臂梁桥和连续梁桥的纵向刚度修正系数 C_w

结构体系	1	2	3	4	5 三跨连续梁中跨 $l_{边}:l_{中}$			6 三跨连续梁边跨 $l_{边}:l_{中}$		
	固端悬臂梁	带锚孔悬臂梁	T形悬臂梁	两跨连续梁	1:1	1:1.2	1:1.4	1:1	1:1.2	1:1.4
纵向刚度修正系数 C_w	1	$\dfrac{l_x}{l_1+l_x}$	$\dfrac{l_x}{l_x+3H\alpha}$	1.391	1.818	1.931	2.034	1.429	1.382	1.344

得到非等截面简支结构体系的刚度修正系数 C_w 和 C_θ，对截面抗弯刚度和抗扭刚度修正之后，即可参照等截面简支体系梁桥横向分布系数的计算方法进行。荷载横向分布系数沿梁

长的变化，也可参照简支梁桥所采用的近似方法来进行处理。

2.　T形截面或工字形截面主梁

对于采用 T 形截面或工字形截面的悬臂与连续体系梁桥，求得各跨的修正系数 C_w 和 C_θ 之后，可以首先由下式判断悬臂与连续体系梁桥是否为窄桥，从而依此选定相应的计算方法。

$$\theta = \frac{B}{2l}\sqrt[4]{\frac{C_w J_x}{J_y}} \leqslant 0.3 \ \text{或} \ \frac{l}{B} \geqslant 1.67\sqrt[4]{\frac{C_w J_x}{J_y}}$$

若满足以上条件，则为窄桥，可以采用"偏心压力法"或"修正偏心压力法"进行计算；否则可以采用"G-M法"进行计算。

以修正的偏心压力法为例，考虑刚度等效和修正后，则抗扭修正系数计算公式（2-5-27）可以改写成如下形式

$$\beta = \frac{1}{1 + \dfrac{nl^2 G C_\theta I_{Tc}}{12 E C_w I_c \sum a_i^2}} \tag{2-6-5}$$

式中　　l——与简支梁相对应的跨径。

横向分布计算过程中，若涉及计算跨径等参数，应采用等代简支梁的相应数值，如对于悬臂长度为 l_x 的悬臂梁应取 $l = 2l_x$（图 2-6-7）。

3.　箱形截面主梁

（1）箱梁截面受力特性　闭口薄壁箱梁的受力特点与一般的开口截面（如 T 形或工字形截面）不同，其精确计算必须采用薄壁杆件结构力学的方法。作用在箱梁上的活荷载可以是对称的，也可以是非对称偏心作用的。因此，活荷载对整体箱梁的作用综合表达为偏心荷载的作用。

图 2-6-8 所示为箱梁在偏心荷载作用下的变形和位移，可以分为四种基本状态：纵向弯曲、横向弯曲、扭转及扭转变形（畸变）。纵向弯曲产生竖向位移 w，各横截面上的纵向正应力 σ_M 和剪应力 τ_M 可以由材料力学的方法计算得到。图 2-6-8a 中虚线为按初等梁理论计算所得正应力 σ_M 的分布情况。当梁肋间距不大时，与实际情况相符；当梁肋间距较大时，上、下翼板的正应力沿宽度方向的分布是不均匀的，这种现象称为剪力滞或剪力滞效应，如图 2-6-8a 中实线所示。位于腹板处的翼板中达到正应力高峰，位于腹板两侧的正应力逐渐减小。对于肋距较大的宽箱梁，这种应力高峰可达到相当大的比例，必须引起足够的重视。

在扭矩作用下，箱形梁的扭转分为自由扭转和约束扭转，扭转变形的主要特征为扭转角 θ。箱形薄壁杆件发生自由扭转时，其横截面各纤维的纵向变形是自由的，故不产生纵向正应力，只产生自由扭转剪应力 τ_K（图 2-6-8b）。而约束扭转情况下，其纵向纤维受到拉伸或压缩，截面不能发生自由翘曲变形。约束扭转在截面上产生正应力 σ_W 和约束扭转剪应力 τ_W（图 2-6-8c）。

薄壁箱梁受扭时，截面的周边发生变形，这种变形称为畸变。畸变的主要变形特征为畸变角 γ，畸变将引起畸变正应力 σ_{dW} 和畸变剪应力 τ_{dW}，同时由于畸变引起箱形截面各板横向弯曲，在板内产生横向弯曲应力 σ_{dt}（图 2-6-8d）。

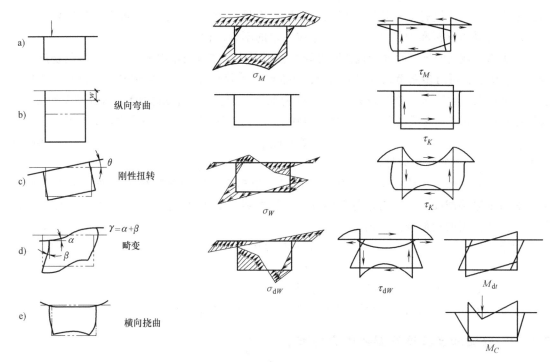

图 2-6-8　箱形梁在偏心荷载作用下的变形状态及截面应力图

另外，在偏心荷载作用下的箱形梁，除了应按弯扭杆件进行整体分析外，还要考虑局部荷载的影响。车辆荷载作用于顶板，除了直接承受荷载的部分产生横向弯曲外，由于整个截面形成了超静定结构，因此还会引起其他各部分的横向弯曲，如图 2-6-8e 所示。

单箱梁的横向弯曲，可以按图 2-6-9a 所示的超静定框架计算各板内的横向弯曲应力 σ_c，其弯矩图如图 2-6-9b 所示。

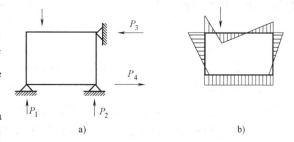

图 2-6-9　箱形梁横向弯曲的计算图式与内力图

综上所述，箱梁在偏心荷载作用下，四种基本变形与位移状态引起的应力状态为：

在横截面上：

纵向正应力

$$\sigma_{(Z)} = \sigma_M + \sigma_W + \sigma_{dW} \tag{2-6-6}$$

剪应力

$$\tau = \tau_M + \tau_K + \tau_W + \tau_{dW} \tag{2-6-7}$$

在箱梁各板内，即纵截面上：

横向弯曲应力

$$\sigma_{(S)} = \sigma_c + \sigma_{dt} \tag{2-6-8}$$

设计经验表明，由于箱形截面的抗扭刚度较大，扭转引起的应力很小；大、中跨径钢筋混凝土或预应力混凝土箱梁桥的恒荷载内力比活荷载内力又大很多，活荷载扭转应力占总应力的比重就更小了。所以，在实际设计中，可以将对称荷载引起的应力作为计算重点，略去复杂的扭转应力计算，采用一些近似的计算方法。

（2）箱形截面主梁简化计算　悬臂和连续梁桥采用变高度箱梁的情况，也可以粗略地将多室箱梁假想地从各室顶、底板中点切开，使之变为由 n 片 T 形梁或 I 形梁组成的桥跨结构，采用前述方法进行等代换算。但是，箱形截面是一个整体构造，若将它人为地划分为单片主梁进行受力分析和配筋计算，必然存在一定的不合理性，也比较麻烦。

鉴于箱形截面的抗弯刚度和抗扭刚度较大，可以认为在荷载作用下箱梁各腹板的挠度呈直线变化。所以，可对多室箱梁按如上划分，并经刚度等效和修正后，再用前面的修正偏心压力法计算出各根主梁的横向分布系数 m_i。一般情况下，边主梁具有最大的横向分布系数 m_{max}。为简化起见，假定每片梁横向分布系数均达到了 m_{max}，于是引入活荷载内力增大系数

$$\zeta = nm_{max} \tag{2-6-9}$$

式中 n——箱梁的腹板数量。

在对非简支体系桥跨结构进行受力分析时，用相应桥跨的荷载增大系数 ζ 乘上车道荷载，然后按箱梁截面对称受力进行整体分析，便得到由全截面承担的内力。所以，计及活荷载偏心扭转作用的箱形截面总内力为：

弯矩 $\qquad\qquad\qquad\qquad M = M_g + \zeta M_p \tag{2-6-10}$

剪力 $\qquad\qquad\qquad\qquad Q = Q_g + \zeta Q_p \tag{2-6-11}$

式中 M_g、Q_g——恒荷载引起的弯矩和剪力；

$\qquad M_p$、Q_p——全部活荷载对称于桥中线作用时引起的弯矩和剪力。

6.2.2 悬臂和连续体系梁桥内力影响线

1. 悬臂梁桥

悬臂梁桥属于静定结构，因此无论采用等高度还是变高度的主梁截面，其内力影响线都容易绘出，且均呈线性变化。图 2-6-10 所示为双悬臂梁桥的控制截面内力影响线。它与简支梁内力影响线的主要差别在于，它存在正、负两种影响区段。在布载计算时，必须注意。

2. 连续梁桥

连续梁桥属于超静定结构，各种内力的影响线均呈曲线分布，计算相对复杂。特别是当采用跨径不等的变高度截面时，手算十分困难。当前，多利用计算机借助电算软件直接计算内力影响线或直接由计算机软件给出活荷载内力及其组合值。对于等截面连续梁桥，还可以通过查阅《公路桥涵设计手册——基本资料》得到内力影响线的竖标值。图 2-6-11 所示为四跨连续梁桥的内力影响线。

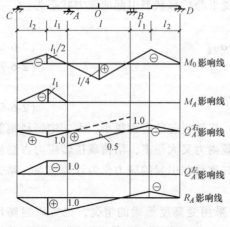

图 2-6-10 双悬臂梁桥内力影响线

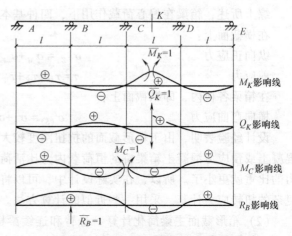

图 2-6-11 四跨连续梁桥内力影响线

6.3　超静定结构次内力计算

超静定结构（如连续梁、连续刚构、无铰拱等）在各种内外因素的综合影响下，结构因受到强迫的挠曲变形或轴向伸缩变形，在多余约束处将产生约束力，从而引起结构的附加内力，称为结构次内力（或称结构二次力）。可能引起结构次内力的外部因素有预加力、墩台基础变位、温度变化等；内部因素有混凝土材料的徐变与收缩等。

6.3.1　预加力引起的次内力

在预加力作用下，梁会发生挠曲变形。对静定结构而言（如简支梁和悬臂梁），在支座处的挠曲变形是自由的，不会产生次反力，也就不会引起梁内的次力矩，预加力在梁内产生的总弯矩即等于偏心作用在梁内产生的力矩（初预矩）M_0（图2-6-12a）。而混凝土连续梁因存在多余的约束，在预加力的作用下不可能自由挠曲，在多余约束处必然会产生次反力，从而在梁内产生次力矩 M'（图2-6-12b）。则由预加力对连续梁产生的总预矩为

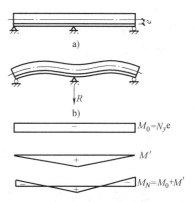

图 2-6-12　连续梁因预加力引起的次内力

$$M_N = M_0 + M'$$

$$(2\text{-}6\text{-}12)$$

式中　M_0——预加力的偏心作用在梁内产生的初预矩，$M_0 = N_y e$；

M'——预加力引起的次力矩，可以通过力法或等效荷载法求解。

用力法计算预应力次力矩，一般取支点弯矩作为赘余力，通过变形协调方程求解赘余力，再求出预应力次力矩和总预矩。其基本原理在《结构力学》教材中都有详细介绍，在此不再赘述。下面重点介绍等效荷载法的原理及其求解方法。

1. 等效荷载法原理及应用

预应力混凝土结构是一种预加力和混凝土压力相互作用并取得平衡的自锚体系。因此，分析预应力效应时，可以把预应力束筋和混凝土视为相互独立的脱离体，把预加力对混凝土的作用以等效荷载的形式代替。等效荷载可能是分布荷载、集中荷载或者弯矩，具体要根据预应力筋的形状、位置及预应力值的大小确定。这样就可以把预应力梁看作普通梁，把等效荷载看作外荷载加到梁上，采用结构力学的常用方法计算结构在预加力作用下的内力。

（1）等效荷载值的确定　对于在弹性范围内的小挠度梁，其荷载 $p(x)$ 与弯矩 M 的关系可用下式表示

$$p(x) = \frac{\mathrm{d}^2 M}{\mathrm{d} x^2}$$

$$(2\text{-}6\text{-}13)$$

由预加应力产生的弯矩为 $M_0 = N_y e$，所以，等效荷载为

$$p_e = N_y \frac{\mathrm{d}^2 e}{\mathrm{d} x^2}$$

$$(2\text{-}6\text{-}14)$$

可见，当偏心距（或初预矩）沿梁长直线变化时，等效荷载为集中力；当偏心距沿梁长按二次曲线变化时，等效荷载为均布荷载；当偏心距沿梁长按三次曲线变化时，等效荷载

为按直线变化的分布荷载；当偏心距的变化不便于用代数式表达时，可以用有限差分的方法进行分析。实际上，可以用初预矩图直接求等效荷载，即从初预矩图可推得剪力图，进而推得等效荷载图。

求等效荷载常有以下几种情况，如图 2-6-13 所示的两跨连续梁。

1）在预应力筋的端部，力筋作用在混凝土上的力 N_y 可以分解为三个分量：

① 轴向力 $N_y\cos\theta_1 = N_y$（$\cos\theta_1 \approx 1$），作用在锚头的端部。

② 竖向力 $N_y\sin\theta_1 = N_y\theta_1$（$N_y\sin\theta_5 = N_y\theta_5$），作用在支座处，而且被直接紧靠支座的竖向反力平衡，它在连续梁内不产生力矩。

③ 力矩 $N_y\cos\theta_1 \cdot e = N_ye$，作用在梁的端部，它沿着连续梁的全长会产生内力矩，计算中必须考虑。

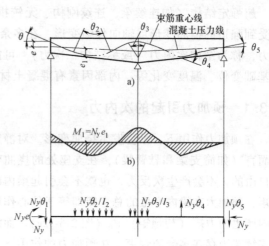

图 2-6-13　各种情况下等效荷载

2）内部初预矩图沿梁跨长为折线或曲线形，则混凝土上受到的竖向等效荷载分别为：

① 当初预矩图为抛物线和圆弧线时，作用在混凝土上的等效竖向荷载呈均布荷载，沿曲线长度施加在梁上，其总值 P 可由曲线两端斜率的变化求得，在 θ_2 处（图 2-6-13）：

总竖向力为

$$P = N_y\sin\theta_2 = N_y\theta_2 \tag{2-6-15}$$

均布荷载集度为

$$p_e = \frac{P}{l} \tag{2-6-16}$$

式中　l——曲线长度。

② 当初预矩图成折线时，混凝土上受到的等效竖向荷载可考虑集中在一点，如图 2-6-13 中 θ_4 处

$$N_y\sin\theta_4 = N_y\theta_4 \tag{2-6-17}$$

3）初预矩图在中间支座上为折线或曲线形时，其等效荷载分别是：

① 如果初预矩图在支座上成折线形，等效荷载为作用在支座上的集中荷载，将直接被支座反力抵消，故在梁内不产生次力矩，计算中不予考虑。

② 当初预矩图在中间支座为抛物线和圆弧线时，作用在混凝土上的等效竖向荷载呈均布荷载，计算方法同 θ_2 处。

在实际工程中，也可以考虑预应力束筋中因预应力损失值不同的非常值的预加力，根据不同的弯束线形求得更精确的等效荷载值。

（2）等效荷载法计算步骤　现以图 2-6-13a 所示的两跨连续梁为例来概括说明应用等效荷载法计算预应力次内力的一般步骤。

1）按预应力索曲线的偏心距 e_i 及预加力 N_y 绘制梁的初预矩 $M_0 = N_ye_i$ 图，不考虑所有支座对梁体的约束影响，如图 2-6-13b 所示。

2）依据布索形式，按照以上方法确定等效荷载值，如图 2-6-13c 所示。

3）用力法或有限单元法程序求解连续梁在等效荷载作用下的截面内力。值得注意的是，用等效荷载法计算得到的内力是预加力产生的总预弯矩，其中包含了预加力引起的次弯矩 M'。

4）求截面的次弯矩，它等于总弯矩减去初预矩，即 $M' = M_N - M_0$。

连续梁次内力实际上是由支座处的集中荷载引起的，次内力相当于由静定结构上的集中力引起，在支点间按直线变化，其形状与截面尺寸无关，可利用这一点来检查次内力计算的正确性。

2. 线性转换原则与吻合束

（1）线性转换原则 从前面有关等效荷载法的分析中可以得出以下两条结论：

1）在超静定梁中，由预加力引起的次力矩是线性的，从而由此引起的混凝土压力线和束筋重心线的偏离也是线性的。

2）在超静定梁中，混凝土压力线只与束筋在梁端的偏心距和束筋在跨内的布置形状有关，与束筋在中间支点上的偏心距无关。

由此可以得出预应力束筋在超静定梁中的线性转换原则：只要保持束筋在超静定梁两端的位置不变，保持束筋在跨内的形状不变，只改变束筋在中间支点处的偏心距，则梁内的混凝土压力线不变，即总预矩不变。

由进一步的计算分析可知，当预应力束筋线性转换后，在支点处增加（或减少）初预矩值，也正是所求的预加力次力矩的减小（或增加）值，而且两者图形都是线性分布，因此正好抵消。

线性转换原则为预应力混凝土超静定结构中预应力束筋的布置提供了极大的方便，它允许在不改变结构内混凝土压力线位置的条件下，合理调整预应力筋合力线的位置，以适应结构构造上的要求。

（2）吻合束 束筋重心线与混凝土压力线重合的预应力束筋称为吻合束。它使构件在预应力的作用下，在各赘余力作用方向的变位为零，也就是预加力的次力矩为零。构件如同静定结构一样，在张拉预应力筋时不受约束，可以自由变形，故又称自由变形曲线。

根据以上定义，在多跨连续梁中吻合束应具备的条件方程应为

$$\Delta_{in} = \int \frac{M_{0x} \overline{M_i} dx}{EI} = 0 \qquad (i = 1, \cdots, n) \tag{2-6-18}$$

式中 Δ_{in}——在基本结构中，沿赘余力作用方向由预加应力产生的变位；

M_{0x}——在基本结构中，由预加力在梁内 x 截面处产生的初预矩；

$\overline{M_i}$——在基本结构中，多跨连续梁支点 i 处的单位赘余力引起的 x 截面处的弯矩。

实际上，按照实际荷载作用下的弯矩图形的线性变化作为预应力束筋在梁内的束形布置位置即为吻合束线形。虽然在桥梁设计中应按最大内力包络图去配束，而不是以某一固定荷载形式下的连续梁弯矩图为依据，但这一重要结论依然为连续梁内预应力束筋的布置提供了有用的依据。

但在具体设计时，根据截面强度、使用应力和构造等条件初步确定的预应力钢筋的形状和位置，常常不能满足吻合束的条件，就需要调整钢筋的位置，使其尽量接近吻合束。但在连续梁发生最大正弯矩的跨中截面和发生最大负弯矩的支点截面附近，力筋的位置最好不要

有大的变动。一般调整力筋轴线的最大移动值宜设在跨度 1/4 附近，因为改变该处力筋的位置对结构的强度条件和应力条件影响不大。

6.3.2 混凝土收缩和徐变引起的次内力计算

混凝土收缩和徐变是混凝土作为黏滞弹性体的两种与时间有关的变形性质。混凝土的收缩变形是指混凝土在没有任何荷载作用情况下，随时间变化而缓慢发生的变形，主要包括水分散失引起的干燥收缩、水化反应导致的化学收缩及混凝土碳化作用引起的碳化收缩等。混凝土的徐变变形指混凝土在应力不变情况下，瞬时弹性变形随时间而持续缓慢增加的那部分变形。徐变的终极值可达到初始弹性变形的 1.5 ~ 3.0 倍，甚至更大。混凝土的收缩和徐变对结构的变形、结构的内力分布和截面（组合截面）的应力分布会产生影响。对于超静定结构而言，混凝土徐变将导致结构的内力重分布，从而引起结构的徐变次内力。

在桥梁结构中，混凝土的使用应力一般不超过其极限强度的 40% ~ 50%。在这个范围内，徐变变形与初始弹性变形成比例的线性关系。计算时，可假定徐变与混凝土的应力呈线性关系。所以，此处主要以徐变线性理论叙述混凝土徐变、收缩引起结构变形与次内力的计算原理。

6.3.2.1 徐变系数的数学模式

混凝土的徐变通常采用徐变系数 $\phi(t, t_0)$ 来描述，它实际上是表示混凝土加载时刻（t_0 时刻）开始作用常应力 $\sigma(t_0)$ 的瞬时弹性应变与到达 t 时刻混凝土的徐变应变 $\varepsilon_c(t, t_0)$ 之间的关系，即

$$\phi_c(t, t_0) = \frac{\sigma(t_0)}{E(t_0)} \varepsilon_c(t, t_0) \tag{2-6-19}$$

混凝土徐变系数的数学模式即反映徐变系数随时间变化规律的数学函数式，一般可以表达为徐变系数的终极值与时间发展系数的乘积

$$\phi(t, t_0) = \phi(\infty, t_0) \beta_c(t - t_0) \tag{2-6-20}$$

式中　　t_0——加载时的混凝土龄期（d）；

t——计算考虑时刻的混凝土龄期（d）；

$\phi(t, t_0)$——加载龄期为 t_0，计算考虑龄期为 t 时的混凝土徐变系数；

$\phi(\infty, t_0)$——徐变系数的终极值，取决于环境相对湿度、混凝土强度和构件理论厚度等因素；

$\beta_c(t - t_0)$——加载后，徐变系数的时间发展系数（当 $t = t_0$ 时，$\beta_c(t - t_0) = 0$；当 $t = \infty$ 时，$\beta_c(t - t_0) = 1$）。

我国规范采用混凝土名义徐变系数 ϕ_0 表示（见《公预规》附录 C）徐变系数的终极值：

$$\phi_0 = \varphi_{RH} \beta(f_{cm}) \beta(t_0) \tag{2-6-21}$$

其中

$$\phi_{RH} = 1 + \frac{1 - RH/RH_0}{0.46(h/h_0)^{1/3}}, \quad f_{cm} = 0.8 f_{cu,k} + 8$$

$$\beta(f_{cm}) = \frac{5.3}{(f_{cm}/f_{cm0})^{0.5}}, \quad \beta(t_0) = \frac{1}{0.1 + (t_0/t_1)^{0.2}}$$

式中　RH——环境年平均相对湿度（%），$RH_0 = 100\%$；

$\quad\quad h$——构件的理论厚度（mm），$h = 2A/\mu$，A 为构件的截面面积，μ 为构件与大气接触的周边长度，$h_0 = 100\text{mm}$；

$\quad\quad f_{cm}$——强度等级 C25～C50 混凝土在 28d 龄期时的平均圆柱体抗压强度（MPa），$f_{cm0} = 10\text{MPa}$；

$\quad\quad f_{cu,k}$——龄期为 28d，具有 95% 保证率的混凝土立方体抗压强度标准值（MPa）；

另外，$t_1 = 1\text{d}$；

$\beta_c(t-t_0)$ 有指数函数和双曲幂函数等不同的表达形式。《公预规》采用双曲幂函数的形式，即

$$\beta_c(t-t_0) = \left[\frac{(t-t_0)/t_1}{\beta_H + (t-t_0)/t_1} \right]^d \tag{2-6-22}$$

$$\beta_H = 150\left[1 + \left(1.2\frac{RH}{RH_0} \right)^{18} \right]\frac{h}{h_0} + 250 \leqslant 1500$$

式中　β_H——混凝土徐变参数，取决于环境相对湿度和构件的有效厚度；

$\quad\quad d$——由试验确定的指数，规范取 0.3。

6.3.2.2　结构因混凝土徐变引起的变形计算

混凝土徐变将引起结构变形的增加（包括静定结构和超静定结构）。由混凝土徐变引起的结构徐变变形或结构次内力计算，因客观因素的复杂性，靠手工精确分析是十分困难的，因此，一般采用下列基本假定：

1）不考虑结构内配筋的影响。

2）混凝土的弹性模量不随时间而变化。

3）构件在徐变影响下的弯曲变形仍服从平截面假定。

4）假定徐变变形与混凝土应力间存在着线性关系，计算分析时可采用叠加原理。

1. 应力不变条件下结构的徐变变形计算

应力不变条件是指在计算时间历程内，结构内任意点上的应力 $\sigma(t_0)$ 为常值，则结构内任意点在 t 时刻的总应变计算公式为

$$\varepsilon(t,\tau) = \varepsilon_e(t,\tau) + \varepsilon_c(t,\tau) = \frac{\sigma(\tau)}{E}\left[1 + \phi(t,\tau) \right] \tag{2-6-23}$$

式中，第一项为混凝土的弹性变形，因为应力 $\sigma(\tau)$ 为常数，所以弹性变形也为常值$\left(\dfrac{\sigma(\tau)}{E} \right)$；第二项为混凝土的徐变变形，由式（2-6-19）得到。

应用"虚功原理"，如图 2-6-14 所示结构在外荷载 P 作用下，经 $t-t_0$ 时刻后，k 点的总变形（弹性变形与徐变变形之和）计算公式为

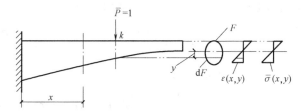

图 2-6-14　结构因混凝土徐变引起的变形计算

$$\Delta_{kP} = \int_L \iint_F \varepsilon(x,\ y)\overline{\sigma}(x,\ y)\mathrm{d}F\mathrm{d}x \tag{2-6-24}$$

对于受弯构件，计算中只考虑弯矩项，以单位荷载作用在 k 点引起的结构内任意点虚应

变计算公式代入，并积分得

$$\Delta_{kP} = \int_L \frac{M_P(x)\overline{M}_k(x)}{EI(x)}\mathrm{d}x + \int_L \frac{M_P(x)\overline{M}_k(x)}{EI(x)}\mathrm{d}x\phi(t,\tau) \tag{2-6-25}$$

式中　$M_P(x)$——外荷载 P 作用下的结构内弯矩；

　　　$\overline{M}_k(x)$——单位力作用在 k 点引起的结构内弯矩。

式中，前项为结构在外荷载 P 作用下的弹性变形积分式，可用熟知的结构力学符号 δ_{kP} 表示，后项为结构徐变变形计算式，则上式可简化为

$$\Delta_{kP} = \delta_{kP} + \delta_{kP}^{\varphi} = \delta_{kP} + \delta_{kP}\phi(t,\tau) \tag{2-6-26}$$

在实际工程中，各种不同施工方法及施工荷载十分复杂，因此在具体计算时比较复杂。如采用悬臂施工方法的连续梁桥中，在计算悬臂施工过程中的结构徐变变形时，既要考虑施工阶段各种外荷载条件，又要考虑各梁段逐节施工时混凝土加载龄期的差异。因而，在计算时必须根据不同施工阶段的荷载条件，考虑混凝土龄期差异对悬臂结构分段计算 δ_{kP} 与 $\phi(t,\tau)$，再相乘累加求得结构的徐变变形 δ_{kP}^{φ} 或总变形 Δ_{kP}

$$\Delta_{kP} = \sum \delta_{kP}^{(i)}\left[1+\phi_i(t,\tau)\right] \tag{2-6-27}$$

式中，脚标 i 表示不同加载龄期的梁段编号。

2. 应力变化条件下结构的徐变变形计算

超静定结构在长期荷载作用下，混凝土徐变产生的变形受到约束将引起次内力，混凝土截面的初始应力则随时间而变化，这些随时间变化的应力又产生应变。因而，结构在经历 $\tau_0 \sim t$ 时间，其徐变变形实际上不再与弹性变形保持线性关系。在这种情况下，必须观察在任意时刻 t 时，应力变化引起的应变增量，即弹性应变增量和徐变应变增量

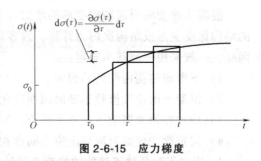

图 2-6-15　应力梯度

$$\mathrm{d}\varepsilon = \mathrm{d}\sigma(\tau)\frac{1}{E}\left[1+\phi(t,\tau)\right] \tag{2-6-28}$$

从开始加载的龄期 τ 到观察时刻 t，由不断变化的应力（具有应力梯度 $\mathrm{d}\sigma(\tau) = \dfrac{\partial\sigma(\tau)}{\partial\tau}$，如图 2-6-15 所示）产生的应变的总和

$$\varepsilon(t,\tau_0) = \frac{\sigma(\tau_0)}{E}\left[1+\phi(t,\tau_0)\right] + \int_{\tau_0}^{t}\frac{\partial\sigma(\tau)}{\partial\tau}\frac{1}{E}\left[1+\phi(t,\tau)\right]\mathrm{d}\tau \tag{2-6-29}$$

据积分中值定理

$$\int_{\tau_0}^{t}\frac{\partial\sigma(\tau)}{\partial\tau}\phi(t,\tau)\mathrm{d}\tau = \left[\sigma(t)-\sigma(\tau_0)\right]\phi(t,\tau_0)\rho(t,\tau_0) \tag{2-6-30}$$

式中，引入了时效系数

$$\rho(t,\tau_0) = \frac{\displaystyle\int_{\tau_0}^{t}\frac{\partial\sigma(\tau)}{\partial\tau}\phi(t,\tau)\mathrm{d}\tau}{\left[\sigma(t)-\sigma(\tau_0)\right]\phi(t,\tau_0)} \tag{2-6-31}$$

代入从加载龄期到任意时刻的总应变公式（2-6-29），可得

$$\varepsilon(t,\tau_0)=\frac{\sigma(\tau_0)}{E}\big[1+\phi(t,\tau_0)\big]+\frac{\sigma(t)-\sigma(\tau_0)}{E}\big[1+\rho(t,\tau_0)\phi(t,\tau_0)\big] \qquad (2\text{-}6\text{-}32)$$

式中　　　$\sigma(t)$——t 时刻的应力;

　　　$\sigma(\tau_0)$——加载龄期 τ_0 的初始应力;

　$\sigma(t)-\sigma(\tau_0)$——混凝土徐变引起的应力变化部分。

再引入折算系数

$$\gamma(t,\tau_0)=1/\big[1+\rho(t,\tau_0)\phi(t,\tau_0)\big] \qquad (2\text{-}6\text{-}33)$$

则在变化应力条件下, t 时刻结构内混凝土徐变的总应变计算公式 (2-6-32) 可进一步简化为

$$\varepsilon(t,\tau_0)=\frac{\sigma(\tau_0)}{E}\big[1+\phi(t,\tau_0)\big]+\frac{\sigma(t)-\sigma(\tau_0)}{E_\phi} \qquad (2\text{-}6\text{-}34)$$

其中, $E_\phi=\gamma(t,\tau_0)E$, 称为换算弹性模量。

同样, 可应用虚功原理求得结构因混凝土徐变的总变形计算公式

$$\Delta_{kP}=\int_L\frac{M_0\overline{M}_k}{EI}\big[(1+\phi(t,\tau)]\mathrm{d}x+\int_L\frac{M(t)\overline{M}_k}{E_\phi I}\mathrm{d}x \qquad (2\text{-}6\text{-}35)$$

式中, 计算式前项为结构在加载龄期 τ_0 时初始力引起的总变形 (弹性变形与徐变变形之和), M_0 为初始内力; 计算式后项为结构徐变次内力引起的总变形, $M(t)$ 为结构徐变次内力。

同理, 在实际工程中, 因各种不同施工方法及施工荷载的复杂性, 在具体计算时应用叠加原理逐一计算, 再予累加, 并注意各个阶段加载的混凝土加载龄期的不同。

6.3.2.3　混凝土徐变引起的结构次内力计算

目前, 计算超静定梁徐变次内力的方法有狄辛格法、扩展的狄辛格法、换算弹性模量法, 以及以上述理论方法为基础的有限元法等。本节主要介绍换算弹性模量法计算徐变次内力的原理和步骤, 其他方法可参考范立础主编的《桥梁工程》(上册)。

对于图 2-6-16 所示的两跨连续梁, 若各跨龄期不同, 可分段计算结构在 t 时刻的各项变形。取简支梁为基本结构, 中支座处的赘余力为 X_{1t}, 赘余力方向上的变形协调方程为

$$\delta_{11}^{\oplus}X_{1t}+\Delta_{1P}^{\oplus}=0 \qquad (2\text{-}6\text{-}36)$$

可得结构徐变次内力的解为

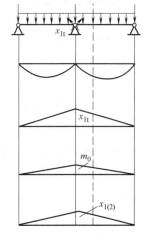

图 2-6-16　两跨连续梁徐变次内力计算图式

$$X_{1t}=-\frac{\Delta_{1P}^{\oplus}}{\delta_{11}^{\oplus}} \qquad (2\text{-}6\text{-}37)$$

式中

$$\Delta_{1P}^{\oplus}=\int_0^{L+\xi L}\frac{M_0\overline{M}_1\mathrm{d}x}{EI}\phi(t_1,\tau_1)+\int_{L+\xi L}^{2L}\frac{M_0\overline{M}_1\mathrm{d}x}{EI}\phi(t_1,\tau_2) \qquad (2\text{-}6\text{-}38)$$

$$\delta_{11}^{\oplus} = \int_0^{L+\xi L} \frac{\overline{M}_1^2 \mathrm{d}x}{E_{\phi 1}I} + \int_{L+\xi L}^{2L} \frac{\overline{M}_1^2 \mathrm{d}x}{E_{\phi 2}I} \tag{2-6-39}$$

$$E_{\phi 1}I = \gamma(t,\tau_1)E, \quad E_{\phi 2}I = \gamma(t,\tau_2)E \tag{2-6-40}$$

$$\gamma(t,\tau_i) = 1/\{1+\rho(t,\tau_i)\phi(t,\tau_i)\}, \rho(t,\tau_i) = \frac{1}{1-e^{-\phi(t,\tau_i)}} - \frac{1}{\phi(t,\tau_i)} \tag{2-6-41}$$

换算弹性模量法可以推广到多次超静定结构徐变次内力求解

$$F^{\oplus}X_{kt} + D^{\oplus} = 0 \tag{2-6-42}$$

结构徐变次内力的解为

$$X_{kt} = -F^{\oplus-1}D^{\oplus} \tag{2-6-43}$$

式中　$F^{\oplus}$——徐变体系的常变位矩阵，即

$$F^{\oplus} = \begin{pmatrix} \delta_{11}^{\oplus} & \delta_{12}^{\oplus} & \cdots & \delta_{1n}^{\oplus} \\ \vdots & \vdots & & \vdots \\ \delta_{n1}^{\oplus} & \delta_{n2}^{\oplus} & \cdots & \delta_{nn}^{\oplus} \end{pmatrix}$$

$D^{\oplus}$——弹性体系的载变位列阵，即

$$D^{\oplus} = (\Delta_{1P}^{\oplus}, \Delta_{2P}^{\oplus}, \cdots, \Delta_{nP}^{\oplus})^{\mathrm{T}}$$

6.3.2.4　混凝土收缩引起的结构次内力计算

1. 收缩应变表达式

混凝土收缩是随时间变化的，它的增长速度受到空气温度等条件的影响。为了简化计算，一般均假定混凝土收缩应变的变化规律与徐变系数的变化规律相似，通常表达为收缩应变的终极值与时间函数的乘积

$$\varepsilon_{cs}(t,\tau) = \varepsilon_{cs}(\infty,\tau)\beta_s(t-\tau) \tag{2-6-44}$$

式中　τ——收缩开始时的混凝土龄期（d），一般可假定为 3~7d；

$\varepsilon_{cs}(t,\tau)$——自收缩开始龄期 τ，到计算考虑的龄期 t 时的收缩应变；

$\varepsilon_{cs}(\infty,\tau)$——收缩应变的终极值，取决于环境相对湿度、混凝土强度、混凝土组成和构件理论厚度等因素，我国规范采用混凝土名义收缩系数 ε_{cs0} 表示，即

$$\varepsilon_{cs0} = \varepsilon_s(f_{cm})\beta_{RH}$$

$$\varepsilon_s(f_{cm}) = [160 + 10\beta_{sc}(9 - f_{cm}/f_{cm0})] \times 10^{-6}$$

$$\beta_{RH} = 1.55[1 - (RH/RH_0)^3]$$

$\beta_s(t-\tau)$——收缩应变的时间发展系数，当 $t=\tau$ 时，$\beta_s(t-\tau)=0$，当 $t=\infty$ 时，$\beta_s(t-\tau)=1$，《公预规》采用平方根双曲函数的形式，指数取为 0.5，即

$$\beta_s(t-\tau) = \left[\frac{(t-t_s)/t_1}{350(h/h_0) + (t-t_s)/t_1}\right]^{0.5} \tag{2-6-45}$$

其他符号同前。

2. 混凝土收缩引起的次内力计算

以两跨连续梁为例，如采用换算弹性模量法，则在时间增量 $\mathrm{d}t$ 内，在 t 时刻混凝土总应变 $\varepsilon(t,\tau_0)$ 的表达式，可模仿混凝土徐变的总应变公式，改写为

$$\varepsilon(t,\tau_0) = \frac{\sigma(\tau_0)}{E}\left[1+\beta_s(t,\tau_0)\right] + \int_{\tau_0}^{t}\frac{\partial\sigma(\tau)}{\partial\tau}\frac{1}{E}\left[1+\beta_s(t,\tau)\right]d\tau + \varepsilon_{cs}(t,\tau_0)$$

(2-6-46)

其力法方程可表达为

$$\delta_{11}^{\oplus}(x_{1t}+\overline{x}_{1s})+\varepsilon_s(t)=0$$

(2-6-47)

式中　$\overline{x}_{1s}$——收缩在 t 时刻变形值引起结构赘余力方向上的弹性内力。

　　求解过程与徐变次内力的计算相同。需要注意的是：在分析混凝土收缩引起的结构次内力时，基本结构的常变位、载变位计算中必须考虑轴力项。对于一般的超静定连续梁，因收缩变形并不受到强大约束，可只计算结构的收缩位移量，而忽略结构次内力的计算。但对于墩梁固连的连续刚构体系中，就应考虑收缩引起的结构次内力。

6.3.3　基础沉降引起的次内力

　　连续梁墩台基础的沉降与地基土的物理力学特性有关，一般随时间而递增，要经过相当长的时间才接近沉降的终极值。为简化分析，同样假定沉降变化规律相似于徐变变化规律，其基本表达式为

$$\Delta_d(t) = \frac{\Delta_d(\infty)\phi(t,\tau)}{\phi(\infty,\tau)}$$

(2-6-48)

式中　$\Delta_d(t)$——t 时刻的墩台基础沉降值；

　　　$\Delta_d(\infty)$——$t=\infty$ 时刻的墩台基础沉降的终极值。

　　由于墩台沉降的增长速度与地基土壤有关，所以上式就可以改写为

$$\Delta_d(t) = \Delta_d(\infty)\left[1-e^{-p(t-\tau)}\right]$$

(2-6-49)

式中　p——墩台沉降增长速度，p 值应根据实地土壤的试验资料决定（一般地，对砂土与砂质土壤，接近于瞬时沉降可取 36；亚砂土与亚砂质黏土取 14~4；黏土则取为 1）。

　　根据换算弹性模量法，以两跨连续梁为例，墩台基础沉降引起的结构次内力的求解方程为

$$\delta_{11}^{\oplus}x_{1t}+\delta_{11}^{d}x_{1d}+\Delta_{dP}+x_{10}\Delta_{1P}^{\oplus}=0$$

(2-6-50)

式中　Δ_{dP}——墩台基础在 t 时刻的沉降值引起基本结构赘余力方向的载变位；

　　　x_{1d}——墩台基础在 t 时刻的沉降值引起基本结构赘余力方向的弹性内力；

　　　$\delta_{11}^{\oplus}$——弹性内力 $x_{1d}=1$ 在赘余力方向上引起的徐变变形。

　　求解过程从略。计算分析表明，墩台基础沉降在赘余力方向产生的弹性内力，因混凝土徐变随时间的增加而逐渐松弛。这个松弛程度正比于墩台基础沉降增长速度。如基础沉降是瞬时完成（$p\to\infty$），由此产生的弹性内力经长时间后基本松弛了，只剩下 10%~20% 的原值。所以，在预应力混凝土连续梁中，采用支座瞬时位移进行人工调整内力没有多大的效果。因而，在实际中常采用在连续梁（已转换为最终体系）上施加压重或平衡重来调整结构的内力分布，此时混凝土徐变基本上不引起结构次内力。

6.3.4　温度作用引起的次内力计算

1. 温度对结构的影响

　　桥梁结构处于自然环境中，随着环境温度的降低或升高其各个部分的材料将产生膨胀或收缩，倘若受到外部约束或结构各部分之间内部约束的影响，膨胀或收缩变形不能自由发生，就

会因温度作用而产生次内力。温度作用一般包括两种形式：均匀温度作用和梯度温度作用。

均匀温度作用指气温随季节发生周期性变化时对结构物的作用，一般用常年气温变化作为控制温度。均匀温度作用将导致桥梁结构沿纵向均匀的位移，对无水平约束的结构（如简支梁、连续梁等），这种位移只引起结构的均匀伸缩，并不导致结构内温度次内力（或温度应力）；只有当结构的位移受到约束时才会引起温度次内力，如拱式结构、框架结构及部分斜拉桥结构等。

梯度温度作用一般指日照温差。由于太阳辐射强度、桥梁方位、日照时间、地理位置、地形地貌等随机因素，使结构表面、内部温差因对流、热辐射和热传导方式形成瞬时的不均匀分布，从而形成非线性的温度梯度，称为结构的温度场。它会在截面上产生温差自应力，与结构是否超静定无关。显然，要计算日照温差对结构的效应，温度场的确定是关键。一般可以认为桥梁在沿长度方向，温度变化是一致的，温度场的确定简化为沿桥梁横向或沿桥梁竖向（截面高度方向）的温度梯度形式的确定。由于公路桥梁主梁两侧都带有较长的悬臂，一般是梁顶直接受日照，两侧腹板直接受日照较少，梁底终日不受日照，因此对梁式结构只考虑沿截面高度方向日照温差的影响，不再考虑横向温度梯度的作用。铁路桥由于梁较窄，除了考虑竖向的日照温差影响外，还要考虑横向的影响。

2. 温度梯度的规定

各国桥梁规范对梁式结构沿梁高方向的温度梯度的规定有各种不同形式（图 2-6-17），可归纳为线性变化和非线性变化两类。无论哪种形式，都认为梁在变形后仍然服从平截面假定。线性变化在静定梁式结构中，只引起结构的位移而不产生温度次内力；在超静定结构中才会产生结构温度次内力。非线性变化即使是静定梁式结构，由于纵向纤维因温差的伸缩将受到约束，也将产生纵向约束应力（称为温度自应力）σ_s^0。而在超静定梁式结构中，除了温度自应力外，还应考虑多余约束阻止结构挠曲产生的温度次内力引起的温度次应力 σ_s'。

《桥通规》采用第 1 篇图 1-3-6 所示的竖向温度梯度。

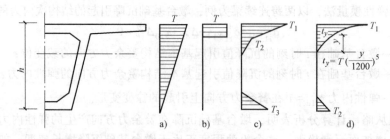

图 2-6-17　温度梯度的形式

3. 基本结构上的温度自应力计算

设温度梯度沿梁高按任意曲线 $T(y)$ 分布，如图 2-6-18 所示，取一单元梁段，当纵向纤维之间不受约束时，沿梁高各点的自由变形为

$$\varepsilon_t(y) = \alpha T(y) \qquad (2\text{-}6\text{-}51)$$

式中　α——材料的线膨胀系数。

根据平截面假定，实际变形后，截面应在图 2-6-19 中所示的直线位置，则

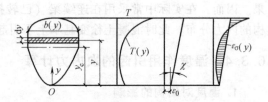

图 2-6-18　温度梯度沿梁高分布曲线

$$\varepsilon_a(y) = \varepsilon_0 + \chi y \tag{2-6-52}$$

式中　ε_0——梁底（$y=0$）处的应变；

　　　χ——单元梁段挠曲变形后的曲率。

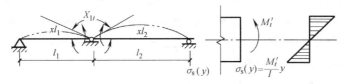

图 2-6-19　连续梁挠曲线

上述两项应变差是由纵向纤维之间的约束产生的，称为温度自应变 $\varepsilon_\sigma(y)$，则

$$\varepsilon_\sigma(y) = \varepsilon_T(y) - \varepsilon_a(y) = \alpha T(y) - (\varepsilon_0 + \chi y) \tag{2-6-53}$$

由温度自应变产生温度自应力 $\sigma_s^0(y)$ 为

$$\sigma_s^0(y) = E\varepsilon_\sigma(y) = E\left[\alpha T(y) - (\varepsilon_0 + \chi y) \right] \tag{2-6-54}$$

式中　E——弹性模量。

由于在单元梁段上无外荷载作用，温度自应力在截面上处于自平衡状态，即

$$\left. \begin{aligned} N &= E\int_h \varepsilon_\sigma(y) b(y)\,\mathrm{d}y = 0 \\ M &= E\int_h \varepsilon_\sigma(y) b(y)(y - y_c)\,\mathrm{d}y = 0 \end{aligned} \right\} \tag{2-6-55}$$

联立求解，可以确定 ε_0 和 χ 的值，代入式（2-6-54）即可方便地计算温度自应力。

4. 连续梁的温度次内力计算

在非线性温度梯度变化时，单元梁段会产生挠曲变形，这部分变形将在连续梁中引起次内力，可采用力法或有限单元法求解。这里以两跨连续梁为例介绍力法求解的基本思路。取简支梁为基本结构，在中支点截面处的赘余力矩为 x_{1t}，如图 2-6-19 所示，可列出力法方程为

$$\delta_{11} x_{1t} + \Delta_{1t} = 0 \tag{2-6-56}$$

式中　δ_{11}——$x_{1t}=1$ 时在赘余力方向上引起的变形；

　　　Δ_{1t}——温度变化在赘余力方向上引起的变形，如图 2-6-20 所示，Δ_{1t} 为中间支座上截面的相对转角。

求解得到赘余力矩 x_{1t} 后，可进一步得到梁上作用的温度次内力矩为

$$M_t' = x_{1t} M_1 \tag{2-6-57}$$

从而，温度次应力为

$$\sigma_s'(y) = \frac{M_t'}{I} y \tag{2-6-58}$$

综合考虑温度自应力和温度次力矩，得到连续梁内总的温度应力为

$$\sigma_s(y) = E\left[\alpha T(y) - (\varepsilon_0 + \chi y) \right] + \frac{M_t'}{I} y \tag{2-6-59}$$

从以上分析可知，温度梯度曲线与温度附加力的计算有很大关系，如果温度梯度曲线选用不当，即使增大温度设计值，也不能保证结构的抗裂性。这是由于温度自应力会导致在任意截面上的温度应力达到一定数值，有可能增加腹板的主拉应力，恶化斜截面的抗裂性。

6.4　内力组合及包络图

与简支梁桥的设计相同，求得悬臂梁桥和连续梁桥的各项内力之后，需要进一步确定主梁沿桥跨方向各截面的计算内力。根据《桥通规》的规定，按承载能力极限状态和正常使用极限状态进行作用效应组合。

将梁轴各个截面处的最不利效应组合值（包括最大内力和最小内力）按适当的比例尺绘成纵坐标，连接这些坐标点绘成的曲线就称为内力包络图。图 2-6-20 所示为四跨连续梁弯矩和剪力包络图的形状。内力包络图可作为预应力束筋配置及截面承载力验算的依据。对于某一控制截面，可首先根据其最大弯矩 M_{max} 和最小弯矩 M_{min} 进行截面钢束的估算，再进一步根据弯矩包络图的正、负区段分布情况确定布束的范围。

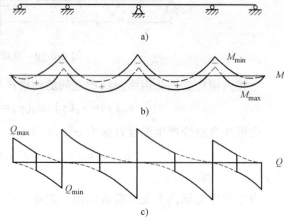

图 2-6-20　四跨连续梁弯矩和剪力包络图

6.5　牛腿的计算要点

由于牛腿特殊的构造特点和在结构中的位置，其工作条件比正常形状的构件要不利得多。所以必须特别仔细地对其进行计算和设计。

牛腿计算包括三部分：牛腿端横梁计算、非腹板部位牛腿计算及腹板部位牛腿计算。

1. 牛腿端横梁的计算图式

按照牛腿部位传力途径（或支座位置）的不同，端横梁的受力可能存在以下两种情况：

1) 挂梁的肋数与悬臂梁梁肋（或腹板）一一对应，支承反力直接传给悬臂梁承受。此时悬臂端部的端横隔梁只起横向分布荷载的作用，本身不承受局部荷载引起的弯矩。

2) 对多数悬臂体系梁桥，挂梁的肋数多于箱梁腹板数，如图 2-6-21 所示。此时由悬臂端部的端横梁和箱梁端横隔梁组成 L 形截面的牛腿横梁来传递挂梁支点反力，牛腿横梁将承受由挂梁支点反力引起的局部弯矩，可以按照支承在箱梁腹板上的连续梁来计算。

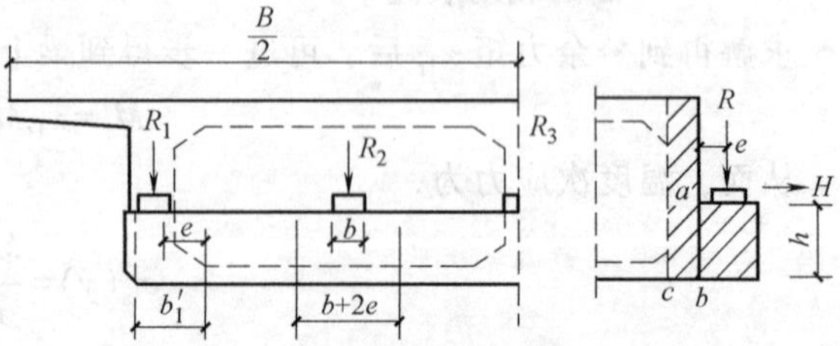

图 2-6-21　悬臂端横隔梁的受力图式

2. 非腹板部位的牛腿计算

非腹板部位的牛腿受力图式如图 2-6-21 所示，可近似按悬臂梁进行计算，其有效宽度为 $b+2e$。需要验算的垂直截面 $a—b$ 高度为 h。

3. 腹板部位的牛腿计算

如图 2-6-22 所示为挂梁处牛腿的受力图式（悬臂端腹板部位牛腿的受力情况相同），由于梁高在牛腿根部突然缩小，必然在内角点 a 附近引起应力集中，因此牛腿就可能从 a 点开始沿某一截面开始破损。验算时，主要考虑以下控制截面：

（1）竖直截面 $a—b$（图 2-6-22）　竖直截面 $a—b$ 是牛腿高度最小的截面，应按钢筋混凝土或预应力混凝土偏心受拉构件进行承载力验算。

（2）最弱斜截面 $a—c$（图 2-6-22）　对于任意斜截面 $a—c$ 而言，虽然截面增大了，但作用于其上的内力也随之增大，所以必须找到牛腿的最弱斜截面加以验算。最弱斜截面指荷载作用下近似地假设按纯混凝土截面计算时，其边缘拉应力（σ_θ）最大的一个截面。根据求极值的原理，不难得到 σ_θ 达到最大时斜截面倾斜角的表达式，从而确定出最弱斜截面的位置。应该注意，对于牛腿部位配有预应力筋的情况，在确定任意最弱斜截面位置时，也应计入预压力的作用。求得最弱斜截面位置后，就可按照偏心受拉构件验算此斜截面的强度。

（3）45°斜截面验算（图 2-6-23）　在牛腿钢筋设计中，为了确保钢筋具有足够的抗拉强度，尚需补充验算假设混凝土沿 45°斜截面开裂后的受力状态，此时全部斜拉力将由钢筋承受（对于预应力混凝土牛腿包括预应力筋）。

总之，牛腿是整根梁的薄弱环节，受力情况复杂，各种验算也带有相当的近似性，故对于斜筋和钢筋的设计应适当富余一些，在牛腿部分还应布置较密的箍筋和纵向水平钢筋。必要时还可应用有限元分析法或模型试验的方法求得较精确的内力分布情况，以保证这一薄弱部位具有足够的安全度。

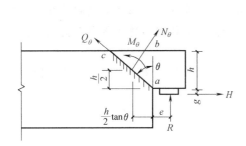

图 2-6-22　挂梁处牛腿受力

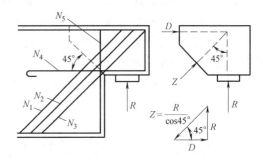

图 2-6-23　牛腿处 45°斜截面验算

思 考 题

1. 连续梁桥的恒荷载内力计算有什么特点？

2. 悬臂施工时，连续梁主梁恒荷载内力如何计算？

3. 顶推施工时，连续梁主梁恒荷载内力如何计算？

4. 引起预应力混凝土连续梁桥次内力的原因有哪些？

5. 如何利用等效荷载法求解连续梁桥中预加力产生的次内力？

6. 什么是线性转换原则？

7. 什么叫吻合束？设置吻合束后，梁的受力有何特点？

8. 如何计算连续梁桥中由混凝土徐变引起的次内力？

9. 用换算弹性模量法求解混凝土徐变次内力的要点是什么？

10. 为什么日照温差会使箱梁产生横桥向次内力？

11. 牛腿计算的基本内容是什么？

刚构桥的构造与设计 | 第7章

7.1 概述

刚构桥（刚架桥）指桥跨结构（梁或板）和墩台（或立柱）整体相连的桥梁。由于梁和墩柱之间采用刚性连接，在竖向荷载作用下，主梁端部将产生负弯矩，从而减小了主梁跨中的正弯矩，跨中截面的尺寸可以相应减小。支柱在竖向荷载作用下，除承受压力外还承受弯矩，柱脚一般存在水平推力，其受力状态介于梁式桥与拱式桥之间。

刚构桥外形美观，结构轻巧，桥下净空较大，桥下视野开阔，在同样净空要求下可修建较小的跨径。因此，通常适用于桥下净空和建筑高度受到限制的情况。钢筋混凝土刚构桥混凝土用量少，但钢筋用量较大，且梁柱处易开裂，常用于中小跨径的城市和公路跨线桥和立交桥。大跨度刚构桥则一般采用预应力混凝土结构，当前，采用悬臂施工的预应力混凝土刚构桥已成为大跨度桥梁的竞争方案之一。

中小跨径刚构桥一般做成门式刚架或斜腿刚架形式，大跨径刚构桥则多采用T形刚构或连续刚构的形式。

7.2 刚构桥的分类及力学特点

混凝土刚构桥可以是单跨结构或多跨结构，单跨刚架桥的支柱可以做成直立的，称为门式刚构桥，也可以做成倾斜的，称为斜腿式刚构桥。多跨刚构桥的主梁可以做成非连续式的，形成T形刚构桥（又分为带铰和带挂孔的T形刚构）。或将主梁做成连续结构，形成连续刚构桥。

7.2.1 门式刚构桥

单跨门式刚构桥的支柱（竖墙）和主梁垂直相交呈门架形，如图2-7-1所示。它的主要特点是将桥台台身与主梁固接，既节省了主梁与桥台之间的伸缩缝，改善了桥头行车的平顺性，又提高了结构的刚性。在竖向荷载作用下，可以利用固接端的负弯矩来部分地降低梁的跨中弯矩，从而减小了主梁的高度。根据柱脚部分与基础的连接形式不同，又分为铰接（图2-7-1a）和固接（图2-7-1c）两种形式。

由于单跨门式刚构桥一般要产生较大的水平推力，可用拉杆连接两根支柱的底端（图2-7-1b），或做成封闭式刚构，以抵抗水平反力作用。还可做成两端带悬臂的形式（图2-7-1d），这样不仅减小了水平推力，改善了基础的受力状态，而且有利于和路基的衔

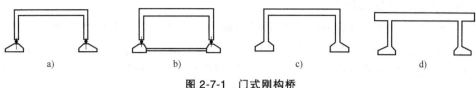

图 2-7-1　门式刚构桥

接，其缺点在于增加了主梁的长度。

　　门式刚构桥适用于跨越运河或其他小河流的单跨桥梁，也适用于立体交叉或跨线桥。封闭式刚构桥常用于铁路与公路立交和车站过人通道等场合，尤其适合采用顶进法施工。

7.2.2　斜腿式刚构桥

　　支腿做成斜柱式的单跨刚构桥称为斜腿式刚构桥（图 2-7-2），这种桥型可以克服门式刚构桥中所存在的某些缺点。斜腿式刚构桥的压力线接近于拱桥，腿和梁所受的弯矩比同跨度的门式刚构显著减小，主梁跨径也缩短了，但柱脚的支承反力有所增加，斜腿的长度也相应增大。斜腿以受压为主，比门式刚构的立柱或竖墙受力更合理，具有较大的跨越能力。

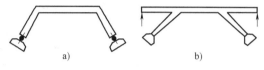

图 2-7-2　斜腿式刚构桥

　　斜腿式刚构桥可用较小的主梁跨径来跨越深谷或与其他线路立交，适用于跨线桥和谷地桥。这种桥型造型轻巧美观，施工也比拱桥方便，因此在中等跨径桥梁中具有较强的竞争能力。1982 年建成的中国安康汉江铁路桥，是我国第一座钢斜腿式刚构桥，跨径 176m，在目前世界同类桥梁中居于首位。世界跨度最大的预应力混凝土斜腿式刚构桥是法国 1974 年建成的 Bonhomme 桥，两支承铰的间距为 186.25m。

　　将支腿做成 V 形墩形式即成为 V 形墩刚构桥，可以进一步减小斜腿肩部的负弯矩峰值，降低梁高（图 2-7-3）。为了减小跨中的正弯矩和挠度，并有利于采用悬臂法施工，也可做成两端带斜拉杆的形式，施工时可在端部压重，如图 2-7-4 所示。

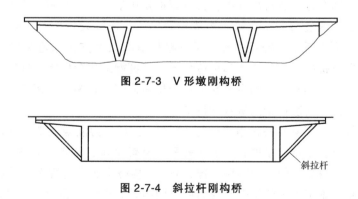

图 2-7-3　V 形墩刚构桥

斜拉杆

图 2-7-4　斜拉杆刚构桥

7.2.3　T 形刚构桥

　　预应力混凝土 T 形刚构桥分为跨中带剪力铰的和跨内设挂梁的两种基本类型。相当于将悬臂梁桥的墩柱与梁体固接，可看作具有悬臂受力特点的梁式桥。

1. 带剪力铰的 T 形刚构桥

图 2-7-5a 所示为跨中带剪力铰的 T 形刚构桥，上部结构全部由悬臂组成，其相邻的两个悬臂在端部通过剪力铰相连接。所谓"剪力铰"是一种只能传递竖向剪力，而不能传递纵向水平力和弯矩的连接构造。当在一个 T 形刚构单元上作用有竖向荷载时，相邻的 T 形刚构单元将通过剪力铰而共同参与受力。因此，从结构受力和牵制悬臂端变形来看，剪力铰对 T 形刚构起到了有利的作用。由于跨中不设挂梁，施工中也不需预制和安装挂梁的大型设备。但是，带铰的 T 形刚构桥属于超静定结构，在温度变化、混凝土收缩、徐变和基础不均匀沉陷等因素作用下，会产生很难准确分析的附加内力。而且中间铰的构造较复杂，用钢量多，致使工程费用显著增加。另外，剪力铰处往往因下挠形成折角，而导致行车不平顺，影响其使用功能。

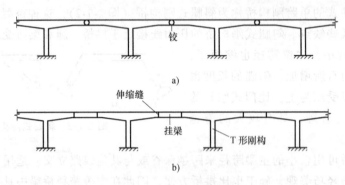

图 2-7-5　T 形刚构桥

a）跨中带剪力铰　　b）跨中带挂梁

2. 带挂梁的 T 形刚构桥

图 2-7-5b 所示为跨中带挂梁的 T 形刚构桥，上部结构由部分悬臂和挂梁（简支梁）组成，属静定结构。与带剪力铰的 T 形刚构桥相比，虽然各个 T 形刚构单元独立作用，在受力和变形方面稍差，但它的受力明确，且不受混凝土收缩徐变、温度变化及基础沉降产生的次内力影响。在跨内因有正、负弯矩分布，其总弯矩要比带剪力铰的刚构桥小。虽然增加了牛腿构造，但免去了构造复杂的剪力铰，构造较简单。与连续梁相比，同样采用悬臂施工方法，不过由于 T 形刚构桥在大跨径中省去了价格昂贵的大型支座和避免以后更换支座的困难，当挂梁与两岸引桥的简支跨尺寸和构造相同时，更能加快全桥施工进度，以获得良好的经济效益。带挂梁的 T 形刚构桥的主要缺点在于桥面伸缩缝较多，对高速行车不利，其次是施工中还需增加预制、安装挂梁的机具和设备。

普通钢筋混凝土 T 形刚构桥常用跨径为 40～50m，预应力混凝土 T 形刚构桥的常用跨径为 60～120m。T 形刚构桥结合了刚构桥和多孔静定悬臂梁桥的特点，是我国 20 世纪 70—80 年代修建较多的一种桥型。同悬臂梁桥一样，T 形刚构桥也非常适宜于悬臂施工方法。预应力技术的发展和悬臂施工工艺的结合及受力简单明确是其得到发展的一个主要原因。但由于存在上述的构造和使用方面的诸多缺点，T 形刚构桥目前已较少采用。

7.2.4　连续刚构桥

多跨刚构桥的主梁可以做成连续结构，中间桥墩采用墩梁固接，形成所谓连续刚构桥，如图 2-7-6 所示，它是连续梁桥与 T 形刚构桥的组合体系。与 T 形刚构桥相比，连续刚构桥整体性好，内力分布均匀，但它属于多次超静定结构，由混凝土收缩、徐变、温度变化及基础变位产生的次内力大。为了减小次内力，其下部结构一般采用抗推刚度小的柔性桥墩（如高墩、双肢薄壁墩等）。

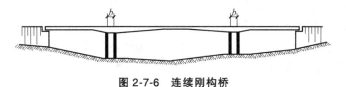

图 2-7-6 连续刚构桥

典型的连续刚构桥一般采用对称布置，非常适合平衡悬臂施工。与连续梁桥相比，连续刚构桥由于墩梁为固接，在悬臂施工过程中，不需要采取临时锚固措施，也不存在体系转换。在恒荷载作用下，连续刚构桥与连续梁桥的跨中弯矩和竖向位移基本一致，但在采用双肢薄壁墩的连续刚构桥中，墩顶截面的恒荷载负弯矩较相同跨径连续梁桥的小。由于墩梁共同参与工作，连续刚构桥由活荷载引起的跨中正矩较连续梁要小，因而可以降低跨中区域的梁高，并使恒荷载内力进一步降低，增大了跨越能力。同时，利用桥墩的柔性来适应桥梁的变形，有较好的抗震性能。当设计跨度超过 100m 时，预应力混凝土连续刚构桥可作为连续梁桥的比选方案。

自 20 世纪 40 年代起，美、英等国研究运用了一种全无缝式连续刚构桥，如图 2-7-7 所示，它除了将所有的桥墩与主梁固接，还将两端的桥台也与主梁刚性固接，形成在全桥范围内没有伸缩装置的桥梁。温度引起的变形量主要依靠桥台台后的特殊构造和在一定范围内的路面变形来吸收，所以，跨径和桥梁全长不能太大，一般用于 100m 以内的桥梁。

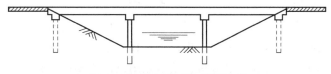

图 2-7-7 全无缝式连续刚构桥

7.3 刚构桥的构造与设计

刚构桥的桥面构造与梁式桥相同，但刚构桥的主梁、节点、铰支座及墩柱构造，及 T 形刚构桥和连续刚构桥的构造均有其独特的特点。

7.3.1 刚构桥一般构造

1. 主梁

刚构桥主梁的截面形状与梁式桥类似，可采用图 2-7-8 所示的板式、肋板式或箱形截面。主梁在纵桥向可采用等截面、等高度变截面和变高度截面三种形式。有时，还可以根据实际需要把主梁做成几种不同的截面形式，以适应内力的变化和方便施工。例如，挂梁采用肋式截面，悬臂端做成箱形截面形式。变高度主梁的梁底曲线形状可以采用曲线形（如抛物线、圆弧线）、折线形、曲线加直线等，设计时应根据主梁内力的分布情况，按等强度原则选定。

2. 墩柱

刚构桥的墩柱有薄壁式和立柱式两类，如图 2-7-9 所示。立柱式在横桥向又可分为多柱式和单柱式。多柱式的柱顶通常采用横梁相连，形成横向框架，以承受侧向作用力。当立柱较高时，尚应在其中部用横撑将各柱连接起来。纵桥向可采用单排立柱或薄壁墙，也可根据需要采用双肢薄壁墩的形式。立柱的横截面可以做成实体矩形、I 形或箱形等。对于单柱式其截面应与主梁截面相配合，腹板要尽可能与主梁腹板布置一致，以利传力。为了进一步减小斜腿肩部的负弯矩峰值，降低梁高，增加美观，连续刚构中也有采用在立面上呈 V 形、X 形或 Y 形的柱式墩，详见第五篇。

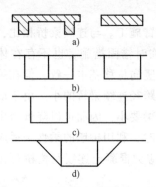

图 2-7-8　刚构桥主梁横截面形式

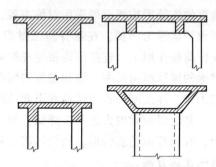

图 2-7-9　刚构桥墩柱形式

3. 节点

刚构桥的节点指立柱与主梁连接的部分，又称角隅节点。为了保证主梁和立柱之间可靠的刚性连接，节点必须具有足够的刚度。节点和主梁（或立柱）连接的截面受有很大的负弯矩，所以，节点内侧存在很高的压应力，节点外侧存在较大的拉应力。具体设计时，应根据主梁和立柱截面的特点，采用合理的节点构造形式，以适应角隅处存在的较大劈裂作用。

对板式和肋式截面，可以通过在节点内侧加设梗腋来改善内缘受力，并减少配筋。必要时，还可以在肋式截面主梁底缘加设底板，使节点附近的主梁成为箱形截面，从而增加受压区的混凝土面积，改善受力情况。

当主梁和立柱都是箱形截面时，角隅节点的构造如图 2-7-10 所示。图 2-7-10a 仅在箱梁内设置斜隔板；图 2-7-10b 设有竖隔板和平隔板；图 2-7-10c 设有竖隔板、平隔板和斜隔板。有时为了使角隅节点有强大的刚性，并简化施工，也可将它做成实体的形式。

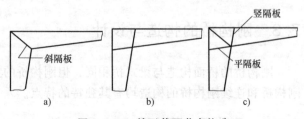

图 2-7-10　箱形截面节点构造

斜腿式刚构桥的斜支柱与主梁相交的节点，根据截面形式的不同，可以做成图 2-7-11 所示的两种。

普通钢筋混凝土刚构桥的角隅节点处，必须有足够的连续钢筋绕过其外缘，以防止外缘混凝土受拉开裂。对受力较大的节点，在对角力方向应设置受压钢筋，其垂直方向应设置防劈裂钢筋（图 2-7-12a）。预应力混凝土刚构桥，与角隅节点相邻截面的预应力钢筋宜贯穿角隅节点，并在隅角内交叉后锚固在梁顶和端头上（图 2-7-12b）。预应力钢筋锚头下面的局部应力区段内尚应设置箍筋或钢筋网，用以承受局部拉应力。

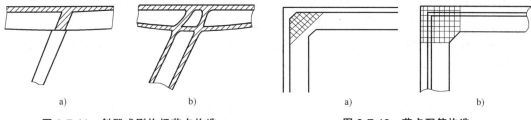

图 2-7-11　斜腿式刚构桥节点构造　　　　　图 2-7-12　节点配筋构造

a) 普通钢筋　b) 预应力钢筋

7.3.2　T 形刚构桥的构造

1. 构造布置

带挂梁的 T 形刚构桥型结构布置以每个 T 形刚构单元与两侧配置等跨长的挂梁最为简单合理，在此情况下，刚构两侧结构自重是对称的，墩柱中无不平衡的恒荷载弯矩。对于钢筋混凝土 T 形刚构桥，挂梁的合理长度一般为跨径的 0.5~0.7 倍；对于预应力混凝土 T 形刚构桥，挂梁的合理长度一般为跨径的 0.22~0.50 倍。主孔跨径大时，取较小比值，并应使挂梁跨径不超过 35~40m，以利于安装。

预应力混凝土 T 形刚构桥的悬臂梁在纵桥方向一般采用变高度梁。通常采用箱形截面，也可以做成桁架结构。根据统计，国内外对于公路和城市的预应力混凝土 T 形刚构桥，其支点处梁高与跨径之比、支点处腹板总厚度与行车道板宽度之比及支点处腹板厚度与截面高度之比值见表 2-7-1。

表 2-7-1　预应力混凝土 T 形刚构桥支点、跨中梁高与跨径的关系

国别	类别	支点梁高与跨度之比 H/L	支点腹板总厚度与行车道板 宽度之比 $\sum \delta/B$	支点处腹板厚度与 梁高之比 δ/B
国内	—	1/10~1/18	1/10~1/14	1/16~1/20
国外	跨径在 100m 内	1/14~1/22	1/13~1/19	1/15~1/20
	跨径超过 100m	1/17~1/21	1/14~1/17	1/16~1/21
	双向预应力	1/17~1/21	1/20~1/23	1/19~1/28

跨中梁高 h 视挂梁跨径和设铰的需要而定，带挂梁 T 形刚构的梁端高度一般与挂梁同高。当挂梁跨径在 30m 以下时，跨中梁高通常取在 2.0m 以下。带铰 T 形刚构的跨中梁高一般为支点梁高的 1/5~1/2。

当在墩柱一侧的桥跨上布载时，墩柱将承受较大的不平衡力矩，因此墩柱尺寸一般较大，墩宽可取 (0.7~1.0)H，H 为墩高。

2. 预应力钢束布置

T 形刚构桥一般采用悬臂施工，预应力钢束应结合施工情况分段配置。带挂梁的 T 形刚构桥的悬臂部分只承受负弯矩，因此，预应力筋可集中布置在桥面板内和梁肋的顶部，从而获得最大的作用力臂，如图 2-7-13 所示。预应力钢束分为直束和弯束两大类，其中一部分直束筋锚固在梁块接缝处的端面上，另一部分则作为通长束直接锚固在悬臂端的牛腿端面

上。梁肋内的弯束随着施工的推进逐步下弯并倾斜锚固在接长的梁块接缝处，而位于梁肋外承托内的力筋在下弯的同时还必须做适当的平弯。下弯的力筋可以增加梁体的抗剪能力。必要时，也可以通过设置专门的竖向预应力筋来提高梁肋的抗剪能力。

带剪力铰 T 形刚构桥的悬臂部分可能存在正负异号的弯矩，除布置以上预应力筋束，还应根据受力要求在梁底适当布置承受正弯矩的纵向预应力筋束。

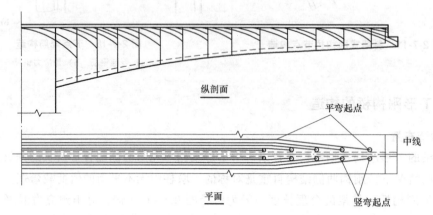

图 2-7-13 T 形刚构悬臂预应力筋布置

7.3.3 预应力混凝土连续刚构桥的构造

连续刚构桥的立面布置、梁高选择、截面构造等与变截面连续梁桥相似。

1. 主梁构造布置及尺寸拟定

连续刚构桥的边跨与中跨跨径之比一般为 0.5~0.7，大部分比值为 0.54~0.58，比变截面连续梁桥的比值范围 0.6~0.8 要小。由于墩梁固接，边跨的长短对中跨恒荷载弯矩调整的影响很小，而较小的边、主跨径布置，不仅可以使中墩内基本没有恒载偏心弯矩，而且可以在边跨悬臂端用导梁支承于边墩上，进行边跨合龙，从而取消落地支架，施工十分方便。

连续刚构桥一般选用变截面主梁，主梁截面形式主要采用箱形。当箱梁顶宽不超过 22m时，一般可采用单箱单室的形式，两侧配以大悬臂。如果顶宽更大，则往往分上、下行，采用两个分离的单室箱。

箱梁截面尺寸的拟定基本上与连续梁相同。

（1）主梁高度 公路连续刚构桥箱梁根部梁高可取用（$1/17 \sim 1/20$）L，跨中可取（$1/50 \sim 1/60$）L，其中，跨中活荷载弯矩比同跨径连续梁桥的小，因此跨中梁高可略小于连续梁桥。近年来，随着新型建桥材料的使用，主梁的高跨比还有进一步减小的趋势。1998年建成的挪威拉脱圣德（Raftsundet）桥（主跨298m），由于跨中采用了轻质混凝土，使得该桥的跨中和根部的高跨比都达到了最低值 1/85.1 和 1/20.6。

（2）板厚 连续刚构桥箱梁顶板的厚度确定也主要考虑两方面因素，即桥面板横向弯矩的要求和布置预应力钢束的要求，顶板厚度一般为 250~280mm。为满足布置预应力筋的要求，跨中截面的底板厚度多为 250~300mm，根部最大底板厚度为墩顶梁高的 $1/10 \sim 1/12$。底板的最大厚度，随着设计者经验的丰富和高强混凝土材料的采用，也有减薄的趋势。腹板跨中厚度为500mm左右，底板和腹板的根部厚度选择与连续梁基本相同。

2. 墩身尺寸拟定

梁墩之间的刚度变化直接影响墩身与主梁的内力变化，其刚度比应在一个合理的范围之内。墩身高度是由桥面标高、桥梁建筑高度、桥下净空高度、主梁高度等因素决定的。一般情况下，在初步选择桥墩尺寸时，其长细比可考虑为16~20，双肢薄壁墩的中距与主跨跨度的比值一般为1/20~1/25。

预应力混凝土连续刚构桥的主梁预应力筋布置与连续梁桥类似，这里不再赘述。

7.4 预应力混凝土连续刚构桥实例

广东虎门大桥辅航道桥为三跨预应力混凝土连续刚构桥，跨径布置为150m+270m+150m，立面布置如图2-7-14所示。采用预应力混凝土箱梁、空心薄壁柔性桥墩和钻孔灌注桩基础，占有当时世界上预应力混凝土连续刚构桥的跨径纪录。

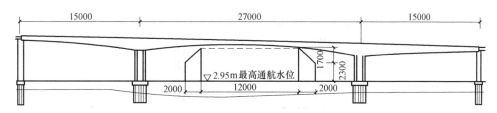

图2-7-14 虎门大桥辅航道桥立面布置图（单位：cm）

该桥桥面全宽31m，由两幅宽15m的桥面组成。每幅的箱梁断面均采用单箱单室布置。箱梁顶板宽度15m，底板宽度7m，两侧悬臂长度各为4m。跨中断面：梁高为5m（$L/54$）、顶板厚度25cm，底板厚度32cm、腹板厚度40cm。支点截面：梁高14.8m（$L/18.2$）、顶板厚度45cm，底板厚度130cm、腹板厚度80cm，如图2-7-15所示。采用轻型挂篮悬臂对称浇筑施工。

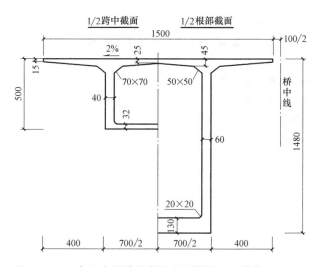

图2-7-15 虎门大桥辅航道桥主梁横断面（单位：cm）

混凝土箱梁采用三向预应力体系，纵向预应力钢束采用高强低松弛钢绞线，顶板钢束全部锚固在悬臂施工各节段的端部，边跨底板钢束多数在梁端适当位置弯起后锚固，中跨底板钢束采用齿板分散锚固。横向采用了钢绞线扁锚预应力体系，纵向间距为 1m。竖向采用高强精轧螺纹粗钢筋，YGM 粗钢筋锚具。竖向预应力筋布设在箱梁腹板内，顺桥向间距为 0.5m。三向预应力筋的具体布置形式如图 2-7-16 ~ 图 2-7-18 所示（图 2-7-18 见书末插页）。

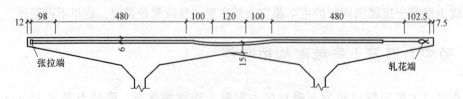

图 2-7-16　虎门大桥主桥辅航道桥横向预应力筋布置（单位：cm）

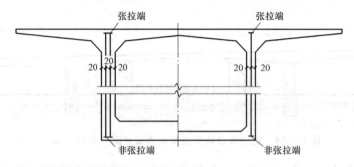

图 2-7-17　虎门大桥主桥辅航道桥竖向预应力筋布置（单位：cm）

思 考 题

1. 刚构桥有哪些主要形式？各有何特点？
2. T 形刚构桥中有哪些主要形式？各有何特点？
3. 带剪力铰的 T 形刚构桥与带挂梁的 T 形刚构桥在受力上有哪些差别？
4. 连续刚构桥有什么力学特点？
5. 为什么连续刚构桥一般采用柔性墩？
6. 为什么预应力混凝土连续刚构桥的跨越能力比连续梁桥的大？
7. 预应力混凝土连续刚构桥的主要优点是什么？

梁式桥的支座 | 第 8 章

8.1 支座的功能与布置原则

8.1.1 支座的功能与要求

桥梁支座（bearing of highway bridge）是设置在桥梁上下部结构之间的支承传力装置，是桥梁结构的重要组成部分。桥梁支座应满足两方面的功能要求：① **桥梁承载和传力要求**，支座应具有将上部结构承受的结构自重、汽车荷载等竖向作用有效传递到下部结构的能力，且保证在风荷载、地震作用等水平作用下上部结构的安全；② **桥梁位移和变形的要求**，保证桥梁结构在汽车制动力、温度变化、梁挠曲位移、预加力、混凝土收缩徐变及地震等偶然作用下，能够产生一定的变位，使上、下部结构的实际受力情况符合结构的静力图式（图 2-8-1）。

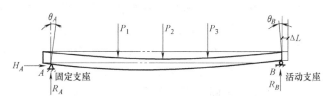

图 2-8-1 简支梁的静力图式

按照梁式桥受力的要求，钢筋混凝土和预应力混凝土梁式桥在桥跨结构和墩台之间均需设置支座。

桥梁支座按允许变位的可能性可分为**固定支座**和**活动支座**两种。固定支座既要固定主梁在墩台上的位置并传递竖向压力和水平力，又要保证主梁发生挠曲时在支承处能自由转动，如图 2-8-1 左端所示。活动支座只传递竖向压力，但要保证主梁在支承处既能自由转动又能水平移动，如图 2-8-1 右端所示。活动支座又分为单向活动支座和多向活动支座。

支座由于受力面积较小，往往承受着很高的压力，所以，首先，支座必须具有足够的承载能力，以保证安全可靠地传递支座反力；其次，应根据桥梁结构对支座处变位的要求，支座满足相应的变形条件，保证结构的实际受力状态与设计计算图式相吻合；最后，支座应力求构造简单、安装方便，具有一定的耐久寿命，便于维修养护及必要时的更换。

8.1.2 支座的布置

桥梁支座在桥梁纵、横向的布置方式与桥梁的结构体系和桥梁的宽度有关。对梁式桥而言，主要有以下几种形式：

1）对预制装配式简支梁桥，工程中一般选用板式橡胶支座形式，如图 2-8-2a 所示的"浮动结构"体系。若严格区分固定、活动支座，则应在一端布置固定支座，另一端布置活动支座。对于整体式简支板桥或箱梁桥，一般采用图 2-8-2b 所示的支座布置方式，以满足桥跨结构纵、横向变位的要求。

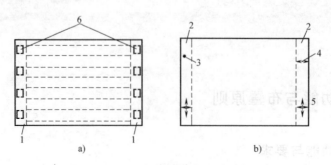

图 2-8-2　单跨简支梁支座布置

1、2—桥台　3—固定支座　4—单向活动支座　5—多向活动支座　6—橡胶支座

固定、活动支座在墩台上的布置应以有利于墩台传递纵向水平力为原则。对多跨简支梁桥，一般在桥台上布置一个（组）固定支座，每个桥墩上布置一个（组）固定支座与一个（组）活动支座。若个别墩较高，也可在高墩上布置两个活动支座，以减少支座的不平衡水平推力。对于坡桥，宜将固定支座布置在高程较低的墩台上。

2）悬臂梁桥的锚固跨也应在一侧设置固定支座，另一侧设置活动支座。挂梁在牛腿处的支座布置方式一般与简支梁相同，但有时也可在挂孔两端均设置固定支座。

3）对于连续梁桥，应在每联的一个桥墩（或桥台）上设置固定支座，其他墩台上均应设置活动支座。并宜将固定支座设置在靠近中间支点（温度中心）处，以利于全梁的纵向变形向梁的两端分散（图 2-8-3）。但若中间支点的桥墩较高或因地基受力等原因，对承受水平力十分不利时，可根据具体情况将固定支座布置在靠边的其他墩台上。此外，悬臂梁桥和连续梁桥在某些特殊情况下支座需要传递竖向拉力时，也应设置能承受拉力的支座。对于较宽的连续梁桥，如果在梁体下横桥向布置有两个支座，还要根据需要布置固定支座和单向或多向活动支座。

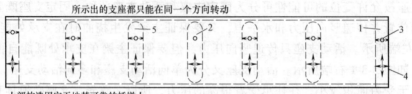

图 2-8-3　多跨连续结构支座布置

1—桥台　2—固定支座　3—单向活动支座　4—多向活动支座　5—活动墩

4）对于处在地震区的桥梁，其支座构造还应考虑桥梁防震的设施，通常应确保由多个桥墩分担水平力。对于弯桥则应考虑活动支座沿弧线方向移动的可能性，具体布置详见本篇第 9 章。

应特别指出的是，无论对于哪种结构形式的梁桥，为了保证运营期间支座的受力均匀，在桥梁纵桥向的单个支承点上，应设置一排竖向支座，横桥向竖向支座的设置应考虑支座脱空的影响，一般不应设置多于两个支座。

8.2　支座的类型和构造

桥梁支座的结构类型很多，除前述的固定与活动之分外，还可以按支座所用的材料分为橡胶支座、钢支座、聚四氟乙烯支座、混凝土支座、铅支座及简易油毛毡支座等；按支座的结构形式分为板式支座、盆式支座、摇轴支座、辊轴支座及球型支座等；按支座的功能分为普通支座、拉压支座及减震支座等。

其中，橡胶支座（rubber bearing）与其他刚性支座相比，具有构造简单、加工和安装方便、造价低、结构高度小、使用性能良好等优点。橡胶支座还能方便地适应任意方向的变形，故对于宽桥、曲线桥和斜交桥都具有较强的适应性。另外，橡胶的弹性还能削减上、下部结构所受的动力作用，对于抗震十分有利。目前，橡胶支座已经得到越来越广泛的使用。根据结构特点和变形机理的不同，橡胶支座分为板式橡胶支座（laminated rubber bearing）和盆式橡胶支座（potted rubber bearing）两大类。

《公预规》指出：公路桥梁宜根据结构要求选用普通板式橡胶支座、四氟滑板式橡胶支座、盆式橡胶支座或球形钢支座。有特殊要求时，经专门研究论证后，可选用其他形式的支座。具体应根据桥梁结构的跨径、结构形式、支点反力的大小、支承处的位移及转角变形值等方面的要求加以选用。

以下简单介绍各类支座的构造特点和变形机理。

8.2.1　板式橡胶支座（GBZ）

板式橡胶支座按结构形式分为普通板式橡胶支座和四氟滑板式橡胶支座，这两类板式橡胶支座应符合《公路桥梁板式橡胶支座》（JT/T 4—2019）（以下简称《板式支座》）的技术要求。另外，为了满足桥梁对板式支座的特殊要求，近年来，在此基础上发展了如球冠圆板式橡胶支座、坡形板式橡胶支座等改进型板式橡胶支座。

1. 普通板式橡胶支座

普通板式橡胶支座（laminated bearing）由几层橡胶和薄钢板（至少两层以上）镶嵌、粘合、压制而成，其基本结构如图 2-8-4 所示。它具有足够的竖向刚度以承受垂直荷载，并能将上部结构的反力可靠地传递给墩台。它的变形机理是：利用橡胶的不均匀弹性压缩实现转角；利用橡胶的剪切变形实现水平位移（图 2-8-5）。

由于橡胶之间的加劲层能起到阻止橡胶片侧向膨胀的作用，可以显著提高橡胶片的抗压强度和支座的抗压刚度，普通板式橡胶支座的极限抗压强度可达 8～10MPa，与无加劲层的纯橡胶支座（允许压应力约为 3000kPa）相比，承载能力明显提高。目前，国产板式橡胶支座的竖向支承反力可达 100～5000kN，在跨径 30m 以下的中等跨径桥梁中得到了广泛的应用。

板式橡胶支座的橡胶材料以氯丁橡胶（CR）为主，也可以采用天然橡胶（NR）或三元乙丙橡胶（EPDM）等。氯丁橡胶具有较好的耐老化性能，但其耐寒性较差，仅适用于温度范围在 -25～60℃ 的地区（称为常温型橡胶支座）。当温度在 -40～60℃ 和 -35～60℃ 的范围

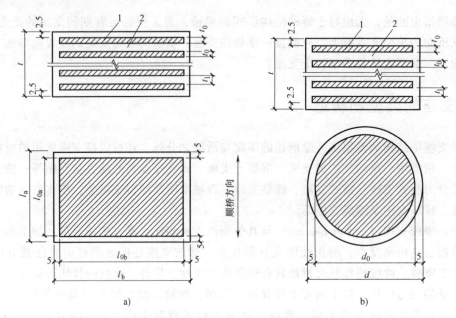

图 2-8-4　普通板式橡胶支座的构造

a）矩形普通板式橡胶支座（代号 J）　b）圆形普通板式橡胶支座（代号 Y）

1—加筋层　2—橡胶层

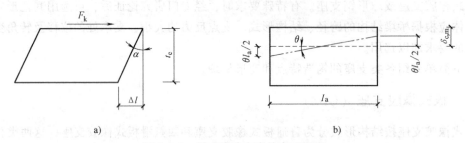

图 2-8-5　板式橡胶支座的变形机理

a）支座橡胶层剪切变形机理　b）支座转转角变形机理

时，则可分别选用天然橡胶和三元乙丙橡胶取代氯丁橡胶（称为耐寒型橡胶支座）。一般地，支座橡胶侧面保护层厚度不应小于 5mm，顶、底面保护层厚度不应小于 2.5mm，加劲钢板之间橡胶层厚度不应小于 5mm。加劲钢板厚度不应小于 2mm，同一支座中应使用相同厚度的加劲钢板。

板式橡胶支座一般不分固定支座和活动支座，这样就可以将水平力均匀地分配给各个支座且便于施工。但如有工程要求必需设置固定支座时，也可以通过采用不同厚度的橡胶支座来实现。

普通板式橡胶支座按平面形状的不同，又可分为矩形板式橡胶支座（代号 J）（图 2-8-4a）和圆形板式橡胶支座（代号 Y）（图 2-8-4b）两种。不同的平面形状适用于不同的桥跨结构，正交桥梁一般用矩形支座；曲线桥、斜交桥及圆柱墩桥则采用圆形支座。

橡胶支座的抗压弹性模量与支座的形状系数 S 有关。形状系数可按下式计算：

矩形支座
$$S = \frac{l_{0a} l_{0b}}{2 t_{es}(l_{0a} + l_{0b})} \tag{2-8-1}$$

圆形支座
$$S = \frac{d_0}{4t_{es}}$$
(2-8-2)

式中　l_{0a}——矩形支座加劲钢板短边尺寸；

　　　l_{0b}——矩形支座加劲钢板长边尺寸；

　　　d_0——圆形支座钢板直径；

　　　t_{es}——支座中间层单层橡胶厚度。

支座平面形状系数应在 $5 \leqslant S \leqslant 12$ 范围内取用。

板式橡胶支座安装应尽量选择在年平均气温时进行。支座下面应按局部承压计算设置支承垫石，垫石的长度、宽度应比支座的尺寸增加 50mm 左右，高度应为 100mm 以上，且应考虑便于支座的更换。安装时，支座的短边应布置在顺桥向，支座中心应尽可能对准上部结构的计算支点，为防止支座受力不均匀，应使上部结构底面及墩台顶面保持表面清洁和粗糙，并使梁底及墩台与支座接触面保持水平和密贴，必要时可先在墩台顶面铺设一薄层水胶比不大于 0.5 的 1：3 水泥砂浆垫层。

当桥梁纵坡坡度不大于 1% 时，板式橡胶支座可直接设于墩台上，但应考虑纵坡影响所需的厚度；否则，为了避免整个桥跨下滑，应采用预埋钢板、混凝土垫块或其他措施将梁底调平，保证支座平置。图 2-8-6 所示为在梁底增设的局部楔形构造。

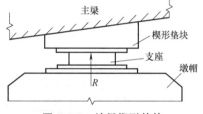

图 2-8-6　坡桥楔形垫块

2. 滑板式橡胶支座

当桥梁的位移量较大，仅靠普通板式橡胶支座的剪切变形难以满足水平变形的要求时，可以采用四氟滑板式橡胶支座（laminated bearing with PTFE or M-PTFE sheet to the elastermer）。这类支座是由普通板式橡胶支座在顶面粘贴一层聚四氟乙烯板或改性聚四氟乙烯滑板而形成。它除了具有普通板式橡胶支座的优点，还由于四氟板与梁底不锈钢板之间的摩擦系数较小（表 1-3-11），可利用它们之间的相对滑动来满足活动支座处对位移的要求。所以特别适用于跨度较大或桥面连续的简支梁桥和连续梁桥；此外，这种支座可在顶推、横移等施工中作为滑道垫板使用。

滑板式橡胶支座也可分为矩形（代号 JH，图 2-8-7）和圆形（代号 YH，图 2-8-8）两种。其上粘贴的聚四氟乙烯板材和梁底不锈钢板的最小厚度均应满足：当矩形支座长边（或圆形支座直径）不超过 500mm 时，取 2mm；当矩形支座长边（或圆形支座直径）大于 500mm 时，取 3mm。四氟滑板不能设置在支座底面，不锈钢板也不能设置在桥梁墩、台垫石上。不锈钢板应与支座上钢板焊接固定。特别地，滑板橡胶支座应水平安装。

3. 改进型板式橡胶支座

球冠橡胶支座和坡形橡胶支座是随着高速公路和一级公路的修建，为适应弯桥、坡桥、斜桥和宽桥的变形要求而出现的两类改进型支座。

球冠圆板式橡胶支座是在圆形板式橡胶支座顶部加设球形纯橡胶层（4~10mm）而成（图 2-8-9a），目的在于利用顶部的橡胶球冠来调整受力的中心位置，改善支座安装过程中的偏压脱空现象，特别适用于有较大纵横坡度（3%~5%）的桥梁。工程中可根据不同坡度需要调整球冠的半径。如果在球冠圆板式橡胶支座的底面再粘贴一层与支座平面尺寸相同的聚四氟乙烯板则成为聚四氟乙烯球冠圆板式橡胶支座（图 2-8-9b），它与配套的不锈钢板配

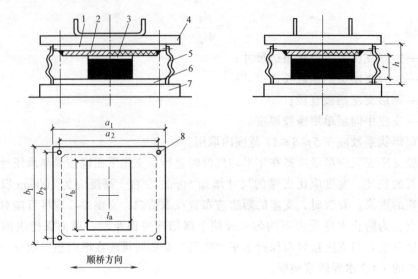

图 2-8-7　矩形滑板橡胶支座结构示意

1—上钢板　2—不锈钢板　3—滑板　4—预埋钢板　5—防尘罩　6—下钢板　7—支座垫石　8—锚固螺栓

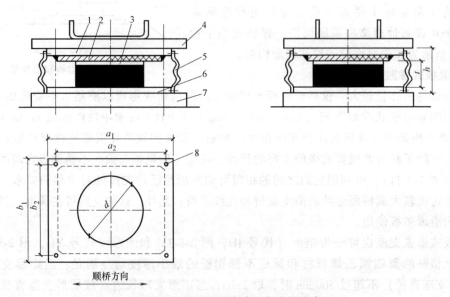

图 2-8-8　圆形滑板橡胶支座结构示意

1—上钢板　2—不锈钢板　3—滑板　4—预埋钢板　5—防尘罩　6—下钢板　7—支座垫石　8—锚固螺栓

合，可实现较大的水平位移量。

坡形板式橡胶支座是在板式橡胶支座的基础上改制而成的一种楔状支座（图 2-8-10），其斜坡的角度可依据桥梁的纵横坡度而定。坡形支座还分为矩形坡形、圆形坡形和球冠坡形等不同类型。

采用球冠圆板式橡胶支座或坡形支座解决桥梁的纵横坡问题，可以减少梁底的处理工作，大大方便了桥梁的设计与施工，目前已在一些桥梁的设计中得到应用。但是，《桥通规》中明确指出：公路桥梁工程不宜采用带球冠的板式橡胶支座或坡形板式橡胶支座。国外规范，如《美国公路桥梁设计规范-荷载与抗力系数设计法》（AASHTO-LRFD）中也有类似的规定。实际上，由于这两类支座的受力和变形比较复杂，设计不能简单套用普通板式橡胶支座标准、规范中的相关设计参数。

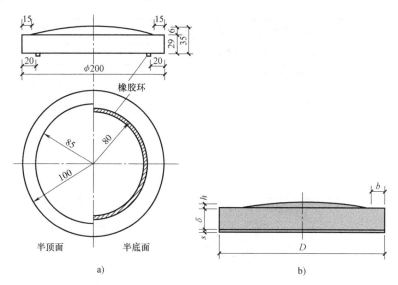

图 2-8-9　球冠圆板式橡胶支座（单位：mm）

8.2.2　盆式橡胶支座（GPZ）

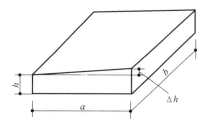

图 2-8-10　坡形板式橡胶支座

一般的板式橡胶支座处于无侧限受压状态，故其抗压强度不高，加之其位移量取决于橡胶的允许剪切变形和支座高度，所以板式橡胶支座的承载能力和位移值受到一定的限制。当竖向力较大时，应采用盆式橡胶支座（pot bearing）（图 2-8-11）。

盆式橡胶支座按其工作特征可以分为固定支座（代号 GD）、双向（多向）活动支座（代号 SX）和纵向活动支座（代号 ZX）、横向活动支座（代号 HX）。盆式橡胶支座也分为常温型支座（适用于-25~60℃，代号 C）和耐寒型支座（适用于-40~60℃，代号 F）。

双向活动支座、纵向活动支座和横向活动支座由顶板、不锈钢冷轧钢板、高性能滑板（改性聚四氟乙烯滑板和超高分子量聚乙烯滑板）、高性能滑板密封圈、中间钢板、橡胶板、黄铜密封圈、钢盆、锚固螺栓、套筒、螺杆、橡胶密封圈和防尘围板等组成（图 2-8-11a）。纵向活动支座和横向活动支座的顶板挡块上还包括侧向不锈钢冷轧钢条，对应的中间钢板两侧设有 SF-1 三层复合板导向滑条。它们是利用设置在钢盆中的橡胶板的不均匀压缩实现转动的功能，利用聚四氟乙烯板和不锈钢板之间的相对滑动来适应桥梁的水平位移要求。固定支座则无须设置不锈钢滑板和聚四氟乙烯滑板（图 2-8-11c）。

盆式支座的橡胶板在受压变形后由于受到钢盆的约束，处于三向受压状态，其设计允许抗压强度可以进一步提高到 25MPa，从而大大提高了承载能力。可见，与板式橡胶支座相比，盆式橡胶支座具有承载能力大、水平位移量大、转动灵活等优点，因此特别适宜在大跨度桥梁上使用。

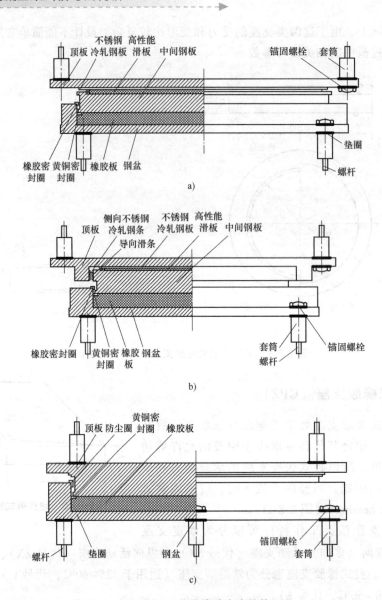

图 2-8-11　盆式橡胶支座结构

a) 双向活动支座　b) 单向活动支座　c) 固定支座

8.2.3　球型支座（QZ）

球型钢支座（spherical steel bearing）传力可靠，转动灵活，不但具备盆式橡胶支座承载能力大、允许支座位移大等特点，而且能更好地适应支座大转角的需要。目前球型钢支座已在国内独柱支承连续弯板结构、独柱支承的连续弯箱梁结构、双柱支承的连续 T 形刚构及大跨度斜拉桥中获得广泛应用。

球型支座也有固定支座、单向活动支座和双向活动支座之分。各类支座均由上支座板（含不锈钢板）、下支座板、球冠衬板、平面聚四氟乙烯板、球面聚四氟乙烯板及橡胶密封圈和防尘结构等部件组成（图 2-8-12）。

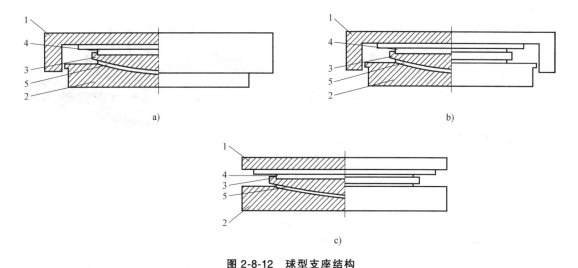

图 2-8-12 球型支座结构

a) 固定支座（代号 GD） b) 单向活动支座（代号 DX） c) 双向活动支座（代号 SX）

1—上支座板 2—下支座板 3—球冠衬板 4—平面聚四氟乙烯板 5—球面聚四氟乙烯板

球型支座适应的温度范围为 $-40 \sim 60$℃。在竖向设计荷载作用下，当镀铬钢板、不锈钢板与聚四氟乙烯板间在加有 5201 硅脂润滑后，温度适用范围在 $-25 \sim 60$℃ 时，设计摩擦系数取 0.03；当温度适用范围在 $-40 \sim -25$℃ 时，设计摩擦系数取 0.05。球型支座的规格系列按照承受的竖向荷载大小，从 $1500 \sim 60000$kN 共分为 29 级；双向活动支座与单向活动支座顺结构主位移方向的位移量（$\pm 50 \sim \pm 300$mm），分为 6 级；支座转角 $0.02 \sim 0.05$rad，分为 5 级。

与盆式橡胶支座相比，球型钢支座具有如下优点：

1）通过球面传力，不出现力的缩颈现象，作用在混凝土上的反力比较均匀。

2）通过球面聚四氟乙烯板的滑动实现支座的转动过程，转动力矩小，且转动力矩只与支座球面半径及聚四氟乙烯板的摩阻系数有关，与支座转角大小无关。因此特别适用于大转角要求，设计转角可达 0.05rad 以上。

3）支座各向转动性能一致，适用于宽桥和曲线桥。

4）不用橡胶承压，不存在橡胶老化对支座转动性能的影响，特别适用于低温地区。

工程中，对球型支座的设计和安装，必须严格按照《桥梁球型支座》（GB/T 17955—2009）的相关规定执行。

8.2.4 两种特殊功能的支座

1. 拉压支座（tension-compression bearing）

在连续梁桥、悬臂梁桥、斜桥、宽悬臂翼缘箱梁桥及小半径曲线桥上，由于荷载的作用，在某些支点上会产生拉力。在这种情况下，必须设置既可以同时承受正负反力，又能实现相应的转动和水平位移的支座，即拉压支座，又称负反力支座。

球型钢支座、盆式和板式橡胶支座都能变更功能作为拉力支座。板式橡胶拉压支座（图 2-8-13）适用于拉力较小的桥梁，对于反力较大的桥梁，则用球型抗拉钢支座或盆式拉力支座更适合。

2. 抗震支座

地震地区的桥梁支座不仅应满足支承要求，还应具备减震、防震的功能。按照抗震设计要求，支座的性能必须满足地震作用下对其强度和允许变形量的要求。支座必须具有抵抗地震力的能力，而减、隔震支座的作用就是尽可能地将结构或部件与可能引起破坏的地震地面运动分离开来，以大大减小传递到上部结构的地震力和能量。

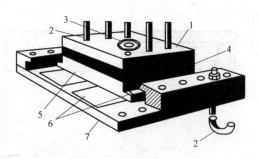

图 2-8-13　板式橡胶拉压支座
1—上支座板　2—锚筋　3—受拉螺栓
4—承压橡胶块　5—滑块　6—奥氏体钢　7—下支座板

目前国内主要的减隔震支座、抗震支座的类型有抗震型球型钢支座（图 2-8-14）、铅芯橡胶支座（图 2-8-15）和高阻尼橡胶支座等。抗震型球型钢支座是通过变更上下支座板的构造形式，除保证满足常规支座要求外，还能承受地震时的反复荷载及满足防落梁要求。铅芯橡胶支座是在多层橡胶支座中插入铅芯，当多层橡胶产生剪切变形时，利用铅芯的塑性变形吸收能量。高阻尼橡胶支座是将特殊配置的具有较高耗能能力的橡胶代替普通橡胶支座中的氯丁橡胶、天然橡胶等常用材料制作而成的。该种支座的特点是滞回环面积较大，具有较大的吸收地震能量的能力。

在前述盆式橡胶支座的基础上，增加高阻尼橡胶圈就成为减震型活动和固定盆式橡胶支座，具体参见《公路桥梁盆式橡胶支座》（JT/T 391—2019）。

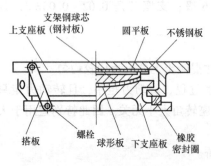

图 2-8-14　KQGZ 抗震型球型钢支座

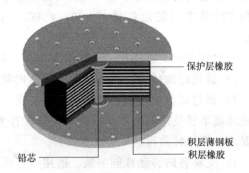

图 2-8-15　铅芯橡胶支座

8.2.5　其他类型支座简介

（1）简易垫层支座　对于标准跨径 10m 以下的公路桥和 4m 以下的铁路桥，可不设专门的支座结构，而直接采用由几层油毛毡或石棉做成的简易支座。这种垫层支座经压实后的厚度不小于 1cm。构造简单，但变形性能较差，为了防止墩、台顶部前缘与上部结构相抵，通常应将墩、台顶部的前缘削成斜角，并且最好在板或梁端底部及墩、台顶部内增设 1~2 层钢筋网予以加强。

（2）钢支座　钢支座是依靠钢部件之间的滚动、摇动或滑动来实现水平位移和转动，其特点是承载能力较强，能适应桥梁的变形需要。常见的钢支座有弧形支座、平板支座、摇轴支座和辊轴支座，如图 2-8-16 所示。其中，平板支座已被板式橡胶支座代替而遭淘汰。

钢支座在铁路桥上应用较多，20 世纪 60 年代以前，我国的公路桥梁也曾经采用过钢支座，但目前已被橡胶支座取代。

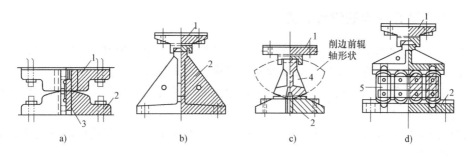

图 2-8-16　钢支座

a) 弧形钢板支座　b) 固定摇轴支座　c) 活动摇轴支座　d) 辊轴支座
1—上板　2—下板　3—销钉　4—摇轴　5—辊轴

8.3　支座的设计计算与选用

8.3.1　支座的受力与变形分析

在进行桥梁支座的尺寸选定和稳定性验算时，必须事先求得每个支座上所承受的竖向力和水平力及所需要适应的位移和转角。

1. 支座的受力特点

作用在支座上的竖向力包括上部结构自重的反力、可变作用的支点反力及其影响力。在计算可变作用的支点反力时，应按照最不利状态布置荷载进行计算。对于汽车荷载的作用，应计入冲击影响力。在可能出现上拔力时，应分别计算支座的最大竖向压力和最大上拔力。对于上部结构可能被风力掀离的桥梁，应计算其支座锚栓及有关部件的支承力。

正交直线桥梁的支座，一般仅需计算纵向水平力。斜桥和弯桥，还需要计算由于汽车荷载的离心力或风力等原因所产生的横向水平力。支座上的纵向水平力包括汽车荷载的制动力、风力、支座摩阻力或温度变化、支座变形等引起的水平力，以及桥梁纵坡等产生的水平力。

汽车荷载引起的制动力，应按照《桥通规》的规定，根据同向行驶车道数确定。制动力在支座间的分配也有相应的规定，具体见表 1-3-8。

2. 支座的变形分析

支座除了作为上部结构的支承点，满足传递支承反力的要求之外，还必须具有适应桥梁结构变形要求的功能。固定支座要保证主梁的自由转动，活动支座既要保证自由转动，又要保证水平移动。

支座的水平位移包括纵向位移和横向位移。可能引起支座纵向位移的原因有温度变化、混凝土收缩徐变、活载作用下梁体下翼缘伸长、下部结构变位等。除了温度变化、混凝土收缩徐变、下部结构横向位移之外，斜、弯桥的荷载也可能引起相应的横向变位。支座沿纵向的转角主要有结构自重和活荷载、混凝土收缩徐变及下部结构变位等引起的梁端转角。

把以上各项支座反力和变位的计算结果按规范的规定进行组合，然后按照桥梁结构的实际特点，依此设计或选配既满足承载能力也适应变形要求的合适支座。

8.3.2 板式橡胶支座的设计计算

在没有特殊要求的情况下，桥梁支座的设计过程实际上是一个成品支座选配的过程，尤其是常用的板式和盆式橡胶支座。这里介绍板式橡胶支座的设计计算，目的是通过熟悉板式橡胶支座的设计计算方法，进一步了解如何进行实际桥梁的支座选配。有关盆式橡胶支座设计计算的内容可参考有关文献。

板式橡胶支座的设计与计算包括确定支座尺寸、验算支座受压偏转情况及验算支座的抗滑稳定性等方面内容。

1. 确定支座的平面尺寸

板式橡胶支座的平面尺寸 $l_a \times l_b$ 或直径 d 要由橡胶板本身的抗压强度、梁部和墩台顶部混凝土的局部承压强度等三方面因素全面考虑后来确定。在一般情况下，尺寸 $l_a \times l_b$ 多由橡胶支座的强度来控制，即由式（2-8-3）所控制。

对于橡胶板
$$\sigma = \frac{R_{ck}}{A_e} \leq \sigma_c \tag{2-8-3}$$

式中 R_{ck}——支座反力设计值，汽车荷载应计入冲击系数；

A_e——支座有效承压面积（承压加劲钢板面积），矩形支座 $A_e = l_{0a} \times l_{0b}$，圆形支座 $A_e = \pi d_0^2/4$；

σ_c——支座使用阶段的平均压应力限值，一般为 $\sigma_c = 10.0\text{MPa}$，当支座形状系数小于 7 时，$\sigma_c = 8.0\text{MPa}$。

2. 确定支座的厚度

板式橡胶支座的重要特点是：梁的水平位移要通过全部橡胶层的剪切变形来实现，如图 2-8-17 所示。因此，要确定支座的厚度 h，首先要知道主梁由于温度变化、混凝土收缩徐变及汽车制动力产生的支座剪切变形值 Δ_l。显然，橡胶层的总厚度 t_e 与梁体水平位移 Δ_l 之间应满足下列关系

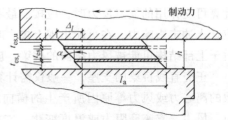

图 2-8-17 支座厚度的计算图式

$$\tan\alpha = \frac{\Delta_l}{t_e} \leq [\tan\alpha] \tag{2-8-4}$$

式中 t_e——支座橡胶层的总厚度；

Δ_l——由上部结构温度变化、混凝土收缩和徐变等作用标准值引起的支座剪切变形和纵向力标准值产生的支座剪切变形；

$[\tan\alpha]$——支座的允许剪切角正切值，当不计汽车制动力作用时采用 0.5，当计入汽车制动力时可采用 0.7。

Δ_l 按以下原则确定：不计入制动力时，$\Delta_l = \Delta_g$；当计入制动力时，还包括制动力标准值产生的支座剪切变形 $\Delta_l = \Delta_g + \Delta_{F_{bk}}$；当支座直接设置于不大于 1% 纵坡的梁底面时，应计入在支座顶面由支座承压力标准值顺纵桥向分力产生的剪切变形。其中，Δ_g 为上部结构由温度

变化、混凝土收缩和徐变等作用标准值引起的支座水平位移；$\Delta_{F_{bk}}$ 由汽车荷载制动力引起作用于一个支座上的水平位移，即

$$\Delta_{F_{bk}} = t_e r = t_e \frac{\tau}{G'_e} = \frac{F_{bk} t_e}{2 G_e l_a l_b} \tag{2-8-5}$$

式中　r、τ——作用于一个支座上的制动力所引起的剪切角和剪应力；

　　　　G'_e——车道荷载作用时橡胶支座的动态剪变模量，可取 $G'_e = 2G_e$；

　　　　G_e——支座抗剪弹性模量，一般取 $G_e = 1.0 \mathrm{MPa}$；

　　　　F_{bk}——作用于一个支座上的制动力。

由此，式（2-8-4）可写成：

不计制动力时　　　　　　　　　　　　$t_e \geqslant 2\Delta_l$ 　　　　　　　　　　（2-8-6）

计入制动力时　　　　　　　　　　　　$t_e \geqslant 1.43\Delta_l$ 　　　　　　　　　（2-8-7）

将式（2-8-5）代入式（2-8-7），可得式（2-8-7）的另一表达式

$$t_e \geqslant \frac{\Delta_g}{0.7 - \dfrac{F_{bk}}{2 G_e l_a l_b}} \tag{2-8-8}$$

当板式橡胶支座在横桥向平行于墩台帽或盖梁顶横坡设置时，计算支座橡胶层总厚度时，应计入支座压力值平行于横坡方向的分力产生的剪切变形。此时

不计制动力时　　　　　　　　　　　　$t_e \geqslant 2\sqrt{\Delta_l^2 + \Delta_t^2}$ 　　　　　　　（2-8-9）

计入制动力时　　　　　　　　　　　　$t_e \geqslant 1.43\sqrt{\Delta_l^2 + \Delta_t^2}$ 　　　　　　（2-8-10）

同时，考虑到橡胶支座的受压稳定性，《公预规》规定 t_e 应满足下列条件

矩形支座　　　　　　　　　　$\dfrac{l_a}{10} \leqslant t_e \leqslant \dfrac{l_a}{5}$（$l_a$ 为矩形支座短边尺寸）

圆形支座　　　　　　　　　　$\dfrac{d}{10} \leqslant t_e \leqslant \dfrac{d}{5}$（$d$ 为圆形支座的直径）

确定橡胶支座的平面尺寸以后，还应确定支座钢板的厚度，一般按下式计算

$$t_s = \frac{K_p R_{ck}(t_{es,u} + t_{es,l})}{A_e \sigma_s} \tag{2-8-11}$$

式中　　t_s——支座加劲钢板厚度，不得小于 2mm；

　　　　K_p——应力校正系数，取 1.3；

$t_{es,u}$、$t_{es,l}$——一块加劲钢板上、下橡胶层的厚度；

　　　　σ_s——加劲钢板轴向拉应力限值，可取钢材屈服强度的 0.65 倍。

确定了橡胶层总厚度 t_e 和单层钢板厚度以后，按有关构造要求确定出钢板的层数，就可得到所需橡胶支座的总厚度 h。

3. 验算支座的偏转情况

主梁受荷载后发生挠曲变形时，梁端将引起转角 θ，如图 2-8-18 所示。此时，支座伴随出现线性压缩变形，假定梁端一侧的压缩变形量为 $\delta_{c,1}$，梁体一侧的压缩变形量为 $\delta_{c,2}$，则

其平均压缩变形为

$$\delta_{c,m} = \frac{1}{2}(\delta_{c,1} + \delta_{c,2}) = \frac{R_{ck} t_e}{A_e E_e} + \frac{R_{ck} t_e}{A_e E_b}$$

$$(2\text{-}8\text{-}12)$$

式中　E_e——支座抗压弹性模量，与支座的形状系数 S 有关，$E_e = 5.4 G_e S^2$；

　　　E_b——支座橡胶弹性体体积模量，$E_b = 2000MPa$；

其他参数意义同前。

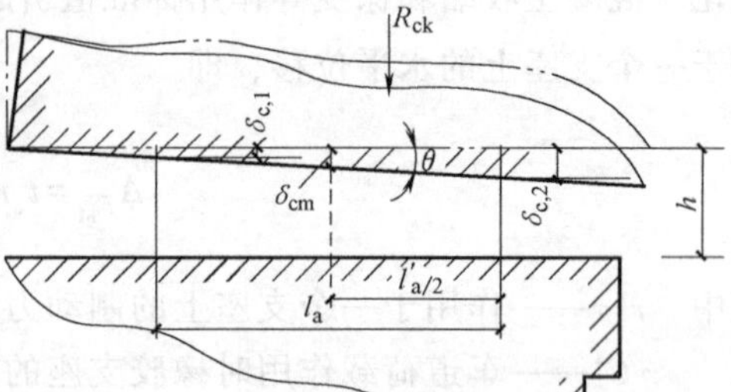

图 2-8-18　支座偏转图式

梁端转角 θ 可依据几何关系表示为

$$\theta = \frac{1}{l_a}(\delta_{c,2} - \delta_{c,1})$$

$$(2\text{-}8\text{-}13)$$

式中　θ——由上部结构挠曲在支座顶面引起的倾角，以及支座直接设置于不大于 1% 纵坡的梁底面下，在支座顶面引起的纵坡坡角（rad）。

由式（2-8-12）和式（2-8-13）联立可解得

$$\delta_{c,1} = \delta_{c,m} - \frac{l_a \theta}{2}$$

$$(2\text{-}8\text{-}14)$$

为确保支座偏转时橡胶支座与梁底不发生脱空而出现局部承压，则必须满足下列条件

$$\delta_{c,1} \geqslant 0$$

即

$$\delta_{c,m} = \frac{R_{ck} t_e}{A_e E_e} + \frac{R_{ck} t_e}{A_e E_b} \geqslant \frac{l_a \theta}{2}$$

$$(2\text{-}8\text{-}15)$$

此外，为限制支座竖向压缩变形，不影响支座稳定，《公预规》还规定橡胶支座的竖向平均压缩变形 $\delta_{c,m}$ 应满足下式要求

$$\delta_{c,m} \leqslant 0.07 t_e$$

$$(2\text{-}8\text{-}16)$$

4. 验算支座的抗滑稳定性

板式橡胶支座通常直接放置在墩台顶面与梁底之间，当梁体因温度变化等因素引起水平位移及有汽车制动力作用时，支座将承受相应的纵向水平力。为了保证橡胶支座与梁底或墩台顶面之间不发生相对滑动，应满足以下条件

不计入汽车制动力时　　　$\mu R_{Gk} \geqslant 1.4 G_e A_g \dfrac{\Delta_l}{t_e}$

$$(2\text{-}8\text{-}17)$$

计入汽车制动力时　　　$\mu R_{ck} \geqslant 1.4 G_e A_g \dfrac{\Delta_l}{t_e} + F_{bk}$

$$(2\text{-}8\text{-}18)$$

式中　R_{Gk}——由结构自重引起的支座反力标准值；

　　　R_{ck}——由结构自重标准值和 0.5 倍汽车荷载标准值（计入冲击系数）引起的支座反力；

　　　μ——支座与接触面间的摩擦系数，普通橡胶支座与混凝土间的摩擦系数采用 0.3，与钢板间的摩擦系数采用 0.2；

Δ_l——由温度变化、混凝土收缩徐变等作用标准值引起的剪切变形和纵向力标准值产生的支座剪切变形，但不包括汽车制动力引起的剪切变形；

F_{bk}——由汽车荷载引起的制动力标准值；

A_g——支座平面毛面积。

聚四氟乙烯滑板式橡胶支座的摩擦力产生的剪切变形，不应大于支座内橡胶层允许的剪切变形，即

不计制动力时 $\qquad\qquad \mu_f R_{Gk} \leqslant G_e A_g \tan\alpha$ (2-8-19)

计入制动力时 $\qquad\qquad \mu_f R_{ck} \leqslant G_e A_g \tan\alpha$ (2-8-20)

式中　μ_f——聚四氟乙烯与不锈钢板的摩擦系数，见表1-3-11；

$\tan\alpha$——橡胶支座剪切角正切值的限值；

R_{ck}——由结构自重标准值和汽车荷载标准值（计入冲击系数）引起的支座反力。

5. 成品板式橡胶支座的选配

板式橡胶支座早已有系列成品可供选择，如 GJZ300×400×47（CR）表示公路桥梁矩形、平面尺寸 300mm×400mm、厚度为 47mm 的氯丁橡胶支座，GYZF$_4$300×54（NR）表示公路桥梁圆形、直径 300mm、厚度为 54mm、带聚四氟乙烯滑板的天然橡胶支座。只需根据标准成品支座的目录，选配合适的产品。选用板式橡胶支座时，其最大承载力应与桥梁支点反力相吻合（允许偏差宜为+10%）。

当用成品目录进行选型时，先根据支座反力、梁肋宽度和梁体水平位移初选出支座，再通过偏转验算和抗滑性能的验算，最终确定支座类型。

8.3.3　盆式橡胶支座的选用

盆式橡胶支座的设计验算内容有：确定聚四氟乙烯板或氯丁橡胶板的尺寸；确定底盆的直径；中间钢板的计算（包括底面积尺寸、钢板厚度、钢板的抗滑验算等）；黄铜密封圈的设计；橡胶密封圈的设计；盆环顶偏转的控制；钢盆环与顶板之间的焊缝应力验算等。而实际工程中，设计人员主要是根据支座反力和变形直接在成品目录上选配适合的支座，同时考虑温度和地震两个因素，以确定适配常温型和耐寒型支座和采用何种抗震型支座或减隔震装置。

我国成品盆式橡胶支座系列主要有中交公路规划设计院设计的 GPZ 系列，以及铁道部科学研究院设计的 TPZ-1 系列等。《公路桥梁盆式橡胶支座》（JT/T 391—2019）推荐了GPZ 系列，盆式橡胶支座竖向设计承载力为 1000～80000kN，分 33 个等级，并有双向活动支座（代号 SX）、纵向活动支座（代号 ZX）、横向活动支座（代号 HX）及固定支座（代号GD）之分。另外，还有减震型纵向活动支座（代号 JZZX）、减震型横向活动支座（代号JZHX）、减震型固定支座（代号 JZGD）。

固定支座、纵向活动支座和横向活动支座的非滑移方向水平设计承载力分为 2 级，即支座竖向设计承载力的 10%、15%，支座竖向设计转动角度不小于 0.02rad。双向活动支座和纵向活动支座顺桥向设计位移量分 5 级，即 ±50mm、±100mm、±150mm、±200mm、±250mm；双向活动支座和横向活动支座的横桥向设计位移量为 ±50mm。当有特殊需要时，可按实际需要调整位移量，调整位移级差为 ±50mm。

合适的支座不仅应满足结构变形的需要，其最大支承反力一般不超过支座允许承载力的

5%，最小支承反力不低于允许承载力的 80%，以确保支座具有良好的滑移性能。如计算得到一个支座的最大反力为 4100kN，最小反力为 3700kN，则宜选择承载力为 4000kN 的盆式支座，而不宜选用承载力为 5000kN 的支座。这是因为 4000kN 的支座允许反力变化范围是 3200~4200kN，而 5000kN 的支座允许反力变化范围是 4000~5200kN。

8.4　板式橡胶支座设计计算示例

例 2-8-1　一座五梁式钢筋混凝土 T 形梁桥，标准跨径为 20m，主梁全长为 19.96m，计算跨径为 19.5m。主梁采用 C40 混凝土，支座处梁肋宽度为 30cm，两端采用等厚度的板式橡胶支座。设计荷载为公路—Ⅱ级，人群荷载 $P_r = 30kN/m^2$。

已知支座反力标准值 $R_{ck} = 354.12kN$，其中结构自重引起的支座反力标准值为 $R_{Gk} = 162.70kN$，汽车荷载引起的支座反力标准值为 $R_{pk} = 183.95kN$，人群荷载反力的标准值为 $R_{rk} = 7.47kN$，汽车与人群荷载作用下产生的跨中挠度为 $f = 1.96cm$。根据当地的气象资料，计算温差为 $\Delta t = 36℃$。试设计板式橡胶支座。

解：（1）确定支座的平面尺寸　选定板式橡胶支座的平面尺寸为 $l_a = 18cm$（顺桥），$l_b = 22cm$，则按构造要求，钢板的尺寸最大为 $l_{0a} = 17cm$，$l_{0b} = 21cm$。采用中间层橡胶片厚度 $t_{es} = 0.5cm$。

1）计算支座的平面形状系数 S

$$S = \frac{l_{0a}l_{0b}}{2t_{es}(l_{0a}+l_{0b})} = \frac{17×21}{2×0.5×(17+21)} = 9.39$$

满足 $5 \leqslant S \leqslant 12$ 的条件。

2）验算橡胶支座的承压强度

$$\sigma = \frac{R_{ck}}{A_e} = \frac{354.12×10^{-3}}{0.17×0.21}MPa = 9.92MPa < 10MPa（合格）$$

通过验算，梁底和墩台顶部混凝土的局部承压也满足要求（具体可参照规范进行），因此选定的支座的平面尺寸满足设计要求。

（2）确定支座的厚度

1）主梁的计算温差为 $\Delta t = 36℃$，温度变形由两端的支座均摊，则每一支座承受的水平位移 Δ_g 为

$$\Delta_g = \frac{1}{2}\alpha'\Delta t l' = \frac{1}{2}×10^{-5}×36×(1950+18)cm = 0.35cm$$

2）为了计算汽车制动力引起的水平位移 $\Delta_{F_{bk}}$，首先要确定作用在每一支座上的制动力 F_{bk}。计算跨径为 19.50m，一个设计车道上公路—Ⅱ级车道荷载引起的制动力标准值为

$$F'_{bk} = (q_k l + p_k)×10\% = (7.875×19.5+178.5)×10\%kN = 33.21kN$$

按《桥通规》规定，制动力不得小于 90kN。故取制动力为 90kN 参与计算。五根梁共 10 个支座，每个支座承受水平力制动力为

$$F_{bk} = \frac{F'_{bk}}{10} = \frac{90}{10}kN = 9.0kN$$

3）确定需要的橡胶片总厚度 t_e。

不计汽车制动力　　　　　　$t_e \geqslant 2\Delta_g = 2 \times 0.35\mathrm{cm} = 0.70\mathrm{cm}$

计入汽车制动力　$t_e \geqslant \dfrac{\Delta_g}{0.7 - \dfrac{F_{bk}}{2G_e l_a l_b}} = \dfrac{0.35}{0.7 - \dfrac{9 \times 10^3}{2 \times 1.0 \times 10^6 \times 0.18 \times 0.22}}\mathrm{cm} = 0.60\mathrm{cm}$

《桥通规》的其他规定，短边尺寸应满足

$$1.8\mathrm{cm} = \frac{18}{10} = \frac{l_a}{10} \leqslant t_e \leqslant \frac{l_a}{5} = \frac{18}{5}\mathrm{cm} = 3.6\mathrm{cm}$$

由上述分析可知，该支座橡胶板的最小总厚度应为 1.8cm。

单层加劲钢板厚度为　　　　　$t_s = \dfrac{K_P R_{ck}(t_{es,u} + t_{es,1})}{A_e \sigma_s}$

其中：$K_P = 1.3$；$A_e = 17 \times 21\mathrm{cm}^2 = 357\mathrm{cm}^2$，取钢材的屈服强度为 340MPa，$\sigma_s$ 取钢材屈服强度的 0.65 倍，$\sigma_s = 0.65 \times 340\mathrm{MPa} = 221\mathrm{MPa}$。将各项数值代入上式得

$$t_s = \frac{1.3 \times 354.12 \times 10^3 \times (5 + 5)}{357 \times 10^{-4} \times 221 \times 10^6}\mathrm{mm} = 0.58\mathrm{mm}$$

另外，还规定单层加劲钢板的厚度不得小于 2mm。所以，单层钢板的厚度取为 2mm。

按构造规定，加劲板上、下橡胶保护层取为 2.5mm，选用 4 层钢板和 5 层橡胶片组成的支座。

橡胶厚度 $t_e = (2 \times 2.5 + 3 \times 5)\mathrm{mm} = 20\mathrm{mm} > 18\mathrm{mm}$，满足最小厚度的要求。

加劲板总厚度 $\sum t_s = 4 \times 2\mathrm{mm} = 8\mathrm{mm}$，

支座高度 $h = (20 + 8)\ \mathrm{mm} = 28\mathrm{mm}$。

（3）验算支座的偏转情况

1）支座的平均压缩变形为　　　$\delta_{c,m} = \dfrac{R_{ck} t_e}{A_e E_e} + \dfrac{R_{ck} t_e}{A_e E_b}$

其中，橡胶体积模量　　　　　$E_b = 2000\mathrm{MPa}$

支座抗压弹性模量 $E_e = 5.4 G_e S^2 = 5.4 \times 1.0 \times 9.39^2\mathrm{MPa} = 476.13\mathrm{MPa}$

代入上式得

$$\delta_{c,m} = \frac{354.12 \times 10^3 \times 20}{0.17 \times 0.21 \times 476.13 \times 10^6}\mathrm{mm} + \frac{354.12 \times 10^3 \times 20}{0.17 \times 0.21 \times 2000 \times 10^6}\mathrm{mm} = 0.516\mathrm{mm}$$

2）计算梁端转角 θ。由关系式 $f = \dfrac{5gl^4}{384EI}$ 和 $\theta = \dfrac{gl^3}{24EI}$ 可得

$$\theta = \left(\frac{5l}{16} \times \frac{gl^3}{24EI} \right) \frac{16}{5l} = \frac{16f}{5l}$$

设结构自重作用下，主梁处于水平状态。而已知公路—Ⅱ级荷载下的跨中挠度 $f = 1.96\mathrm{cm}$，代入上式得

$$\theta = \frac{16 \times 1.96}{5 \times 1950}\mathrm{rad} = 0.00322\mathrm{rad}$$

3）验算偏转情况

$$\delta_{c,m} = \frac{l_a \theta}{2} = \frac{180}{2} \times 0.00322\mathrm{mm} = 0.2898\mathrm{mm} < \delta_{c,m} = 0.516\mathrm{mm}$$

按《公预规》规定，尚应满足 $\delta_{c,m} \leqslant 0.07t_e$，即

$$0.516\text{mm} \leqslant 0.07 \times 20\text{mm} = 1.40\text{mm}(\text{合格})$$

所以，支座满足偏转要求。

（4）验算支座的抗滑稳定性　由式（2-8-17）和式（2-8-18）验算滑动稳定性：

不计入汽车制动力时　　$\mu R_{Gk} \geqslant 0.3 \times 162.7\text{kN} = 48.81\text{kN}$

$$1.4 G_e A_g \frac{\Delta_g}{t_e} = 1.4 \times 1.0 \times 10^3 \times 0.18 \times 0.22 \times \frac{3.5}{20}\text{kN} = 9.70\text{kN}$$

可见，$\mu R_{Gk} \geqslant 1.4 G_e A_g \dfrac{\Delta_l}{t_e}$，故在自重作用下，支座不会滑动。

计入汽车制动力时　　$\mu R_{ck} = 0.3 \times \left(162.70 + \dfrac{1}{2} \times 183.95\right)\text{kN} = 76.40\text{kN}$

$$1.4 G_e A_g \frac{\Delta_l}{t_e} + F_{bk} = \left(1.4 \times 1.0 \times 10^3 \times 0.18 \times 0.22 \times \frac{3.5}{20} + 9.0\right)\text{kN} = 18.70\text{kN}$$

可见，$\mu R_{CK} \geqslant 1.4 G_e A_g \dfrac{\Delta_l}{t_e} + F_{bk}$，因此，制动力作用下支座不会滑动。

思 考 题

1. 桥梁支座应具备什么功能？
2. 支座的基本布置原则是什么？
3. 公路桥梁支座有哪些类型？
4. 板式橡胶支座的构造及变形机理是什么？
5. 盆式橡胶支座的构造及变形机理是什么？
6. 简述板式橡胶支座的计算要点。

混凝土斜板(梁)桥、弯梁桥的构造与设计 | 第9章

近年来，随着我国交通运输事业的发展，特别是高等级道路的快速发展，斜桥和弯桥得到了越来越广泛的应用。但是斜弯桥的受力状态复杂，设计计算比直线正桥麻烦，其理论计算方法还有待进一步完善。

9.1　斜板（梁）桥

9.1.1　斜交角的定义及斜桥分类

在桥梁建设中，常常受到桥位处的地形限制，或者高等级公路为了服从线路走向的要求，而将桥梁设计成桥轴线与支承线不相互垂直的形式，称为斜交桥。

斜交角是表征斜板桥偏斜程度的重要因素，它的表示方法有两种：一种是桥纵轴线与支承轴线的垂直线的夹角 φ，另一种是桥轴线与支承线的夹角 α。很显然，角 φ 与角 α 是互余的。习惯上斜交角多指 φ（图 2-9-1）。斜交角的大小直接关系到斜桥的受力特性，φ 越大斜桥的特征越明显。

斜桥按其截面形式，可以分为斜板桥和斜梁桥，斜梁桥又分为斜肋梁桥和斜箱梁桥。斜梁桥指由多根纵梁及横梁组成的斜格子梁桥。斜梁桥可以采用预制装配式结构，也可以采用装配整体式结构。根据截面形式不同，分为斜肋梁桥和斜箱梁桥，前者一般用于简支体系，后者则多用于连续体系。

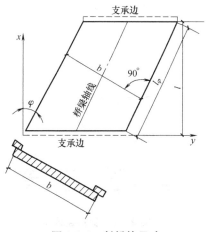

图 2-9-1　斜板的尺寸

9.1.2　斜板桥的受力特点和构造

为了便于理解斜交板桥的构造，下面首先对斜交板桥的受力性能做简单的分析。

9.1.2.1　斜板桥的受力特点

国内外学者经过大量的理论和试验研究，得到斜板在垂直荷载作用下的特性表现在以下几个方面：

1) 斜板的荷载有向两支承边之间最短距离方向传递的趋势（图 2-9-2）。在宽跨比（b/l）较大的斜板中部，其最大主弯矩方向（在垂直于该方向的截面上没有扭矩）几乎与支承边垂直。在斜板的两侧边缘，主弯矩方向虽然几乎平行于自由边，但仍有向支承边垂线

方向偏转的趋势。

2）斜板各角点的受力情况可以用图 2-9-3 所示的以 A、B、C、D 为支点的 Z 字形连续梁（三跨连续梁）来比拟。

在钝角 B、C 处产生接近于跨中弯矩值的相当大的负弯矩，其方向垂直于钝角的二等分线，其值随 φ 的增大而增加，但分布范围较小，并迅速减小。

斜板在支承边上的反力很不均匀。以钝角 B、C 处的反力最大，锐角 A、D 处的反力最小，当斜交角与宽跨比都较大时，甚至可能出现负反力，使锐角向上翘起。此时若固定锐角角点，势必导致板内有较大的扭矩。

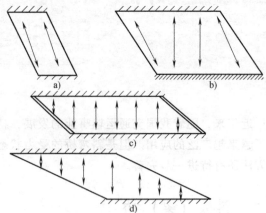

图 2-9-2　斜板的主弯矩方向

3）斜板的扭矩分布很复杂，板边存在较大的扭矩（图 2-9-4）。

4）当斜交角在 15° 以内时，斜交的影响可以忽略，因此《公预规》规定：当支承轴线的垂直线与桥纵轴线的夹角即斜交角不大于 15° 时，整体式斜板桥的斜交板可按正交板计算；当 $l_\varphi/b \le 1.3$ 时，其计算跨径取两支承轴线间的垂直距离；当 $l_\varphi/b > 1.3$ 时，其计算跨径取斜跨径长度。式中，l_φ 为斜跨径，b 为垂直于桥纵轴线的板宽。

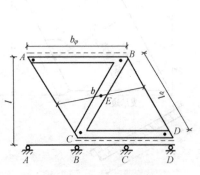

图 2-9-3　比拟连续梁

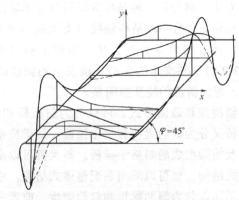

图 2-9-4　斜交角为 45° 的简支斜板
在满布均布荷载下的扭矩

装配式铰接斜板桥的预制板块，可按宽为两板边间的垂直距离、计算跨径为斜跨径的正交板计算。

9.1.2.2　斜板桥的钢筋布置及构造特点

了解了斜板桥的工作性能和受力特点以后，就不难据此对其进行钢筋的配置。

1. 整体式斜板桥

对整体式板桥，一般 $l_\varphi \le 1.3b$，桥梁宽度较大，根据以上所述斜板主弯矩方向的特点，如果斜交角 $\varphi \le 15°$，主钢筋可完全平行于桥纵轴线方向布置（图 2-9-5a）；当 $\varphi > 15°$ 时，主钢筋应垂直于板的支承轴线方向布置（图 2-9-5b）。为抵抗板内靠近自由边区段的扭矩，还应在板的自由边上下层各设一条不少于 3 根主钢筋的平行于自由边的钢筋带，并用箍筋箍牢（图 2-9-5c）。

斜板的分布钢筋应垂直于主钢筋方向设置（图 2-9-5a、b）。分布钢筋的直径、间距和数量与整体式正板桥要求相同。在斜板的支座附近应增设平行于支承轴线的分布钢筋，或将分布钢筋向支座方向成扇形分布，过渡到平行于支承轴线。

当 $\varphi > 15°$ 时，由于钝角部位有较大的反力和负弯矩，在钝角两侧 1.0～1.5m 边长的扇形面积内应配置加强钢筋。在靠近板底的下层，其方向与钝角的平分线平行（图 2-9-5c），在靠近板顶的上层，其方向与钝角平分线垂直（图 2-9-5d）。加强钢筋的直径不小于 12mm，间距 100～150mm。

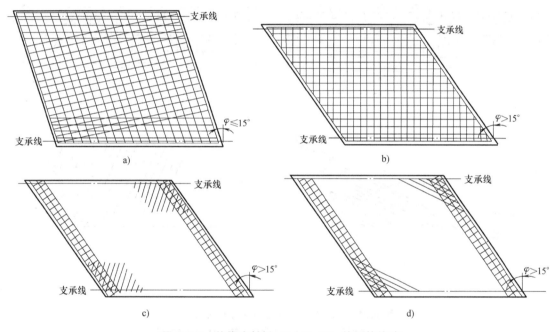

图 2-9-5　整体式斜板（$l_\varphi \leqslant 1.3b$）的钢筋构造

a）$\varphi \leqslant 15°$时钢筋的配置方向　b）$\varphi > 15°$时钢筋的配置方向　c）下层加强钢筋　d）上层加强钢筋

2. 预制装配式斜板桥

对装配式斜板桥，一般地 $l_\varphi > 1.3b$，属窄斜板桥，其主钢筋可与桥纵轴线平行（图 2-9-6a）。其钝角部位加强钢筋及分布钢筋的配置原则与整体式斜板桥相同。

2000 年我国新编制了《装配式钢筋混凝土斜板桥标准图》（JT/G QB 017—2000），斜跨径包括 3m、4m 和 5m 三种，斜交角 φ 分别为 0°、10°、20°、30°、40°五种，预制板垂直于桥轴线的宽度为 1.25m。对应三种跨径的板高分别为 220mm、260mm、300mm（不包括后浇混凝土层）。图 2-9-6 所示为斜跨长 4m、斜交角为 30°和 40°的钢筋构造图。

2007 年我国编制了《装配式钢筋混凝土简支板梁上部构造通用图》，共分 6 册（板梁系列第 31-36 册），斜跨径分别为 6m、8m 和 10m 三种，斜交角 φ 分别为 0°、15°和 30°三种，设计荷载为公路—Ⅰ级和公路—Ⅱ级，预制板垂直于桥轴线的宽度也为 1.0m，对应三种跨径的板高分别为 370mm、470mm 和 550mm（不包括后浇混凝土层）。图 2-9-6 所示为跨径

10m，公路—Ⅰ级荷载，斜交角 30°的钢筋混凝土斜板配筋。

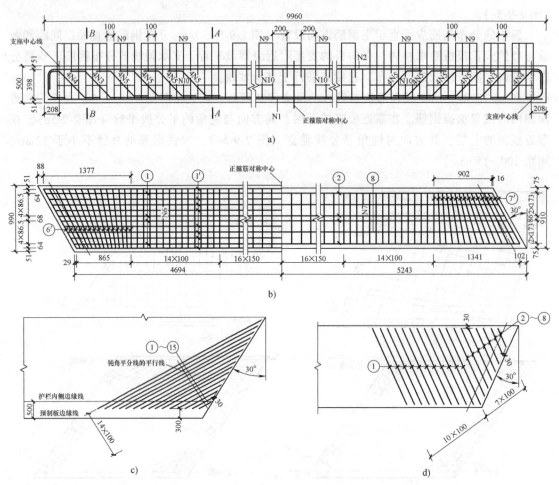

图 2-9-6　装配式钢筋混凝土板桥构造实例（斜交角 30°，单位：mm）

a）立面图　b）平面图　c）桥面角隅加强钢筋　d）板底钝角加强钢筋

2007 年我国还编制了《装配式先张法预应力混凝土简支空心板梁通用图》，共分 20 册（板梁系列第 1-20 册），斜跨径分别为 10m、13m、16m 和 20m 四种，斜交角 φ 分别为 0°、15°和 30°三种，预制板垂直于桥轴线的宽度分别为 1.0m 和 1.25m。对应四种跨径的板高分别为 600mm、700mm、800mm 和 900mm（不包括后浇混凝土层）。

2007 年我国还编制了《装配式后张法预应力混凝土简支空心板梁通用图》，共分 10 册（板梁系列第 21-30 册），斜跨径分别为 10m、13m、16m 和 20m 四种，荷载公路—Ⅰ级和公路—Ⅱ级，斜交角 φ 分别为 0°、15°和 30°三种，预制板垂直于桥轴线的宽度为 1.25m。对应四种跨径的板高分别为 600mm、700mm、800mm 和 950mm（不包括后浇混凝土层）。图 2-9-7 所示为跨径 16m，公路—Ⅰ级荷载，斜交角 15°的后张预应力混凝土斜板配筋。

9.1.3　斜肋梁桥的受力特点与构造

1. 斜肋梁桥的受力特点

斜肋梁桥主要由纵向梁肋、横隔板和桥面板三部分构成。

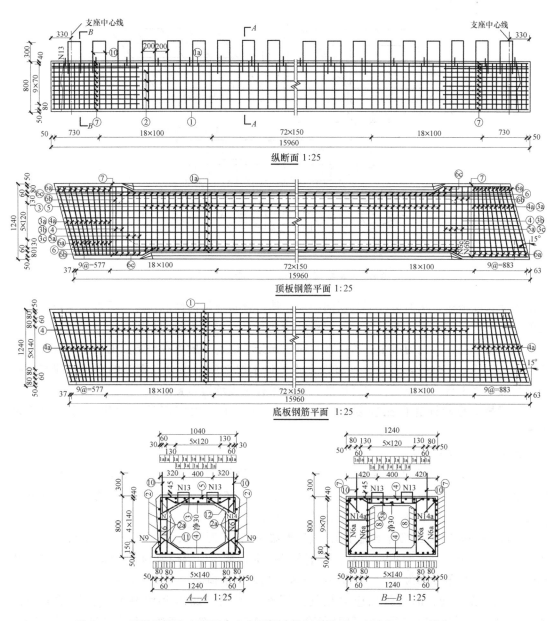

图 2-9-7　后张法预应力混凝土空心板桥中梁钢筋布置（斜交角 15°，单位：mm）

为了加强梁肋之间的联系，保证主梁工作的整体性，斜肋梁桥一般均需设置中横隔梁和端横隔梁。横隔梁的布置方式有两种（图 2-9-8）：一种是横隔梁与纵梁（主梁）正交，另一种是横隔梁与支承边平行（与纵梁斜交）。对于由纵梁和横隔梁组成的斜梁桥，虽然形成了格子形的离散结构，但是在梁距不是很大且设有一定数量横隔梁的情况下，斜梁桥仍然显示出与斜板桥类似的受力特点。

在对称荷载作用下，斜梁桥同一根主梁的弯矩不对称，弯矩峰值向钝角方向靠拢，边梁尤其明显；随着斜交角的增大，斜梁桥的纵梁弯矩减小，横隔梁弯矩则增大。

由于荷载的横向分布与桥梁的横向刚度密切相关，横隔梁正交布置时，相邻主梁间的横

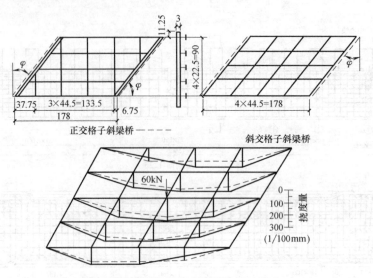

图 2-9-8　两种横隔梁布置方式的比较（单位：cm）

隔梁由于长度最短，从而增大了其横向刚度，使得分布荷载的性能较好。所以，从挠度和应变的分布来看，横隔梁正交布置时斜梁桥的横向分布性能优于斜交横梁。

斜梁桥中存在较大的扭矩，桥梁设计时应充分考虑，一般可在桥道板的上、下层布置足够的构造钢筋来抵抗扭转应力。其布置方式类似于图 2-9-5a 中分布钢筋的布置，即在桥跨中部均按垂直于自由边布置，在桥跨的两端按平行于支承边布置。

斜梁桥的精确计算也比较复杂，迄今仍没有一个可供实用计算的比较适宜的简化方法。

2. 斜肋梁桥构造实例

我国于 1993 年编制了《装配式后张法预应力混凝土工字形组合斜梁桥标准图》，斜跨径分别为 20m、30m 和 40m 三种，斜交角分别为 0°、15°、30°和 45°四种。均采用中间横隔梁与主梁垂直和端横隔梁与支承线平行的布置形式。

2008 年编制的《公路桥梁通用图》（T 形梁系列），对应公路—Ⅰ荷载，斜跨径分别为 20m、25m、30m、35m 和 40m 五种；对应公路—Ⅱ荷载，斜跨径分别为 20m、25m、30m 和 35m 四种。斜交角分别为 0°、15°和 30° 三种。均采用了横隔梁与纵梁斜交的形式。

标准跨径 30.0m 的后张预应力混凝土简支 T 形梁（2008 年编制的《公路桥梁通用图》），构造图如图 2-9-9 所示，钢束布置图与图 2-2-28 一致，普通配筋图如图 2-9-10 所示。相关设计信息参照第 2 篇 2.3.5 节。

9.1.4　连续斜梁桥的受力特点与支座布置

1. 连续斜梁桥的受力特点

研究表明，影响连续斜梁桥受力特性的因素比较多，如连续梁的跨数、支座的布置形式、荷载形式、斜交角 φ 及截面的弯扭刚度比 $k = \dfrac{EI}{GI_\mathrm{T}}$ 等。

图 2-9-11 所示为三跨连续斜梁桥（中墩均为点铰支座）在均布荷载 p 作用下的内力值与 φ、k 的关系。由图 2-9-11a 可见，在常用的斜交角 $\varphi \leqslant 45°$ 的范围内，随着斜交角 φ 的增大，

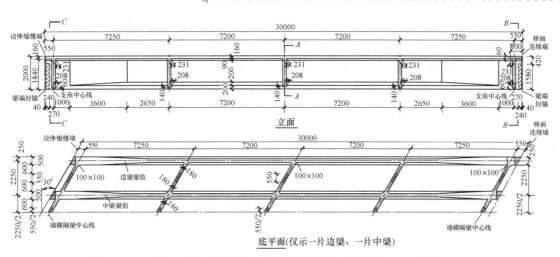

图 2-9-9　后张法预应力混凝土 T 梁构造布置图（斜交角 30°，单位：mm）

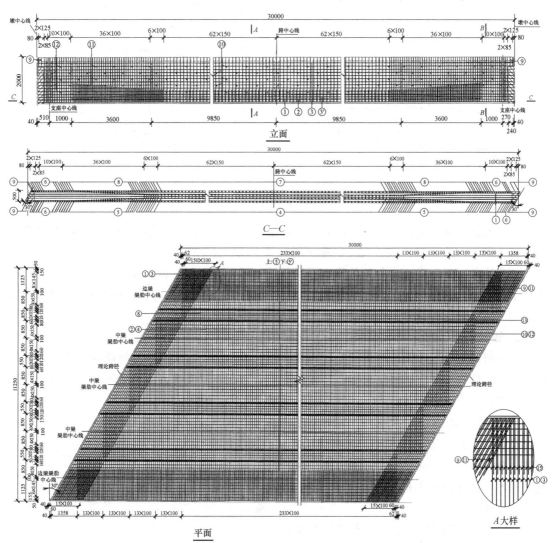

图 2-9-10　后张法预应力混凝土 T 梁普通配筋图（斜交角 30°，单位：mm）

边跨跨中和中支点的弯矩绝对值逐渐减小，而中跨跨中弯矩逐渐增大；截面的扭矩绝对值也是逐渐增大，φ 对中支点处的截面剪力影响较小。由图 2-9-11b 可见，在弯扭刚度比 $k=0.5\sim2.0$ 的范围内，随着 k 值的增大，边跨跨中和中支点处的弯矩绝对值逐渐增大，而中跨跨中的弯矩值逐渐减小，当 φ 值一定时，扭矩的绝对值逐渐减小；k 对中支点处的截面剪力影响同样较小。

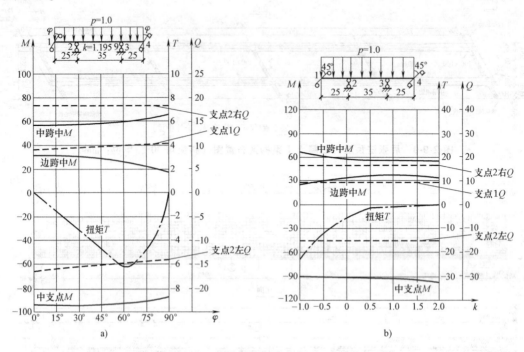

图 2-9-11　连续斜梁桥内力与 φ、k 的关系

　　尽管连续斜梁桥的影响因素要比简支体系复杂得多，但如果把连续斜梁桥中所有中间支座的反力都视作外荷载，则桥两端的受力特性有许多与简支斜梁桥相同，尤其是其钝角部位。钝角处的支座反力比锐角处的要大，锐角处有时也会出现上拔力或支座脱空的现象；钝角处承受有较大的负弯矩，且随着斜交角的增大而增大等。这些共同特点对桥头两端的钢筋构造和支座布置都有重要的参考价值。

2. 连续斜梁桥的支座布置

连续斜梁桥多采用箱形截面，支座布置必须能够承受由主梁自重和活荷载偏载等因素所产生的扭矩作用。一般在两端桥台上布置具有抗扭功能的双支座，但在中间桥墩顶面上，支座的布置形式有以下形式：

1）图 2-9-12a 所示为在全桥各墩（台）上均布置双支座。这种情况下，上部结构的偏载扭矩可以在各个墩台之间分配，对抗扭是有利的。高速公路上的桥梁通常都采用这种布置方式。

2）图 2-9-12b 所示两端为抗扭双支座，中间各墩上均布置点铰支座。这种布置形式

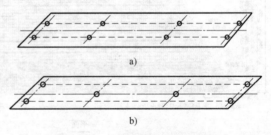

图 2-9-12　连续斜梁桥支座布置

的优点是可以将中间桥墩设计成独柱式桥墩，对于城市立交桥可以增加美观，若修建于河中，可以减小阻水面积。一般用于跨数不多（3~4 跨）、全桥不太长和桥不太宽的场合。

3）除此之外，也可以采用混合布置的形式，即一部分中墩布置单点铰支座，其他均布置抗扭双支座。

9.2　弯梁桥

平面弯曲的曲线梁桥又称为弯梁桥。近年来，随着高等级公路和城市立体交叉结构的发展、新型建筑材料的采用及桥梁施工技术的提高，弯梁桥结构在我国得到了广泛的采用，结构分析理论也日渐成熟。但由于其受力状态比较复杂，设计计算仍存在一定的困难。

9.2.1　弯梁桥的受力特点

相对于直线梁桥，弯梁桥受力有以下特点：

1）在竖向荷载作用下，弯梁桥的截面在产生"弯矩"的同时，必然同时伴随着产生"扭转"，而这种"扭转"作用又将导致"挠曲"变形，即所谓的"弯—扭"耦合作用。曲率半径越小、跨径越大、桥越宽时弯扭耦合效应越明显。

2）由于受弯扭耦合变形影响，弯梁桥外侧边梁的竖向挠度一般较同跨径的直梁桥大，并且外边缘的挠度大于内边缘的挠度，外梁超载，内梁卸载。尤其是当活荷载偏置时，内、外梁的支点反力可能相差悬殊，甚至出现负反力。

3）弯梁桥的弯扭刚度比（$k = EI/GI_T$）对结构的受力状态和变形有直接的影响。图 2-9-13 所示为单位集中荷载作用下简支超静定曲梁的跨中挠度系数，在 $k = 1$、10、100 时的三条曲线 c_{11}、$10c_{11}$、$100c_{11}$。可见，随 k 值增大，由于曲率因素而导致的扭转变形显著增大。所以，在满足竖向变形的前提下，宜尽量减小 EI 值，增大 GI_T 值。

4）梁桥的计算图式应根据抗扭约束的实际情况来判断，简支曲梁可以是静定结构，连续曲梁也可能是静定结构。

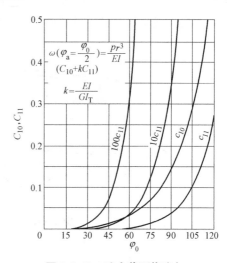

$$\omega\left(\varphi_a = \frac{\varphi_0}{2}\right) = \frac{pr^3}{EI}(C_{10} + kC_{11})$$

$$k = \frac{EI}{GI_T}$$

图 2-9-13　跨中截面挠度与圆心角 φ_0 的关系

5）弯梁桥中的横隔梁，除具有直线桥中的功能外，还是防止扭转、保持全桥稳定的重要构件，因而与一般的直线梁桥相比，要求其刚度较大。尤其对薄壁箱梁而言，通过增设横隔梁减小截面畸变变形是最有效的方案。

6）在弯梁桥中，恒荷载也存在横向分布的问题，各根主梁的恒荷载内力很不均匀，外边梁受力最大。

9.2.2　弯梁桥的总体布置与构造

9.2.2.1　弯梁桥的总体布置

弯梁桥在平面布置上基本上应服从整体线形布置的要求，综合考虑路、桥之间的协调配合。在平面上除采用圆曲线外，经常有缓和曲线进入桥梁范围，在特殊地形地貌时，也可采用反向曲线的形式。

弯梁桥立面布置的内容与直线桥相同，包括结构体系的选择，桥梁分孔，梁高选择，墩、台形式选择和基础方案选用等。

平面弯桥可以采用各种不同的结构体系，如弯梁桥、弯拱桥、弯刚架桥、弯斜拉桥等，目前应用最广泛的是连续弯梁桥，弯梁桥的跨径一般为60m以下的中等跨径。预应力混凝土弯梁桥常用的跨径为20~60m，曲率半径大时，跨径可以相应增大。

9.2.2.2　弯梁桥的截面形式

混凝土弯梁桥的横截面形式很多，常用的有板式、肋板式、肋式和箱式等。具体设计时，应根据桥梁的跨径、桥面宽度、允许建筑高度、支座布置形式、施工方案、桥面超高方案及桥梁的总体布置等情况，进行合理的选择。为了抵抗截面中的弯矩和扭矩，在弯梁桥中大都采用箱形截面梁。但在美国曾一度广泛采用钢工字梁现浇混凝土桥面板的结合梁构造。

混凝土弯梁桥与直梁桥的横截面在本质上没有太大的差别，但一方面由于其受弯扭耦合作用的特性，对截面横向抗倾覆稳定性的要求较高；另一方面由于桥面超高的需要，且受扭时外边梁受力较大，在构造上的不对称性比较突出，可以有意识地在桥梁的横桥向将各根主梁布置成不同的梁高（图2-9-14），也可以采用横向各根主梁高度相同，超高在墩顶设置，或在梁底设置垫块，或通过桥面铺装层进行调整（图2-9-15）。

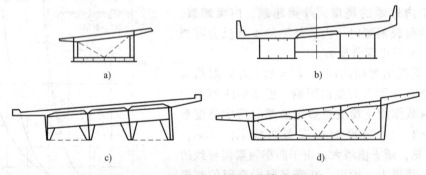

图 2-9-14　采用梁高不相同的超高布置形式

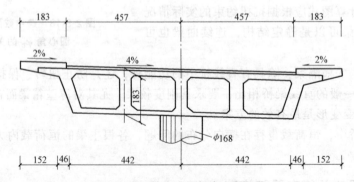

图 2-9-15　等高度梁超高布置形式

为了简化弯梁桥的结构构造和施工工艺，沿纵向普遍采用等高度的截面形式。但当跨径和半径都很大时，也可以采用变高度的形式。

内半径小于240m的弯箱梁应设跨间横隔板，其间距对于钢筋混凝土箱形截面梁不应大于10m；对于预应力箱形截面梁则应经结构分析确定。

9.2.2.3 弯梁桥墩台形式

弯梁桥的墩台构造与直梁桥的墩台形式没有本质上的区别，具体构造和设计见本书第5篇。但考虑到弯梁桥的受力特点，在设计时应注意以下几个方面：

1）必须合理布置抗扭约束的墩台。比如，当采用多孔连续弯梁桥方案时，常在桥台上设置抗扭约束，中墩则布置成独柱式构造，这意味着上部结构的抗扭跨径增大。

2）由于弯梁桥内、外侧梁的受力不均，故在墩台设计时，应注意墩台在横桥向的受力不均匀性。

3）由于弯梁桥桥面上作用着离心力和横向力矩，故应注意墩台中横向荷载的作用，特别是对横向刚度较小的独柱桥墩尤为突出。

4）当采用顶推法或悬臂法施工连续梁桥时，墩台设计时应考虑施工过程的抗扭约束，注意弯梁桥恒荷载产生的弯扭影响，确保施工期间墩台的稳定性。

9.2.2.4 弯梁桥的支承布置

1. 竖向支承的布置

弯梁桥的支承布置必须能够承受由主梁自重和活荷载偏载等因素产生的扭矩作用。具体布置方式应根据曲率半径的大小，上、下部结构的总体布置图式而定。支座布置的情况将决定全桥的力学计算图式，影响到结构的受力，设计中应给予足够的重视。

图2-9-16a和图2-9-16b所示为单跨弯梁桥的两种典型支承布置形式，除此之外，也可以根据情况采用两端完全固结的支承形式。图2-9-16a为简支静定结构，图2-9-16b为简支超静定结构。静定形式的简支弯梁桥在实际工程中是不可取的，因为不抗扭的梁端将产生扭转变形，这势必给伸缩缝的设置带来一定的困难。

对于连续弯梁桥，为了满足温度、收缩和预应力张拉等因素产生的变位，保证伸缩缝的正常工作，一般在两端的桥台上设置能使桥面结构做切线方向位移，并可抵抗外扭矩的抗扭支承，中间支承可以采用抗扭支承（图2-9-16c），或点铰支承（图2-9-16d），或交替使用两种支承形式（图2-9-16e）。研究表明，以上三种支承布置形式对主梁弯矩的影响很小，对扭矩的分布和峰值影响也不大，主要对支承附近断面的扭矩有一定的影响。所以，对于连续弯梁桥，特别是在曲率半径较小的情况下，其上部结构采用具有较大抗扭刚度的箱梁结构时，中间桥墩一般布置成独柱墩、点铰支承的形式，这种布置方式在城市立交桥的匝道中应用广泛。

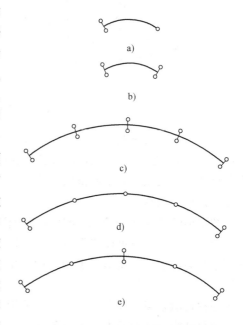

图2-9-16 弯梁桥的支承布置形式

a）简支静定 b）简支超静定 c）全抗扭支承
d）中间点铰支承 e）抗扭与点铰支承交替

但当连续弯梁桥的曲率半径较大时，"弯—扭"耦合作用减小，如果中间均设独柱墩，活荷载偏心产生的扭矩大部分传递到相邻孔，所有中间孔的扭矩最终累积到梁端的抗扭支承上，使得端支承的梁体承受较大的扭矩。此时，必须在每个桥墩上布置能够承受外扭矩的抗扭支座（图2-9-16c）或每隔2~3个桥墩交替采用点铰支承和抗扭支承（图2-9-16e）。对于曲率半径较大的连续弯梁桥，也可以将点铰支承人为地交替布置在桥轴线的两侧，以增大全桥的抗侧倾稳定性。

2. 水平支承的布置

弯梁桥在水平面内的变形由两类原因引起。一类原因是温度变化和混凝土的收缩，另一类原因是预加力和混凝土的徐变。这两类水平位移的方向是不相同的，前者属于弧线段膨胀或缩短性质的位移，变形后弧段的半径有所变化（$r_0 \rightarrow r$），但圆心角不变（图2-9-17a）；后者属于切向变形，其曲率半径不变，圆心角发生变化（$\varphi_0 \rightarrow \varphi$）（图2-9-17b）。可见，由预加力和混凝土徐变引起的变形不产生横桥向的位移，这与通常支座和伸缩缝的布置不相矛盾。而由于温度变化和混凝土收缩将引起各支点处的弦向位移，故在桥梁活动端将引起和桥轴线垂直的位移分量，它会使伸缩缝的活动在构造上发生困难，并产生一个平面扭矩，使整个桥面产生旋转，所以曲线梁桥会发生沿桥轴线方向的纵向位移和沿桥轴线垂直方向的横向位移，从而给伸缩缝的设置带来了困难。

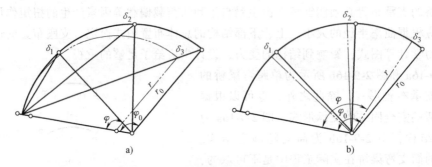

图2-9-17　连续弯梁桥平面内的变形

为了防止弯梁桥在平面内发生旋转，需要在横桥向施加一个横向约束力。西德曼哈姆老莱茵河桥（19孔，总长525m），通过在桥墩上设置横向限制装置迫使该弯梁桥的纵向变形沿着桥轴方向变化。为了使桥墩能承受垂直于桥轴方向作用的力矩，桥墩横桥方向的抗弯强度应予设计和验算。

图2-9-18所示为一座12跨连续弯梁桥，全长598m，全桥不设伸缩缝，将桥面锚固于两个桥台上，所有中墩可以在平面内的任意方向平移。结构的伸长和缩短变形是利用弯梁桥桥面在水平面内的弯曲变形实现的。设计中将整个平面弯梁桥视为一座"水平面内的两铰拱桥"。

在独柱墩较高的情况下，还可以采用"墩—梁"固接的构造，充分利用桥墩的柔性来适应上部结构的变形要求，省去昂贵的支座。但在设计中必须考虑上部结构对桥墩受力的影响，保证桥墩有足够的强度。

9.2.2.5　弯梁桥预应力筋的配置

弯梁桥采用预应力混凝土结构除了可以有效抵抗截面弯矩、剪力和扭矩之外，还可以提高结构刚度，减小结构尺寸和增大跨越能力，为悬臂施工法、顶推施工法提供了条件，应用比较广泛。

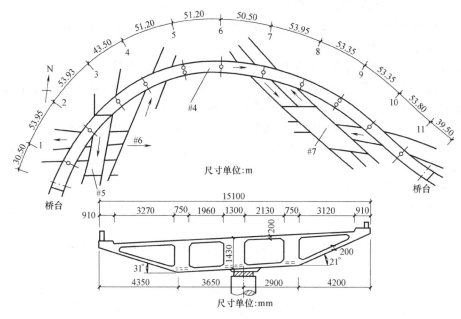

图 2-9-18　12 跨连续弯梁桥实例

1．预应力作用下曲线梁内力及荷载

图 2-9-19 所示为曲线梁微段的受力图式。图中符号：M、N、V、T 分别代表作用于混凝土截面上的弯矩、轴向力、剪力和扭矩；W、Q 代表作用于混凝土梁端上每单位长预应力筋束的分布荷载和力矩；脚标 L、M、N 分别指曲线梁的切向、径向和竖直向。

根据微段上力的平衡，可得曲梁在预加力作用下的平衡微分方程，经推导整理可以得到预加力作用下的截面内力表达式为

$$
\left.
\begin{aligned}
V_N &= -Fz'/(R+h) \\
M_M &= Fz \\
T &= F(z'h-h'/z)/(R+h) \\
N &= -F \\
V_M &= -Fh'/(R+h) \\
M_N &= -Fh
\end{aligned}
\right\} \quad (2\text{-}9\text{-}1)
$$

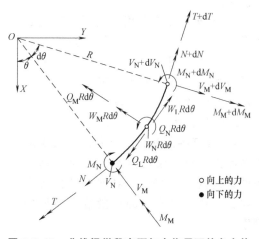

图 2-9-19　曲线梁微段在预加力作用下的自由体

同样，可以得到预加力作用下的荷载表达式为

$$
\left.
\begin{aligned}
W_N &= Fz''/R(R+h) \\
W_N &= F/R-(Fh''/R)/(R+h) \\
W_L &= Fh'/R(R+h) \\
Q_N &= Fhh'/R(R+h) \\
Q_M &= Fh'z/R(R+h) \\
Q_L &= Fz/R+F(z''h-h''z)/R(R+h)
\end{aligned}
\right\} \quad (2\text{-}9\text{-}2)
$$

其中，z' 和 h' 为预应力筋的竖向和横向坐标对 θ 的导数，F 为预加力。

进行预应力配筋计算时，要用这些力学特性平衡截面上外荷载产生的内力。

2. 弯梁桥预应力索的布置原则

弯梁桥的预应力配置与直线梁桥的情况有明显不同，本质差别在于弯梁桥存在由水平曲率产生的扭转，因而弯梁桥中的预应力筋不仅要抵抗外荷载产生的竖向弯矩，还要抵抗水平曲率引起的附加弯矩。在几何上，则由平面问题转化成空间问题。

在弯梁桥中，由于弯扭耦合作用，完全"吻合"的预应力束筋是很难做到的，只可能部分地抵消曲线梁中由外荷载产生的截面内力。对于连续弯梁桥，"线性变换"原则也不再适用，因为任何截面索位的竖向移动都会使截面扭矩和截面弯矩发生改变，在两相邻支座间的次弯矩图已不再呈线性变化。

在弯梁桥的工程设计中，常从实际出发，按照以下步骤和原则进行弯梁桥预应力索的配置：

1）确定由外荷载引起的弯矩、扭矩和剪力，必要时应根据各种荷载组合的最不利情况绘制全桥的内力包络图。

2）按照抗弯要求确定所需预应力筋的数量和线形（预配索）。对于连续曲线梁桥，由于其跨径大都在 20~60m，恒荷载内力多数超过其总内力的 50% 以上，预配索时可采用恒荷载内力图，或根据设计者的实践经验，取"恒荷载"叠加"部分活荷载"作为预配索时的设计荷载。由于曲线梁桥的预应力索具有双向曲率，其摩擦损失较大。在预配索时，预应力损失要根据实际情况预估，在一般情况下，可暂取为控制应力的 40%~50%，最后再经校核后修正。

3）根据总扭矩图确定抗扭所需的筋束形状，通过移动"抗弯预应力筋"，使其尽量抵消外扭矩，得到调整后的预应力筋束曲线，并进一步确定钢束的位置坐标，对连续曲梁，可以逐跨分别进行（图 2-9-20），然后全桥综合。

4）计算各钢束的预应力损失及实际承载能力。对连续弯梁桥，还应根据全桥的最终内力包络图，对钢束进行适当调整，在预应力不足的区段适当增加局部索。

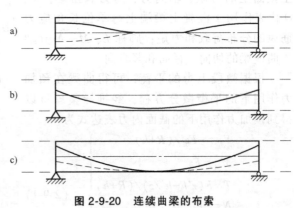

图 2-9-20　连续曲梁的布索

5）计算剩余内力（如扭矩和剪力），必要时设置专门的抗扭预应力钢筋或非预应力钢筋加以补充。

3. 预应力索的侧向防崩问题

在后张预应力混凝土曲线梁中，当平面曲率半径较小时，具有水平曲率的纵向预应力筋束在张拉过程中会对腹板混凝土产生较大的径向压力，所以，在张拉过程中应考虑预应力筋束会否崩裂腹板的问题，并注意在构造上采取适当的措施防止预应力筋束的崩出。应尽量避免采用过大吨位的预应力筋束，以减小径向力；尽可能地将预应力筋束布置在腹板的外侧，以增加内侧混凝土的抵抗厚度（图 2-9-21）；应合理地设置中间横隔板，以增加弯梁桥的横向刚度；应设置专门的"防崩钢筋"（图 2-9-22），以抵抗预应力筋束的崩出力。防崩钢筋的内侧圆弧必须与预应力筋束相密贴，用铁丝扎牢，以防松动。防崩钢筋的锚固端必须有足够的锚固长度，可做成弯钩或与构造钢筋骨架绑扎牢固。

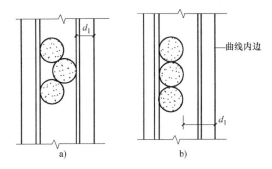

图 2-9-21　预应力筋束在腹板内的布置

a）标准布置　b）束筋靠曲线外侧布置

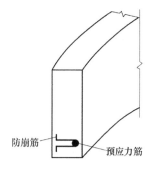

图 2-9-22　防崩钢筋构造

思 考 题

1. 简述斜板桥受力特点。

2. 斜板桥的配筋有哪些要求？

3. 弯梁桥的支承如何布置？

4. 弯梁桥预应力布置应遵循哪些原则？

第3篇

混凝土拱桥

1.1　拱桥的基本特点

拱桥（arch bridge）是以拱圈或拱肋作为主要承重结构的架空构筑物，它是我国公路上使用非常广泛的一种桥梁体系。拱桥与梁桥的区别，不仅在于外形不同，更重要的是两者在受力性能上也有本质的差别。梁式结构在竖向荷载的作用下，支承处仅产生竖向支承反力。而拱式结构在竖向荷载的作用下，支承处不仅产生竖向反力，还产生水平推力，如图 3-1-1 所示。由于水平推力的存在，拱的弯矩将比相同跨径的梁的弯矩小很多，使之成为以受压为主的偏心受压构件，如图 3-1-2 所示。这样，拱桥不仅可以利用钢、钢筋混凝土等材料来修建，还可以充分利用抗压性能较好而抗拉性能差的圬工材料（砖、石料、混凝土等）来修建。

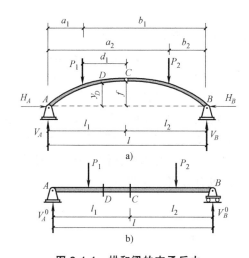

图 3-1-1　拱和梁的支承反力

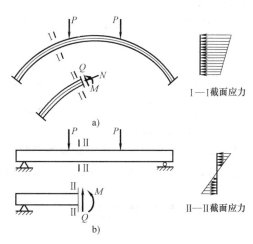

图 3-1-2　拱和梁的应力分布

由圬工材料修建的拱桥又称为圬工拱桥（masonry arch bridge）。世界上跨度最大的石拱桥是 1946 年瑞典建成的绥依纳松特桥，主跨为 155m。配置有受力钢筋的混凝土拱桥称为钢筋混凝土拱桥（reinforced concrete arch bridge）。在钢筋混凝土拱桥中，截面的拉应力主要由受拉钢筋承受，这样无论是从桥跨结构本身，还是从桥梁墩台和基础来说，工程数量都相应减少，有效地提高了拱桥的经济性能，扩大了拱桥的使用范围。同时，钢筋混凝土拱桥在建筑艺术上也容易处理，它可以通过选择合理的拱式体系及突出结构上的线条来达到美的效果。1997 年建成的重庆万县长江大桥，主跨 420m，是当时世界最大跨度的钢筋混凝土箱形拱桥。钢管混凝土（steel pipe-encased concrete）拱桥是将钢管内填充混凝土，钢管的径向约束限制了受压混凝土的膨胀，使混凝土处于三向受压状态，从而能显著提高混凝土的抗压强度。2020年建成的广西平南三桥，主跨575m，是世界第一大跨径钢管混凝土拱桥。钢材以其优良的拉压性能，可以使拱桥具有更大的跨越能力。当前，世界最大跨径的钢拱桥是我国2009年建成通车的重庆朝天门大桥，主跨径为552m。钢筋混凝土拱桥与斜拉桥相比，抗风稳定性强；与钢拱桥相比，节省钢材较多，维护工作量小，维护费用低。按现有的材料技术水平，理论上钢筋混凝土拱桥的极限跨度可达500m，钢拱桥的极限跨度可达1200m。

拱桥的主要优点是：①跨越能力较大；②能充分做到就地取材，与钢桥和钢筋混凝土梁式桥相比，可以节省大量的钢材和水泥；③耐久性好，养护、维修费用少，承载潜力大；④外形美观；⑤构造较简单，尤其是圬工拱桥，技术容易掌握，有利于推广。

拱桥的主要缺点是：①自重大，相应的水平推力也较大，增加了下部结构的工程量，当采用无铰拱时，对地基条件要求较高；②由于拱桥水平推力较大，在连续多孔的大、中桥梁中，为防止一孔破坏而影响全桥的安全，需要采用较复杂的措施，或设置单向推力墩，增加了造价；③与梁式桥相比，上承式拱桥的建筑高度较高，当用于城市立体交叉及平原区的桥梁时，因桥面高程提高，使两岸接线的工程量或使桥面纵坡增大，既增大造价，又对行车不利；④圬工拱桥施工需要劳动力较多，建桥时间较长。因此，拱桥的使用范围受到一定的限制。

拱桥虽然存在这些缺点，但由于它的优点突出，只要在条件许可的情况下，修建拱桥往往是经济合理的。因此在我国公路桥梁建设中，拱桥仍得到广泛的应用，而且拱桥的缺点也正在逐步得以改善和克服。

对于拱桥的这些优缺点，在建桥时还应结合桥位处的地形地质条件及其他环境因素进行多方面、多方案的综合比较，谨慎地决定选择哪一种形式的桥梁。一般来说，在地质条件较好的山区，中、小跨径拱桥是最具竞争力的；在地质条件较差的山区或平原地区，也常选择无推力拱的方案；在跨径100~600m范围的大、中跨径桥梁中，拱桥也是极具竞争力的。

修建大跨径钢筋混凝土拱桥的关键是施工问题。过去长期采用的是拱架施工法，近年来，随着转体施工技术的推广和进步，以及劲性骨架等无支架施工技术的发展，扩大了拱桥的使用范围，提高了它在大跨径桥梁中的竞争能力。同时，由于我国钢材供应充足而使大跨径钢拱桥的修建日渐增多。所以，我国大跨径拱桥的建设有方兴未艾之势。

1.2　拱桥的组成和分类

1.2.1　拱桥的主要组成

拱桥同其他桥梁一样，也是由上部结构（桥跨结构）、下部结构及附属设施等部分组成。图3-1-3示出了拱桥各主要组成部分。

一般的上承式拱桥，桥跨结构是由主拱圈（arch ring）或主拱肋（arch rib）及拱上建筑（spandrel structure）所构成。主拱圈（肋）是拱桥的主要承重构件。由于主拱圈（肋）是曲线形，一般情况下车辆无法直接在弧面上行驶，所以在桥面系与主拱圈（肋）之间需要有传力的构件或填充物，以使车辆能在平顺的桥道上行驶，桥面系和这些传力构件或填充物

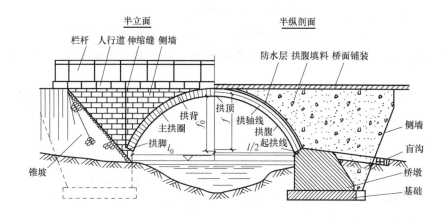

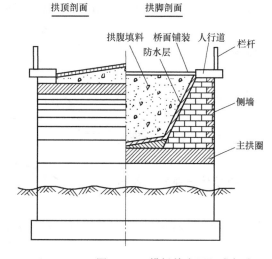

图 3-1-3 拱桥的主要组成部分

统称为拱上建筑（或拱上结构）。桥面系包括行车道、人行道及两侧的栏杆或砌筑的矮墙（又称雉墙）等构造。拱桥下部结构的组成和功能与梁式桥相同，但应注意在拱脚部位构造上的差异和受力上的不同，具体见第五篇桥梁墩台。

有关拱桥的跨径和高度等名词和术语已在第 1 篇中有相应的介绍，以下补充说明拱桥的另外一些重要技术名称：

拱顶（arch crown）：又称拱冠，是指拱结构的顶点，对称拱为跨中截面，不对称拱为拱圈（肋）最高处的截面。拱桥施工时一般都是在拱顶合龙，是拱桥计算中的控制截面。

拱脚（arch springing）：又称起拱面，是指拱圈（肋）与墩台或其他支承结构连接处的截面。拱桥设计时的主要控制截面之一。拱圈（肋）的自重和拱上承受的其他荷载，都是通过拱脚传递给墩台或其他承重构件的。拱脚的支承方式必须与拱圈（肋）的设计图式一致。

拱轴线（arch axis）：拱圈各横截面（或换算截面）的形心连线。

拱背（arch back）：拱圈的上曲面。

拱腹（soffit）：拱圈的下曲面。

起拱线（springline）：起拱面与拱腹相交的直线。

净矢高 f_0（clear rise of arc）：拱顶截面下缘至起拱线连线的垂直距离。

计算矢高 f（computed rise of arc）：拱顶截面形心至相邻两拱脚截面形心连线之间的垂直距离。

矢跨比（rise-span ratio）：分为净矢跨比（$D_0 = f_0 / l_0$）和计算矢跨比（$D = f/l$），前者指主拱圈（肋）的净矢高与净跨径之比，后者指计算矢高与计算跨径之比。

1.2.2　拱桥的分类

拱桥的形式多样，构造各异，可以按照以下不同的方式进行分类。

（1）按主拱圈（肋）所用的建筑材料分类　圬工拱桥、混凝土拱桥、钢管混凝土拱桥、钢拱桥及钢—混凝土组合拱桥等。

（2）按拱上建筑的形式分类　空腹式拱（open spandrel arch bridge）、实腹式拱桥（filled spandrel arch bridge）。

（3）按主拱圈（肋）的拱轴线形式分类　圆弧拱桥、悬链线拱桥和抛物线拱桥等。

（4）按照桥面的位置分类　上承式拱桥、下承式拱桥和中承式拱桥，如图 3-1-4 所示。

（5）按有无水平推力分类　有推力拱桥和无推力拱桥。

（6）按结构的受力体系分类　简单体系拱桥、组合体系拱桥和拱片桥。

（7）按主拱圈（肋）的截面形式分类　板拱桥、肋拱桥、双曲拱和箱形拱。

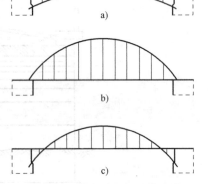

图 3-1-4　拱桥按桥面位置分类
a）上承式　b）下承式　c）中承式

现主要根据结构受力体系和主拱圈（肋）的截面形式两种分类方式对各类拱桥的形式和特点做一些介绍。

1.2.2.1　按照结构的受力体系分类

拱桥按照主拱圈（肋）与行车系之间相互作用的性质和影响程度可以分为三种类型。

1. 简单体系拱桥

简单体系拱桥的行车系不参与主拱圈受力，主要承重结构。简单体系拱桥均为有推力拱，可以做成上承式、中承式或下承式。按照主拱圈的静力图式不同，可分为三铰拱、两铰拱和无铰拱，如图 3-1-5 所示。

三铰拱（three-hinged arch）（图 3-1-5a）是在拱顶与拱脚处均设铰的拱桥，属于外部静定结构。拱圈内力不受混凝土收缩、徐变，温度变化及墩台基础位移等的影响，适用于地质条件差或寒冷的地区。但由于铰的存在，拱圈结构复杂，施工较麻烦，维护费用增高，而且减小了结构的整体刚度，降低了抗震能力。此外，拱铰对应的桥面位置也需设置构造

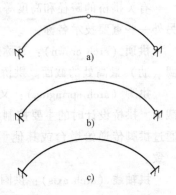

图 3-1-5　简单体系拱桥
a）三铰拱　b）两铰拱　c）无铰拱

缝，拱圈挠曲在拱铰处急剧变化，对行车不利。因此，除一些较小跨径拱桥，三铰拱一般较少用来作为主拱圈，常用作空腹式拱桥拱上建筑中的边腹拱。《公路圬工桥涵设计规范》（JTG D61—2005）（以下简称《圬桥规》）规定：当在软土地基上必须采用拱式结构时，应该采用三铰拱，并采取相应的保证措施。

两铰拱（two-hinged arch）（图 3-1-5b）是拱圈中间无铰而两端设铰与墩台铰接的拱桥，属于外部一次超静定结构。由于取消了拱顶铰，使结构整体刚度比相应的三铰拱大。由混凝土收缩和徐变、温度变化及基础位移等引起的附加内力比对无铰拱的影响要小，故可在地基条件较差而不宜修建无铰拱时或在坦拱中采用。

无铰拱（hingeless arch）（图 3-1-5c）是拱圈两端嵌固在桥墩上而中间无铰的拱桥，又称固端拱桥，属于外部三次超静定结构。在自重及外荷载作用下，拱内的弯矩分布比有铰拱桥均匀、合理，材料用量较省，结构刚度大，构造简单，施工方便，维护费用少，还可以将拱脚设计在洪水位以下，有利于降低桥面的设计标高，具有较好的经济与使用效益。但由于无铰拱的超静定次数较高，对混凝土收缩、徐变、温度变化，尤其是墩台位移最敏感，会产生较大的附加内力，所以无铰拱一般建设在地基条件可靠的情况下。这也使它的适用性受到一定的限制。

除此之外，只在拱顶设铰的单铰拱（single-hinged arch）桥在理论上应该是可行的，但实际建造得很少。

2. 组合体系拱桥

组合体系拱桥一般由拱肋、系杆、吊杆（或立柱）、行车道梁（板）及桥面系组成。拱式组合体系桥将梁和拱两种基本结构组合起来，即其行车道梁与主拱圈构成整体，共同承受桥面荷载和水平推力，充分发挥梁受弯、拱受压的结构特性及其组合作用，达到节省材料的目的。按照行车系与主拱圈的组合方式不同，又可分为有推力的组合体系拱桥和无推力的组合体系拱桥。

无推力的组合体系拱桥是在竖向荷载作用下拱脚对墩台无水平推力作用的拱桥，应用最为广泛。早期多采用简支结构的形式，如图 3-1-6 所示。根据拱肋和系杆（梁）相对刚度的大小及吊杆的布置形式又可分为：具有竖直吊杆的柔性系杆刚性拱，称为系杆拱（tied arch bridge）（图 3-1-6a）；具有竖直吊杆的刚性系杆柔性拱，称为蓝格尔拱（图 3-1-6b）；具有竖直吊杆的刚性系杆刚性拱，称为洛泽拱（图 3-1-6c）。以上三种拱，当采用斜吊杆来代替

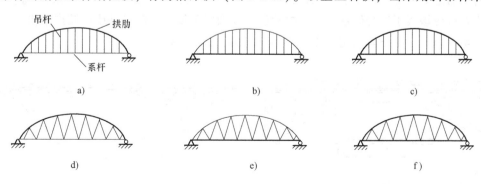

图 3-1-6　无推力的组合体系拱桥（简支）

a）系杆拱　b）蓝格尔拱　c）洛泽拱　d）尼尔森系杆拱　e）尼尔森蓝格尔拱　f）尼尔森洛泽拱

竖直吊杆时，称为尼尔森拱（图 3-1-6d~f）。近年来，也有采用悬臂拱式组合桥或连续拱式组合桥的形式，如图 3-1-7 所示。

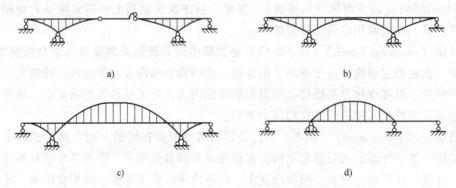

图 3-1-7　无推力的组合体系拱桥（悬臂与连续）

a）单悬臂拱式组合桥　b）~d）连续拱式组合桥

无推力的组合体系拱桥的水平推力由刚性系梁或柔性系杆承受，属于内部超静定、外部静定（简支和悬臂式组合桥）或超静定（连续拱式组合桥）的结构，兼有拱桥的较大跨越能力和梁桥对地基适应能力强两方面的特点，尤其是静定结构的简支和悬臂体系，适用于地质不良的地区，墩台与梁式桥基本相似。但是，这类拱桥的结构和施工比较复杂。

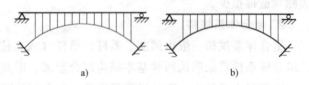

有推力的组合体系拱桥是在竖向荷载作用下拱脚对墩台有水平推力作用的拱桥，如图 3-1-8 所示。这种组合体系拱桥没有系杆，由单独的梁和拱共同承

图 3-1-8　有推力的组合体系拱桥

a）倒蓝格尔拱　b）倒洛泽拱

担荷载，拱的推力直接由墩台承受。图 3-1-8a 为刚性梁柔性拱（倒蓝格尔拱），图 3-1-8b 为刚性梁刚性拱（倒洛泽拱）。这类桥型对地基要求也很高，并且施工较麻烦。

3. 拱片桥（图 3-1-9）

上边缘与桥面纵向平行，下边缘为拱形的有推力结构，称为拱片。在拱片结构中，行车道系与拱肋连成一个整体，共同承受荷载，也常称为整体式桁架拱（或刚架拱）。严格来讲，拱片桥应该属于组合体系拱桥。拱片桥可以做成无铰拱、两铰拱或三铰拱结构，它的推力均由墩台承受。鉴于其结构特点，一般仅能用于上承式拱桥。

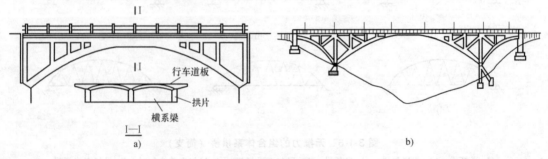

图 3-1-9　拱片桥

1.2.2.2　按照主拱圈截面形式分类

主拱圈的截面形式较多，通常可分为板拱、肋拱、双曲拱、箱形拱，如图 3-1-10 所示。

（1）板拱桥（slab arch bridge）　板拱桥主拱圈的横截面是整块的实体矩形截面（图 3-1-10a）。它构造简单，施工方便。但是在横截面面积相同的条件下，实体矩形截面比其他形式截面的抵抗矩小。一般在地基条件较好的中、小跨径（一般不大于 100m）圬工拱桥中采用。

（2）肋拱桥（ribbed arch bridge）　在板拱桥的基础上，将板拱划分成两条，形成分离的、高度较大的拱肋，肋与肋之间用横系梁相连（图 3-1-10b）。钢筋混凝土肋拱桥与板拱桥相比，能较多地节省混凝土用量，减轻拱体自重，跨越能力较大。它的缺点是钢筋数量多，施工较复杂。拱肋的截面，在小跨径的肋拱桥中多采用矩形，在较大跨径中，常做成工字形。当肋拱桥的跨径较大、桥面较宽时，拱肋还可以采用箱形截面，以减少更多的圬工体积。

（3）双曲拱桥（two-way curved arch bridge）　双曲拱桥指的是拱圈由纵向拱肋和横向拱波组成的拱桥（图 3-1-10c）。1964 年我国江苏省无锡县建桥职工创造的一种新型拱桥，主拱圈的横截面是由一个或数个横向小拱组成，使主拱圈在纵向及横向均呈曲线形外形，因而称为双曲拱桥。双曲拱桥的截面抵抗矩较相同材料用量的板拱大得多，因此可以节省材料，结构自重小，充

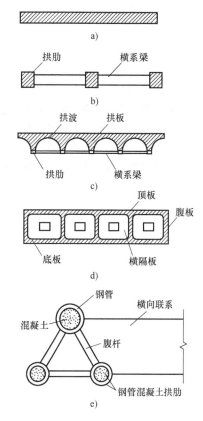

图 3-1-10　主拱圈横截面形式
a）板拱桥　b）肋拱桥　c）双曲拱桥
d）箱形拱桥　e）钢管混凝土拱桥

分发挥了预制装配的优点，节省拱架材料，加快施工进度，具有装配式桥梁的特点。双曲拱桥在 20 世纪六七十年代得到了广泛应用，但是由于其整体性能较差、施工工序多、建成后裂缝较多、在地震荷载作用下容易破坏等缺点，所以只适用于中小跨径的桥梁（最大跨径达到 150m）。而进入 20 世纪 80 年代以后，几乎不再新建这种桥型。不过，大量仍在使用中的双曲拱桥，应重视其养护、维修、加固和改造工作。

（4）箱形拱桥（box-ribbed arch bridge）　将实体的板拱截面挖空成空心箱形截面，则成为箱形拱或空心板拱。可以采用钢筋混凝土或钢材建造。箱形拱的截面挖空率大（可达 50%～70%）、自重轻，它的中和轴靠近中部，抵抗正负弯矩能力大致相同，拱圈的抗弯刚度和抗扭刚度均较大，整体性和稳定性较好。但箱形截面施工制作比较复杂，吊装设备多。所以箱形拱桥更适用于无支架施工的大跨径拱桥，一般 50m 以上的拱桥才用箱形截面。

（5）钢管混凝土拱桥（concrete filled steel tube）　钢管混凝土拱桥属于钢—混凝土组合结构中的一种，主要用于以受压为主的结构。它一方面借助内填混凝土增强钢管壁的稳定

性，另一方面利用钢管对核心混凝土的套箍作用，使核心混凝土处于三向受压状态，从而使其具有更高的抗压强度和抗变形能力，如图 3-1-10e 所示。

思 考 题

1. 为什么混凝土拱桥的潜能比梁桥要大？
2. 简述拱桥的优缺点。
3. 净矢高、计算矢高、矢跨比是如何定义的？
4. 简单体系拱桥按主拱圈的静力图式不同主要分为哪三类？各自的受力特点是什么？
5. 组合体系拱桥分为哪两类？各自受力特点是什么？
6. 按主拱图截面形式可以把拱桥分为哪几类？简述各类拱桥的特点。

公路桥涵应根据所在公路的使用任务、性质和将来的发展需要，按照适用、经济、安全、美观、有利于环保的原则进行设计。在通过必要的桥址方案比较，确定了桥位之后，可根据当地的水文、地质等情况，进行拱桥的总体布置。拱桥总体布置的主要内容包括合理地拟定桥梁的结构形式，拟定桥梁的长度、跨径、孔数、桥面标高及主要的几何尺寸（包括主拱圈矢跨比、桥梁高度、宽度等），确定基础形式和埋置深度、桥上及桥头引道的纵坡等。总体布置是否合理，考虑问题是否全面，不但直接影响桥梁的总造价，而且对以后桥梁的使用、维护和管理有直接影响。因此拱桥的总体布置十分重要，一个好的设计往往就体现在总体布置的优劣上。

确定桥长和桥梁分孔的一般原则在第 1 篇第 2 章中桥梁纵断面设计部分已做了介绍，本章只对在拱桥的具体设计中如何合理确定设计标高和矢跨比，以及如何选择拱轴线形等问题做进一步的阐述。

2.1 确定拱桥的设计标高和矢跨比

2.1.1 设计标高的确定

拱桥的设计标高主要有桥面标高、拱顶底面标高、起拱线标高、基础底面标高（图 3-2-1）。这四项标高的合理确定是拱桥总体布置中的重要问题，对拱桥的设计有直接影响。

（1）桥面标高 拱桥的桥面标高决定了桥梁的高度。一般情况下，桥面标高都由两岸线路的纵断面设计控制。但对跨越平原区河流的拱桥而言，其桥面最小高度往往由桥下净空控制，并且需满足宣泄洪水或通航的要求。对于无铰拱，可以将拱脚置于设计水位以下，但通常淹没深度不得超过净矢高 f_0 的 2/3。设计时应综合考虑各方面因素，并与有关部门（如航运、防洪、水利等）商定。

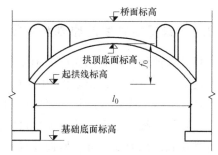

图 3-2-1 拱桥主要标高

（2）拱顶底面标高 桥面标高确定后，用桥面标高减去拱顶处的建筑高度（包括拱顶填料厚度和主拱圈厚度），即可得到拱顶底面的标高。为了保证漂浮物能通过，在任何情况下，拱顶底面都应高出计算水位（设计洪水位计入壅水、浪高等）至少 1.0m。

（3）起拱线标高 起拱线标高主要由流冰水位、施工要求等决定。拟定起拱线标高时，为了尽量减小墩台基础底面的弯矩，节省墩台的圬工数量，一般应选择低拱脚的设计方案。但具体设计时，拱脚位置往往又受到通航净空、排洪、流冰等条件的限制，并要符合《桥通规》中的有关规定（参见第 1 篇第 2 章）。

（4）基础底面标高　基础底面的标高主要根据冲刷深度、地质情况及地基承载能力等因素确定，具体依据基础设计进行。

2.1.2　确定拱桥的矢跨比

当跨径大小在分孔时初步拟定后，主拱圈的矢跨比（f/l）即可根据跨径及拱顶、拱脚的高程确定。矢跨比是设计拱桥的主要参数之一，它的大小不但影响主拱圈的内力，还会影响拱桥的构造形式、施工方法的选择，以及拱桥的美观。

计算结果表明，恒荷载在拱脚处引起的水平推力 H_g 与垂直反力 V_g 的比值，随矢跨比的减小而增大，水平推力与矢跨比成反比关系。当矢跨比减小时，拱的水平推力增加，主拱圈内的轴向力也大，对主拱圈自身的受力是有利的，但对墩台基础不利。同时，矢跨比越小，弹性压缩、混凝土收缩徐变、温度变化及墩台变位等因素，在主拱圈内产生的附加内力也越大，对主拱圈不利。在多孔情况下，矢跨比越小，连拱作用越显著，对主拱圈也更加不利。然而，较小的矢跨比能提供较大的桥下有效净空，降低桥面标高，减小引道长度，降低拱圈砌筑和混凝土浇筑的难度。另外，拱桥外形是否美观，与周围的环境是否协调等，也与矢跨比的大小密切相关。因此在设计时，矢跨比的大小应经过综合比较后方可选定。

通常，对于上承式的砖、石、混凝土拱桥和双曲拱桥，矢跨比一般为 1/4~1/8，不宜小于 1/8。箱形圬工板拱桥的矢跨比，宜采用 1/5~1/8。钢筋混凝土拱桥的矢跨比，宜采用 1/4.5~1/8。钢筋混凝土桁架拱、刚架拱桥的矢跨比一般为 1/6~1/10，或者更小一些，但不宜小于 1/12。一般将矢跨比大于或等于 1/5 的拱称为陡拱，矢跨比小于 1/5 的拱称为坦拱。

2.2　拱轴线形的选择

2.2.1　选择拱轴线的原则和依据

拱的设计计算前应选择拱的轴线，拱轴线的形状直接影响着拱圈的承载能力，影响主拱截面内力大小与分布，影响结构耐久性、经济合理性和施工安全性等。因此，在拱桥设计中，选择合适的拱轴线形是需要解决的一个重要课题。

选择拱轴线的原则，就是要尽可能地降低荷载作用产生的弯矩值。最理想的拱轴线与拱上各种荷载的压力线吻合。所谓荷载压力线，是指荷载作用下截面弯矩为零的合内力作用点的连线。此时，主拱圈的截面上只有轴向压力，而无弯矩和剪力作用，拱截面上受压应力均匀分布，能够充分利用圬工材料的抗压性能。但事实上这样的拱轴线是不可能获得的，因为除恒荷载外，主拱圈还要受到活荷载、温度变化和材料收缩徐变等作用。当恒荷载压力线与拱轴线吻合时，在活荷载作用下其压力线与拱轴线就不再吻合。同时，活荷载的布置不同，压力线也是不相同的。然而，对公路拱桥而言，恒荷载占全部荷载的比重较大，且跨径越大，恒荷载占的比重也越大。所以，以恒荷载压力线作为拱轴线，一般认为是合理的。但是，在恒荷载作用下，拱圈本身的轴线还因材料的弹性压缩而变形，致使拱圈的实际压力线与设计采用的拱轴线发生偏离。因此，在拱桥设计时，要选择一条能够使恒荷载作用下的截面弯矩都为零的拱轴线实际上也是不可能的。

一般地，拱桥设计中选择的拱轴线形应该满足以下四方面的要求：①尽量减小拱圈截面的弯矩，使主拱圈在计入弹性压缩、均匀温降、混凝土收缩等因素影响下，各主要截面的应力相差不大，且最大限度地减小截面的拉应力（最好不出现拉应力）；②计算方法简便，易为工程技术人员掌握；③对于无支架施工的拱桥，应能满足各施工阶段的要求，并尽可能少用或不用临时性施工措施；④线形美观，施工方便。

2.2.2 几种常用的拱轴线形

我国拱桥常用的拱轴线形有：圆弧线、悬链线、抛物线等。

（1）圆弧线 圆弧线轴拱线形简单，施工最方便，容易掌握。在径向均布荷载作用下，拱的压力线是一条圆弧线，此时采用圆弧拱最为合理（图 3-2-2a）。但在一般情况下，此类拱轴线与实际的恒荷载压力线偏离较大，使拱圈各截面受力不均匀。因此圆弧线常用于 15～20m 以下的小跨径拱桥。对于较大跨径的钢筋混凝土拱桥，为了方便各节段拱的预制拼装，简化施工，有时也可采用圆弧形拱轴线。

（2）悬链线 实腹式拱桥，其恒荷载集度（单位长度上的恒荷载）是由拱顶向拱脚连续分布、逐渐增大的，如图 3-2-3a 所示。对应于这种荷载分布图式的恒荷载压力线为一条悬链线（图 3-2-2b）。因此，对实腹式拱桥，若采用悬链线拱作为拱轴线，当不计拱圈因恒荷载弹性压缩产生的影响时，拱圈截面将只承受轴向压力而无弯矩，是理想的拱轴线。

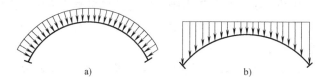
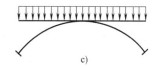

图 3-2-2 各拱轴线对应的荷载分布情况

a) 圆弧线 b) 悬链线 c) 二次抛物线

对于空腹式拱桥，由于拱上建筑的形式发生了变化，恒荷载从拱顶到拱脚不再是连续分布的（图 3-2-3b），它既承受拱圈的自重恒荷载，又承受拱上立柱（横墙）传来的集中恒荷载。相应的恒荷载压力线也不再是悬链线，而是一条在腹孔墩处有转折点的多段曲线，很难用连续函数来表达。某些桥就直接采用此压力线作为拱轴线，或采用与恒荷载压力线相逼近的连续曲线作为拱轴线。如1942 年建成的跨径为 150m 的捷克 Podolsdo 桥、1930 年建成的法国 plougastel 桥就采用了与压力线一致的有转折点的弧线，并在转折点处使之圆滑，作为拱轴线。但这些曲线计算麻烦。若仍采用悬链线拱，恒荷

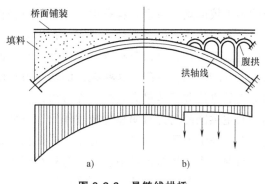

图 3-2-3 悬链线拱桥

a) 实腹拱 b) 空腹拱

载压力线与拱轴线将有偏离。理论分析表明,这种偏离对拱圈控制截面的受力是有利的。又由于用悬链线作拱轴线,对各种空腹式拱上建筑的适应性较强,因此,为了设计方便,空腹式拱桥也广泛采用悬链线作为拱轴线。悬链线是目前我国大、中跨径拱桥采用最普遍的拱轴线形。设计时还可利用已有的计算图表。

(3) 抛物线　在均布荷载作用下,拱的合理拱轴线是二次抛物线 (图 3-2-2c)。对于恒荷载集度比较接近均布的拱,如矢跨比较小的空腹式钢筋混凝土拱桥,中、下承式简单体系拱桥及钢筋混凝土桁架拱和刚架拱等轻型拱桥,可以采用二次抛物线作为拱轴线。

在某些大跨径拱桥中,由于拱上建筑布置的特殊性 (如腹拱跨径特别大等),为了使拱轴线尽可能与恒荷载压力线相吻合,也有采用高次抛物线 (如四次或六次抛物线) 作为拱轴线的。但因计算工作量过大,不易为设计人员掌握和应用,故目前仍很少采用。

可见,拱上建筑的布置形式、桥面结构的支承方式,与合理选择拱轴线形是有密切关系的。在一般情况下,小跨径上承式拱桥可采用实腹式圆弧拱或实腹式悬链线拱;大、中跨径上承式拱桥可采用空腹式悬链线拱;轻型拱桥、矢跨比较小的大跨径上承式拱桥、中承式和下承式拱桥及各种组合式拱桥等可以采用抛物线拱或悬链线拱。在特殊条件下,也有采用压力线的拟合曲线作为拱轴线的。

2.3　拱圈截面的变化规律

拱圈截面变化规律是确定拱圈截面尺寸的前提。拱桥的主拱圈可以是等截面,也可以是变截面的。所谓等截面拱,是指拱圈任一法向截面形状和尺寸是相同的。而变截面拱的主拱圈法向截面,从拱顶到拱脚是逐渐变化的。拱圈横截面沿跨径变化的规律要能适应拱圈内力的变化,尽量使正应力沿拱轴方向保持均匀,有利于充分发挥拱圈每个截面的材料强度。同时,截面变化形式应能使其构造简单,便于设计与施工。

以无铰拱为例,由结构力学可知,拱圈的任意截面上作用着轴向力 N 和弯矩 M (暂且忽略剪力 Q 的影响),而轴向力可表示为 $N \approx H/\cos\varphi$,此处 H 为水平推力,φ 为任意截面处拱轴切线与水平线的夹角。由于 $\cos\varphi$ 值是由拱顶向拱脚逐渐减小的,则 N 必然由拱顶向拱脚逐渐增大。特别当拱桥的矢跨比较大时,N 的变化更加明显。

由此可见,就理论而言,为了使各截面的应力值趋于相等,以充分发挥材料的性能,达到节省圬工、降低自重的目的,拱圈的截面也应从拱顶向拱脚逐渐增大。但是由于变截面拱圈的施工较麻烦,特别是料石拱,所需料石规格繁多,给备料和砌筑带来困难,即便是混凝土拱,其制模工艺也较复杂。同时,在无铰拱中,截面弯矩沿拱轴方向的变化也很复杂,它不仅与截面的位置及荷载布置有关,而且与截面变化规律有着密切的联系。随着截面弯矩由拱顶向拱脚增加,分配到这些截面的弯矩值也随之增大。所以,用增大截面惯性矩来减小弯曲应力的方法并不是最有效的。而且由试验分析结果发现,由于拱上建筑与主拱圈的共同作用,对主拱圈的内力有明显的减载作用,特别是对 1/4 拱跨至拱脚区段的弯矩影响显著。因此,在一般情况下,为了方便施工,拱桥仍宜采用等截面形式。

目前在无铰拱桥设计中,对于跨径小于 50m 的石板拱桥,跨径小于 100m 的双曲拱、箱形拱或钢筋混凝土肋拱桥,均可采用等截面形式。只有在更大跨径或很陡的圬工拱桥中,为了节省圬工,减轻拱圈自重,可考虑采用拱圈截面由拱顶向拱脚增大的变截面形式。

通常，变截面拱圈的做法有两种，一种是拱圈沿拱轴方向宽度不变，只变化厚度（图 3-2-4a）；另一种是厚度不变而只变化拱圈的宽度（图 3-2-4b）。

无铰拱截面变化最常采用的一种惯性矩变化规律是从拱顶向拱脚逐渐增大，如图 3-2-5 所示的形式，其解析函数式采用 Ritter 公式

$$I = \frac{I_d}{\left[1 - (1-n)\xi\right]\cos\varphi} \tag{3-2-1}$$

式中　I——拱圈任意截面的惯性矩；

　　　I_d——拱顶截面惯性矩；

　　　φ——拱圈任意截面的拱轴切线与水平线的夹角；

　　　n——拱厚变化系数，视恒荷载与活荷载的比值而定，n 值越小，拱厚变化就越大，可用拱脚处 $\xi = 1$ 的边界条件求得

$$n = \frac{I_d}{I_j\cos\varphi_j}$$

式中　I_j、φ_j——拱脚截面的惯性矩和倾角。

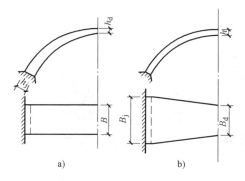

图 3-2-4　变截面拱圈的两种形式

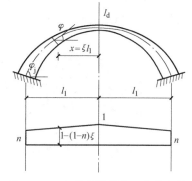

图 3-2-5　变截面拱圈截面变化规律

在设计时，可先拟定拱顶和拱脚两截面的尺寸，求出拱厚变化系数 n，再求其他截面的惯性矩 I；也可先拟定拱顶截面尺寸和拱厚变化系数 n，再求其他截面惯性矩 I。在公路及城市圬工拱桥中，空腹式拱桥的 n 值一般可取用 0.3~0.5；实腹式拱桥采用 0.4~0.6；钢筋混凝土拱桥采用 0.5~0.8。对于矢跨比较小的拱采用上述较小的 n 值，矢跨比较大的拱，采用上述较大的 n 值。

事实上，Ritter 公式主要是针对上承式无铰实腹拱，当进行中、下承式拱桥设计时，由于其受力特点不同，一般拱肋的截面变化形式不采用 Ritter 公式，而是采用二次或高次多项式变化或者其他变化形式。

等厚度变宽度方式由于截面高度不变而宽度由拱顶（或 1/4 跨径处）向拱脚逐渐增大，因此，可在截面惯性矩改变不大的情况下，既加大拱圈的截面，又提高拱的横向稳定性。但其构造较复杂，并需增大下部结构的宽度，增加了造价，而且由于拱脚位置太宽，美观上受到影响。因而，这种形式在实际工程中使用不多，一般可用于大跨径的窄拱桥中，目前主要用于中承式拱桥，即在中承式拱桥中，桥面以上拱肋为使构造简单而采用等宽度，桥面以下则采用变宽度。如日本 1974 年建成的外津桥，主孔为跨径 170m 的两铰拱，桥面宽 5m，拱

圈采用等高（2.4m）变宽的形式，拱顶截面宽8m，拱脚截面宽16m。这样既提高了拱圈横向刚度，增强了横向稳定性，又扩大了拱脚铰支承的面积，有利于铰的设置。

关于两铰拱或三铰拱主拱圈截面的变化规律，也应以适应弯矩变化为依据进行拟定。由于我国实际中较少使用，而已建成的一些有铰拱桥也大部分属于中、小跨径桥，因此为了简化施工，也常用等截面形式。

上述惯性矩变化均是自拱顶向拱脚增大的，法国工程师巴烈脱曾提出了与此相反的变化方式，即惯性矩自拱顶向拱脚逐渐减小，这种拱被称为镰刀形拱。采用镰刀形拱的目的是尽量减小无铰拱拱脚弯矩，并使拱内弯矩趋于均匀分布。目前这种桥型在世界上建造不多。

2.4　不等跨连续拱桥的处理

为了使多跨连续拱桥（continuous arch bridge）恒荷载水平推力相互抵消，减小不平衡水平推力对下部结构的不利影响，多孔拱桥最好选用等跨分孔的方案。但当受到桥位地形、地质、通航等条件的限制，或引桥很长，考虑与桥面纵坡协调一致，以及对桥梁的美观有特殊要求时，可以考虑采用不等跨的分孔方案。如我国湖南的罗依溪大桥（图3-2-6）和美国宾夕法尼亚州的 George Westinghouse 桥（图3-2-7）。

图 3-2-6　湖南罗依溪大桥

图 3-2-7　美国宾夕法尼亚州的 George Westinghouse 桥

由于不等跨拱桥相邻孔的恒荷载水平推力不相等，使桥墩和基础承受由两侧拱圈传来的恒荷载不平衡推力。这种不平衡推力不仅对桥墩和基础的受力极为不利，而且在采用柔性墩的多孔连续拱桥中产生"连拱作用"，使计算和构造复杂。为了减小这个不平衡推力，改善桥墩、基础的受力状况，节省材料，降低造价，可以采用以下处理措施。

（1）采用不同的矢跨比　在跨径一定时，推力的大小与矢跨比成反比。在相邻两孔中，大跨径用较陡的拱（矢跨比较大），小跨径用较平坦的拱（矢跨比较小），使两相邻孔在恒荷载作用下的不平衡推力尽量减小。

（2）采用不同的拱脚标高　由于采用了不同的矢跨比，两相邻孔的拱脚标高不在同一水平线上。因大跨径孔的矢跨比大，拱脚降低，减小了拱脚水平推力对基底的力臂，这样可使大跨径与小跨径的恒荷载水平推力对基底产生的弯矩得到平衡（图 3-2-8）。但因拱脚不在同一水平线上，使桥梁外形欠美观，构造也稍复杂。

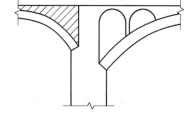

图 3-2-8　不同拱脚标高设置

（3）调整拱上建筑的自重　在必须使（如美观要求等）相邻孔的拱脚放置在相同（或相接近）的标高上时，可用调整拱上建筑自重的方法来减小相邻孔间的不平衡推力。因此，大跨径可用轻质的拱上填料或空腹式拱上建筑；小跨径可用重质的拱上填料或实腹式拱上建筑，以减小大跨径孔的恒荷载，从而减小恒荷载的水平推力。

（4）采用不同类型的拱跨结构　通常是小跨径用板拱结构，大跨径用分离式肋拱结构，以减轻大跨径拱的恒荷载来减小恒荷载的水平推力。有时，为了进一步减小大跨径拱的恒荷载水平推力，可将大跨径拱肋的矢高加大，从而做成中承式肋拱桥。

在上述措施中，从桥梁外观考虑，以第三种为好。在具体设计时，也可以将以上措施同时采用。如果仍不能达到完全平衡推力的效果，则需设计成体型不对称的（单向推力墩）或加大尺寸的桥墩和基础来加以解决。

━━━━━ 思 考 题 ━━━━━

1. 在拱桥设计中，控制标高主要有哪四个？如何确定？
2. 拱桥矢跨比的变化对主拱圈受力有何影响？
3. 拱轴线选择的原则和要求各是什么？
4. 常用的拱轴线形有哪几种？各有什么特点？
5. 当多跨直径拱桥必须采用不等跨径时，可以采取哪些措施来平衡推力？

3.1 普通上承式拱桥

桥面位于整个桥跨结构之上的拱桥称为上承式拱桥。上承式拱桥分为两大类：一类是由主拱圈、拱上传载构件或填充物、桥面系组成，以主拱圈作为主要承重结构的普通型上承式拱桥；另一类是由主拱片和桥面系组成，以主拱片（包括刚架拱和桁架拱）作为主要承重结构的整体型上承式拱桥。本节主要介绍普通型上承式拱桥的构造，整体型上承式拱桥的构造与设计见本章3.2节。

3.1.1 主拱圈（肋）

普通型上承式拱桥根据主拱圈（肋）截面形式的不同，主要分为板拱、肋拱、双曲拱和箱形拱等。

3.1.1.1 板拱

板拱（slab arch）是指主拱（圈）采用整体实心矩形截面的拱。根据拱轴线形，板拱可以是等截面圆弧拱、等截面或变截面悬链线拱及其他拱轴形式的拱。按照静力图式，除多数采用无铰拱外，也可做成双铰拱、三铰拱等。按照主拱所用的建筑材料，又可分为石板拱、混凝土板拱、钢筋混凝土板拱等。

1. 拱圈截面尺寸拟定

（1）主拱圈宽度　板拱一般用于实腹式拱桥，其主拱圈的宽度主要取决于桥面的宽度。主拱圈宽度的确定与人行道的布置如图 3-3-1 所示。当不设人行道时，仅将防撞栏杆悬出 5~10cm（图 3-3-1a）；当设人行道时，通常将人行道栏杆悬出 15~25cm（图 3-3-1b）；对于多孔或大跨径实腹式拱桥，可将单独设置的钢筋混凝土构件组成的人行道部分悬出（图 3-3-1c），也可将设置在横贯全桥的钢筋混凝土横挑梁上的人行道全部悬出（图 3-3-1d）。当板拱用于空腹式拱桥时，可通过盖梁将人行道或部分车行道悬挑出拱圈宽度外，以减小拱圈宽度和墩台尺寸（图 3-3-1e、f）。

公路拱桥的主拱圈宽度一般均应大于计算跨径的 1/20。《公预规》规定：当板拱的宽度小于计算跨径的 1/20 时，则应验算主拱圈的横向稳定性。《圬桥规》也有类似的规定。

（2）主拱圈厚度　板拱桥的拱圈厚度可以是等厚度的，也可以是变厚度的。拱圈厚度应根据跨径大小、荷载等级、主拱圈材料规格等条件决定。

对于中、小跨径的等截面石拱桥，主拱圈高度可按下式进行估算

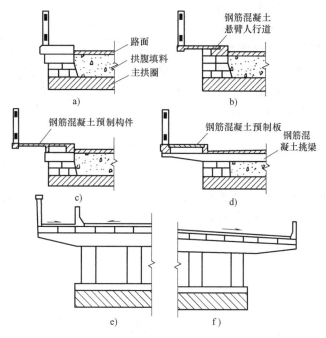

图 3-3-1　主拱圈宽度的确定与人行道的布置

$$d = m_1 k \sqrt[3]{l_0} \qquad (3-3-1)$$

式中　d——主拱圈高度（cm）；

　　　l_0——主拱圈净跨径（cm）；

　　　m_1——系数，一般为 4.5~6，取值随矢跨比的减小而增大；

　　　k——荷载系数，公路—Ⅰ级为 1.4，公路—Ⅱ级为 1.2。

大跨径石拱桥的拱圈厚度可参照已建成桥梁的设计经验，也可由其他经验公式进行估算

$$d = m_2 k (l_0 + 20) \qquad (3-3-2)$$

式中　m_2——系数，一般为 0.016~0.02，跨径越大，矢跨比越小，系数取大值。

对于钢筋混凝土板拱，拱顶厚度可按跨径的 1/60~1/70 进行估算，跨径大时取小值。若为变厚度拱，其拱脚厚度 h_j 可按 $h_j = h_d / \cos\varphi_j$ 进行估算，拱脚截面倾角可近似按相应圆弧拱值 $\varphi_j = 2\tan(2f/l)$，对中小跨径无铰拱，h_j 可取为（1.2~1.5）h_d。

2. 石板拱的拱圈构造

按照砌筑主拱圈的石料规格，板拱又可分为料石板拱、块石板拱、片石板拱等类型。

（1）材料要求　砌筑拱圈的石料应石质均匀，不易风化，无裂纹，强度等级不低于 MU50。石料加工时应严格按照《公路桥涵施工技术规范》（JTG/T F50—2011）的要求进行。

对大中跨径拱桥，砌筑主拱圈的砂浆强度等级不低于 M10；对小跨径拱桥，不得低于 M7.5。有条件的地区，也可以采用小石子混凝土代替砂浆砌筑片石或块石拱圈，以适量节省水泥。所用小石子的粒径一般不宜大于 20mm。

（2）拱石编号　用粗料石砌筑拱圈时，为了便于拱石加工和确保施工砌筑的要求，需

依据拱轴线和截面形式的不同，对拱石进行合理的编号。对等截面圆弧拱，因截面相等，又是同心圆弧线，拱石规格较少，编号相对简单，如图 3-3-2 所示。对等截面悬链线拱，因内外弧线与拱轴线平行，拱石编号也不十分复杂。同时，为简化起见，可采用多心圆弧线代替悬链线放样，如图 3-3-3a 所示。但当采用变截面悬

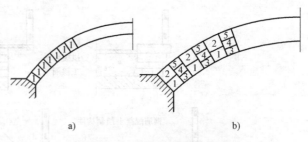

图 3-3-2　等截面圆弧拱拱石编号

a）单层拱石砌筑　b）多层拱石砌筑

链线拱时，由于截面发生变化，曲率半径也变化，拱石类型繁多，编号就比较复杂，给施工带来了一定的麻烦，如图 3-3-3b 所示。

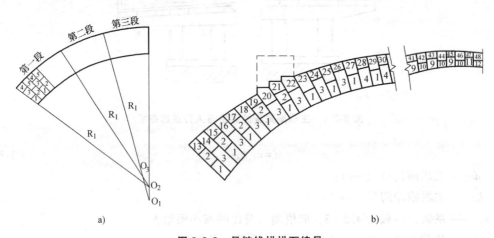

图 3-3-3　悬链线拱拱石编号

a）等截面悬链线拱　b）变截面悬链线拱

（3）辐射缝与错缝　为保证拱圈的抗剪强度和整体性，拱圈的辐射缝应垂直于拱轴线，辐射缝两侧相邻两行拱石的砌缝应互相错开（同一行内上下层砌缝可不错开），错开距离不应小于 100mm，错缝规则如图 3-3-4 所示。用块石或片石砌筑拱圈时，应选择较大的平整面与拱轴线垂直，并使大头在上，小头在下。

（4）限制砌缝宽度　因砂浆强度小于拱石强度，通常规定浆砌粗料石拱圈的砌缝宽度应为 10～20mm，块石拱圈的砌缝宽度不应大于 30mm，片石拱圈的砌缝宽度不应大于 40mm。用小石子混凝土砌块石时，不应大于 50mm。

（5）设置五角石　拱圈与墩台以及拱圈与空腹式拱上建筑的腹孔墩连接处，应采用特制的五角石（图 3-3-5a），以改善连接处的受力状况。为避免施工时损坏或被压碎，五角石不得带有锐角。为了简化施工，目前常用现浇混凝土拱座及腹孔墩底梁代替石质五角石（图 3-3-5b）。

3. 混凝土板拱的拱圈构造

在缺乏合格天然石料的地区，可用素混凝土来建造板拱。素混凝土板拱可以分为整体现浇和预制块砌筑两种方式。

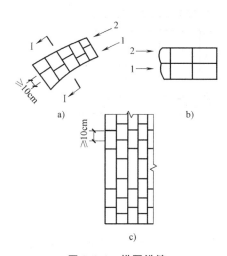

图 3-3-4　拱圈错缝

a）拱立面　b）截面 I—I　c）拱底面

1—下层　2—上层

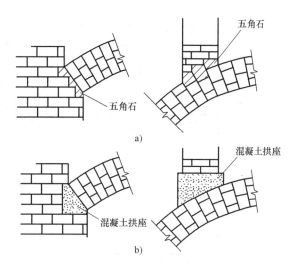

图 3-3-5　五角石及混凝土拱座、底梁

整体现浇混凝土拱圈由于拱内收缩应力大，受力不利，同时拱架、模板木材用量大，费工多，工期长，质量不易控制，故较少采用。

预制块砌筑是先将混凝土板拱划分成若干块件，然后预制混凝土块件，最后进行块件砌筑成拱。预制块所用混凝土强度等级不得低于 C30。根据预制及砌筑的可能性，预制砌块可制成同前述料石一样，或体积更大的块件，也可制成空心的块件（图 3-3-6）。砌块的构造、砌筑要求与石拱圈类似。

4. 钢筋混凝土板拱的拱圈构造

与石板拱和混凝土板拱相比，钢筋混凝土板拱具有构造简单、轻巧美观的特点。根据桥宽和施工的需要，可做成单条整体拱圈（图 3-3-7a）或多条平行板（肋）（分离式）拱圈（图 3-3-7b）的形式。其中，分离式钢筋混凝土板拱可反复利用一套较窄的拱架与模板来完成施工，既可节省材料，又可节省一部分拱板混凝土。

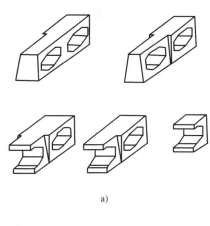

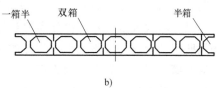

图 3-3-6　预制混凝土空心板拱构造

a）卡砌空心板外形　b）空心板拱砌块横向划分

钢筋混凝土板拱应按计算需要与构造要求配置各类钢筋。主筋沿拱圈纵向拱形布置，最小配筋率为 0.2%~0.4%，且上下缘对称通长布置，以适应沿拱圈各截面弯矩的变化。无铰拱的主钢筋应伸入墩台内并可靠锚固。横向分布钢筋设置于主筋的内侧，箍筋则位于主筋的外侧，并沿半径方向布置，靠拱背处间距不大于 150mm。在拱脚及其他节点处横向钢筋按相关规范要求加密布置。

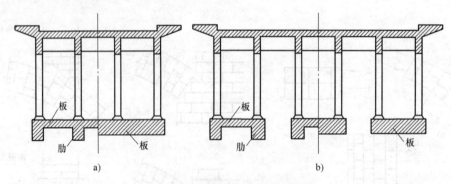

图 3-3-7　钢筋混凝土板拱横断面

a）整体式板拱　　b）分离式板拱

3.1.1.2　肋拱

肋拱桥是由两条或多条分离的拱肋、横系梁、立柱和由横梁支承的行车道部分组成，拱肋是主要的承重结构，如图 3-3-8 所示。

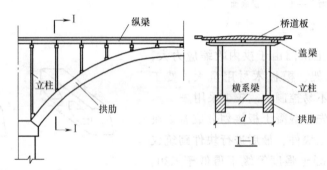

图 3-3-8　肋拱桥构造

拱肋一般采用混凝土、钢筋混凝土、钢管混凝土或者劲性骨架混凝土等材料。其肋数、间距及截面形式主要根据桥梁宽度、所用材料、施工方法与经济性等方面综合考虑确定。一般在吊装能力满足要求的情况下，宜采用少肋形式。通常，桥宽在 20m 以内时均可考虑采用双肋式，当桥宽在 20m 以上时，为避免由于肋中距增大而使肋间横系梁、拱上结构横向跨度与尺寸增大太多，宜采用分离的双肋拱。为保证各拱肋的横向稳定性和整体性，肋拱最外侧拱肋间的距离一般不宜小于跨径的 1/20，采用圬工材料时最好不小于跨径的 1/15。否则，应对横向稳定性做专门的验算。

拱肋的截面形式分为实体矩形（图 3-3-9a）、工字形（图 3-3-9b）、箱形（图 3-3-9c）和管形（图 3-3-9d）等。矩形截面构造简单、施工方便，但经济性差，一般仅用于中小跨径

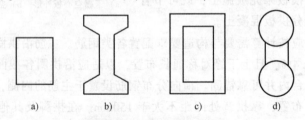

图 3-3-9　拱肋的截面形式

的肋拱。肋高可取跨径的 1/40~1/60，肋宽可为肋高的 0.5~2.0 倍。工字形截面具有更大的抗弯能力，常用于大、中跨径的肋拱桥。肋高一般为跨径的 1/25~1/35，肋宽为肋高的 0.4~0.5 倍，腹板厚度常为 30~50mm。当肋拱桥跨径大、桥面宽时，拱肋可采用箱形截面，这样就可以减少更多的圬工体积。箱形拱肋的构造详见本节后文箱形拱的有关内容。管形肋拱是指采用钢管混凝土结构作为拱肋的拱桥，其肋高与跨径之比常为 1/45~1/65。钢管混凝土拱桥近年来发展迅速，多用于大跨度的中、下承式肋拱形式，其自身的构造特点将在本章第 3.3 节中介绍。

另外，在分离的拱肋之间需要设置足够数量和刚度的横系梁，以增强肋拱桥的整体性和稳定性。在拱脚及跨中段横系梁布置应适当加密。横系梁可采用矩形或工字形截面，肋（腹）板的厚度不少于 100mm。

3.1.1.3 双曲拱

双曲拱（two-way curved arch）的主拱圈由拱肋（arch rib）、拱波（two way curved arch tile）、拱板（arch slab）和横系梁等部分组成，如图 3-3-10 所示。双曲拱桥的主要特点是将主拱圈以"化整为零"的方法按先后顺序进行施工，再以"集零为整"的方式组成整体结构来承重。

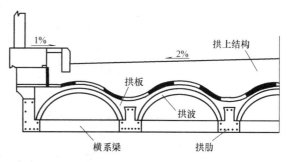

图 3-3-10 双曲拱桥的构造

根据桥梁的跨径、宽度、设计荷载的大小、材料类型及施工工艺不同，双曲拱桥的主拱圈截面可以采用不同的形式（图 3-3-11）。采用最多的是多肋多波的形式（图 3-3-11a~c），在小跨径桥梁中也可以采用双肋单波的形式（图 3-3-11d）。

拱肋除了参与拱圈受力，还是砌筑拱波和浇筑拱板的支架，可以利用拱肋做支架现浇混凝土或分段预制安装拱板，主拱圈有多种横截面形式（图 3-3-11）。

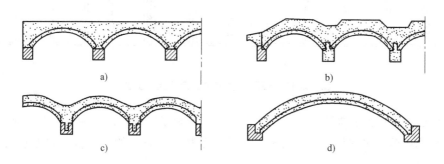

图 3-3-11 双曲拱的主拱圈横截面形式

a)~c) 多肋多波　d) 双肋单波

拱波不仅参与拱圈受力，还是浇筑拱圈的模板，一般采用混凝土预制成圆弧形。

拱板在拱圈中占有较大比重，采用就地浇筑混凝土施工，起到加强拱圈整体性，使之"集零为整"的作用。

为保证结构的整体性及各肋之间受力均匀，避免拱顶可能出现的纵向裂缝，还需在拱肋间设置横向连接系。常用的形式有横系梁和横隔板，通常布置在拱顶、腹孔墩下面和分段吊装的拱肋接头处等，间距一般为 3~5m，拱顶部分可适当加密。

3.1.1.4　箱形拱

主拱圈截面由一个箱（单室箱）或几个箱（多室箱）构成的拱称为箱形拱（box-ribbed arch）。每一个箱又由侧板、顶板、底板及横隔板组成（图 3-3-12）。箱形拱包括箱形板拱和箱形肋拱，由箱形截面组成主拱圈，截面外观如同板拱，称箱形板拱（图 3-3-13）。

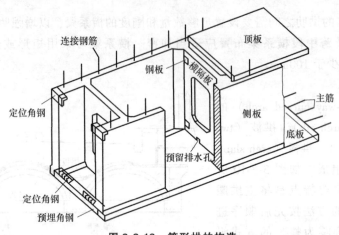

图 3-3-12　箱形拱的构造

1. 箱形拱截面组成方式

箱形板拱的主拱圈断面组成方式有由多条 U 形肋组成的多室箱形截面（图 3-3-13a）、由多条工字形肋组成的多室箱形截面（图 3-3-13b）、由多条闭合箱肋组成的多室箱形截面（图 3-3-13c）、整体式单箱多室截面（图 3-3-13d）。

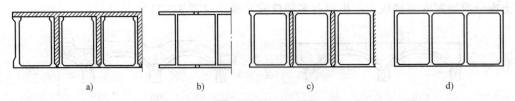

图 3-3-13　箱形板拱主拱圈断面组成方式

箱形拱通常采用预制拼装施工，闭合箱肋由于吊装稳定性好而成为目前箱形拱的主要截面形式；整体式单箱多室截面则常用于不能采用预制吊装施工的特大桥，如万县长江大桥、加拿大 KRK 桥等。

为了加强预制箱形肋在吊运及使用期的抗扭刚度，提高局部稳定性，应在预制箱肋的端部、吊点、拱上结构传力点处设置垂直于拱轴线的横隔板。箱内其他部位也应该每隔 3~5m 设一道横隔板。

对于多条箱肋组成的箱形板拱，为保证其整体性，箱与箱之间应有可靠的横向连接构造进行连接。预制箱形和 U 形肋的常用横向连接一般采用底板横向预留外伸带钩钢筋，交叉绑扎后现浇混凝土的湿接头方式，如图 3-3-14 所示。

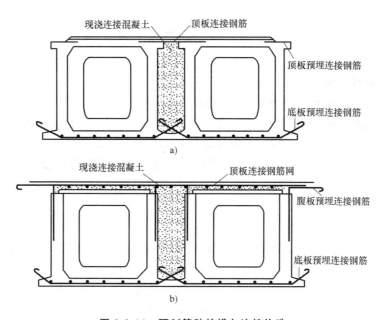

图 3-3-14　预制箱肋的横向连接构造

a）闭合箱形肋的横向连接　b）U 形肋的横向连接

而如果肋拱桥的拱肋截面为箱形，则称为箱形肋拱（图 3-3-15）。箱形肋拱肋间的横系梁除了具有增强肋拱横向整体性外，还起到横向分布荷载的作用，要求具有一定的强度和刚度，并与拱肋之间可靠地固接。其常用的截面形式有三种：工字形、桁片及箱形（图 3-3-16）。横系梁与拱肋之间也应采用现浇湿接头的连接方式。

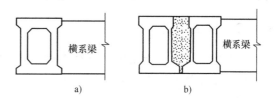

图 3-3-15　箱形肋拱横断面

a）单箱拱肋　b）双箱拱肋

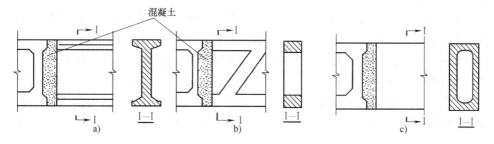

图 3-3-16　箱形肋拱的肋间横向连接

a）工字形　b）桁片　c）箱形

2. 箱形拱截面尺寸拟定

（1）主拱圈高度　箱形板拱的主拱圈高度主要取决于拱的跨度，还与主拱圈所用混凝土强度有很大的关系。提高混凝土的强度，可以减小截面尺寸。初拟拱圈高度时，可取跨径的 1/55~1/75，或者按如下经验公式估算

$$h = \frac{l_0}{100} + \Delta \qquad (3\text{-}3\text{-}3)$$

式中　h——拱圈高度（m）；

　　　l_0——净跨径（m）；

　　　Δ——箱形板拱取 0.6~0.8m，箱形肋拱取 0.8~1.0m。

（2）拱圈宽度　箱形板拱的主拱圈宽度拟定与板拱相同，主拱圈宽度一般可为桥宽的 1.0~0.6 倍，悬挑长度可达 4.0m，但为保证其横向稳定，一般拱宽不小于跨径的 1/20。但特大跨径拱桥拱圈宽度很难满足该条件，只要通过验算确保有足够的横向稳定安全性即可。主拱圈宽度确定后，根据（缆索）吊装的能力，在横向划分为几个箱肋，就可确定预制箱肋的宽度。

（3）各细部尺寸

1）对于常用的闭口箱形肋组成的箱形截面，其各部分尺寸拟定时应考虑跨径和承受的荷载大小。顶、底板厚一般为 15~22cm，两外箱肋外腹板厚一般为 12~15cm，内箱肋腹板（靠近横向连接填缝处）厚常取 5~8cm。填缝宽度根据受力大小确定（主要考虑轴向力），一般为 20~35cm，其上口宽度不宜小于 15cm。相邻箱肋之间的安装缝宽度通常取为 4cm。

2）箱形肋拱拱肋数及肋宽取决于桥宽、跨径、荷载等级、拱上结构、施工条件、材料性能等。除了在端部、吊扣点及拱上立柱处必设横隔板和横向连接系外（图 3-3-16），其余每隔 3~5m 设置一道，横隔板厚 6~8cm，中部常常挖空，便于施工行走。

3.1.2　拱上建筑

拱上建筑（或拱上结构）是对普通上承式拱桥的桥面系及其与主拱圈（肋）之间的传载构件或填充物的统称。按拱上建筑的构造形式不同，可分为实腹式（图 3-3-17）和空腹式（图 3-3-18）两大类。选择拱上建筑的构造形式既要考虑桥型美观，又要考虑结构的受力及变形的适应性。

3.1.2.1　实腹式拱上建筑

实腹式拱上建筑（filled spandrel structure）由拱腹填料、侧墙、护拱、变形缝、防水层、泄水管及桥面系等组成（图 3-3-17）。实腹式拱上建筑构造简单，施工方便，但填料数量较多，恒荷载较重，所以一般用于小跨径的板拱桥。

拱腹填料主要起到填空、传力的作用，可分为填充式和砌筑式两种。填充式拱腹填料应尽量做到就地取材，通常采用透水性好、土侧压力小的砾石、碎石、粗砂或卵石类黏土等材料，并分层夯实。当地质条件较差，要求减小拱上建筑自重时，也可采用其他轻质材料，如炉渣与黏土的混合物、陶粒混凝土等。砌筑式拱腹是在不易取得散粒填料时才采用的一种干砌圬工的方式。

侧墙设置在主拱圈两侧，其作用是围护拱腹上的散粒填料。侧墙主要承受填料及车辆荷载产生的侧压力，应按挡土墙进行计算和设计。一般采用块石或片石砌筑或者采用混凝土浇筑。对混凝土或钢筋混凝土板拱，也可用钢筋混凝土护壁式侧墙。这种侧墙可以与主拱浇筑为一体。侧墙一般要求承受填料土侧压力和车辆作用下的土侧压力，故按挡土墙进行设计。对浆砌圬工侧墙，顶面厚度一般为 50~70cm，向下逐渐增厚，墙脚厚度取用该处墙高的 0.4 倍。

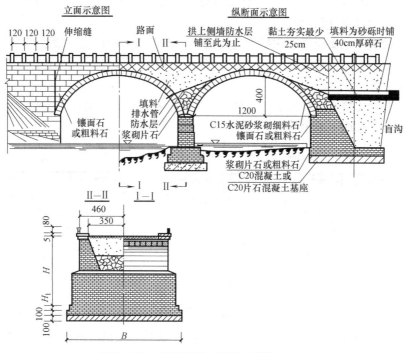

图 3-3-17 实腹式拱上建筑（单位：cm）

护拱（back launching fillet of arch）设于拱脚段，其作用是加强拱脚段的拱圈，便于在多孔拱桥上设置防水层及泄水管。通常采用浆砌块、片石结构或现浇混凝土。

3.1.2.2 空腹式拱上建筑

空腹式拱上建筑（open spandrel structure）由多跨腹孔构造、桥面结构及其支承结构（腹孔墩）组成，除了具有实腹式拱上建筑相同的构造外，还有腹孔和腹孔墩。空腹式拱上建筑自重小、结构轻巧，适用于大、中跨径拱桥（特别是矢高较大者）。

根据腹孔的构造，又分为拱式拱上建筑（图 3-3-18）和梁式拱上建筑（图 3-3-21）两种。

1. 拱式拱上建筑

拱式拱上建筑构造简单，外形美观，但自重较大，一般用于圬工拱桥。拱式腹孔一般对称布置在主拱上建筑高度允许的靠拱脚侧的一定范围内，在半跨内的布置范围一般不超过主拱跨径的 1/3~1/4。此时，跨中存在实腹段（图 3-3-18a）。腹孔跨数随桥跨大小而异，对中

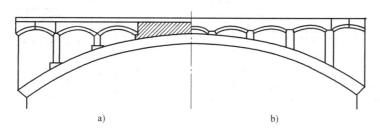

a)   b)

图 3-3-18 拱式拱上建筑

a）带实腹段式 b）全空腹式

小跨径的拱桥，一般以 3~6 孔为宜。目前也有采用全空腹形式（图 3-3-18b），考虑到美观和受力要求，一般以奇数孔为宜。

腹孔跨径的确定主要应考虑主拱的受力需要。对中小跨径拱桥一般选用 2.5~5.5m。对大跨径拱桥则控制在主拱跨径的 1/8~1/15。腹孔的构造应该统一，以便于施工和有利于腹孔墩的受力。

腹孔与墩台的连接有两种做法：一种是直接支承在墩台上；另一种是跨过墩顶，使桥墩两侧的腹孔相连，如图 3-3-19 所示。

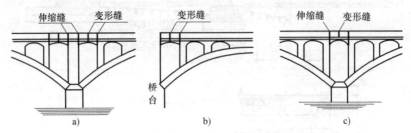

图 3-3-19　腹孔与墩（台）的连接

腹拱圈一般采用石砌、混凝土预制或现浇的圆弧形板拱，矢跨比常用 1/2~1/5。也可采用矢跨比 1/10~1/12 的微弯板或扁壳结构，以减轻重量。腹拱圈的厚度与它的跨径和构造形式有关。当跨径小于 4m 时，石板拱不小于 30cm，混凝土板拱不小于 15cm，微弯板为 14cm（其中预制 6cm，现浇 8cm）。当跨径大于 4m 时，腹拱圈厚度则可按板拱厚度经验公式或参考已成桥的资料确定。

另外，腹拱圈在拱上建筑需要设置伸缩缝或变形缝的地方应设铰（三铰或两铰），其余为无铰拱（图 3-3-19）。

腹孔墩由底梁、墩身（或立柱）和墩帽（或盖梁）组成。腹孔墩可采用横墙式或排架式两种（图 3-3-20）。横墙式腹孔墩的墩身为横墙，一般采用圬工材料砌筑或现浇混凝土，施工简便，节省钢材，多用于地基条件较好的砖、石拱桥。为了便于维修、减轻重量，可在横向挖一个或几个孔，如图 3-3-20a 所示。浆砌块片石横墙厚度一般不小于 60cm，现浇混凝土横墙时，其厚度一般应大于腹拱圈厚度。底梁能使横墙传下来的压力较均匀地分布到主拱圈全宽上，其每边尺寸较横墙宽 5cm，高度则以使较矮一侧为 5~10cm 为原则来确定。底梁常采用素混凝土结构。墩帽宽度宜大于墙宽 5cm，也采用素混凝土。排架式腹孔墩是由立柱和倒角矩形断面的钢筋混凝土盖梁组成的排架结构，多用于河流无漂浮物或流冰的混凝土拱

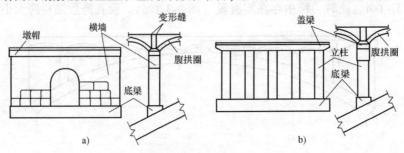

图 3-3-20　腹孔墩构造

a）横墙式腹孔墩　b）排架式腹孔墩

桥。排架一般由两根或多根钢筋混凝土柱组成，如图 3-3-20b 所示。立柱较高时在各柱间应设置横系梁，以确保立柱的稳定。立柱下设置贯通拱圈全宽的底梁。立柱、盖梁按计算要求配筋，底梁可按构造要求配筋。腹孔墩的侧面一般做成竖直的，以方便施工。腹拱拱腹填料与实腹拱相同。

2. 梁式拱上建筑

梁式腹孔拱上建筑可以减轻拱上建筑的自重，使桥梁造型轻巧美观，降低拱轴系数（使拱上建筑的恒荷载分布接近于均布荷载），改善拱圈在施工过程中的受力状况，获得更好的经济效果。大跨径混凝土拱桥一般都采用梁式腹孔拱上建筑。梁式腹孔的布置与上述拱式拱上建筑的腹拱布置要求基本相同。

梁式腹孔结构形式有简支式、连续式或框架式多种（图 3-3-21）。不同的腹孔结构形式使拱上建筑参与主拱联合作用的程度不相同。

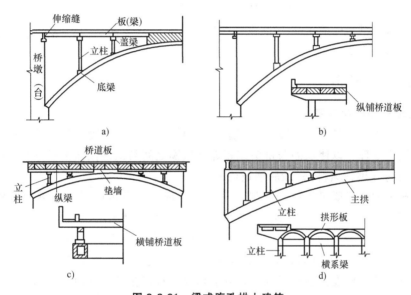

图 3-3-21　梁式腹孔拱上建筑
a)、b) 简支式腹孔　c) 连续式腹孔　d) 框架式腹孔

（1）简支腹孔（纵铺桥道板梁）　简支腹孔由底梁（座）、立柱、盖梁和纵向简支桥道板（梁）组成。这种形式的结构体系简单，基本上不存在主拱与拱上结构的联合作用，受力明确，是大跨径拱桥拱上建筑采用的主要形式。

腹孔墩采用由立柱与盖梁组成的排架式，立柱常采用钢筋混凝土结构；桥道板（梁）根据其跨度大小可采用钢筋混凝土板、预应力混凝土板或预应力混凝土 T 形梁等结构；简支腹孔的布置也分为有拱顶实腹段和无拱顶实腹段两种（图 3-3-21a、b），腹孔的布置范围和实腹段构造与拱式腹孔相同。

由于拱顶实腹段的主拱被覆盖、温度变化等因素对拱圈受力不利，目前大跨径拱桥的梁式拱上建筑一般都倾向于取消拱顶实腹段，而采用全空腹式拱上建筑。对肋拱则必须采用全空腹。全空腹式腹孔数宜采用奇数，以避免拱顶设有立柱，使拱顶受力不利。

（2）连续腹孔（横铺桥道板梁）　连续腹孔由立柱、纵梁、实腹段垫墙及桥道板组成，立柱上设置连续纵梁，在纵梁上和拱顶段垫墙上设置横向桥道板，形成拱上传载结构（图

3-3-21c)。这种形式主要用于肋拱桥。立柱与纵梁通常采用钢筋混凝土预制装配结构。由于拱顶上总的厚度为一个板厚（含垫墙）加上桥面铺装厚，建筑高度小，适合于建筑高度受限制的拱桥。

（3）框架腹孔　框架腹孔在横桥向根据需要设置多片，每片间通过系梁形成整体（图 3-3-21d）。

需要说明的是，对于拱上结构与主拱连接成整体的钢筋混凝土空腹式拱桥，活荷载或温度变化等因素将引起拱上结构变形，在腹孔墩中产生附加弯矩，从而导致节点附近产生裂缝。为了使拱上结构不参与主拱受力，可以在腹孔墩的上下端部设铰，使它成为仅受轴向压力的受力构件，以削弱其对主拱圈的影响。为了简化构造和方便施工，一般高立柱仍可采用固接形式，而只在靠近拱顶处的 1~2 根高度较小的矮立柱上、下端设铰（图 3-3-22）。

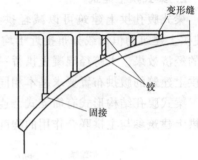

图 3-3-22　立柱的连接方式

3.1.3　其他细部构造

1. 拱上填料和桥面铺装

无论是实腹拱，还是拱式空腹拱，在进行桥面铺装之前，都需要在拱顶截面上缘以上做适当的拱腹填充处理，以使拱圈与桥头或相邻两拱圈之间与拱顶截面上缘齐平。另外，拱顶需设置一层填料（拱顶填料）。最后铺设桥面铺装。

拱上建筑中的填料既可以扩大车辆荷载作用的面积，还可以减小车辆荷载对拱圈的冲击。根据《桥通规》的规定，当拱上填料厚度（包括桥面铺装厚度）等于或大于 50cm 时，设计计算中不计汽车荷载的冲击力。通常情况下，主拱圈及腹拱圈的拱顶处填料厚度（包括路面厚度）均不宜小于 30cm。但在地基条件很差的情况下，为了进一步减小拱上建筑自重，可减薄拱上填料厚度，甚至可以不要拱上填料，直接在拱顶截面上缘以上铺筑混凝土桥面，此时应计入汽车荷载的冲击力，其行车道边缘的填料厚度至少为 8cm。

对具有拱顶实腹段的梁式空腹拱（肋拱除外），拱顶实腹段的拱上填料与上述相同。对全空腹梁式空腹拱不存在拱上填料问题。

拱桥桥面铺装应根据桥梁所在的公路等级、使用要求、交通量大小及桥型等条件综合考虑确定，具体可参见第 1 篇第 4 章的有关内容。

2. 伸缩缝与变形缝

拱上建筑与主拱圈之间存在共同作用（或称联合作用）。一方面，拱上建筑能够提高主拱圈的承载能力，但另一方面，它对主拱圈的变形又起约束作用，在主拱圈和拱上建筑内均产生附加内力，使结构受力复杂。为了使拱桥设计时的计算图式与实际情况相符，避免拱上建筑出现开裂，保证桥梁的安全使用和耐久性，除了在设计计算上应做充分考虑外，还必须采取适当的构造措施。

通常在相对变形（位移或转角）较大的位置设置伸缩缝，而在相对变形较小的位置设置变形缝。伸缩缝缝宽 2~3cm，施工时在缝内填入用锯末沥青按 1:1 的质量比制成的预制板，也可用沥青砂等其他压缩性强的材料填缝。变形缝可不留缝宽，其缝可干砌、用油毛毡隔开或用强度等级低的砂浆砌筑。

对小跨径实腹式拱桥，伸缩缝设在两拱脚的上方，并在横桥向贯通（包括侧墙、行车道、人行道、栏杆等），如图 3-3-23a 所示。对拱式空腹拱桥，通常将紧靠墩（台）的第一个腹拱做成三铰拱，并在紧靠墩（台）的拱铰上方设置伸缩缝，且应贯通桥梁全宽，如图 3-3-23b 所示，而其余两拱铰上方设置变形缝。另外，对特大跨径拱桥，还应将靠近拱顶的腹拱做成两铰拱或三铰拱，并在拱铰上方也设置变形缝，如图 3-3-23b 所示，以便拱上建筑更好地适应主拱的变形。对于梁式空腹拱桥，通常是在桥台和墩顶立柱处设置标准伸缩缝，而在其余立柱处采用桥面连续。

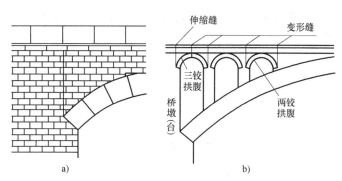

图 3-3-23　伸缩缝与变形缝

3. 拱铰

一般在拱桥中需要设置铰的情况有四种：

1）按两铰拱或三铰拱设计的主拱圈。

2）空腹式拱上建筑中，按构造要求需要采用两铰拱或三铰拱的腹拱圈。

3）高度较小的腹孔墩上、下端与顶梁、底梁连接处需设置铰的。

4）在施工过程中，为消除或减小拱圈部分附加内力，以及对拱圈内力做适当调整时，需在拱顶或拱脚设置临时铰。

拱铰按其作用可分为永久性铰与临时性铰两类。上述前三类都属于永久性铰，用来保证结构的长期正常使用，所以要求较高，构造较复杂；施工中所设的铰为临时性铰，施工结束或基础变形趋于稳定即被封固，故构造较简单。

常用的拱铰形式有弧形铰、铅垫铰、平铰、不完全铰和钢铰，可根据拱铰的位置、受力大小、使用材料等条件，综合分析后加以选择。

（1）弧形铰　弧形铰由两个不同半径的弧形表面块件组成，一个为凸面（半径为 R_1），另一个为凹面（半径为 R_2），两半径之比 $R_1 : R_2 = 1.2 \sim 1.5$。铰的宽度等于构件宽度，沿拱轴线的长度取为拱厚的 $1.15 \sim 1.20$ 倍（图 3-3-24）。弧形铰一般用钢筋混凝土、混凝土或石

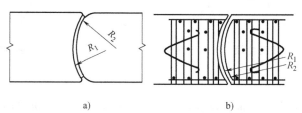

图 3-3-24　弧形铰

料等做成。铰的接触面应该精确加工，以保证紧密结合。为了固定拱铰中心位置，横桥方向还可设置相应的定位锚杆。由于弧形铰构造复杂，加工铰面既费工又很难保证质量，故主要用于主拱圈的拱铰。在拱桥转体施工时，为使桥体顺利转动，在拱脚需设置球面弧形铰。

（2）铅垫铰　铅垫铰是用厚 15～20mm 的铅垫板，外部包锌、铜（10～20mm）薄片做成，垫板宽度为拱圈厚度的 1/4～3/4。它是利用铅的塑性变形实现铰的功能（图 3-3-25）。为承受局部压力，墩台帽内及邻近铰的拱段需要用螺旋钢筋或钢筋网加强。铅垫铰主要用于中小跨径的板拱或肋拱，也可用作临时铰。

（3）平铰　平铰是构件两端面平面相接、直接抵承的铰的形式。平铰接缝间可用强度等级低的砂浆填塞，也可用垫衬油毛毡或者直接干砌接头（图 3-3-26）。平铰一般用于空腹式拱上建筑的腹拱圈上。

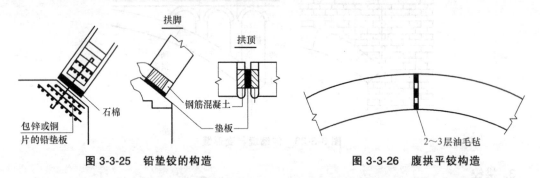

图 3-3-25　铅垫铰的构造　　　　　　　图 3-3-26　腹拱平铰构造

（4）不完全铰　不完全铰是指在要设置铰的部位使混凝土颈缩，拱截面突然减小 1/3～2/5，但不断开，这样保证了支承截面处的转动而起到铰的作用。为了防止混凝土开裂，必须通过计算保证颈缩部位具有可靠的局部承压能力，并依据计算配置斜向钢筋（图 3-3-27）。这类铰多用在小跨径或轻型的拱圈及空腹式拱桥的腹孔墩柱上。

（5）钢铰　钢铰常做成理想铰（图 3-3-28）。其用钢量比较大，除了用于少数有铰钢拱桥的永久性铰结构外，更多地用于施工需要的临时铰。

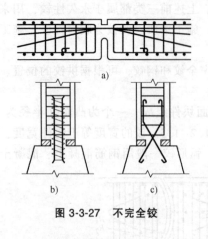

图 3-3-27　不完全铰

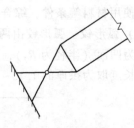

图 3-3-28　钢铰

4. 防排水设施

对于拱桥，不仅要求将桥面雨水及时排除，而且要求将透过桥面铺装渗入到拱腹的雨水及时排除。与梁式桥相似，桥面排水也是由设置桥面纵、横坡及泄水管等来实现。

除桥梁设置纵坡和桥面设置横坡外，沿桥面两侧缘石边缘设置泄水管，渗入到拱腹内的雨水，由防水层汇集于预埋在拱腹内的泄水管排出（图3-3-29）。防水层和泄水管的铺设方式，与上部结构的形式有关。实腹式拱桥防水层应沿拱背护拱、侧墙铺设。如果是单孔，可以不设泄水管，积水沿防水层流至两个桥台后面的盲沟，然后沿盲沟排出路堤。如果是多孔拱桥，可在1/4跨径处设泄水管。防水层的设置是为了保护主拱圈免受雨水侵蚀，全桥范围不应断开，遇伸缩缝时适当处理。

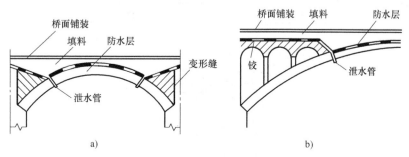

图 3-3-29　防水层与拱腹泄水管的布置

泄水管可采用铸铁、混凝土、塑料及陶瓷等材料制作，泄水管应伸出结构表面 5～10cm，以免雨水顺着结构物的表面流下。

3.2　整体上承式拱桥

整体型上承式拱桥包括桁架拱桥（truss arch bridge）和刚架拱桥（rigid-fram arch bridge）。这类桥型进一步减轻了拱桥自重，增强了桥梁结构的整体性，可以充分发挥装配式结构工业化程度高、施工进度快等优点，扩大了拱桥的使用范围，在我国得到了逐步推广和发展。本节主要介绍钢筋混凝土桁架拱桥和刚架拱桥的构造和特点。

3.2.1　桁架拱桥

3.2.1.1　桁架拱的组成与结构形式

桁架拱桥又称为拱形桁架桥。桁架拱由钢筋混凝土或预应力混凝土桁架拱片、横向连接系和桥面系组成。桁架拱片是主要的承重结构，由上下弦杆、腹杆和实腹段组成整体，共同受力（图3-3-30）。桁架拱片在竖向荷载作用下是一种具有水平推力的拱形桁架结构，外形轻巧美观，在结构上兼有桁架和拱的特点。

上弦杆和实腹段上缘构成桁架拱片的上边缘，与桥面纵向平行。跨中实腹段以受压为主。下弦杆的轴线可采用圆弧线、二次抛物线或悬链线。腹杆包括斜杆和竖杆。桁架拱片按布置形式不同分为斜杆式、竖杆式和桁肋式。

（1）斜杆式桁架拱片（图3-3-31）　三角形腹杆的桁架拱片腹杆根数少，杆件的总长度最短，因此腹杆用料省，整体刚度大。随着拱桥跨径和矢高的不同，斜杆式还可以采取图3-3-31所示的多种腹杆布置方式。

（2）竖杆式桁架拱片（图3-3-32a）　外形美观，节点构造简单，施工较方便，但整体刚度较小。竖杆与上、下弦杆连接的节点处易开裂，故适用于荷载小、跨径较小的桥梁。

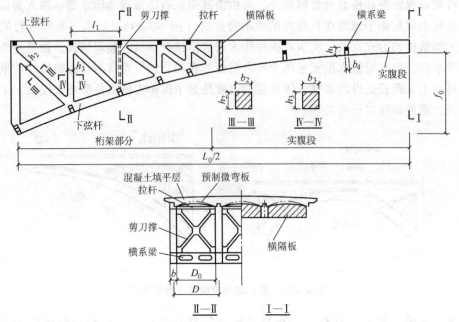

图 3-3-30　桁架拱片基本组成

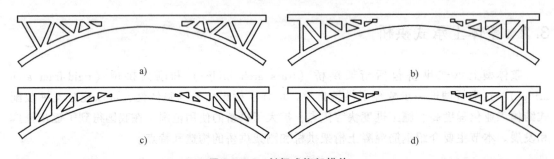

图 3-3-31　斜杆式桁架拱片

a）斜（腹）杆式　b）带竖杆的三角形桁架拱　c）斜压杆　d）斜拉杆

（3）桁肋式拱片（图3-3-32b）　实质上为普通型上承式拱桥，仅是将主拱圈改为桁架结构。桁肋自重轻，吊装方便，适宜于无支架施工。

桁架拱片外部为两铰结构，温度变化及变位的结构附加内力较小。各部件截面尺寸较小，重力较小，对墩台的垂直压力和水平推力也相应减小。结构的整体性能好，装配化程度高，施工程序少。其缺点在于杆件纤细、模板复杂、浇筑及吊运要求高，节点处常常有开裂现象发生。

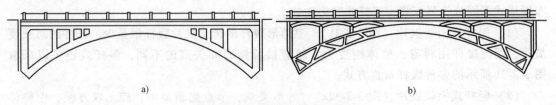

图 3-3-32　竖杆式和桁肋式拱片

3.2.1.2 桁架拱的构造

1. 桁架拱片

桁架拱片数和间距与桥宽、跨径及桥面板等多种因素有关，采用微弯板桥面时，双车道可采用 3~4 片；采用空心板桥面时，则可采用 2~3 片。桁架拱片的节间间距一般小于跨度的 1/8~1/12。

桁架拱片实腹段长度一般为跨度的 0.3~0.5 倍。实腹段跨中截面高度约为跨径的 1/40。下弦杆常采用等截面（一般为矩形），高为跨度的 1/80~1/100。上弦杆截面形式与桥面构造有关。腹杆与上弦杆夹角应为 30°~50°。腹杆一般采用矩形截面，高度为下弦杆高度的 1/1.5~1/2。

与一般拱桥相同，矢跨比也是桁架拱片设计的重要参数，应根据桥址情况、桥下净空、桥面标高、构造形式、受力及施工等多方面综合考虑确定。桁架拱片的净矢跨比一般在 1/6~1/10 之间选用。

2. 横向连接系

为把桁架拱片连成整体，使之共同受力，并保证其横向稳定性，各拱片之间需设置横向连接系。横向连接系根据设置部位不同，主要有横系梁、横拉杆、横隔板和剪刀撑等，形式如图 3-3-30 所示。横系梁和横拉杆分别设置在上、下弦杆的节点处和实腹段（间距 3~5m）。横系梁常用矩形截面，高度同下弦杆，并不小于其长度的 1/15，宽度为 12~20cm。横拉杆通常也用矩形截面，高度与上弦杆的根部相同，宽为 12~20cm。横隔板一般设在实腹段与桁架部分的交界处和跨中，板的高度一般都直抵桥面，与横系梁同厚。剪力撑一般设置在 l/4 附近的上、下节点之间及跨径端部，剪刀撑杆件常用边长为 10~18cm 的正方形截面。

3. 桥面系

桁架拱桥桥面板既承受局部荷载，又与桁架拱片形成整体，共同受力。桥面结构有横向微弯板、纵向微弯板和预应力混凝土空心板等多种形式。

4. 节点构造（图 3-3-33）

桁架拱片杆件的节点是一个很重要的部位，各杆要相交于节点上，避免产生附加弯矩。节点的构造应保证足够的强度和构造要求。其具体构造和形式随拱跨大小、腹杆布置方式等而不同。相邻杆件外缘交角以圆弧或直线过渡，不得出现小于 90°的角。腹杆主筋伸过上下弦杆轴线一定深度。设置节点块包络钢筋，节点块范围内箍筋加密。预制装配时，现浇节点

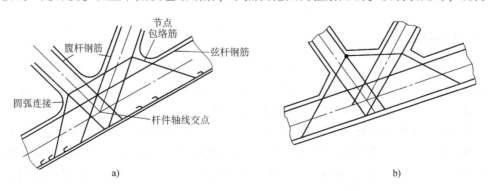

图 3-3-33 节点构造

a）圆弧过渡线 b）内线过渡线节点

块部分将预制端面包入一定深度（5cm）。

5. 桁架拱片与墩（台）的连接

桁架拱片与墩台的连接形式包括上下弦杆与墩（台）的连接和多孔桁架拱桥桥跨之间的连接。连接构造随上下部结构的形式、施工方法、美观要求等而异。桁架拱上部在墩台处的连接及多跨拱间的连接形式有悬臂式（图3-3-34a、b）、过梁式（图3-3-34c、d）和伸入式（图3-3-34e、f）三种。中小跨径桁架拱的下弦杆与墩（台）的连接一般是在墩（台）帽上预留深10cm左右（或与肋高相同）的槽孔，将下弦杆的端头插入，然后四周用砂浆填塞。在跨径较大时，由于墩（台）位移等原因，往往造成支承面局部承压，引起反力偏心和结构内力变化，故宜采用较完善的铰接。

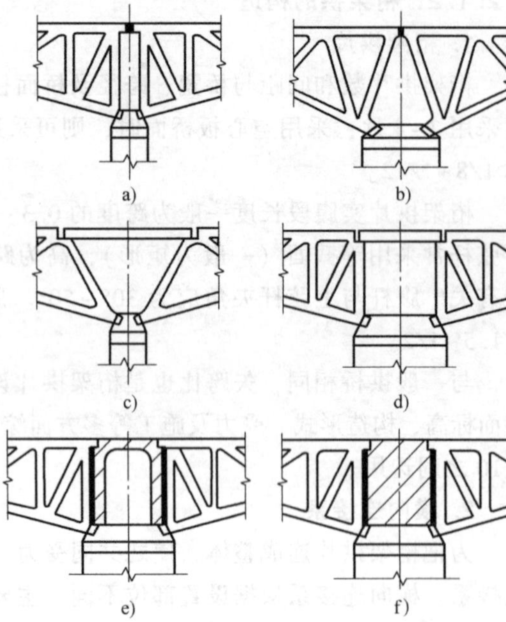

以上介绍的是普通桁架拱，还有一种称

图 3-3-34　桁架拱片与墩（台）的连接

为桁式组合拱（图3-3-35）。桁式组合拱与普通桁架拱的主要区别在于上弦杆的断点，普通桁架拱没有断点，桁式组合拱在 $L/4$ 附近设一道断缝，使断点至墩台顶部形成一个与墩台固接的悬臂桁架，跨间两断点之间为一普通桁架拱，全桥下弦杆保持连续。拱顶弯矩比同跨度的桁架拱减小 1/3 以上，上弦杆断开，拉力减小很多。桁式组合拱常用于 100m 以上的特大型预应力混凝土拱桥。1995 年建成的贵州江界河大桥，跨径达 330m，居世界首位。

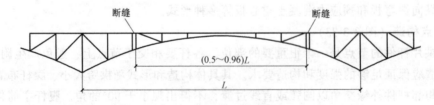

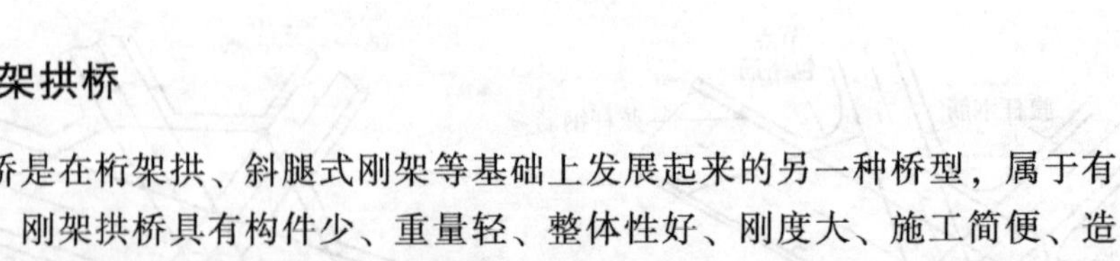

断缝　　　　　　　　　断缝

$(0.5\sim0.96)L$

L

图 3-3-35　桁式组合拱

3.2.2　刚架拱桥

刚架拱桥是在桁架拱、斜腿式刚架等基础上发展起来的另一种桥型，属于有推力的高次超静定结构。刚架拱桥具有构件少、重量轻、整体性好、刚度大、施工简便、造价低、造型美观等优点，广泛应用于 25~70m 跨径的桥梁建造中。

刚架拱桥的上部由刚架拱片、横向连接系和桥面系等部分组成。刚架拱片是刚架拱桥的主要承重结构，一般由跨中实腹段的主梁、空腹段的次梁、主拱腿（主斜撑）、次拱腿（次斜撑）等构成（图3-3-36）。主梁和主拱腿的交接处称为主节点，次梁和次拱腿的交接处称为次节点。主节点和次节点均按固接设计，主拱腿和次拱腿的支座根据构造和计算图式采用固接或铰接。

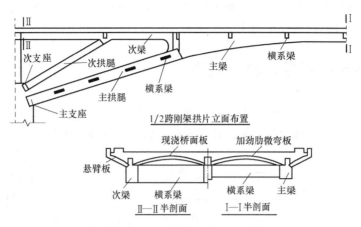

图 3-3-36　刚架拱桥的主要组成部分

　　主梁和主拱腿构成的拱形结构的几何形状是否合理，对全桥结构受力有显著的影响，其设计原则是在恒荷载作用下弯矩最小。主梁和次梁的梁肋上缘线一般与桥面纵向平行，主梁下边缘线一般可采用二次抛物线、圆弧线或悬链线，使主梁成为变截面构件。主拱腿可根据跨径大小和施工方法等不同，设计成等截面直杆或微曲杆。有时从美观考虑，也可采用与主梁同一曲线的弧形杆，但需注意其受压稳定性。

　　刚架拱桥的总体布置形式主要与桥梁跨径、荷载大小等有关。跨径小于 30m 时，只设主拱腿（主斜撑）。跨径为 30~50m 时，为减小次梁和斜撑内力，设置次拱腿。跨径大于 50m 后，可设多根次拱腿，这些次拱腿可以直接支承在桥梁墩（台）上，也可以支承在主拱腿上，以减小次拱腿的长度（图 3-3-37）。

　　刚架拱桥可采用现浇或预制安装现浇接头连接，应根据运输条件和安装能力具体确定，目前大多数采用后者。为了减小吊装重量，可将主梁和次梁、斜撑等分别预制，用现浇混凝土湿接头连接。当跨径较大时，次梁还可分段预制，如图 3-3-38 所示。

　　横向连接系可采用预制装配式的横系梁或横隔板形式，其间距视跨径大小酌情布置。在刚架拱片的跨中，主、次节点，次梁端部等处设置横系梁。

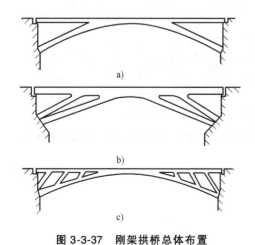

图 3-3-37　刚架拱桥总体布置

a）只设主拱腿　b）设一根次拱腿　c）设多根次拱腿

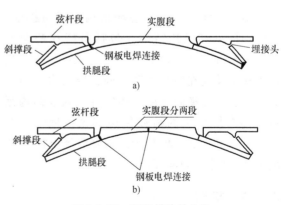

图 3-3-38　刚架拱片的分段

a）裸肋分三段吊装　b）裸肋分四段吊装

桥面系可由预制微弯板、现浇混凝土填平层、桥面铺装等部分组成，也可采用预制空心板、现浇混凝土层及桥面铺装等构成。

3.3 中、下承式钢筋混凝土拱桥

中承式拱桥的行车道位于拱肋的中部，桥面系（行车道、人行道、栏杆等）一部分用吊杆悬挂在拱肋之下，一部分用刚架立柱支承在拱肋之上（图3-3-39）。

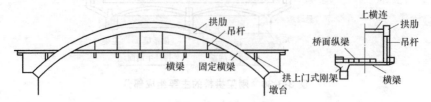

图 3-3-39 中承式拱桥

下承式拱桥的桥面系全部位于拱肋之下，通过吊杆悬挂的纵梁和横梁系统支承行车道板，形成桥面系（图3-3-40）。

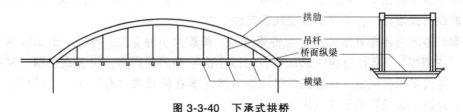

图 3-3-40 下承式拱桥

中、下承式拱桥不但保持了上承式拱桥的基本力学特性，可以充分发挥拱圈混凝土材料的抗压性能，而且具有结构轻巧、造型美观、建筑高度小、可有效降低桥面高度、减少引道工程数量、适用范围广等优点。目前中、下承式拱桥已成为桥梁设计方案中优先考虑的桥型之一。

中、下承式拱桥的桥跨结构一般由拱肋、横向连接系和悬挂结构（包括吊杆和桥面系等）三部分组成。拱肋是主要的承重构件；横向连接系设置在两片拱肋之间，用以增加两片分离式拱肋的横向刚度和稳定性；悬挂结构则将作用在桥面上的荷载传递到主拱肋上，如

图 3-3-41 钢管混凝土拱桥——巫山长江大桥

图3-3-39和图3-3-40所示。钢管混凝土拱桥多用于大跨度的中、下承式形式，这类桥型的典型代表如图3-3-41所示。

3.3.1 拱肋

拱肋结构的常用材料是钢筋混凝土、钢管混凝土、劲性骨架混凝土或钢材。两片拱肋一

般在两个相互平行的平面内，有时为了提高拱肋的横向稳定性和承载力，也可使两拱肋顶部互相内倾，使之在水平面上的投影呈 X 形（提篮式拱），如图 3-3-42 所示。

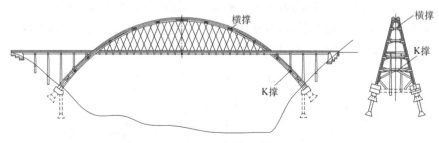

图 3-3-42　提篮式拱桥

中、下承式拱桥由于行车道布置在两拱肋之间，因此，在相同桥面净宽的条件下，拱肋的间距比上承式拱桥的大。中、下承式拱桥的拱肋一般采用无铰拱形式，以保证其刚度。由于拱肋的恒荷载集度分布比较均匀，因此，中、下承式拱桥的拱轴线形一般采用二次抛物线，也可采用悬链线。肋拱的矢跨比通常为 1/4～1/7。

钢筋混凝土拱肋的截面形状根据跨径大小、荷载等级和结构的总体尺寸，可以选用矩形、工字形、箱形或管形（钢管混凝土拱肋）。截面沿拱轴线的变化规律可以为等截面或变截面，有时为了增加拱肋的横向刚度和稳定性，可将拱脚段的肋宽加大。其横截面尺寸的拟定及配筋与上承式肋拱类似。矩形截面的肋拱施工简单，一般用于中、小跨径的拱桥，拱肋的高度为跨径 1/40～1/70，肋宽为肋高的 0.5～1.0 倍；工字形和箱形截面常用于大跨径的拱肋。

拱顶肋高的拟定采用下列经验公式。

当跨径 $l_0 \leqslant 100\mathrm{m}$ 时
$$h_\mathrm{d} = \frac{l_0}{100} + \Delta \tag{3-3-4}$$

式中　h_d——拱顶肋高（m）；

　　　l_0——拱的净跨径（m）；

　　　Δ——常数，取 0.6～1.0m，跨径大时选用上限。

当跨径 $100\mathrm{m} < l_0 \leqslant 300\mathrm{m}$ 时
$$h_\mathrm{d} = \frac{l_0}{100} + \alpha\Delta \tag{3-3-5}$$

式中　α——高度修正系数，取值范围为 0.6～1.0；

　　　Δ——常数，取 0.2～2.5m。

下面主要补充说明一下钢管混凝土拱肋的相关内容。

钢管混凝土拱肋横截面形式，按钢管的根数及布置方式，通常分为单管形、哑铃形、四肢格构形、三角形格构形和集束形，如图 3-3-43 所示。单管形截面（图 3-3-43a）用于跨径不大的拱桥。单管形又分为圆形和圆端形，单圆管加工简单，抗扭性能好，抗轴向力性能由于紧箍力作用显示出优越性，但抗弯效率较低，主要用于跨径 80m 以下的城市桥梁和人行桥中。钢管混凝土拱桥中绝大部分为哑铃形断面（图 3-3-43b），跨径从几十米到 160m，以 100m 左右为多。哑铃形截面比单圆管截面的抗弯刚度大，类似于工字形截面。直接采用多肢桁式（格构式）断面（图 3-3-43c～f）的钢管混凝土肋拱近年来有较多采用的趋势。对跨径超过 100 m 的钢管混凝土拱桥，这种截面形式比较适合。格构式拱肋弦杆采用钢管混凝土材料，腹杆和平连均采用钢管，与横哑铃形桥式截面相比，具有材料省、自重轻、跨越能力强的优点。同时由于各肢以受轴向力为主，更易于采用钢管混凝土理论进行计算。在多肢桁式断面中，四肢最为常见，截面的高度与宽度之比在 2∶1 附近较为合理。集束形（图 3-3-43g）钢管混凝土肋拱桥的加工量少，材料用量比桁拱多，使用较少。

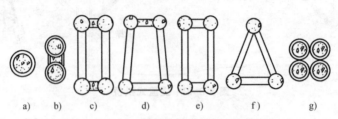

图 3-3-43　钢管混凝土拱肋横截面形式

选定断面形式后，钢管直径及壁厚尺寸将直接影响结构的强度。考虑到防腐等要求，壁厚不宜小于 12mm。钢管与混凝土面积之比称为含钢率 a_s，其值不宜小于 5%，否则不能发挥钢管混凝土弦杆的套箍作用，但也不宜大于 10%，以免耗用过多的钢材，造成浪费。钢管应采用 16Mn 钢、15Mn 或 A$_3$ 钢，既可采用成品无缝钢管，也可由钢板卷制加工而成。当钢管直径较大或壁厚超过常用规格时，可用钢板冷卷或热压后焊接成相应的空钢管。由于焊接质量直接关系到全桥的安全，对焊缝必须采用超声波或 X 射线检测。

钢管混凝土材料的显著优点之一是在构件受压时，钢管对混凝土的紧箍力作用使混凝土的受压强度得到提高。钢管内宜填充高强混凝土，一般采用 C40、C50 或 C60 混凝土，使其与钢管钢号和含钢率匹配，以充分发挥钢管对混凝土的套箍作用。钢管混凝土应采用泵送，为了保证混凝土能填满钢管，应采用减水剂和膨胀剂，同时掺入适量的粉煤灰，以降低混凝土的水化热，减少水泥用量，提高混凝土的和易性和可泵性，减少收缩。

3.3.2　横向连接系

为了确保拱肋的横向稳定，一般应在两片分离的拱肋之间设置横向连接系。横向连接系可做成横撑、对角撑或空格式构造等形式（图 3-3-44）。中、下承式拱桥横向连接系的设置不可避免地受桥面净空高度的限制，横向连接系构件只允许设置在桥面净空高度范围之外的拱段。对中承式拱肋包括净空高度之上及桥面系以下的肋段。中承式拱桥桥面以上布置少量横撑，以下部分采用刚度较大的 K 形或 X 形角撑，以加强拱脚段的横向刚度。对下承式拱

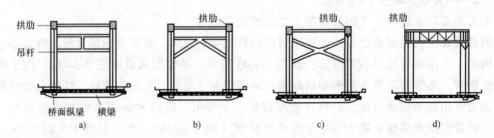

图 3-3-44　横向连接系的形式

a）一字形和 H 形横撑　b）K 形对角撑　c）X 形对角撑　d）空格式构造

肋则只能设置于净空高度之上的拱段范围，不能布置强大的 K 形撑或 X 形撑。为了满足规定的桥面净空高度要求，在必要时，甚至不得不将拱肋矢高加大来设置横向构件。

横撑一般由钢筋混凝土做成，当拱肋间距较大时，为了减轻重量，也可以采用钢结构做成。钢管混凝土拱肋的横撑多采用钢管桁架，钢管可以是空心的，也可以内填混凝土，做成钢管混凝土横撑。横撑的宽度通常不应小于其长度的 1/15。

对于跨径不是很大的城市桥梁，有时为了满足桥面净空的要求和改善桥上行车的视野，或出于景观考虑，也可考虑取消桥面以上横向构件，做成无风撑的敞口式的拱桥。无风撑拱主要解决拱肋横向失稳问题，提高拱肋自身的横向抗弯刚度，提高结构体系的横向稳定性。

3.3.3　悬挂结构

悬挂结构包括吊杆和桥面系等，吊杆将纵梁和横梁系统悬挂在拱肋下，桥面荷载通过吊杆和桥面系将作用力传递到拱肋上。

1. 吊杆

吊杆根据其构造分为刚性吊杆和柔性吊杆两类。刚性吊杆用钢筋混凝土或预应力混凝土制作；柔性吊杆用冷轧粗钢筋、高强钢丝或钢绞线等高强钢材制作。使用刚性吊杆可以增强拱肋的横向刚度，但用钢量较大，施工程序多，工艺复杂；使用柔性吊杆可以部分消除拱肋和桥面系之间的相互影响，且节省钢材，但为了提高钢索的耐久性，必须对钢索进行防护。中、下承式钢管混凝土拱桥一般采用柔性吊杆。

吊杆的间距一般根据构造要求和经济美观等因素确定。吊杆的间距即行车道纵梁的跨长。间距大时，吊杆的数目减少，但纵、横梁的用料增多；反之，吊杆数目增多，纵、横梁的用料减少。吊杆的间距一般为 4~10m，通常等间距布置。在已建成的钢管混凝土拱桥中，主拱跨径在 50~60m 时，吊杆间距一般在 4m 左右；主拱跨径在 60~150m 时，吊杆间距在 5~10m；主拱跨径超过 150m 以后，吊杆间距宜在 12m 附近。

2. 横梁

中承式拱桥的桥面横梁可分为固定横梁、普通横梁及刚架横梁三类。根据横梁间距的不同，横梁高度可取其跨径（拱肋间距）的 1/15~1/10，为满足搁置和连接桥面板的需要，横梁上缘宽度不宜小于 60cm。

固定横梁（图 3-3-45a）位于桥面系与拱肋的相交处，它一般与拱肋刚性连接，截面尺寸与刚度远大于其他横梁。固定横梁由于所处的位置特殊，既要传递垂直荷载，又要传递水平横向荷载，有时还要传递纵向制动力，承担从拱肋和桥面传来的很大的弯矩、扭矩和剪力，因此受力情况复杂。此外，横梁在两支点位置的弯矩对拱肋来说就是扭矩，这对拱肋的受力是极为不利的，因此应尽量避免设置固定横梁。

普通横梁（图 3-3-45b）通过吊杆悬挂在拱肋之下，它的截面形式常用矩形、工字形或土字形。大型横梁也可采用箱形截面，其尺寸取决于横梁的跨度（拱肋中距）和承担桥面荷载的长度（吊杆间距），一般为钢筋混凝土构件，跨度较大时，也可采用预应力混凝土构件。

刚架横梁是通过立柱支承在拱肋上的横梁，一起形成门式刚架（图 3-3-45c）。为了减小刚架所受的纵向水平力，中承式拱桥桥面纵梁的固定支座一般不设在刚架横梁上。

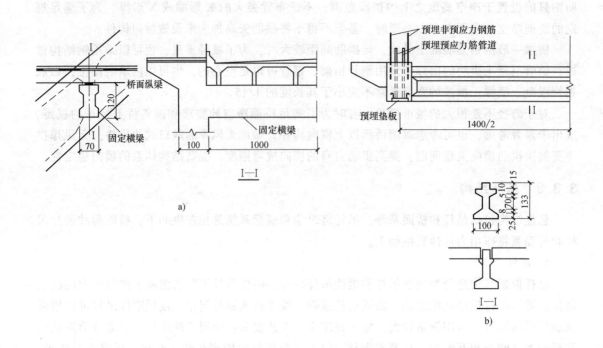

a)

b)

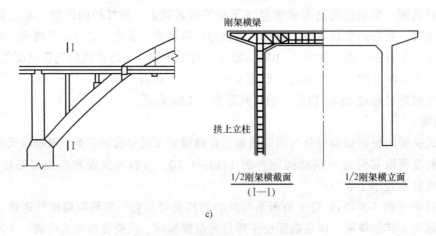

c)

图 3-3-45 横梁构造（单位：cm）

a) 固定横梁　b) 普通横梁　c) 门式刚架

3. 纵梁

横梁的间距一般在 4~10m，纵梁多采用与桥面板连成整体的 T 形或 ∏ 形小梁，形成简支梁结构（图 3-3-46）或连续梁结构，也可以直接在横梁上密铺预制空心板或实心板形成桥面板，以取代桥面板和纵梁两者的作用。

4. 行车道系

行车道系由纵、横梁和桥面板组成。桥面板一般为普通钢筋混凝土结构，也可采用预应力或部分预应力结构。桥面板上铺设桥面铺装，安设人行道和栏杆等。行车道一般布置在两

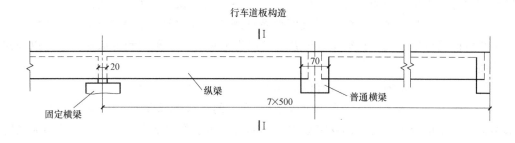

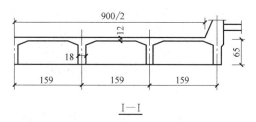

图 3-3-46　纵梁构造（单位：cm）

拱肋之间，在桥面净空相同的条件下，中、下承式拱桥的拱肋间距比上承式拱桥大，横向连接系设置困难，因此通常将人行道布置在吊杆的外侧。

为避免桥面系因拱肋变形而受到附加拉伸，从而导致桥面、防水层和混凝土被拉裂，在适当的位置要设置断缝。

3.4　拱式组合体系桥

3.4.1　拱式组合体系桥的类型及特点

拱式组合体系桥是将拱与其他基本结构组合起来，形成不同形式的拱式组合体系桥梁，如拱梁组合体系桥、斜拉拱桥和悬索拱桥等。在拱式组合体系桥中，以拱梁组合体系桥最为常用，技术也最为成熟。拱梁组合体系桥是指将系梁或系杆和拱组合后形成的组合体系桥梁，梁和拱共同承受荷载，充分发挥梁受弯、拱受压的结构特点，以达到充分利用材料的目的。梁和拱组合而成的结构体系既能发挥梁、拱各自的优点，又能克服它们各自的缺点，从而得到了迅速发展和广泛使用，近年来修建的拱桥多数为拱梁组合体系桥。

根据拱肋和行车道梁连接的方式不同，拱梁组合体系桥一般可以划分为有推力和无推力两种类型。无推力的拱梁组合体系桥属于外部静定结构，兼有拱桥的较大跨越能力和梁桥对地基适应能力强两大优点，实际工程中采用较多。当在软土地区或者地基条件较差，容易发生较大沉降，又要保证较大跨径时，特别是当桥梁建筑高度受到限制时，无推力拱式组合体系桥梁显示出极大的优越性。

作用在拱梁组合体系桥上的竖向荷载由主梁和拱肋共同承担，竖向力在梁拱之间的分配受拱肋与主梁竖向刚度比 [$(EI)_{拱}/(EI)_{系杆}$]、矢跨比、吊杆轴向刚度、主梁及拱肋轴向刚度等因素的影响，但最主要的决定因素是拱肋与主梁的竖向刚度比。实际工程中，梁和拱的相对刚度比可以采用不同的组合，从而形成柔性系杆刚性拱（系杆拱，图 3-1-6a）、刚性系杆柔性拱（蓝格尔拱，图 3-1-6b）以及刚性系杆刚性拱（洛泽拱，图 3-1-6c），选择余地较大。按照桥面的位置不同，拱梁组合体系桥可以为上承式、中承式和下承式，还可以修建为双层桥面。

拱梁组合体系桥梁的基本形式有以下几种：

（1）简支拱梁组合桥梁　这类桥梁均为无推力的组合体系拱桥，只适用于下承式，其上部结构简支于墩台上，为外部静定结构，内部为高次超静定结构。主要承重结构为拱肋和系梁（或系杆），还有吊杆、横向连接系和桥面系等。拱和梁在两端固接，中间用吊杆连接。一般认为，当 $(EI)_拱/(EI)_系杆>100$ 时为系杆拱，当 $(EI)_拱/(EI)_系杆<1/100$ 时为蓝格尔拱，当 $1/100<(EI)_拱/(EI)_系杆<100$ 时为洛泽拱。无论拱肋与主梁竖向刚度比如何，拱脚水平推力都由系梁或系杆平衡，墩台与基础的受力与简支梁相同。

（2）悬臂拱梁组合桥梁（图 3-3-47）　悬臂拱梁组合桥梁的基本组成包括拱肋、立柱、纵梁、挂孔、横向连接系与桥面板等。这种桥型只适用于上承式桥梁，一般布置为三跨，采用转体法施工非常方便。这种结构形式实际上可以看作是将变截面 T 形刚构桥的腹板挖空，用立柱代替了实腹梁的腹板。纵梁通常采用预应力混凝土，拱肋则采用钢筋混凝土。其优点是造价低，施工简便，但适用的跨径一般不大。由于这类桥梁的悬臂容易出现局部下挠，导致桥面不平顺，加剧跳车，所以设计时必须注意预拱度的设置。相对而言，此类结构的优势不明显，实际修建的工程不多。

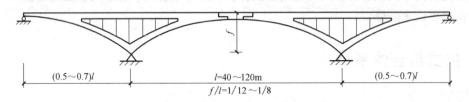

图 3-3-47　悬臂拱梁组合桥梁

（3）连续拱梁组合桥梁　连续拱梁组合桥梁与简支拱梁组合桥梁有很多共同之处，两者之间的主要区别在于其系梁为刚性连续梁。如图 3-3-48 所示，按照行车道的位置不同，连续拱梁组合桥可以分为上承式、中承式和下承式。

上承式连续拱梁组合桥（图 3-3-48a）与悬臂拱梁组合桥的主要区别在于其中间跨是连续的，跨中没有挂梁或铰。一般采用转体施工或悬臂施工。恒荷载作用下的水平推力主要由加劲梁承担，桥墩上的推力相互平衡，对桥墩不产生推力。活荷载作用下中间墩则有较小的水平推力。

中承式连续拱梁组合桥（图 3-3-48b）的拱和梁共同承担竖向荷载，且由梁承担拱的水平推力。当跨径较大时，若采用刚性系梁，施工比较困难，拱和系梁相交处的构造和受力也比较复杂，并且系梁温度变化引起的次内力对结构整体受力也不利。因此，对大跨径拱桥，一般不采用刚性系梁，而多采用柔性系杆，从而形成工程中经常采用的飞燕式系杆拱桥。

下承式连续拱梁组合桥（图 3-3-48c）实际上相当于三跨或多跨的连续梁桥，其中孔用拱来予以加强，从而降低了中孔纵梁的建筑高度。相同条件下，拱式结构的竖向刚度比梁式结构大很多，利用拱圈及吊杆对中跨主梁加劲，可以保证中跨在梁高降低的同时竖向刚度不

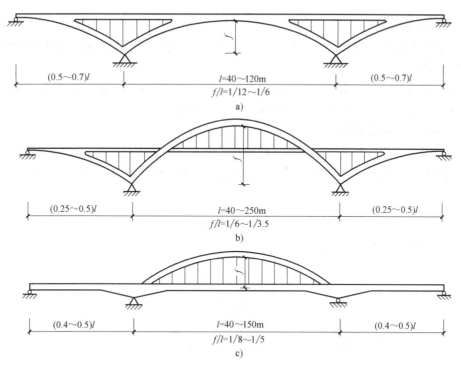

a)

$(0.5\sim0.7)l$　　　$l=40\sim120m$　　　$(0.5\sim0.7)l$

$f/l=1/12\sim1/6$

b)

$(0.25\sim0.5)l$　　　$l=40\sim250m$　　　$(0.25\sim0.5)l$

$f/l=1/6\sim1/3.5$

c)

$(0.4\sim0.5)l$　　　$l=40\sim150m$　　　$(0.4\sim0.5)l$

$f/l=1/8\sim1/5$

图 3-3-48　连续拱梁组合桥梁

降低。

连续拱梁组合体系桥中系梁的恒荷载内力与施工方法关系密切。目前，钢筋混凝土连续拱梁组合体系多采用先梁后拱的施工顺序，如果梁采用悬臂施工方法，则支点处梁的负弯矩将很大，这必然导致支点处梁的高度增大，使得连续梁组合体系桥失去主梁高度相对较小的优势。

3.4.2　拱式组合体系桥的构造

拱式组合体系桥一般由拱肋、系梁（或系杆）、吊杆（或立柱）、横向连接系及桥面系等组成。

1. 拱肋

拱肋常用材料为钢筋混凝土、钢管混凝土或钢材。考虑到拱梁组合桥多采用先梁后拱的施工方法，系梁建成后为拱圈的施工提供了便利，因此，在拱梁组合桥中，矢跨比宜取较大值。中下承式组合拱桥的矢跨比一般较大，多数为 1/6~1/4，其中以 1/5 居多。上承式拱梁组合桥的矢跨比较小，为 1/12~1/8。取较大矢跨比时，应注意拱圈的横向稳定性。拱轴线一般采用抛物线或拱轴系数较小的悬链线。对于中承式组合拱桥，拱的布置分为桥面以上和桥面以下两部分，从美观的角度，桥面上、下矢高的分配一般是桥上占 2/3、桥下占 1/3。

钢筋混凝拱肋截面一般为矩形、工字形或箱形。跨径在 50~60m 时，多采用矩形拱肋；跨径在 80m 左右时，可用工字形拱肋；跨径更大时，可用箱形拱肋。拱肋高度一般为跨径的 1/70~1/25，拱肋宽度对于单肋一般等于或大于拱肋高度，双拱一般为其高度的 0.5~

1.0倍。

2. 系杆与系梁

在拱梁组合桥中，拱肋产生的推力全部或大部分由系梁或系杆承担，它们是拱梁组合桥的关键构件之一。

系杆为柔性结构，只承担拱肋的水平推力，不承担桥面局部荷载，也不参与拱肋抗弯作用，系杆与横梁、吊杆或立柱之间没有相互作用。系杆多采用平行钢绞线索，其面积依据所受拉力大小及材料强度确定。

系梁受拉弯作用，构造上与拱肋、横梁及吊杆或立柱连接在一起。预应力混凝土系梁一般设计成矩形、工字形或箱形截面（图3-3-49），具体应根据跨径、梁高、拱肋截面形式等选用。

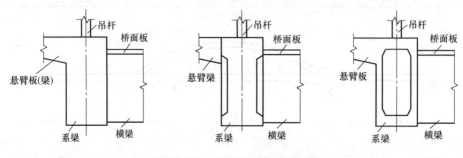

图3-3-49　预应力混凝土系梁

系梁的轴力通常大于弯矩，系梁中的预应力钢筋一般按直线配置，故宜靠上下缘对称或接近对称布置。同时，沿截面高度应布置一定数量的分布钢筋，防止裂缝扩展。

3. 吊杆与立柱

目前，吊杆一般采用高强钢丝束或粗钢筋等柔性材料。吊杆的横截面面积受桥宽、吊杆间距等影响。吊杆为局部受力构件，其受力大小与主桥的跨径关系不大，吊杆间距一般为跨径的1/16～1/10，多数在4～8m。对于常用的梁格式桥面系统，横梁与吊杆相对应，吊杆的间距决定了桥面板的跨径。一般主拱跨径在50～60m时，吊杆间距在4m左右；主拱跨径在60～80m时，吊杆间距在5m左右；主拱跨径在80～250m时，吊杆间距在5～8m。

吊杆分为张拉端和锚固端，张拉端一般在纵横梁底部，锚固端一般在拱肋上，如图3-3-50所示。为了便于吊杆安装及张拉，拱肋及系梁或横梁上需开孔，这对拱肋及梁都有较大的削弱。还应注意吊杆的防腐问题。

上承式和中承式拱式组合体系桥梁的立柱通常采用钢筋混凝土结构，矩形截面。靠近实腹段的几根短柱的上端一般需要设铰，以防止柱端弯矩引起的开裂。

4. 桥面系

拱梁组合桥中常见的桥面系形式大致可以分为三种类型：

（1）格构式桥面系统　由连续的纵向系梁（或纵梁）和端横梁、中横梁刚性连接，形成平面框架结构（图3-3-51），预制的桥面板沿纵向放置在横梁上。桥面板根据其跨径大小可以选用实心板、空心板、Ⅱ形板、T形板等。桥面板与横梁之间可以设置支座，也可以现浇连接。这种形式的桥面系统施工相对简便，桥面系的整体性也好。

（2）箱梁或双主梁式整体型桥面系统　一般用于柔拱刚梁或刚拱刚梁。箱梁也是承受

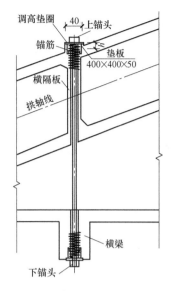

图 3-3-50 吊杆锚固构造（单位：mm）

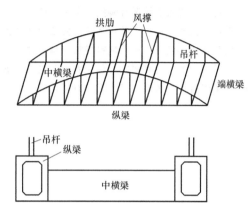

图 3-3-51 格构式桥面系统

拱脚水平推力的系梁，箱梁与普通梁式桥的箱形截面基本类似，只是横隔梁数量较多。这种形式整体性好、刚度大、抗扭能力强，后期养护成本低，在便于搭设支架施工的场合具有明显的优势。当跨径较大且不便于搭设支架时，一般需要采用悬臂法进行施工，按照施工要求，箱梁的高度必须设计得大些，所以，在活荷载较小的公路桥上，这种桥面形式使用较少。

箱梁跨中梁高与桥面宽度，与吊杆顺桥向、横桥向间距有关，受吊点处的横梁横向受力情况控制，中支点梁高选择余地较大。如当梁高设计为接近中跨跨径的 1/18 时，拱梁组合体系桥就退化为连续梁桥，拱肋退化为景观装饰品。

（3）漂浮桥面系　桥面板支承在横梁上，横梁通过吊杆吊挂到拱肋上，其构造与前述一般的中、下承式拱桥基本相同。通常用于系杆为钢绞线（柔性系杆）的情况，一般不设置跨内连续的加劲纵梁。这种桥面系施工方便，但整体性和耐久性不够理想。

5. 横梁

横梁设计参数由拱肋横向间距、吊杆纵向间距等因素确定，可以采用钢筋混凝土或预应力混凝土结构。横梁的截面形式有矩形、工字形、T 形、箱形、凸形等（图 3-3-52）。当桥较宽、拱肋横向间距较大时，横梁一般采用工字形或箱形截面，其上铺预制桥面板并现浇接头。

横向连接系、节点等可以参考本篇 3.3.2 节的有关内容。

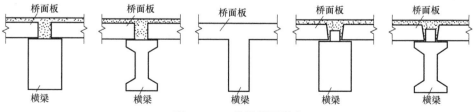

图 3-3-52 横梁截面形式

思 考 题

1. 普通上承式拱桥的拱上建筑主要有哪几种构造形式？
2. 拱桥中设置铰的情况有哪些？常用的铰的形式有哪些？
3. 石拱桥拱圈与墩、台及腹孔墩连接处为什么要设置五角石？
4. 实腹式拱上建筑的拱背填料做法有哪两种方式？
5. 上承式拱桥一般在哪些部位设置伸缩缝或变形缝？两者有何异同？
6. 拱梁组合体系桥梁的基本形式有哪几种？

拱桥施工技术 | 第4章

　　混凝土拱桥传统的施工方法是搭设拱架，在拱架上进行拱圈的施工（有支架施工），因而大大影响了拱桥向大跨度方向的发展。20世纪60年代以来，拱桥无支架施工技术的推广应用，使得拱桥在大跨度桥梁中的竞争能力大大提高。

　　目前，在允许设置拱架或无足够吊装能力的情况下，一般仍采用有支架施工的方法修建拱桥，这类方法常用于石拱桥、混凝土预制块拱桥及现浇混凝土拱桥。无支架施工可节省拱架材料，缩短工期，主要包括缆索吊装法、劲性骨架施工法、转体施工法及悬臂施工法等，多用于肋拱、箱形拱和桁架拱等。也有采用两者相结合的施工方法。以下对各类施工方法进行简单的介绍。

4.1　有支架施工法

　　有支架施工法也称拱架施工法，该方法的主要施工工序包括材料的准备、拱圈放样（包括石拱桥拱石的放样）、拱架制作与安装、拱圈及拱上建筑的砌筑等。其中，拱桥所用的建筑材料应满足设计和施工规范的要求。拱圈或拱架的准确放样是保证拱桥符合设计要求的基本条件之一。

4.1.1　拱架的类型与构造

　　拱架是有支架施工建造拱桥最主要的临时设备，在整个施工期间支承全部或部分拱圈和拱上建筑的重量，并保证拱圈的线形符合设计要求。因此，拱架要有足够的强度、刚度和稳定性。同时，拱架作为施工临时结构，要求其构造简单、拆装方便、节省材料并可多次重复使用。

　　拱架按材料可分为木拱架、钢拱架、竹拱架和土牛拱胎等；根据拱桥跨度大小、材料供应情况、机具设备条件和桥址环境特点，可以采用不同的结构形式。

　　（1）满布式拱架　满布式（或立柱式）拱架一般由拱架上部（拱盔）、卸架设备、拱架下部（支架，包括基础）三部分组成。拱架上部是直接支撑拱圈重量的部分，是由斜梁、立柱、斜撑和拉杆等组成的拱形桁架，下部是支撑拱架上部的部分，是由立柱及横向连接系（斜夹木和水平夹木）组成的支架。按桥梁跨径及承受拱圈重量的不同，立柱间距一般为1.5~5.0m。拱架在横桥向的间距一般为1.2~1.7m。上、下部之间放置卸架设备（木楔或砂筒等）。满布式拱架的详细构造如图3-4-1所示。

　　满布式拱架的构造和制作简单，但立柱数目很多，在受洪水威胁大、水流急、漂流物较多及要求通航的河流上不宜采用。木质满布式拱架，目前仅用于拱涵和个别小桥的施工中，

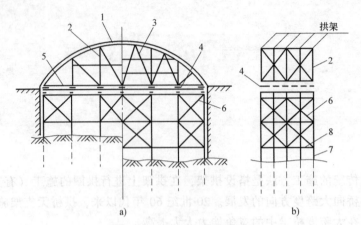

图 3-4-1　满布式拱架的构造

1—弓形木　2—立柱　3—斜撑　4—卸架设备　5—水平拉杆　6—斜夹木　7—桩木　8—水平夹木

对于大中跨度拱桥，可采用碗扣式、扣件式钢管拱架等。此时，拱架的拱盔和支架形成一体，也不需设置专门的卸架设备。

（2）撑架式拱架　撑架式（或墩架式）拱架与立柱式拱架的上部构造基本相同，其下部是用具有一定间距的少数框架式支架加斜撑代替数目众多的立柱，如图 3-4-2a 所示。拱架上部也可以采用工字钢和弓形木组成，如图 3-4-2b 所示。这种拱架材料用量相对较小，构造上也不复杂，同时又能在桥孔下留出适当的空间，减小洪水及漂流物的威胁，满足桥下通航或行车的要求。因此撑架式拱架是实际工程中采用较多的一种拱架形式。

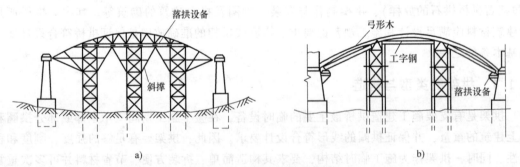

图 3-4-2　撑架式拱架的构造

（3）三铰桁式木拱架　三铰桁式木拱架是由两片对称拱形桁架在拱顶处拼装而成，其两端直接支承在墩台挑出的牛腿或者紧邻墩台的临时排架上，跨中一般不另设支架（图 3-4-3）。

（4）钢拱架　我国现有常备式钢拱架主要有两种：工字梁拱式拱架和桁架式拱架。工字梁拱式拱架由基本节、楔形插节、拱顶铰和拱脚铰等基本构件组成，可做成三铰拱或两铰拱，

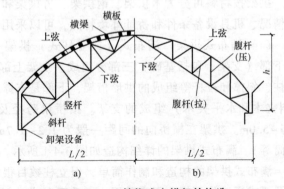

图 3-4-3　三铰桁式木拱架的构造

如图 3-4-4 所示。这种拱架可用于建造跨度 40m 以下的石拱桥。桁架式拱架由多榀拱形桁架构成，一般采用三铰拱，如图 3-4-5 所示。另外也可采用贝雷梁或万能杆件拼装式拱架。

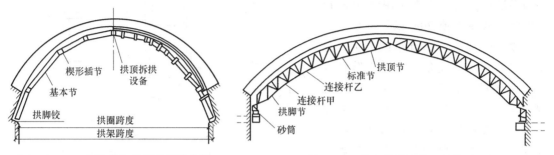

图 3-4-4 工字梁常备式钢拱架的构造　　　　图 3-4-5 桁架拱式钢拱架的构造

（5）混合式拱架　混合式拱架一般由万能杆件桁架、装配式公路钢桥桁架（贝雷桁架或军用梁）与木拱盔或钢管脚手架构成拱架。桁架作为主要承重结构应满足强度、刚度和稳定性要求，木拱盔或钢管脚手架用于调整底模高程并起传力作用，卸架装置一般设置在木拱盔的立柱下端或钢管脚手架的立杆上端。混合式拱架的构造如图 3-4-6 所示。

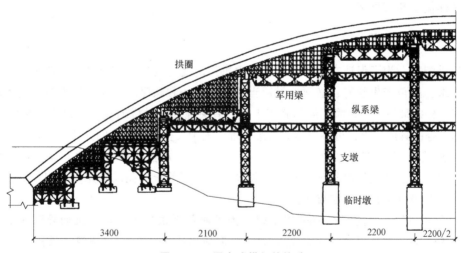

图 3-4-6 混合式拱架的构造

4.1.2 拱架的安装与卸落

为了使拱架具有准确的外形和各部尺寸，保证拱架顺利安装，在制作拱架前，应在样台上放出拱架大样，拱架大样应计入预拱度的值。依此制作杆件样板，并按样板进行杆件加工。

满布式拱架一般在桥孔位置逐根安装。桁架式拱架多采用悬臂拼装法逐节拼装，或采用整片或分段吊装方法安装。拱架安装好后应及时测量，以保证其轴线和高程等主要设计尺寸准确。在风力较大的地区应设置风缆索，以确保拱架的稳定。

拱圈砌筑或混凝土现浇完毕，待达到一定强度后即可拆除拱架。为保证拱架能按设计要求均匀下落，必须设置专门的卸架设备。常用的卸架设备有木楔、砂筒和千斤顶等形式

（图 3-4-7）。木楔又可分为简单木楔和组合木楔，简单木楔一般可用于中、小跨径桥梁，组合木楔可用于 40m 以下的满布式拱架或 20m 以下的拱式拱架。砂筒的构造简单且承载力大，是相当完善的落架设备，可用于跨径大于 30m 的拱桥。千斤顶灵活可靠，控制方便，还可同时配合拱圈内力调整的工作，多用于大跨径拱桥中。扣件式钢管拱架不需要卸落设备，只需缓缓调低顶托即可。

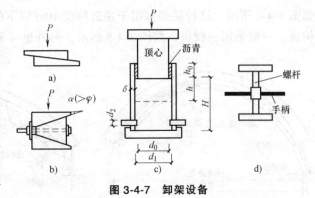

图 3-4-7　卸架设备

a) 简单木楔　b) 组合木楔　c) 砂筒　d) 千斤顶

为了保证桥跨结构的重力逐渐转移给拱圈自身来承担，拱架应按照一定的卸架程序卸除，一般地，对于满布式拱架的中小跨径拱桥，可从拱顶开始，逐次向拱脚对称卸落；对于大跨径的悬链线拱圈，为避免发生 M 形的变形，也有从靠边 $l/4$ 处逐次对称地向拱脚和拱顶均衡地卸落。对多孔连续拱桥，还应考虑相邻孔间的影响。卸架的时间宜在白天气温较高时进行，这样便于卸落拱架。

4.1.3　拱圈的浇筑

浇筑拱圈时，为了保证在整个施工过程中拱架的受力均匀，变形最小，使拱圈的自重符合设计要求，避免产生裂缝，必须选择适当的砌筑方法和顺序。一般可根据跨径的大小和构造形式等，分别采用不同繁简程度的施工工艺。有关混凝土拱桥的模板、钢筋、混凝土浇筑、养护及拆模等的具体要求，可参照第 2 篇第 4 章中关于梁桥施工方法的介绍，此处不再赘述。

（1）连续浇筑　在拱的跨径较小（16m 以下）时，应按拱圈（拱肋）全宽度从两端拱脚向拱顶对称地连续浇筑混凝土，并在拱脚混凝土初凝前全部完成合龙。否则应在拱脚预留一个隔缝，并最后浇筑隔缝混凝土。

（2）分段浇筑　当跨径在 16m 以上时，为了避免因拱架不均匀下沉而导致先期浇筑的混凝土开裂，同时减小混凝土的收缩应力，一般应沿拱跨方向分段浇筑。拱段的长度可取 6~15m，分段位置应以能使拱架受力对称、均匀和变形小为原则。一般应设置在拱架挠曲线有转折及拱圈弯矩比较大的地方，满布式拱架应设置在拱顶、$l/4$ 部位、拱脚及拱架节点处；拱式拱架应设置在拱架受力反弯点、拱架节点、拱顶及拱脚等处。分段浇筑的程序应符合设计要求，应从两侧开始，对称于拱顶进行。拱圈分段浇筑的一般顺序如图 3-4-8 所示。

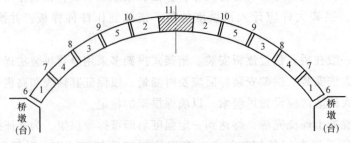

图 3-4-8　拱圈分段浇筑的一般顺序

分段浇筑时，各分段内的混凝土应一次连续浇筑完毕。因故中断时，应浇筑成垂直于拱轴线的施工缝。各段的接缝面应与拱轴线垂直，在分段点处预留宽度为 0.5~1.0m 的间隔槽，以利施工操作和钢筋连接。间隔槽混凝土应待拱圈分段浇筑完成后，且达到75%设计强度，接缝面按施工缝处理后，由两拱脚向拱顶对称进行浇筑，最后封拱时浇筑拱顶及两拱脚间隔槽混凝土。应注意封拱合龙温度是否符合设计要求，如设计无规定，宜在接近当地年平均温度或 5~15℃ 时进行。如预计拱架变形较小，可减少或不设间隔槽，采取分段间隔浇筑。

（3）分环（层）分段浇筑 当跨径较大时，可采用分环（层）分段法浇筑，也可沿纵向分成若干条幅，中间条幅先行浇筑合龙，达到设计要求后，再按横向对称、分次浇筑合龙其他条幅。具体分环的方法应根据截面形式和截面高度确定。其浇筑顺序和养护时间应根据拱架荷载和各环的负荷条件，通过计算确定，并应符合设计要求。

大跨径拱桥常用的箱形截面拱圈或拱肋一般是分成两环或三环，特大跨径桥梁的分环数则更多。分两环浇筑时，先分段浇筑底板，然后分段浇筑腹板、横隔板与顶板。分三环浇筑时，先分段浇筑底板，然后分段浇筑腹板和横隔板，最后分段浇筑顶板。分环、分段浇筑时，应采取分环填充间隔槽的合龙方法。分层的方法仍必须一环一环地浇筑，各环最后统一填充间隔槽同时合龙。要求上下各环的间隔槽应相互对应和贯通，间隔槽宽度一般为 2m 左右。

大跨径钢筋混凝土箱形拱圈（或拱肋）也可采取在拱架上组装并现浇的施工方法。先将预制好的腹板、横隔板和底板在拱架上组装，在焊接腹板、横隔板的接头钢筋形成拱片后，立即浇筑接头和拱箱底板混凝土。组装和现浇混凝土时，应从两拱脚向拱顶对称进行，浇底板混凝土时应按拱架变形情况设置少量间隔缝，并于底板合龙时填筑，待接头和底板混凝土强度达到设计强度的75%以上后，安装预制盖板，然后铺设钢筋，现浇顶板混凝土。

4.1.4 拱上建筑的施工

拱上建筑的施工，圬工拱桥必须在拱圈砌筑合龙和空缝填塞后，养护至砌缝砂浆强度达到70%后方可进行。对钢筋混凝土拱桥，应在全桥合龙，拱圈达到设计强度的30%后进行。养护时间一般不少于合龙后三昼夜，若跨径较大，应酌情延长。

施工过程中，应尽量避免使主拱圈产生过大的不均匀变形，一般可按自拱脚向拱顶对称均衡地进行。较大跨径拱桥的拱上建筑砌筑程序，应按设计文件规定进行。实腹式拱上建筑，应从拱脚向拱顶对称地砌筑，侧墙砌完再填筑拱腹填料。空腹式拱上建筑一般是在腹拱墩砌筑完成后卸落主拱圈的拱架，然后在拱圈上搭设腹拱支架，再对称均衡地砌筑腹拱圈、侧墙，以免由于主拱圈不均匀下沉而使腹拱圈开裂。

在多孔连续拱桥中，当桥墩不是按单向受力墩设计时，仍应注意相邻孔间的对称均衡施工，避免桥墩承受过大的单向推力。

4.2 无支架施工法

在峡谷或水深流急的河段上，或在通航河流上要满足船只的顺利通行，或在洪水季节施工，并受到漂流物的影响条件下修建拱桥，以及采用有支架的方法施工将会遇到很大的困难或是很不经济时，就需要优先考虑采用无支架施工的方法。

4.2.1　缆索吊装法

缆索吊装法（erection with cableway）是利用支承悬挂在索塔上的缆索运输和安装桥梁构件的施工方法。缆索吊装施工法具有吊装设备跨越能力大，水平和垂直运输灵活，适应性广，施工方便、安全等优点，从而成为无支架施工拱桥中最主要的方法之一。自20世纪60年代以来，在全国各地用缆索吊装施工的拱桥从数量上看几乎占施工拱桥总长的60%。目前，缆索吊装的最大单跨跨径已达500m以上，并由单跨缆索发展到双跨连续缆索，其最大单跨跨径已达400m以上。吊装的重量由几吨提高到近百吨。吊装设备也逐渐配套、完善，并已成套生产。

缆索吊装施工的内容主要包括拱肋（箱）的预制、移运，主拱圈的吊装，拱上建筑的砌筑，桥面结构的施工等工序。这里主要介绍缆索吊装施工的吊装设备、吊装方法及加载程序，其他与有支架施工的方法相同（或相近）。

1. 缆索吊装设备

缆索吊装设备按其用途可以分为主索、工作索、塔架和锚固装置四个基本组成部分。其中主要机具设备包括主索、起重索、牵引索、结索、扣索、浪风索、塔架和索鞍、地锚、滑轮及电动卷扬机或手摇绞车等。具体布置形式可参见图3-4-9。

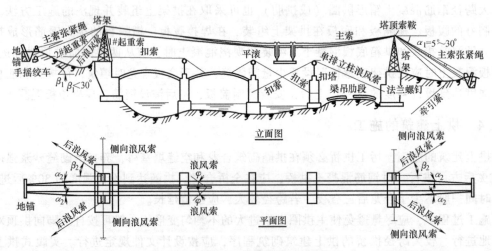

图3-4-9　缆索吊装设备及其布置形式

（1）主索　也称承重索或运输天线。它横跨桥渡，支承在两侧塔架的索鞍上，两端锚固于地锚，吊运构件的行车支承在主索上。横桥向主索的组数可根据桥面宽度、塔架高度及设备供应情况等合理选择，一般可选1~2组，每组由2~4根平行钢丝绳组成。主索的截面面积应由计算确定。

（2）起重索　用来控制吊运构件的垂直运输，其一端与卷扬机滚筒相连，另一端固定于对岸的地锚上。这样，当行车在主索上沿桥跨往复运行时，可保持行车与吊钩间的起重索长度不随行车的移动而改变（图3-4-10）。

（3）牵引索　用来牵引行车在主索上沿桥跨方向移动，实现吊运构件的水平运输。通常在行车的两端各设置一根牵引索，这两根牵引索的另一端分别连接在两台卷扬机上，或合拴在一台双滚筒卷扬机上，便于操作。

（4）结索 用于悬挂分索器，使主索、起重索、牵引索不致相互干扰。它只承受分索器（包括临时作用在上面的工作索）的重量及自重。

（5）扣索 当拱肋分段吊装时，需用扣索悬挂拱肋及调整拱肋接头处的高程。扣索的一端系在拱肋接头附近的扣环上，另一端可直接锚固在墩台、地锚或扣塔上，兼做张拉段用。为了便于调整扣索的长度，可设置手摇绞车及张紧索（图 3-4-11）。

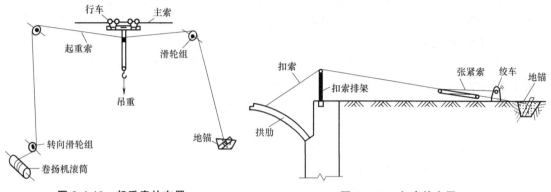

图 3-4-10 起重索的布置　　　　　图 3-4-11 扣索的布置

（6）浪风索 也称缆风索，主要用来保证塔架、扣索排架等的纵、横向稳定及拱肋安装就位后的横向稳定。

（7）塔架及索鞍 塔架是用来提高主索的临空高度及支承各种受力钢索的重要结构。塔架的形式多样，可采用木塔架和钢塔架两类材料。塔架顶部有为放置主索、起重索、扣索等而设置的索鞍，目的在于减小钢丝绳与塔架间的摩阻力，从而降低塔架承受的水平力，并减小钢丝绳的磨损。

（8）地锚 也称地垄或锚碇，用于锚固主索、扣索、起重索及绞车等。地锚的可靠性对缆索吊装的安全性起决定作用，在设计和施工中都必须高度重视。按照承载能力的大小及地形、地质条件的不同，可采用多种形式和构造的地锚。条件允许时，还可以利用桥梁墩、台做锚碇，以节约材料，降低工程造价。

（9）电动卷扬机及手摇绞车 电动卷扬机及手摇绞车主要用作牵引、起吊等的动力装置。电动卷扬机速度快，但不易控制，一般多用于起重索和牵引索。手摇绞车便于操纵，多用于要求精细调整钢束的部位。

（10）其他附属设备 除了以上主要机具设备，缆索吊装施工中还要用到在主索上行驶的行车（俗称跑马滑车）、起重滑车组、各种倒链葫芦、花兰螺栓、钢丝卡子（钢丝轧头）、千斤绳、横移索等附属设备。

缆索吊装设备的形式和规格较多，工程中必须按照因地制宜的原则，结合具体情况和现场条件合理选用，才能取得良好的效果。

2. 拱段吊装方法

采用缆索吊装施工的拱桥，其吊装方法应根据跨径大小、桥长及桥宽等具体情况确定。

拱肋或拱箱节段（简称"拱段"）通常在桥址附近的河滩或桥头岸边预制，并进行预拼试验。然后移运到缆索下面，由起重机起吊牵引到预定位置安装。

拱段吊装合龙应拟定正确的施工程序和施工细则，并严格遵照执行。为了使边拱段（基肋）在拱合龙前保持在预定的位置，应用扣索临时将其固定后再松开起重索。吊装应从一孔桥的两端向中间对称进行，在完成最后一节拱段的吊装并将各段的接头位置调整到规定高程以后，才能放松起重索，将各接头接整合龙，最后将所有扣索撤去。

拱桥跨径较大时，要特别注意施工稳定，最好采用双拱或多拱同时合龙的方案。各单拱与横向相邻拱段之间，根据拼装工作的进程应及时连接或临时连接。边拱段就位后，除了上端用扣索拉住外，在左右两侧也应用一对风缆拉住，以防止其左右摇摆。中段拱箱（肋）就位时应缓慢地放松起重索，并务必使各接头顶紧，尽量避免简支搁置和冲击作用。

3. 施工加载程序

当拱箱（肋）吊装合龙成拱后，为了避免拱轴线变形不均匀使拱圈开裂，甚至造成倒塌事故的发生，必须对后续各工序的施工加载程序做出合理的设计。目的在于使拱肋各个截面在裸拱加载施工的整个过程中，都能满足强度和稳定的要求，并在保证施工安全和工程质量的前提下，尽量减少施工工序，便于操作，以加快桥梁建设的速度。

施工加载程序设计，一般遵循以下原则：

1）对于中、小跨径的拱桥，当拱肋的截面尺寸满足一定要求时，可不做施工加载程序设计，按有支架施工方法对拱上结构做对称、均衡的施工即可。

2）对于大、中跨径的箱形拱桥或肋拱桥，一般多按分环、分段，均衡对称的加载原则进行设计（图 3-4-12）。在拱的两个半跨上，按需要分成若干段，并在相应的部位同时进行相等数量的施工加载。对于坡拱桥，必须注意其结构受力不均匀的特点，一般应使低拱脚半跨的加载量稍大于高拱脚半跨的加载量。

3）在多孔拱桥的两个相邻孔之间也需均衡加载，两孔的施工速度不能相差太远，以免产生过大的单向推力，最终导致拱圈开裂。

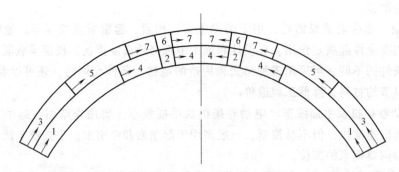

图 3-4-12　分环、分段施工顺序

4.2.2　劲性骨架施工法

劲性骨架施工法（stiffened scaffolding method）是用劲性钢材（如角钢、槽钢等）作为混凝土拱圈的配筋，在事先形成的劲性钢骨拱上分环分段浇筑混凝土，最终形成钢筋混凝土拱圈（肋）。劲（刚）性骨架具有较大的强度和刚度，在施工过程中作为拱圈（肋）混凝土施工的拱架，承担现浇混凝土的自重，在拱圈（肋）形成后被埋于混凝土中，施工后不予拆除，而成为拱圈（肋）截面的一部分。国内又称埋置式拱架法，国外也称米兰法。

劲性骨架施工法是一种较古老的施工方法。早在 1942 年西班牙就采用该法建成了跨径 210m 的 Esla 混凝土拱桥。它具有施工设备的用钢量少，结构整体性好，拱轴线易于控制，施工进度快等优点。但为了满足施工需要，结构本身的用钢量显著增多，而这些钢材在成桥受力中所起作用很小，因此，单纯采用劲性骨架方法修建钢筋混凝土拱桥经济性较差。所以之后该方法的发展较慢。直到 20 世纪 80 年代，随着大跨径混凝土拱桥的建造和高强经济骨架材料（钢管混凝土）的使用，以及桥梁施工控制技术的发展，这一施工方法才在大跨径混凝土拱桥施工中得到了广泛的应用。

图 3-4-13 所示为跨径 420m 的重庆万县长江大桥，该桥采用了劲性骨架施工法，它是当时世界上跨径最大的钢筋混凝土拱桥。

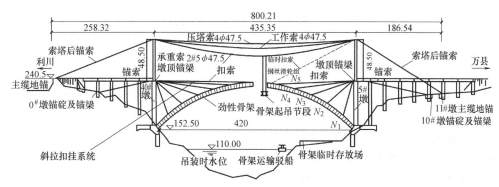

图 3-4-13　劲性骨架吊装（重庆万县长江大桥）

目前世界最大跨度的钢筋混凝土拱桥——沪昆高铁北盘江特大桥，跨径 445m，也采用了劲性骨架施工法，如图 3-4-14 所示。

a)　　　　　　　　　　　　　　　　　　　　b)

图 3-4-14　沪昆高铁北盘江特大桥

a）劲性骨架吊装　b）桥梁全貌

4.2.3　转体施工法

转体施工法（swing method）是将拱圈或整个上部结构分成两个半跨，分别在两岸利用地形或简单支架浇筑或预制半拱，然后利用动力装置将两半拱转动至桥轴线位置（或设计标高）合龙成拱。该法适合于各类单孔拱桥的施工，也可用于梁桥、斜拉桥、刚构桥等不同桥型的上部结构施工中。转体法施工具有变复杂为简单，减少高空作业，节省临时支架，加快施工速度，减少对桥下交通的干扰，安全、可靠等优点，是具有良好技术经济效益的拱桥施工方法之一。

转体施工法根据转动方位的不同可分为平面转体、竖向转体和平竖结合转体三种。

1. 平面转体施工

平面转体是在河流的两岸或城市主干道两侧进行半桥的预制工作，然后借助动力装置在水平面内将其转动至桥位轴线位置合龙（图 3-4-15）。1977 年在四川省遂宁县采用我国首创的平面转体施工法建成了跨径 70m 的钢筋混凝土箱肋拱，之后这种施工方法得到了推广应用。

平面转体施工法又分为有平衡重转体和无平衡重转体两种。

有平衡重转体是一种在旋转过程中自平衡的转体，通常利用桥台背墙重量及附加平衡压重来平衡半跨拱圈（或拱肋）的自重弯矩（图 3-4-15a）。由于平衡重过大不经济，也增加转体难度，所以采用该法施工的拱桥跨径不宜过大，一般仅用于跨径 100m 以内的整体转体施工。

有平衡重转体系统由转动体系、平衡体系和牵引体系组成。要保证成百上千吨重的拱体结构顺利、稳妥地转到设计位置，关键是依靠设计合理、转动灵活的转体系统。目前国内使用的转体装置有两种，一种是以聚四氟乙烯作为滑板的环道平面承重转体（图 3-4-16a），另一种是以球面转轴支承辅以滚轮的轴心承重转体（图 3-4-16b），在实践中都取得了较好的效果。

无平衡重转体是把有平衡重转体施工中的拱圈扣索锚固在两岸的岩体锚洞中，半跨拱桥悬臂状态平衡时产生的水平拉力由锚碇承受，同时借助拱脚处立柱下端转盘和上端转轴使拱体做平面转动。由于无平衡转体取消了庞大的平衡

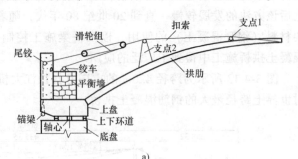

a)

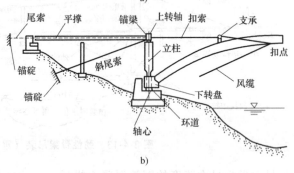

b)

图 3-4-15　平面转体施工

a）有平衡重平面转体系统　b）无平衡重平面转体系统

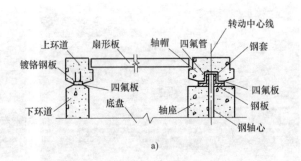

a)

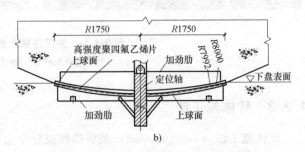

b)

图 3-4-16　平面承重转体施工转动装置

a）环形滑道转盘构造　b）球铰构造

重,大大减轻了转动体系的重量和圬工数量。锚碇拉力是由尾索预加应力传给引桥桥面板(或平撑、斜撑),以压力的形式储备(图3-4-15b)。桥面板的压力随着拱箱转体的角度变化而变化,当转体到位时达到最小。

无平衡重平面转体施工需要有一个强大牢固的锚碇,因此宜在地质条件好的山区或跨越深谷急流处建造大跨径桥梁时选用。

2. 竖向转体施工

竖向转体施工是在河岸或浅滩上将两个半跨的拱圈(或拱肋)在桥轴竖平面内预制,然后通过在竖向绕拱脚旋转使拱圈(肋)到达设计位置合龙成拱。根据河道情况、桥位地形和自然环境等方面的条件和要求,竖向转体施工有两种方式:一是竖直向上预制半拱,然后向下转动成拱;二是在桥面以下俯卧预制半拱,然后向上转动成拱。我国三峡对外专用公路上的莲沱特大桥采用了竖向转体施工,该桥为中承式钢管混凝土拱桥,跨径114m。图3-4-17所示为该桥竖转铰的构造,图3-4-18是竖向转体施工的情况。

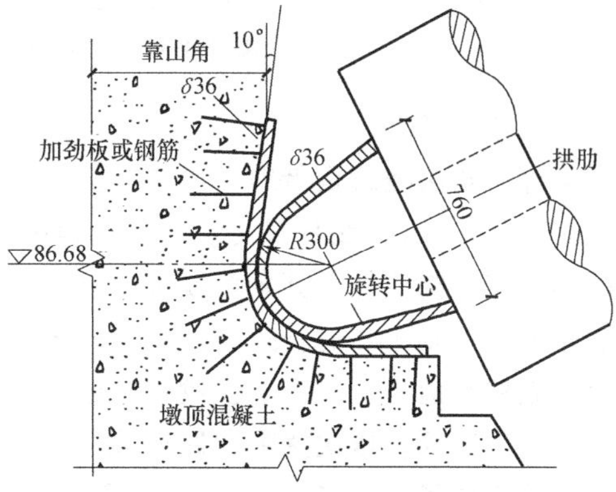

图3-4-17 竖转铰的构造

3. 平竖结合转体施工

由于受到河岸地形条件的限制,既不能采用平面转体,又无法采用竖向转体达到拱圈(肋)的设计位置时,可采用平转与竖转相结合的转体施工法。其基本方法与前述方法类似,但其转轴构造较为复杂。

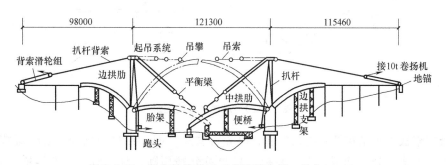

图3-4-18 竖向转体施工(莲沱特大桥,单位:cm)

我国广州的丫髻沙大桥为三跨连续(76m+360m+76m)的钢管混凝土拱桥,采用了先竖转后平转施工(图3-4-19),转体重为136000kN。

4.2.4 悬臂施工法

悬臂施工法(cantilever method)是从拱脚向拱顶处悬臂施工两个半拱,最后在拱顶进行合龙的一种修建混凝土拱桥的施工方法。拱桥悬臂施工法也可分为悬臂浇筑法和悬臂拼装法,而根据施工中临时辅助设备与拱圈组成的受力结构的不同,还可分为悬臂桁架法和塔架斜拉索法。

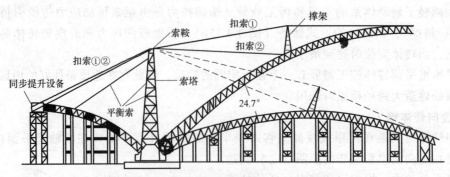

图 3-4-19　平竖结合转体施工（丫髻沙大桥）

1. 悬臂桁架法

悬臂桁架法浇筑是借助专用的挂篮，结合使用斜吊粗钢筋或者钢丝束的斜吊式悬臂浇筑施工（图 3-4-20）。在悬臂浇筑施工过程中，除了第一段拱圈（拱脚段）混凝土在斜拉筋扣吊的钢支架上浇筑外，其余各段位于立柱间的拱圈均用挂篮从左右两岸悬臂浇筑施工。施工至立柱部位，则用临时斜拉杆及上拉杆将立柱、拱圈组成桁架，并用拉杆或缆索将其锚固于台后。立柱就地浇筑，上下设铰；桥面板采用活动支架就地浇筑，它比拱圈和立柱的浇筑延后一个立柱节间。依次逐节向跨中施工，直至合龙。1974 年日本曾率先采用悬臂桁架浇筑方法成功建成了一孔跨径 170m、矢高 26.5m 的变截面四次抛物线两铰拱桥（外津桥）。

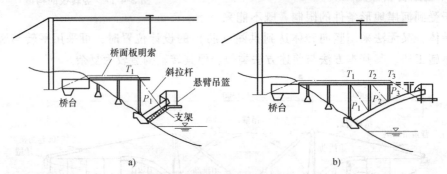

图 3-4-20　悬臂桁架法浇筑

悬臂桁架法拼装是在悬臂拼装之前，事先将拱片（圈）沿桥跨划分为若干奇数预制段，拱圈的各个组成部分（侧板、上下底板等）也可分别预制，对非桁架式整体桥，应将拱肋（侧板）、立柱通过临时斜压杆（或斜拉杆）和上弦拉杆组成桁架拱片；再用横梁和临时风构将两个桁架拱片组装成空间框架；每段框架整体运输至桥孔，由拱脚向跨中逐段悬臂拼装至合龙（图 3-4-21）。也可以将拱圈的各个组成部分先悬拼组成拱圈，然后利用立柱与临时斜杆和上拉杆组成桁架体系，逐节拼装，直至合龙。

悬臂桁架拼装法，由于拱肋是组成框构后整体吊装，刚度大，稳定性好，施工安全，所需吊装设备少。其缺点是构件预制、拼装工序较多，框构整体运输较为困难。

1980 年建成的南斯拉夫克尔克桥（KRK）（主跨 390m，箱形拱）是采用悬臂拼装方法建成的目前世界上最大跨径的混凝土拱桥。我国于 1995 年建成通车的贵州江界河桥，是当前世界上跨径最大的混凝土桁架拱桥（330m），也采用了悬臂桁架拼装法施工。

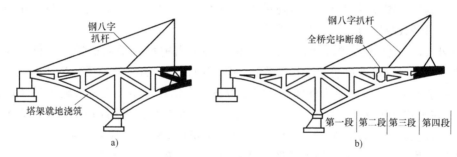

图 3-4-21　悬臂桁架法拼装

2. 塔架斜拉索法

塔架斜拉索法是国外采用最早、最多的大跨径钢筋混凝土拱桥无支架施工的方法。它是在拱脚墩、台处安装临时的钢或钢筋混凝土塔架，用斜拉索（或斜拉粗钢筋）一端拉住拱圈节段，另一端与塔架连接。这样逐节向跨中悬臂架设（或浇筑），直至拱顶合龙（图 3-4-22）。

塔架斜拉索法也可分为悬臂浇筑和悬臂拼装施工，前者在国外采用较多，后者在国内采用较多。

总之，悬臂施工法解决了大跨径拱桥无支架施工的问题，但由于成桥后拱

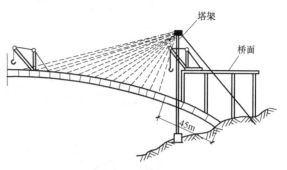

图 3-4-22　塔架斜拉索法

的受力是受压为主的压弯结构，因此悬臂施工时只能将拱作为施工过程悬臂梁的下弦，需要有较多的临时设施（主要是受拉构件）作为悬臂梁的上弦，因而施工费用较高，在我国未能得到推广应用。

4.3　其他施工方法

1. 少支架施工法

少支架施工法是一种采用少量支架集中支承预制构件的拱桥预制安装施工方法，常用于中小跨径的整体式拱桥、肋拱桥等。与有支架施工法的根本区别在于，少支架施工法利用了拱片（肋）预制构件自身的承载能力，使其成为拱桥施工的拱架，从而减少了拱架材料的使用。

少支架施工拱桥的步骤为：①将事先预制好的拱片（肋）吊装就位于支架上；②调整支点的高程达到设计要求，应考虑必要的预拱度值；③采用现浇混凝土连接拱片（肋）及其之间的横向连接系；④落架、拱片（肋）成拱受力；⑤铺设桥面板及现浇桥面混凝土，或进行立柱等拱上建筑的施工。

2. 大拱段提升施工法

随着大江、大河和跨海桥梁的建设和发展需要，采用整体式或大节段提升方式建造的桥梁越来越多。大拱段提升施工已成为大跨径拱桥架设的主要方法之一。大拱段提升安装施工

就是在工厂制造拱圈或拱圈节段，再通过水运将其运至待安装的桥位处，最后采用同步液压提升装置将拱圈或拱圈节段提升安装就位。

2018 年 11 月建成通车的柳州市官塘大桥主桥采用中承式钢箱拱桥，主桥全长 462m，结构体系为有推力提篮式拱桥。主拱分为边拱段和中拱段，边拱段采用支架法安装，中拱段采用低位拼装+中段拱肋门架法整体提升施工方案。中拱段拱肋、内撑及辅助吊装设备总重约 5885t，在桥位下少支架安装成整体，设置水平约束索后，采用门式提升支架整体提升 68m 至设计桥位处，安装合龙段。其中，该桥"中拱段 5885t 的提升重量、262m 的跨度及 68m 的提升高度"三项指标均创下了世界第一的纪录，如图 3-4-23 所示。

a)

b)

图 3-4-23　大拱段提升施工（官塘大桥）

a）少支架安装成整体　b）拱肋合龙

思考题

1. 就地浇筑施工法的特点有哪些？拱架的类型有哪些？
2. 拱桥有支架施工时，主拱圈的浇筑方法有哪些？各有哪些要求？
3. 劲性骨架施工与有支架施工比较，有哪些特点？简述劲性骨架施工的步骤。
4. 有平衡重和无平衡重平面转体施工的设计要注意哪几方面？
5. 缆索吊装设备由几部分组成？主要机具设备有哪些？
6. 如何在拱桥（肋）施工中进行加载？加载时应注意哪些问题？
7. 转体施工主要适用于哪些桥梁施工？有哪些转体方法？
8. 选择一种拱桥施工方法，查找相关资料，了解其详细施工过程。

在拱桥构造布置、尺寸拟定和施工方案等确定之后，即可着手对拱桥的内力进行计算并对各部分构件进行设计验算。拱桥计算包括成桥状态受力分析和强度、刚度、稳定性验算，必要的动力分析，以及施工阶段结构受力分析和验算等内容。

拱桥通常为多次超静定的空间结构，当活荷载作用于桥跨结构时，实际上存在拱上建筑与主拱圈共同作用的现象，称为联合作用。拱式拱上建筑的联合作用大于梁式拱上建筑；超静定结构的拱上建筑的联合作用大于静定结构；实腹式拱上建筑的联合作用大于空腹式。腹拱圈、腹孔墩对主拱圈的相对刚度越大，联合作用越显著。但为了简化计算，一般偏安全地不考虑联合作用的影响。

与梁式桥一样，在横桥方向，无论活荷载作用在什么位置，在桥梁的横断面上都会出现活荷载的横向分布作用。必要时，需要考虑活荷载的横向不均匀分布影响。

5.1 悬链线拱轴方程及其几何性质

悬链线是目前大、中跨径拱桥最普遍采用的拱轴线形。实腹式悬链线拱采用恒荷载压力线（不计弹性压缩）作为拱轴线。空腹式拱桥的恒荷载压力线是一条不光滑的曲线，采用悬链线作为拱轴线时，可以采用"五点重合法"使拱轴线与恒荷载压力线在拱顶、两个跨径四分之一点和两个拱脚点五个点重合。这样就可利用现成的完整的悬链线拱计算用表来计算各项内力。下面介绍悬链线拱轴方程及其几何性质。

5.1.1 拱轴方程的建立

首先以实腹式悬链线拱为例，推导和建立悬链线拱的拱轴方程。取图 3-5-1 所示坐标系，设拱轴线即恒荷载压力线，故在恒荷载作用下，拱顶截面的弯矩 $M_d = 0$，由于对称性，剪力 $Q_d = 0$，于是拱顶截面仅有恒荷载推力 H_g。

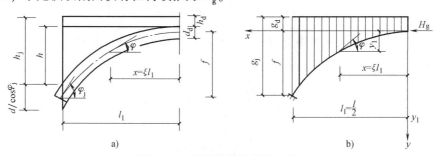

图 3-5-1 悬链线拱轴计算图式

对拱脚截面取矩，则有

$$H_g = \frac{\sum M_j}{f}$$ (3-5-1)

式中　$\sum M_j$——半拱恒荷载对拱脚截面的弯矩；

　　　　H_g——拱的恒荷载水平推力（不考虑弹性压缩）；

　　　　f——拱的计算矢高。

对任意截面取矩，可得

$$y_1 = \frac{M_x}{H_g}$$ (3-5-2)

式中　M_x——任意截面以右的全部恒荷载对该截面的弯矩值；

　　　　y_1——以拱顶为坐标原点，拱轴上任意点的纵坐标。

式（3-5-2）为计算恒荷载压力线的基本方程。将上式两边对 x 取两次导数得

$$\frac{d^2 y_1}{dx^2} = \frac{1}{H_g} \times \frac{d^2 M_x}{dx^2} = \frac{g_x}{H_g}$$ (3-5-3)

式（3-5-3）为计算恒荷载压力线的基本微分方程式。为了得到拱轴线（恒荷载压力线）的一般方程，必须知道恒荷载的分布规律。由图 3-5-1b，任意点的恒荷载集度 g_x 可以用下式表示

$$g_x = g_d + \gamma y_1$$ (3-5-4)

式中　g_d——拱顶处恒荷载集度；

　　　　γ——拱上建筑材料的重度。

由式（3-5-4）得

$$g_j = g_d + \gamma f = m g_d$$ (3-5-5)

式中　g_j——拱脚处恒荷载集度；

　　　　m——拱轴系数（或称拱轴曲线系数）。

$$m = \frac{g_j}{g_d}$$ (3-5-6)

由式（3-5-5）得

$$\gamma = (m-1) \frac{g_d}{f}$$ (3-5-7)

将式（3-5-7）代入式（3-5-4）可得

$$g_x = g_d + (m-1) \frac{g_d}{f} y_1 = g_d \left[1 + (m-1) \frac{y_1}{f} \right]$$ (3-5-8)

再将式（3-5-8）代入基本微分方程（3-5-3），为使最终结果简单化，引入参数 $x = \xi l_1$，则 $dx = l_1 d\xi$，可得

$$\frac{d^2 y_1}{d\xi^2} = \frac{l_1^2}{H_g} g_d \left[1 + (m-1) \frac{y_1}{f} \right]$$

令

$$k^2 = \frac{l_1^2 g_d}{H_g f} (m-1)$$ (3-5-9)

则
$$\frac{d^2 y_1}{d\xi^2} = \frac{l_1^2 g_d}{H_g} + k^2 y_1 \qquad (3\text{-}5\text{-}10)$$

式（3-5-10）为二阶非齐次常系数线性微分方程。解此方程，则得拱轴线方程，即悬链线方程为

$$y_1 = \frac{f}{m-1}(\cosh k\xi - 1) \qquad (3\text{-}5\text{-}11)$$

将拱脚截面 $\xi = 1$、$y_1 = f$ 代入上式得

$$\cosh k = m$$

通常 m 为已知值，则 k 值可由下式求得

$$k = \text{arccosh}\,m = \ln(m + \sqrt{m^2 - 1}) \qquad (3\text{-}5\text{-}12)$$

当 $m = 1$ 时，则 $g_x = g_d$，表示恒荷载是均布荷载。将 $m = 1$ 代入式（3-5-9），解式（3-5-10）微分方程可知，在均布荷载作用下的压力线为二次抛物线，其方程式为 $y_1 = f\xi^2$。

由悬链线方程式（3-5-11）可以看出，当拱的矢跨比确定后，拱轴线各点的纵坐标（悬链线的形状）将取决于拱轴系数 m。各种 m 值的拱轴线坐标 y_1 可直接由《公路桥涵设计手册—拱桥（上册）》［以下简称《拱桥（上）》］附录Ⅲ表Ⅲ-1 查出，一般无需按式（3-5-11）计算。悬链线的线形特征可用 $l/4$ 点纵坐标 $y_{l/4}$ 的大小表示（图 3-5-2）。

拱跨 $l/4$ 点的纵坐标 $y_{l/4}$ 与 m 有下述关系：

当 $\xi = \dfrac{1}{2}$ 时，$y_1 = y_{l/4}$，代入式（3-5-11）得

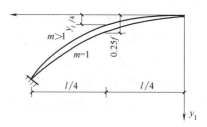

图 3-5-2　拱跨 $l/4$ 点纵坐标与 m 的关系

$$\frac{y_{l/4}}{f} = \frac{1}{m-1}\left(\cosh\frac{k}{2} - 1\right)$$

因为
$$\cosh\frac{k}{2} = \sqrt{\frac{\cosh k + 1}{2}} = \sqrt{\frac{m+1}{2}}$$

所以
$$\frac{y_{l/4}}{f} = \frac{\sqrt{\dfrac{m+1}{2}} - 1}{m-1} = \frac{1}{\sqrt{2(m+1)} + 2} \qquad (3\text{-}5\text{-}13)$$

由式（3-5-13）可见，$y_{l/4}$ 随 m 的增大而减小（拱轴线抬高），随 m 的减小而增大（拱轴线降低）（图 3-5-2）。

在一般的悬链线拱桥中，恒荷载从拱顶向拱脚增加，$g_j > g_d$，因而 $m > 1$。只有在均布荷载作用下，即 $g_j = g_d$ 时，方能出现 $m = 1$ 的情况。由式（3-5-13）可得，在这种情况下 $y_{l/4} = 0.25f$（图 3-5-2）。

在《拱桥（上）》附录的计算用表中，除了可以根据拱轴系数 m 查得所需的值，也可借助相应的 $y_{l/4}/f$ 查得同样的值。$y_{l/4}/f$ 与 m 的对应关系见表 3-5-1，读者可以根据计算的方便，利用 m 值或者 $y_{l/4}/f$ 的数值查表，其结果是一致的。

表 3-5-1　拱轴系数 m 与 $\dfrac{y_{l/4}}{f}$ 的关系

m	1.000	1.167	1.347	1.543	1.756	1.988	2.240	2.514	2.814	…	5.321
$y_{l/4}/f$	0.250	0.245	0.240	0.235	0.230	0.225	0.220	0.215	0.210	…	1.180

5.1.2　拱轴系数 m 的确定

如前所述，悬链线拱轴方程的主要参数是拱轴系数 m。m 确定后，悬链线拱轴的各点纵坐标就可求得。

5.1.2.1　实腹式悬链线拱拱轴系数的确定

实腹拱的恒荷载分布规律完全符合推导拱轴方程时关于荷载的基本假定。拱轴系数如式 (3-5-6) 定义为 $m=g_j/g_d$，其中，拱顶及拱脚处的恒荷载集度分别为（图 3-5-1）

$$\left.\begin{aligned} g_d &= \gamma_1 h_d + \gamma_2 d \\ g_j &= \gamma_1 h_d + \gamma_2 \frac{d}{\cos\varphi_j} + \gamma_3 h \end{aligned}\right\} \tag{3-5-14}$$

式中　h_d——拱顶填料厚度；

$\quad d$——拱圈厚度；

$\quad \gamma_1$——拱顶填料及路面的平均重度；

$\quad \gamma_2$——拱圈材料的重度；

$\quad \gamma_3$——拱腹填料的平均重度；

$\quad \varphi_j$——拱脚处拱轴线的水平倾角。

$$h = f + \frac{d}{2} - \frac{d}{2\cos\varphi_j} \tag{3-5-15}$$

从式 (3-5-14) 可以看出，除了 φ_j 为未知数，其余数值均为已知。由于 φ_j 未知，故不能直接算出 m 值，需采用逐次逼近的方法确定。可以先根据跨径和矢高假定 m 值（为了计算方便，m 的假定值可依据表 3-5-1 选取）。由《拱桥（上）》附录Ⅲ表Ⅲ-20 查得 $\cos\varphi_j$ 值，代入式 (3-5-14) 求得 g_j 后，再连同 g_d 一起代入 $m=g_j/g_d$ 求出 m 值。然后与假定的 m 值比较，如两者相符，即假定的 m 为真实值；如两者相差较大，则以计算所得的 m 值作为假定值，重新进行计算，直到两者接近为止。

5.1.2.2　空腹式悬链线拱拱轴系数的确定

空腹式拱桥中，桥跨结构的恒荷载可视为由两部分组成，即主拱圈与实腹段自重的分布力与空腹部分通过腹孔墩传下的集中力（图 3-5-3a）。由于集中力的存在，拱的恒荷载压力线是一条在

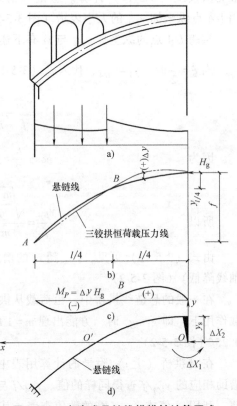

图 3-5-3　空腹式悬链线拱拱轴计算图式

集中力作用点处有转折的曲线，它不是悬链线，甚至也不是一条光滑的曲线。在设计空腹式拱桥时，为使悬链线拱轴与其恒荷载压力线接近，一般采用"五点重合法"确定悬链线拱轴的 m 值，即要求拱轴线在全拱有五点（拱顶、两 $l/4$ 点和两拱脚）与其三铰拱恒荷载压力线重合（图 3-5-3b）。

以下介绍采用"五点重合法"确定空腹式悬链线拱拱轴系数 m 的方法。

由拱顶弯矩为零及恒荷载的对称条件知，拱顶仅有通过截面重心的恒荷载推力 H_g，弯矩及剪力为零。

在图 3-5-3a、b 中，由 $\sum M_A = 0$ 得

$$H_g = \frac{\sum M_j}{f} \tag{3-5-16}$$

由 $\sum M_B = 0$ 得

$$H_g y_{l/4} - \sum M_{l/4} = 0$$

则

$$H_g = \frac{\sum M_{l/4}}{y_{l/4}}$$

将式（3-5-16）代入上式可得

$$\frac{y_{l/4}}{f} = \frac{\sum M_{l/4}}{\sum M_j} \tag{3-5-17}$$

式中　$\sum M_{l/4}$——自拱顶至拱跨 $l/4$ 点的恒荷载对 $l/4$ 截面的力矩；

其余符号同前。

等截面悬链线拱主拱圈恒荷载对拱跨 $l/4$ 点及拱脚截面的弯矩 $M_{l/4}$ 和 M_j 可由《拱桥（上）》表Ⅲ-19 查得。

求得 $\dfrac{y_{l/4}}{f}$ 之后，可由式（3-5-13）反求 m，即

$$m = \frac{1}{2}\left(\frac{f}{y_{l/4}} - 2\right)^2 - 1 \tag{3-5-18}$$

空腹式拱桥的 m 值，仍按逐次渐近法确定。先假定一个 m 值，定出拱轴线，作图布置拱上建筑，然后计算拱圈和拱上建筑的恒荷载对拱跨 $l/4$ 点和拱脚截面的力矩 $\sum M_{l/4}$ 和 $\sum M_j$，利用式（3-5-18）算出 m 值，计算值如与假定的 m 值相差太大，则应将求得的 m 值作为假定值重新计算，直至两者接近为止。

需要说明的是：用上述方法确定的空腹拱拱轴线，仅保证了全拱有五点与恒荷载压力线（不计弹性压缩）相吻合，在其他各点上两者均存在着偏离。大量计算表明：从拱顶到拱跨 $l/4$ 点附近，压力线一般在拱轴线之上；而从拱跨 $l/4$ 点到拱脚的压力线则大多在拱轴线之下。拱轴线与相应三铰拱的恒荷载压力线的偏离类似于一个正弦波。

恒荷载压力线与拱轴线的偏离会在拱中产生附加内力。对于静定三铰拱，各截面的偏离弯矩值 M_P 可以用三铰拱压力线与拱轴线在该截面的偏离值 Δ_y 表示（$M_P = H_g \Delta_y$），如图 3-5-3c 所示。对于无铰拱，偏离弯矩的大小不能直接以三铰拱压力线与拱轴线的偏离值

表示，而应以该偏离值 M_P 作为荷载，再进一步算出无铰拱的偏离弯矩值。

由结构力学可知，荷载作用在基本结构（图3-5-3d）上引起的弹性中心的赘余力为

$$\Delta X_1 = -\frac{\Delta_{1P}}{\delta_{11}} = -\frac{\int_s \frac{\overline{M}_1 M_P}{EI}ds}{\int_s \frac{\overline{M}_1^2 ds}{EI}} = -\frac{\int_s \frac{M_P}{I}ds}{\int_s \frac{ds}{I}} = -H_g \frac{\int_s \frac{\Delta_y}{I}ds}{\int_s \frac{ds}{I}} \tag{3-5-19}$$

$$\Delta X_2 = -\frac{\Delta_{2P}}{\delta_{22}} = -\frac{\int_s \frac{\overline{M}_2 M_P}{EI}ds}{\int_s \frac{\overline{M}_2^2 ds}{EI}} = H_g \frac{\int_s \frac{y\Delta_y}{I}ds}{\int_s \frac{y^2 ds}{I}} \tag{3-5-20}$$

$$\overline{M}_1 = 1, \quad \overline{M}_2 = -y$$

式中　M_P——三铰拱恒荷载压力线偏离拱轴线产生的弯矩，$M_P = H_g \Delta_y$；

　　　　Δ_y——三铰拱恒荷载压力线与拱轴线的偏离值（图3-5-3b）。

由图3-5-3b可见，Δ_y 有正有负，沿全拱积分 $\int_s \frac{\Delta_y ds}{I}$ 的数值不大，由式（3-5-19）知，

ΔX_1 数值较小。若 $\int_s \frac{\Delta_y ds}{I} = 0$，则 $\Delta X_1 = 0$。

计算表明，由式（3-5-20）确定的 ΔX_2 恒为正值（压力）。任意截面的偏离弯矩为

$$\Delta M = \Delta X_1 - \Delta X_2 y + M_P \tag{3-5-21}$$

式中　y——以弹性中心为原点（向上为正）的拱轴纵坐标。

对于拱顶、拱脚截面 $M_P = 0$，偏离弯矩为

$$\left.\begin{array}{l} \Delta M_d = \Delta X_1 - \Delta X_2 y_s < 0 \\ \Delta M_j = \Delta X_1 + \Delta X_2 (f - y_s) > 0 \end{array}\right\} \tag{3-5-22}$$

式中　y_s——弹性中心至拱顶的距离。

空腹式无铰拱桥采用"五点重合法"确定的拱轴线，与相应的三铰拱的恒荷载压力线在拱顶、两 $l/4$ 点和两拱脚五点重合，而与无铰拱的恒荷载压力线（简称恒荷载压力线）实际上并不存在五点重合的关系。由式（3-5-22）可见，由于拱轴线与恒荷载压力线有偏离，在拱顶、拱脚都产生了偏离弯矩。研究表明，拱顶的偏离弯矩 ΔM_d 为负，拱脚的偏离弯矩 ΔM_j 为正，恰好与这两截面控制弯矩的符号相反。因此，在空腹式拱桥中，用"五点重合法"确定的悬链线拱轴，其偏离弯矩对拱顶、拱脚都是有利的。所以，在现行设计中，一般不计偏离弯矩的影响，是偏于安全的。对于大跨径空腹式拱桥，压力线与拱轴线偏离较大，则应计入此项弯矩的影响，这时实际压力线将不再通过上述五点。

5.1.2.3　拱轴系数 m 的初步选定

对实腹拱而言，拱轴系数 m 值的大小取决于拱脚处恒荷载集度与拱顶处恒荷载集度之比。当拱顶填土厚度不变，即拱顶恒荷载集度不变时，要增加 m 值，必须增加拱脚处的恒荷载集度，即增加拱脚处的填土厚度，这样势必需要增加矢高。因此，坦拱的拱轴系数可以选得小一些，陡拱的拱轴系数可以选得大一些。当矢跨比不变，随着拱上填土厚度的增加，

拱顶恒荷载集度增加的速度比拱脚快。因此，高填土拱桥的拱轴系数可以选得小一些，低填土拱桥的拱轴系数可以选得大一些。

对于空腹拱，由于拱脚至拱跨 $l/4$ 点之间拱上建筑挖空，结构重力对拱脚处的力矩减小，$\sum M_j / \sum M_{l/4}$ 值减小，所以空腹拱的拱轴系数比实腹拱小。如果拱桥采用无支架施工，裸拱的拱轴系数接近于 1。一般在设计拱桥时，拱轴系数 m 值并不是根据裸拱重力确定，而是根据全桥结构重力确定的，因此，裸拱在重力作用下，拱轴线将与压力线发生偏离。随着设计 m 值的增大，偏离弯矩相应增大。为了改善裸拱阶段的受力状态，在设计时宜选用较小的 m 值（对无支架或早期脱架施工的拱桥，拱轴系数一般不宜大于 2.814）。

5.1.3 拟合拱轴线

上述拱轴线的特点是通过少数几个点来逼近恒荷载压力线，这就可能存在拱圈在荷载（如活荷载）作用下某些截面的压力线与拱轴线偏差过大的情况，致使偏离弯矩过大，对拱圈不利。随着拱桥跨径的不断增大，对拱轴线合理性的要求越来越高。目前，随着结构分析理论的发展和计算机在桥梁设计中的广泛应用，在拱桥设计中采用通过优化拟合而成的某条合理曲线作为拱轴线成为可能。拟合拱轴线已开始在现代特大跨径拱桥中采用。

拱轴线优化拟合的基本思想是：找出一条在一定约束条件下与压力包络线偏差最小的曲线作为拱轴线，从方法上讲就是一种有约束条件的函数逼近。如可采用最小二乘法进行拟合；或采用建立内力与拱轴线变化函数的关系，以恒荷载压力线五点重合法拟合的曲线为初始曲线，叠加调整曲线，使截面合力偏心趋于均匀的方法进行拱轴线优化；或采用样条函数逼近压力线。

拟合拱轴线时可任意假设初始拱轴线，但一个好的初始拱轴线可以减少拱轴线优化拟合中的结构分析次数。

5.1.4 拱轴线的水平倾角 φ

将悬链线方程（3-5-11）对 ξ 取导数得

$$\frac{dy_1}{d\xi} = \frac{fk}{m-1}\sinh k\xi \tag{3-5-23}$$

$$\tan\varphi = \frac{dy_1}{dx} = \frac{dy_1}{l_1 d\xi} = \frac{2dy_1}{ld\xi}$$

将式（3-5-23）代入上式得

$$\tan\varphi = \frac{2fk\sinh k\xi}{l(m-1)} = \eta\sinh k\xi \tag{3-5-24}$$

其中，$\eta = \dfrac{2fk}{l(m-1)}$。

由上式可见，拱轴水平倾角与拱轴系数 m 有关。拱轴线上各点的水平倾角 $\tan\varphi$ 可直接由《拱桥（上）》表Ⅲ-2 查得。

5.1.5 悬链线无铰拱的弹性中心

在按力法计算无铰拱的内力（恒荷载、活荷载、温度变化、混凝土收缩徐变和拱脚变位等）时，为了简化计算，常利用拱的弹性中心，目的在于将求解三个赘余力的联立方程问题解耦，从而变为解三个独立的一元一次方程的问题。

此处讨论的是对称拱，弹性中心在对称轴上。基本结构的取法有两种：图 3-5-4a 是以半拱悬臂曲梁为基本结构，图 3-5-4b 是以全拱简支曲梁为基本结构。悬臂曲梁多用于计算恒荷载、温度变化、混凝土收缩和拱脚变位引起的内力；简支曲梁在计算内力影响线时采用，可使积分连续，简化计算。

现以半拱悬臂为基本结构，在拱顶处产生三个赘余力 X_1、X_2、X_3。根据结构力学，列出力法方程

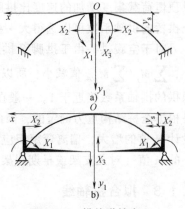

图 3-5-4　拱的弹性中心

$$\left.\begin{array}{l}\delta_{11}X_1+\delta_{12}X_2+\delta_{13}X_3+\Delta_{1P}=0\\\delta_{21}X_1+\delta_{22}X_2+\delta_{23}X_3+\Delta_{2P}=0\\\delta_{31}X_1+\delta_{32}X_2+\delta_{33}X_3+\Delta_{3P}=0\end{array}\right\} \qquad (3\text{-}5\text{-}25)$$

赘余力中弯矩 X_1 和轴向力 X_2 是正对称的，剪力 X_3 是反对称的，故弹性中心处副变位为

$$\left.\begin{array}{l}\delta_{13}=\delta_{31}=0\\\delta_{23}=\delta_{32}=0\end{array}\right\} \qquad (3\text{-}5\text{-}26)$$

但 $\delta_{12}=\delta_{21}\neq0$。若设法使 $\delta_{12}=\delta_{21}=0$，则力法方程中的全部副变位都为零，力法方程得以简化

$$\delta_{12}=\delta_{21}=\int_s\frac{\overline{M}_1\overline{M}_2\mathrm{d}s}{EI}+\int_s\frac{\overline{N}_1\overline{N}_2\mathrm{d}s}{EA}+\int_s\frac{\overline{Q}_1\overline{Q}_2\mathrm{d}s}{GA}$$

$$=\int_s\frac{\overline{M}_1\overline{M}_2\mathrm{d}s}{EI}+0+0$$

$$=\int_s y\frac{\mathrm{d}s}{EI}=\int_s(y_1-y_s)\frac{\mathrm{d}s}{EI}$$

$$=\int_s y_1\frac{\mathrm{d}s}{EI}-\int_s y_s\frac{\mathrm{d}s}{EI}$$

令 $\delta_{12}=\delta_{21}=0$，便可得到拱的弹性中心坐标为

$$y_s=\frac{\displaystyle\int_s\frac{y_1\mathrm{d}s}{EI}}{\displaystyle\int_s\frac{\mathrm{d}s}{EI}} \qquad (3\text{-}5\text{-}27)$$

$$y_1=\frac{f}{m-1}(\cosh k\xi-1)$$

$$\mathrm{d}s=\frac{\mathrm{d}x}{\cos\varphi}=\frac{l}{2}\times\frac{1}{\cos\varphi}\mathrm{d}\xi$$

其中

$$\cos\varphi = \frac{1}{\sqrt{1+\tan^2\varphi}} = \frac{1}{\sqrt{1+\eta^2\sinh^2 k\xi}}$$

则

$$\mathrm{d}s = \frac{l}{2}\sqrt{1+\eta^2\sinh^2 k\xi}\,\mathrm{d}\xi \tag{3-5-28}$$

将 y_1 及 $\mathrm{d}s$ 代入式（3-5-27），并注意到等截面拱的 I 为常数，则

$$y_s = \frac{\int_s y_1\,\mathrm{d}s}{\int_s \mathrm{d}s} = \frac{f}{m-1}\frac{\int_0^1(\cosh k\xi - 1)\sqrt{1+\eta^2\sinh^2 k\xi}\,\mathrm{d}\xi}{\int_0^1\sqrt{1+\eta^2\sinh^2 k\xi}\,\mathrm{d}\xi} = \alpha_1 f \tag{3-5-29}$$

系数 α_1 可由《拱桥（上）》表Ⅲ-3 查得。

5.2　悬链线拱的内力计算

简单体系拱桥内力可以采用手算或电算求得。手算主要采用结构力学方法，并配合使用现成的《拱桥》图表进行计算；电算则采用有限元软件，通过建模分析计算。本节主要介绍简单体系拱桥手算法的基本原理。

5.2.1　等截面悬链线拱恒载内力计算

当采用恒荷载压力线作为拱轴线时，如果不考虑拱圈变形的影响，则恒荷载作用下拱内仅产生轴向压力而无弯矩和剪力。但拱圈材料在轴向压力作用下，将产生弹性压缩变形，使拱轴缩短，由此会在无铰拱中产生弯矩和剪力，这就是所谓的弹性压缩影响。拱圈的轴向力主要是由恒荷载和活荷载作用产生的，因此，拱圈弹性压缩对内力的影响也要在恒荷载和活荷载内力计算中分别计入。拱圈弹性压缩影响与恒荷载、活荷载作用下产生的内力是同时发生的。但为了计算上的方便，通常先计算不考虑弹性压缩时的内力，再计算弹性压缩引起的内力，然后两者叠加起来。如果拱轴线和恒荷载压力线有偏离，则还要计算拱轴偏离引起的恒荷载内力。

上述叠加法计算主要是针对手算而言的。当采用电算时，内力计算不需分步进行。

5.2.1.1　不考虑弹性压缩的恒荷载内力——无矩法计算恒荷载内力

1. 实腹拱

如前所述，此时实腹式悬链线拱的拱轴线与压力线完全吻合，所以在恒荷载作用下，拱圈任何截面上都只存在轴向力而无弯矩，拱中的内力可按纯压拱的公式计算。

由式（3-5-9）得恒荷载水平推力为

$$H_g = \frac{m-1}{4k^2}\frac{g_d l^2}{f} = k_g\frac{g_d l^2}{f} \tag{3-5-30}$$

式中，$k_g = \dfrac{m-1}{4k^2}$。

在恒荷载作用下，拱脚的竖向反力为半拱的恒荷载重力，即

$$V_g = \int_0^{l_1} g_x\,\mathrm{d}x = \int_0^1 g_x l_1\,\mathrm{d}\xi$$

将式（3-5-8）、式（3-5-11）代入上式积分得

$$V_g = \frac{\sqrt{m^2-1}}{2[\ln(m+\sqrt{m^2-1})]} g_d l = k'_g g_d l \tag{3-5-31}$$

式中，$k'_g = \dfrac{\sqrt{m^2-1}}{2[\ln(m+\sqrt{m^2-1})]}$。

系数 k_g、k'_g 可由《拱桥（上）》表Ⅲ-4查得，其他符号意义同前。

拱圈各截面的轴向力 N 按下式计算，恒荷载弯矩和剪力均为零。

$$N = \frac{H_g}{\cos\varphi} \tag{3-5-32}$$

2. 空腹拱

空腹式悬链线无铰拱，由于拱轴线与恒荷载压力线有偏离，拱顶、拱脚和 $l/4$ 点都有恒荷载弯矩 [见式（3-5-22）]。在设计中，为了计算方便，空腹式无铰拱桥的恒荷载内力又可分为两部分：首先不考虑偏离的影响，将拱轴线视为与恒荷载压力线完全吻合；然后再考虑偏离的影响，按式（3-5-19）~式（3-5-21）计算由偏离引起的恒荷载内力，两者叠加，得到空腹式无铰拱不考虑弹性压缩的恒荷载内力。

不考虑偏离的影响时，空腹拱的恒荷载内力也按纯压拱计算。此时，拱的恒荷载推力 H_g 和拱脚竖向反力 V_g 可直接由静力平衡条件得出

$$H_g = \frac{\sum M_j}{f}, \quad V_g = \sum P \quad （半拱恒荷载重力）$$

算出 H_g 之后，即可利用纯压拱的公式（3-5-32）计算各截面的轴向力。此时，认为拱中的弯矩和剪力均为零。

在设计中、小跨径的空腹式拱桥时，可偏安全地不考虑偏离弯矩的影响。大跨径空腹式拱桥，恒荷载压力线与拱轴线的偏离一般比中、小跨径大。恒荷载偏离弯矩是一种可供利用的有利因素，因此，应当计入偏离弯矩的影响。设计时，除了考虑偏离弯矩对拱顶、拱脚的有利影响之外，还应计入偏离弯矩对 $l/8$ 和 $3l/8$ 截面的不利影响，尤其是 $3l/8$ 截面，往往成为正弯矩的控制截面。恒荷载压力线与拱轴线的偏离引起的弯矩、轴力及剪力根据式（3-5-19）、式（3-5-20）求得的赘余力 ΔX_1 和 ΔX_2，再按静力平衡条件求得

$$\left.\begin{array}{l} \Delta N = \Delta X_2 \cos\varphi \\ \Delta M = \Delta X_1 + \Delta X_2(y_1 - y_2) + H_g \Delta y \\ \Delta Q = \Delta X_2 \sin\varphi \end{array}\right\} \tag{3-5-33}$$

偏离附加内力的大小与荷载的具体布置有关，一般是拱上腹孔跨度越大，偏离影响也越大。

将式（3-5-32）与式（3-5-33）叠加，即得不计弹性压缩时的恒荷载内力。

5.2.1.2　弹性压缩引起的内力

在恒荷载产生的轴向压力作用下，拱圈的弹性压缩表现为拱轴长度的缩短。拱圈的这种变形，会在拱中产生相应的内力。按照一般的分析方法，将拱顶切开，取悬臂曲梁为基本结

构，弹性压缩会使拱轴在跨径方向缩短 Δl。由于实际结构中，拱顶并没有相对水平变位，则在弹性中心必有一水平拉力 ΔH_{g}（图 3-5-5a），使拱顶的相对水平变位变为零。

弹性压缩产生的赘余力 ΔH_{g} 可由拱顶的变形协调条件求得，即

$$\Delta H_{\mathrm{g}}\delta_{22}' - \Delta l = 0$$

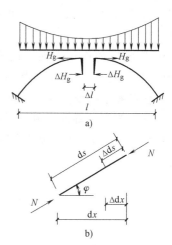

图 3-5-5　拱圈的弹性压缩

可得

$$\Delta H_{\mathrm{g}} = \frac{\Delta l}{\delta_{22}'} \qquad (3\text{-}5\text{-}34)$$

Δl 为由恒荷载轴向压力作用引起的拱轴沿跨径方向的压缩。从拱中取出一微段 $\mathrm{d}s$（图 3-5-5b），则 $\mathrm{d}s = \mathrm{d}x\cos\varphi$，在轴向力 N 作用下，缩短 $\Delta\mathrm{d}s$，其水平分量为 $\Delta\mathrm{d}x = \Delta\mathrm{d}s\cos\varphi$，则整个拱轴缩短的水平分量为

$$\Delta l = \int_0^l \Delta\mathrm{d}x = \int_s \frac{N\mathrm{d}s}{EA}\cos\varphi$$

将（3-5-32）代入上式得

$$\Delta l = \int_0^l \frac{H_{\mathrm{g}}\mathrm{d}x}{EA\cos\varphi} = H_{\mathrm{g}}\int_0^l \frac{\mathrm{d}x}{EA\cos\varphi} \qquad (3\text{-}5\text{-}35)$$

由单位水平力作用在弹性中心产生的水平位移（考虑轴向力影响）为

$$\delta_{22}' = \int_s \frac{\overline{M_2^2}\mathrm{d}s}{EI} + \int_s \frac{\overline{N_2^2}\mathrm{d}s}{EA} = \int_s \frac{y^2\mathrm{d}s}{EI} + \int_s \frac{\cos^2\varphi\mathrm{d}s}{EA} = (1+\mu)\int_s \frac{y^2\mathrm{d}s}{EI} \qquad (3\text{-}5\text{-}36)$$

将式（3-5-35）、式（3-5-36）代入式（3-5-34）得

$$\Delta H_{\mathrm{g}} = H_{\mathrm{g}}\frac{1}{1+\mu}\frac{\displaystyle\int_0^l \frac{\mathrm{d}x}{EA\cos\varphi}}{\displaystyle\int_s \frac{y^2\mathrm{d}s}{EI}} = H_{\mathrm{g}}\frac{\mu_1}{1+\mu} \qquad (3\text{-}5\text{-}37)$$

式中

$$y = y_{\mathrm{s}} - y_1$$

$$\mu = \frac{\displaystyle\int_s \frac{\cos^2\varphi\mathrm{d}s}{EA}}{\displaystyle\int_s \frac{y^2\mathrm{d}s}{EI}} = \frac{l}{EvA\displaystyle\int_s \frac{y^2\mathrm{d}s}{EI}} \qquad (3\text{-}5\text{-}38)$$

$$\mu_1 = \frac{\displaystyle\int_0^l \frac{\mathrm{d}x}{EA\cos\varphi}}{\displaystyle\int_s \frac{y^2\mathrm{d}s}{EI}} = \frac{l}{Ev_1A\displaystyle\int_s \frac{y^2\mathrm{d}s}{EI}} \qquad (3\text{-}5\text{-}39)$$

以上各式中，$\displaystyle\int_s \frac{y^2\mathrm{d}s}{EI}$ 可由《拱桥（上）》附录表Ⅲ-5查得，v、v_1 可由表Ⅲ-8、表Ⅲ-10

查得，等截面拱的 μ_1 和 μ 可直接由表 Ⅲ-9、表 Ⅲ-11 查得。

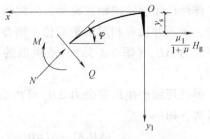

由于 ΔH_g 的作用而在拱内产生弯矩、剪力和轴向力，各内力的正向如图 3-5-6 所示。拱中弯矩以使拱圈下缘受拉为正，拱中剪力以绕脱离体逆时针转为正，轴向力则以使拱圈受压为正。则在恒荷载作用下，由于弹性压缩而引起的拱的内力为

图 3-5-6　拱圈弹性压缩产生的内力

$$
\left.
\begin{aligned}
\text{轴向力} \quad & N = -\frac{\mu_1}{1+\mu} H_g \cos\varphi \\
\text{弯矩} \quad & M = \frac{\mu_1}{1+\mu} H_g (y_s - y_1) \\
\text{剪力} \quad & Q = \mp \frac{\mu_1}{1+\mu} H_g \sin\varphi
\end{aligned}
\right\} \qquad (3\text{-}5\text{-}40)
$$

式中，上边符号适用于左半拱，下边符号适用于右半拱。

5.2.1.3　恒荷载作用下拱圈各截面的总内力

当不考虑空腹拱恒荷载压力线偏离拱轴线的影响时，拱圈各截面的恒荷载内力为：不考虑弹性压缩的恒荷载内力 [仅有按式 (3-5-32) 计算的轴向力 N] 加上弹性压缩产生的内力（式 3-5-40）。

$$
\left.
\begin{aligned}
\text{轴向力} \quad & N = \frac{H_g}{\cos\varphi} - \frac{\mu_1}{1+\mu} H_g \cos\varphi \\
\text{弯矩} \quad & M = \frac{\mu_1}{1+\mu} H_g (y_s - y_1) \\
\text{剪力} \quad & Q = \mp \frac{\mu_1}{1+\mu} H_g \sin\varphi
\end{aligned}
\right\} \qquad (3\text{-}5\text{-}41)
$$

式中，上边符号适用于左半拱，下边符号适用于右半拱。

由式 (3-5-41) 可见，考虑了恒荷载弹性压缩之后，即使是不计偏离弯矩的影响，拱中仍有恒荷载弯矩。这就说明，不论是空腹式拱还是实腹式拱，考虑弹性压缩后的恒荷载压力线不可能和拱轴线重合。

计入偏离的影响之后，各截面的总内力公式为

$$
\left.
\begin{aligned}
N &= \frac{H_g}{\cos\varphi} + \Delta X_2 \cos\varphi - \frac{\mu_1}{1+\mu} (H_g + \Delta X_2) \cos\varphi \\
M &= \frac{\mu_1}{1+\mu} (H_g + \Delta X_2)(y_s - y_1) + \Delta M \\
Q &= \mp \frac{\mu_1}{1+\mu} (H_g + \Delta X_2) \sin\varphi \pm \Delta X_2 \sin\varphi
\end{aligned}
\right\} \qquad (3\text{-}5\text{-}42)
$$

上式中的 ΔX_2、ΔM 按式 (3-5-20)、式 (3-5-21) 计算。

5.2.2 等截面悬链线拱活荷载内力计算

拱桥属于空间结构，在活荷载作用下受力比较复杂，在实际计算中常常通过荷载横向分布系数的方法将空间结构简化为平面结构（必须进行空间分析的除外）。由于活荷载在桥梁上的作用位置不同，拱圈各截面产生的内力也不同，所以，计算活荷载内力最方便的方法就是影响线法。

计算活荷载内力时，一般先求赘余力影响线，再用叠加的方法求出拱的支点反力和控制截面内力影响线，最后在内力影响线上加载算出截面最大内力。活荷载内力计算仍分为不考虑弹性压缩影响和考虑弹性压缩影响两部分。

5.2.2.1 不考虑弹性压缩的活荷载内力计算

1. 赘余力影响线

为使积分连续，便于编制影响线表，在求活荷载内力影响线时，常采用简支曲梁作为基本结构（图 3-5-7a），赘余力为 X_1、X_2、X_3。根据结构力学和弹性中心的特性知，图 3-5-7a 中所有副变位均为零。假定图 3-5-7a、b 所示内、外力方向及与内力同向的变位均为正值，则力法方程为

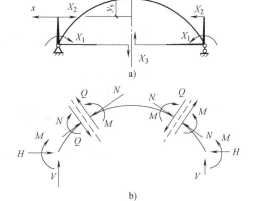

$$\left. \begin{array}{l} X_1\delta_{11}+\Delta_{1P}=0,\ X_1=-\dfrac{\Delta_{1P}}{\delta_{11}} \\[2mm] X_2\delta_{22}+\Delta_{2P}=0,\ X_2=-\dfrac{\Delta_{2P}}{\delta_{22}} \\[2mm] X_3\delta_{33}+\Delta_{3P}=0,\ X_3=-\dfrac{\Delta_{3P}}{\delta_{33}} \end{array} \right\} \quad (3\text{-}5\text{-}43)$$

式中，分母部分为弹性中心的常变位值，分子部分为载变位值。

图 3-5-7 活荷载内力计算基本结构

如暂不考虑轴向力对变位的影响，也不计剪力及曲率对变位的影响，则有

$$\delta_{11}=\int_s \frac{\overline{M}_1^2}{EI}\mathrm{d}s,\ \delta_{22}=\int_s \frac{\overline{M}_2^2}{EI}\mathrm{d}s,\ \delta_{33}=\int_s \frac{\overline{M}_3^2}{EI}\mathrm{d}s \quad (3\text{-}5\text{-}44)$$

$$\Delta_{1P}=\int_s \frac{\overline{M}_1 M_P}{EI}\mathrm{d}s,\ \Delta_{2P}=\int_s \frac{\overline{M}_2 M_P}{EI}\mathrm{d}s,\ \Delta_{3P}=\int_s \frac{\overline{M}_3 M_P}{EI}\mathrm{d}s \quad (3\text{-}5\text{-}45)$$

式中 $\overline{M}_1$——当 $X_1=1$ 时，在基本结构任意截面上所产生的弯矩，$\overline{M}_1=1$；

         $\overline{M}_2$——当 $X_2=1$ 时，在基本结构任意截面上所产生的弯矩，$\overline{M}_2=y_1-y_2$；

         $\overline{M}_3$——当 $X_3=1$ 时，在基本结构任意截面上所产生的弯矩，$\overline{M}_3=\pm x$；

         M_P——单位荷载作用在基本结构上时，任意截面所产生的弯矩。

为了便于计算载变位，在计算 M_P 时，可利用对称性，将图 3-5-8a 中的单位荷载分解成正对称和反对称两组荷载，如图 3-5-8b、c 所示，并设荷载作用在右半拱。

由于结构的对称性，在计算载变位 Δ_{1P}、Δ_{2P} 时，只需考虑正对称荷载作用的情况（反对称为零）；而计算 Δ_{3P} 时则只考虑反对称荷载的情况（正对称为零）。

正对称时：

$$AB \text{ 段 } M_P = \frac{1}{2}(l_1 - x), \quad BC \text{ 段 } M_P = \frac{l_1}{2}(1 - a)$$

反对称时：

$$AB \text{ 段 } M_P = \mp \frac{a}{2}(l_1 - x), \quad BC \text{ 段 } M_P = \mp \frac{x}{2}(1 - a)$$

式中，上边符号适用于左半拱，下边符号适用于右半拱。

将 $\overline{M}_1$、$\overline{M}_2$、$\overline{M}_3$ 及 M_P 代入常变位及载变位公式（3-5-44）、式（3-5-45）可得

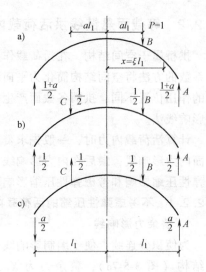

图 3-5-8 常变位与载变位的计算图式

$$\delta_{11} = \int_s \frac{\overline{M}_1^2}{EI} ds = \int_s \frac{1}{EI} ds = \frac{1}{EI} \int_0^1 \sqrt{1 + \eta^2 \sinh^2 k\xi}\, d\xi = \frac{1}{EI} \frac{1}{\gamma_1}$$

$$\begin{aligned}
\delta_{22} &= \int_s \left[(y_1 - y_s)^2 + (y_1 - y_s)\left(y_s + \frac{f}{m-1}\right) \right] \frac{ds}{EI} \\
&= \int_s \left[\frac{f}{m-1}(\cosh k\xi - 1) - y_s \right] \left[\frac{f}{m-1}(\cosh k\xi - 1) + \frac{f}{m-1} \right] \frac{ds}{EI} \\
&= \frac{1}{EI} \int_0^1 \left[\frac{f}{m-1}(\cosh k\xi - 1) - y_s \right] \left[\frac{f}{m-1}\cosh k\xi \right] \sqrt{1 + \eta^2 \sinh^2 k\xi\, d\xi} \\
&= \theta \frac{lf^2}{EI}
\end{aligned}$$

$$\delta_{33} = \int_s \frac{\overline{M}_3^2 ds}{EI} = \int_s \frac{x^2 ds}{EI} = \frac{l^3}{EI} \int_0^1 \xi^2 \sqrt{1 + \eta^2 \sinh^2 k\xi}\, d\xi = \gamma \frac{l^3}{EI}$$

以上三式中，系数 $\frac{1}{\gamma_1}$、θ、γ 的值可分别由《拱桥（上）》附录表Ⅲ-8、表Ⅲ-5 和表Ⅲ-6 查得。显而易见，$l\frac{1}{\gamma_1}$＝拱轴线的弧长 s。

$$\begin{aligned}
\Delta_{1P} &= \int_s \frac{\overline{M}_1 M_P}{EI} ds \\
&= \frac{(1-\alpha)l^2}{4EI} \int_0^a \sqrt{1 + \eta^2 \sinh^2 k\xi}\, d\xi + \frac{l^2}{4EI} \int_a^l (1 - \xi)\sqrt{1 + \eta^2 \sinh^2 k\xi}\, d\xi
\end{aligned}$$

$$\begin{aligned}
\Delta_{2P} &= \int_s \frac{\overline{M}_2 M_P}{EI} ds \\
&= \frac{l^2}{4EI} \left\{ (1-\alpha) \int_0^a \left[\frac{f}{m-1}(\cosh k\xi - 1) - y_s \right] \sqrt{1 + \eta^2 \sinh^2 k\xi}\, d\xi + \right.
\end{aligned}$$

$$\int_a^1 \left[\frac{f}{m-1}(\cosh k\xi - 1) - y_s \right](1-\xi)\sqrt{1+\eta^2\sinh^2 k\xi}\,\mathrm{d}\xi \Big\}$$

$$\Delta_{3P} = \int_s \frac{\overline{M_3}M_P}{EI}\mathrm{d}s$$

$$= \frac{l^3(1-\alpha)}{8EI}\int_0^a \xi^2\sqrt{1+\eta^2\sinh^2 k\xi}\,\mathrm{d}\xi - \frac{l^3 a}{8EI}\int_a^l \xi(1-\xi)\sqrt{1+\eta^2\sinh^2 k\xi}\,\mathrm{d}\xi$$

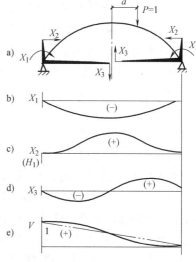

图 3-5-9　拱中赘余力影响线

将上述常变位值与载变位值代入式（3-5-43）后，即得 $P=1$ 作用在 B 点时赘余力 X_1、X_2、X_3 的值。

为了计算赘余力的影响线，一般将拱圈沿跨径方向分成 48（或 24）等分。相邻两分点的水平距离为 $\Delta l = l/48$（或 $l/24$）。当 $P=1$ 从图 3-5-9a 中的左拱脚以 Δl 为步长移动到右拱脚时，即可利用式（3-5-43）算出 P 在各个分点上 X_1、X_2、X_3 的影响线竖标。三个赘余力的影响线图形如图 3-5-9b ~ d 所示。

2. 内力影响线

有了赘余力的影响线之后，拱中任何截面的内力影响线均可利用静力平衡条件建立计算公式并借助叠加法求得。

（1）拱中水平推力 H_1 的影响线　由 $\sum x = 0$ 知，拱中任意截面的水平推力 $H = X_2$，即 H 的影响线与赘余力 X_2 的影响线相同（图 3-5-9c），各点的影响线竖标可由《拱桥（上）》附录表Ⅲ-12 查得。

（2）拱脚竖向反力 V 的影响线　将 X_3 移至两支点后，由 $\sum Y = 0$ 得

$$V = V_0 \mp X_3 \tag{3-5-46}$$

式中　V_0——简支曲梁的反力影响线。

式（3-5-46）中，上边符号适用于左半拱，下边符号适用于右半拱。

由 V_0 与 X_3 两条影响线叠加而成的竖向反力影响线 V 如图 3-5-9e 所示（图中虚线为左拱脚的竖向反力影响线）。显然，拱脚竖向反力 V 影响线的总面积为 $l/2$。

（3）任意截面的内力影响线　由图 3-5-9a 可得任意截面的内力为

$$\left.\begin{array}{l} M = M_0 - H_1 y \pm X_3 x + X_1 \\ N_i = N_{i0} \mp H_1\cos\varphi_i \mp V\sin\varphi_i \\ Q_i = Q_{i0} \mp H_1\sin\varphi_i \pm V\cos\varphi_i \end{array}\right\} \tag{3-5-47}$$

式中　M_0——简支曲梁的弯矩影响线；

N_i、Q_{i0}——简支曲梁在 i 截面的轴力与剪力影响线。

式（3-5-47）中，上边符号适用于左半拱，下边符号适用于右半拱。

利用式（3-5-47）可叠加求得拱圈任意截面的内力影响线，如图 3-5-10 所示。由图 3-5-10f、g 可见，轴向力 N_i 及剪力 Q_i 影响线在截面 i 处均有突变，故该截面两侧的 N 及 Q 也将有突变。一般可先计算 H_1、V，再由 H_1、V 近似计算 N 及 Q。

轴向力：

$$拱顶 \quad N = H_1$$
$$拱脚 \quad N = H_1\cos\varphi_j + V\sin\varphi_j$$
$$其他截面 \quad N \approx \frac{H_1}{\cos\varphi_j}$$

$$(3\text{-}5\text{-}48)$$

剪力：

$$拱顶 \quad 数值很小，一般不计算$$
$$拱脚 \quad Q = H_1\sin\varphi_j - V\cos\varphi_j$$
$$其他截面 \quad 数值很小，一般不计算$$

$$(3\text{-}5\text{-}49)$$

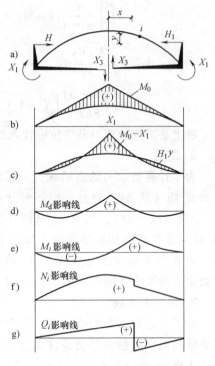

为便于计算拱的内力，《拱桥（上）》附录表Ⅲ-14列有不计弹性压缩的弯矩 M 及相应的 H、V 影响线面积表，供计算活荷载内力时选用。拱的内力影响线坐标也可以直接通过电算求得。

3. 活荷载内力计算

拱圈是一个偏心受压构件，最大正应力是由弯矩 M 和轴向力 N 共同决定的，但荷载布置往往不可能使 M 和 N 同时达到最大。在实际计算中，考虑到拱桥的抗弯性能远差于抗压性能的特点，一般可在弯矩影响线上按最不利情况加载，求得最大（或最小）

图 3-5-10　拱中内力影响线

的弯矩，然后求出与这种加载情况相应的 H 和 V 的数值，以求得与最大（或最小）弯矩相应的轴向力。

《圬桥规》规定：拱桥应考虑活荷载的横向不均匀分布，但实腹式拱桥和拱上建筑为拱式结构的空腹式拱桥，或拱上建筑采用墙式墩且活荷载横桥向布置不超过拱圈以外的拱桥，可考虑活荷载均匀分布于拱圈全宽。拱上建筑为立柱排架式墩的板拱，以及横向由多个构件组成的肋拱，应考虑荷载横向分布的影响。对于双肋拱桥，一般可偏安全地用杠杆原理法计算；对于拱上建筑为立柱排架式的拱桥，可按弹性支承连续梁（横梁）计算活荷载的横向分布系数。

5.2.2.2　考虑弹性压缩的活荷载内力计算

活荷载弹性压缩与恒荷载弹性压缩相似，也在弹性中心产生赘余水平力 ΔH（拉力），如图 3-5-5a 所示。由力法典型方程得

$$\Delta H = \frac{\Delta l}{\delta'_{22}} = \frac{\int_s \dfrac{N\mathrm{d}s}{EA}\cos\varphi}{\delta'_{22}} \tag{3-5-50}$$

取脱离体如图 3-5-11 所示，拱脚作用有三个已知力：弯矩 M、竖向反力 V 和通过弹性中心的水平力 H_1，于是

$$\Delta l = \int_s \frac{N\mathrm{d}s}{EA}\cos\varphi = H_1\int_0^l \frac{\mathrm{d}x}{EA\cos\varphi}$$

将上式代入式（3-5-50）得

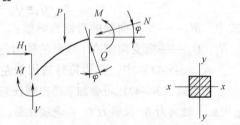

图 3-5-11　活荷载弹性压缩引起的内力

$$\Delta H = -\frac{H_1\int_0^l\frac{\mathrm{d}x}{EA\cos\varphi}}{\delta'_{22}} = -\frac{H_1\int_0^l\frac{\mathrm{d}x}{EA\cos\varphi}}{(1+\mu)\int_s\frac{y^2\mathrm{d}s}{EI}} = -H_1\frac{\mu_1}{1+\mu} \tag{3-5-51}$$

考虑弹性压缩后的活荷载推力（总推力）为（引入规定正负号后）

$$H = H_1 + \Delta H = H_1\left(1 - \frac{\mu_1}{1+\mu}\right) = H_1\left(\frac{1+\mu-\mu_1}{1+\mu}\right) \tag{3-5-52}$$

考虑到 $\Delta\mu = \mu_1 - \mu$ 远比 μ_1 要小，实际应用时，尚可将上式进一步简化为

$$H = H_1\frac{1+\mu-\mu_1}{1+\mu} = H_1\frac{1-\Delta\mu}{1+\mu_1-\Delta\mu} \approx H_1\frac{1}{1+\mu_1} \tag{3-5-53}$$

活荷载弹性压缩引起的内力为

$$\left.\begin{array}{ll}
\text{弯矩} & \Delta M = -\Delta Hy = \dfrac{\mu_1}{1+\mu}H_1 y \\[3mm]
\text{轴向力} & \Delta N = -\Delta H\cos\varphi = -\dfrac{\mu_1}{1+\mu}H_1\cos\varphi \\[3mm]
\text{剪力} & \Delta Q = \pm\Delta H\sin\varphi = \mp\dfrac{\mu_1}{1+\mu}H_1\sin\varphi
\end{array}\right\} \tag{3-5-54}$$

将不考虑弹性压缩的活荷载内力与活荷载弹性压缩产生的内力叠加起来，即得活荷载作用下的总内力。

如果采用电算方法求出结构内力影响线，并用直接布载法求出拱圈内力，因考虑了弹性压缩的影响，故此内力即为最终的活荷载内力。

需要指出的是，计算有车道荷载引起的拱的正弯矩时，拱顶、1/4 拱跨截面应乘以折减系数 0.7，拱脚应乘以 0.9，中间各个截面的正弯矩折减系数，可通过直线内插确定。

5.2.3 等截面悬链线拱附加内力计算

在超静定拱中，温度变化、混凝土收缩和拱脚变位都会产生附加内力。我国许多地区温度变化幅度大，温度变化产生的附加内力不容忽视。尤其是就地浇筑的混凝土在结硬过程中由于收缩变形可使拱桥开裂。在软土地基上建造圬工拱桥，墩台变位的影响比较突出，水平位移的影响更为严重。

1. 温度变化产生的附加内力计算

根据热胀冷缩的原理，当大气温度高于成拱时的温度（主拱圈合龙温度）时，将引起拱体膨胀；反之，当大气温度低于成拱时的温度时，则引起拱体收缩。不论是拱体膨胀还是收缩，都会在拱中产生内力，只不过两者的符号相反而已。

在图 3-5-12 中，设温度变化引起拱轴在水平方向的变位为 Δl_1，与弹性压缩同样的道理，则在弹性中心产生一对水平力 H_t。由典型方程得

$$H_t = \frac{\Delta l_t}{\delta'_{22}} = \frac{\Delta l_t}{(1+\mu)\int_s\frac{y^2\mathrm{d}s}{EI}}$$

$$\Delta l_t = \alpha l\Delta t$$

式中　Δt——温度变化值，即最高（或最低）温度与合龙温度之差，温度上升时，Δt 和 H_t 均为正值，温度下降时，Δt 和 H_t 均为负值；

　　　　α——材料的线膨胀系数，混凝土或钢筋混凝土结构 $\alpha = 1 \times 10^{-5}$，混凝土预制块砌体 $\alpha = 0.9 \times 10^{-5}$，石砌体 $\alpha = 0.8 \times 10^{-5}$。

由温度变化引起拱中任意截面的附加内力为（图3-5-13）：

$$\left.\begin{array}{ll} \text{弯矩} & M_t = -H_t y = -H_t(y_s - y_1) \\ \text{轴力} & N_t = H_t \cos\varphi \\ \text{剪力} & Q_t = \pm H_t \sin\varphi \end{array}\right\} \quad (3\text{-}5\text{-}55)$$

《圬桥规》规定：计算拱圈的温度变化影响时，其作用效应可以乘以0.7的折减系数。

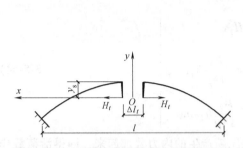

图3-5-12　温度变化引起赘余力计算图式

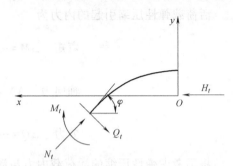

图3-5-13　温度变化引起拱中的内力

2. 混凝土收缩徐变引起的内力计算

混凝土在硬化过程中的收缩变形，其作用与温度下降相似。《公预规》就曾对整体浇筑、分段浇筑和装配式的混凝土结构的收缩影响采用等效降温的方法进行简化近似考虑。《公预规》规定了收缩应变的计算公式，具体可参照预应力混凝土连续梁桥温度次内力计算的相关内容（第2篇第6章）。

计算拱圈的温度变化和混凝土收缩影响时，可根据实际资料考虑混凝土徐变的影响。如缺乏实际资料，可依据《圬桥规》的规定，作用效应可乘以下列系数：温度作用效应乘以0.7，混凝土收缩作用效应乘以0.45。

考虑到目前已完全有能力将混凝土徐变效应在结构分析中计入，故不建议折减混凝土徐变的影响。因为这种简化计算方法可能不利于对混凝土的徐变及其他效应的认识与判断。

3. 拱脚变位引起的内力计算

在软土地基上修建的拱桥及桥墩较柔的多孔拱桥，拱脚变位是难以避免的。拱脚的变位包括拱脚的水平位移、垂直位移和转动，每一种变位都会在拱中产生附加内力。

（1）拱脚相对水平位移引起的内力　在图3-5-14a中，假定两拱脚发生相对水平位移为

$$\Delta_H = \Delta_{HB} - \Delta_{HA}$$

式中　Δ_{HA}、Δ_{HB}——左、右拱脚的水平位移，自原位置右移为正，左移为负。

由于两拱脚发生相对水平位移 Δ_V，在弹性中心产生的赘余力为

$$X_2 = -\frac{\Delta_H}{\delta_{22}} = -\frac{\Delta_H}{\int_s \frac{y^2 \mathrm{d}s}{EI}} \quad (3\text{-}5\text{-}56)$$

如两拱脚相对靠拢（Δ_H 为负），X_2 为正，反之则为负。

由拱脚相对水平位移引起各截面的内力为

$$\left.\begin{array}{l} M = -X_2 y \\ N = X_2 \cos\varphi \\ Q = X_2 \sin\varphi \end{array}\right\} \qquad (3\text{-}5\text{-}57)$$

（2）拱脚相对垂直位移引起的内力　在图 3-5-14b 中，假定两拱脚发生相对垂直位移

$$\Delta_V = \Delta_{VB} - \Delta_{VA}$$

式中　Δ_{VA}、Δ_{VB}——左、右拱脚的垂直位移，自原位置下移为正，上移为负。

由于两拱脚发生相对垂直位移 Δ_V，在弹性中心产生的赘余力为

$$X_3 = -\frac{\Delta_V}{\delta_{33}} = -\frac{\Delta_V}{\displaystyle\int_s \frac{x^2 \mathrm{d}s}{EI}} \qquad (3\text{-}5\text{-}58)$$

等截面悬链线拱的 $\displaystyle\int_s \frac{x^2 \mathrm{d}s}{EI}$ 可由《拱桥（上）》表Ⅲ-6查得。

由拱脚相对垂直位移引起各截面的内力为

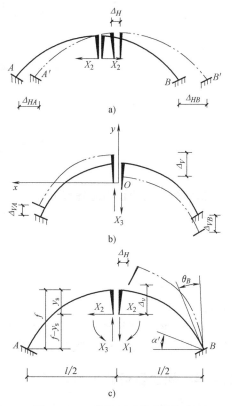

图 3-5-14　拱脚相对位移引起的内力计算图式

$$\left.\begin{array}{l} M = \pm X_3 x \\ N = \mp X_3 \sin\varphi \\ Q = X_3 \cos\varphi \end{array}\right\} \qquad (3\text{-}5\text{-}59)$$

（3）拱脚相对角变位引起的内力　在图 3-5-14b 中，假定拱脚 B 发生相对转角 θ_B（θ_B 以顺时针为正），则在弹性中心除了产生相同的转角 θ_B 之外，还会引起水平位移 $\Delta_{\theta H}$ 和垂直位移 $\Delta_{\theta V}$。因此，在弹性中心会产生三个赘余力 X_1、X_2、X_3。其变形协调方程为

$$\left.\begin{array}{l} X_1 \delta_{11} + \theta_B = 0 \\ X_2 \delta_{22} + \Delta_{\theta H} = 0 \\ X_3 \delta_{33} + \Delta_{\theta V} = 0 \end{array}\right\} \qquad (3\text{-}5\text{-}60)$$

由几何关系，拱脚变位在赘余力方向上的位移为

$$\left.\begin{array}{l} \Delta_{\theta H} = (f - y_{\mathrm{s}}) \theta_B \\ \Delta_{\theta V} = -\dfrac{l\theta_B}{2} \end{array}\right\} \qquad (3\text{-}5\text{-}61)$$

$$X_1 = -\frac{\theta_B}{\delta_{11}} = -\frac{\theta_B}{\int_s \frac{\mathrm{d}s}{EI}}$$

$$X_2 = -\frac{\Delta_{\theta H}}{\delta_{22}} = -\frac{(f - y_s)\theta_B}{\int_s \frac{y^2 \mathrm{d}s}{EI}} \qquad (3\text{-}5\text{-}62)$$

$$X_3 = -\frac{\Delta_{\theta V}}{\delta_{33}} = \frac{l\theta_B}{2\int_s \frac{x^2 \mathrm{d}s}{EI}}$$

拱脚相对角变位引起各截面的内力为

$$M = X_1 - X_2 y \pm X_3 x$$
$$N = \mp X_3 \sin\varphi + X_2 \cos\varphi \qquad (3\text{-}5\text{-}63)$$
$$Q = X_3 \cos\varphi \pm X_2 \sin\varphi$$

如果拱脚同时发生拱脚相对水平位移、垂直位移和拱脚变位，可以采用叠加的方法求得内力。

另外，依据《圬桥规》的规定，考虑混凝土徐变效应的影响，计算超静定拱桥由相邻墩台不均匀沉降或桥台水平位移引起的作用效应时，可乘以 0.5 的折减系数。

5.2.4　裸拱恒荷载内力计算

采用早脱架施工（拱圈合龙达到一定强度后就卸落拱架）及无支架施工的拱桥，须计算裸拱自重产生的内力，以便进行裸拱强度和稳定性的验算。

取悬臂曲梁为基本结构（图 3-5-15）。对等截面拱，任意截面 i 的恒荷载集度为

$$g_i = \frac{g_d}{\cos\varphi_i} \qquad (3\text{-}5\text{-}64)$$

由于结构和荷载均为正对称，故在弹性中心仅有两个正对称的赘余力：弯矩 M_s 和水平力 H_s。由力法方程得

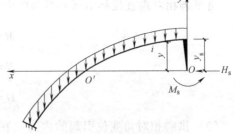

图 3-5-15　拱圈自重作用下（裸拱）内力计算图式

$$M_s = -\frac{\Delta_{1P}}{\delta'_{11}} = -\frac{\int_s \frac{\overline{M_1} M_P \mathrm{d}s}{EI}}{\int_s \frac{\overline{M_1}^2 \mathrm{d}s}{EI}} = -\frac{\int_s \frac{M_P \mathrm{d}s}{EI}}{\int_s \frac{\mathrm{d}s}{EI}} = \frac{A\gamma l^2}{4} V_1$$

$$H_s = -\frac{\Delta_{2P}}{\delta'_{22}} = -\frac{\int_s \frac{\overline{M_2} M_P \mathrm{d}s}{EI}}{\int_s \frac{\overline{M_2}^2 \mathrm{d}s}{EI} + \int_s \frac{\overline{N_2}^2 \mathrm{d}s}{EA}} = -\frac{\int_s \frac{M_P y \mathrm{d}s}{EI}}{(1+\mu)\int_s \frac{y^2 \mathrm{d}s}{EI}} = \frac{A\gamma l^2}{4(1+\mu)f} V_2$$

$$(3\text{-}5\text{-}65)$$

式中　γ——拱圈材料重度；

　　　A——裸拱圈截面面积（净面积或实际面积）；

V_1、V_2——系数，可自《拱桥（上册）》表Ⅲ-15、表Ⅲ-16 查得。

由静力平衡条件得任意截面 i 的弯矩和轴向力为

$$
\left.
\begin{array}{l}
M_i = M_s - H_s y - \displaystyle\sum_n^i M \\[4mm]
N_i = H_s \cos\varphi_i + \displaystyle\sum_n^i P \sin\varphi_i
\end{array}
\right\}
\tag{3-5-66}
$$

式中　$\displaystyle\sum_n^i M$——拱顶至 i 截面间裸拱自重对该截面的弯矩；

　　　$\displaystyle\sum_n^i P$——拱顶至 i 截面间裸拱自重的总和；

　　　n——拱顶截面的编号，在设计中 n 常采用 12 或 24；

$\displaystyle\sum_n^i M$ 和 $\displaystyle\sum_n^i P$ 均可由《拱桥（上册）》表（Ⅲ）-19 查得。

当拱的矢跨比为 1/10～1/5 时，裸拱结构恒荷载压力线的共轴系数 $m_0 = 1.079 \sim 1.305$，通常比拱轴线采用的 m 值小。计算表明，在裸拱的自重作用下，拱顶、拱脚一般都产生正弯矩。拱轴线的拱轴系数 m 与裸拱的 m_0 差得越多，拱顶、拱脚的正弯矩就越大。因而，采用无支架施工或早脱架施工的拱桥，宜适当降低拱轴系数。

5.3　拱圈强度及稳定性验算

求出各种荷载作用下的内力之后，即可进行最不利情况下的荷载组合，进而验算拱圈控制截面的强度、刚度及其稳定性。石拱桥和混凝土拱桥验算依照《圬桥规》进行，钢筋混凝土和预应力混凝土拱桥验算依照《公预规》进行。

5.3.1　拱圈强度验算

对于拱圈强度验算，一般大跨径拱桥应验算拱顶、拱跨 3/8、拱跨 1/4 和拱脚四个典型截面；对于中、小跨径拱桥，拱跨 1/4 截面可不验算；特大跨径拱桥，除上述四个截面之外，还应根据截面配筋情况选择其他的控制截面进行验算。

对于圬工拱桥，根据《圬桥规》中有关规定，拱圈按照承载能力极限状态进行验算。对于钢筋混凝土拱桥，按《公预规》的规定，拱圈应按承载能力极限状态和正常使用极限状态进行设计验算。此处仅对圬工拱桥主拱验算方法做简单介绍。

1. 正截面小偏心受压

对于圬工结构（砌体或混凝土），当在各种作用组合下的纵向偏心距在允许值范围内（见表 3-5-2）时，主拱圈就处于小偏心受压工作状态。主拱圈的受压承载力按下式计算

$$
\gamma_0 N_d < \varphi f_{cd} A
\tag{3-5-67}
$$

式中　N_d——拱圈或拱肋轴向力设计值，可近似表示成 $N_d = \dfrac{H_d}{\cos\varphi_m}$（$H_d$ 为拱圈或拱肋的水

平推力设计值；φ_m 如图 3-5-16 所示）；

γ_0——结构重要性系数，具体取值见第 1 篇第 3 章；

A——构件的截面积或混凝土受压面积，对于组合截面按强度比换算；

f_{cd}——砌体或者混凝土抗压强度设计值；

φ——构件轴向力的偏心距 e 和长细比 β 对受压构件承载力的影响系数，按《圬桥规》中有关规定进行计算，但是在进行截面强度验算时不考虑长细比 β 的影响。

表 3-5-2　受压构件偏心距限值

作用组合	偏心距限值[e]	备　注
基本组合	$\leqslant 0.6s$	S 为截面或换算截面重心轴至偏心方向截面边缘的距离
偶然组合	$\leqslant 0.7s$	

2. 正截面大偏心受压

当在各种作用组合下的纵向偏心距超过允许值（见表 3-5-2）时，主拱圈就处于大偏心受压工作状态。为避免截面发生裂缝，规定正截面强度由材料弯曲抗拉强度控制。

主拱圈的承载力可按下列公式计算：

单向偏心

$$\gamma_0 N_d \leqslant \varphi \frac{A f_{tmd}}{\dfrac{Ae}{W}-1} \tag{3-5-68}$$

双向偏心

$$\gamma_0 N_d \leqslant \varphi \frac{A f_{tmd}}{\dfrac{Ae_x}{W_y}+\dfrac{Ae_y}{W_x}-1} \tag{3-5-69}$$

式中　f_{tmd}——构件受拉边缘的弯曲抗拉强度设计值，按《圬桥规》有关规定取值；

W——单向偏心时，构件受拉边缘的弹性抵抗矩，对于组合截面按弹性模量比换算为换算截面弹性抵抗矩；

W_x、W_y——双向偏心时，构件 x 方向受拉边缘绕 y 轴的截面弹性抵抗矩和构件 y 方向受拉边缘绕 x 轴的截面弹性抵抗矩，对于组合截面按弹性模量比换算为换算截面弹性抵抗矩；

e_x、e_y——双向偏心时，轴向力在 x 方向和 y 方向的偏心距；

其余符号意义同前。

3. 正截面直接受剪

正截面直接受剪时，应按如下公式验算截面强度

$$\gamma_0 V_d \leqslant A f_{vd} + \frac{1}{1.4}\mu_f N_k \tag{3-5-70}$$

式中　V_d——剪力设计值；

A——受剪截面面积；

f_{vd}——砌体或混凝土抗剪强度设计值，按《圬桥规》有关规定取值；

μ_f——摩擦系数，采用 $\mu_f = 0.7$；

N_k——与受剪截面垂直的压力标准值。

各参数取值见相关规范。

5.3.2 整体稳定性验算

拱是以受压为主的结构，无论是在施工过程中，还是成桥运营阶段，除要求其强度满足要求外，必须对其稳定性进行验算。随着拱桥所用材料性能的改善和施工技术的提高，其跨径不断增大，致使主拱的长细比越来越大，从而使其施工阶段及成桥运营状态的稳定问题非常突出，常常控制其设计，必须引起高度重视。

拱圈或拱肋的稳定性验算分为纵向（面内）与横向（面外）两个方面。小跨径上承式实腹拱桥，可以不验算拱圈的纵、横向稳定性；在拱上建筑合龙后再卸落拱架的大、中跨径拱桥，由于拱上建筑与拱圈的共同作用，也无须验算拱圈或拱肋的纵向稳定性。采用无支架施工或拱上建筑合龙前就脱架的上承式拱桥，应验算拱圈或拱肋的纵、横向稳定性。拱圈宽度小于跨径 1/20 的上承式拱桥，应验算横向稳定性。中承与下承式拱桥均应进行拱肋纵、横向稳定性验算。

1. 纵向稳定性验算

在验算拱圈或拱肋稳定性时，当长细比不大且矢跨比较小（$f/l \leqslant 0.3$）时，可将拱圈或拱肋换算为相当稳定计算长度的压杆（图 3-5-16），以验算抗压承载力的形式验算其稳定性。当长细比超出某一范围后，则以验算临界轴向力的方式验算其稳定性。

（1）砌体和混凝土拱桥 对于中、小跨径砌体和混凝土拱圈或拱肋，当轴向力偏心距小于表 3-5-2 规定的限值、长细比在表 3-5-3 所列范围时，可采用下列承载力计算公式验算稳定性

图 3-5-16 拱圈纵向稳定验算

$$\gamma_0 N_d \leqslant \varphi A f_{cd} \tag{3-5-71}$$

式中符号意义同前。

表 3-5-3 混凝土拱圈或拱肋纵向弯曲系数 φ

l_0/b	<4	4	6	8	10	12	14	16	18	20	22	24	26	28	30
l_0/i	<14	14	21	28	35	42	49	56	63	70	76	83	90	97	104
φ	1.00	0.98	0.96	0.91	0.86	0.82	0.77	0.72	0.68	0.63	0.59	0.55	0.51	0.47	0.44

注：表中 b 为弯曲平面内拱圈或拱肋截面高度，其余符号意义同前。

（2）钢筋混凝土拱桥 对于钢筋混凝土拱圈或拱肋，当其长细比在表 3-5-4 所列范围时，也将其换算为相当计算长度的压杆，按下列承载力计算公式验算稳定性

$$\gamma_0 N_d \leqslant 0.90 \varphi (f_{cd} A + f'_{sd} A'_{sd}) \tag{3-5-72}$$

式中 φ——拱圈或拱肋换算压杆的纵向弯曲系数，按表 3-5-4 取用；

       A——拱圈或拱肋的截面面积，当纵向钢筋配筋率大于 3% 时，取混凝土净截面面积；

       f'_{sd}——纵向钢筋抗压强度设计值；

       A'_{sd}——纵向钢筋截面面积；

其余符号意义同前。

表 3-5-4　钢筋混凝土拱圈或拱肋纵向弯曲系数 φ

l_0/b	≤8	10	12	14	16	18	20	22	24	26	28
$l_0/2r$	≤7	8.5	10.5	12	14	15.5	17	19	21	22.5	24
l_0/i	≤28	35	42	48	55	62	69	76	83	90	97
φ	1.0	0.98	0.95	0.92	0.87	0.81	0.75	0.70	0.65	0.60	0.56
l_0/b	30	32	34	36	38	40	42	44	46	48	50
$l_0/2r$	26	28	29.5	31	33	34.5	36.5	38	40	41.5	43
l_0/i	104	111	118	125	132	139	146	153	160	167	174
φ	0.52	0.48	0.44	0.4	0.36	0.32	0.29	0.26	0.23	0.21	0.19

注：表中 b 为矩形截面拱圈或拱肋的短边长度；r 为圆形截面拱圈或拱肋的半径；i 为截面最小回转半径；其余符号意义同前。

当主拱（换算直杆）的长细比超出表 3-5-3 或表 3-5-4 范围时，则可近似采用欧拉临界力控制稳定性，其验算公式为

$$K_1 = \frac{N_{L1}}{N_d} \geq 4 \sim 5 \tag{3-5-73}$$

$$N_{L1} = \frac{H_{L1}}{\cos\varphi_m} \tag{3-5-74}$$

$$H_{L1} = k_1 \frac{E_a I_x}{l^2} \tag{3-5-75}$$

式中　K_1——纵向稳定安全系数；

N_{L1}——拱圈（肋）丧失纵向稳定的平均轴向力（临界平均轴向力），可先求得临界水平推力 N_{L1}，再求得临界平均轴向力；

H_{L1}——纵向失稳临界水平推力；

E_a——主拱弹性模量；

I_x——主拱截面对水平主轴的惯性矩；

l——拱的计算跨径；

k_1——临界推力系数，与拱的支承条件及矢跨比等有关，等截面悬链线拱在均布荷载作用下的 k_1 可按表 3-5-5 取用。

表 3-5-5　悬链线拱临界推力系数 k_1 值

f/l	0.1	0.2	0.3	0.4	0.5
无铰拱	74.2	63.5	51.0	33.7	15.0
双铰拱	36.0	28.5	19.0	12.9	8.5

2. 横向稳定性验算

拱的横向稳定性验算，目前还没有成熟的办法，工程上常用与纵向稳定性相似的方法进行拱的横向稳定性验算，见式（3-5-73）。因此，横向稳定性验算的关键是确定换算压杆的计算长度 l_0，见表 3-5-6。

表 3-5-6　无铰板拱圈或单肋横向稳定性计算长度 l_0

f/l	1/3	1/4	1/5	1/6	1/7	1/8	1/9	1/10
μ	1.1665	0.9622	0.7967	0.5759	0.4950	0.4519	0.4248	0.4061

1）对于半拱或采用单肋合龙的拱肋，可近似用竖向均布荷载作用下，等截面抛物线双铰拱的横向稳定公式计算临界轴向力

$$N_{L2} = \frac{H_{L2}}{\cos\varphi_m} \tag{3-5-76}$$

$$\cos\varphi_m = \frac{1}{\sqrt{1+4(f/l)^2}} \tag{3-5-77}$$

$$H_{L2} = K_2 \frac{EI_y}{8fl} \tag{3-5-78}$$

式中　N_{L2}——横向稳定临界轴向力；

　　　φ_m——半拱的弦与水平线的夹角；

　　　H_{L2}——横向临界推力；

　　　I_y——单根拱肋截面对自身竖轴的惯性矩；

　　　K_2——临界推力系数，与矢跨比、拱端固定方式等有关，在设计中，为了简化计算工作，K_2 值可偏安全地按表 3-5-7 确定，表中 γ 为截面抗弯刚度与抗扭刚度之比；

其余符号意义同前。

表 3-5-7　临界推力系数 K_2

f/l	γ		
	0.7	1.0	2.0
0.1	28.5	28.5	28.0
0.2	-41.5	41.0	40.0
0.3	40.0	38.5	36.5

2）对于双肋拱或无支架施工时采用双肋合龙的拱肋，在验算横向稳定性时，可视为组合压杆，组合压杆的长度等于拱轴长度，临界轴向力计算也可简化为欧拉公式。如图 3-5-17 所示双肋拱，临界轴向力可按下式计算

$$N_L' = \frac{\pi^2 E_a I_y}{l_0^2} \tag{3-5-79}$$

式中　I_y——两拱肋截面对其公共竖直轴的惯性矩；

　　　l_0——组合压杆计算长度，$l_0 = \rho \alpha s$；

　　　α——与支承条件相关的系数，无铰拱为 0.5，两铰拱为 1.0；

　　　ρ——考虑剪力对稳定影响的系数，与拱肋横向连接系形式有关，对图 3-5-17e 所示的常见连接式，有

$$\rho = \sqrt{1 + \frac{\pi^2 E_a I_y}{(as)^2} \left(\frac{ab}{12 E_b I_b} + \frac{a^2}{24 E_a I_a} \cdot \frac{1}{1-\beta} + \frac{na}{b A_b G} \right)} \tag{3-5-80}$$

式中　A_b——横系梁的截面积；

　　　a——横系梁间距；

　　　b——两拱肋中距，即横系梁的计算长度；

　　I_a、I_b——一个拱肋和一根横系梁对自身竖轴的惯性矩；

　　　E_b——横系梁材料弹性模量；

　　　β——考虑节间局部稳定的有关系数，$\beta = a^2 N'_L / 2\pi^2 E_a I_a$，只能用试算法求解，没有足够数目的横系梁时，一般可以略去不计；

　　　n——与横系梁截面形状有关的系数，对矩形截面 $n = 1.2$，对圆形截面 $n = 1.11$。

$\dfrac{na}{bA_b G}$项考虑了横系梁中剪力的影响，G 为横系梁的剪切模量。

　　此外，应依据规定对拱跨的挠度进行验算，短期效应组合时，在一个桥跨范围内的正负挠度的绝对值之和不能大于计算跨径的 1/1000。必要时，应该设置相应的预拱度。根据需要，应对主拱圈及考虑拱上结构在内的整体结构进行动力分析，包括自由振动和强迫振动（汽车荷载作用下），对其自振频率和振型进行分析，验算其是否满足要求。

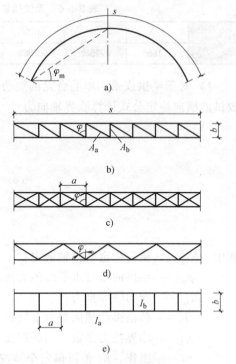

图 3-5-17　具有横向连接系的拱肋稳定性计算图式

5.4　圆弧拱内力计算

5.4.1　圆弧拱几何性质

　　假设一圆弧拱轴线如图 3-5-18 中弧线 ABC 所示，取拱顶 O 为坐标原点，建立如图所示的直角坐标系 xOy，则圆弧拱的拱轴方程为

$$x^2 + y_1^2 - 2Ry_1 = 0 \qquad (3\text{-}5\text{-}81)$$

$$x = R\sin\varphi \qquad (3\text{-}5\text{-}82)$$

$$y_1 = R(1 - \cos\varphi) \qquad (3\text{-}5\text{-}83)$$

式中　R——圆弧拱半径；

　　　φ——圆弧拱任一点至圆心 O' 的连线与垂线的交角；

　　x、y_1——圆弧拱任一点坐标，根据几何关系，可得：

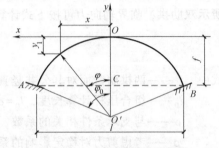

图 3-5-18　圆弧拱轴方程图式

　　如果计算矢高 f 和计算跨径 l 是已知的，在直角三角形 $O'CB$ 中，有

$$(l/2)^2 + (R-f)^2 = R^2 \qquad (3\text{-}5\text{-}84)$$

令 $D=\dfrac{f}{l}$，并整理得到

$$R=\dfrac{l^2}{8f}+\dfrac{f}{2}=\dfrac{l}{2}\left(\dfrac{1}{4D}+D\right) \tag{3-5-85}$$

由图 3-5-18 可知

$$\left.\begin{array}{l}\sin\varphi_0=\dfrac{l}{2R}\\[3mm]\cos\varphi_0=1-\dfrac{f}{R}\end{array}\right\} \tag{3-5-86}$$

所以，半圆心角

$$\varphi_0=\arcsin\dfrac{l}{2R}=\arccos\left(1-\dfrac{f}{R}\right) \tag{3-5-87}$$

若圆弧拱的半径 R 与半圆心角 φ_0 已确定，则

$$\left.\begin{array}{l}l=2R\sin\varphi_0\\[2mm]f=R\left(1-\cos\varphi_0\right)\end{array}\right\} \tag{3-5-88}$$

圆弧拱各个几何量之间的关系见《拱桥（上册）》表 3-1。

5.4.2　圆弧无铰拱计算要点

进行圆弧无铰拱的计算时，可以利用《拱桥（上册）》附录 I 的相关表格以简化计算工作。在编制圆弧拱的计算用表时，将拱轴线沿弧长 20 等分。圆弧无铰拱与悬链线无铰拱的计算步骤和方法类似。

1. 拱圈的几何性质

设拱的净跨径 l_0 和净矢高 f_0 已知，再假定圆弧拱的拱圈厚度为 d，根据净矢跨比 f_0/l_0 由《拱桥（上册）》表 3-1 查得水平倾角（或半圆心角）φ_0，从而可以求得计算跨径 l 和计算矢高 f

$$\left.\begin{array}{l}l=l_0+d\sin\varphi_0\\[3mm]f=f_0+\dfrac{d}{2}\left(1-\cos\varphi_0\right)\end{array}\right\} \tag{3-5-89}$$

其他拱圈截面几何性质的计算与前述计算方法类似。

2. 恒荷载内力计算

圆弧无铰拱的恒荷载内力计算采用结构力学中关于一般无铰拱的方法进行。恒荷载内力的计算可以分为以下三步：

（1）圆弧拱的弹性中心

$$y_s=\dfrac{\displaystyle\int_s\dfrac{y_1\mathrm{d}s}{EI}}{\displaystyle\int_s\dfrac{\mathrm{d}s}{EI}}=\alpha R \tag{3-5-90}$$

式中　α——系数，可以根据矢跨比由《拱桥（上册）》附录 I 表 I -4 查得。

（2）弹性中心的赘余力　由于圆弧拱的结构和荷载均为对称，故在拱的弹性中心仅有弯矩 ΔM_g 和水平力 ΔH_g 两个赘余力。计算等截面实腹式圆弧拱的恒荷载内力时，为了计算方便，可将恒荷载分为三部分（图 3-5-19），即路面（Ⅰ）、拱腹材料（Ⅱ）、拱圈（Ⅲ）。先用弹性中心法对每一部分分别计算，然后叠加，得弹性中心内力计算的公式为

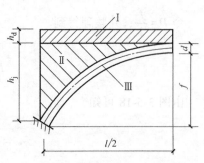

图 3-5-19　圆弧拱的恒荷载划分

$$\left.\begin{array}{ll}\text{弯矩}\qquad \Delta M_g=(B_1g_1+B_2g_2+B_3g_3)R^2\\ \text{水平力}\quad \Delta H_g=(C_1g_1+C_2g_2+C_3g_3)R\end{array}\right\} \qquad (3\text{-}5\text{-}91)$$

$$g_1=\gamma_1 h_d$$

$$g_1=\gamma_2\left[R+\frac{d}{2}-\sqrt{\left(R+\frac{d}{2}\right)^2-\frac{l^2}{4}}\right]$$

$$g_3=\gamma_3 d$$

式中　　$\gamma_1\sim\gamma_3$——路面、拱腹填料及拱圈材料的重度；

$B_1\sim B_3$、$C_1\sim C_3$——系数，由《拱桥（上册）》表 Ⅰ-4 查得。

（3）各截面内力　有了弹性中心的赘余力之后，可以根据静力平衡条件求得各截面的内力为

$$\text{拱顶截面}\qquad\left.\begin{array}{l}M=\Delta M_g-\Delta H_g y_s\\ N=\Delta H_g\end{array}\right\}\qquad (3\text{-}5\text{-}92)$$

$$\text{其他截面}\qquad\left.\begin{array}{l}M=\Delta M_g-\Delta H_g y+M_P\\ N=\Delta H_g\cos\varphi+P_P\sin\varphi\end{array}\right\}\qquad (3\text{-}5\text{-}93)$$

$$\text{式中}\qquad\left.\begin{array}{l}P_P=(a_1g_1+a_2g_2+a_3g_3)R\\ M_P=-(b_1g_1+b_2g_2+b_3g_3)R^2\end{array}\right\}\qquad (3\text{-}5\text{-}94)$$

在式（3-5-91）~式（3-5-94）中，拱跨 $l/4$ 及拱脚处的 $a_1\sim a_3$、$b_1\sim b_3$、$\sin\varphi$、$\cos\varphi$ 均可以由《拱桥（上册）》附录 Ⅰ 表 Ⅰ-5 查得。

3. 活荷载内力计算

求圆弧拱的活荷载内力也需要利用影响线。圆弧无铰拱的影响线与悬链线无铰拱的影响线十分接近。拱顶、拱跨 $l/4$ 和拱脚截面各项内力影响线面积见《拱桥（上）》表 Ⅰ-42。计算活荷载内力时，将等代荷载（由"等代荷载表"查出）乘以相应的内力影响线面积，即可得到各截面的活荷载内力。

圆弧拱的强度验算，与本章 5.3 节相同。鉴于圆弧拱跨径一般不大，通常不必验算拱的横向稳定性。

5.5　其他类型拱桥计算要点

本小节简单介绍中、下承式钢筋混凝土拱桥、桁架拱桥、刚架拱桥及需要考虑连拱效应的连续拱桥计算要点。由于拱梁组合体系桥结构复杂，多数情况下结构整体分析都需要通过

电算完成，目前一般采用有限元方法进行分析，其关键是建立合理的有限元计算模型，具体放在 5.6 节中介绍。

5.5.1　中、下承式钢筋混凝土拱桥计算

中、下承式钢筋混凝土拱桥计算的主要内容有拱圈内力计算及截面强度验算，拱圈纵、横向稳定性验算，吊杆计算，桥面系计算。

主拱内力计算及截面强度验算的原理与普通上承式拱桥类似，但在进行内力计算和作用组合时，在汽车荷载的内力中必须计入荷载横向分布系数，这是因为在主拱肋上面没有拱上结构联合作用的有利影响。荷载横向分布系数的计算方法一般采用杠杆原理法或偏心压力法，这也是与上承式拱桥计算的差别。

由于没有拱上结构的联合作用，中、下承式拱肋的稳定性验算要比上承式拱肋显得更为重要。尤其是单拱肋和无横向风撑的敞口式拱桥，其横向稳定性验算更不容忽视。而目前关于中、下承式拱桥的纵向稳定性验算，基本上与上承式拱桥的验算方法相同。故本节不再重复。

1. 拱肋横向稳定性验算

拱肋横向稳定性可用空间程序进行分析计算，当缺乏计算条件时，也可用近似计算公式。

（1）具有横向风撑连接的拱肋　对于这类情况，可按式（3-5-73）的近似公式计算。

（2）无风撑连接的拱肋　对于无风撑连接的中、下承式拱桥，需要考虑吊杆非保向力效应对稳定性的影响。当拱肋有侧向位移时，吊杆上端将同时随拱发生侧移，若桥面结构纵向整体连续并与拱肋刚性连接，则吊杆下端的横移将受到限制。倾斜吊杆的拉力将对拱肋、桥面结构产生一对向内与向外的水平分力 H，前一分力对拱肋起着扶正的作用，后一分力使桥面结构产生向外的水平位移。吊杆拉力对结构的这种效应称为非保向力效应。

中承式与下承式拱桥拱肋横向失稳的模态，一般为单向侧倾型和反对称 S 形；桥面结构的模态与拱肋相似，但前者大于后者。由于拱肋受到吊杆水平分力的扶正作用，即非保向力作用，其稳定安全系数得到较大提高。研究发现，对圆弧拱而言，考虑非保向力效应后，拱肋横向稳定性提高约 2.7 倍，随矢跨比减小而减小。吊杆非保向力效应对拱肋稳定影响具体计算可参考相关文献。

2. 吊杆计算

中、下承式拱桥的吊杆通常分为柔性吊杆和刚性吊杆两类。柔性吊杆只承受轴向拉力，不承受弯矩，故按轴向受拉构件计算；刚性吊杆与拱肋及横梁之间一般采用刚性连接，吊杆兼受轴向力和弯矩，故按偏心受拉构件计算。

刚性吊杆通常采用预应力混凝土或部分预应力混凝土构件，验算时，依据《公预规》应考虑承载能力极限状态和正常使用极限状态两种情况。

3. 桥面系计算

中、下承式拱桥桥面系计算，通常包括横梁、纵梁、桥面板三方面的计算。

（1）横梁计算　由柔性吊杆支承的横梁一般可按简支梁进行恒、活荷载的内力分析；当横梁与刚性吊杆固接时，受力比较复杂（图 3-5-20a），计算时可进行适当的简化。一般

地，对横梁上方有横撑的情况，可将横梁与吊杆视为整体固接于拱肋上的框架进行分析（图3-5-20b）。对于无横撑的情形，与吊杆相接处的负弯矩仍按图3-5-20b的模式计算，跨中弯矩则按简支梁计算。

横梁精确计算应采用空间有限元的方法。

（2）纵梁计算　以横梁为支承点的纵梁实际上属于弹性支承连续梁，其弹性常数为支点产生单位挠度所需的吊杆拉力。但由于它的挠度值中包

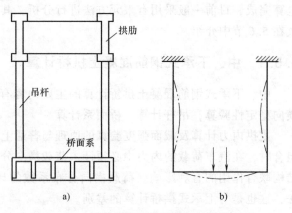

图3-5-20　刚性吊杆和桥面横梁的受力变形

括拱肋和吊杆的变形，使得各支承弹簧刚度不易确定，而使其计算存在一定的复杂性。考虑到纵梁与吊杆、拱肋组成多次超静定结构，目前，对跨径较小的桥梁多采用平面杆系的有限元法进行内力计算。当跨径较大时，则可考虑采用空间有限元法进行计算。如果忽略拱肋和吊杆的变形，则弹簧支承刚度可按吊杆单位变形所需的垂直力来确定。如果完全忽略拱肋和吊杆的变形，则纵梁可近似地按刚性支承连续梁计算。对于与桥面板整体联结的连续纵梁，则只能应用空间有限元程序通过建模进行分析计算，可以同时得到拱肋、吊杆、纵梁及桥面板等各部位的内力。

（3）桥面板计算　中承式拱桥一般采用简支—连续的桥面板构造，其受力比较明确。预制板自重内力可按简支板计算。二期恒荷载和活荷载作用时，预制板间已通过现浇接头形成整体，受力状态为连续单向板，可按照行车道板的计算方法分析内力。

5.5.2　桁架拱计算

桁架拱的主要受力特点是拱上建筑与主拱圈形成整体，共同参与受力。分析结果表明，桁架拱各部位的受力情况是：拱形桁架部分的杆件主要承受轴向力，与普通桁架的受力类似；实腹段部分承受轴向力和弯矩，与普通拱圈的受力相似；拱形桁架部分的上弦杆除承受轴向压力外，在运营时还直接承受局部荷载产生的弯矩和剪力。桁架拱桥上部结构属高次超静定结构，其计算方法有手算法和电算法。

为简化计算，在试验研究的基础上，可采取如下假定：

1）以一片桁架拱片作为计算单元，将空间桁架简化为平面桁架。荷载在横桥向的不均匀分布以荷载横向分布系数来体现。

2）考虑到桁架拱片两端仅有一小段截面不大的下弦杆插入墩台预留孔中，故假定桁架拱片两端与墩台的连接为铰接。此时，桁架拱可按外部一次超静定结构计算，在支点处（拱脚）仅产生水平反力和竖向反力，不产生弯矩。

3）假定桁架拱的杆件节点为理想铰接。实验研究表明，采用铰接的假定是允许的，由于节点固接产生的次弯矩，除了下弦杆之外，可以不予考虑。

根据以上假定，桁架拱被简化为外部一次超静定、内部静定的双铰桁架拱式结构，其计算图式如图3-5-21所示。

当采用电算法计算时，通常也以一片桁架拱片为对象，采用平面杆系程序进行计算，计算图式如图 3-5-24 所示。

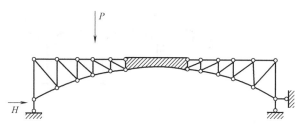

图 3-5-21　桁架拱计算图式

5.5.3　刚架拱计算

刚架拱和桁架拱相同，其拱上建筑也参与主拱圈的共同作用。刚架拱除了两端的腹孔梁为受弯构件外，其他构件（如主拱腿、腹孔弦杆、斜撑）及实腹段均有轴向力，属于压弯构件，全桥没有手拉构件。

刚架拱为高次超静定结构，其内力与变形一般采用平面杆系有限元法计算，也可采用位移法手算或其他方法计算。

计算时，可采用以下几条基本假定：

1）恒荷载作用时，假定主拱脚和斜撑脚均为铰接（施工中不封固）；活荷载作用时，主拱脚已封固，假定主拱脚为固接，斜撑脚为铰接，弦杆支座无论恒荷载、活荷载作用均作为允许水平位移的竖向链杆。

2）恒荷载全部由裸（刚架）拱（指除桥面以外的刚架拱片和横系梁组成的结构）承担，考虑到施工过程中结构体系的变化，应按图 3-5-22 的次序分四个阶段计算恒荷载内力：裸拱自重力产生的内力（图 3-5-22a），弦杆和斜撑重力在裸拱上产生的内力（图 3-5-22b），桥面系重力在裸拱片上产生的内力（图 3-5-22c），活荷载和附加力在组合结构（不包括磨耗层）上产生的内力（图 3-5-22d），最后进行叠加。

3）活荷载和附加力由裸拱与桥面组成的整体结构承担（不计桥面磨耗层），如图 3-5-22d 所示。

4）计算中可通过考虑荷载横向分布，将空间刚架拱结构简化为平面结构，即取一片刚架拱片作为计算对象，其荷载横向分布系数可按弹性支承连续梁简化法或其他方法计算。

5）计算中，按单元全截面特征进行计算，在配筋计算时，采用有效宽度进行配筋计算，即弯矩由有效宽度承担，轴力由单元全截面承担。

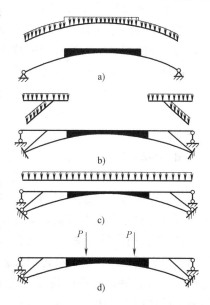

图 3-5-22　刚架拱分阶段结构计算图式

5.5.4　连拱计算

多跨连续拱桥在一定荷载作用下，由于受载孔的拱脚推力和弯矩将引起拱与墩的结点水平位移 Δ 和转角 θ（图 3-5-23），非受载孔结构将因此而产生内力，多孔连拱结构与桥墩的这种联合作用就称为"连拱作用"。内力计算时如果考虑了拱与墩结点变位的影响，就称为"连拱计算"。但是，当桥墩相对拱圈的刚度接近无限大时，拱与墩结点变位可以忽略，从而可以忽略连拱作用，多跨拱桥各跨之间没有相互影响，就可按各跨拱脚固定的单跨拱计

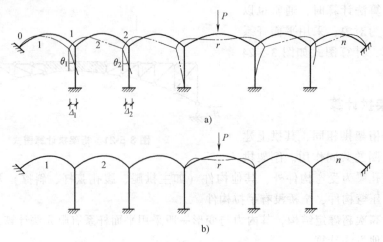

图 3-5-23 连拱与固定拱的拱墩节点变位

算，称为按"固定拱计算"，由此算得的内力为"固定拱内力"。

《公预规》规定：多跨无铰拱桥应按连拱计算，但当桥墩抗推刚度与主拱抗推刚度之比大于 37 时，可按单跨拱桥计算。实际连续拱桥中，桥墩抗推刚度与主拱抗推刚度之比一般不大于此限值，特别是公路桥梁中被广泛采用的桩柱式桥墩和轻型桥墩的刚度较小。所以，为了更准确地反映桥梁的实际受力情况，多跨拱桥设计时大多应考虑连拱影响。

通常按连拱计算的内力，可以看作是按固定拱计算的内力加上连拱影响产生的内力。研究表明：在拱和墩结点的两个变位中，结点水平位移 Δ 对拱、墩的内力影响较大，相对而言，转角 θ 的影响一般比较小，所以结点水平位移的大小可以近似地定性反映连拱影响的程度。不过，进行拱、墩内力具体计算时，仍需考虑结点转角的影响。

图 3-5-24 所示为三跨连拱桥梁与相应的固定拱的几种主要影响线。图中实线为按连拱计算的影响线，虚线为按固定拱计算的影响线。通过比较，可以发现连拱内力存在如下特性：

1）连拱内力除了影响线的荷载长度和最大竖标位置不同之外，还具有连续梁影响线的特点。连拱作用影响最大的是荷载孔，离荷载孔越远的截面连拱作用对其内力的影响越小。

2）计算拱中各截面的最大正弯矩时，均以在计算截面所在的这一孔布载最为不利（图 3-5-24b、c）。计算拱中各截面的最大负弯矩时，则以多孔布载为不利（图 3-5-24d）。

对于荷载孔而言，两拱脚均产生向外的水平位移，它的影响是在拱的弹性中心产生一对水平拉力，因而按连拱计算所得的拱中水平力比按固

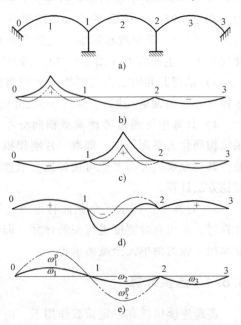

图 3-5-24 连拱内力影响线

a) 计算图式 b) 第 1 孔拱顶弯矩影响线
c) 第 2 孔拱顶弯矩影响线 d) 第 2 孔左
拱脚弯矩影响线 e) 1 号墩水平力影响线

定拱计算的值小，而控制设计的拱脚负弯矩和拱顶正弯矩则比按固定拱计算的值大。因而按连拱设计时，需要适当地增强拱圈以承受比固定拱更大的弯矩值。

3）按连拱计算时，墩顶水平力影响线的正、负面积均比固定拱小（图 3-5-24e），而桥墩又常以墩顶水平力控制设计，所以可以节省桥墩的材料。

当荷载作用在中孔时，两拱脚均产生向外的水平位移，左、右拱脚的相对水平位移为两拱脚水平位移之和；而当荷载作用在边孔时，仅一个拱脚产生水平位移，其位移值比中孔布载时两拱脚的相对水平位移值小。对于任意多孔等跨连拱，计算边跨最大水平力时，以荷载作用在边孔为最不利。而计算拱中最大弯矩时，则以荷载作用在中孔为不利。计算中墩的最大水平力时，不论是等跨还是不等跨，连拱均以多孔按最大水平力布载为最不利。最不利布载情况一般有两种可能性：墩左各孔布载，墩右各孔无载；或者墩右各孔布载，墩左各孔无载。

计算连拱的方法，可以采用结构力学中的直接刚度法精确计算，也可以采用近似的简化计算法。采用结构力学精确计算，当跨数较多时，未知数过多，比较烦琐。近年来，随着有限元和电算技术的发展，以及专用桥梁设计软件的推广使用，采用计算机建模分析非常方便，使得连拱计算变得容易实现。

思 考 题

1. 说明什么是拱的联合作用。

2. 拱桥计算中是如何考虑荷载的横向分布问题的？

3. 实腹式拱桥的拱轴系数 m 的表达式是什么？

4. 推导并写出悬链线拱桥拱轴线方程的表达式。

5. 简述空腹式拱桥的拱轴系数 m 的确定方法。

6. 简述实腹式拱桥的拱轴系数 m 的确定方法。

7. 什么是五点重合法？

8. 无铰拱桥在计算内力时常采用的基本结构有哪两种？画出计算图式。

9. 什么是拱的弹性压缩？为计算方便，拱的内力计算一般分为哪两部分？

10. 无铰拱桥当温度变化时在弹性中心产生怎样的赘余力？

11. 为什么要进行裸拱内力计算？

12. 无铰拱桥当拱脚产生角变位时会在弹性中心产生哪几个赘余力？推导赘余力计算公式。

13. 拱桥在设计计算时应进行哪些项目的验算？

14. 在什么情况下验算拱的纵向稳定性？在什么情况下验算拱的横向稳定性？

15. 刚架拱计算的基本假定是什么？画出计算图式。

16. 桁架拱计算的基本假定是什么？画出计算图式。

17. 一无铰拱桥，$l = 40$m，$f = 8$m，$y_s = 2.7105$m，拱脚截面 $\cos\varphi_j = 0.71319$，弹性压缩系数 $\mu_1/(1+\mu) = 0.01126$；不计弹性压缩影响，恒荷载产生的拱脚 $\sum M_j = 10226.2397$kN，求：

（1）不计弹性压缩影响时，拱顶截面 H_g'、N_g' 及拱脚截面 N_j'、M_g'。

（2）计入弹性压缩影响时，拱顶截面 H_g、N_g 及拱脚截面 N_j、M_g。

18. 一无铰拱桥，$l = 40.63087$m，计算矢高 $f = 8.1291$m，设计荷载为公路—Ⅰ级，$l/4$ 截面 $\cos\varphi_j = 0.94212$，$\sin\varphi_j = 0.33527$，$y_s = 1.0034$，弹性压缩系数 $\mu_1/(1+\mu) = 0.01126$。不计弹性压缩影响，汽车荷载产生 $l/4$ 最大正弯矩 $M_{max} = 155.9625$kN·m，相应 $H_1 = 56.9135$kN。求计入弹性压缩影响后，汽车产生 $l/4$ 截面总 M、N。

第4篇

斜拉桥与悬索桥

斜 拉 桥 第1章

1.1 概述

斜拉桥（cable-stayed bridge）又称斜张桥，它的上部结构由主梁（girder）、斜拉索（stay cable）和索塔（pylon）三种基本构件组成（图 4-1-1），属于组合体系桥梁。斜拉桥是从索塔上用若干斜拉索将主梁吊起，斜拉索的作用（拉索竖向分力）相当于在主梁跨内增加了若干个弹性支承，从而大大减小了主梁的弯矩，降低了主梁的高度和结构自重，使桥梁的跨越能力显著增加。同时，斜拉索的水平分力对混凝土主梁产生轴向预压作用，增强了主梁的抗裂性能，节省了高强钢材的用量。可以通过调整斜拉索的预拉力来调整主梁的内力，使主梁的内力分布更加均匀合理。

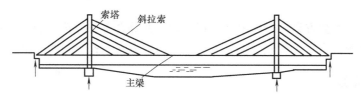

图 4-1-1　斜拉桥概貌

斜拉桥可以利用主梁、斜拉索和索塔三者的不同组合形成不同的结构体系，以适应不同的地质和地形情况。与悬索桥相比，其竖向刚度及抗扭刚度均较强，抗风稳定性要好得多，也不需要昂贵的锚碇构造。斜拉桥便于采用悬臂法施工和架设，但斜拉索、主梁和索塔之间的连接构造较复杂，施工技术要求高，施工控制及拉索索力调整也较复杂。特别地，斜拉桥是一种高次超静定的组合结构，包含较多的设计变量，全桥总的技术经济合理性不能仅从结构体积小、用料省，或者满应力等概念来衡量，这就给选定合理的桥型方案和寻求经济合理的设计带来了困难。

斜拉桥的构思最早可以追溯到 17 世纪，但由于当时缺乏高强度材料，拉索易于松弛，对复杂的超静定结构也缺乏有效的分析手段，斜拉桥在很长一段时期未能得到发展。自 20 世纪 70 年代以来，随着高强度材料的使用、设计理论和技术手段的进步、施工方法的发展，斜拉桥在世界范围内得到了很大发展。纵观现代斜拉桥的发展，大致经历了三个阶段：第一阶段，稀索布置，主梁较高，主梁以受弯为主，拉索更换不方便；第二阶段，中密索布置，主梁较矮，主梁承受较大轴力和弯矩；第三阶段，密索布置，主梁更矮，并广泛采用梁板式开口截面。

1955 年在瑞典建成了第一座现代钢斜拉桥——斯特罗姆海峡桥（Stromsund），主跨

182.6m。1962年在委内瑞拉建成了第一座混凝土斜拉桥——马拉开波桥，主跨235m。1994年在法国建成了诺曼底桥（Normandie）（主跨856m），至今仍为混合梁斜拉桥的世界纪录保持者。1998年建成的日本多多罗桥，主跨890m，保持世界跨径纪录达10年之久。2012年建成的俄罗斯岛跨海大桥（Russky Island Bridge），中央跨度达1104m，是目前已建成的世界上跨径最大的斜拉桥。

我国斜拉桥的建设开始于20世纪70年代中期，特别是90年代以后得到了迅猛的发展，在设计、施工方面已居于世界领先水平。据不完全统计，至2019年，我国已建成的斜拉桥总数超过100座，其中跨径在400m以上的斜拉桥超过60座，跨径在600m以上的斜拉桥共有26座（其中在建的11座）。我国已成为世界上建造斜拉桥最多的国家，并不断刷新世界斜拉桥的跨径纪录。1993年建成的上海杨浦大桥，主跨达602m，是世界上跨径最大的结合梁斜拉桥。2001年建成通车的南京长江二桥，主跨628m，是钢箱梁斜拉桥世界跨径纪录。2008年通车的香港昂船洲大桥和江苏苏通长江大桥，均采用了结合梁，主跨分别为1018m和1088m，突破了1000m大关，使得世界斜拉桥的建设水平上了一个新的台阶。2020年建成的沪通长江大桥，主跨1092m，是世界上首座超过千米跨度的公铁两用斜拉桥，也是我国已建成斜拉桥跨径最大、世界排名第二的斜拉桥。2019年1月开工建设的常泰过江通道主航道桥，主跨长达1176m，建成之后将成为世界上跨度最大的斜拉桥。

1.2　斜拉桥的总体布置与构造

斜拉桥的总体布置方案应与周围环境相协调，并综合考虑经济、安全、施工、运营及桥位处的地质、地形、水文、气象等因素，通过适当的方案比选，寻求经济合理的最优方案。

1.2.1　孔跨布置

现代斜拉桥最典型的孔跨布置有双塔三跨式和独塔双跨式两种。在特殊情况下，斜拉桥也可以布置成独塔单跨式、双塔单跨式及多塔多跨式等。

1. 双塔三跨式

图4-1-2所示的双塔三跨式是一种最常见的斜拉桥孔跨布置方式。由于它的主孔跨度较大，适用于跨越较大的河流和海面。为简化设计，方便施工，双塔三跨式斜拉桥常布置成两个边跨相等的对称式，也可采用两边跨不等的非对称式布置。

对这类桥型，确定边跨与主跨的跨径比例非常重要。从受力上看，应综合考虑全桥的刚度、拉索

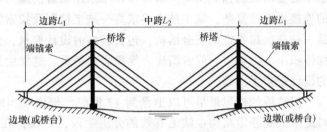

图4-1-2　双塔三跨式斜拉桥

（特别是端锚索）的疲劳强度及锚固墩的承载力等方面因素。一般地，当中跨有活荷载时会增加端锚索的应力，而边跨上有活荷载时，会降低端锚索的应力，拉索的应力变化幅度必须满足疲劳强度的要求。当跨径比为0.5时，可对称悬臂施工至跨中合龙，施工方便。但考虑到施工时长悬臂的稳定性及提高成桥后的刚度，很多情况下跨径比取小于0.5，以使跨中有

一段悬臂施工是在有后锚的情况下进行的。大跨径斜拉桥为了减小中跨跨中挠度和提高全桥刚度，常采用较小的跨径比。所以，双塔三跨式斜拉桥的边跨与主跨的跨径比宜为0.3~0.5。

2. 独塔双跨式

独塔双跨式斜拉桥也是一种较常见的孔跨布置方式，如图4-1-3所示。由于它的主孔跨径一般比双塔三跨式的主孔跨径小，故特别适用于跨越中小河流、谷地及交通道路，或用于跨越较大河流的主航道部分。

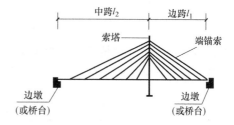

图 4-1-3 独塔双跨式斜拉桥

独塔双跨式斜拉桥可以布置成两跨相等的对称形式，也可以布置成两跨不等的不对称形式，即分为主跨与边跨。但由于两跨对称布置时一般没有端锚索，不能有效约束塔顶位移，故在受力与变形方面不能充分发挥斜拉桥的优势。所以独塔双跨式斜拉桥采用两跨不对称布置的形式比较合理，在实际工程中应用较多。独塔双跨式斜拉桥的边跨跨度与主跨跨度的比例主要依据桥位处的地质、地形情况及斜拉桥的跨越能力确定，宜为0.5~1.0，多数接近于0.66。采用不对称布置时，应注意悬臂端部的压重和锚固。

3. 单跨式

当受地形限制或有特殊要求时，斜拉桥也可以采用独塔单跨式或双塔单跨式（图4-1-4和图4-1-5），单跨式斜拉桥又分为地锚式和无背索式（图4-1-6）两类。这类斜拉桥由于索塔可能存在较大的不平衡弯矩，一般仅用于小跨径桥梁。日本的胜濑桥为地锚式的双塔单跨式布置（主跨130m，图4-1-5）。我国2006年建成的长沙洪山大桥（跨径206m，图4-1-6）是世界上跨径最大的无背索斜拉桥。

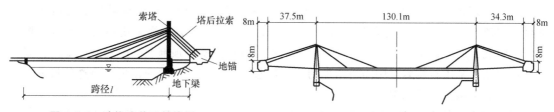

图 4-1-4 地锚式单跨斜拉桥

图 4-1-5 日本胜濑桥（双塔单跨式）

4. 三塔四跨式和多塔多跨式

当需要以多个大孔径跨越宽阔的湖泊或海面时，也可以考虑采用三塔及以上的多塔多跨式斜拉桥（图4-1-7）。但这类斜拉桥除边塔之外，中间塔顶均由于缺乏端锚索来有效地限制塔的水平变位，而使得结构的整体刚度降低，变形大大增加。所以多塔多跨式斜拉桥实际工程中应用较少。

嘉绍大桥于2013年建成通车，采用了6

图 4-1-6 长沙洪山大桥（无背索式）

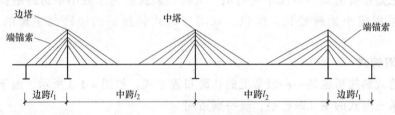

边塔　端锚索　中塔　端锚索

边跨l_1　中跨l_2　中跨l_2　边跨l_1

图 4-1-7　多塔多跨式斜拉桥

塔独柱斜拉桥方案，主桥长度达 2680m，分为 5 个主通航孔，索塔数量、主桥长度规模位居世界第一，如图 4-1-8 所示。

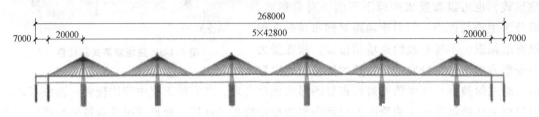

268000

7000　20000　5×42800　20000　7000

图 4-1-8　嘉绍大桥（单位：mm）

为了限制因中间塔纵向刚度不足引起的相邻跨主梁挠度过大问题，同时提高多塔斜拉桥的整体刚度，设计中可以采用以下措施：

（1）中间索塔设计成刚性塔　可以将主塔在顺桥向设计成 A 形或倒 Y 形，通过提高桥塔自身的刚度来提高斜拉桥体系的刚度。但是此时索塔和基础的工程量将会大大增加。图 4-1-9 所示的马拉开波湖大桥是世界上第一座现代预应力混凝土斜拉桥。该桥于 1962 年建成通车，全长 8678m，其中斜拉桥部分长 1495m，5 个通航孔的跨度均为 235m，由 6 个 A 形塔架支撑，塔高 92m。

（2）中塔增设斜拉索锚固　图 4-1-10 所示为香港汀九大桥，是全球最长的三塔式斜拉索桥，1998 年建成通车。主跨为 448m+475m，总长 1177m。其桥塔采用单支柱形式，桥塔稳定性较低，所以在桥塔上多加了一对横梁，再用拉索把桥塔顶部及下面部分连起来，以加强其稳定性。采用斜拉索对中间塔顶加劲，可以起到提高整桥刚度的作用，但这种长索柔度较大，且会影响到桥梁的美观。

（3）交叉索体系　主跨跨中斜拉索交叉形成桁架系统，当不平衡活荷载作用在其中一

图 4-1-9　马拉开波湖大桥

图 4-1-10　香港汀九大桥

主跨上，桥塔的侧向位移将使另一主跨主梁上挠，此时设在另一跨交叉锚固的斜拉索与边塔连接发生卸载，可以有效地降低主梁的上挠。苏格兰福斯新桥采用的就是这种交叉索体系。

（4）矮塔部分斜拉桥体系　为提高桥塔刚度，适当降低其高度而变成为部分斜拉桥体系。

（5）增加主梁的刚度　嘉绍大桥（图 4-1-8）在设计中采用了增强桥塔刚度和主梁刚度相结合的措施。但值得注意的是，增加主梁刚度结果会明显增加桥梁的自重内力，从而影响斜拉桥的经济性。

5. 辅助墩和外伸孔

当斜拉桥的边孔设在岸上或浅滩，边孔高度不大或不影响桥下通航时，可根据需要在边孔设置辅助墩（图 4-1-11）。辅助墩的作用在于减小边跨主梁弯矩，缓和端锚索应力集中，减小拉索应力变幅，提高桥梁总体刚度，增加施工期的安全。辅助墩的数量不宜过多，一般为 1~2 个。设计实践发现，当辅助墩的数量达到三个以上时，斜拉桥的位移和内力不再有明显的变化。

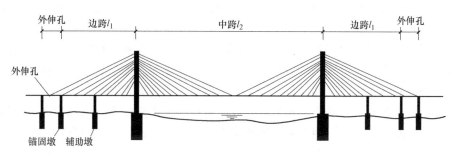

图 4-1-11　斜拉桥辅助墩和外伸孔设置

对大型桥梁，除主桥部分外，往往还有引桥部分。当桥面标高较高、边孔水深等原因使设置辅助墩施工困难或造价较高时，可采用外伸孔的构造形式，即将斜拉桥的主梁向两侧再连续延伸一孔或数孔，使斜拉桥的主梁与引桥的上部结构形成连续梁的形式。这样既可减小端锚索的应力集中，又能缓和端支点的负反力，减小主梁和索塔的内力和位移，增强全桥的总体刚度，但效果不如加设辅助墩明显。另外，将斜拉桥的主梁与引桥的上部结构相连，地震时增加斜拉桥的水平惯性力，故在震区桥梁上应慎用。

1.2.2　斜拉索的布置与构造

拉索是斜拉桥的重要组成部分，对斜拉桥的工作状态影响很大，拉索施工工艺的不断进步对斜拉桥的发展具有重要贡献。拉索的造价占全桥总造价的 25%~30%，故对其布置、构造及防护应予以高度重视。

1.2.2.1　斜拉索的布置

斜拉索的布置对斜拉桥的总体受力具有显著的影响，影响受力的主要因素是索面空间布置形式和索面内的平面布置形式。

1. 斜拉索在空间的布置形式

斜拉索按其在空间组成的平面，通常分为单索面（图 4-1-12a）和双索面（图 4-1-12b、

c），其中双索面又可分为竖直双索面（图 4-1-12b）和倾斜双索面（图 4-1-12c）两种。当桥面很宽时（桥宽超过 40m），也可以布置成三索面甚至四索面（或称多索面，图 4-1-12d）。

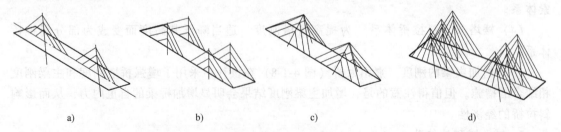

图 4-1-12　斜拉索面布置

a）单索面　b）竖直双索面　c）倾斜双索面　d）多索面

　　单索面布置的斜拉索对抗扭不起作用，此时主梁应采用抗扭刚度较大的闭合箱形截面形式。而采用双索面布置时，锚固于主梁的两个拉索面能提高结构的抗扭刚度，所以主梁可以采用抗扭刚度较小的截面。特别是倾斜双索面，对抵抗风致扭振更加有利。

　　单索面一般设置在桥梁纵轴线上（拉索下端锚固于主梁中心线上），桥面中央有一部分空间不能作为行车道，这对于设置有中央分隔带的桥梁特别适合，基本上不需要增加桥面宽度。但对较窄的双车道桥梁则不宜采用单索面布置。双索面布置在桥宽方向既可以把索平面布置在桥面宽度之内，也可以把索平面布置在桥面宽度之外。前一种布置也有部分桥宽不能利用，后一种布置则需要设置伸臂锚固拉索，并向梁体传递剪力和弯矩。

　　由于抗扭刚度的限制，单索面布置的斜拉桥跨径一般不宜过大。考虑到结构和施工方面的要求，大跨径斜拉桥广泛采用双索面的布置形式，特别是倾斜双索面布置，在特大跨径斜拉桥中具有更大的竞争力。如苏通长江大桥、香港昂船洲大桥及日本多多罗桥等大跨度斜拉桥，都采用了倾斜双索面的布置形式。

2. 斜拉索在索面内的布置形式

　　斜拉索在索平面内的布置应根据设计总体构思、受力情况及美观等各方面因素综合确定。常用的有以下三种基本形式：竖琴形、辐射形和扇形（图 4-1-13）。

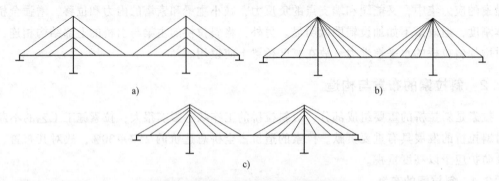

图 4-1-13　斜拉索在索面内的布置形式

a）竖琴形　b）辐射形　c）扇形

　　竖琴形（图 4-1-13a）布置的斜拉索成平行排列，所有拉索的倾角都相同。外形简洁美观，避免了辐射形拉索的视觉交叉感。斜拉索与索塔的锚固点分散布置，所有斜拉索在梁端与塔端的锚固点的构造细节相同，便于施工处理。同时，竖琴形布置对增加索塔的顺桥向刚度，减小索塔的弯矩，提高索塔的稳定性都是有利的。但竖琴形布置拉索倾角较小，拉索对主梁的支承效果较差，索的总拉力大，拉索用钢量相对较多。由于是几何可变体系，对内力及变形的分布较不利，不过可以用边跨内设置辅助墩的办法来加以改善。竖琴形布置常用于中、小跨径的斜拉桥中。

辐射形（图4-1-13b）布置的斜拉索沿主梁为均匀分布，在索塔上则集中锚固于塔顶上的一点。由于其斜拉索与水平面的平均交角较大，故拉索的垂直分力对主梁的支承效果较好，拉索用量最省（与竖琴形布置相比，可节省钢材15%～20%）。另外，索塔高度比采用另外两种布置形式时低。但集中锚固的拉索使得塔顶的构造过于复杂，局部应力集中现象突出，这势必给施工和养护带来一定的困难。由于拉索倾角不等，也使锚具、垫板的制作安装比较复杂。同时，索塔的内力及刚度、桥梁的总体稳定性也不如竖琴形优越。

扇形（图4-1-13c）布置的斜拉索介于竖琴形和辐射形之间，兼有两者的优点，又可以灵活地布置，因此在大跨度斜拉桥中得到了广泛应用。

还有一些特殊的索面布置形式，如图4-1-14a所示的星式、图4-1-14b所示的分叉式，或者采用前述几种类型组合而成的混合式，如图4-1-14c、d所示。这些特殊的布置形式多在景观桥梁中采用。

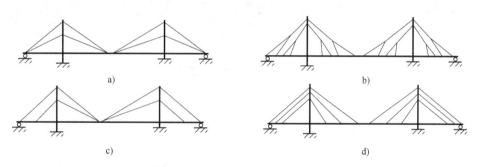

图4-1-14 几种特殊的索面布置形式

a）星式 b）分叉式 c）竖琴形与星式组成的混合式 d）竖琴形与扇形组成的混合式

3. 斜拉索的间距及倾角

斜拉索在主梁上的间距分为稀索与密索两大类，应根据主梁内力、拉索张拉力、锚固构造、材料规格结合施工方法和经济性综合确定。

早期的斜拉桥受当时计算能力的限制，都采用拉索根数少而刚度大的"稀索"体系，以降低超静定的次数。稀索在主梁上的间距一般为15～30m（混凝土主梁）或30～60m（钢梁主梁）。由于索距较大，主梁的弯矩和剪力仍相当大，故需要较大的梁高。拉索的索力相对也较大，使得锚固构造复杂，锚固点附近需要进行大规模的补强，耗材较多，架设和施工也存在一定的困难。这类斜拉桥适应的跨径不大。

随着斜拉桥的发展和计算机的应用，拉索布置趋向于采用越来越小的间距，现代斜拉桥多采用"密索"体系。密索在主梁上的间距一般为4～12m（混凝土主梁）或8～24m（钢梁主梁），从而大大减小了主梁的弯矩，使主梁由受弯为主转变为受压为主，主梁高度显著减小。不仅取得了较好的经济效果，而且改善了结构的力学性能。同时，每根拉索的索力较小，一方面使得锚固点的构造简单，补强范围减小；另一方面使得拉索截面较小，有可能在工厂整根制作，不但保证了质量，更方便了拉索的安装和运营期间的更换。另外，拉索密度加大有利于斜拉桥采用悬臂法施工。

斜拉索的倾角是指拉索与梁轴线之间的夹角，与拉索受力情况有关。分析认为，边锚索的倾角小于45°时较经济。已有斜拉桥的统计结果表明，无论是双塔三跨式或独塔双跨式斜拉桥，边索倾角都宜控制在25°~45°，其中，辐射形或扇形较多取21°~30°，竖琴形则在26°~30°。《公路斜拉桥设计规范》（JTG 3365—2020）规定，斜拉桥最外侧斜拉索倾角不应小于22°。

1.2.2.2　斜拉索的构造

拉索是斜拉桥的重要组成部分，每一根拉索都包括钢索和两端的锚具两大部分。钢索承受拉力，锚具将索力传给主梁或索塔。

1. 钢索的构造

作为拉索的主体，钢索应由高强度钢筋、钢丝或钢绞线制作，主要有图4-1-15所示的几种构造形式。

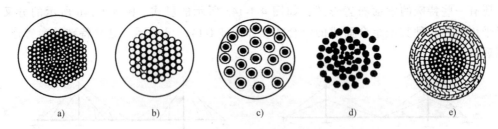

图4-1-15　斜拉索的截面类型

a）平行钢丝索　b）平行钢绞线索　c）平行钢筋索　d）单股钢绞缆　e）封闭式钢缆

平行钢丝索（图4-1-15a）和平行钢绞线索（图4-1-15b）在现代大跨度斜拉桥中应用比较广泛。平行钢丝索是将若干根钢丝平行并拢、扎紧而成，按照钢丝的集束方式又可分为平行钢丝束股索（简称PW）、平行钢丝索（简称PWC）和半平行钢丝索。斜拉索用高强钢丝应采用直径为5mm或直径为7mm的热镀锌钢丝组成，其标准强度不应低于1670MPa，一般配用冷铸镦头锚具。半平行钢丝索将钢丝平行并拢后做同向同心轻度扭绞，比前两种钢丝索的挠曲性能好，具备长途运输条件，适合工厂化机械生产。近年来建造的斜拉桥大都采用了这种拉索。

斜拉索用钢绞线应采用高强低松弛预应力钢绞线，其标准强度不宜低于1770MPa。平行钢绞线索由多股钢绞线平行或经轻度扭绞组成，配用夹片锚具。这类索一般在现场制作，将钢绞线成盘运至现场后，逐根穿入预先安装在斜拉索位置处的套管内并张拉。安装时起吊重量小，张拉力也小。所以平行钢绞线索比较适合应用于超长斜拉索。当然，也可以在工厂制作好以后整根运至工地。

平行钢筋索（图4-1-15c）是由一定根数的高强粗钢筋平行布置而成，配用夹片式群锚。这种拉索必须在现场架设过程中形成，操作相对复杂。在大跨度桥梁中，钢筋接头较多，影响疲劳强度。目前，除英国外，其他国家很少采用。

单股钢绞缆（图4-1-15d）以一根钢丝为缆心，逐层增加钢丝，同一层钢丝直径相同，逐层钢丝扭绞方向相反，最终形成一根单股钢绞缆，配用热铸锚具。单股钢绞缆只能在工厂制作，柔性好，可成盘运至工地安装。但在混凝土斜拉桥中使用较少。

封闭式钢缆（图 4-1-15e）制作工艺类似于单股钢绞缆，但缆心为一根较细的单股钢绞缆，内层的钢丝断面为梯形，接近外层时，钢丝的断面为 Z 形，同样配用热铸锚具。封闭式钢缆结构紧密，具有最大面积率，水分不易侵入。但由于钢索制造工艺复杂，应用的桥例不多。挪威的斯卡恩圣特桥（Skarnsundet）桥（主跨 530m）采用了这类拉索。

2. 拉索的防护

斜拉索由高强钢材组成，长期在变幅高应力状态下工作，为了提高拉索的耐久性，延长其使用寿命，必须高度重视拉索的防护工作。拉索防护的方法因其构造不同而不同，可以分为钢丝防护和拉索防护两个方面。钢丝防护可采用镀锌、镀防锈脂、涂防锈底漆或镀环氧层等方法。拉索防护方法主要有涂料保护、卷带保护、套管保护及拉索外施加塑料缠绕保护层等。对于封闭式钢缆，由于截面紧密，封闭性好，空隙率很小，可以只对各组成索的钢丝镀锌，并对钢缆表面施加涂料进行防护。但对于有钢丝索组成的拉索，由于拉索空隙率大，封闭性差，必须进行钢丝和拉索两部分防护。

目前，最常用也较有效的防护措施是热挤高密度聚氯乙烯套管（简称 PE 套管），国内许多大跨径斜拉桥的拉索防护就采用了这种方法。PE 材料的性能应满足《斜拉桥热挤聚乙烯高强钢丝拉索技术条件》（GB/T 18365—2001）的要求。

1.2.3 索塔的形式与构造

斜拉桥索塔的结构形式、高度、截面尺寸及塔底的支承形式，应根据桥位处的地质情况、环境条件、斜拉桥的跨度、桥面宽度、斜拉索的布置及建筑造型等因素综合确定。

1. 索塔的结构形式

索塔在顺桥向的形式有单柱式、A 形及倒 Y 形等几种（图 4-1-16）。单柱形索塔构造简单，施工方便，是常用的形式。A 形和倒 Y 形索塔顺桥向刚度较大，有利于索塔承受因两侧较大的不平衡索力而产生的弯矩，抗震能力较好。但其构造相对复杂，施工存在一定的难度，实际工程中较少采用。

索塔在横桥向的布置形式有单柱式、双柱式、门式、H 形、A 形、倒 V 形、倒 Y 形、花瓶式和钻石式等（图 4-1-17）。

单柱式（图 4-1-17a）索塔构造简单，但横向刚度较小，通常用于主梁抗弯、抗扭刚度较大的单索面斜拉桥。

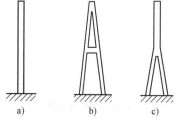

图 4-1-16 索塔的顺桥向形式

a) 单柱式 b) A 形 c) 倒 Y 形

双柱式、门式、H 形、梯形索塔适用于双索面斜拉桥。双柱式（图 4-1-17b）索塔两塔柱间无横向连接，构造简单，但承受横向水平荷载和扭曲振动的能力较差。门式、H 形索塔（图 4-1-17c、d）在两塔柱之间增加了横梁，提高了承载和抵抗扭曲振动的能力。门式、H 形索塔既可以采用直塔柱，也可以采用斜塔柱（图 4-1-17e、f），还可以在桥面以下将塔柱收敛靠拢，形成花瓶式（图 4-1-17g），以减小基础的尺寸。

A 形、倒 V 形、倒 Y 形（图 4-1-17h、i、j）索塔既适用于单索面，也适用于双索面。由于两塔柱在塔顶交汇，故不可能发生塔顶反向的水平位移，从而增强了斜拉桥的整体刚度。但这类索塔构造复杂，施工难度较大，多用于大跨径及特大跨径斜拉桥中。为了减小基础尺寸，也可以在桥面以下将两塔柱靠拢形成钻石式（图 4-1-17k、l）。

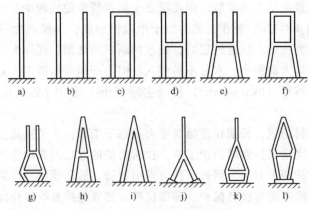

图 4-1-17 索塔的横桥向形式

2. 索塔的高度

索塔的有效高度一般应从桥面以上算起，不包括由于建筑造型或观光等需要的塔顶高度。索塔高度取决于主跨跨径、索面形式、拉索索距和拉索的水平倾角。桥塔越高，拉索的水平倾角越大，拉索对主梁的弹性支承效果也越好，但桥塔与拉索的材料用量也要相应地增加，同时增加了施工的难度。因此桥塔的高度要通过经济比较加以确定。

根据已有斜拉桥的统计资料，对于双塔三跨式斜拉桥，塔高与主跨跨径之比（高跨比）宜为 $1/3 \sim 1/6$；对单塔双跨式斜拉桥，高跨比宜选用 $1/1.5 \sim 1/3$，如图 4-1-18 所示。

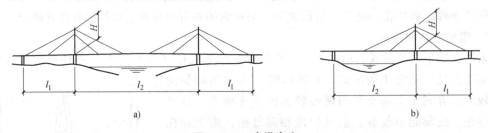

图 4-1-18 索塔高度
a) 双塔三跨式 b) 单塔双跨式

3. 索塔的组成和构造

混凝土斜拉桥的索塔一般都由钢筋混凝土材料建造。组成索塔的主要构件是塔柱，塔柱之间往往还设有横梁或其他连接构造。按照承载要求的不同，横梁又分为承重式和非承重式。前者为其上设置主梁支座的受弯横梁，以及塔柱转折处的压杆横梁或拉杆横梁；后者为塔顶横梁和塔柱无转折的中间横梁。

混凝土索塔常用的塔柱截面分为实心式和空心式两类，而沿索塔高度方向又可以采用等截面或变截面布置。实心塔柱一般适用于中小跨度的斜拉桥，小跨径时可采用等截面布置，中等跨径时可采用变截面布置。大跨径斜拉桥的塔柱一般采用空心变截面布置。

塔柱截面的基本形状为矩形，但为了适当增加线条，从而改善外观的视觉效果，且有利于抗风。实心或空心矩形截面塔柱的四角应做成倒角或圆角。当受力、美观和抗风等方面有需要时，也可做成实心或空心的非矩形截面塔柱，如五角形、六角形或八角形等。具体尺寸由塔柱受力、拉索锚固区构造位置及张拉设备所需的空间等因素确定。

塔柱之间的横梁及塔柱之间的其他连接构件，其截面形式由塔柱的截面形式决定，一般采用矩形、T形或工字形实体截面，受力较大时采用矩形空心截面。

1.2.4 主梁的构造与尺寸

1. 主梁的布置

斜拉桥的主梁一般有连续体系（图4-1-19）和非连续体系（图4-1-20）两种布置形式。实际工程中，大部分斜拉桥的主梁都采用连续体系。根据其结构体系和支承方式的不同，主梁就成为连续梁（飘浮体系或半飘浮体系）或连续刚构（塔梁固接体系或刚构体系）。这种桥面的整体性强，行车平稳舒适，但是常年温差作用下塔柱的弯矩变化较大。

三跨或多跨斜拉桥也可以在跨中无索区段设置挂孔或在主梁跨中布置剪力铰以适应主梁在常年温差作用下的纵向伸缩变形。此时，主梁成为单悬臂梁或T形刚构体系，如图4-1-20所示。主梁的非连续布置破坏了桥梁的整体性，对行车不利，并且增加了设计、施工及养护等方面的难度，现代斜拉桥一般很少采用这种形式。

《公路斜拉桥设计规范》（JTG 3365—2020）规定，主梁宜在全长范围内布置成连续体系。

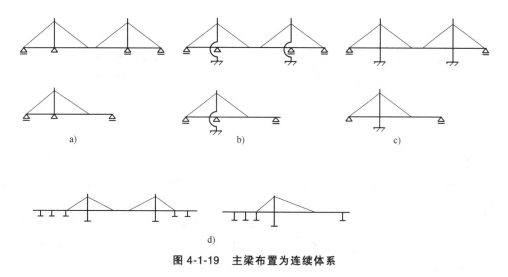

a)   b)   c)

d)

图 4-1-19 主梁布置为连续体系

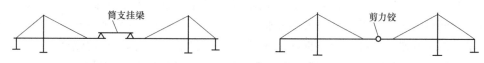

图 4-1-20 主梁布置为非连续体系

2. 主梁的截面形式与尺寸

斜拉桥的主梁由于受到斜拉索的弹性支承作用（特别是密索体系斜拉桥），主梁的受力以受压为主，弯矩大大减小，因此主梁的受力特征已不同于传统的梁式桥，主梁的设计必须综合考虑主梁、索塔、拉索三者之间的相互关系。

斜拉桥主梁截面形式的选择，除了一般桥梁必须考虑的材料、跨径、桥宽、索面数等因素，由于主梁高度大大降低，刚度也随之减小，所以必须充分考虑其抗风稳定性。特别是大跨度斜拉桥的风振问题非常突出，往往成为决定斜拉桥主梁截面形式的主要因素。同时，主梁的横截面还应有较好的抗扭刚度，且便于拉索的张拉与锚固。

斜拉桥混凝土主梁常用的横截面形式如图 4-1-21 所示。

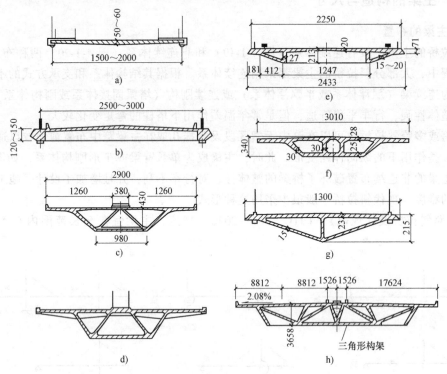

图 4-1-21　斜拉桥混凝土主梁常用横截面形式（单位：cm）

图 4-1-21a 所示为板式截面，其构造简单，梁高较小，施工方便，抗风性能好，适用于双索面密索体系斜拉桥。板式主梁截面是混凝土斜拉桥中梁体最纤细的一种，也是近年来混凝土斜拉桥的发展新动态之一。

图 4-1-21b 所示为板式边主梁截面，两边主梁的高度相对于桥宽很小，边主梁与它们之间的连接横梁齐平。其外侧设有风嘴，以适应大跨度斜拉桥的抗风要求。为了避免削弱较小的主梁截面，拉索一般直接锚固在边主梁的下面。

图 4-1-21c 所示为单室箱形截面，是单索面混凝土斜拉桥较典型的截面形式，箱室内在锚索处和索间距一半处均设置一组人字形加劲斜杆，用以将索力有效地传至整个截面。倾斜的腹板虽然施工困难，但抗风性能良好，外形美观，且减小了下部结构的宽度。

图 4-1-21d 所示为两个索面靠近桥中央而两侧伸出较长悬臂肋板的截面形式。

图 4-1-21e 所示为三角双箱形截面，美国的 P-K 桥（Pasco-Kennewick Bridge，主跨 299m，主梁高度 2.13m，1978 年）首次采用了这种截面形式。截面两侧为三角形封闭箱，两箱之间采用整体式的桥面板，外侧做成风嘴以减小迎风阻力，端部加厚以锚固拉索。这种主梁截面的抗风性能良好，特别适合于风力较大的双索面密索体系斜拉桥。

图 4-1-21f 所示为整体闭合箱形截面，其抗弯和抗扭能力较大，尤其适用于单索面斜拉桥。中间两道腹板形成窄室，斜拉索可锚固在窄室顶部的短横肋上。

图 4-1-21g 所示为主跨达 530m，而桥宽仅 13m 的挪威斯卡尔桑德桥（Skarnsundet）采

用的主梁截面，其跨度与宽度之比高达 40.8。这种三角形双室箱梁截面特别有利于抗风，既适用于双索面体系，也能适用于单索面体系。

图 4-1-21h 所示为利用三角形构架将两个箱梁连接在一起，以加大桥面宽度，并在桥中央锚固单索面的一种大胆设计。

斜拉桥的主梁通常采用等高度的形式。根据国内外的统计资料，主梁高度与主跨跨径之比一般为 1/50～1/200。《公路斜拉桥设计规范》规定：斜拉桥梁高与主跨的比值一般为 1/50～1/100，对于密索体系大跨径斜拉桥，比值可小于 1/200，而单索面斜拉桥高跨比应按抗扭刚度确定。

1.3　斜拉桥的结构体系与分类

斜拉桥是由主梁、斜拉索和索塔及下部的桥墩、桥台共同组成的组合体系桥梁。斜拉桥的结构体系按照塔、梁、墩的不同结合方式可划分为飘浮体系、半漂浮体系（支承体系）、塔梁固接体系和刚构体系；按照斜拉索的锚固方式分为自锚体系、地锚体系和部分地锚体系；按照索塔的高度不同可以分为一般的常规斜拉桥和矮塔部分斜拉桥；按照主梁的连续方式又可划分为连续体系和非连续体系（见主梁的布置）等。

1.3.1　按梁、塔、墩之间的不同结合方式分类

1. 飘浮体系

飘浮体系（图 4-1-22a）的塔墩固接，塔梁分离，主梁除两端有支承外，其余全部由斜拉索悬吊，成为在纵向可稍作浮动的一根具有多点弹性支承的连续梁。

飘浮体系的主要优点是：主跨满载时，塔柱处的主梁截面不出现负弯矩峰值；温度变化、混凝土收缩、徐变引起的次内力均较小；在密索体系中，主梁各截面的变形和内力的变化平缓，受力较均匀；此外，地震时允许全梁产生纵向摆动，从而起到抗震消能的作用，对于位于地震动峰值加速度较大地区的斜拉桥应优先考虑这种结构体系。主要缺点是：斜拉桥当采用悬臂施工时，主梁与塔柱间需采用临时固接措施，以抵抗施工过程中的不平衡弯矩和纵向剪力。由于施工不可能做到完全对称，成桥后解除临时固接时，主梁可能发生纵向摆动，应予适当注意。现代大跨度斜拉桥大多采用飘浮体系。

另外，空间动力分析表明，斜拉索不能对主梁提供有效的横向支承，所以必须对飘浮体系施加一定的横向约束，以提高其振动频率，改善动力性能，抵抗风力、地震力等引起的横向水平力。一般是在塔柱和主梁之间采用设置板式橡胶支座或聚四氟乙烯盆式橡胶支座的方法达到限制主梁横向位移的目的。

2. 半飘浮体系

半飘浮体系（图 4-1-22b）的塔墩固接，塔梁分离，主梁在塔墩上设置竖向支承以代替从塔柱中心悬吊下来的拉索（一般称为 0 号索），成为具有多点弹性支承的连续梁或悬臂梁。半飘浮体系除具有飘浮体系的优点外，主梁刚度更大，对限制主梁纵向位移更有利。半飘浮体系的主梁内力在塔柱支承处有负弯矩峰值，温度、混凝土收缩、徐变次内力也较大，通常须加强支承区段的主梁截面。但是，如果在墩顶设置可以调节高度的支座或弹簧支座，并在成桥时调整支座反力，就可以消除大部分收缩、徐变等的不利影响。

3. 塔梁固接体系

塔梁固接体系（图4-1-22c）是将塔梁固接并支承在桥墩上，主梁相当于顶面用斜拉索加强的一根连续梁或悬臂梁。主梁和塔柱的内力和挠度与主梁和塔柱的弯曲刚度比值有关。塔梁固接体系的主要优点是取消了承受很大弯矩的梁下塔柱部分，代之以普通桥墩，使主梁和塔柱的温度内力极小，同时还可以显著减小主梁中央段承受的轴向拉力。但这种体系的缺点也较多，当中跨满载时，主梁在墩顶处的转角位移导致塔柱倾斜，使塔顶产生较大的水平位移，从而显著增大了主梁的跨中挠度和边跨负弯矩；并且上部结构的重力和活荷载反力均由支座传给桥墩，需要设置很大吨位的支座，故这种体系一般仅用于小跨径斜拉桥。另外，该体系的动力性能不理想，对抗风、抗震不利，也限制了其在大跨度桥梁中的应用。

4. 塔梁墩固接体系

塔梁墩固接体系（图4-1-22d）的塔、梁、墩三者相互固接，主梁成为在跨内具有多点弹性支承的刚构，也称为刚构体系。刚构体系的优点是结构的整体刚度大，主梁和塔柱的挠度都较小；不需要设置大吨位的支座，特别适合于采用悬臂施工。缺点是主梁在固接处的负弯矩极大，此区段内的主梁截面必须加大；由于塔、梁、墩固接，体系的超静定次数高，减小墩梁中的温度附加内力是该体系的关键问题。在独塔双跨式斜拉桥中，由于边墩设置活动支座可以使主梁纵向自由伸缩，所以较适合采用该种体系。在双塔或多塔斜拉桥中，则必须通过在主梁跨中设置剪力铰或挂孔，尽量降低桥墩纵向抗推刚度等措施，以消除或减小温度附加内力。另外，刚构体系的动力性能较差，尤其是用于窄桥时。因此，该体系用于地震区桥梁中时应认真进行动力分析研究。

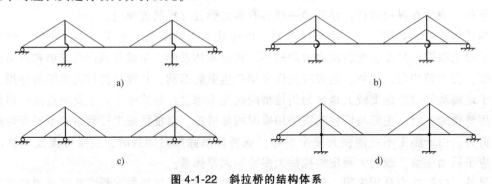

a)　　　　　　　　　　　　　　　　b)

c)　　　　　　　　　　　　　　　　d)

图4-1-22　斜拉桥的结构体系

a）飘浮体系　b）半飘浮体系　c）塔梁固接体系　d）塔梁墩固接体系

1.3.2　按拉索的不同锚固方式分类

（1）自锚式斜拉桥　自锚式斜拉桥的全部斜拉索都锚固在主梁与塔柱之间，斜拉索对主梁提供多点弹性支承，桥面恒荷载和活荷载通过拉索传到索塔、桥墩和基础，斜拉索的水平分力则由主梁的轴向力来平衡。无论是双塔三跨式或独塔双跨式斜拉桥，绝大多数均采用自锚体系。

（2）地锚式斜拉桥　地锚式斜拉桥的斜拉索一端锚固在主梁上，另一端锚固在山岩上或通过塔顶改变方向后锚固在河岸的地锚中。单跨式（独塔或双塔）斜拉桥由于不存在边跨问题，塔后拉索一般采用地锚式。此时，由拉索的水平分力引起的梁内水平轴力由地锚承担。图 4-1-4 和图 4-1-5 所示都是典型的地锚式斜拉桥。

（3）部分地锚式斜拉桥 在双塔三跨式或独塔两跨式斜拉桥中，由于某种原因边跨布置得相对于主跨很小时，可以将边跨部分拉索锚固在主梁上，部分锚固于锚碇，成为部分地锚式斜拉桥。部分地锚式斜拉桥索塔两侧拉索的不平衡水平分力直接由边跨主梁传递给桥台（锚碇）。典型的如西班牙卢纳（Luna）桥和湖北郧阳汉江桥。

1.3.3 按斜拉桥索塔的高度不同分类

按斜拉桥索塔的高度不同，还可以分为一般斜拉桥和矮塔部分斜拉桥。部分斜拉桥是介于连续梁与常规斜拉桥之间的一种新型桥梁，其概念于 1988 年由法国著名设计师 Gangues Mathivat 提出。图 4-1-23 所示为我国 2001 年 10 月建成的第一座公路预应力混凝土部分斜拉桥——漳州战备大桥。

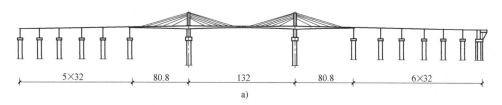

$$5\times32 \qquad 80.8 \qquad 132 \qquad 80.8 \qquad 6\times32$$

a)

b)

图 4-1-23 漳州战备大桥

a) 总体布置图（单位：m） b) 桥梁全貌

与常规斜拉桥相比，部分斜拉桥结构在形式和构造上有显著的特点，主要体现在索塔高度、主梁刚度和斜拉索布置等方面。常规斜拉桥塔高与主跨之比宜为 1/3~1/6，而部分斜拉桥为 1/6~1/10。由于塔的高度降低，拉索的倾角也减小，拉索不能对主梁提供足够的支承刚度，故要求主梁的刚度较大。当采用等高度梁时，梁高与主跨跨径之比宜采用 1/35~1/45。多数情况下采用变高度梁，此时跨中梁高与主跨跨径之比宜采用 1/55~1/65，根部梁高与主跨跨径之比宜采用 1/25~1/30。部分斜拉桥的拉索布置较为集中，通常布置在边跨跨中及 1/3 中跨附近。所以部分斜拉桥的无索区较长，且一般没有端锚索。此外，在桥跨布置上，其边跨与主跨的比例更接近于连续梁桥。同时，部分斜拉桥的拉索对主梁的水平压力较大，这相当于对主梁施加了一个较大的体外预应力，其受力性能和跨越能力介于梁式桥和斜拉桥之间。

1.4　斜拉桥的计算要点

1.4.1　斜拉桥的计算图式

斜拉桥是一种空间高次超静定结构，它的内力计算比较复杂，通常在计算中需要根据斜拉桥的结构特性来简化计算图式。

斜拉桥结构分析的方法有两大类，一类是采用杆件结构力学中通常应用的基本方法（如力法、能量法和位移法等），通过手算来完成。这对大跨度密索斜拉桥来说，计算工作量和难度相当大。另一类是利用计算机进行分析，现代斜拉桥的发展得益于这类分析方法的发展。常规分析可以将空间结构简化为平面结构，采用平面杆系有限元法将结构离散化，按照小挠度理论建立结构总刚度矩阵，确定其内力和变形后，再用荷载横向分布系数考虑结构的空间效应；当采用计算机计算时，也可以考虑双索面及塔和主梁的共同作用，直接按空间结构进行分析。

斜拉桥与其他超静定结构桥梁一样，它的最终恒荷载受力状态与施工过程密切相关，因此结构分析必须准确模拟和修正施工过程。

另外，无论计算图式如何简化，在对斜拉桥进行计算分析时，应特别注意其非线性问题。

1.4.2　斜拉桥的非线性问题

斜拉桥的非线性包括材料非线性和几何非线性。材料非线性主要是指混凝土在长期荷载作用下的徐变及混凝土收缩使斜拉桥的恒荷载内力和变形重分布。几何非线性主要包括考虑索塔及主梁中轴力效应的大挠度理论、斜拉索自重垂度引起的索力与变形之间的非线性影响等。

几何非线性理论将平衡方程建立在结构变形后的位置上，因而能够更加真实地反映结构的实际受力状态。斜拉桥属于柔性结构，特别是当跨径较大时，在外荷载作用下其各部分的变形显著，用建立在小位移基础上的经典线性理论计算会带来一定的误差，必须采用几何非线性理论进行计算。几何非线性理论一般可分成大位移小应变理论（有限位移理论）和大位移大应变理论（有限应变理论）两种。桥梁工程中的几何非线性问题一般都是有限位移问题。

以上非线性问题一般可以采用非线性有限元进行计算，也可以采取近似理论处理，将问题线性化，通过逐次逼近计算得到最终结果。

1.4.3　斜拉索的垂度效应计算

1. 修正弹性模量

斜拉桥的斜拉索一般采用柔性材料，拉索在自重作用下会产生一定的垂度（图4-1-24），垂度 f_m 的大小受索力影响，索力与垂度之间成非线性关系。拉索张拉时，索的伸长量包括弹性伸长及克服垂度所带来的伸长。这种非线性影响一般可以用修正（或有效）弹性模量 E_{eq} 来考虑拉索瞬时刚度的方法来解决，即将拉索材料的弹性模量用一个与索内力及自重有关的等效模量代替，来反映拉索实际抵抗材料弹性变形与自重垂曲的几何变形的能力，使问题线性化。

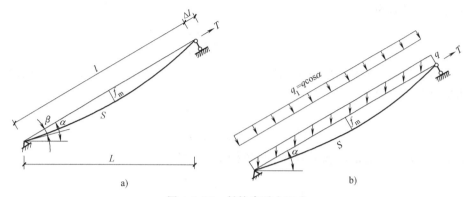

图 4-1-24 斜拉索受力图式

计算中拉索作为一直线杆件，以索的弦长作为杆长，它的弹性模量随索力的大小而变化。在计算活荷载内力时，可假设索力变化对修正弹性模量没有影响，只考虑恒荷载的影响。

修正弹性模量 E_{eq} 常用 Ernst 公式进行计算

$$E_{eq}=\frac{E_e}{1+\frac{(\gamma L)^2}{12\sigma^3}E_e} \tag{4-1-1}$$

式中　E_e——斜拉索的材料弹性模量；

　　　γ——斜拉索的重度；

　　　σ——确定斜拉索的应力；

　　　L——斜拉索的水平投影长度，$L=S\cos\alpha$，S 为斜拉索长度，α 为斜拉索与水平线的夹角。

2. 斜拉索两端倾角的修正

斜拉索两端的钢导管安装时，必须考虑垂度引起的拉索两端倾角的变化量 β（图 4-1-24a），否则将造成导管轴线偏位。一般情况下可按抛物线计算，则

$$\tan\beta=\frac{4f_m}{l}=\frac{4}{l}\frac{ql^2}{8T}\cos\alpha=\frac{q}{2T}L=\frac{\gamma L}{2\sigma}$$

$$\beta=\tan^{-1}\left(\frac{\gamma L}{2\sigma}\right) \tag{4-1-2}$$

若拉索的水平投影长度很长时（$L>300m$），则采用悬链线方程求解更为精确。

1.4.4　初始索力拟定及调整

斜拉索初张力的确定是恒荷载内力计算中的关键性问题。它与施工方法有关，往往要通过反复试算才能得到较理想的数值。

1. 恒荷载平衡法初拟索力

如图 4-1-25 所示，对于主跨，如果忽略主梁抗弯刚度的影响，则可以根据恒荷载作用下斜拉索在主梁锚固点的竖向力平衡，得到

$$T_{mi} = \frac{W_{mi}}{\sin\alpha_i} \tag{4-1-3}$$

斜拉索引起的水平力为

$$F_{mi} = T_{mi}\cos\alpha_i = \frac{W_{mi}}{\tan\alpha_i} \tag{4-1-4}$$

进一步考虑边跨，如果忽略桥塔的抗弯刚度，则在塔上同一锚固点处，主、边跨拉索的水平分力应该相等，得到

$$T_{bi} = \frac{F_{bi}}{\cos\beta_i} = \frac{F_{mi}}{\cos\beta_i} = \frac{W_{mi}}{\tan\alpha_i\cos\beta_i} \tag{4-1-5}$$

边跨第 i 号索支承的恒荷载重力 W_{bi} 可依据 T_{bi} 做相应的调整

$$F_{bi} = T_{bi}\sin\beta_i = W_{mi}\frac{\tan\beta_i}{\tan\alpha_i} \tag{4-1-6}$$

式中　T_{mi}、T_{bi}——中跨、边跨第 i 号索的索力；

　　　W_{mi}、W_{bi}——中跨、边跨第 i 号索支承的恒荷载重力；

　　　α_i、β_i——中跨、边跨第 i 号索的倾角。

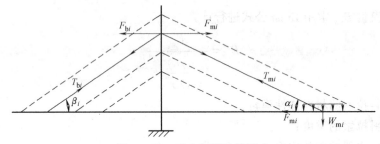

图 4-1-25　索力初拟计算图式

2. 初始索力调整

在斜拉桥的设计中，通常首先要确定一个合理的成桥状态，然后根据选定的施工工序确定各个施工阶段合理的状态。合理的成桥状态是指斜拉桥在施工完成后，在所有的恒荷载作用下，各构件受力满足某种理想状态，如梁、塔中弯曲应变能最小。

斜拉桥合理成桥状态确定的过程实际上就是按照施工过程确定各拉索初张力的过程。合理成桥状态的确定通常可以先不考虑施工过程，只根据成桥状态的受力图式来计算，再按照施工过程将索的张拉程序逐个细化。具体的分析方法可以采用简支梁法、刚性支承连续梁法和可行域法等。

（1）简支梁法　使主梁结构的恒荷载内力与主梁以相邻拉索的锚固点作为支承点的简支梁的内力一致，从而确定出合适的斜拉索初始张拉力。

（2）刚性支承连续梁法　将斜拉桥和主梁锚固点处作为刚性支承点（零挠度）进行分析，计算出各支点反力。利用斜拉索索力的竖向分力与刚性支点反力相等的条件确定斜拉索的成桥状态索力，主梁的恒荷载内力图即刚性支承连续梁的弯矩及支承反力产生的轴力图，可以按照一般的结构力学方法进行分析计算。这种方法的优点是力学概念明确，计算简单，且成桥索力接近于"稳定张拉力"，有利于减小徐变对成桥内力的影响。但是，由于跨中段

的弯矩与一次张拉力无关（不计徐变时），因此通过施工来实施这种内力状态比较困难。成桥后必须设法消除由中间合龙段及二期恒荷载所引起的正弯矩效应。这就需要通过反复调索来实现，对密索体系较难控制。

（3）可行域法 从控制主梁应力的角度看，索力过大或过小都有可能造成主梁上、下缘拉应力或压应力超限，因而期间必定存在一个索力可行域，使主梁在各种工况下各截面应力均在允许范围之内。

1.4.5 斜拉桥的静力分析

斜拉桥作为高次超静定结构，其内力分析包括恒荷载内力、活荷载内力及由于温度变化、混凝土收缩、徐变、预加力等引起的次内力，但其静力受力特征和一般的桥梁有所不同。

1. 斜拉桥恒荷载内力计算

斜拉桥与其他超静定桥梁一样，其最终恒荷载受力状态与施工过程密切相关。恒荷载内力计算应按施工程序分阶段来考虑，并将各阶段的内力和变形逐次累加，得到最终的恒荷载内力和变形。

斜拉桥的恒荷载状态在很大程度上取决于斜拉索的张拉力。单根索力大小及多根索力之间的分配比例可以组成无穷多组索力张拉方案，每种方案对应一种内力状态。设计时，可以通过调整得到一组合理的初始索力，使结构的恒荷载内力得到更合理的分布，使成桥时的线形和内力状态最优，并取得更好的经济效益。

2. 斜拉桥活荷载内力计算

斜拉桥的活荷载内力，按平面杆系来分析斜拉桥时，仍是先作出内力及挠度影响线，然后进行影响线加载，并以计入横向分布系数的办法来考虑空间影响。横向分布系数的计算，可根据结构构造的特点采用合适的方法。

对公路斜拉桥，由于活荷载内力占总内力的比重较小，而活荷载作用时斜索已有相当大的拉力，因此计算活荷载内力时可不考虑斜索的非线性影响；对混凝土斜拉桥，活荷载对徐变的影响也可不予考虑。因此，活荷载内力计算可按一般线性结构的分析方法计算。

斜拉桥的活荷载受力性能与恒荷载区别较大，活荷载内力不同于恒荷载内力，它不能通过索力进行调整。另外，对大跨度斜拉桥而言，尽管活荷载索力增量很小，但活荷载产生的主梁和塔柱弯矩却远远超过恒荷载，成为弯矩的主要部分。

3. 斜拉桥次内力计算

（1）温度次内力计算 斜拉桥是高次超静定结构，所以必须计算温度引起的次内力。一般情况下，温度变化引起的次内力可归纳为下列两种情况：

1）均匀温度效应。认为主梁及索塔的整体温度变化量均相等，而与斜拉索的温度变化不相等，后者的温变幅度大得多。这主要是考虑拉索尺寸小且钢材导热性能比混凝土大的缘故。该项内力反映了环境温度整体变化对由不同材质构件组成的斜拉桥的影响。计算时以合龙温度为起点，考虑最高和最低有效温度的作用效应。拉索与主梁、索塔的温差一般可取为 $\pm 5 \sim \pm 10$℃。

2）梯度温度效应。在日照作用下，主梁的上、下缘之间，索塔的左、右侧之间，温度的变化量是不同的。如没有杆件两侧不均匀温差资料，可设温度梯度为常数，取梁上、下缘及索塔左右侧的日照温差均为 ± 5℃。

（2）徐变次内力计算　在混凝土斜拉桥中，梁和塔作为钢筋混凝土或预应力混凝土构件会发生徐变，而斜拉索一般为钢构件，不会发生徐变问题。所以斜拉桥的徐变内力重分布不同于一般的钢筋混凝土结构。徐变的影响将造成主梁缩短和下挠，塔柱缩短和偏移，并造成拉索的倾角和内力发生变化。另外，斜拉桥的塔柱和主梁一般是分次浇筑或拼装而成的，各段混凝土的持荷时间不同，在考虑混凝土徐变影响时，应考虑各节段加载龄期差异的影响。

1.4.6　斜拉桥的稳定性分析

斜拉桥的主梁及塔柱都是偏心受压构件，在外荷载作用下，可能发生平面屈曲或平面外的弯扭屈曲，因此必须考虑成桥和施工阶段的稳定性。这类屈曲可按空间杆系屈曲有限元进行分析，根据具体情况，还分为弹性稳定性分析和弹塑性稳定性分析。

1.4.7　斜拉桥的动力分析

大跨度斜拉桥的结构刚度相对较低，变形较大，风荷载和地震荷载动力因素对结构的影响显著，往往成为控制设计的主要因素。

自 1940 年美国的塔科马（Tacoma）老桥因发生激振而造成闻名于世的毁桥事故之后，大跨度桥梁的抗风问题越来越得到重视。但目前关于抗风设计的理论计算方法还不是十分成熟，对大跨径的桥梁往往通过理论计算，借助风洞试验来取得结构抗风振的特性，从而确定合理的减振措施，以保证桥梁的空气动力稳定性。对震区桥梁，无论跨径大小，都必须在结构和构造上考虑地震力的作用。在桥梁抗震计算中，早期采用简化的静力法，20 世纪 50 年代后发展了动力法的反应谱理论，近年来对重要结构物采用动态时程分析法。

斜拉桥作为高次超静定结构，其结构行为表现出较强的耦合性，进行动力特性分析时，均采用空间有限元分析模式。

1.5　斜拉桥施工技术

混凝土斜拉桥可先施工墩、塔，然后施工主梁和安装斜拉索，也可以索塔、拉索、主梁三者同时施工。

1.5.1　索塔施工要点

1. 塔柱的施工

混凝土塔柱一般采用就地浇筑的施工方法，类似于高墩或高烟囱的施工。混凝土的输送采用吊斗或输送泵，模板和脚手架平台的做法常用支架法、滑模法、爬模法、大型模板构件法等。

支架法是在地面或墩顶搭设满布式支架及模板，然后浇筑塔柱混凝土。这种方法适用于高度较小和形状比较复杂的索塔施工，不需要特殊装置和机械设备。

滑模法施工是将工作平台和模板组拼成整体，利用下节（一般为 2~5m）凝固混凝土中预埋的钢材（或劲性骨架），通过千斤顶逐节提升模板结构，进行混凝土浇筑施工。这种方法的机械化程度高，可连续不断地浇筑塔柱混凝土，工期最短，适用于大型索塔的施工。

爬模法是将模板、爬升架、工作架及附着架组成爬升系统，通过附着架附在已浇筑完毕并有足够强度的塔柱混凝土节段上，为下一节塔柱浇筑提供空中作业面。根据桥塔的实际情况，爬模的每一节高度可设定为 4.5m 左右。

大型模板构件法是将模板及平台做成容易组装和拆卸的大型标准构件，利用安装在塔座上的附着式起重机和电梯来提升施工。由于考虑到高空作业的安全问题，此法适用的索塔高度有所限制。

2. 横梁的施工

混凝土桥塔的横梁一般采用预应力混凝土结构，通过支架法就地浇筑施工。在高空进行大跨度、大断面高强预应力混凝土梁的施工难度较大。横梁施工过程中，要防止模板支撑系统的连接间隙变形、弹性变形、支撑的不均匀沉降变形，混凝土横梁和塔柱与钢支撑之间不同的线膨胀系数影响，日照温差对混凝土和钢的不同时间效应等产生的不均匀变形影响，以及相应的调整措施。

混凝土横系梁可根据设计要求、构造特点和施工机具设备能力一次或多次浇筑完成。施工中应采取有效的措施，防止在早期养护期间及每次浇筑过程中由于支架变形引起混凝土横梁的开裂。

值得注意的是，不管是哪种结构形式的索塔，采用哪种施工方法，施工过程中都必须进行严格的施工测量，以确保索塔施工质量及内力分布满足设计及规范要求。

混凝土索塔的基本施工顺序如图 4-1-26 所示。

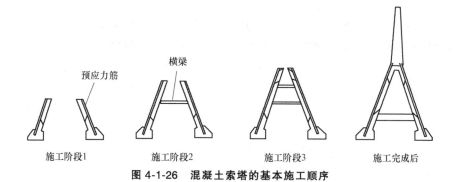

图 4-1-26 混凝土索塔的基本施工顺序

1.5.2 主梁施工方法

斜拉桥的主梁一般采用混凝土结构，所以与一般梁式桥的施工方法没有太大的差别，可以采用支架法、顶推法、平转法及悬臂法等施工方法。其中前三种方法一般只能用于水位较浅的中、小跨径斜拉桥，现代大跨径斜拉桥最常用的是悬臂施工方法。

（1）支架法 支架法施工是首先在桥位处搭设满堂支架或在临时支墩间设托架或劲性骨架，然后在支架上立模现浇主梁混凝土或在临时支墩上拼装预制梁段，待主梁全部完成后安装斜拉索，索力调整到位后主梁可自动脱架。支架法施工简单，易于保证主梁结构满足设计线形的要求。但只适用于桥下净空低，易于搭设支架，且不影响桥下交通的情况。我国天津永和桥（主跨 260m）于 1987 年 12 月建成通车，其主梁采用了支架法拼装的施工工艺。

（2）顶推法 顶推法施工时，需在跨内设置若干临时支墩，且在顶推过程中主梁要反复承受正、负弯矩。所以，该法适用于桥下净空较低，修建临时支墩造价不高，且不影响桥下交通，抗拉和抗压能力相同，能承受反复弯矩的钢斜拉桥的施工。对混凝土斜拉桥，为了满足施工阶段的受力要求，有时主梁内需配置临时预应力束。苏联的第聂伯河桥（1976 年）为主跨 300m 的钢斜拉桥，采用了在跨内设置三个滑动支座的顶推法施工。

（3）平转法　平转法是分别在两岸或一岸顺河流方向的支架上将斜拉桥的上部结构现浇完成，并在岸上进行落架、张拉、调索等安装工作，然后以塔墩为中心，将上部结构整体旋转至桥位处合龙。当斜拉桥的跨径不大，桥址处地形平坦，墩身较矮，且结构体系适合于整体转动时，可考虑采用平转法施工。我国四川马尔康地区的金川桥是塔、梁、墩固接的钢筋混凝土独塔斜拉桥，跨径为 68m+37m，塔高 25m，主跨为空心箱梁，边跨为实心梁。由于其桥址处河滩平坦且墩身较矮，采用了平转法施工。

（4）悬臂施工法　悬臂施工法一般从塔柱两侧对称进行，称为双悬臂施工。当桥梁边跨水位较浅、主跨水位较深时，也可采用在支架上施工边跨，而中跨采用悬臂施工的单悬臂法。

悬臂施工法分为悬臂拼装法和悬臂浇筑法。悬臂拼装法既适用于钢主梁斜拉桥，又适用于混凝土主梁斜拉桥。但由于混凝土斜拉桥主梁节段重量较大，需要大吨位的起重设备，水上施工时需要大吨位的浮式起重机。对于中小跨径的斜拉桥，当构件重量不大时，可利用已施工完成的索塔作为安装索塔，采用缆索吊装。采用浮式起重机或缆索吊装，施工荷载较小，一般不控制设计。我国苏通长江大桥的主梁施工采用了悬臂拼装的单悬臂法，美国的哥伦比亚（P-K）桥采用了双悬臂拼装法。

悬臂浇筑法是混凝土斜拉桥广泛采用的施工方法，当前已经形成了一整套成熟的施工工艺，我国大部分混凝土斜拉桥主梁都采用了悬臂浇筑法施工。斜拉桥悬臂浇筑与连续梁桥和悬臂梁桥的悬臂浇筑施工方法类似。早期施工中采用传统的挂篮，每节段只能浇筑 2~5m，密索斜拉桥的索距一般为 6~10m，挂篮必须移动两次才能完成一个节间的施工，施工周期较长。近年来，牵索式长挂篮（也称前支点挂篮）施工工艺在斜拉桥悬臂浇筑中得到了广泛的采用，使得每节浇筑梁段可加长至 7~8m，每个斜拉索节间一次浇筑完成，大大加快了施工进度，缩短了工期。为了平衡长挂篮相对较大的自重和浇筑梁段的自重，需要将待浇筑梁段上的一根永久索（可用工具索接长）临时锚固在挂篮的前端作为前支点，如图 4-1-27 所示，待混凝土强度达到设计要求后，再将斜拉索锚点转移到主梁上。

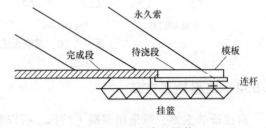

图 4-1-27　牵索长挂篮

我国已建成的重庆长江二桥、武汉长江公路大桥等都采用了长挂篮悬臂浇筑施工。

图 4-1-28 所示为混凝土斜拉桥采用悬臂浇筑施工程序。图 4-1-28a 所示为搭设支架，现浇墩顶的 0 号块及对称浇筑两侧的 1 号块，并挂相应节段拉索。图 4-1-28b 所示分别在两侧拼装施工挂篮，然后对称悬臂浇筑相应的梁段，并对相应梁段挂索。每浇筑完一对梁段，就将挂篮前移，依次悬臂浇筑下一对梁段，如图 4-1-28c 所示，直到悬臂端部，最终在跨中合龙。

1.5.3　斜拉索的施工

斜拉索施工的主要工作包括斜拉索的引架和张拉两方面工作。

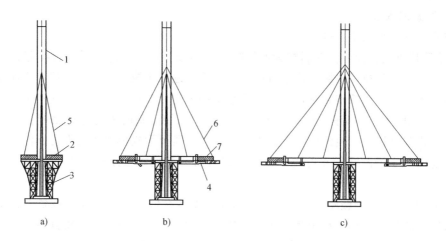

图 4-1-28　混凝土斜拉桥悬臂浇筑施工程序
1—索塔　2—现浇梁段　3—现拼支架　4—前支点挂篮　5—斜拉索　6—前支点斜拉索　7—悬浇梁段

1. 斜拉索的引架（挂索）

斜拉索的引架是指将斜拉索引架到桥塔锚固点与主梁锚固点之间的位置上。预制索一般直接利用起重机将斜拉索起吊，再利用导向缆绳及绞车等引拉就位的架设方法。常用的斜拉索引架方式如图 4-1-29 所示。现场制造索常用导索缆绳等将防护套管先架设好，再将组成斜拉索的钢绞线逐根穿入套管内。

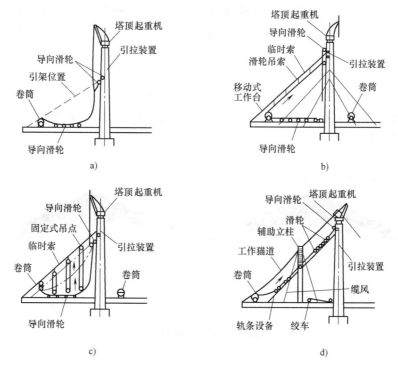

图 4-1-29　常用斜拉索引架方法
a）由塔顶起重机直接引架　b）由临时索及滑轮吊索引架
c）由临时索及垂直索引架　d）在工作猫道上引架

2. 斜拉索的张拉

斜拉索的张拉有以下五种方法：

1）千斤顶直接张拉法。在斜拉索的梁端或塔端锚固点处装设千斤顶直接张拉。预制索可采用千斤顶整索张拉；现场制作索可以用小千斤顶逐根张拉，也可以先用小千斤顶将初应力调均匀，再用大千斤顶整索张拉。国内几乎全部采用千斤顶直接张拉的施工工艺。

2）采用临时索将主梁前端拉起。依靠主梁伸出前端的临时索将主梁吊起，然后锚固斜拉索，再放松临时钢索，使索中产生拉力。此法虽不需要大规模的机具设备，但仅靠临时钢索往往不能满足主梁前端所需的位移量，最终常需要其他方法来补充拉索索力，所以较少采用。

3）用千斤顶将塔顶鞍座顶起。先将塔顶鞍座安装在低于设计标高的位置上，待斜拉索引架到鞍座上之后，再用千斤顶将鞍座顶高到设计标高，由此使斜拉索得到所需的拉力。

4）主梁先架设在高于设计标高的位置。主梁的架设标高先高于设计位置，待全部斜拉索安装锚固后，再用放松千斤顶落梁，并由此使斜拉索中得到所需的拉力。

5）在支架上将主梁前端向上顶起。该法实质上与2）法类似，只是将向上拉改为向上顶。此法仅适用于主梁可用支架法施工的斜拉桥。如果主梁前端位于水面上，也可采用浮式起重机将主梁前端吊起或利用驳船将主梁前端托起。

1.6 斜拉桥工程实例

苏通长江公路大桥（2008年4月建成通车）位于江苏省东南部长江口南通河段，连接苏州、南通两市，是交通部规划的黑龙江嘉荫至福建南平国家重点干线公路跨越长江的重要通道，也是江苏省公路主骨架之一赣榆至吴江高速公路的重要组成部分，是我国建桥史上工程规模最大、综合建设条件最复杂的特大型桥梁工程。

苏通大桥跨江工程总长8206m，其中主桥采用100m+100m+300m+1088m+300m+100m+100m=2088m的双塔双索面钢箱梁斜拉桥，主孔跨度1088m，是当时世界跨径最大斜拉桥。总体布置如图4-1-30所示。

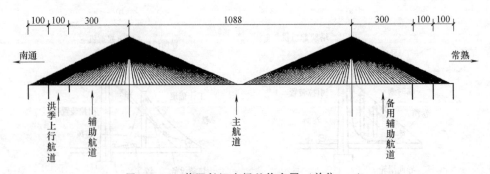

图4-1-30 苏通长江大桥总体布置（单位：m）

1. 技术标准

苏通长江大桥全线采用双向六车道高速公路标准，计算行车速度为100km/h，设计荷载采用汽车—超20级，挂车—120。桥梁标准宽度为34m，标准横断面如图4-1-31所示。主通航净空高 62m，宽 891m，可满足 5 万吨级集装箱货轮和 4.8 万吨船队通航需要。

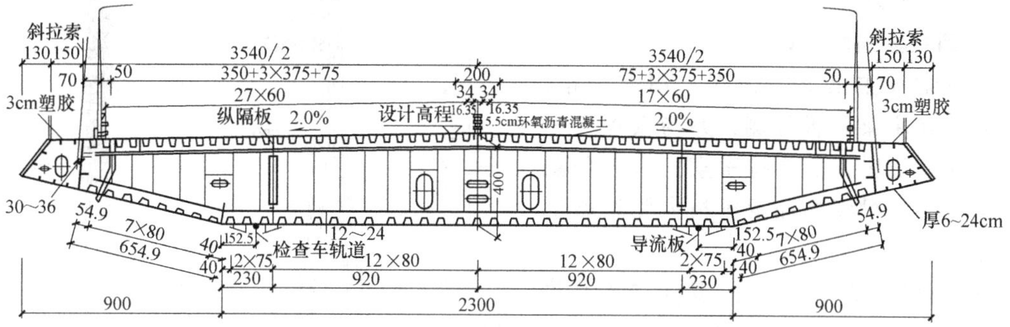

图 4-1-31　主梁构造（单位：cm）

2. 主梁设计

主梁采用抗风性能好的扁平流线型闭口钢箱梁，两端设置风嘴。外腹板、索塔区段顶底板和锚箱构件所需厚度较大的钢板，拟采用 Q370q 钢，其他构件采用 Q345q 钢材。

钢箱梁含风嘴全宽 4100cm，不含风嘴顶宽 3540cm，底板宽为（900+2300+900）cm，中心线处高度 400cm。节段标准长度 1600cm，边跨尾索区节段标准长度 1200cm。

根据受力需要，顶板在顺桥向不同区段采用了 14~24mm 四种不同的厚度，横桥向靠近外腹板 2550mm 范围采用了 20mm、24mm 两种厚度。顶板设置 8~10mm 厚的 U 形加劲肋。底板包括水平底板和斜底板两部分，水平底板在顺桥向不同区段采用了 12~24mm 五种不同的厚度，索塔附近板厚最大。斜底板采用了 16~24mm 四种不同的厚度。底板设置 6~8mm 厚的 U 形加劲肋。

钢箱梁内设置横隔板，横隔板标准间距为 400cm，根据受力需要，竖向支承、索塔附近梁段适当加密。为避免搭接偏心，提高横隔板的整体受力性能，横隔板采用整体式，由上、下两块板熔透对接。非吊点处横隔板一般为 10mm 厚，拉索吊点处横隔板采用变厚度，外腹板附近为 16mm，中间为 12mm。

钢箱梁内设置两道纵隔板，除竖向支承区、压重区和索塔附近采用实腹板式外，其余均为桁架式。

3. 斜拉索设计

采用 1770MPa 平行钢丝斜拉索，全桥共 282 根斜拉索，最长的达 577m，比日本多多罗大桥斜拉索长 100m，为世界上最长的斜拉索。斜拉索最大规格为 PES7-313，单根最大重量为 59t。斜拉索在钢箱梁上锚固点的标准间距为 1600cm，边跨尾索区为 1200cm；在塔上锚固点的间距 230~270cm。采用阻尼器、气动措施并用的减震方案，将斜拉索的最大侧向振幅控制在其长度的 1/1700 以内。

4. 索塔设计

索塔采用倒 Y 形，并在主梁下方设置下横梁一道，构造及尺寸如图 4-1-32 所示。索塔总高 300.4m，上、中、下塔柱高度分别为 91.361m、155.813m、53.226m；索塔高跨比为 0.212。塔柱采用空心箱形断面，上塔柱为对称单箱单室，外尺寸由 900cm×800cm 变化到 1080cm×1740cm，中下塔柱为不对称的单箱单室断面，外尺寸由 1082cm×650cm 变化到 1500cm×800cm。为保证下塔柱自身能够抵抗船舶局部撞击力，塔柱底部设 10m 高实心段。

辅助墩与过渡墩均采用普通钢筋混凝土分离式矩形薄壁墩。

5. 斜拉索锚固设计

斜拉索在主梁上的锚固采用钢锚箱，锚箱安装在主梁腹板外侧，并与其焊成一体。为保证锚固处的斜拉索索力合理分散到主梁上，主梁腹板和承压板内侧均做了补强设计。

斜拉索在索塔上的锚固，第1~3对直接锚固在上塔柱的混凝土底座上，其他采用钢锚箱锚固。钢锚箱包裹在上塔柱混凝土中。

6. 群桩基础设计

索塔基础采用 131 根长约 120m、直径 250~280cm 的钻孔灌注桩基础，另设四个备用桩位，梅花形布置，是世界上规模最大、入土最深的群桩基础。承台为哑铃形，在每个塔柱下承台平面尺寸为 5135cm×4810cm，其厚度由边缘的 500cm 变化到最厚处的 1332.4cm，两承台之间采用 1105cm×2810cm 的系梁连接，厚度为 600cm。近塔辅助墩基础采用 36 根直径 250~280cm 的钻孔

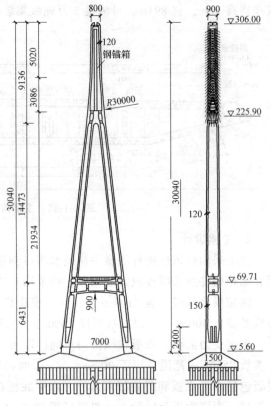

图 4-1-32　索塔构造及尺寸（单位：cm）

灌注桩基础，行列式布置。远塔辅助墩和过渡墩基础均采用 19 根直径 250~280cm 的钻孔灌注桩基础，梅花形布置。所有钻孔灌注桩均按摩擦桩设计，并考虑钢护筒与桩基础共同受力。

思 考 题

1. 斜拉桥的主要受力特点是什么？

2. 常用的斜拉桥孔跨布置有哪几种？各有何优缺点？

3. 斜拉桥塔柱的高度确定主要考虑哪些因素？

4. 斜拉桥中密索体系与稀索体系各有何优缺点？斜拉桥主梁上索的间距如何确定？

5. 斜拉索立面布置形式有哪些？各有何优缺点？

6. 目前常用的斜拉索有哪几种？其防腐措施有哪些？

7. 主梁系压弯构件，其设计选材、选型要考虑哪些因素？

8. 单索面斜拉桥主梁采用什么形式截面？为什么？

9. 斜拉桥根据塔、梁、墩之间的结合关系不同，分为哪几种体系？各有何特点？

10. 斜拉索垂度效应对其受力有何影响？

11. 斜拉桥的非线性因素有哪些？考虑非线性影响后，结构的内力和变形有何影响？

12. 简述斜拉桥的主要施工过程。

13. 斜拉桥主梁施工的常用方法有哪些？斜拉桥施工的主要特点是什么？

14. 查阅相关资料，详细了解一座斜拉桥的总体布置与构造、结构体系及施工技术。

悬 索 桥 第2章

2.1 概述

悬索桥也称吊桥，是以受拉主缆为主要承重构件的桥梁结构，如图 4-2-1 所示。它主要由桥塔（包括基础）、主缆（也称大缆）、加劲梁、锚碇、吊索（也称吊杆）、鞍座及桥面结构等部分组成。由于悬索桥是以高强钢丝作为主要承重结构，所以具有跨越能力大、受力合理、最能发挥材料强度等优点。另外，悬索桥具有整体造型流畅美观、施工安全快捷等优势。在桥梁设计时，当需要的跨度超过 600m 时，悬索桥总是备受推崇的经典桥型。

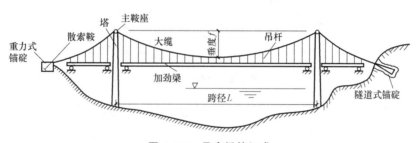

图 4-2-1　悬索桥的组成

现代悬索桥的发展迄今出现了四次高峰。1883 年美国建成的布鲁克林桥（主跨 486m）是世界首座跨度较大的现代悬索桥。20 世纪 30 年代，美国又相继建成了包括乔治·华盛顿桥（主跨 1067m）和旧金山金门大桥（主跨 1280m）在内的一大批悬索桥，并使悬索桥的跨度超过了千米，形成悬索桥的第一次发展高峰。但 1940 年美国塔科马（Tacoma）老桥的风毁事故使大跨度悬索桥的建设停顿了约 10 年之久。直到 20 世纪 50 年代，抗风设计引入了风洞试验才使得悬索桥的发展得以复苏，并分别在 60 和 80 年代进入第二和第三次高峰。期间建成的著名悬索桥有 60 年代美国建成的维拉扎诺桥（Verrazana-Narrows），80 年代英国建成的亨伯尔桥（主跨 1410m）。进入 20 世纪 90 年代以后，包括中国在内在全球范围又出现了新的建设高峰，即第四次高峰。丹麦建成的大贝尔特东桥（1997 年，主跨 1624m），瑞典建成的滨海高大桥（主跨 1210m），日本建成的南备赞濑户大桥（1998 年，主跨 1100m，公铁两用），中国建成了香港青马大桥（1997 年，主跨 1377m）、江阴长江大桥（1999 年，主跨 1385m）及润扬长江大桥（2005 年，主跨 1490m）。日本于 1998 年建成了世界最大跨度的明石海峡大桥（主跨 1991m），使跨径达到近 2000m，这是悬索桥建设的又一个重大突破。土耳其 Canakkale 1915 Bridge 于 2017 年 3 月开工建设，主跨 2023m，预计在 2022 年 3 月完工，建成后将成为世界上跨径最大的悬索桥。

2.2　悬索桥的基本类型

2.2.1　按主缆的锚固形式分类

悬索桥按主缆的锚固形式可分为地锚式和自锚式两大类。大多数的悬索桥，尤其是较大跨度的悬索桥，一般都采用地锚的方式锚固主缆，即主缆的拉力由桥梁端部的重力式锚碇或隧道式锚碇传递给地基。这就要求在锚碇处的地基具有较大的承载能力，最好有良好的岩层作为地基的持力层。地锚式悬索桥的具体形式如图 4-2-1 所示。

较小跨径的悬索桥也可以采用自锚的形式锚固主缆（图 4-2-2）。此时不需要设置专门的锚碇，主缆的拉力直接传递给加劲梁来承受。自锚式悬索桥主缆拉力的垂直分力（一般较小）可以抵消边跨端支点的部分反力，从而减小加劲梁底下的端支点反力；但水平分力则使加劲梁承受巨大的轴向压力，要求有较大的截面。所以自锚式悬索桥的跨度不宜过大，在中小跨径下采用混凝土主梁具有一定的竞争力。另外，这种桥式一般必须先架设加劲梁，再安装主缆，实践中因施工困难、风险大等原因而极少采用。

图 4-2-2　自锚式悬索桥

自锚式悬索桥的优点是不需要强大的锚碇，适宜用于两岸地基承载力较低，特别是软土地基的桥位。在桥位处无法布置庞大的主缆锚碇建筑物的情况下也可以考虑采用。另外，自锚式悬索桥可以避免影响周围的景观，适合用于城市闹区的跨河桥。

2.2.2　按孔跨布置形式分类

图 4-2-3 所示为按悬吊跨数分类的悬索桥结构布置形式。其中三跨悬索桥结构形式最为合理，特别适合于超宽的海面，其流畅对称的建筑造型也更能迎合人们的审美观点，是大跨度悬索桥最为常用的桥型。

单跨悬索桥常常是由地形条件或线路平面条件来决定的，它适合于边跨地面较高，采用桥墩来支承边跨的梁体结构比较经济的情况，或者道路的平面线形受到限制，不可避免地有曲线进入大桥边跨的情况。单跨悬索桥由于边跨主缆的垂度较小，对活荷载引起的变形较为有利，但在架设时主塔顶部鞍座需要设置较大的偏移量。我国的江阴长江大桥（主跨 1385m）采用单跨悬索桥形式，在该类桥梁中居于世界跨度第一。

当只有一岸的边跨地面较高或线路有平面曲线进入时，也可以采用两跨悬索桥的形式，即一个边跨与主跨的加劲梁用吊索悬吊，另一边跨的梁体则由桥墩支承。香港的青马大桥（主跨 1377m）是跨度最大的两跨悬索桥。

四跨以上（包括四跨）的悬索桥统称为多跨悬索桥或多塔（三塔以上，包括三塔）悬索桥。这种桥型常因中间桥塔与两边桥塔的塔高不同导致主缆的垂度偏大，使悬索桥的整体

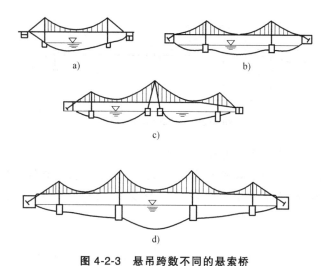

图 4-2-3　悬吊跨数不同的悬索桥

a）单跨悬索桥　b）三跨悬索桥　c）四跨悬索桥　d）五跨悬索桥

刚度减小，固有振动频率较低。在外荷载作用下，塔顶将向水平分力大的一侧产生较大的变位，加劲梁上也将产生较大的挠曲变形和弯矩。为了提高悬索桥的整体刚度，通常可以采用两种方法，一是加大中间桥塔的刚度，将柔性桥塔改为刚性桥塔；二是适当减小主缆的垂跨比。大跨度悬索桥不宜采用多跨（塔）形式，当建桥条件需要采用连续作大跨布置时，可以用两个三跨悬索桥联袂布置，中间共用一座锚碇锚固这两桥的主缆。如日本本州四国联络线中的南北备赞大桥，即以两座三跨悬索桥的形式出现，如图 4-2-4 所示。

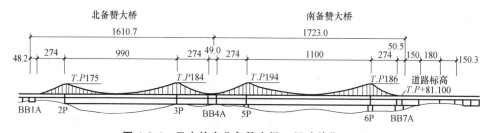

图 4-2-4　日本的南北备赞大桥（尺寸单位：m）

2.3　悬索桥的总体布置

实际设计中，针对选定的桥式进行总体布置时，需要考虑的结构特性包括跨度比、垂跨比、宽跨比、高跨比、加劲梁的支承体系等要素。下面以三跨对称悬索桥（图 4-2-5）为例加以说明，对其他类型的悬索桥也有一定的参考价值。

1. 跨度比

对三跨对称悬索桥而言，跨度比指边跨与主跨跨度之比（l_1/l）。往往受具体桥位处的地形与地质条件制约，跨度比的取值自由度较小，一般为 $0.25 \sim 0.5$。研究表明，若主孔跨度及垂跨比确定，则跨度比越小，单位桥长所需的钢材重量越大，但减小跨度比可以起到减小加劲梁最大竖向挠度及最大竖向转角的作用，对结构的竖向变形有利。目前世界上已建三

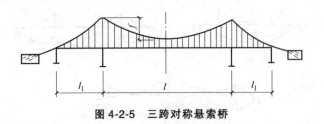

图 4-2-5 三跨对称悬索桥

跨悬索桥的实例中，跨度比大部分为 0.2~0.4。

对单跨或双跨悬索桥，由于取消了悬吊的边跨加劲梁，从而导致结构的整体刚度下降，增加结构刚度最为经济有效的办法就是减小跨度比。统计资料显示，其跨度比一般为 0.2~0.32。

2. 垂跨比

悬索桥的垂跨比指主缆在主孔内的垂度 f 与主孔的跨度 L 的比值。垂跨比的大小一方面对主缆中的拉力有非常显著的影响，从而在很大程度上影响主缆所需截面面积与单位桥长的用钢量。在其他参数确定的情况下，主缆中的拉力将随垂跨比按反比例变化，垂跨比越小主缆中的拉力越大。对混凝土桥塔而言，大跨径的总用钢量随垂跨比加大略有增加，而 1000m 以下悬索桥用钢量随垂跨比增加而减小。另一方面，垂跨比对悬索桥的整体（包括竖向及横向）刚度有明显的影响。垂跨比越小，悬索桥的纵、横向整体刚度越大。另外，垂跨比对悬索桥的振动特性也有一定的影响。因此，在实桥设计中，应结合对整体刚度的要求、主缆用钢量及振动特性来选取合适的垂跨比，一般公路悬索桥的平均垂跨比为 1/10 左右（1/9~1/12）。铁路运营对悬索桥整体刚度的要求较高，一般采用 1/11。

3. 宽跨比

宽跨比指桥梁上部结构的梁宽（或主缆中心距）W 与主孔跨度 L 的比值。加劲梁的宽度由车道宽度及桥面构造布置等决定。对中小跨度桥梁而言，宽跨比习惯上沿用 1/20 的大致标准，但对大跨度桥梁而言该标准过于保守。大跨度悬索桥的宽跨比至今尚无合理而具有科学性的标准值。设计中可先参考已有实践资料选择适当的宽跨比值，然后根据抗风理论分析和风洞试验来验证所取的宽跨比是否具备优良的动力特性。在理论上，当主孔跨度 L 为定值时，宽跨比越大，结构整体（特别是横向）刚度越大。据统计，世界上已建成的大跨度悬索桥的宽跨比大部分为 1/60~1/40。

4. 高跨比

高跨比指悬索桥加劲梁的高度 h 与主孔跨径 L 的比值。大跨度悬索桥的宽跨比至今尚无合理而具有科学性的标准值。设计中可先参考已有工程资料选择一定的值，再通过理论分析和风洞试验验证所选宽跨比是否具有优良的动力持性。通常桁架式加劲梁梁高一般为 8~14m，箱形加劲梁的梁高一般为 2.5~4.5m。

5. 加劲梁的支承体系

一般三跨悬索桥中的加劲梁绝大多数是非连续的，通常在每跨加劲梁的两端分别设置简支的铰支承，称为三跨双铰加劲梁。这种布置在结构上比较合理，但梁端的角变量和伸缩量及跨中的最大挠度（包括竖向的和横向的）均较大。

加劲梁采用连续支承体系始于 1959 年法国建成的坦卡维尔（Tancarville）桥，近年来得到越来越多的使用，特别是在公铁两用的大跨度悬索桥中。这是因为连续加劲梁的布置形式能减小桥面的变形，对整体抗风及运营平顺性和舒适性均有利。但也存在缺点，主梁连续通过塔柱，使得主梁在主塔处的支点负弯矩较大，且加大了桥塔处塔柱的间距，加劲梁中还存在附加内力等。

除此之外，在单跨悬索桥中有一种单跨加劲梁在两个非悬吊的边跨内各带有连续伸出段的布置形式，此种布置也可有效地减小加劲梁的变形。

2.4 悬索桥的构造

2.4.1 桥塔

桥塔也称主塔（pylon），它是支承主缆的主要构件，分担主缆所受的竖向荷载，并传递到下部的塔墩和基础。另外，在风荷载和地震荷载的作用下，桥塔可对全桥的总体稳定提供安全保证。

按桥塔采用的材料分，有混凝土桥塔和钢桥塔。在早期由于高耸结构物混凝土浇筑技术的限制，较大跨径悬索桥的桥塔几乎全部采用钢结构。自20世纪60年代以后，由于混凝土质量提高，施工方法得到改进，且价格较低，各国逐渐转向采用混凝土桥塔。当前，除日本由于本国国情（钢产量大，地震频繁）而多采用钢桥塔外，一般都采用混凝土桥塔。

按桥塔的外形分，在横桥向一般有桁架式、刚构式和混合式三种结构形式，如图 4-2-6 所示。刚构式简洁明快，可用于钢桥塔或混凝土桥塔，桁架式和混合式由于交叉斜杆的施工对混凝土桥墩有较大困难，一般只能适用于钢桥塔。另外，也有极个别的小跨径悬索桥采用了其他外形的桥塔，如日本的此花大桥采用倒 V 形的钢桥塔，韩国的永宗大桥采用菱形的钢桥塔。

在顺桥向，按力学性质可分刚性塔、柔性塔和摇柱塔三种结构形式。刚性塔可做成单柱形或 A 形，一般多用于多塔悬索桥中，可提高结构纵向刚度，减小纵向变位，从而减小梁内应力；柔性塔允许塔顶有较大的变位，是现代悬索桥中最常用的桥塔结构，一般

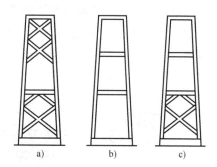

图 4-2-6 桥塔横桥向结构形式
a) 桁架式　b) 刚构式　c) 混合式

为塔柱下端做成固接的单柱形式；摇柱塔为下端做成铰接的单柱形式，一般只用于跨度较小的悬索桥。

2.4.2 主缆

主缆（main cable）也称为"大缆"，它通过塔顶的鞍座悬挂于主塔上并锚固于两端锚固体中，是悬索桥的主要承重结构。主缆除了承受通过索夹及吊索传来的桥面活荷载及加劲梁（包括桥面）的恒荷载之外，还要分担一部分横向风荷载。

悬索桥主缆的布置形式一般采用每桥两根，平行布置于加劲梁两侧吊点之上的形式。迄今为止，只有美国的维拉扎诺桥和乔治·华盛顿桥采用了 4 根平行主缆的形式，桥的左右两

侧各集中布置了两根主缆。日本的此花大桥则是极为少见的单索悬索桥。

现代大跨度悬索桥多采用平行钢丝主缆，它是由平行的高强、冷拔、镀锌钢丝组成。钢丝直径大都在 5mm 左右。根据缆力大小，每根主缆可以包含几千乃至几万根钢丝。为便于施工安装和锚固，主缆通常被分成束股编制架设（一般每根主缆可分成几十至几百股，每股内的丝数大致相等），并在两端锚碇处分散锚固。为了保护钢丝，并使主缆的形状明确，主缆的其余区段则挤紧成规则的圆形，然后缠以软质钢丝捆扎并进行外部涂装防腐。

对一座具体的桥梁而言，如果钢丝直径已经选定（一般为 5mm），主缆所含钢丝总数 n 就是确定的。但组成具有 n 根钢丝的主缆应编制成多少股钢束 n_1 和每股钢束含多少根钢丝 n_2 则与主缆的编制方法有关。钢丝束股的组成方法有两种：一是空中编丝组缆（air spinning）法，简称 AS 法；另一种是预制平行钢丝束股（prefabricated parallel wire strands）法，简称 PPWS 法或 PS（prefabricated parallel strands）法。

AS 法通过编丝轮每次将 2 根钢丝牵引就位，达到一定数量后，编扎成索。其每缆所含总股数 n_1 较少（约 30~90 股），而每股所含丝数 n_2 多达 400~500 根。因而其单股锚固吨位大，锚固空间较小，运输起吊设备也比较轻便。但 AS 法施工所需时间较长，架设时主缆的抗风能力较弱。AS 法在欧美采用较多。

PPWS 法的预制平行钢丝束股通常按正六边形排列定型，这样主缆的空隙率可以最小。所以每股钢丝束的钢丝数一般为 61、91、127、169 等，如图 4-2-7 所示。PS 法每缆总股数 n_1 多达 100~300 股，需要的锚固空间相对较大。由于采用工厂预制，避免了现场由钢丝编成钢丝束股的作业，从而加快了主缆的施工进度，受气候因素的影响也较小。但它要求有大吨位的起重运输设备和拽拉设备。PS 法起源于美国的新港桥，但其大量采用与发展则归功于日本，日本明石海峡大桥即采用了 127 丝的 PS 法。我国工程师也倾向于 PS 法，目前在大跨径悬索桥施工中经常采用该法。

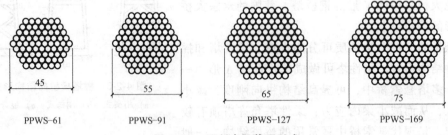

| PPWS-61 | PPWS-91 | PPWS-127 | PPWS-169 |

图 4-2-7　预制束股截面形式

2.4.3　吊索

吊索（hanger）有时也称为"吊杆"，它是将活荷载和加劲梁（包括桥面）的恒荷载等竖向荷载通过索夹（cable band）传递到主缆的受力构件。其下端通过锚头与加劲梁两侧的吊点连接，上端通过索夹与主缆连接。现代悬索桥一般采用柔性较大且易于操作的钢丝绳索或平行钢丝索作为吊索。吊索表面涂装油漆或包裹高密度聚乙烯（HDPE）护套防腐。

立面布置上，传统的悬索桥吊索都是竖直的，斜向吊索是英国式悬索桥的一大特点。斜吊索和竖直吊索相比索力较大，因此可以提高振动能量的衰减率，从而提高悬索桥整体振动时的结构阻尼值。但是首座采用斜吊索的英国赛文桥在开通不到十年即出现问题，使得斜吊索的使用受到很大的质疑。多数人认为斜吊索在抗疲劳强度方面不如竖直吊索。

吊索与索夹的连接一般可分为四股骑跨式（图 4-2-8）和双股销铰式（图 4-2-9）两种方式。四股骑跨式的吊索实际上是用两根两端带锚头的钢丝绳绕跨在索夹顶部的嵌索槽中，并用四个锚头在下端与加劲梁体连接。双股销铰式的吊索则是用两根下端带锚头、上端带连接套筒的钢丝绳索或平行钢丝索，上端用销铰与索夹下的耳板连接，下端用锚头或同样用销铰与加劲梁体连接。前者不宜采用平行钢丝索，而后者对钢丝绳索与平行钢丝索都能适应。

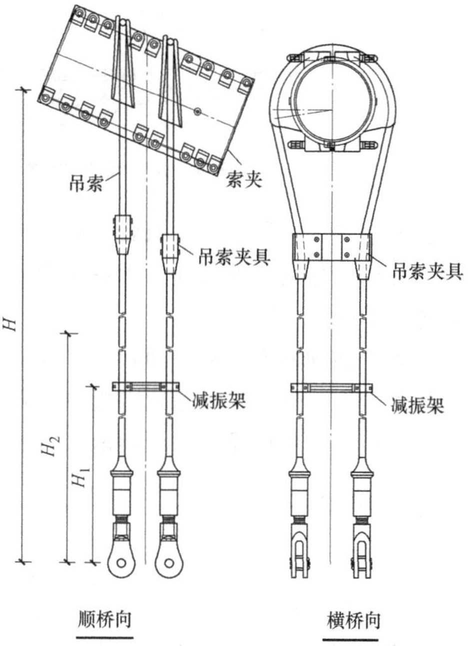

2.4.4　加劲梁

加劲梁（stiffening girder）的主要功能是提供桥面及防止桥面发生过大的挠曲变形和扭曲

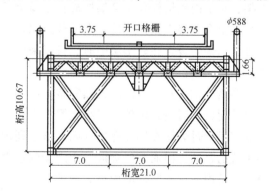

图 4-2-8　四股骑跨式吊索与索夹的连接方式

变形，它直接承担竖向活荷载，也是悬索桥承受风荷载和其他横向水平荷载的主要构件，所以必须具有足够的抗扭刚度或自重以保持在风荷载作用下的气动稳定性。加劲梁承担的活荷载及本身的恒荷载通过吊索和索夹传至主缆。加劲梁的变形从属于主缆，它的刚度对悬索桥的总体刚度贡献不大，因而梁高通常不必做得太大。

悬索桥的加劲梁一般都采用钢结构，混凝土结构由于自重太大，从耗材、造价、工期等方面考虑，当跨径大于 200m 的时候就不再采用。钢加劲梁的截面形式主要有美国流派的钢桁梁和英国流派的扁平加劲钢箱梁（图 4-2-10 和图 4-2-11 所示）两种类型。这两类加劲梁各有优点，总的说来加劲钢箱梁的抗风性能较好，风的阻力系数仅为钢桁梁的 1/2～1/4；耗钢量也较少。但钢桁梁在双层桥面的适应性方面远较钢箱梁优越，因此它适合于交通量较大的或公铁两用的悬索桥。早期个别中小跨度的桥梁也有采用钢板梁的，由于钢板梁抗风性能

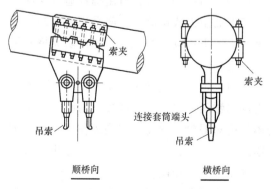

图 4-2-9　双股销铰式吊索与索夹的连接方式

图 4-2-10　钢桁梁截面（单位：m）

（葡萄牙 4 月 25 日大桥）

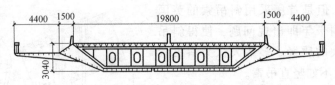

图 4-2-11　钢箱梁横截面（单位：mm）（英国塞文桥）

不佳，通过美国塔科马老桥风毁事故的教训后，世界各国在较大跨度的悬索桥中不再采用钢板梁。另外，悬索桥的加劲梁无论采用哪一种截面形式，在桥轴的孔跨方向都可做成双铰简支或连续结构。

设置于加劲梁上部的桥面板，早期一般采用钢筋混凝土板，但由于其自重较大，且易受冬季除冰盐害，过早发生老化与腐蚀。随着钢结构焊接技术与材料的发展，钢筋混凝土桥面板已逐渐被正交异性钢桥面板所取代。

2.4.5　锚碇

锚碇（anchor）即主缆的锚固体，用于固定住主缆的端头，防止其走动，它是地锚式悬索桥将主缆中的拉力传递给地基的重要结构物。通常锚碇又可分为重力式锚碇（或锚台）和隧道式锚碇（岩洞锚）两种，如图 4-2-12 所示。

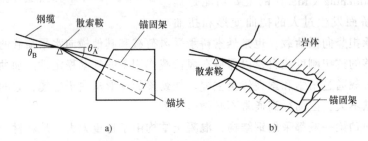

图 4-2-12　锚碇
a）重力式锚碇　b）隧道式锚碇

重力式锚碇依靠其自身巨大的自重来抵抗主缆的垂直分力，水平分力则由锚固体与地基之间（包括侧壁）的摩阻力或嵌固阻力来抵抗，从而实现对主缆的锚固。锚碇中预埋有锚碇架，它是由钢锚杆和支撑架构成，主缆束股是通过锚头与锚杆连接，再由锚杆通过支撑架分散至整个混凝土锚体。设置在承载力比较好的地基上的重力式锚碇，一般采用明挖的扩大基础。当锚碇设置在软土层中时，可以采用大型沉井或地下连续墙的形式。如江阴大桥北锚碇采用了大型沉井，而日本明石海峡大桥采用了地下连续墙。

隧道式锚碇是先在两岸天然完整坚固的岩体中开凿隧道，将锚碇架置于其中后，用混凝土浇筑而成。隧道式锚碇可以将主缆集中在一个岩洞内锚固，也可以开凿多个岩眼，将主缆分成多股穿过岩体在锚固室内锚固。这是利用岩体强度对混凝土锚体形成嵌固作用，达到锚固主缆的目的，因而其锚碇混凝土用量较重力式锚碇大为节省，更经济。但迄今为止，大部分悬索桥由于缺乏坚固的山体岩壁可利用，一般都采用重力式锚碇。

无论是重力式锚或隧道式锚碇，主缆在进入锚固体之前必须先经过散索鞍座或喇叭形散索套，将原来捆紧的主缆截面散开，变成以一股一股的钢丝索股为单元，逐股分开锚固。因此，主缆在散索后所需锚固空间的大小与钢丝束股的组成用 AS 法或 PS 法有关，前者较小，后者较大。

2.4.6　鞍座

悬索桥的鞍座分为塔顶鞍座（也称主鞍座）和散索鞍座。

塔顶鞍座位于主缆和塔顶之间，用以支承主缆，并将主缆所受的拉力以垂直力和不平衡水平力的方式均匀地传给主塔，并让主缆在这里有一转折角。主鞍座主要由鞍槽、腹板、底板及横向加劲肋板等部分组成（图 4-2-13）。鞍槽的纵向圆弧半径一般不小于主缆直径的 8~12 倍。半径越大，主缆钢丝的二次应力越小，但加工越困难。由于主缆在桥塔两侧的倾斜度一般是不同的，所以鞍槽应按实际情况采用多个半径组合的非对称纵向圆弧外形。

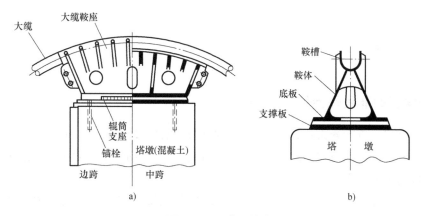

图 4-2-13　塔顶鞍座

a）纵桥向　b）横桥向

刚性桥塔上的主鞍座，一般在上座下面设一排辊轴，用来调整施工中主缆在塔顶两侧的水平分力，使之接近平衡。柔性塔和摇柱塔上的主鞍座仅设上座，它将通过螺栓与塔固定。对现代大跨度悬索桥而言，由于塔身较高，凭塔身的弹性弯曲就能满足鞍座处平衡所需的纵向位移。所以为避免镀锌钢丝因滑动而磨耗，主缆、鞍座和塔顶之间不应发生相对滑动。

塔顶鞍座有三种制造方法。在早期常采用全铸的方法制造，其缺点是加工困难。目前多倾向于兼用铸焊的方法来制造，这种鞍座的上部鞍槽采用铸件，下部则用厚板焊接的三角箱形结构。另外，英国的塞文桥对其塔顶鞍座全部采用焊接钢结构来制造，但因结果不太理想，这种制造方法至今尚未得到推广。

散索鞍座是主缆进入锚碇之前的最后一个支承构件。置于锚碇的前墙处，起着支承转向和分散大缆束股使之便于锚固的作用，如图 4-2-14 所示。与塔顶主鞍座不同的是，散索鞍座在主缆因活荷载作用或温度变化而产生长度变化时，其本身能够随主缆同步移动，以调节主缆的长度变化。结构形式上又有摇柱式（图 4-2-14a）和滑移式（图 4-2-14b）两种基本类型。

散索鞍座现今一般也是兼用铸焊的方法进行制造，即鞍槽部分采用铸钢件，其他部分用厚钢板焊接。

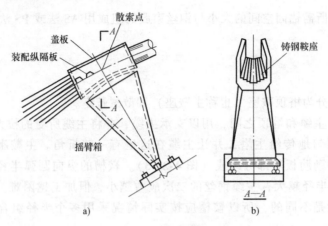

图 4-2-14 散索鞍座构造

2.5 悬索桥计算理论简介

2.5.1 悬索桥的非线性问题

与斜拉桥类似，进行悬索桥计算分析时也必须重视其非线性问题。除了材料非线性、几何非线性，悬索桥的主缆与鞍座之间往往还存在接触非线性问题。一般来说，悬索桥分析中影响其非线性的主要因素有：

（1）荷载作用下的结构大位移 这是柔索结构最主要的非线性影响因素。悬索桥在受到外荷载作用时，不仅缆索及加劲梁发生下挠，吊杆也将伸长，索塔会压缩，吊杆还将发生倾斜，节点还有水平位移，这些都将对悬索桥的内力产生影响。因此，在进行结构分析时，力的平衡方程应依据变形后的位置来建立，力与变形的关系是非线性的。

（2）缆索自重垂度的影响 在有限元分析法中，缆索单元的计算模型常取为直杆单元，而实际缆索具有垂度。在单元两端受力时，实际缆索单元的变形比直杆单元的大，其值与缆索的截面、弹性模量、缆索自重及张力等因素有关。与斜拉桥一样，悬索桥由缆索垂度引起的非线性，通常也通过计算缆索的修正（或等效）弹性模量来考虑，其表达式称为 Ernst 公式，见式（4-1-1）。

（3）初始内力的影响 在进行悬索桥的非线性分析时，恒荷载产生的初内力影响必须计入。由于叠加原理不适用于非线性结构，为了得到在外力作用下大跨悬索桥结构的平衡状态，应将结构上的初内力、引起初内力的荷载（或其他因素）及新增加的活荷载一起考虑，算出结构在新的变形状态下的平衡，以得到结构真正的变形与内力。

（4）混凝土收缩徐变的影响 混凝土具有收缩和徐变的特性，而且收缩和徐变与时间是非线性关系。一般来讲，混凝土索塔和混凝土加劲梁随时间增长长度会变短，由此会引起结构的附加内力和变形，会对整个悬索桥结构的受力产生不利的影响，同时引起桥面线形变化。对于采用混凝土加劲梁的悬索桥，主梁内如果设置了预应力筋，混凝土收缩和徐变同样会引起预应力的损失，从而降低加劲梁正常使用的允许承载力。

2.5.2　悬索桥静力分析理论

悬索桥的静力计算理论按发展阶段可分为三种：弹性理论、挠度理论和有限位移理论，这也构成了近代悬索桥的理论基础。

1. 弹性理论

弹性理论是悬索桥最早的结构分析理论，它是基于结构的变形非常微小而可以忽略的计算假设，不考虑荷载产生的变形对内力大小与方向的影响，将悬索桥看作主缆与加劲梁的结合体，缆索承受自重及全部桥面恒荷载，采用结构力学中超静定结构的分析方法进行计算，而且用弹性理论简化的结构具有线弹性性质，叠加原理对其适用。

但弹性理论有两个非常显著的缺陷，一是没有考虑到恒荷载对悬索桥刚度的有利影响；二是没有考虑非线性大位移影响。该理论只能满足早期跨度较小且加劲梁刚度相对较大的悬索桥的计算要求，其计算结果存在"内力偏大"的误差。随着悬索桥跨度增加，加劲梁的柔细，恒、活荷载比值的加大，误差有明显增大。但由于弹性理论计算方便，至今在跨度小于200m的悬索桥设计中仍有应用。

2. 挠度理论

对于大跨径悬索桥，加劲梁往往做得较柔，而主缆本身又是一个柔性的受拉杆件，因此悬索桥是一种柔性结构。主缆的活荷载挠度是其几何非线性的主要因素。对于悬吊在主缆上的加劲梁，其挠度的变化完全取决于主缆的线形分布，随着悬索桥跨度的增加，加劲梁的刚度相对降低，结构的非线性显著。基于这一认识分析的理论称为挠度理论。

采用挠度理论来计算悬索桥时，考虑原有荷载（如恒荷载）已产生的主缆轴力对新的荷载（如活荷载）产生的竖向变形（挠度）将产生一种新的抗力，即假定结构在荷载作用下的变形不可忽略，结构的内力平衡建立在变形之后的位置上（图4-2-15）。

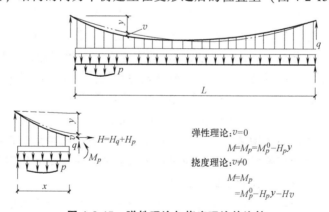

图 4-2-15　弹性理论与挠度理论的比较

用挠度理论来计算活荷载内力时，计入了恒荷载内力对悬索桥的刚度起到的提高作用。在挠度理论中的计算假定为：

1）恒荷载沿桥梁的纵向是均匀分布的。

2）在恒荷载作用下，加劲梁处于无应力状态（吊索之间的局部挠曲应力除外）。

3）吊索是竖向的，并且是密布的。

4）在活荷载作用下，只考虑吊索有拉力，但不考虑吊索的拉伸和倾斜。

5）加劲梁为直线形，并且是等截面。

6）只计主缆及加劲梁的竖向变形（挠度），不考虑它们的纵向变形。

图 4-2-15 中 M 为梁的弯矩，M_p^0 为恒荷载下的主梁弯矩，H 为主缆拉力的水平分力（包括恒荷载 H_p 与活荷载 H_q，H_p 为恒荷载下的主缆水平分力），y 为主缆的垂度，v 为主缆的挠度，而 p 为活荷载集度。

从图中的公式可知：与弹性理论相比，挠度理论多出了最后一项 $-Hv$，这便是挠度理论与弹性理论的差别，即主缆的恒荷载拉力要抵抗活荷载的变形，活荷载引起的缆索张力对抵抗变形也有贡献。

因此，采用挠度理论计算得到的内力比弹性理论要小得多。根据悬索桥的跨度大小、加劲梁的刚度大小及活荷载影响与恒荷载影响的比例，一般挠度理论的内力计算值比弹性理论减少 $1/2 \sim 1/10$。

$$EIv''' - (H_q + H_p)v'' - H_p = p(x) \tag{4-2-1}$$

由于挠度理论考虑了主缆的几何非线性，其微分方程（式 4-2-1）也是非线性的，所以求得的闭合解是以包含未知的恒荷载水平缆力 H_p 的形式给出。为此须先假设一个 H_p，将它代入微分方程解出挠度 v，再将 v 代入一个表达相容条件的缆索积分方程，以便反求 H_p。必须保证所得的 H_p 与假设值一致，当不一致时须反复进行同样的计算，直到满足为止，工作量很大。特别是叠加原理不适用于非线性情况，这就增加了解题的难度。

挠度理论在大跨度悬索桥的发展过程中起到了重要的作用，至今仍不失为分析悬索桥的较简单实用的方法。但由于其基本假定中忽略了吊索的伸长与倾斜而被假定为一张刚性薄膜，主缆节点的水平位移、塔的变形和加劲梁的剪切变形等因素被忽略，使其分析结果的精度受到限制；同时由挠度理论建立的微分方程求解较烦琐，也不适合计算机运算。

3. 有限位移理论

当现代悬索桥的跨径逐渐增大时，加劲梁的刚度则在相对不断减小，采用挠度理论引起的误差已不容忽视。随着计算机技术和有限元理论的发展，非线性有限元理论开始出现并应用于现代悬索桥的结构分析中。1966 年 Brotton 首次建立了一种以矩阵位移法进行求解的通用悬索桥结构分析方法，可以考虑主缆因恒荷载轴力对结构大位移的影响，从此悬索桥的分析进入了有限位移理论时代，并迅速发展。Brotton 把悬索桥视为平面构架，建立起刚度方程并用松弛法求解。Saafan 的构架大位移理论、Tezcen 的大位移矩阵构架分析法将挠度的二次影响全包括进去，并建立了增量平衡刚度方程求非线性方程组的解。Fleming 于 1979 年推导了梁单元的轴向力对弯矩的影响系数，通过稳定函数来修正梁单元的刚度，并用移动坐标法迭代求解。由于篇幅有限，在此不做详细介绍。

有限位移理论将整个悬索桥包括主缆、吊杆、索塔、加劲梁全部考虑在内，分析时可以综合考虑吊杆的倾斜和伸长、缆索节点的水平位移、加劲梁的水平位移及剪切变形等非线性的影响和任意的边界条件，从而使悬索桥的分析精度达到新的水平，成为目前大跨度悬索桥分析计算普遍采用的方法。

2.5.3　悬索桥的动力特性

桥梁结构的动力特性包括自振频率和振型等，它反映了桥梁结构的刚度和刚度分布的合理性，是桥梁结构振动响应分析、抗风稳定性研究和抗震设计的基础。悬索桥的动力特性与其他桥梁相比，更直接关系其安全度，所以其动力分析就更具有重要意义。

悬索桥动力分析时主要从两个方面入手，一是悬索桥自由振动分析，二是悬索桥的强迫振动分析。悬索桥的强迫振动是结构物受到随时间变化的外力时显示出的结构响应，悬索桥的外荷载主要包括由行驶车辆的基本可变荷载产生的动的外力、由自然风力产生的其他可变荷载的动的外力、由地震偶然产生的动的外力。

1. 自由振动分析

悬索桥基本上是由主缆、加劲梁，以及把它们连接起来的吊索构成一个振动体系，而塔、墩及基础可当作另一个振动体系。前者的振动问题是一个上部结构体系的振动，后者的振动问题可以说是塔和基础工作体系的振动。

1）由于悬索桥主缆与加劲梁在受力分析时涉及不同的因素，所以上部结构体系的振动是以它们的结合特性出现。由于悬索桥的动力分析中位移成分的复合是非线性项的复合，在用线性方法研究时，可分类为竖向挠曲振动、扭转振动及水平挠曲振动来分析。但在分析时需引入一些理想化的假定，因此所得的结果存在误差。随着有限元的发展，产生了悬索桥自由振动分析的二维有限元法和三维空间有限元法。两者相比，后者不必分别作竖向、横向、扭转方向的振动性态，而是在一次分析后获得所有方向的振动性态。另外，三维有限元法能够反映各向振动在空间上的耦合，从理论上看分析结果更可靠。

2）在上述有限元法的振动分析中，塔可以容易地纳入整体一起分析。但由许多悬索桥振动性态分析结果看出：塔墩体系的振动总是与缆-梁体系的振动分离的，用来做塔柱-塔墩-基础体系的抗震分析。主要利用有限元法进行塔墩体系的振动分析。

2. 车辆行驶活荷载振动分析

车辆行驶活荷载使悬索桥产生的振动与列车的行驶性能问题，会对悬索桥产生程度不同的影响，特别是公铁两用的悬索桥更为显著。由于要弄清悬索桥会表现出哪些由车辆行驶活荷载产生的动力反应，需综合多种情况进行分析。但到目前为止，大多数研究者的分析都是以移动常值集中活荷载为激扰力模型，研究移动活荷载的速度效应。分析最终归结为冲击系数，由冲击系数来增大活荷载，以静力的方式来处理行驶活荷载的动力反应。只有少数研究者对动活荷载本身的质量作用、波动传播的影响、车辆的锤击作用等进行了较详细的研究。

3. 风致振动分析

悬索桥作为一种大跨度柔性结构，其抗风稳定性和风致振动试验与分析非常重要。特别是 1940 年美国刚建成几个月的塔科马海峡悬索桥在阵风不大的情况下开始振动和摇摆，弯扭振幅引起加劲梁共振的幅度逐渐增大，直至加劲梁主跨从主缆上断塌下来。在此之后，人们开始认识到风对桥梁结构的作用不仅仅是静力作用，还有风致振动，特别是随着跨度的增加，动力作用的危害性也会增大。

气流绕过一般为非线性形截面的桥梁结构时会产生漩涡和流动的分离，形成复杂的空气动力作用。当桥梁结构的刚度较大时，结构保持静止不动，这种空气动力作用只相当于静力作用。当桥梁结构的刚度较小时，空气作用激发了桥梁风致振动，空气不仅有静力作用，而且具有动力作用。桥梁风致振动主要有四种主要形态：抖振、颤振、驰振与涡激振动。

1）抖振指当结构振动较小时，空气里的作用不受结构振动影响，主要表现为一种强迫力，导致桥梁结构的强迫振动。抖振幅度通常是有限的，不至于造成桥毁事故，但可能威胁行车或施工安全，缩短结构疲劳寿命。

2）颤振指当空气受结构振动影响较大时，振动的桥梁结构反过来改变或影响了空气流场和作用力，形成了风和结构的相互作用，开始表现出自激励的特点，导致桥梁结构的自激振动。颤振是扭转发散振动或弯扭耦合的发散振动，是动力不稳定性的表现。

3）驰振是细长物体因气流自激作用产生的一种纯弯曲低频大幅振动，理论上是发散的，即不稳定的。

4）涡激振动是由气流经过加劲梁后产生漩涡脱落引起的，介于强迫振动与自激振动之间。当风速位于某一区段时漩涡脱落频率正好接近桥梁自振频率，则会引起涡激共振。

悬索桥整体需考虑的风致振动现象是抖振和颤振，各类构件需考虑的风致振动现象分别为：

1）加劲梁。所有上述各类现象都可能发生。

2）塔。在成桥阶段，其风振现象不严重，但在施工时可能发生较严重的风致振动。如自由悬臂态的钢塔，在较低风速下会发生涡振，在较高风速下可能发生驰振；自由悬臂的钢筋混凝土塔，理论上在更高风速可能发生驰振，但涡振一般不大可能发生。

3）吊索。长吊索可以发生涡振；由于吊索直径较小，间距相对较大，一般不会发生尾流驰振。

4）主缆。由于其内力有很大的轴力并连着密布的吊索，所以一般会像斜拉桥的拉索那样产生涡振和驰振。

针对悬索桥存在的上述风致振动现象，一方面，可以通过数值模拟与理论分析对悬索桥的抗风性能进行初步研究，对加劲梁断面、索塔断面进行气动优化，初步断定桥梁的气动稳定性；另一方面，可以通过对悬索桥方案进行风洞试验研究，以检验桥梁的抗风性能，并对可能存在的风致振动提出相应的解决和控制措施。随着计算流体动力学和计算机硬件设备的不断发展，基于风洞试验识别参数理论分析法的气动参数识别有可能用数值计算代替风洞试验。只有通过正确的分析计算和必不可少的风洞试验，掌握桥梁结构对风的动态反应，才能正确地进行抗风设计。

4. 抗震分析

抗震设计是悬索桥设计的关键问题之一，目前常用的抗震设计方法有反应谱方法和时程分析方法。反应谱法是先将多自由度体系的结构振动方程进行振动分解，将物理位移用振动广义坐标表示，然后根据地震反应谱求得广义坐标的最大值，最后通过适当的方法将各振型的反应最大值组合起来得到结构反应的最大值。此方法只适用于线弹性结构体系，而且由该方法组合得到的反应值是一个近似值，因此反应谱方法只能作为一种估算方法或校核手段。时程分析法是目前公认的结构动力反应的精细分析方法。时程分析法从选定合适的地震动输入（地震动加速度时程）出发，采用多节点、多自由度的结构有限元的动力计算模型建立地震动方程，然后采用逐步积分法对方程进行数值求解，计算出地震过程中每一瞬时桥梁结构的位移、速度、加速度反应。时程分析法可精确考虑地震加速度时程相位差及不同地震加速度时程分量的多点输入、桥梁结构的各种非线性因素等。

悬索桥本身具有大跨度和轻柔性的结构特点使其在结构动力特性分析方面需考虑以下特殊要求：

1）悬索桥具有远大于一般结构的超长周期，必须考虑和研究地震动长周期分量的影响。

2）悬索桥具有密布的频谱特性。悬索桥在较宽的频率范围内，许多振型都能被地震激励起强烈振动，因为其大量的自振周期密集在 0.5～5s 范围内。

3）悬索桥抗震设计应考虑竖向地震分量，其竖向加速度的反应谱等于水平向反应谱的 1/2。

4）悬索桥抗震分析使用时程积分法时，必须考虑地面加速度时程的持续时间。

5）悬索桥的大尺度导致其所遭受的动力激励很不同于一般结构。特别是悬索桥的地震响应强烈受到地震动空间变化的影响，即非一致激励的影响。在充分考虑了悬索桥在动力行为方面的这些特殊性后，就可以有针对性地建立悬索桥的地震激励模型和适宜的响应分析方法。使悬索桥的抗震设计更加准确完善。

2.6 悬索桥施工技术

悬索桥的施工主要包括桥塔及锚碇施工、猫道架设、主缆架设、索夹及吊索安装、加劲梁吊装架设等。

2.6.1 桥塔及锚碇施工

（1）塔柱施工　钢桥塔一般采用预制吊装的施工方法。先用钢板预制连接成格子形截面的节段，节段在现场吊装拼接成塔柱。钢塔节段在工厂焊接制造，然后运输到工地架设并用高强螺杆连接。钢塔柱一般支承在一块与桥墩混凝土拴接的厚钢板上，通过厚钢板把塔柱压力均匀传递到桥墩中去。也可以在桥墩混凝土中埋设锚固构架，用高强螺栓将塔柱锚固在构架上，通过构架将压力均匀传递到混凝土中。混凝土塔柱的施工与斜拉桥塔柱的施工相同，一般以就地浇筑为主，采用滑模、爬模等技术连续浇筑。

（2）锚碇施工　锚碇一般是大体积混凝土结构。可根据施工单位的能力和温度控制的可行方案对锚碇进行平面分层和竖向分层。施工时按照一定的施工计划分期分层进行浇筑和养护。

2.6.2 主缆的架设

悬索桥整个主缆自重大，必须逐丝或逐股安装到位，然后在现场编制成缆。具体说明如下。

（1）准备工作　在架设缆索之前，需要做的准备工作包括安装塔顶起重机、安装塔顶主鞍座、支架锚碇附近的散索鞍座，以及包括各种绞车和转向设备等的驱动装置。

（2）架设导索　导索是缆索工程中最先拉过江河（或海湾）的钢丝绳索，也是缆索工程的第一道难关。导索从一端锚碇上引出，越过塔顶后，用拖轮拽到对岸，再越过对岸塔顶锚固在锚碇上。导索的架设一般可选用四种方法：海底拽拉法、浮子法、自由悬挂法、直升机牵引法。通常悬索桥两侧的两根导索可采用同法架设。但当架设作业特别困难时，也可以只架设一根导索，而另一根可通过架设好的导索悬吊过海，再横移就位。

（3）架设牵引索　牵引索是布置在两岸之间的一根环状无端头的钢丝绳索，可通过两岸的驱动装置来使牵引索走动，从而一来一往地引拉其他需要架设的缆索或钢丝。

（4）架设猫道　猫道是悬索桥施工中在空中架设的工作走道，它是主缆编制和架设必不可少的临时设施（图 4-2-16）。每座悬索桥施工时一般设有两个猫道，分别沿两根主缆的下方布置，各供一侧主缆施工所需。猫道一般由猫道承重索、猫道面层结构（包括栏杆立柱及扶手等）、横向天桥及抗风索等组成。

图 4-2-16　悬索桥施工猫道及主缆

牵引索（导索）架设完毕，首先由牵引索将猫道索拉就位。当每个猫道的若干根猫道索架设好之后，即可铺设透风性好的钢丝网片作为猫道面板形成空中工作场地。两个猫道之间要设置数座横向天桥，它除了沟通两个猫道外，还能增加猫道横向稳定性。

由于猫道自重轻，在风力作用下极不稳定，故必须设置抗风索。在风力不大的地区，也可以通过增加横向天桥的个数来提高猫道的抗翻转能力，从而不设置抗风索。

（5）主缆架设　AS 法架设主缆之前，先要在猫道上编制组成主缆的钢丝索股，再将若干根钢丝索股捆紧扎成主缆。首先，将出厂的成卷钢丝用连接器接长后卷入专用卷筒并运至悬索桥一端的锚碇旁备用，再利用无端头的环形牵引索将钢丝引拉到猫道上。引拉的方法是将两个编丝轮分别连接于环形牵引索的两个分支上，通过编丝轮来回走动，每次将相向的 4 根钢丝在高空从桥的一端拉向另一端。如果将每个编丝轮的单槽改为双槽或四槽时，每次拉铺的钢丝数量也相应加倍。待所拉钢丝达到一定的数量后，即可编扎成一根索股，然后将若干根钢丝索股合并成主缆。

PPW 或 PS 法是将在工厂预制好的索股缠绕在滚筒上运输到现场，通过牵引索沿猫道牵引到安装位置上。由于成股钢丝索的重量较单根钢丝重，所以牵引索的截面也要求比 AS 法大，同时在猫道上需要设置导向轮以减小索股受到的摩阻力。PS 法早先采用的牵引方法也是无端头的环形牵引索，近期有采用单根牵引索的拉紧法。图 4-2-17 所示为润扬大桥采用的双线往复式牵引系统布置。若干股索股编扎成主缆后通过紧缆机挤紧主缆，再用缠缆机在主缆外缠丝。

（6）将猫道转载于主缆后拆除抗风索，并架设吊索　当主缆架设完毕后，即可将猫道的全部荷载由猫道索转移到主缆上去，然后将抗风索拆除，并在猫道上安装吊索。安装完毕后即可拆除猫道。

2.6.3　加劲梁的制造与架设

钢加劲梁在工厂分段制造。加劲梁的制造节段长度一般与钢桁梁的节间长度或其纵向的

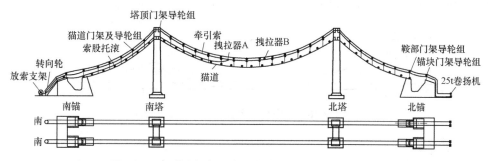

图 4-2-17 双线往复式牵引系统布置（润扬大桥）

吊索间距及钢箱梁的纵向吊索间距相同，但架设节段一般由两个制造节段组拼而成。节段制造完成后必须进行相邻节段的试拼装，试拼合格、做好对接标志后运到施工现场等待吊装。加劲梁的节段架设顺序主要有两种：先从主孔跨中及两侧桥台分别向桥塔的两侧推进；从桥塔两侧分别向两侧桥台及主孔跨中推进。无论采用哪种架设顺序，均须考虑主缆变形对加劲梁线形的影响，应尽可能在施工前通过模型试验和施工模拟计算进行研究比较之后，再结合桥梁本身的特点确定施工工序。

加劲梁的架设以主缆作为脚手架，通过可以在主缆上沿纵桥向行走的提升架（或称跨缆起重机）分段提升悬挂在吊索上。梁段用驳船浮运到安装位置下方，提升梁上的卷扬机放下提升钢丝绳，钢丝绳通过平衡梁与加劲梁节段连接，卷扬机将梁段提升到吊索位置后，将吊索下端与梁段上的吊点连接，同时将本梁段与相邻梁段临时铰接，然后松开平衡梁，本梁段吊装完成。

2.7 悬索桥工程实例

2.7.1 地锚式悬索桥实例

润扬长江公路大桥于 2005 年建成通车，位于长江镇扬河段世业洲汊道下段，全长 35.66km，是长江上第一座刚柔相济的组合型特大桥梁（包括南汊悬索桥、北汊斜拉桥及预应力连续箱梁引桥）。该桥北起扬州市南绕城公路，同时与同三高速、京沪高速、宁通高速相连，南接三一二国道，与沪宁高速、宁杭高速公路相连。其中，南汊桥主跨 1490m，建成时为中国第一、世界第三的大跨径悬索桥。

1. 技术标准及总体布置

润扬长江大桥为高速公路特大桥，采用双向 6 车道，桥面净宽为 32.5m（不含锚索区和检修道）。设计车辆荷载为汽车—超 20 级、挂车—120，设计车速 100km/h。世业洲南汊为主航道，通航净空要求净高为：海轮 50m，江轮 24m；净宽为：海轮 390m，江轮 700m。设计通航水位：最高 7.34m，最低 -0.43m。设计基准期 100 年，地震设计烈度为 7 度，设计基本风压 29.1m/s。

综合考虑桥位地形、河势、通航、桥位线形及构造统一等因素，经多方案综合比选，南汊桥采用 470m+1490m+470m＝2430m 的三跨双铰钢箱梁悬索桥方案（图 4-2-18）。中跨垂跨比经 1/9、1/9.5、1/10、1/10.5 四种不同方案比较，在成桥状态下，根据全桥整体刚度及经济性比较，确定矢跨比为 1/10，设计成桥状态理论垂度为 149.605m。

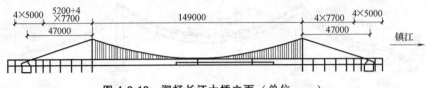

图 4-2-18 润扬长江大桥立面（单位：cm）

2. 主缆系统

两根主缆的平面间距为 34.3m，每根长 2580.8m，重约 10444t，由平行钢丝索股组成。主缆钢丝采用强度为 1670MPa 的镀锌高强钢丝，钢丝直径 5.30mm。每根主缆包含 184 股索股，每股含 127 根镀锌高强钢丝。每根主缆紧缆前竖向排列成尖顶的近似正六边形。紧缆后主缆截面形状为圆形，其直径在索夹处为 895mm，在索夹间为 906mm。主缆索股截面如图 4-2-19 所示。

吊索采用 1670MPa 的镀锌高强钢丝，钢丝直径 5.0mm，外面采用 PE 防护套防护。索夹采用铸钢，吊索上、下端均为顺桥向销接的连接方式。跨中加设刚性中央扣连接，使主缆和加劲梁在跨中处相对固定，对梁的纵横向位移进行约束，从而有效地改善吊索（尤其是跨中短吊索）的受力状态。

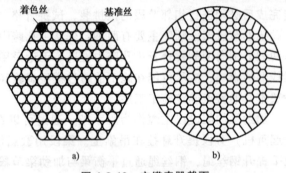

图 4-2-19 主缆索股截面

a) 索股截面 b) 紧缆后主缆截面

3. 加劲梁

加劲梁采用全焊扁平流线型封闭钢箱梁断面（图 4-2-20），整体性好，满足抗风稳定性的要求。箱梁标准梁段长 16.1m，中心线处梁高 3.0m，顶板宽 32.9m，检修道宽 1.2m，设置在尖嘴外。箱梁总宽 38.7m，高跨比 1/497，宽跨比 1/38.5。吊索与耳板为销接。2 个标准段焊接连成 1 个标准吊装段，吊装重量约 471t。

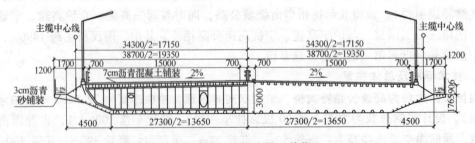

图 4-2-20 加劲梁一般构造图（单位：mm）

箱梁主体结构采用 Q345D 钢。顶板和斜腹板厚 14mm，底板厚 10mm，采用 8mm 的 U 形肋和球头钢加劲。横隔板纵向间距 3m。

4. 索塔

考虑到悬索桥主塔的受力特点及美观方面的要求，索塔选用由 2 个塔柱、3 道横梁组成的门式框架结构，塔高约 210m。塔柱为钢筋混凝土箱形结构，横桥向 2 个塔柱斜置，底部外形尺寸 6m×12.5m，顶部 6m×9.5m。塔柱壁厚采用双向变壁厚，横梁为预应力混凝土空心箱形结构。基础为直径 2.8 m 钻孔灌注桩。

5. 锚碇

设计采用重力式锚体、预应力锚固系统。初步设计、技术设计阶段对锚碇基础分别采用冻结法、地下连续墙、沉井等方案进行了技术经济比较。南锚基础采用钻孔桩围护加冻结止水帷幕、钢筋混凝土内支撑方案，平面为矩形，基础底高程−26m，开挖、封底完成后，在开挖完成的内部空间用混凝土进行填充。北锚基础采用地下连续墙方案，平面为矩形，基础底高程−45m，边开挖，边支撑，封底完成后，现浇钢筋混凝土隔仓，再分别回填混凝土或砂（水）。南、北锚碇总体布置如图 4-2-21 所示。

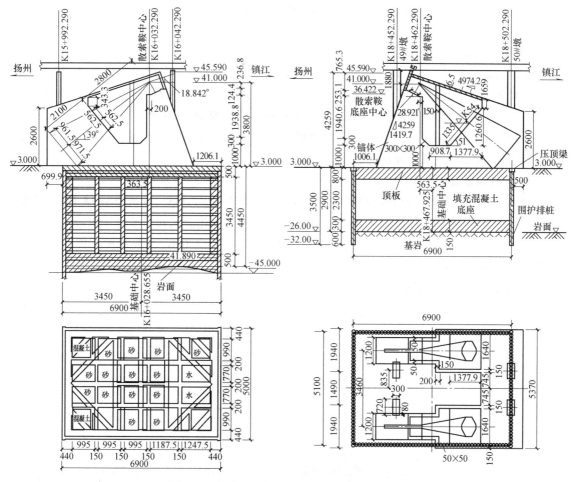

图 4-2-21 南、北锚碇总体布置（单位：cm）

2.7.2 自锚式悬索桥实例

1. 总体布置

青岛海湾大桥大沽河航道桥为独塔空间缆索自锚式悬索桥，跨径布置为 80m＋190m＋

260m+80m＝610m，主桥宽47m，总体布置情况如图4-2-22所示。

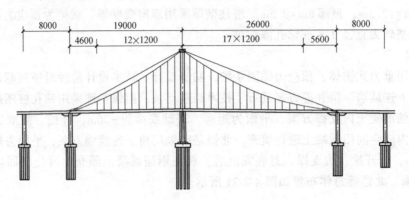

图4-2-22　大沽河航道桥总体布置（单位：cm）

2. 缆索系统

主缆主跨垂跨比为1/12.53，边跨垂跨比为1/18.04，主缆为空间双索面，横桥向中心间距在塔顶为2.5m，在主跨侧后锚面为6.5m，在边跨侧后锚面为7.8m。每根主缆由61股索股组成，每根索股由127根直径为5.1mm的高强度镀锌钢丝组成。吊点顺桥向间距为12m，每个吊点设两根吊索，吊索上端为销接式连接，下端为承压式连接。每根吊索由121根直径为5.0mm的高强镀锌钢丝组成。

3. 加劲梁系统

加劲梁为中央开槽的双箱流线型扁平钢箱梁，梁全宽为47.0m，单幅桥宽18.0m，桥轴线处梁高3.6m，锚固段加厚至8.0m。标准段的两个封闭钢箱梁之间用横向连接箱连接，横向连接箱顺桥向为12.0m，宽度为3.0m。标准节段长度为12.0m。主缆在梁上锚固区域加劲梁采用整体式箱梁。

加劲梁的标准横截面如图4-2-23所示。

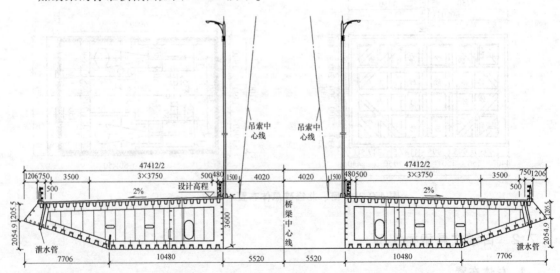

图4-2-23　加劲梁标准横截面（单位：mm）

4．索塔及桥墩

塔身为独柱型塔（图 4-2-24），钢筋混凝土结构，总高 149m，截面采用哑铃形，根部尺寸为 10m×10m，从下向上截面逐渐缩小，至 93m 高度处截面尺寸缩减为 5m×5m，等截面向上至离塔顶 15m 处逐渐打开，至塔顶截面尺寸为 7m×7m，以满足塔顶鞍座构造尺寸的要求。索塔在高度 5~35m 范围内采用空心截面，壁厚 2.0m，其余各段塔身均为实心截面。

为提高全桥的抗扭刚度，改善结构的动力特性，在索塔两侧设置三角撑对加劲梁提供竖向约束。三角撑采用轻型的钢结构桁架，桁架的直杆及斜杆都采用焊接箱形结构，梁高 1.2m，宽 2.0m，板厚 40mm。

辅助墩和过渡墩均采用分离式哑铃形空心墩。辅助墩和过渡墩承台的构造相同，均为八边形，横桥向长 43.75m，顺桥向宽 17m，厚度为 4m，辅助墩和过渡墩基础均采用 19 根直径 2.5m 的钻孔灌注桩，桩间距 6.25m。

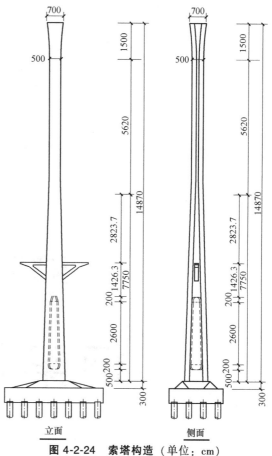

图 4-2-24　索塔构造（单位：cm）

思 考 题

1. 悬索桥的受力机理与斜拉桥有何不同？

2. 为什么说悬索桥是一种最适合大跨度的桥梁？

3. 悬索桥有哪些主要构件？其设计特点是什么？

4. 悬索桥的弹性理论适用范围如何？

5. 简述悬索桥的主要施工步骤。

6. 查阅相关资料，详细了解一座悬索桥的总体布置与构造、结构体系及施工技术。

第5篇

桥梁墩台

桥梁墩台的构造与设计 第1章

1.1 概述

桥梁墩（台）是桥梁的重要组成部分，它们是支承桥跨结构并将恒荷载和汽车荷载等可变作用传到地基的结构物。一般由墩（台）帽、墩（台）身和基础三大部分组成（图5-1-1）。通常设在桥梁两端的称为桥台（abutment），设在多跨（两跨以上）桥梁中间的称为桥墩（pier）。桥墩除承受上部结构产生的竖向力、水平力和弯矩外，还要承受流水压力、水面以上的风力，以及可能发生的地震力、冰压力、船只、排筏或漂浮物的撞击力。

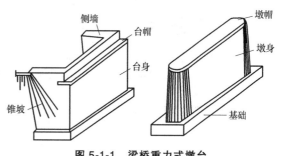

图 5-1-1　梁桥重力式墩台

桥台除了支承桥跨结构外，又是衔接两岸接线路堤的构筑物，既要能承受上部结构的荷载，又要能挡土护岸、承受台背填土及填土上车辆荷载所产生的附加土侧压力。此外，桥梁墩（台）还要承受施工时的临时荷载。因此，桥梁墩（台）不仅本身应具有足够的强度、刚度和稳定性，对地基的承载能力、沉降量、地基与基础之间的摩阻力等也都提出了一定的要求，以避免在上述荷载作用下有过大的水平位移、转动或者沉降发生。

确定桥梁下部结构应遵循安全、耐久，满足交通要求，造价低，维修养护少，预制施工方便，工期短，与周围环境协调，造型美观等原则。桥梁的墩（台）设计与结构受力、土质构造和地质条件以及水文、流速和河床性质等有关。因此，桥梁墩（台）要置于稳定可靠的地基上，要通过设计和计算确定基础形式和埋置深度。从桥梁破坏的实例分析可知，桥梁下部结构要经受洪水、地震、桥梁活荷载等的动力作用，要确保安全、耐久，必须充分考虑上述各种因素的组合。

随着世界各国经济和交通运输的发展，高速公路、城市高架和立交工程的建设日新月异。这不仅反映在桥梁的跨越能力突飞猛进、上部结构的造型越来越新颖等方面，也反映在下部结构向更加轻型和合理的方向发展。20个世纪50年代以来，国内外出现了不少新颖的桥梁墩台造型（尤其是桥墩），它们把结构上的轻巧新颖、力学上的合理平衡及艺术造型上的美观有机地结合起来，使桥梁功能与环境景观更加协调统一（图5-1-2）。对于大跨径的桥墩，既要考虑墩身的轻巧，又要考虑有利于上部结构的受力和施工，以达到节约材料和工程造价的目的，故常采用X形、V形、倒V形、Y形或空心式桥墩。对城市立交桥则既要承托较宽的桥面，又要减小墩身和基础尺寸，满足城市对桥下大空间的要求，常采用独柱式、T 形、X 形及 Y 形等桥墩形式。另外，也可结合当地的民俗民风等特点，采用具有一定意义的造型形式，如图 5-1-2f 所示的拉萨河铁路桥采用的"牦牛腿"造型的主桥桥墩。

图 5-1-2　各种桥墩造型

a)、b) X 形、V 形桥墩　c) 倒 V 形桥墩　d) 空心高桥墩　e) 挪威
特罗姆泽海湾桥柱式桥墩　f) 拉萨河铁路桥"牦牛腿"造型的主桥桥墩

　　桥梁墩台尽管千姿百态，类型繁多，但按照受力和构造特点，公路桥梁上常用的墩台大体可归纳为两大类：重力式墩台（massive bridge pier and abutment）和轻型墩台（light type bridge pier and abutment）。

1. 重力式墩台

　　这类墩台的主要特点是靠自重来平衡外力而保持稳定。因此墩台身比较厚实，可以不用钢筋，而用天然石材或片石混凝土砌筑。重力式墩台自身刚度大，具有较强的防撞能力，一般用于地基良好的大、中型桥梁或流冰、漂浮物较多的河流中。在砂石料方便的地区，小桥也往往采用重力式墩台。其主要缺点在于圬工体积较大，自重大，要求地基的承载力较高，阻水面积也较大。

2. 轻型墩台

与重力式墩台不同,轻型墩台力求体积轻巧,自重要小,它借助于结构物的整体刚度和材料强度承受外力,从而可节省材料,降低对地基强度的要求,扩大应用范围,为在软土地基上修建桥台开辟了经济可行的途径。这类墩台的刚度小,受力后允许在一定的范围内发生弹性变形。所用的建筑材料大都以钢筋混凝土和少量配筋的混凝土为主,但也有一些轻型墩台通过验算后,可以采用石料砌筑。这类墩台的形式很多,而且都有各自的特点和使用条件。选用时必须根据桥位处的地形、地质、水文和施工条件等因素综合考虑确定。

桥梁墩台的施工方法与其结构形式有关,主要有在桥位处就地施工与预制装配两种。就桥墩来说,目前较多地采用滑动模板连续浇筑施工,它对于高桥墩、薄壁直墩和无横隔板的空心墩有较高的经济效益。而装配式墩常在带有横隔板的空心墩、V形墩、Y形墩等形式中采用。在墩台施工中,应从实际情况出发,因地制宜地提高机械化程度,大力采用工业化、自动化和施加预应力的施工工艺,提高工程质量,加快施工速度。

1.2 桥墩的类型与构造

1.2.1 梁桥桥墩

常用的梁桥桥墩根据墩身结构形式有重力式墩、柱式墩、柔性排架墩、钢筋混凝土空心墩及实体薄壁墩等。

1.2.1.1 重力式桥墩（massive bridge pier）

重力式桥墩又称实体桥墩,是实体的圬工墩,主要靠自重来平衡外力,从而保证桥墩的强度和稳定性。重力式桥墩由墩帽、墩身和基础三部分组成,其一般构造如图5-1-3所示。

1. 墩帽

墩帽（pier cap）是桥墩顶部的传力部分,它通过支座承托上部结构,并将荷载传到墩身上。因此,墩帽本身应有足够的强度。

墩帽多采用强度等级为C20及以上的混凝土,并加配构造钢筋或采用钢筋混凝土（混凝土强度等级一般不低于C25）做成;也可采用MU40以上石材砌筑,所用砂浆等级不得低于M7.5级。

墩帽的厚度根据受力大小和钢筋排列的需要确定。对特大、大跨径桥梁,墩帽的厚度不应小于50cm,对中、小跨径桥梁,墩帽的厚度也不应小于40cm。

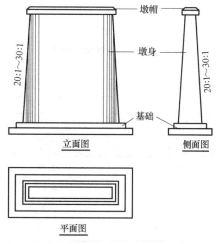

图 5-1-3 重力式桥墩

墩帽的平面尺寸应根据上部结构的形式和尺寸及支座的尺寸和布置情况,以及上部构造中主梁的施工吊装要求等条件确定。为了避免支座过于靠近墩身侧面的边缘,造成应力集中;同时,为了提高混凝土的局部承压能力,并考虑施工误差及预留锚栓孔的要求,支座边缘到墩身顶部边缘应满足规范规定的最小距离要求。具体可按下述方法拟定墩帽的平面尺寸：

（1）顺桥向的墩帽最小宽度 b

1）双排支座。当墩上沿纵向布置两排支座时，如图 5-1-4 所示，墩帽最小宽度 b 为

$$b \geqslant f + \frac{a}{2} + \frac{a'}{2} + 2c_1 + 2c_2 \qquad (5\text{-}1\text{-}1)$$

式中 f——相邻两跨支座的中心距离，由支座中心至主梁端部的距离和两跨间的伸缩缝宽度来确定，即

$$f = e_0 + e_1 + e_1' \geqslant a/2 + a'/2 \qquad (5\text{-}1\text{-}2)$$

e_0——伸缩缝宽度，中、小跨径桥梁为 2~5cm，大跨径桥梁可按温度变化及施工放样、安装构件可能出现的误差等确定；

e_1、e_1'——桥跨结构伸过支座中心线的长度；

a、a'——桥跨结构支座垫板的顺桥向宽度；

c_1——顺桥向支座垫板边缘至墩身边缘的最小距离，其值见图 5-1-5 及表 5-1-1；

c_2——出檐宽度，一般为 5~10cm。

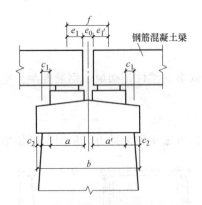

图 5-1-4　双排支座墩帽顺桥向尺寸

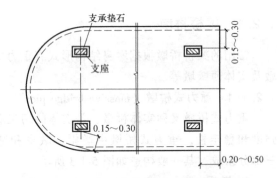

图 5-1-5　支座垫板边缘至墩台边缘最小

距离 c（尺寸单位：m）

表 5-1-1　支座边缘至墩（台）身边缘的最小距离

跨径 l/m	顺桥向/m	横桥向/m	
		圆弧形端头（自支座边角量起）	矩形端头
$l \geqslant 150$	0.30	0.30	0.50
$50 \leqslant l < 150$	0.25	0.25	0.40
$20 \leqslant l < 50$	0.20	0.20	0.30
$5 \leqslant l < 20$	0.15	0.15	0.20

注：当采用钢筋混凝土或预应力混凝土悬臂墩帽时，可不受本表限制，应根据便于施工、养护和更换支座确定。

2）单排支座。当墩上只有一排支座时（图 5-1-6），则 b 可由下式确定

$$b \geqslant a + 2c_1 + 2c_2 \qquad (5\text{-}1\text{-}3)$$

3）不等高梁双排支座。如图 5-1-7 所示，低梁端（左侧）墩帽宽度应按单排支座墩帽的宽度进行设计，而高梁端（右侧）墩帽宽度应按桥台台帽的宽度进行设计。

（2）横桥向的墩帽最小宽度 B（图 5-1-8）

$$B = B_1 + a_1 + 2c_2 + 2c_1 \qquad (5\text{-}1\text{-}4)$$

式中　B_1——桥跨结构两外侧主梁中心间距或两边支座中心间距；

　　　a_1——支座底板横向宽度。

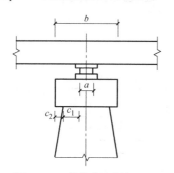

图 5-1-6　单排支座墩帽尺寸

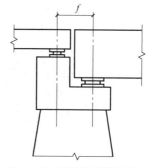

图 5-1-7　不等高梁墩帽尺寸

墩帽宽度除了满足上式的要求，还应符合墩身顶宽的要求，安装上部结构的需要，以及抗震时设防措施需要的宽度。以上墩帽平面尺寸的确定原则同样适用于其他类型桥墩墩帽（或盖梁）平面尺寸拟定，后面不再赘述。

对于大、中跨径的桥梁，在墩帽内应设置构造钢筋，小跨径桥梁只有在严寒地区可以不设置构造钢筋。钢筋直径一般为 8~16mm，采用间距为 15~

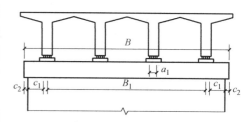

图 5-1-8　墩帽横向尺寸

25cm 的网格布置。另外在支座支承垫板的局部范围内设置 1~2 层钢筋网，其平面分布尺寸约为支承垫板面积的两倍，钢筋直径为 8~12mm，网格间距为 5~10cm。这样可使支座传来的很大集中力能较均匀地分布到墩身上。图 5-1-9 所示为石砌或混凝土桥墩墩帽的配筋情况。

设置支座的墩帽上应设置支承垫石（bearing pad stone），支承垫石的平面尺寸及钢筋配置可根据支座尺寸、支点反力和支承垫石下的砌体强度计算确定。一般规定支座垫板边缘距支承垫石边缘的距离不小于 15~20cm，垫石厚度为其长度的 1/2~1/3。图 5-1-10 所示为支承垫石的配筋构造。在同一座桥墩上，当支承相邻两孔桥跨结构的支座高度不相同时，通常由不同高度的支承垫石来调整高差。

在一些宽桥或者墩身较高的桥梁中，为了节省墩身及基础的圬工体积，常常利用挑出的悬臂或托盘来缩短墩身横向的长度，做成悬臂式（图 5-1-11a）或托盘式（图 5-1-11b）桥墩。悬臂式墩帽采用 C25 以上混凝土。其平面尺寸主要根据施工、养护和更换支座方便的原则确定，可不受表 5-1-1 的限制。挑出部分的高度可向两端逐渐减小，端部高度通常为30~40cm。这种墩帽需要布置受力钢筋（图 5-1-11c）和增设悬臂部分的施工脚手架。托盘式墩帽是将墩帽上的力逐渐传递到紧缩了的墩身截面上，墩帽内是否配置受力钢筋要视主梁着力点位置和托盘扩散角大小确定。

2. 墩身

墩身（pier shaft）是桥墩的主体。重力式桥墩墩身最小顶宽可根据《圬桥规》的有关规定取值，小跨径桥梁不得小于80cm，中等跨径桥梁不宜小于100cm，特大、大跨径桥的墩身顶

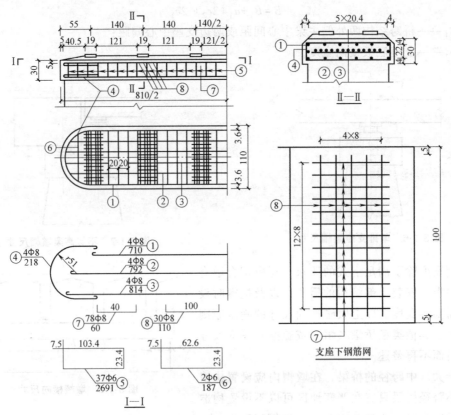

图 5-1-9　石砌或混凝土桥墩墩帽钢筋布置（单位：cm，钢筋直径：mm）

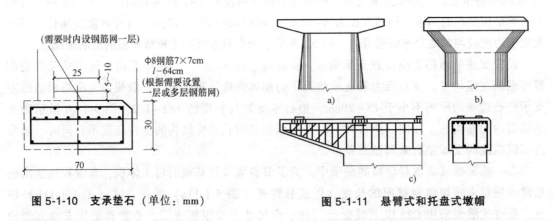

图 5-1-10　支承垫石（单位：mm）

图 5-1-11　悬臂式和托盘式墩帽

宽应视上部结构类型而定。侧坡一般采用 20∶1～30∶1，小跨径桥梁的桥墩也可采用直坡。

　　墩身的截面形式有圆形、圆端形、尖端形、矩形等数种（图 5-1-12）。从水力特性和桥墩阻水来看，圆形、圆端形、尖端形及菱形的较好。圆形截面对各方向的水流阻水和导流情况相同，适应于潮汐河流或流向不确定的桥位。矩形桥墩的优点是较节省圬工体积，施工模板制作简单，其缺点是对水流的阻碍较大，适用于无水处或静水河流，也可用作跨线及深谷高架桥墩。

　　墩身通常用混凝土浇筑，或用浆砌块石和料石砌筑，也可用混凝土预制块砌筑。混凝土

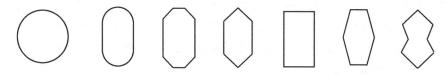

图 5-1-12　实体墩身截面形式

桥墩便于机械化施工，多用 C25（小桥）或 C30（大中桥）以上混凝土浇筑。混凝土墩身应设置表层钢筋网，其截面积在水平方向和竖直方向分别不小于 $250mm^2/m$。石砌桥墩适用于盛产石料地区，符合就地取材、降低造价的原则，但多靠人力施工，施工速度缓慢。大中桥石砌桥墩应采用强度等级不低于 MU40 的石料，用 M7.5 以上砂浆砌筑；小桥涵用不低于 MU30 的石料，M5 以上砂浆砌筑。混凝土预制块桥墩的特点是基础工程与预制工作可平行作业，从而加快施工速度，并可节省模板，在具备吊装机具的工地可采用。对大中桥梁，预制块件用不低于 C30 的混凝土制作，小桥涵用不低于 C25 的混凝土制作。其主要要求与石砌桥墩相同。

在有强烈流冰、泥石流或漂流物的河流中，其表面宜选用强度等级不小于 M60 的石材或 C40 混凝土预制块镶面。镶面砌体的砂浆强度等级不低于 M20。累年最冷月平均温度低于或等于−10℃的地区，表面应选用强度等级不低于 MU50 的石料或 C30 混凝土。

3. 防撞击构造

在有强烈流冰或大量漂浮物的河流上，桥墩的迎冰面应设置破冰棱（ice apron），如图 5-1-13 所示。破冰棱的倾斜角度宜为 3∶1~10∶1（竖∶横）。破冰棱的迎冰面应做成尖端形或圆端形。混凝土破冰棱在迎冰表面应埋设钢板或角钢。

1.2.1.2　空心桥墩（hollow pier）

空心桥墩（图 5-1-14）是桥墩向轻型化、机械化方向发展的途径之一，它介于重力式桥

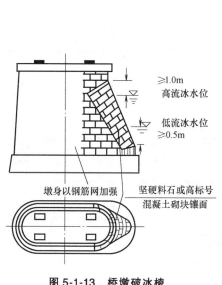

图 5-1-13　桥墩破冰棱

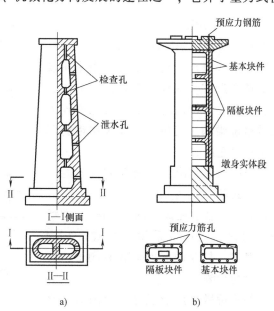

图 5-1-14　空心桥墩

a）现浇混凝土空心墩　b）预制装配式预应力混凝土空心墩

墩和轻型桥墩之间。在高大的桥墩中采用空心墩，可以节约材料，减轻自重，降低基底的承压力。一般高度的空心墩比实体墩节省 20%～30% 的圬工材料，钢筋混凝土空心墩则可节省约 50% 的圬工材料。目前国内 60m 以上的高桥墩绝大部分都是空心墩。混凝土空心式桥墩可适用于高度小于 50m 的桥墩。

空心墩常用的截面形式如图 5-1-15 所示。墩身内设有横隔板或纵、横隔板，以加强墩壁的局部受力和稳定。墩身最小壁厚，对于钢筋混凝土不宜小于 30cm，对于混凝土不宜小于 50cm。另外，空心墩应设置壁孔，在墩台身周围交错布置，尺寸（或直径）一般在 20～30cm。墩顶实体段以下还应设置带门的进入洞或相应的检查设备。

空心墩抵抗碰撞的能力较差，因此在通航、有流冰及漂流物较多的河流上不宜使用。

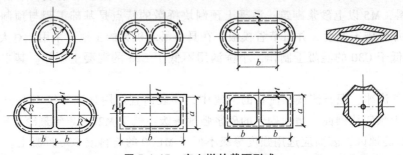

图 5-1-15　空心墩的截面形式

1.2.1.3　轻型桥墩（light type pier）

当地基土质条件较差时，为了减轻地基的负担，或者为了减轻墩身自重，节约圬工材料，常常采用各种形式的轻型桥墩。轻型桥墩的墩帽尺寸及构造也根据上部结构及其支座的尺寸等要求来确定，可以参照前述重力式桥墩墩帽尺寸确定。在梁桥中，常用以下几种类型轻型桥墩。

1. 柱式桥墩

柱式桥墩（columnar pier）由立柱、盖梁和承台组成，是公路桥梁中采用较多的桥墩形式。它外形美观，圬工体积少，自重轻，特别适用于桥梁宽度较大的城市桥梁和立交桥。一般采用钢筋混凝土材料建造。

依据水流情况及漂流物或流冰的情况，柱式桥墩可采用单柱式、双柱式、哑铃式及混合双柱式（图 5-1-16）。在桥宽较大时，也可以采用多柱式（3～4 根）桥墩。柱身的截面形式有圆形、方形、六角形等。

柱式桥墩采用能承受弯矩的盖梁来代替实体式桥墩上的墩帽。盖梁横截面形状一般为矩形或 T 形（或倒 T 形），

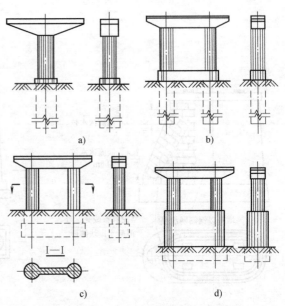

图 5-1-16　柱式桥墩

a）单柱式　b）双柱式　c）哑铃式　d）混合双柱式

底面形状有直线形和曲线形两种。其平面尺寸的拟定原则同墩帽。盖梁高度一般为梁宽的 0.8~1.2 倍。盖梁悬臂端高度不小于 30cm。高跨比不大于 5 的盖梁采用强度等级不低于 C25 的混凝土。各截面尺寸与配筋需通过计算确定，箍筋直径不小于 8mm，间距不大于 200mm。盖梁两侧应设纵向水平钢筋，直径不小于 12mm，间距不宜大于 200mm。图 5-1-17 所示为盖梁的配筋情况。盖梁一般就地浇筑，施工及设计条件允许时，也有采用预制安装的盖梁及预应力混凝土盖梁。

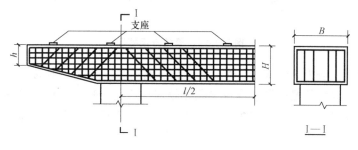

图 5-1-17 盖梁配筋构造

当墩身高度大于 7m 时，需设置横系梁加强墩柱的横向整体性，横系梁高度和宽度可分别取为柱直径或长边边长的 0.8~1.0 倍和 0.6~0.8 倍。横系梁四角应设置直径不小于 16mm 的纵向钢筋，并设置直径不小于 8mm 的箍筋，箍筋间距不应大于横系梁的短边尺寸或 400mm。

墩柱和盖梁应通过计算，依据《公预规》配置相应的钢筋。横系梁一般不直接承受外力，可不作内力计算。另外还应特别注意墩柱、盖梁及横系梁之间钢筋的衔接情况。

2. 钢筋混凝土薄壁桥墩

图 5-1-18 所示为钢筋混凝土薄壁桥墩（thin-walled pier），墩身直立，高度一般不大于 7m，其厚度为高度的 1/10 ~ 1/15，即 30 ~ 50cm。墩身表层设置有适量的钢筋网，其截面面积在水平方向和垂直方向分别不小于 250mm^2/m（包括受力钢筋），间距不大于 400mm。该类桥墩一般配有托盘式墩帽，其两端为半圆头。桥墩材料采用 C25 以上的混凝土。薄壁桥墩的特点是圬工体积小，结构轻巧，比重力式桥墩可节约圬工量 70% 左右，且施工简便，外形美观，过水性良好，故适用于

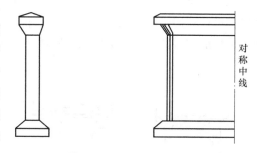

图 5-1-18 钢筋混凝土薄壁桥墩

地基土软弱的地区。它的缺点是采用现浇混凝土时，需耗费一定数量的模板和钢筋。

3. 柔性排架桩墩

钢筋混凝土柔性排架桩墩（flexible pile bent）由成排的预制钢筋混凝土沉入桩或钻孔灌注桩顶端连以钢筋混凝土盖梁组成。其主要特点是可以通过一些构造措施将上部结构传来的水平作用（汽车制动力、温度作用等）传到全桥的各个柔性墩上，以减小单个柔性墩受到的水平作用，从而达到减小桩墩截面的目的。目前，柔性排架桩墩在公路桥梁上很少使用。

柔性排架桩墩分单排架墩和双排架墩（图 5-1-19）。柔性排架桩墩适用的桥长应根据温

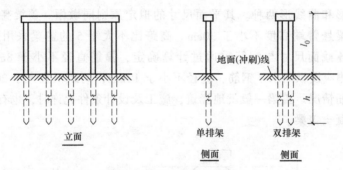

图 5-1-19　柔性排架桩墩

度变化幅度确定，一般为 50~80m。桥长超过这一范围时，受温度影响较大，就需要设置滑动支座或设置刚度较大的温度墩。当桥梁孔数较多且桥较长时，柔性排架桩墩的墩顶会因位移过大而处于不利状态，这时宜将桥跨分成若干联，一联长度的划分视温度、地形、构造和受力情况确定。一般当墩的高度在 5m 以内时，可采用分段式桩墩，每段 1~4 孔，每段全长为 40~45m。段与段之间设置温度墩，即两排互不联系的桩墩，目的是在温度变化的情况下，段与段之间互不影响。当墩高为 6~7m 时，也可组成分段式桩墩，但应在每段内设置一个由盖梁连成整体的双排墩，以增加结构的刚度。此时每段长度可适当加长，中间段的孔数可以多达 6 孔。

另外，在通航河流或有大量漂浮物下泄的河流上采用柔性排架墩时，需在上游设置防护设施。

4. 框架式桥墩

框架式桥墩是采用由钢筋混凝土或预应力混凝土等压挠和挠曲构件组成的平面框架代替墩身，以支承上部结构，必要时可做成双层或多层的框架，如图 5-1-20 所示。还可以适应美学要求，建成构造形式如图 5-1-2a、b、c 中所示的 X 形、V 形和倒 V 形等桥墩。此种桥墩结构可以在同样跨越能力情况下缩短桥梁跨径，降低梁高，使桥梁整体结构造型轻巧美观，但构造相对复杂，施工也比较麻烦。

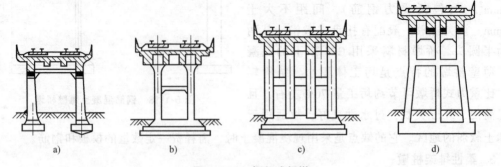

图 5-1-20　框架式桥墩

1.2.2　拱桥桥墩

拱桥是一种有推力结构，拱圈传给桥墩的力，除了垂直力，还有较大的水平推力，这是拱桥与梁桥的最大不同之处。无论采用什么类型的桥墩，都必须考虑水平推力的问题。

拱桥桥墩通常采用实体式（重力式）和桩（柱）式轻型墩。从抵御恒荷载水平推力的能力看，拱桥桥墩还可分为普通墩和单向推力墩两种。普通墩除了承受相邻两跨结构传来的垂直反力外，一般不承受恒荷载水平推力，或者当相邻孔不相同时，只承受经过相互抵消后尚余的不平衡推力。单向推力墩（single direction thrusted pier）又称制动墩，它的主要作用是在一侧桥孔因某种原因遭到毁坏时，能承受单向的恒荷载水平推力，防止全桥坍塌。有时为了施工时拱架的多次周转，或者当缆索吊装设备的工作跨径受到限制时，为了能按桥台与某墩之间或者按某两个桥墩之间作为一个施工段进行分段施工，也要设置能承受部分恒荷载单向推力的制动墩。一般地，在多跨拱桥中，应每隔3~5孔设置一个单向推力墩。由此可见，为了满足结构强度和稳定的要求，普通墩的墩身可以做得薄一些，单向推力墩则要做得厚实一些。

1.2.2.1 重力式桥墩

图 5-1-21 所示为拱桥重力式桥墩，图 5-1-21a、b、c、d 所示为普通式桥墩，图 5-1-21e、f 为单向推力墩。普通实体桥墩的顶宽，对于混凝土桥墩可按拱跨的 1/15~1/25、石砌桥墩可按拱跨的 1/10~1/20 拟定，其比值将随跨径的增大而减小，且不宜小于 0.8m。对于单向推力墩，则按具体情况计算确定。与梁桥重力式桥墩相比，拱桥桥墩在构造上有以下特点：

无支架吊装的拱桥桥墩在其顶面的边缘需设置呈倾斜面的拱座，直接承受由拱圈传来的压力。无铰拱的拱座应设计成与拱轴线呈正交的斜面。拱座一般采用 C25 以上的整体式混凝土、混凝土预制块或 MU30 以上的块石砌筑。肋拱桥的拱座由于压力比较集中，故应用强度等级较高的混凝土及数层钢筋网加固；装配式的肋拱及双曲拱桥的拱座，也可预留供插入拱肋的孔槽，就位以后再浇筑混凝土封固。为了加强肋底与拱座的连接，底部可设 U 形槽浇灌混凝土，混凝土应不低于 C25。有时孔底或孔壁还应增设一些加固钢筋网。

当桥墩两侧孔径相等时，拱座均设置在桥墩顶部的起拱线标高上，有时考虑桥面的纵坡，两侧的起拱线标高可以略有不同。当桥墩两侧的孔径不等，恒荷载水平推力不平衡时，将拱座设置在不同的起拱线标高上。此时，桥墩墩身可在推力小的一侧变坡或增大边坡。从外形美观上考虑，变坡点一般设在常水位以下（图 5-1-21f）。墩身两侧边坡和梁桥的一样，一般也为 20：1~30：1。

由于上承式拱桥的桥面与墩顶顶面有一段高度，故墩顶以上结构常采用几种不同形式（图 5-1-20a、b、c 和 d）。具体可参考拱桥构造部分的相关内容。

1.2.2.2 轻型桥墩

拱桥桥墩上所用的轻型桥墩，一般为配合钻孔灌注桩基础的桩柱式桥墩。从外形上看，它与梁桥上的桩柱式桥墩非常相似（图 5-1-22）。其主要差别是：在梁桥墩帽上设置支座，在拱桥墩顶部

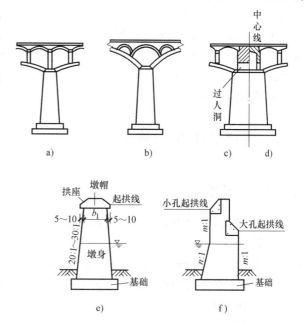

图 5-1-21 拱桥普通墩与单向推力墩

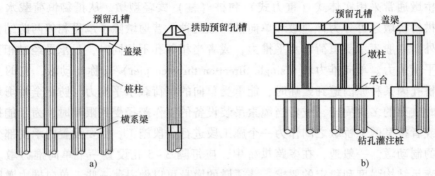

图 5-1-22　拱桥桩柱式桥墩

分则设置拱座。如果柱与桩直接连接，则应在接合处设置横系梁。若墩柱高度大于 6~8m，还应在柱的中部设置横系梁。

在采用轻型桥墩的多孔拱桥中，每隔 3~5 孔也应设置单向推力墩。当桥墩较矮或单向推力不大时，可以考虑一些轻型的单向推力墩，其优点是阻水面积小，并可节约圬工体积。常用的轻型单向推力墩形式有：

1）加设斜撑的柱式单向推力墩。这种单向推力墩是在普通墩的墩柱上，从两侧对称地增设钢筋混凝土斜撑和水平拉杆以增加桥墩抵抗水平推力的能力（图 5-1-23a）。为了提高构件的抗裂性，可以采用预应力混凝土结构。这种桥墩只在桥高不太高的旱地上采用。

2）悬臂式单向推力墩。悬臂式单向推力墩是在柱式墩上加一对悬臂，拱座设在悬臂端部。当一侧桥孔遭到破坏后，可以通过另一侧拱座上的竖向分力

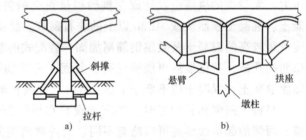

图 5-1-23　拱桥轻型单向推力墩

与悬臂长构成的稳定力矩来平衡由拱的水平推力产生的倾覆力矩（图 5-1-23b）。但由于墩身较薄，在受力后悬臂端会有一定位移，因而对于无铰拱来说会有附加内力发生。这种形式适用于两铰双曲拱桥。

1.3　桥台的类型与构造

1.3.1　梁桥桥台

常用的梁桥桥台根据受力特点和台身的结构特点分为重力式（实体式）桥台和轻型桥台两大类。

1.3.1.1　重力式桥台（massive bridge abutment）

梁式桥上最常用的重力式桥台为 U 形桥台，还有埋置式桥台、八字形及一字形桥台等。

1. U 形桥台

U 形桥台（U-abutment）由台帽、台身和基础三部分组成（图 5-1-24）。因台身由前墙

和两个侧墙构成，形似字母 U，故称 U 形桥台。U 形桥台的优点是构造简单，可以用混凝土或片、块石等圬工材料砌筑。它适用于填土高度在 4～10m 或跨度稍大的桥梁。其缺点是桥台体积和自重较大，也增加了对地基的要求。此外，桥台的两个侧墙之间填土容易积水，结冰后冻胀，使侧墙产生裂缝，所以宜用渗水性较好的土夯填，并做好台后排水措施。

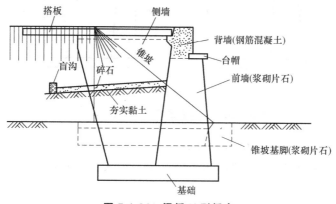

图 5-1-24　梁桥 U 形桥台

（1）台帽及背墙　梁桥台帽的构造和尺寸要求与相应的桥墩墩帽有许多共同之处，不同的是台帽顶面只设单排支座，在另一侧则要砌筑挡住路堤填土的矮雉墙，也称背墙（back wall）或前墙（front wall）。

台帽的顺桥向最小宽度为（图 5-1-25）

$$b \geqslant \frac{a}{2} + e_1 + \frac{e_0}{2} + c_1 + c_2 \qquad (5\text{-}1\text{-}5)$$

式中，各符号含义与式（5-1-1）相同。

横桥向台帽宽度一般应与路基同宽。台帽的厚度

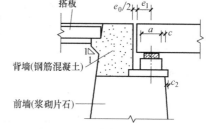

图 5-1-25　台帽顺桥向尺寸

及放置支座部分的构造、配筋及材料要求，可按相应的墩帽构造进行设计。

U 形桥台背墙的顶面宽度不宜小于 50cm。背墙一般做成垂直的，并与两侧侧墙连接。如果台身放坡，则在靠路堤一侧的坡度与台身一致。

（2）台身　台身（abutment shaft）由前墙和侧墙构成。前墙背坡一般采用 5∶1～8∶1 的斜坡，前坡为 10∶1 或直立。侧墙与前墙结合成一体，兼有挡土墙和支撑墙的作用。侧墙正面一般是直立的，其长度视桥台高度和锥坡坡度而定。前墙的下缘一般与锥坡下缘相齐，因此桥台越高、锥坡越坦，侧墙则越长。侧墙尾端应有不小于 0.75m 的长度伸入路堤内，以保证与路堤有良好的衔接。台身的宽度通常与路基的宽度相同。

桥台前墙的任一水平截面的宽度，不宜小于该截面至墙顶高度的 0.4 倍。侧墙的任一水平截面的宽度，对于片石砌体不小于该截面至墙顶高度的 0.4 倍，对于块石、料石砌体或混凝土则不小于 0.35 倍。如果桥台内填料为透水性良好的砂质土或砂砾，则上述两项可分别减小为 0.35 倍和 0.3 倍。前墙和侧墙顶宽一般均不小于 50cm，如图 5-1-26 所示。

两个侧墙之间应填以渗透性较好的土壤。为了排除桥台前墙后面的积水，应于侧墙间在略高于高水位的平面上铺设一层向路堤方向设有斜坡的夯实黏土作为不透水层，并在黏土层上再铺一层碎石，将积水引向设于台后横穿路堤的盲沟内。

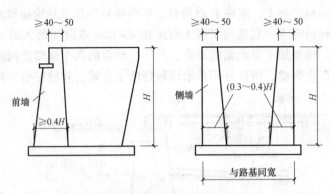

图 5-1-26　U 形桥台尺寸（单位：cm）

桥台两侧的锥坡坡度，一般由纵向为 1:1 逐渐变至横向为 1:1.5，以便和路堤的边坡一致。锥坡的平面形状为 1/4 的椭圆。锥坡用土夯实而成，其表面用片石砌筑。

2. 埋置式桥台

埋置式桥台（buried abutment）是将台身埋在锥形护坡中，只露出台帽在外以安置支座及上部构造（图 5-1-27）。这样，桥台所受的土压力大为减小，桥台的体积也就相应地减小。但是由于台前护坡是用片石砌筑，有被洪水冲毁而使台身裸露的可能，故设计时必须慎重地进行强度和稳定性验算。桥台台身埋于台前溜坡内，不需另设翼墙，仅由台帽两侧的耳墙与路堤衔接。台帽部分的内角到护坡表面的距离不应小于 50cm，否则应在台帽两侧设置挡板，用以挡住护坡的填土，并防止土、雪等拥入支承平台上去。耳墙与路堤衔接，伸入路堤的长度一般不小于 50cm。

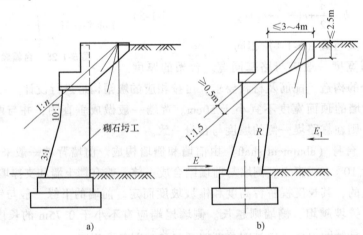

图 5-1-27　埋置式桥台

a）直肋式　b）后倾式

台身多用片石混凝土或浆砌块石砌筑，台帽悬臂部分及耳墙则为钢筋混凝土。当台前溜坡有适当防护措施不致被水冲毁时，可考虑台前溜坡对台身的主动土压力，所以这类形式桥台圬工较省，并可改善水流条件。它适用于河滩宽浅、地质良好、河床稳定的多孔桥，台高一般为 4~10m。对于较高的桥台，台墙可做成分离式的钢筋混凝土柱、墙，并注意溜坡铺砌及坡脚防护。

3. 八字形、一字形桥台

台身两侧为独立的翼墙，一般将台身与翼墙分开砌筑。翼墙张开的角度一般为 30°~45°，并可根据需要适当变动。当张开角度为 0°时，称为一字形桥台（head wall abutment），角度不为 0°时，称为八字形桥台（flare wing wall abutment）（图 5-1-28）。翼墙除挡路堤填土外，还起导引水流作用。它适用于河岸稳定、河床压缩小的中小桥。

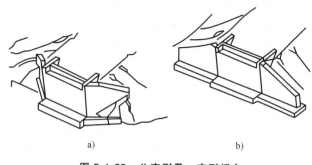

图 5-1-28　八字形及一字形桥台

a）八字形桥台　b）一字形桥台

跨越水利渠道、人工河道的小桥、不宜做溜坡的城市立体交叉的跨路桥也常采用。但这种桥台翼墙较宽，需要较大的圬工体积。

1.3.1.2　轻型桥台

轻型桥台的种类繁多，常见的有设有支撑梁的轻型桥台、钢筋混凝土薄壁桥台、埋置式轻型桥台及组合式桥台。

1. 设有支撑梁的轻型桥台

这种桥台的特点是，台身为直立的薄壁墙，台身两侧有翼墙。在两桥台下部设置钢筋混凝土支撑梁，上部结构与桥台通过锚栓连接，构成四铰框架结构系统，并借助两端台后的被动土压力来保持稳定。它适用于单跨或少跨的小跨径桥。按照翼墙（侧墙）的形式和布置方式，这种桥台又可分为一字形轻型桥台、八字形轻型桥台（图 5-1-29a）、耳墙式轻型桥台（图 5-1-29b）。

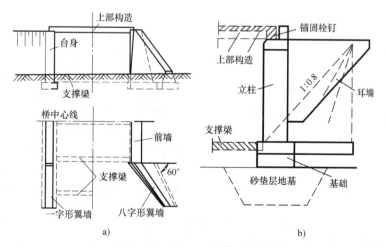

图 5-1-29　设置支撑梁的轻型桥台

a）八字形轻型桥台　b）耳墙式轻型桥台

2. 薄壁轻型桥台

薄壁轻型桥台是由扶壁式挡土墙和两侧的薄壁侧墙构成（图 5-1-30，图 5-1-31）。挡土墙由厚度不小于 15cm（一般为 15~30cm）的前墙和间距为 2.5~3.5m 的扶壁组成。台顶由竖直小墙和支于扶壁上的水平板构成，用以支承桥跨结构。两侧薄壁可以与前墙垂直，也可做成与前墙斜交的形式。这种桥台采用钢筋混凝土做成，尽管可以减少圬工体积和基底压力，但其构造和施工比较复杂，钢筋用量也较多。

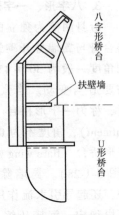

图 5-1-30　薄壁轻型桥台一般构造

3. 轻型埋置式桥台

轻型埋置式桥台按台身的结构形式不同可分为桩柱式（双柱或四柱）（图 5-1-32）、构架式（图 5-1-33）、墙式（图 5-1-34）及半重式。由于其立柱（构架或台墙）与桥台盖梁形成横向框架，所以也可统称为框架式桥台。这类桥台通常配以桩基础，适用于地基承载力较低、台身高度大于 4m，跨径大于 10m 的桥梁。一般在填土高度小于 5m 时采用桩柱式，填土高度大于 5m 时采用构架式或墙式。

（1）桩柱式埋置式桥台（图 5-1-32）　对于各种土壤地基都适宜。根据桥宽和地基承载能力可以采用双柱、三柱或多柱的形式。柱与钻孔桩相连的称桩柱式；柱子嵌固在普通扩大基础之上的称立柱式；完全由一排钢筋混凝土桩和桩顶盖梁（或帽梁）连接而成的称为柔性桩台。

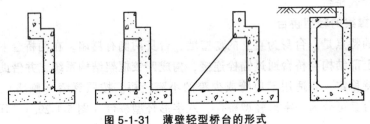

图 5-1-31　薄壁轻型桥台的形式

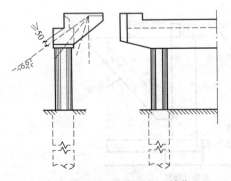

图 5-1-32　埋置式桩柱式桥台（单位：cm）

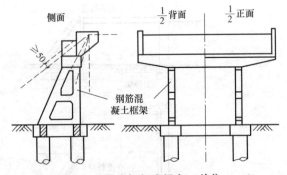

图 5-1-33　埋置式框架式桥台（单位：cm）

（2）框架式桥台（图 5-1-33）　比桩柱式桥台有更好的刚度，比重力埋置式桥台挖空率更高，更节约圬工体积。由于这种桥台结构本身存在着斜杆，能够产生水平分力以平衡土压力，加之基底较宽，又通过系梁连成一个框架体，所以稳定性较好，可用于填土高度在 5m 以上的桥台。其不足之处是必须用双排桩基，钢筋混凝土用量均较桩柱式的要多。

（3）墙式埋置式桥台　也称肋墙式桥台（图 5-1-34），相当于把后倾式埋置式桥台的台身挖空，形成两片或多片梯形墙体，从而达到节约圬工体积的目的。墙厚一般为 0.4～0.8m，设置少量钢筋。还有一种半重式桥台，其构造与墙式相同，只是墙相对较厚，一般不设钢筋。墙式及半重式桥台常用钻孔灌注桩做基础，桩径一般为 0.6~1.0m。

4. 组合式桥台

组合式桥台是由直接承受来自桥跨结构的垂直力和水平力的前部台身及承受台后土压力的后部构造两部分组成，一般用于中等跨径的桥梁。常用的类型有加筋土组合桥台、过梁式和框架式组合桥台、桥台与挡土墙组合的桥台等。

（1）加筋土组合桥台　对于台后路基填土不被冲刷的中、小跨径桥梁，台高 3~6m 时，可以采用加筋土桥台（图 5-1-35a）。如果上部结构的垂直反力直接由单独的桩柱承受，则称为加筋土组合桥台。加筋土组合桥台还可以分为分离式和结合式两种形式。分离式也称外置组合式（图 5-1-35b），是台身与锚碇板、挡土结构分开，台身主要承受上部结构传来的竖向力，由锚碇板承受台后土压力。结合式也称内置组合式（图 5-1-35c），是挡土板与台身结合在一起，台身兼做立柱和挡土板，作用在台身的所有水平力假定均由锚碇板的抗拔力平衡，台身仅承受竖向荷载。

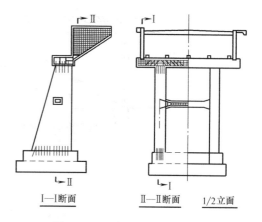

图 5-1-34　墙式埋置式桥台

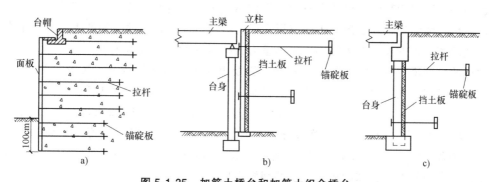

图 5-1-35　加筋土桥台和加筋土组合桥台
a）加筋土桥台　b）分离式组合桥台　b）结合式组合桥台

（2）过梁式桥台　桥台与挡土墙用梁结合在一起。当梁与桥台、挡土墙刚接时，则形成框架式组合桥台（图 5-1-36a）。

（3）桥台与挡土墙组合的桥台　是由轻型桥台支承上部结构，台后设挡土墙承受土压力，台身与挡土墙分离，上端做伸缩缝，使受力明确（图 5-1-36b）。

1.3.2　拱桥桥台

与梁桥桥台相比，拱桥桥台要承受来自拱圈的较大的单向推力，所以其尺寸一般比较大，拱座的位置也比梁桥的台帽低，在构造上则与梁桥桥台基本相同。视具体情况，可选用实体式桥台、轻型桥台、组合式桥台、齿槛式桥台和空心桥台等形式。

1. 重力式桥台

拱桥常用的重力式桥台为 U 形桥台，也是由台帽、台身和基础三部分组成，如图 5-1-37

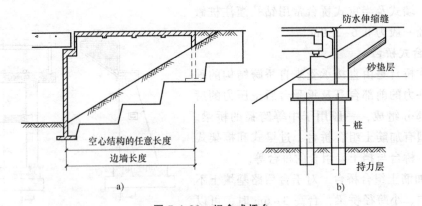

图 5-1-36　组合式桥台

a）框架式组合桥台　b）桥台与挡土墙组合的桥台

所示，其尺寸拟定可参考梁桥重力式桥台。拱桥桥台台帽上要设置拱座，其构造和尺寸可参照桥墩的尺寸拟定。对于空腹式拱桥，在前墙顶面上还要砌筑背墙，用来挡住路堤填土和支承腹拱。拱桥桥台前墙背坡坡度为 2：1~4：1，前坡为 20：1~30：1 或直立。其他部分的尺寸可参照相应的梁桥 U 形桥台进行设计。

2. 轻型桥台

这种桥台适用于小跨径拱桥和桥台水平位移量很小的情况。其工作原理是：当桥台受到拱的推力后，便发生绕基底形心轴向路堤方向的转动，此时台后的土便产生抗力来平衡拱的推力，从而使桥台的尺寸大大地小于实体重力式桥台（约为 65% 左右）。

常用的轻型桥台有八字形和 U 形桥台，以及由此派生出来的 π 形、E 形等背撑式桥台。此外，我国近年来在有些地区还修建了改进基础布置方式的靠背式框架桥台。

（1）八字形桥台　拱桥八字形桥台构造简单，台身由前墙和两侧的八字翼墙构成（图 5-1-38a）。两者之间通常留沉降缝分砌。前墙可以是等厚度的，也可以是变厚度的。变厚度台身的背坡为 2：1~4：1。翼墙的顶宽一般为 40cm，前坡为 10：1，后坡为 5：1。为了防止基底向河心滑动，基础应有一定的埋置深度。

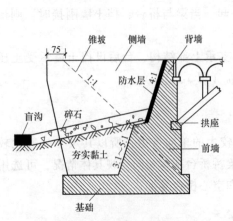

图 5-1-37　拱桥 U 形桥台

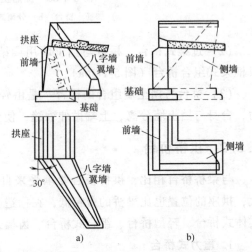

图 5-1-38　八字形和 U 形轻型桥台

（2）U形桥台　U形轻型桥台是由前墙和平行于车行方向的侧墙组成，构成U形的水平截面（图 5-1-38b）。它与U形重力式桥台的差别在于，后者是靠扩大桥台底面积，以减小基底压力，并利用基底与地基的摩阻力和适当利用台背侧土压力，以平衡拱的水平推力。因此基础底面积较轻型桥台的要大，通常从前墙一直延伸到侧墙尾端，侧墙与前墙连成整体，而与拱上侧墙断开。U形轻型桥台前墙的构造和八字形桥台相同，但侧墙却是拱上侧墙的延伸，它们之间应设变形缝，以适应桥的可能变位。轻型桥台侧墙的顶宽一般为 50cm，内侧坡度为 5∶1，若有人行道，则上端做成等厚直墙，直到与按 5∶1 内坡相交为止，以下仍用 5∶1 的坡度。

（3）背撑式桥台（back stayed abutment）　当桥台较宽时，为了保证结构的强度和稳定性，可以在八字形或U形桥台的前墙背后加一道或几道背撑，构成 π 形、E 形等水平截面形式的前墙（图 5-1-39）。背撑顶宽为 30～60cm，厚度也为 30～60cm，背坡为 3∶1～5∶1 的梯形。这种桥台比八字形桥台的稳定性要好，但土方开挖量及圬工体积都有增多。然而加背撑的U形桥台却能适用于较大跨径的高桥和宽桥。

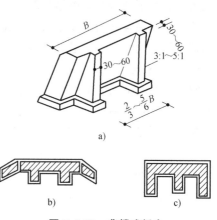

图 5-1-39　背撑式桥台

（4）靠背式框架桥台　这种桥台是用三角形框架把台帽、前壁、耳墙和设置在不同标高且具有不同斜度的分离式基础连接而成（图 5-1-40）。这样，一方面它具有水平和仰斜的基底，能够满足桥台在施工期间的稳定性，另一方面由于抵板比柱脚基础位置高，并具有与老土紧贴的斜背面，能够合理地承受主拱作用力。因而结构轻巧，圬工量大为减少。水平基础主要承受结构自重及部分荷重。在施工期间，整个结构有类似于锚杆式挡土墙。斜置基础设置在L形的基坑上，其坡度等于挖方边坡。这种桥台的优点是：受力合理，圬工体积小，比重力式桥台节约 85% 左右，且基坑挖方量小，尤其显著的是水中的挖方量要减少很多。其主要缺点是钢筋用量稍多。这种桥台适合于在非岩石地基上修建拱桥桥台。

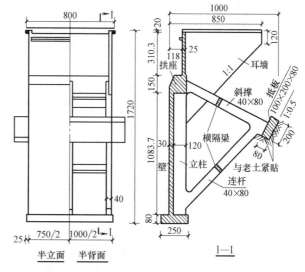

图 5-1-40　靠背式框架桥台（单位：cm）

3. 组合式桥台

组合式桥台适用于以桩基或沉井作为基础的中、小跨径拱桥。组合式桥台由前台与后座两部分组成（图 5-1-41）。前台桩基或沉井基础承受拱的竖直力；台后的主动土压力及后座基底摩阻力平衡拱的水平推力。组合式桥台的台前和台后两部分之间必须密切贴合，期间应设置两侧既密贴又可相互自由沉降的隔离缝，以适应两者的不均匀沉降。后座的基底标高在考虑沉降后应低于拱脚截面底缘标高。地基土质较差时，组合式桥台应防止后座的不均匀沉降引起前台向后倾斜，而导致前台或拱圈开裂。

4. 齿槛式桥台

齿槛式桥台一般用于软弱地基和路堤较低的中、小跨径拱桥，主要由前墙、侧墙、底板和撑墙等几部分组成（图5-1-42）。其结构特点是：基础底板面积较大，可以承受一定的垂直压力；底板下的齿槛可以增加摩擦和抗滑移稳定性；后墙板做成斜挡板，可以利用它背面的原状土和前墙背面的新填土共同平衡拱圈的水平推力；前墙与后墙板之间设有撑墙，可以提高桥台结构的刚度。齿槛的宽度与深度一般不小于0.5m。

5. 空心桥台

空心桥台由前墙、后墙、基础板和撑墙等部分组成（图5-1-43）。前墙承受拱圈传来的荷载，后墙支承台后的土压力。在前后墙之间设置撑墙3~4道，作为传力构件，并对后墙起到扶壁、对基础板起到加劲的作用。空心桥台可以是敞口的，也可以是封闭的。如地基承载力许可，也可在腹内填以砂砾材料。空心桥台一般用于软土地基、河床无冲刷或冲刷轻微、水位变化小的河道上。

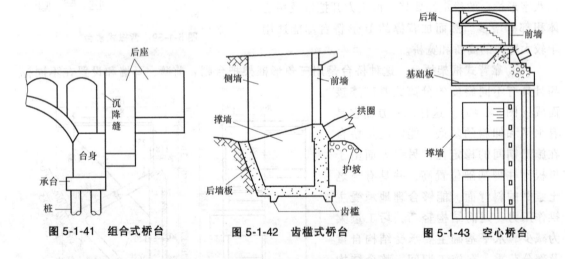

图 5-1-41　组合式桥台　　　　图 5-1-42　齿槛式桥台　　　　图 5-1-43　空心桥台

思考题

1. 说明重力式桥梁墩（台）和轻型桥梁墩（台）的特点及应用范围。
2. 梁桥桥墩有哪几种类型？梁桥桥台有哪几种类型？
3. 简述柱式桥墩的构造，分析柱式桥墩和桩柱式桥墩为何在桥梁中得到广泛应用。
4. 拱式桥的墩（台）与梁式桥的墩（台）的区别有哪些？
5. 埋置式桥台有何特点？它的适用范围有哪些？
6. 什么叫U形桥台？
7. 拱桥何时设单向推力墩？常用的推力墩有哪几种？
8. 选择一种类型桥梁墩（台），查阅相关资料，了解其在工程中的实际应用。

桥梁墩台的计算 | 第2章

2.1 桥墩的计算

2.1.1 桥墩计算中的作用

1）永久作用。

① 上部结构的恒荷载（包括桥面铺装、人行道、栏杆）对墩帽（盖梁）或拱座产生的支承反力，包括上部结构混凝土收缩及徐变影响力。

② 桥墩自重，包括在基础襟边上的土重。

③ 预加力，如对装配式预应力空心桥墩施加的预加力，柱式桥墩盖梁采用预应力混凝土时的预加力。

④ 基础变位影响力，对于非岩石地基上的超静定结构，应当考虑由于地基压密等引起的支座长期变位的影响，并根据最终位移量按弹性理论计算构件截面的附加内力。

⑤ 水的浮力，基础底面位于透水性地基上的桥梁墩台，当验算稳定时，应考虑设计水位的浮力；当验算地基应力时，可仅考虑低水位的浮力，或不考虑水的浮力。基础嵌入不透水性地基的桥梁墩台不考虑水的浮力。作用在桩基承台底面的浮力，应考虑全部底面积。对桩嵌入不透水地基并灌注混凝土封闭的，不应考虑桩的浮力，在计算承台底面浮力时应扣除桩的截面面积。当不能确定地基是否透水时，应以透水或不透水两种情况与其他作用组合，取其最不利者。

2）可变作用。作用在上部结构的车道荷载（对于钢筋混凝土柱式墩台应计入冲击力，对于重力式墩台则不计冲击力），人群荷载，作用在上部结构和墩身上的纵、横向风力，车道荷载引起的制动力，作用在墩身上的流水压力和冰压力，上部结构因温度变化对桥墩产生的附加力及支座摩阻力等。

3）偶然作用。主要包括作用在墩身上的船舶或漂浮物的撞击作用。

4）地震作用。

2.1.2 重力式桥墩计算

2.1.2.1 作用及组合

桥墩承受的作用包括永久作用、可变作用、偶然作用和地震作用四大类。《桥通规》中关于各类作用的规定已在第1篇中做了详细的阐述。为了找到控制墩台设计的最不利组合，通常需要对各种可能出现的组合分别进行计算。

重力式桥墩的作用组合主要与墩身要验算的内容有关，如墩身截面的强度和偏心距验算、整个桥墩的纵向及横向稳定性验算等，应根据可能出现的各种作用情况进行最不利的作用组合。其次，拱桥重力式桥墩与梁桥重力式桥墩除了有共同点之外，也还存在一些差异。如拱桥不设活动支座因而没有支座摩阻力；但它要计及各种作用在拱座处产生的水平推力和弯矩。下面分别按梁桥和拱桥列出它们可能的作用组合。

1. 梁桥重力式桥墩

（1）第一种作用组合　按在桥墩各截面上可能产生最大竖向作用的情况进行组合。它是用来验算墩身强度和基底最大应力的。因此除了有关的永久作用外，还应在相邻两跨满布车道荷载（集中荷载布置在计算墩处）和人群荷载，如图5-2-1a所示。

（2）第二种作用组合　按桥墩各截面在顺桥方向上可能产生的最大偏心距和最大弯矩的情况进行组合。用来验算墩身强度、基底应力、偏心距及桥墩的稳定性。

属于这一组合的除了永久作用外，应在相邻两孔的一孔上（当为不等跨桥梁时则在跨径较大的一孔上）布置车道荷载和人群荷载，以及可能产生的其他纵向可变作用，如纵向风力、汽车制动力和支座摩阻力等，同时有横向水平作用，如风力、船只或漂浮物的撞击力、水流压力或冰压力等作用在墩身上。这时竖向作用较小，而水平作用引起的弯矩大，可能使墩身截面产生很大的合力偏心距，或者此时桥墩的稳定性也是最不利。如图5-2-1b所示。

（3）第三种作用组合　按桥墩各截面在横桥方向上可能产生最大偏心距和最大弯矩的情况进行组合。它是用来验算在横桥方向上的墩身强度、基底应力、偏心距及桥墩的稳定性。属于这一组合的除了有关的永久作用外，要注意将车道荷载和人群荷载偏置于桥面的一侧布置。此外，应考虑其他可变作用（如横向风力、流水压力或冰压力等）或者偶然作用（船只或漂浮物的撞击力），如图5-2-2所示。

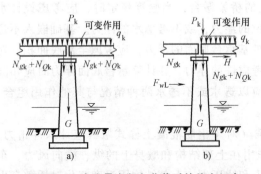

图 5-2-1　产生最大竖向荷载时的外力组合

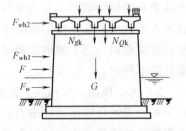

图 5-2-2　桥梁横向布载情况

2. 拱桥重力式桥墩

（1）顺桥方向的作用及其组合　对于普通桥墩应为相邻两孔的永久作用，在一孔或跨径较大的一孔满布车道荷载和人群荷载，以及其他可变作用中的汽车制动力、纵向风力、温度作用等，由此计算对桥墩产生的不平衡水平推力、竖向力和弯矩（图5-2-3）。

对于单向推力墩则只考虑相邻两孔中跨径较大一孔的永久作用的效应设计值。

（2）横桥方向的作用及其组合　在横桥方向作用于桥墩上的外力有风力、流水压力、冰压力、船只或漂浮物撞击力或地震作用等。但是对于公路桥梁，横桥方向的受力验算一般不控制设计。

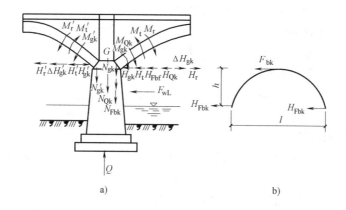

图 5-2-3　不等跨拱桥桥墩受力

G—桥墩自重

Q—水的浮力（仅在验算稳定时考虑）

N_{gk}、N'_{gk}—相邻两孔拱脚处因结构自重产生的竖向反力

N_{Qk}—与车道荷载及人群荷载产生的 H_{Qk} 最大值相对应的拱脚竖向反力，可按支点反力影响线求得

N_{Fbk}—由桥面处制动力 F_{bk} 引起的拱脚竖向反力，即 $N_{Fbk} = \dfrac{F_{bk} h}{l}$，其中 h 为桥面至拱脚的高度，l 为拱的计算跨径（图 5-2-2b）

H_{gk}、H'_{gk}—不计弹性压缩时，在拱脚处由结构自重引起的水平推力

$\Delta H'_{gk}$、$\Delta H'_{gk}$—由结构自重产生弹性压缩所引起的拱脚水平推力，方向与 H_{gk} 和 H'_{gk} 相反

H_{Qk}—在相邻两孔中较大的一孔上由车道荷载及人群荷载引起的拱脚最大水平推力

H_{Fbk}—制动力在拱脚处引起的水平推力，按两个拱脚平均分配计算，即 $H_{Fbk} = \dfrac{F_{bk}}{2}$

H_t、H'_t—温度变化在拱脚处引起的水平推力（图示方向为温度上升，降温时则方向相反）

H_r、H'_r—拱圈材料收缩引起的拱脚水平拉力

M_{gk}、M'_{gk}—结构自重引起的拱脚弯矩

M_{Qk}—由车道荷载及人群荷载引起的拱脚弯矩，由于它是按 H_{Qk} 达到最大值时的活载布置计算的，故产生的拱脚弯矩很小，可以忽略不计

M_t、M'_t—温度变化引起的拱脚弯矩

M_r、M'_r—拱圈材料收缩引起的拱脚弯矩

F_{wL}—墩身纵向风力

　　以上所述的各种作用组合是对重力式桥墩而言的，对于其他形式的桥墩，则要根据它们的构造和受力特点进行具体分析，然后参照上述的一般原则，进行个别的作用组合。

　　需要注意的是，不论对于哪一种形式的桥墩，在计算中对于各种作用组合均应按承载能力极限状态的设计要求，按《桥通规》中规定的强度安全系数和结构稳定系数取值。《桥通规》中还规定，在可变作用中，实际不可能同时出现或同时参与组合的概率很小的作用，不考虑其组合（见第 1 篇表 1-3-13）。

2.1.2.2　重力式桥墩验算

　　对于梁桥和拱桥的重力式桥墩的计算，虽然在荷载组合的内容上稍有不同，但是就某个截面而言，这些外力都可以合成为竖向和水平方向的合力（分别用 $\sum N$ 和 $\sum H$ 表示）以及绕该截面 x—x 轴和 y—y 轴的弯矩（分别用 $\sum M_x$ 和 $\sum M_y$ 表示），如图 5-2-4 所示。因此，它们的验算内容和计算方法基本相同，均应满足现行规范的各项要求。下面将叙述重力式桥墩的一般计算程序。

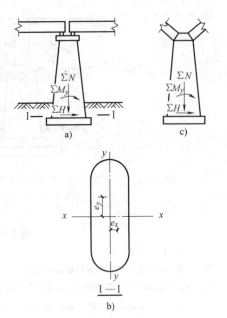

1. 桥墩墩身截面强度验算

对于较矮的桥墩一般验算墩身的底截面和墩身的突变截面；对于较高的桥墩，由于危险截面不一定在墩身底部，此时应沿竖向每隔 2~3m 验算一个截面，其步骤如下：

（1）内力计算　作用于每个截面上的外力应按顺桥方向和横桥方向分别进行作用组合，以求得相应的竖向力 $\sum N$、水平力 $\sum H$ 和弯矩 $\sum M$。

（2）截面强度的验算　对于轴心受压和偏心受压的桥墩，可按《圬桥规》与《公预规》的相关规定：圬工结构应按承载能力极限状态设计，并满足正常使

图 5-2-4　墩身底截面强度验算

用极限状态的要求（根据圬工结构的特点，其正常使用极限状态的要求一般情况下，可由相应的构造措施来保证）；钢筋混凝土或预应力混凝土结构则应按承载能力极限状态和正常使用极限状态进行设计。采用上述规范的有关公式进行验算。如果与上述规范要求相差较大（过大或过小）时，应修改墩身尺寸，重新验算。

（3）偏心距 e 的验算　桥墩承受偏心受压荷载时，对圬工结构应按《圬桥规》进行受压偏心距限值范围内的承载力验算。受压构件偏心距限值见第 3 篇表 3-5-2。对于钢筋混凝土结构，应按《公预规》第 5.3 条受压构件的相关公式进行验算。

（4）抗剪强度的验算　当拱桥桥墩相邻两孔的推力不相等时，需要验算拱座底截面的抗剪强度。圬工构件可按《圬桥规》第 4.0.13，钢筋混凝土构件按《公预规》第 5.5.3~5.5.4 条的相关公式进行验算。

对多阶段受力的组合构件（如双曲拱桥等），可用相关公式分别验算各阶段的承载能力，验算时构件在各阶段总作用的效应按内力叠加原则进行计算。

关于截面强度、偏心距及抗剪强度的验算，在第 3 篇 5.3 节中已有相应介绍，此处不再重复。

2. 墩顶水平位移的验算

桥墩墩顶水平位移过大将会影响桥跨结构的正常使用功能，对于高度超过 20m 的重力式桥墩，应验算墩顶顺桥向的弹性位移，其计算值不得超过桥墩顶端水平位移的允许极限值，即

$$\Delta \leqslant 0.5\sqrt{l} \tag{5-2-1}$$

式中　l——相邻墩台间最小跨径长度（m），跨径小于 25m 时，取 25m；

Δ——为墩顶计算水平位移值（cm）。

3. 基础底面岩土的承载力和偏心距验算

墩台基础是桥梁的重要组成部分，基础与基底持力层必须有足够的强度和稳定性，以确保桥梁的安全。因此，在墩台设计中，应按墩台在建造时与使用期间可能同时发生的各项最不利的作用组合，对基础的稳定性和基底岩土的承载力加以验算，必要时还要验算基础的沉降量。具体应依据《公路桥涵地基与基础设计规范》JTG 3363—2019 的规定进行。

由于该部分内容已在基础工程课程中有所介绍，此处不再赘述。

4. 桥墩的整体稳定性验算

（1）倾覆稳定性验算　验算桥墩的抗倾覆稳定性，目的在于保证桥墩不至于向一侧倾倒（绕基底的某一轴转动）。基础的转动轴假定在最大受压边的外缘，如图 5-2-5 所示。则桥墩的抗倾覆稳定系数 k_0 按下式计算

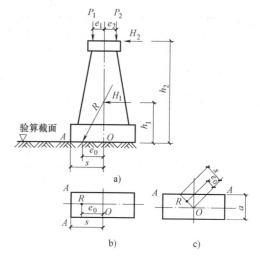

$$k_0 = \frac{s}{e_0} \qquad (5\text{-}2\text{-}2)$$

图 5-2-5　基础倾覆稳定性验算

a）立面　b）平面（单向偏心）　c）平面（双向偏心）

O—截面重心　R—合力作用点　A—A—验算倾覆轴

其中

$$e_0 = \frac{\sum p_i e_i + \sum H_i h_i}{\sum p_i}$$

式中　k_0——桥墩抗倾覆稳定系数；

　　　s——在截面重心至合力作用点的延长线上，自截面重心至验算倾覆轴的距离；

　　　e_0——所有外力的合力 R 在验算截面的作用点对基底重心轴的偏心距；

　　　p_i——不考虑其分项系数和组合系数的作用标准值组合或偶然作用（地震除外）标准组合引起的竖向力；

　　　e_i——竖向力 p_i 对验算截面重心的力臂；

　　　H_i——不考虑其分项系数和组合系数的作用标准值组合或偶然作用（地震除外）标准组合引起的水平力；

　　　h_i——水平力对验算截面的力臂。

（2）滑动稳定性验算　桥墩在水平推力作用下沿基础底面滑动的可能性，即基础抗滑动安全度的大小，可用基底与土之间的摩擦阻力和水平推力的比值 k_c 来表示，k_c 称为抗滑动稳定系数，即

$$k_c = \frac{\mu \sum P_i + \sum H_{ip}}{\sum H_{ia}} \qquad (5\text{-}2\text{-}3)$$

式中　k_c——桥涵墩台基础的抗滑动稳定性系数；

　　　$\sum P_i$——竖向力总和；

　　　$\sum H_{ip}$——抗滑稳定水平力总和；

　　　$\sum H_{ia}$——滑动水平力总和；

μ——基础底面与地基土之间的摩擦系数，通过试验确定，当缺少实际资料时，可参照表 5-2-1 采用。

表 5-2-1 基底摩擦系数

地基土分类	μ	地基土分类	μ
黏土(流塑~坚硬)、粉土	0.25	软岩(极软岩~较软岩)	0.40~0.60
砂土(粉砂~砾砂)	0.30~0.40	硬岩(较硬岩~坚硬岩)	0.60~0.70
碎石土(松散~密实)	0.40~0.50		

抗倾覆和抗滑移稳定性系数不得小于表 5-2-2 所列的规定值。

表 5-2-2 抗倾覆和抗滑稳定性系数 k_0、k_c

作用组合		验算项目	稳定系数
使用阶段	永久作用(不计混凝土收缩及徐变、浮力)和汽车、人群的标准组合	抗倾覆 k_0	1.5
		抗滑动 k_c	1.3
	各种作用(不包括地震作用)的标准组合	抗倾覆 k_0	1.3
		抗滑动 k_c	1.2
施工阶段作用的标准组合		抗倾覆 k_0	1.2
		抗滑动 k_c	

2.1.3 桩柱式桥墩计算

桩柱式桥墩的计算包括盖梁和桩柱身两个部分。

2.1.3.1 盖梁计算

桩柱式墩台通常采用钢筋混凝土构件。桩柱的钢筋伸入到盖梁内，与盖梁的钢筋绑扎或焊接成整体，因此盖梁与桩柱刚接呈刚架结构。对于双柱式墩，当盖梁与桩柱的线刚度（EI/l）比大于 5 时，为简化计算，一般可以忽略结点不均衡弯矩的分配及传递，按简支梁或双悬臂梁计算和配筋，多根桩柱的盖梁可按连续梁计算；当刚度比小于 5 或桥墩承受较大横向力时，盖梁应作为横向刚架的一部分进行计算。当盖梁计算跨径与梁高之比，简支梁 $2.0 < l/h \leq 5.0$、连续梁 $2.5 < l/h \leq 5.0$ 时称为短梁，应按照《公预规》相关规定作为深受弯构件计算。计算盖梁支点负弯矩时应考虑柱支承宽度的影响，圆形截面柱可换算为边长等于 0.8 倍直径的方形截面柱。

按简支梁计算的盖梁，其计算跨径应取 l_c 和 $1.15l_n$ 两者较小者，其中 l_c 为盖梁支承中心之间的距离，l_n 为盖梁的净跨径。在确定盖梁净跨径时，圆形截面柱可换算为边长等于 0.8 倍直径的方形截面柱。当盖梁作为连续梁或刚构分析时，计算跨径可取支承中心距离。

计算内容包括：

（1）作用计算

1）永久作用。包括上部结构恒荷载（行车道、桥面铺装、人行道、栏杆）、盖梁重力及预应力。

2）可变作用。分别按其在盖梁上可能产生的最不利情况求出支点最大反力（车道荷载要乘以冲击系数），作为盖梁的可变作用。

车道荷载及人群荷载横向分布计算，当对称布置时，按杠杆原理法计算；当非对称布置时，可按偏心压力法［或铰接板（梁）法、刚接梁法、G-M 法等］计算，具体根据主梁横向分布计算的方法确定。

3）施工吊装荷载。盖梁在施工过程中，荷载的不对称性很大，各截面将产生很大的弯矩，因而要根据架桥施工方案可能出现的施工荷载进行组合，对控制截面的受弯、受剪进行验算。构件吊装时，构件重力应乘以动力系数 1.2 或 0.85，并视构件具体情况做适当增减。施工阶段应力计算按《公预规》第 7.2 节进行。

（2）作用效应的计算　公路桥梁桩柱式墩的盖梁通常采用双悬臂式，计算时的控制截面通常选在支点和跨中截面。在计算支点负弯矩时，采用非对称布置车道荷载、人群荷载与恒荷载的反力；在计算跨中正弯矩时，采用对称布置车道及人群荷载与恒荷载的反力。桥墩沿纵向的水平力及上部结构可变作用的偏心对盖梁将产生扭转，计算中应加以考虑。

（3）截面验算及配筋

1）对于钢筋混凝土盖梁，其配筋验算的方法与钢筋混凝土梁配筋类同，应根据弯矩包络图配置受弯钢筋，根据剪力包络图配置弯起钢筋和箍筋。在配筋时，还应计算各控制截面扭矩所需的箍筋及纵向钢筋。

2）钢筋混凝土盖梁两端位于柱外的悬臂部分设有外边梁时，当外边梁作用点至柱边缘的距离大于盖梁截面高度时，其正截面和斜截面承载力按《公预规》第 5 章有关规定计算。当边梁作用点至柱边缘的距离等于或小于盖梁截面高度时，则可按《公预规》第 8.5.4 条拉压杆模型方法计算悬臂部分正截面抗弯承载力；斜截面抗剪承载力可按钢筋混凝土一般受弯构件计算。另外，应对钢筋混凝土盖梁的挠度和最大裂缝宽度进行验算，但对跨高比 $h/l \geqslant 0.5$ 的钢筋混凝土盖梁可不做挠度验算。

3）当采用预应力混凝土盖梁时，其配筋和验算方法同预应力混凝土梁。

2.1.3.2　墩柱的设计计算

（1）永久作用计算　包括上部结构、盖梁、横系梁及墩身等重力产生的作用。

（2）可变作用计算

1）按设计荷载布置汽车车道荷载及人群荷载，以得到最不利加载位置。

2）计算墩柱反力的横向分布系数。

3）求得车道及人群荷载最大墩柱反力。

4）计算墩柱沿桥纵向的水平力。

5）计算横桥向水平力。

桥墩沿纵向水平力有汽车制动力、温度作用、支座摩阻力及地震力等。横向水平力有风力、撞击力等。设有板式橡胶支座的简支梁、连续桥面简支梁或连续梁排架式柔性墩台，应根据支座和墩台的抗推刚度的刚度集成情况分配和传递制动力；设有板式橡胶支座的简支梁刚性墩台，按单跨两端的板式橡胶支座的抗推刚度分配制动力；设有固定支座、活动支座的刚性墩传递的制动力，见第 1 篇表 1-3-8，每个活动支座传递的制动力不应大于其摩阻力。当大于其摩阻力时，按摩阻力计算。

进行各种作用组合，通过比较选取最不利作用组合控制墩柱设计。

（3）截面配筋　按《公预规》中有关钢筋混凝土轴心受压或偏心受压构件的规定，配置墩柱截面钢筋和箍筋并进行验算。受力钢筋的截面不得小于截面混凝土计算面积的 0.5%。

关于桩柱式桥墩计算更为详细的内容可参见《公路桥涵设计手册—墩台与基础》。

2.1.4　柔性排架墩的计算

当采用变形不够完善的支座（如仅垫油毛毡数层）时，可将钢筋混凝土柔性排架桩墩、梁和刚性墩台组成的一联或多跨连续桥梁结构简化为铰接框架体系。在纵向水平力作用下，一联的各柔性墩顶具有相同的水平位移。

为了简化计算，可把双固定支座布置的柔性墩视为下端固接、上端有水平约束的铰接支承的超静定梁，如图5-2-6a所示。当已知柔性墩的顶端由桥跨结构传下来的竖向力 N 和弯矩 M，可以先求出墩顶水平位移 Δ_i，再将墩顶水平反力作为多余未知力求解，即可进一步计算墩身下端固接点和墩身各截面的内力，根据各墩最不利的组合内力进行桩墩的配筋和验算。

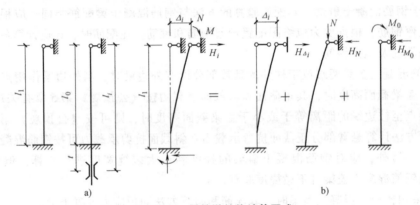

图 5-2-6　柔性墩结构计算图式

1. 基本假定

1）在墩顶弯矩不大的情况下，柔性墩顶水平力作为多余未知力可以采用叠加原理进行计算，计算图式如图5-2-6b所示，即可以将墩顶水平力分解为三部分：①由于水平位移产生的墩顶水平力 H_{Δ_i}；②由于墩顶存在水平位移，竖向力 N 将在墩内引起弯矩，即产生二阶矩效应，由此弯矩进一步产生水平反力 H_N；③墩顶弯矩作用产生的水平反力 H_{M_0}。必要的时候，需要考虑墩身受风荷载作用产生的水平反力。

2）假定上部结构与墩柱顶之间不产生相对位移，则制动力可以按照各墩柱抗水平位移的刚度大小进行分配。

$$K_i = \frac{1}{\delta_{hi}} \tag{5-2-4}$$

式中　K_i——第 i 墩柱抗水平位移的刚度。

δ_{hi}——单位水平力作用在柔性墩顶面时引起的墩顶水平位移，当为桩柱式排架墩时，应计入桩侧土的弹性抗力影响。

3）计算岸墩承受的土压力时，如有实体刚性墩台，则全部由相应的刚性墩台承受。如全部为柔性墩，则一侧岸墩承受的土压力由对岸的土抗力平衡，其余柔性墩不考虑土压力的影响。

4）水平力组合时，墩柱顶部的制动力、水平土压力（当边排架向河心偏移时）及竖向偏载产生的水平力的代数和不得大于支座摩阻力，否则按支座摩阻力计算。

2. 柔性墩（台）顶水平位移计算

1）由制动力引起的墩顶水平位移 Δ_z

$$\Delta_z = \frac{f_{iz}}{K_i} \tag{5-2-5}$$

$$f_{iz} = \frac{K_i}{\sum K_i} F \tag{5-2-6}$$

式中　f_{iz}——作用在第 i 个墩（台）顶的制动力，按墩（台）刚度进行分配；

　　　K_i——第 i 个墩（台）的抗水平位移刚度；

　　　F——全桥（或一联）承受的制动力。

2）温度变化引起梁的变形 Δ_t

$$\Delta_t = \alpha \Delta t \sum L_i \tag{5-2-7}$$

式中　α——梁体材料的线膨胀系数，混凝土及钢筋混凝土取 1×10^{-5}；

　　　Δt——温度变化范围；

　　　$\sum L_i$——按照支座布置情况计算的柔性墩应承担温度力的桥跨长度，L_i 为桥梁跨径。

3）由竖向活荷载引起的梁长变化。当桥梁跨径较大时，在竖向活荷载作用下，梁的下缘会有明显的伸长，从而使柔性墩产生位移 Δ_s。假定竖向荷载引起梁的挠度为 δ_s，可以根据结构力学近似得到梁的挠曲半径

$$R = \frac{L_i^2}{8\delta_s} \tag{5-2-8}$$

然后，按梁的挠曲（中心角为 L_i/R）可计算梁的下缘伸长值，即得 Δ_s 值。

计算 Δ_s 值时，具体按几跨梁计算应根据所计算桥墩在一联中的位置、支座布置情况及验算时活荷载布置的位置而定。

4）柔性墩顶发生的总水平位移。以上三部分位移叠加之和，得到墩顶总水平位移

$$\Delta_i = \Delta_z + \Delta_t + \Delta_s \tag{5-2-9}$$

3. 墩顶水平力计算

墩顶水平力的计算图式如图 5-2-7a 所示，包括三部分：

1）由水平位移产生的水平力 H_{Δ_i}（图 5-2-7a）

$$H_{\Delta_i} = \Delta_i K_i \tag{5-2-10}$$

2）由位移二阶矩产生的水平力 H_N（图 5-2-7b）。竖向力 N 包括上部结构恒荷载及活荷载反力，墩身自重可以忽略不计。近似取柔性墩身变形曲线为二次抛物线，则

$$y = \frac{x^2}{l_i^2} \Delta_i \tag{5-2-11}$$

式中　l_i——第 i 号桩柱墩的高度，应为地面或冲刷线以上的桩柱长度 l_0 与桩在地基土内发生挠曲部分的长度 t 之和，即 $l_i = l_0 + t$（t 的确定应考虑土的侧向抗力作用，此处可近似地根据地基土质取 $2m \sim h_1/2$ 作为排架桩的入土深度）。

考虑一跨梁（水平链杆）与柔性墩组成的一个一次超静定结构，取水平链杆轴向力为

多余未知力，可以分析得到

$$H_N = -\frac{5}{4}\frac{N\Delta_i}{l_i}$$ (5-2-12)

3）墩顶弯矩产生的水平反力 H_{M_0}（图 5-2-7c）

$$H_{M_0} = -\frac{1.5M_0}{l_i}$$ (5-2-13)

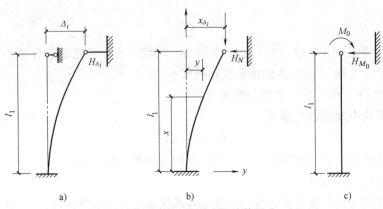

图 5-2-7　墩顶水平力的计算图式

计算得到作用在一个墩顶的各项水平力之后，可进行最不利荷载组合，平均分配给墩中各桩柱顶。桩柱按其顶端作用的水平力、竖向力和弯矩验算各截面强度和稳定性。排架桩应考虑桩侧土的弹性抗力，按桩基础的弹性地基梁法进行内力计算和截面强度、稳定、承载能力等验算。柔性排架桩墩在横桥向是一个多跨刚架，但因横桥向水平荷载不大，一般不控制设计。

2.1.5　天然地基重力式桥墩计算示例

1. 设计资料

1）上部结构为简支装配式钢筋混凝土空心板，横断面内共有 12 片空心板，中板宽度为 1.02m，边板宽度为 1.025m，上部结构恒荷载支点反力为 3291.12kN。标准跨径为 $l_b = 16m$（两桥墩中心线距离）；预制板长度为 $L = 15.96m$（伸缩缝宽度为 4cm）；计算跨径为 $l = 15.60m$（支座中心距离板端 18cm）；桥面宽度为净—11.25m+2×0.5m（防撞墙）。

2）采用板式橡胶支座，平面尺寸为 200mm×200mm，支座高度为 60mm。

3）汽车荷载为公路—I 级。

4）桥墩高度为 $H = 8m$。

5）桥墩采用圆端型实体桥墩。

6）墩帽采用 C25 钢筋混凝土，重度为 25kN/m³；墩身和基础用 MU30 片石混凝土，重度为 24kN/m³。

7）岩石地基，地基允许承载力 $[\sigma] = 2000kPa$。

2. 拟定桥墩尺寸

（1）墩帽尺寸

1) 顺桥向尺寸。按照上部结构布置，相邻两孔支座中心距离为 $f=(0.18+0.18+0.04)$ m $=0.4$ m，支座顺桥向宽度为 0.2m，支座边缘离墩身的最小距离 c_2 由表 5-1-5 取为 0.15m，出檐宽度 c_2 取为 0.1m，墩帽顺桥向宽度为

$$b \geqslant f+a+2c_1+2c_2 = (0.4+0.2+2\times0.15+2\times0.1)\ m = 1.1\ m$$

从抗震物构造措施的角度，梁端至墩台帽边缘的最小距离 a（cm）还应满足抗震设计规范第 4.4.3 条规定，即 $a \geqslant 50+l$，则 $a=(50+15.6)$ cm $=65.6$ cm，墩帽宽度（$2\times0.656+0.04$）m $=1.352$ m；取满足上述要求的墩帽宽度为 1.40m；墩帽厚度取为 0.4m。

2) 横桥向尺寸。上部构造为 12 片空心板，边板宽 1.025m，中板宽 1.02m，整个板宽为（$1.025\times2+1.02\times10$）m $=12.25$ m。两边各加 0.05m，台帽矩形部分长度为 12.35m。两端各加直径为 1.40m 的圆端头，高出墩帽顶面 0.3m 作为防震挡块，墩帽全长 13.75m。

（2）墩身顶部尺寸 因墩帽宽度为 1.40m，两边挑檐宽度各采用 0.10m，则墩身顶部宽度 1.20m。墩身顶部矩形部分长度采用 12.35m，两端各加直径为 1.20m 的半圆形端部，则墩身顶部全长为 13.55m。

（3）墩身底部尺寸 墩身侧面按 25∶1 向下放坡，墩身底部顺桥向宽度为 1.81m，横桥向长度为（$12.35+1.81$）m $=14.16$ m。

（4）基础尺寸 采用两层台阶式片石混凝土基础，每层厚度 0.75m，每层四周放大 0.25m，上层平面尺寸为 2.31 m×14.66m，下层平面尺寸为 2.81 m×15.16m。

桥墩一般构造及尺寸如图 5-2-8 所示。

3. 荷载计算

（1）上部结构恒荷载计算 上部构造恒荷载反力 $G_0=3291.12$ kN。

（2）墩身自重计算 桥墩共分为五段（图 5-2-9），其中墩帽为一段（S_1），墩身为四段（S_2、S_3、S_4、S_5）。

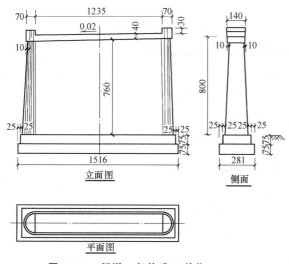

图 5-2-8 桥墩一般构造（单位：cm）

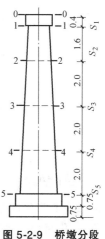

图 5-2-9 桥墩分段
（单位：m）

1) 墩帽重力计算

$$G_1 = (1.4\times12.35\times0.4+\pi/4\times1.4^2\times0.7)\times25\ kN = 199.84\ kN$$

2）墩身重力计算。设墩身 i 截面宽度为 B_i，材料重度为 γ。其面积为

$$A_i = \frac{\pi}{4} \times B_i^2 + 12.35 B_i$$

墩身分段重力为

$$G_i = \frac{A_{i-1} + A_i}{2} h_i \gamma$$

墩身重力计算结果汇总于表 5-2-3 中。

表 5-2-3　墩身重力计算结果

分段	项目			
	B_i	$A_{i-1} = \pi/4 \times B_{i-1}^2 + 12.35 B_{i-1} / \mathrm{m}^2$	$A_i = \pi/4 \times B_i^2 + 12.35 B_i / \mathrm{m}^2$	$G_i = \frac{A_{i-1} + A_i}{2} h_i \times 24 / \mathrm{kN}$
$s_1 \sim s_2$	1.33	15.95	17.81	648.19
$s_2 \sim s_3$	1.49	17.81	20.15	911.04
$s_3 \sim s_4$	1.65	20.15	22.52	10254.08
m^2	1.81	22.52	24.9	1138.8
合计				3722.11

3）基础重力及基础襟边上的土重力

$$G_7 = (2.31 \times 14.66 + 2.81 \times 15.16) \times 0.75 \times 24 \mathrm{kN} + (2.81 + 14.66) \times 2 \times 0.25 \times 0.75 \times 18 \mathrm{kN}$$
$$= (1376.36 + 117.92) \mathrm{kN} = 1494.28 \mathrm{kN}$$

（3）车道荷载计算

1）车道荷载纵向布置。

① 双孔荷载、双车道布置（图 5-2-10）。

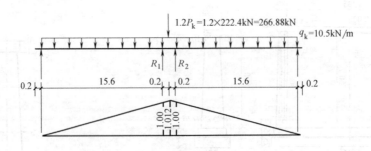

图 5-2-10　双孔布置车道荷载（单位：m）

$$R_1 = R_2 = \left(\frac{2 \times (15.6 + 0.2) \times 1.012 \times 10.5}{2} + \frac{266.88}{2} \times 1.012 \times 2 \right) \mathrm{kN} = 437.973 \mathrm{kN}$$

对墩中心产生的弯矩 $M = 0$。

② 单孔荷载、双车道布置（图 5-2-11）。

$$R_1 = \left[\frac{1}{2} \times 1.012 \times (15.6 + 0.2) \times 10.5 + 1.2 \times 222.4 \times 1.012 \right] \times 2 \mathrm{kN} = 708.056 \mathrm{kN}$$

对墩中心产生的弯矩为

$$M = 708.056 \times 0.2 \mathrm{kN \cdot m} = 141.61 \mathrm{kN \cdot m}$$

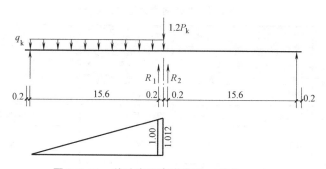

图 5-2-11 单孔布置车道荷载（单位：m）

2）车道荷载横向排列（图 5-2-12）。在横桥向，车道荷载靠一边布置时，单车道荷载的合力偏离桥中心线 4.225m，双车道荷载的合力偏离桥中心线 2.675m。对于实体桥墩，不考虑汽车荷载的冲击力。

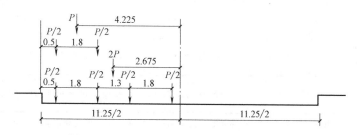

图 5-2-12 车道荷载横向布置（单位：m）

横桥向墩中心弯矩：

双孔单车道

$$M_{单} = 437.973 \times 4.225 \text{kN} \cdot \text{m} = 1850.44 \text{kN} \cdot \text{m}$$

双孔双车道

$$M_{双} = (437.973 + 437.973) \times 2.675 \text{kN} \cdot \text{m} = 2343.155 \text{kN} \cdot \text{m}$$

3）水平荷载计算

① 汽车荷载制动力。本例为双车道，单向为一个设计车道，制动力应按加载影响线长度上计算的总重力的 10% 计算，但不小于 165kN。荷载布置如图 5-2-10 所示。

一个设计车道上车道荷载产生的制动力为

$$F'_{bk} = [(15.6+0.4+15.6) \times 10.5 + 1.2 \times 222.4] \times 0.1 \text{kN} = 59.868 \text{kN} < 165 \text{kN}$$

故 $F_{bk} = 165 \text{kN}$。

② 制动力对墩身各截面产生的弯矩（按制动力作用点在板式橡胶支座顶面计算，支座高度暂按 6cm 计）。

1—1 截面　$M_{1-1} = 165 \times 0.46 \text{kN} \cdot \text{m} = 75.9 \text{kN} \cdot \text{m}$

5—5 截面　$M_{5-5} = 165 \times 8.06 \text{kN} \cdot \text{m} = 1329.9 \text{kN} \cdot \text{m}$

基底截面　$M_{基} = 165 \times 9.56 \text{kN} \cdot \text{m} = 1577.4 \text{kN} \cdot \text{m}$

（4）内力汇总及组合

1）顺桥向内力汇总及作用组合（表 5-2-4）。

2）横桥向内力汇总及作用组合（表 5-2-5）。

表 5-2-4　顺桥向内力汇总及组合

编号	项目	1—1 截面			5—5 截面			基底截面		
		N /kN	H /kN	M /kN·m	N /kN	H /kN	M /kN·m	N /kN	H /kN	M /kN·m
1	上部构造	3291.12		0	3291.12		0	3291.12		0
2	桥墩	199.84		0	3921.95		0	5416.23		0
3	车道荷载单跨双车道布载	708.06		141.61	708.06		141.61	708.06		141.61
4	车道荷载双跨双车道布载	875.95		0	875.95		0	875.95		0
5	车道荷载制动力		165	75.9		165	1329.9		165	1577.4
内力组合	（一）1.2×(①+②)+1.4×③	5180.43	0	198.25	9646.97	0	198.25	9415.41	0	141.61
	（一）1.2×(①+②)+1.4×④	5415.48	0	0	9882.01	0	0	9583.30	0	0
	（二）1.2×(①+②)+1.4×③+⑤	5180.43	165	283.26	9646.97	184.80	1687.74	7532.33	165	1719.01
	（二）1.2×(①+②)+1.4×④+⑤	5415.48	165	85.01	9882.01	184.80	1489.49	7566.64	165	1577.4

注：1—1 截面、5—5 截面内力组合按《公路桥涵设计通用规范》第 4.1.6 条的规定进行组合。基底截面按允许应力法计算，基底截面已考虑了基底应力提高系数。

表 5-2-5　横桥向内力汇总及组合

编号	项目	5—5 截面			基底截面		
		N/kN	H/kN	M/kN·m	N/kN	H/kN	M/kN·m
1	上部构造	3291.12		0	3291.12		0
2	桥墩	3921.95		0	5416.23		0
3	车道荷载单列双孔布载	437.97		1850.44	437.97		1850.44
4	车道荷载双列双孔布载	875.94		2343.16	875.94		2343.16
5	地震力		802.97	5222.97		802.97	6427.42
内力组合	（一）1.2×(①+②)+1.4×③	9268.84	0	2590.61	9145.32	0	1850.44
	（二）1.2×(①+②)+1.4×④	9882	0	3280.42	9583.27	0	2343.16

注：表 5-2-4、表 5-2-5 中省略了恒荷载与地震力的组合。

（5）墩身正截面强度验算　横桥向内力不控制设计，故不计算横桥向截面强度。本例仅以 5—5 截面为例说明墩身验算的过程。

1）偏心距验算。5—5 截面 [组合（二）控制设计]

$$e_x = M_{dt}/N_d = 3280.42/9882\text{m} = 0.332\text{m}$$

$$e_y = M_{dl}/N_d = 1489.49/9882.01\text{m} = 0.151\text{m}$$

$$e = \sqrt{e_x^2 + e_y^2} = 0.365\text{m}$$

$$\theta = \tan^{-1}(e_x/e_y) = 65.543°$$

截面重心至偏心方向边缘距离 $s = 0.905/\cos\theta = 2.186\mathrm{m}$

$e/s = 0.365/2.186 = 0.17 < 0.6$，满足要求。

2）墩身底截面强度验算。由式（3-4-67）得

$$\gamma_0 N_\mathrm{d} \leqslant \varphi A f_\mathrm{cd}$$

其中，$\gamma_0 N_\mathrm{d} = 1.0 \times 9882.01\mathrm{kN} = 9883.01\mathrm{kN}$。

$$\varphi = \frac{1}{\dfrac{1}{\varphi_x} + \dfrac{1}{\varphi_y} - 1}$$

$$\varphi_x = \frac{1 - \left(\dfrac{e_x}{x}\right)^m}{1 + \left(\dfrac{e_x}{i_y}\right)^2} \cdot \frac{1}{1 + \alpha\beta_x(\beta_x - 3)\left[1 + 1.33\left(\dfrac{e_x}{i_y}\right)^2\right]}$$

$$\varphi_y = \frac{1 - \left(\dfrac{e_y}{y}\right)^m}{1 + \left(\dfrac{e_y}{i_x}\right)^2} \cdot \frac{1}{1 + \alpha\beta_y(\beta_y - 3)\left[1 + 1.33\left(\dfrac{e_y}{i_x}\right)^2\right]}$$

在以上各式中，$x = 7.08\mathrm{m}$，$y = 0.905\mathrm{m}$，$e_x = 0.332\mathrm{m}$，$e_y = 0.151\mathrm{m}$，$m = 8$。

$I_y = 394.9616\mathrm{m}^4$（墩身底截面绕 y 轴惯性矩），$A = 24.9265\mathrm{m}^2$，$i_y = \sqrt{I_y/A} = 3.9806\mathrm{m}$

$I_x = 6.6295\mathrm{m}^4$（墩身底截面绕 x 轴惯性矩），$i_x = \sqrt{I_x/A} = 0.5157\mathrm{m}$

β_x 和 β_y 为构件 x、y 方向的长细比，在 β_x、β_y 计算式中，对变截面墩身，其回转半径近似取平均截面的回转半径。

$I_{ya} = 469.3241\mathrm{m}^4$，$A_\mathrm{a} = 28.7739\mathrm{m}^2$，$i_{ya} = \sqrt{I_{ya}/A_\mathrm{a}} = 4.0387\mathrm{m}$，$I_{xa} = 9.8808\mathrm{m}^4$，$i_{xa} = \sqrt{I_{xa}/A_\mathrm{a}} = 0.5860\mathrm{m}$

$l_0 = 2 \times 8\mathrm{m} = 16\mathrm{m}$（按上端自由下端固结的柱考虑），$\gamma_\mathrm{a} = 1.3$，$\alpha = 0.002$，则

$$\beta_x = \frac{\gamma_\mathrm{a} l_0}{3.5 i_{ya}} = \frac{1.3 \times 16}{3.5 \times 4.0387} = 1.471, \beta_x \text{ 小于 3，取为 3}$$

$$\beta_y = \frac{\gamma_\mathrm{a} l_0}{3.5 i_{xa}} = \frac{1.3 \times 16}{3.5 \times 0.5860} = 10.141$$

因此

$$\varphi_x = \frac{1 - \left(\dfrac{0.332}{7.08}\right)^8}{1 + \left(\dfrac{0.332}{3.9806}\right)^2} \times \frac{1}{1 + 0.002 \times 3(3-3)\left[1 + 1.33\left(\dfrac{0.332}{3.9806}\right)^2\right]} = 0.993$$

$$\varphi_y = \frac{1 - \left(\dfrac{0.151}{0.905}\right)^8}{1 + \left(\dfrac{0.151}{0.5157}\right)^2} \times \frac{1}{1 + 0.002 \times 10.141 \times (10.141-3)\left[1 + 1.33\left(\dfrac{0.151}{0.5157}\right)^2\right]} = 0.793$$

$$\varphi = \cfrac{1}{\cfrac{1}{\varphi_x}+\cfrac{1}{\varphi_y}-1} = \cfrac{1}{\cfrac{1}{0.993}+\cfrac{1}{0.793}-1} = 0.789$$

由 $A=24.9265\text{m}^2$，$f_{cd}=4.48\text{MPa}$ 得

$\varphi A f_{cd}=0.789\times24.9265\times10^6\times4.48\text{N}=88.108\times10^6\text{N}>\gamma_0 N_d=9882.01\text{kN}$（符合规定）

（6）基底应力验算　基底应力按《公路桥涵地基与基础设计规范》进行验算。基础如图 5-2-8 所示，采用 MU30 片石混凝土，地基为岩石地基，允许承载力 2000kPa。基底荷载标准值见表 5-2-4、表 5-2-5。

1）汽车荷载采用双跨双车道布载。

① 按表 5-2-4、表 5-2-5 荷载组合（一）

基底应力
$$p_{\min}^{\max}=\frac{N}{A}\pm\frac{M_x}{W_x}\pm\frac{M_y}{W_y}$$

$N=$（3291.12+5416.23+875.95）kN $=9583.3$kN，$M_x=0$，$M_y=2343.16$kN·m，$W_x=19.951\text{m}^3$，$W_y=107.635\text{m}^3$，$A=42.6\text{m}^2$。

所以基底应力为

$$p_{\min}^{\max}=\left(\frac{9583.3}{42.6}\pm\frac{0}{19.951}\pm\frac{2343.16}{107.653}\right)\text{kPa}=(224.96\pm21.77)\text{kPa}$$

$$={}_{203.19}^{246.73}\text{kPa}<2000\text{kPa}\quad（符合规定）$$

② 按表 5-2-4、表 5-2-5 荷载组合（二）

$N=$（3291.12+5416.23+875.95）kN $=9583.3$kN，$M_x=1577.4$kN·m，$M_y=2343.16$kN·m，$W_x=19.951\text{m}^3$，$W_y=107.635\text{m}^3$，$A=42.6\text{m}^2$。

所以地基承载力为

$$p_{\min}^{\max}=\left(\frac{9583.3}{42.6}\pm\frac{1577.4}{19.951}\pm\frac{2343.16}{107.653}\right)\text{kPa}$$

$$=(224.96\pm79.06\pm21.77)\text{kPa}$$

$$={}_{124.13}^{325.79}\text{kPa}<1.25\times2000\text{kPa}\quad（符合规定）$$

按地基承受短期作用组合（二）时，地基承载力应乘以抗力系数 1.25。

2）汽车荷载采用单跨双车道布载。

① 按表 5-2-4、表 5-2-5 荷载组合（一）

$N=$（3291.12+5416.23+708.06）kN $=9415.41$kN，$M_x=141.61$kN·m，$M_y=1850.44$kN·m，$W_x=19.951\text{m}^3$，$W_y=107.635\text{m}^3$，$A=42.6\text{m}^2$。

所以地基承载力为

$$p_{\min}^{\max}=\left(\frac{9415.41}{42.6}\pm\frac{141.61}{19.951}\pm\frac{1850.44}{107.653}\right)\text{kPa}$$

$$=(221.02\pm7.10\pm17.19)\text{kPa}$$

$$={}_{196.73}^{245.31}\text{kPa}<2000\text{kPa}\quad（符合规定）$$

② 按表 5-2-4、表 5-2-5 荷载组合（二）

$N=$（3291.12+5416.23+708.06）kN $=9415.41$kN，$M_x=1719.01$kN·m，$M_y=1850.44$kN·m，

$W_x = 19.951\mathrm{m}^3$，$W_y = 107.635\mathrm{m}^3$，$A = 42.6\mathrm{m}^2$。

所以地基承载力为

$$p_{\min}^{\max} = \left(\frac{9415.41}{42.6} \pm \frac{1719.01}{19.951} \pm \frac{1850.44}{107.653} \right)\mathrm{kPa}$$

$$= (221.02 \pm 86.16 \pm 17.19)\mathrm{kPa}$$

$$= {}_{117.67}^{324.37}\mathrm{kPa} < 1.25 \times 2000\mathrm{kPa} \quad (符合规定)$$

按地基承受短期作用组合（二）时，地基承载力应乘以抗力系数 1.25。

（7）桥墩稳定性验算　桥墩抗倾覆稳定性和抗滑稳定性在此仅做短期作用组合（二）纵向受力验算。

1）抗倾覆稳定性验算

抗倾覆稳定系数　　　　　　　　　　　　$k_0 = \dfrac{s}{e_0}$

其中　　　　$e_0 = \dfrac{\sum p_i e_i + \sum H_i h_i}{\sum p_i} = \dfrac{141.61 + 1577.4}{9583.3}\mathrm{m} = 0.179\mathrm{m}$

式中　s——在截面重心至合力作用点的延长线上，自截面重心至验算倾覆轴的距离，为 2.186m。

所以抗倾覆稳定系数为

$$k_0 = \frac{2.186}{0.179} = 12.21 > 1.3 \quad (符合规定)$$

2）抗滑稳定性验算

$$k_c = \frac{\mu \sum p_i + \sum H_i p}{\sum H_{ia}}$$

式中　μ——基础与地基摩擦系数，按表 5-2-1，取为 0.65。

所以

$$k_c = \frac{\mu \sum p_i + \sum H_i p}{\sum H_{ia}} = \frac{0.65 \times (3291.12 + 5416.23) + 165}{165} = 35.30 > 1.3 \quad (符合规定)$$

2.2　桥台的计算

2.2.1　桥台计算中的作用

计算桥台要考虑的作用与桥墩计算基本相同，不同之处在于：

1）桥台尚应考虑台后的土侧压力，特别地，应包括车辆荷载引起的土侧压力。计算表明，这种土侧压力对桥台尺寸的影响非常显著。

2）不需计及纵、横向风力、流水压力、冰压力、船只或漂浮物的撞击力等。

2.2.2　重力式桥台的计算

1. 作用及其组合

重力式桥台的计算与验算内容与重力式桥墩类似，包括验算台身截面强度、地基应力及桥台的稳定性等。但对于桥台只需做顺桥方向的验算。故桥台在进行布载及作用组合时，只考虑顺桥向的最不利组合。

（1）梁桥重力式桥台　为了求得重力式桥台的最不利作用组合，首先必须对汽车荷载进行最不利的布置。通常有以下三种最不利布置情况：

1）在桥跨结构上布置车道荷载，温度下降，向桥孔方向的制动力，并考虑台后土侧压力（图 5-2-13a）。

2）在台后填土的破坏棱体上布置车辆荷载，温度下降，并考虑台后土侧压力（图 5-2-13b）。

3）在桥跨结构和台后填土的破坏棱体上同时布置车道荷载（当桥台尺寸较大时，还要考虑在桥跨结构上、台后破坏棱体上和桥台上同时布置车道荷载的情况），温度下降，向桥孔方向的制动力及台后土侧压力（图 5-2-13c）。

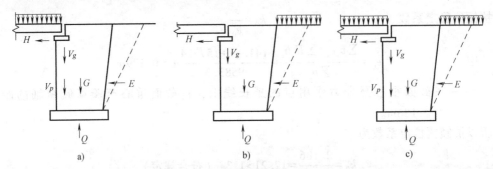

图 5-2-13　梁桥桥台荷载组合图式

此外，在个别情况下要考虑在架梁之前，台后已填土完毕并在其上布置有施工荷载的情形。一般重力式桥台以上述 1）和 3）两种情况控制设计，但要根据具体情况进行分析比较后才能确定。

还需指出的是，在计算台后的土侧压力时，一般按主动土压力计算，其大小与土的压实程度有关。因此，在计算桥台前端的最大应力、向桥孔一侧的偏心和向桥孔方向的倾覆与滑动时，按台后填土尚未压实考虑（摩擦角取小值）；当计算桥台后端的最大应力、向路堤一侧的偏心距和向路堤方向的倾覆与滑动时，则按台后填土已经压实考虑（摩擦角取大值）。土压力的计算范围：当验算台身强度和地基承载力时，计算基础顶至桥台顶面范围内的土压力；当验算桥台稳定性时，计算基础底至桥台顶面范围内的土压力。

（2）拱桥重力式桥台　拱桥桥台一般按以下两种情况布置汽车荷载并进行组合。

1）桥上满布车道荷载，使拱脚水平推力 H_{Qk} 达到最大值，温度上升，制动力向路堤方向，台后按压实土考虑土侧压力，并考虑拱圈材料收缩力，使桥台有向路堤方向偏移的趋势（图 5-2-14a）。

2）仅在台后破坏棱体上布置车辆荷载，温度下降，台后按未压实土考虑土侧压力，拱圈材料收缩作用使桥台有向桥跨方向偏移的趋势（图 5-2-14b）。图中符号意义同图 5-2-3。

2. 桥台验算

桥台台身强度和偏心距、基底承载力和偏心距、桥台整体稳定性验算与桥墩相同，但只对顺桥方向进行验算。如果 U 形桥台两侧墙宽度不小于同一水平截面前墙全长的 0.4 倍时，桥台台身截面强度验算应把前墙和侧墙作为整体考虑其受力。否则，台身前墙应按独立的挡

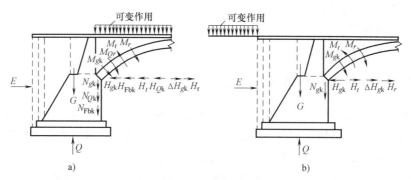

图 5-2-14　拱桥桥台作用组合图式

土墙进行验算。

2.2.3　埋置式轻型（框架式）桥台的计算特点

框架式桥台的计算与桩柱式桥墩的计算有许多相似之处，也包括台帽（盖梁）和台（或柱）身两个部分。

1. 台帽计算

框架式桥台的台帽均由盖梁、背墙、耳墙和挡板组成。盖梁视为双悬臂的简支梁，计算时可不考虑背墙与盖梁共同受力，此时背墙仅起到挡土墙的作用。必要时也可以考虑背墙与盖梁共同受力，把盖梁作为 L 形的截面构件进行设计。耳墙视为单悬臂的固端梁，水平方向承受土压力及活荷载水平压力。挡板仅起到侧面挡土作用，厚度可取为 $15\sim25\mathrm{cm}$，受力很小，不必计算。

2. 台身计算

台身的构造形式不同，外力计算方法类似，内力计算会有所不同。下面仅对墙式台的计算做简单说明，（桩）柱式台的柱身计算可参考（桩）柱式桥墩进行。

墙式台的台墙承受上部结构的恒荷载、汽车荷载、支座摩阻力、制动力（固定支座）、台后土压力及溜坡主动土压力等外力。台前溜坡主动土压力只有在确保溜坡不致被冲毁时予以考虑。

计算汽车荷载反力时，应将荷载在桥上靠边排列，找出荷载的合力位置，按杠杆法计算。支座摩阻力或制动力则由两片墙平均承受。计算台后土侧压力（包括车辆荷载引起的土侧压力）时，则应首先按照《桥通规》4.2.3 条规定计算出土压力计算宽度，再按主动土压力计算。

计算墙身内力时，应分别按盖梁底面、墙身中部、墙身底面、承台底面等位置进行计算。可先按素混凝土计算，若不满足最不利作用组合的效应设计值要求，可设置受力钢筋。此外，应对台顶位移情况进行合理的验算。

这类桥台由于采用桩基础，一般情况下可不验算抗倾覆及抗滑移稳定性，但在特殊情况下，应考虑桩基向前移动和被剪断的可能性。

台顶水平位移按下式计算

$$\Delta = \alpha_0 + \beta_0 h_0 \tag{5-2-14}$$

式中　Δ——台顶位移；

α_0——承台水平位移；

β_0——承台角变位；

h_0——台帽顶至承台底面距离。

2.2.4　设有支撑梁的轻型桥台的计算特点

前面介绍了设有支撑梁的轻型桥台的构造特点，它是利用上部构造及下部的支撑梁作为桥台与桥台或者桥台与桥墩之间的支撑，以防止桥台受土侧压力而向河中方向移动，使整个结构成为四铰框架系统。因此，轻型桥台的计算主要有三方面内容：

1）将桥台（顺桥向）视为上、下端铰支的，承受竖向荷载和横向荷载作用（考虑侧向土压力作用）的竖梁，验算台身截面偏心受压强度和抗剪强度。

2）将桥台（包括基础）在竖向荷载作用下，横桥向作为一根弹性地基上的短梁进行截面强度验算。为简化计算，可近似假定桥台的刚度在整个基础长度内是常值，验算桥台在本身平面内的弯曲强度。

3）基础底面下的地基应力验算。

另外，对于耳墙式轻型桥台，应对耳墙及边柱进行验算。耳墙按受水平土压力的悬臂板计算；边柱除承受耳墙重力产生的弯矩外，尚应计算耳墙上水平土压力对柱身产生的扭矩和竖直荷载。对于八字形桥台，还应将八字翼墙作为承受水平土压力的独立挡土墙进行验算。

以上两种桥台的具体计算方法参见《公路桥涵设计手册—墩台与基础》。

<hr>

思 考 题

1. 梁桥重力式墩需要验算哪些内容？

2. 梁桥桩柱式桥墩的桩身计算有什么特点？

3. 简述盖梁计算图式和计算内容。

4. 双柱式桥墩尺寸如图 5-2-15 所示。已知：上部结构为钢筋混凝土 T 形梁，5 片主梁，主梁翼缘宽

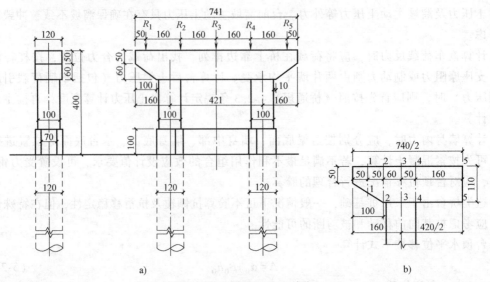

图 5-2-15　双柱式桥墩尺寸（单位：cm）

1.6m，主梁跨径 20m，桥面净空净 $-7m + 2×0.75m$，各个支座的恒荷载反力如图 5-2-11a 所示：$R_1 = R_5 = 167.36kN$，$R_2 = R_4 = 170.56kN$，$R_3 = 168.66kN$，设计荷载：公路—Ⅰ级，人群荷载：$2.0kN/m^2$。试计算：

（1）盖梁各截面（1#~5#）的最大内力值，画出盖梁内力包络图。

（2）配置盖梁的受弯、受剪钢筋。

（3）墩柱的最大承载力。

（4）墩柱的配筋及应力验算。

说明：

1. 本表适用于横向铰接的梁或板，各片梁或板的截面是相同的。

2. 表头的两个数字表示所要查的梁或板号，其中第一个数目表示该梁或板是属于几片梁或板铰接而成的体系，第二个数目表示该片梁或板在这个体系中自左而右的序号。

3. 横向分布影响线竖坐标以 η_{ij} 表示，第一个脚标 i 表示所要求的梁或板号，第二个脚标 j 表示受单位荷载作用的那片梁或板号，表中 η_{ij} 下的数字，前者表示 i，后者表示 j，η_{ij} 的竖坐标应绘在梁或板的中轴线处。

4. 表中的 η_{ij} 值为小数点后的三位数字，如 278 即为 0.278，006 即为 0.006。

5. 表值按弯扭参数 γ 给出

$$\gamma = 5.8 \frac{I}{I_T}\left(\frac{b}{l}\right)^2$$

式中　l——计算跨径；

　　　b——一片梁或板的宽度；

　　　I——梁或板的抗弯惯矩；

　　　I_T——梁或板的抗扭惯矩。

铰接板 3-1

γ	η_{ij}			γ	η_{ij}			γ	η_{ij}		
	11	12	13		11	12	13		11	12	13
0.00	333	333	333	0.08	434	325	241	0.40	626	294	080
0.01	348	332	319	0.10	454	323	223	0.60	683	278	040
0.02	363	331	306	0.15	496	317	186	1.00	750	250	000
0.04	389	329	282	0.20	531	313	156	2.00	829	200	−029
0.06	413	327	260	0.30	585	303	112				

铰接板 3-2

γ	η_{ij}			γ	η_{ij}			γ	η_{ij}		
	21	22	23		21	22	23		21	22	23
0.00	333	333	333	0.08	325	351	325	0.40	294	412	294
0.01	332	336	332	0.10	323	355	323	0.60	278	444	278
0.02	331	338	331	0.15	317	365	317	1.00	250	500	250
0.04	329	342	329	0.20	313	375	313	2.00	200	600	200
0.06	327	346	327	0.30	303	394	303				

铰接板 4-1

γ	η_ij 11	12	13	14	γ	η_ij 11	12	13	14
0.00	250	250	250	250	0.15	484	295	139	082
0.01	276	257	238	229	0.20	524	298	119	060
0.02	300	263	227	210	0.30	583	296	089	033
0.04	341	273	208	178	0.40	625	291	066	018
0.06	375	280	192	153	0.60	682	277	035	005
0.08	405	285	178	132	1.00	750	250	000	000
0.10	431	289	165	114	2.00	828	201	−034	005

铰接板 4-2

γ	η_ij 21	22	23	24	γ	η_ij 21	22	23	24
0.00	250	250	250	250	0.15	295	327	238	139
0.01	257	257	248	238	0.20	298	345	238	119
0.02	263	264	246	227	0.30	296	375	240	089
0.04	273	276	243	208	0.40	291	400	243	066
0.06	280	287	241	192	0.60	277	441	247	035
0.08	285	298	239	178	1.00	250	500	250	000
0.10	289	307	239	165	2.00	201	593	240	−034

铰接板 5-1

γ	η_ij 11	12	13	14	15	γ	η_ij 11	12	13	14	15
0.00	200	200	200	200	200	0.15	481	291	130	061	036
0.01	237	216	194	180	173	0.20	523	295	114	045	023
0.02	269	229	188	163	151	0.30	583	296	087	026	010
0.04	321	249	178	136	116	0.40	625	291	066	015	004
0.06	362	263	168	115	092	0.60	682	277	035	004	001
0.08	396	273	158	099	073	1.00	750	250	000	000	000
0.10	425	281	150	085	059	2.00	828	201	−034	006	−001

铰接板 5-2

γ	η_ij 21	22	23	24	25	γ	η_ij 21	22	23	24	25
0.00	200	200	200	200	200	0.15	291	320	222	105	061
0.01	216	215	202	187	180	0.20	295	341	227	091	045
0.02	229	228	204	176	163	0.30	296	374	235	070	026
0.04	249	249	207	158	136	0.40	291	399	240	055	015
0.06	263	267	211	144	115	0.60	277	440	246	031	004
0.08	273	281	214	133	099	1.00	250	500	250	000	000
0.10	281	294	216	123	085	2.00	201	593	241	−041	006

铰接板 5-3

γ	η_{ij}					γ	η_{ij}				
	31	32	33	34	35		31	32	33	34	35
0.00	200	200	200	200	200	0.15	130	222	295	222	130
0.01	194	202	208	202	194	0.20	114	227	318	227	114
0.02	188	204	215	204	188	0.30	087	235	357	235	087
0.04	178	207	230	207	178	0.40	066	240	389	240	066
0.06	168	211	243	211	168	0.60	035	246	437	246	035
0.08	158	214	256	214	158	1.00	000	250	500	250	000
0.10	150	216	268	216	150	2.00	−034	241	586	241	−034

铰接板 6-1

γ	η_{ij}						γ	η_{ij}					
	11	12	13	14	15	16		11	12	13	14	15	16
0.00	167	167	167	167	167	167	0.15	481	290	129	058	027	016
0.01	214	192	168	151	140	135	0.20	523	295	113	043	010	009
0.02	252	212	168	138	119	110	0.30	583	295	086	025	008	003
0.04	312	239	165	117	090	077	0.40	625	291	065	015	003	001
0.06	358	257	159	101	069	055	0.60	682	277	035	004	001	000
0.08	394	270	152	088	055	041	1.00	750	250	000	000	000	000
0.10	423	278	146	078	044	031	2.00	828	201	−034	006	−001	009

铰接板 6-2

γ	η_{ij}						γ	η_{ij}					
	21	22	23	24	25	26		21	22	23	24	25	26
0.00	167	167	167	167	167	167	0.15	290	319	219	098	046	027
0.01	192	190	175	157	146	140	0.20	295	340	226	087	035	017
0.02	212	209	182	149	129	119	0.30	295	373	234	069	021	008
0.04	239	238	192	137	105	090	0.40	291	399	240	054	012	003
0.06	257	259	200	127	087	069	0.60	277	440	246	031	004	001
0.08	270	276	206	119	074	055	1.00	250	500	250	000	000	000
0.10	278	291	210	112	064	044	2.00	201	593	241	−041	007	−001

铰接板 6-3

γ	η_{ij}						γ	η_{ij}					
	31	32	33	34	35	36		31	32	33	34	35	36
0.00	167	167	167	167	167	167	0.15	129	219	288	208	098	058
0.01	168	175	179	170	157	151	0.20	113	226	314	217	087	043
0.02	168	182	190	173	149	138	0.30	086	234	356	230	069	025
0.04	165	192	210	179	137	117	0.40	065	240	388	238	054	015
0.06	159	200	227	186	127	101	0.60	035	246	437	246	031	004
0.08	152	206	243	191	119	088	1.00	000	250	500	250	000	000
0.10	146	210	257	197	112	078	2.00	−034	241	586	243	−041	006

铰接板 7-1

γ	η_{ij}							γ	η_{ij}						
	11	12	13	14	15	16	17		11	12	13	14	15	16	17
0.00	143	143	143	143	143	143	143	0.15	480	290	128	057	025	012	007
0.01	200	177	152	133	120	111	107	0.20	523	295	113	043	017	007	003
0.02	244	202	157	125	102	088	082	0.30	583	295	086	025	007	002	001
0.04	309	235	159	109	078	059	051	0.40	625	291	065	015	003	001	000
0.06	356	255	156	096	061	042	034	0.60	682	277	035	004	001	000	000
0.08	293	268	151	085	049	031	023	1.00	750	250	000	000	000	000	000
0.10	423	278	144	076	040	023	016	2.00	828	201	−034	006	−001	000	000

铰接板 7-2

γ	η_{ij}							γ	η_{ij}						
	21	22	23	24	25	26	27		21	22	23	24	25	26	27
0.00	143	143	143	143	143	143	143	0.15	290	318	219	097	043	020	012
0.01	177	175	158	139	125	115	111	0.20	295	340	225	086	033	013	007
0.02	202	198	170	135	111	096	088	0.30	295	373	234	068	020	006	002
0.04	235	232	185	127	091	069	059	0.40	291	399	240	054	012	003	001
0.06	255	256	196	121	077	053	042	0.60	277	440	246	031	004	001	000
0.08	268	275	203	115	067	041	031	1.00	250	500	250	000	000	000	000
0.10	278	290	209	109	058	033	023	2.00	201	593	241	−041	007	−001	000

铰接板 7-3

γ	η_{ij}							γ	η_{ij}						
	31	32	33	34	35	36	37		31	32	33	34	35	36	37
0.00	143	143	143	143	143	143	143	0.15	128	219	287	205	092	043	025
0.01	152	158	161	150	134	125	120	0.20	113	225	314	216	083	033	017
0.02	157	170	176	156	128	111	102	0.30	086	234	356	229	067	020	007
0.04	159	185	201	167	119	091	078	0.40	065	240	388	237	053	012	003
0.06	156	196	222	176	112	077	061	0.60	035	246	437	246	031	004	001
0.08	151	203	239	184	107	067	049	1.00	000	250	500	250	000	000	000
0.10	144	209	255	191	102	058	040	2.00	−034	241	586	243	−042	007	−001

铰接板 7-4

γ	η_{ij}							γ	η_{ij}						
	41	42	43	44	45	46	47		41	42	43	44	45	46	47
0.00	143	143	143	143	143	143	143	0.15	057	097	205	282	205	097	057
0.01	133	139	150	157	150	139	133	0.20	043	086	216	310	216	086	043
0.02	125	135	156	169	156	135	125	0.30	025	068	229	354	229	068	025
0.04	109	127	167	193	167	127	109	0.40	015	054	237	387	237	054	015
0.06	096	121	176	213	176	121	096	0.60	004	031	246	436	246	031	004
0.08	085	115	184	231	184	115	085	1.00	000	000	250	500	250	000	000
0.10	076	109	191	248	191	109	076	2.00	006	−041	243	586	243	−041	006

铰接板 8-1

γ	η_{ij}							
	11	12	13	14	15	16	17	18
0.00	125	125	125	125	125	125	125	125
0.01	191	168	142	122	107	096	089	085
0.02	239	197	151	117	093	076	066	061
0.04	307	233	156	106	073	052	040	034
0.06	355	254	155	094	058	037	025	020
0.08	392	268	150	084	048	028	017	013
0.10	423	277	144	075	039	021	012	008
0.15	480	290	128	057	025	011	005	003
0.20	523	295	113	043	016	006	003	001
0.30	583	295	086	025	007	002	001	000
0.40	625	291	065	015	003	001	000	000
0.60	682	277	035	004	001	000	000	000
1.00	750	250	000	000	000	000	000	000
2.00	828	201	−034	006	−001	000	000	000

铰接板 8-2

γ	η_{ij}							
	21	22	23	24	25	26	27	28
0.00	125	125	125	125	125	125	125	125
0.01	168	165	148	127	111	100	092	089
0.02	197	193	163	127	101	083	071	066
0.04	233	230	182	123	085	060	046	040
0.06	254	255	194	119	073	047	032	025
0.08	268	274	202	113	064	037	023	017
0.10	277	290	208	108	057	030	017	012
0.15	290	318	219	097	043	019	009	005
0.20	295	340	225	086	033	013	006	003
0.30	295	373	234	068	020	006	002	001
0.40	291	399	240	054	012	003	001	000
0.60	277	440	246	031	004	001	000	000
1.00	250	500	250	000	000	000	000	000
2.00	201	593	241	−041	007	−001	000	000

铰接板 8-3

γ	η_{ij}							
	31	32	33	34	35	36	37	38
0.00	125	125	125	125	125	125	125	125
0.01	142	148	150	137	120	108	100	096
0.02	151	163	168	147	116	096	083	076
0.04	156	182	197	162	111	079	060	052

（续）

γ	η_{ij}							
	31	32	33	34	35	36	37	38
0.06	155	194	219	173	107	068	047	037
0.08	150	202	238	182	103	060	037	028
0.10	144	208	254	190	099	053	030	021
0.15	128	219	287	205	091	041	019	011
0.20	113	225	314	215	082	032	013	006
0.30	086	234	356	229	067	020	006	002
0.40	065	240	388	237	053	012	003	001
0.60	035	246	437	246	031	004	001	000
1.00	000	250	500	250	000	000	000	000
2.00	−034	241	586	243	−042	007	−001	000

铰接板 8-4

γ	η_{ij}							
	41	42	43	44	45	46	47	48
0.00	125	125	125	125	125	125	125	125
0.01	122	127	137	143	134	120	111	107
0.02	117	127	147	158	142	116	101	093
0.04	106	123	162	185	156	111	085	073
0.06	094	119	173	208	168	107	073	058
0.08	084	113	182	227	178	103	064	048
0.10	075	108	190	245	186	099	057	039
0.15	057	097	205	281	203	091	043	025
0.20	043	086	215	310	214	082	033	016
0.30	025	068	229	354	229	067	020	007
0.40	015	054	237	387	237	053	012	003
0.60	004	031	246	436	246	031	004	001
1.00	000	000	250	500	250	000	000	000
2.00	006	−041	243	586	243	−042	007	−001

铰接板 9-1

γ	η_{ij}							
	11	12	13	14	15	16	17	18	19
0.00	111	111	111	111	111	111	111	111	111
0.01	185	162	136	115	098	086	077	072	069
0.02	236	194	147	113	088	070	057	049	046
0.04	306	232	155	104	070	048	035	026	023

（续）

γ	η_{ij}								
	11	12	13	14	15	16	17	18	19
0.06	355	254	154	094	057	035	023	015	012
0.08	392	268	150	084	047	027	015	010	007
0.10	423	277	144	075	039	020	011	006	004
0.15	480	290	128	057	025	011	005	002	001
0.20	523	295	113	043	016	006	002	001	000
0.30	583	295	086	025	007	002	001	000	000
0.40	625	291	065	015	003	001	000	000	000
0.60	682	277	035	004	001	000	000	000	000
1.00	750	250	000	000	000	000	000	000	000
2.00	828	201	−034	006	−001	000	000	000	000

铰接板 9-2

γ	η_{ij}								
	21	22	23	24	25	26	27	28	29
0.00	111	111	111	111	111	111	111	111	111
0.01	162	158	141	119	102	090	081	075	072
0.02	194	189	160	122	095	075	062	053	049
0.04	232	229	181	121	082	057	040	031	026
0.06	254	255	194	118	072	044	028	019	015
0.08	268	274	202	113	063	036	021	013	010
0.10	277	290	208	108	056	029	016	009	006
0.15	290	318	219	097	043	019	008	004	002
0.20	295	340	225	086	033	013	005	002	001
0.30	295	373	234	068	020	006	002	001	000
0.40	291	399	240	054	012	003	001	000	000
0.60	277	440	246	031	004	001	000	000	000
1.00	250	500	250	000	000	000	000	000	000
2.00	201	593	241	−041	007	−001	000	000	000

铰接板 9-3

γ	η_{ij}								
	31	32	33	34	35	36	37	38	39
0.00	111	111	111	111	111	111	111	111	111
0.01	136	141	142	129	111	097	087	081	077
0.02	147	160	164	141	110	087	072	062	057
0.04	155	181	195	159	108	074	053	040	035

（续）

γ	η_{ij}								
	31	32	33	34	35	36	37	38	39
0.06	154	194	219	172	105	065	041	028	023
0.08	150	202	237	182	102	058	033	021	015
0.10	144	208	254	190	099	052	028	016	011
0.15	128	219	287	205	090	040	018	008	005
0.20	113	225	314	215	082	031	012	005	002
0.30	086	234	356	229	067	020	006	002	001
0.40	065	240	388	237	053	012	003	001	000
0.60	035	246	431	246	031	004	001	000	000
1.00	000	250	500	250	000	000	000	000	000
2.00	−034	240	586	243	−042	007	−001	000	000

铰接板 9-4

γ	η_{ij}								
	41	42	43	44	45	46	47	48	49
0.00	111	111	111	111	111	111	111	111	111
0.01	115	119	129	133	123	108	097	090	086
0.02	113	122	141	152	134	106	087	075	070
0.04	104	121	159	182	151	104	074	057	048
0.06	094	118	172	206	165	102	065	044	035
0.08	084	113	182	226	176	099	058	036	027
0.10	075	108	190	244	185	097	052	029	020
0.15	057	097	205	281	202	089	040	019	011
0.20	043	086	215	310	214	082	031	013	006
0.30	025	068	229	354	229	067	020	006	002
0.40	015	054	237	387	237	053	012	003	001
0.60	004	031	246	436	246	031	004	001	000
1.00	000	000	250	500	250	000	000	000	000
2.00	006	−041	243	586	243	−042	007	−001	000

铰接板 9-5

γ	η_{ij}								
	51	52	53	54	55	56	57	58	59
0.00	111	111	111	111	111	111	111	111	111
0.01	098	102	111	123	131	123	111	102	098
0.02	088	095	110	134	148	134	110	095	088
0.04	070	082	108	151	178	151	108	082	070

（续）

γ	η_{ij}								
	51	52	53	54	55	56	57	58	59
0.06	057	072	105	165	203	165	105	072	057
0.08	047	063	102	176	224	176	102	063	047
0.10	039	056	099	185	242	185	099	056	039
0.15	025	043	090	202	280	202	090	043	025
0.20	016	033	082	214	309	214	082	033	016
0.30	007	020	067	229	354	229	067	020	007
0.40	003	012	053	237	387	237	053	012	003
0.60	001	004	031	246	436	246	031	004	001
1.00	000	000	000	250	500	250	000	000	000
2.00	−001	007	−042	243	586	243	−042	007	−001

铰接板 10-1

γ	η_{ij}								
	11	12	13	14	15	16	17	18	19	1,10
0.00	100	100	100	100	100	100	100	100	100	100
0.01	181	158	131	110	093	080	070	063	058	056
0.02	234	192	146	111	085	066	052	043	037	034
0.04	306	232	155	103	069	047	032	023	018	015
0.06	355	254	154	094	057	035	021	014	009	007
0.08	392	268	150	084	047	026	015	009	005	004
0.10	423	277	144	075	039	020	011	006	003	002
0.15	480	290	128	057	025	011	005	002	001	001
0.20	523	295	113	043	016	006	002	001	000	000
0.30	583	295	086	025	007	002	001	000	000	000
0.40	625	291	065	015	003	001	000	000	000	000
0.60	682	277	035	004	001	000	000	000	000	000
1.00	750	250	000	000	000	000	000	000	000	000
2.00	828	201	−034	006	−001	000	000	000	000	000

铰接板 10-2

γ	η_{ij}								
	21	22	23	24	25	26	27	28	29	2,10
0.00	100	100	100	100	100	100	100	100	100	100
0.01	158	154	137	114	097	083	073	065	060	058
0.02	192	188	157	120	092	071	056	046	040	037
0.04	232	229	181	121	081	055	038	027	020	018

（续）

γ	η_{ij}									
	21	22	23	24	25	26	27	28	29	2,10
0.06	254	255	193	117	071	044	027	017	012	009
0.08	268	274	202	113	063	035	020	012	007	005
0.10	277	290	208	108	056	029	015	008	005	003
0.15	290	318	219	097	043	019	008	004	002	001
0.20	295	340	225	086	033	013	005	002	001	000
0.30	295	373	234	068	020	006	002	001	000	000
0.40	291	399	240	054	012	003	001	000	000	000
0.60	277	440	246	031	004	001	000	000	000	000
1.00	250	500	250	000	000	000	000	000	000	000
2.00	201	593	241	−041	007	−001	000	000	000	000

铰接板 10-3

γ	η_{ij}									
	31	32	33	34	35	36	37	38	39	3,10
0.00	100	100	100	100	100	100	100	100	100	100
0.01	131	137	137	123	104	090	078	070	065	063
0.02	146	157	162	138	106	082	065	054	046	043
0.04	155	181	195	158	106	072	049	035	027	023
0.06	154	193	218	171	104	064	039	025	017	014
0.08	150	202	237	181	101	057	032	019	012	009
0.10	144	208	254	189	098	051	027	014	008	006
0.15	128	219	287	205	090	040	018	008	004	002
0.20	113	225	314	215	082	031	012	005	002	001
0.30	086	234	356	229	067	020	006	002	001	000
0.40	065	240	388	237	053	012	003	001	000	000
0.60	035	246	437	246	031	004	001	000	000	000
1.00	000	250	500	250	000	000	000	000	000	000
2.00	−034	241	586	243	−042	007	−001	000	000	000

铰接板 10-4

γ	η_{ij}									
	41	42	43	44	45	46	47	48	49	4,10
0.00	100	100	100	100	100	100	100	100	100	100
0.01	110	114	123	127	116	100	087	078	073	070
0.02	111	120	138	148	129	100	080	065	056	052
0.04	103	121	158	180	149	101	069	049	038	032

（续）

γ	η_{ij}									
	41	42	43	44	45	46	47	48	49	4,10
0.06	094	117	171	205	163	100	062	039	027	021
0.08	084	113	181	226	175	098	056	032	020	015
0.10	075	108	189	244	185	096	050	027	015	011
0.15	057	097	205	281	202	089	040	018	008	005
0.20	043	086	215	310	214	082	031	012	005	002
0.30	025	068	229	354	229	067	020	006	002	001
0.40	015	054	237	387	237	053	012	003	001	000
0.60	004	031	246	436	246	031	004	001	000	000
1.00	000	000	250	500	250	000	000	000	000	000
2.00	006	-041	243	586	243	-042	007	-001	000	000

铰接板 10-5

γ	η_{ij}									
	51	52	53	54	55	56	57	58	59	5,10
0.00	100	100	100	100	100	100	100	100	100	100
0.01	093	097	104	116	123	114	100	090	083	080
0.02	085	092	106	129	142	126	100	082	071	066
0.04	069	081	106	149	175	146	101	072	055	047
0.06	057	071	104	163	201	162	100	064	044	035
0.08	047	063	101	175	223	174	098	057	035	026
0.10	039	056	098	185	241	184	096	051	029	020
0.15	025	043	090	202	280	201	089	040	019	011
0.20	016	033	082	214	309	214	082	031	013	006
0.30	007	020	067	229	354	229	067	020	006	002
0.40	003	012	053	237	387	237	053	012	003	001
0.60	001	004	031	246	436	246	031	004	001	000
1.00	000	000	000	250	500	250	000	000	000	000
2.00	-001	007	-042	243	586	243	-042	007	-001	000

参 考 文 献

[1] 中华人民共和国交通运输部. 公路工程技术标准：JTG B01—2014 [S]. 北京：人民交通出版社，2014.

[2] 中华人民共和国交通运输部. 公路桥涵设计通用规范：JTG D60—2015 [S]. 北京：人民交通出版社，2015.

[3] 中华人民共和国交通运输部. 公路钢筋混凝土及预应力混凝土桥涵设计规范：JTG 3362—2018 [S]. 北京：人民交通出版社，2018.

[4] 中华人民共和国交通运输部. 公路圬工桥涵设计规范：JTG D61—2005 [S]. 北京：人民交通出版社，2005.

[5] 中华人民共和国交通运输部. 公路桥涵地基与基础设计规范：JTG 3363—2019 [S]. 北京：人民交通出版社，2019.

[6] 中华人民共和国交通运输部. 公路桥涵施工技术规范：JTJ TF50—2011 [S]. 北京：人民交通出版社，2011.

[7] 中华人民共和国交通运输部. 公路沥青路面设计规范：JTJ D50—2017 [S]. 北京：人民交通出版社，2017.

[8] 中华人民共和国交通运输部. 公路水泥混凝土路面设计规范：JTG D40—2011 [S]. 北京：人民交通出版社，2011.

[9] 中华人民共和国交通运输部. 公路交通安全设施设计规范：JTG D81—2017 [S]. 北京：人民交通出版社，2017.

[10] 中华人民共和国交通运输部. 公路工程抗震规范：JTG B02—2013 [S]. 北京：人民交通出版社，2013.

[11] 中华人民共和国交通运输部. 公路斜拉桥设计规范：JTG 3365-01—2020 [S]. 北京：人民交通出版社，2020.

[12] 中华人民共和国交通运输部. 公路桥梁板式橡胶支座：JT/T 4—2019 [S]. 北京：人民交通出版社，2019.

[13] 中华人民共和国交通运输部. 公路桥梁盆式橡胶支座：JT/T 391—2019 [S]. 北京：人民交通出版社，2019.

[14] 中华人民共和国交通运输部. 桥梁球型支座：GB/T 17955—2009 [S]. 北京：人民交通出版社，2009.

[15] 毛瑞祥，程翔云. 公路桥涵设计手册：基本资料 [M]. 北京；人民交通出版社，1995.

[16] 江祖铭，王崇礼. 公路桥涵设计手册：墩台与基础 [M]. 北京：人民交通出版社，1997.

[17] 刘效，赵立成. 公路桥涵设计手册：梁桥 下册 [M]. 北京：人民交通出版社，2000.

[18] 范立础. 桥梁工程：上 [M]. 3版. 北京：人民交通出版社，2017.

[19] 顾安邦，向中富. 桥梁工程：下 [M]. 3版. 北京：人民交通出版社，2017.

[20] 邵旭东. 桥梁工程 [M]. 4版. 北京：人民交通出版社，2019.

[21] 姚玲森. 桥梁工程 [M]. 2版. 北京：人民交通出版社，2008.

[22] 陈宝春. 桥梁工程 [M]. 3版. 北京：人民交通出版社，2017.

[23] 罗旗帜. 桥梁工程 [M]. 广州：华南理工大学出版社，2006.

[24] 强士中. 桥梁工程：上 [M]. 北京：高等教育出版社，2004.

[25] 刘玲嘉. 桥梁工程 [M]. 北京：人民交通出版社，2007.

［26］ 刘夏平. 桥梁工程. ［M］. 修订版. 北京：科学出版社，2007.

［27］ 项海帆. 高等桥梁结构理论 ［M］. 2版. 北京：人民交通出版社，2013.

［28］ 万明坤，程庆国，项海帆，等. 桥梁漫笔 ［M］. 北京：中国铁道出版社，1997.

［29］ 盛洪飞. 桥梁建筑美学 ［M］. 北京：人民交通出版社，2001.

［30］ 王福敏，王丰华，邹云，等. 重庆朝天门长江大桥桥位与桥型论证 ［C］//中国公路学会桥梁和结构工程分会. 2004年全国桥梁学术会议论文集. 北京：人民交通出版社，2004：245-252.

［31］ 范立础. 预应力混凝土连续梁桥 ［M］. 北京：人民交通出版社，1999.

［32］ 徐岳. 预应力混凝土梁桥设计：原理、方法及实例 ［M］. 北京：人民交通出版社，2000.

［33］ 李国平. 预应力混凝土结构设计原理 ［M］. 北京：人民交通出版社，2000.

［34］ 贺栓海. 公路桥梁荷载横向分布计算方法 ［M］. 北京：人民交通出版社，1999.

［35］ 徐光辉. 桥梁计算示例集：预应力混凝土刚架桥 ［M］. 北京：人民交通出版社，1990.

［36］ 同济大学桥梁教研室. 公路桥梁荷载横向分布计算 ［M］. 北京：人民交通出版社，1977.

［37］ 黄绳武. 桥梁施工及组织管理 ［M］. 北京：人民交通出版社，1999.

［38］ 金成棣. 预应力混凝土梁拱组合桥梁 ［M］. 北京：人民交通出版社，2001.

［39］ 王文涛. 刚构-连续组合梁桥 ［M］. 北京：人民交通出版社，1997.

［40］ 陈宝春. 钢管混凝土拱桥设计与施工 ［M］. 北京：人民交通出版社，1999.

［41］ 裴岷山，徐立平，朱斌，等. 苏通大桥主航道桥桥型方案及上部结构设计研究 ［C］//中国公路学会桥梁和结构工程分会. 2005年全国桥梁学术会议论文集. 北京：人民交通出版社，2005：53-63.

［42］ 严国敏. 现代悬索桥 ［M］. 北京：人民交通出版社，2002.

［43］ 雷俊卿，郑明珠，徐恭义. 悬索桥设计 ［M］. 北京：人民交通出版社，2002.

［44］ 陈仁福. 大跨悬索桥理论 ［M］. 成都：西南交通大学出版社，1994.

［45］ 钱冬生，陈仁福. 大跨悬索桥的设计与施工 ［M］. 成都：西南交通大学出版社，2015.

［46］ 吴寿昌，王立新，彭德运. 润扬长江公路大桥总体设计 ［J］. 铁道标准设计，2003（3）：1-5.

［47］ 范立础. 桥梁抗震 ［M］. 上海：同济大学出版社，1997.

［48］ 许克宾. 桥梁施工 ［M］. 北京：中国建筑工业出版社，2005.

［49］ 刘万桢. 城市桥梁施工 ［M］. 北京：中国建筑工业出版社，1992.

［50］ 严国敏. 现代斜拉桥 ［M］. 成都：西南交通大学出版社，1996.

［51］ 林元培. 斜拉桥 ［M］. 北京：人民交通出版社，1994.

［52］ 刘士林，等. 斜拉桥 ［M］. 北京：人民交通出版社，2002.

［53］ 姚玲森，李富文. 中国土木建筑百科辞典：桥梁工程 ［M］. 北京：中国建筑工业出版社，1999.

［54］ 周景星，等. 基础工程 ［M］. 3版. 北京：清华大学出版社，2017.

［55］ 凌治平，易经武. 基础工程 ［M］. 北京：人民交通出版社，1996.